图书在版编目(CIP)数据

山西省国有资产监督管理年鉴. 2010/朱晓明主编.
太原:山西人民出版社,2011.5
ISBN 978-7-203-07287-4

1. ①山…II. ①朱…III. ①国有资产-监督管理-
山西省-2010-年鉴 IV. ①F123.7-54
中国版本图书馆CIP数据核字(2011)第090409号

《山西省国有资产监督管理年鉴》 2010

著　　者:朱晓明
责任编辑:张建英
装帧设计:王　冰

出 版 者:山西出版集团·山西人民出版社
地　　址:太原市建设南路21号
邮　　编:030012
发行营销:0351-4922220　4955996　4956039
　　　　　0351-4922127 (传真)　4956038(邮购)
E-mail:sxskcb@163.com 发行部
　　　　sxskcb@126.com 总编室
网　　址:www.sxskcb.com

经 销 者:山西出版集团·山西人民出版社
承 印 者:太原市元宏印业有限公司

开　　本:889mm × 1194mm　1/16
印　　张:42
字　　数:990千字
印　　数:1-2000册
版　　次:2011年5月　第1版
印　　次:2011年5月　第1次印刷
书　　号:ISBN 978-7-203-07287-4
定　　价:280.00元

《山西省国有资产监督管理年鉴》(2010)编辑部

电　　话:(0351)7218383
邮　　编:030006
地　　址:山西省太原市平阳路101号国瑞大厦0611A室
E-mail:sxgznj@163.com

编写说明

一、《山西省国有资产监督管理年鉴》(以下简称《山西国资年鉴》)于2006年创办。《山西国资年鉴》由山西省国资委主管、主办,《山西国资年鉴》编委会编纂,山西人民出版社编辑出版。

二、《山西国资年鉴》是一部客观、准确、全面记载山西国有经济运行、国有资产监管体制改革和国有企业改革总体情况的大型工具书;是国资委统一对外宣传的主要窗口和交流平台,对于宣传、指导山西省国有资产监督管理工作以及全省国有企业改革和发展具有重要参考价值。

三、《山西国资年鉴》突出政策性、权威性、实用性和连续性。主要读者对象包括:(1)全省各级国有资产监管机构及相关行业管理部门;(2)各类国有企业;(3)有关中介机构;(4)有关科研院所、图书馆、资料室等。

四、《山西国资年鉴》(2010)共七篇。

- □ 第一篇:重要经济文献。刊载山西省副省长陈川平同志、山西省国资委主任张崇慧同志在山西省国有资产监督管理工作会议上的讲话。
- □ 第二篇:山西省国有资产监督管理概况。山西省国资委机关处室和直属单位就2009年山西省国有资产监督管理情况、国有企业改革与发展情况予以分析、评述。
- □ 第三篇:山西省各市国有资产监督管理概况。由山西省各市国资委就本地区国有经济运行情况及国有企业改革与发展状况进行评述。
- □ 第四篇:山西省国资委监管企业改革与发展概况。对山西省国有企业2009年度经济运行情况、主要经济指标、经营业绩与财务分析、重大决策与重大项目进展情况、公司产权制度改革等方面进行分析、评述。
- □ 第五篇:山西省国有资产统计资料。由山西省国资委统计评价处提供2009年山西省国有资产主要经济指标分析表、山西省及主要地市国有企业基本情况表、主要经济指标分析表、山西省34户省属监管企业主要指标表,山西省级、省级以下及非监管企业基本情况表和主要分析表等。
- □ 第六篇:山西省国有资产监督管理政策法规选编。精选与山西省国有资产监督管理有关的重要政策、法规和规范性文件等。
- □ 第七篇:附录。刊载山西省国资委2009年大事记。

五、《山西国资年鉴》(2010)所刊载的数据资料截至2009年末。

六、《山西国资年鉴》(2010)编委会组成人员及职务截至2010年末。

七、《山西国资年鉴》(2010)工作站站长名单、撰稿人名单以截稿日期为准。

《山西国资年鉴》编辑部

二〇一〇年十二月二十日

山西省国资委召开机关监管企业深入学习实践科学发展观
活动总结暨动员大会

山西省国资委召开全省国有资产监督管理工作会议

山西省国资委召开省属企业兼并重组地方煤矿工作会议

山西省国资委召开省属企业推广潞安党建工作经验交流会

山西煤炭运销

山西煤销集团董事长刘建中(右二)、党委书记赵进明(右三)在晋中公司调研

集团公司为地震灾区捐款

集团公司丰富多彩的文化生活(篮球赛开幕式)

山西煤炭运销集团有限公司（简称山西煤销集团)是2007年7月经山西省人民政府批准，由省国资委和11个市国资委出资，在原山西省煤炭运销总公司的基础上重组改制，组建以煤炭生产、煤炭物流为主业，辅之以煤炭加工转化、煤化工、房地产、旅游酒店等多元产业为一体的现代大型煤炭产业集团。

前身是成立于1983年10月的山西煤炭运销总公司(简称煤运总公司)。在对我省地方煤炭实施“五统一”管理(即计划、合同、调运、票据、结算统一管理)和全面经销的同时，肩负全省地方煤炭专项基金收缴工作。1983-2007年，煤运总公司累计销售煤焦30多亿吨，实现利税275亿元，上缴煤炭专项基金750亿元。

集团现下设11个市级子公司，98个县级子公司，28个控股企业，165座煤矿，144个铁路发运站，53个出省煤焦管理站，284个煤焦销售营业站，378个储配煤场，69个煤炭交易大厅，1家上市公司(太工天成，控股20%)。现有员工8万多名。截止2010年底，集团资产总额为850亿元，全年生产原煤2800万吨，完成煤炭运销量26000万吨，实现销售收入1158亿元、利税100亿元。在中国企业500强中位列第65位，位居中国煤炭工业100强第2位。

“十二五”时期，集团将以转型发展为主线，以赶超发展为战略，以跨越发展为目标，坚持以煤为基、以煤兴产、以煤兴业、多元发展。到“十二五”末，将集团建设成以煤炭生产为主体，以煤炭物流为中心，以多元产业为支撑，集煤炭生产、物流、多元产业于一体，相互支撑、协调发展的现代化大型煤炭生产、现代物流企业集团。实现煤炭产量超亿吨、煤炭贸易量超两亿吨、销售收入超两千亿、利税超200亿、员工人均收入超10万元，企业跻身世界500强。

集团有限公司

现代化的煤炭采掘装备

晋神河曲沙坪矿

王家岭循环经济工业园区鸟瞰图

沙坪筒仓

太工天成焦炉气综合利用新工艺示范项目工程

物流车队

长治三元花园式矿山

山西天脊煤化工

01

02

山西天脊煤化工集团有限公司是省属大型国有企业。其核心企业——天脊煤化工集团股份有限公司前身为山西化肥厂，是我国改革开放初期，成套装置引进国外先进技术和装备建设的第一套以煤为原料生产高效复合肥的大型企业。

二十多年来，天脊集团积极消化吸收和利用先进的技术和装备，按照科学发展观的要求和山西建设国家新型能源和工业基地的总体部署，积极探索适应天脊集团发展实际、符合产业发展方向的关联产业和新型产业的发展之路。坚持"发挥优势，做强主业，内外并举，科学发展"的发展思路，创新发展理念，推进"五个转变"，即：在发展定位上，推进由传统煤化工向新型、高效，具有天脊特色的现代煤化工转变；在产业结构上，推进由以化肥为主的单一支柱结构向延伸以资源为依托、化肥化工并重，上下游互补的多元化支柱转变；在产品结构上，推进由简单初级产品偏重的结构向市场竞争力较强的多元，适销、高端、成链的结构转变；在发展方式上，推进由以新建项目为主的"自我滚动式"发展向新建项目与兼并重组、低成本扩张相结合的"两轮驱动式"转变；在发展动力上，推进由现行管理机制加快向技术、管理、制度、人事等机制创新的方向转变。目前，已形成年产85万吨合成氨、81万吨硝酸、90万吨硝酸磷肥(硝酸磷钾)、60万吨尿素、20万吨硝铵、13万吨苯胺、28万吨水泥、6500万条塑料编织袋的生产规模，总资产80亿元，年产值超过50亿元，由原来单一的复合肥生产企业发展成为以化肥为主，集有机化工、煤炭深加工、精细化工等为一体，多产品、跨地域的综合性企业实体，初步形成了以本部化肥和有机化工基地、高平尿素基地和潞城西部煤炭深加工基地为主体的大型煤化工产业集团。

公司通过了ISO9002质量体系认证、ISO14000环境体系和计量体系认证，通过了国家实验室和国家级技术研发中心认可。天脊集团自行研发的《大型鲁奇煤制氨工艺技术的开发与应有研究》成果，荣获国家科技进步二等奖。"天脊"牌硝酸磷肥集"中国驰名商标"、"中国名牌产品"和"国家免检产品"于一身。"天脊"商标入评"中国最具价值品牌"价值达到29.70亿元。公司曾荣获"全国五一劳动奖状"，被评为"中国化工行业科技创新示范企业"、"全国肥料制造业自主创新能力十强企业"和"全国化工环境保护工作先进单位"，2006年，获得山西省安全质量标准化二级企业，2007年，获得山西省安全生产先进单位，2008年，荣获"全国石油和化工行业先进集体"称号。

"十一五"期间，天脊集团将以科学发展观为指导，认真贯彻十七大精神，按照全省建设国家新型能源和工业基地的战略部署，围绕"实现五大新跨越，建设三型新天脊"的战略目标，努力实现转型发展、安全发展、和谐发展。大力弘扬"自强不息务实创新"的企业精神和"责任　诚信　卓越"的核心价值观，充分发挥技术、人才和品牌优势，发挥在全省化工行业的旗舰作用，继续延伸化肥、煤炭深加工、工程塑料和异氰酸脂等产业，努力实现产业新型化、技术尖端化、产品多样化、产能规模化、投资多元化、品牌国际化，建成年产值超200亿元的煤化工技术研发基地和煤化工产业循环经济园区。

集团有限公司

01 天脊集团装置区夜景

02 董事长、总经理王光彪参加中国农资发展论坛并作主题发言

03 首创我国煤制氨扩能改造先例，采用国外先进技术的合成氨扩能改造装置

04 环境优美的住宅小区

05 目前全国最大的年产 13 万吨苯胺装置

06 节日的欢庆

07 具有世界先进水平的煤化工装置

00 生产区远眺

《山西省国有资产监督管理年鉴》(2010)
编委会名单

编委会委员名单

（按姓氏笔画排序）

张　旭　山西省经济建设投资公司
总经理
张　亮　山西能源产业集团有限责任公司
董事长
张　跃　山西省焦炭集团有限责任公司
董事长、党委书记
张亚鹏　山西省国有资产监督管理委员会
企业分配处处长
张　侃　山西省医药集团有限责任公司
董事长、党委书记
张玉平　山西建筑工程(集团)总公司
董事长
张利峰　山西省国有资产监督管理委员会
领导人员管理处处长
张学林　山西省国资委信息网络中心
主任
张勇强　忻州市经济和信息化委员会
(国资委)党委书记、主任
张柱小　晋中市国资委
党委副书记、主任
李　洪　山西省经贸资产经营有限责任公司
董事长、党委书记
李　涛　山西省国有资产经营公司
总经理
李秋喜　山西杏花村汾酒集团有限责任公司
董事长、总经理
李晓波　太原钢铁(集团)有限公司
董事长
杜建华　山西煤炭进出口集团有限公司
董事长、党委书记
狄重阳　太原化学工业集团有限公司
董事长、党委书记
武华太　山西晋城无烟煤矿业集团有限责任公司　董事长、党委书记

杨佩玉　山西省国有资产监督管理委员会
案件检查室主任
杨雨公　山西省国有资产监督管理委员会
监事会工作处处长
杨晋波　阳泉市国资委
副书记、主任
屈忠让　山西省环境保护基金有限公司
执行董事、经理
岳普煜　太原重型机械集团有限公司
董事长、党委书记
庞瑞林　山西晋牌水泥(集团)有限公司
董事长、党委书记、总经理
金智新　山西焦煤集团总经理、西山煤电集团有限责任公司　董事长、党委书记
郑福和　山西省煤炭资产经营有限责任公司
总经理
侯国伟　山西省国有资产监督管理委员会
产权处处长
胡创业　山西省国有资产监督管理委员会
企业改革处处长
胡鲜朝　山西汽车运输集团有限公司
董事长
柳树林　中国山西国际经济技术合作公司
总经理
荆　虎　大同市国资委
主任
贺静波　山西省国有资产监督管理委员会
统计评价处处长
赵利民　太原市国资委
主任
郝瑞珍　山西省物资产业集团有限责任公司
董事长、党委书记
郭　明　山西国际能源集团有限公司
董事长、党委书记、总经理

郭江明　山西省科技基金发展总公司
总经理
郭玉虎　山西省国有资产监督管理委员会
收益处处长
高淑冰　山西省国有资产监督管理委员会
人事培训处处长
常小刚　山西国际电力集团有限公司
董事长、党委书记、总经理
康栩生　山西省国有资产监督管理委员会
宣传和群众工作处处长
曹建中　山西金通投资管理有限公司
董事长
曹耀丰　山西焦煤霍州煤电集团有限责任公司
董事长、党委书记

梁谢虎　山西省国新能源发展集团有限公司
董事长、党委书记
阎培烈　晋城市国资委
党委书记、主任
温　波　山西省国有企业绩效评价中心
主任
翟　红　山西焦煤汾西矿业（集团）有限责任公司
董事长、党委书记
魏书校　长治市国资委
主任
曹晨明　山西能源交通投资有限公司
董事长、党委书记

《山西省国有资产监督管理年鉴》(2010)

《山西省国有资产监督管理年鉴》(2010)

工作站站长名单

（按姓氏笔画排序）

马丽宇　山西省经济建设投资公司　办公室主任

王　玲　山西省物资产业集团有限责任公司　办公室主任

王晓红　山西煤炭运销集团有限公司　发展研究部部长

王晓梅　山西省国新能源发展集团有限公司　行政工作处主任科员

王振安　吕梁市国资委　副主任

王海军　太原化学工业集团有限公司　办公室主任

王雅芳　山西省农业资产经营有限责任公司　办公室主任

王正武　运城市国资委　办公室主任

石德强　山西省环境保护基金有限公司　办公室主任

史凤雷　忻州市国资委　办公室主任

司章焕　晋城市国资委　办公室主任

田志斌　山西天脊煤化工投资有限公司　办公室副主任

田顺生　山西焦煤西山煤电集团有限责任公司　史志办公室主任

任九铭　山西省煤炭资产经营有限责任公司　企业管理部部长

邢含月　山西能源产业集团有限责任公司　办公室副主任

苏云燕　山西煤炭进出口集团有限公司　信息处处长

高培成　太原重型机械集团有限公司　发展规划部部长

孙姬彬　山西煤矿机械制造有限责任公司　董事会秘书、党政办主任

吴　强　山西省经贸投资控股集团有限公司　董事会秘书、总经理助理、办公室主任

张永林　山西晋城无烟煤矿业集团有限责任公司　年鉴科科长

张建起　阳泉煤业（集团）有限责任公司　工会主席、办公室主任

张琰光　山西杏花村汾酒集团有限责任公司　办公室主任

李乃崇　山西国际电力集团有限公司　总经理助理、企划公司总经理

李志明　大同市国资委　办公室主任

李建章　山西大同煤矿集团轩岗煤电有限责任公司　宣传部部长

李国庆　临汾市国资委　监事会主席

李平安　中条山有色金属集团有限公司　办公室主任

杜雪映　山西焦煤霍州煤电集团有限责任公司　党办主任

邱春燕　中国山西国际经济技术合作公司　团委书记

陈宏彬　长治市国资委　办公室主任

陈晓雷　山西国际能源集团有限公司　高级经理

陆　毅　阳泉市国资委　办公室主任

杨秀峰　朔州市国资委　办公室主任

温振江　山西地方铁路集团有限责任公司　办公室副主任

姜福清　山西金通投资管理有限公司　办公室副主任

段素宏　山西汽车运输集团有限公司　办公室主任

胡水龙　山西潞安矿业（集团）有限责任公司　调研室主任

赵国琦　太原市国资委　办公室主任

夏占文　大同煤矿集团有限责任公司　董事会秘书处副处长

聂占生　晋中市国资委　办公室主任

贾　渤　山西省国有资产经营公司　办公室主任

高红玉　山西省医药集团有限责任公司　副总经理

曹大军　山西焦煤集团有限责任公司　党政办公室主任

梁立新　山西省国有资产经营有限责任公司　办公室主任

淮万年　山西建筑工程(集团)总公司
办公室主任

程东明　太原煤炭气化(集团)有限责任公司
宣传部部长

韩学君　山西晋牌水泥(集团)有限公司
综合办主任

靳晓云　山西省科技基金发展总公司
发展部经理

樊元保　山西省焦炭(集团)有限责任公司
办公室主任

魏永轩　山西焦煤汾西矿业（集团）有限责任公司
行政办科长

《山西省国有资产监督管理年鉴》(2010)

撰稿人名单

(按姓氏笔画排序)

丁永青	卫俊萍	马海虹	马国永	凡晓明	王江波	王健勇	王海军	王鹏生	王晓梅
王雅芳	王晓曦	石　浩	石宝霞	石德强	司永强	田志斌	刘忠兵	刘　巍	刘鸿钢
孙敬军	孙明岗	孙姬彬	杜丽红	张彩萍	张雨华	张晓晶	张新新	张永林	张　歆
张永龙	李广顺	李文斌	李彦峰	李　静	李志明	李　莉	陈　晋	杨建国	杨晓东
武丽云	邱春燕	邵　榕	陈富根	郎卫平	赵宏华	赵国琦	侯志彪	侯国宏	侯林汾
侯春光	侯文伟	姚晋文	姜福清	秦　楠	聂占生	郭慧彬	郭　宁	郭向东	夏秉义
梁志刚	阎象胜	黄　斌	訾东元	韩远征	温振江	董居正	靳晓云	谭　超	魏永轩

目　录

第一篇　重要经济文献

第二篇　山西省国有资产监督管理概况

第三篇　山西省各市国有资产监督管理概况

第四篇 山西省国资委监管企业改革与发展概况

第五篇 山西省国有资产统计资料

第六篇 山西省国有资产监督管理政策法规选编

第七篇 附 录

入选本卷年鉴彩图专辑重点单位

2010

SHANXI PROVINCE STATE-OWNED ASSETS SUPERVISION AND ADMINISTRATION YEARBOOK

山西省国有资产监督管理年鉴

重要经济文献

第一篇

山西国际电力

山西国际电力集团有限公司成立于 1989 年 1 月，2002 年 12 月，由原山西省地方电力公司按照现代企业制度要求整体改制而成。2007 年 12 月，经国家商务部和山西省政府批准，山西国际电力集团有限公司与外资进行了战略重组。重组后的集团公司仍为山西省政府唯一全资设立的电力产业集团，是山西省政府授权的省级电力资产出资者代表，是担负电力生产建设、运营管理职责的专业化公司。

集团公司现行三级管理体制。总部设有集团工作部、投资管理部、财务部、人力资源部、产业管理部、法律审计部等 6 个管理部门，为战略管理中心、投融资管理中心、人力资源管理中心；拥有通宝、发电、配电、金融租赁、资产管理、燃气公司、置业公司、投资等 8 个二级公司，为运营管理中心；全资或控股的 38 个发、配电等三级公司，为利润中心。集团公司注册资本 60 亿元。

集团公司经过近二十年的发展历程，逐步成长为全国地方电力行业为数不多的，占有发电和配电两端市场、控股上市公司和金融机构，集资本运营与资产经营于一体的省属特大型企业集团。发电产业涉及火电、水电、风电、太阳能以及生物质能发电等，目前拥有参控股发电企业 12 个，权益装机容量 390.57 万千瓦，其中包括控股山西通宝能源股份有限公司，并大比例参股北京京能热电股份有限公司和山西漳泽电力股份有限公司等上市公司；在建和开展前期的电源项目有 26 个；配电产业拥有包括 220 千伏电网在内的 12 个县级配电企业；金融产业全资拥有山西金融租赁有限公司，参股山西证券股份有限公司、中国光大银行股份有限公司、山西信托投资有限责任公司、晋商银行。另拥有酒店等多家三产企业。

重组后集团公司的发展战略是：坚持发展火电产业，优先发展配电产业，积极发展新型能源，稳健发展金融产业，探索发展旅游产业，努力发展基础产业，逐步发展形成电力产业优势明显，金融和旅游产业具有一定规模，基础产业能够后续跟上，优势互补、相互支撑的产业格局和发展态势，力争在未来五年内，发展成为资产优良、实力雄厚、管理先进、全省一流，在全国具有影响力和竞争力的特大型企业集团。

山西临原煤层气工程开工典礼

集团有限公司

←省委书记张宝顺到福光小五台风电场调研

→集团公司董事长常小刚与山西水务投资有限公司董事长白小丹签署战略合作协议

←后备高级管理人员主题汇报

大同煤矿集团

同煤集团董事长、党委书记　吴永平

同煤集团副董事长、总经理　张有喜

有限责任公司

大同煤矿集团有限责任公司(以下简称"同煤集团")前身为大同矿务局,成立于1949年8月30日,2000年7月改制为大同煤矿集团有限责任公司。公司现有总资产1000多亿元,职工20万人,离退休人员7万人,职工与家属合计70万人。有73个煤矿,分布在山西和内蒙古等2省7市,东西跨度300多公里、南北跨度600多公里的区域内。现已形成煤炭为主,电力、化工、钢铁生产、机械制造、光伏、建筑建材、旅游外贸等多业并举的特大型现代化综合能源集团。

集团成立60年来累计生产煤炭19亿吨,上缴利税近500亿元。在科技、装备、管理等方面创造了100多项。企业曾荣获中国十大世界影响力品牌、全国"五一劳动奖状"、"金马奖"、"中国煤炭采选大王"等多项荣誉,连续10年被评为全国优秀思想政治工作企业。

集团确立了"树立新思想,实施新战略,建设新同煤"的总体发展思路。

"新思想"就是以科学发展观统领各项工作。

"新战略"就是"81620":8字奋斗目标是"做强同煤,造福员工";16字发展方略是"心齐人和、重建扩源、创新提升、共同富裕";20字员工行为要求是"尽心履职责、主动抓工作、提高执行力、落实全过程"。

"新同煤"就是:建设和谐美好、强势竞争、充满活力、殷实小康的新同煤。

近年来,按照"三新"发展思路,狠抓落实,集团步入了发展最快最好、变化最大的时期。特别是刚刚收官的"十一五",是同煤集团好事连连、大事不断,干事创业、人心思进、氛围最浓的五年,企业在经济总量、战略体系、产业结构调整、煤炭主业、改革改制、经营管理、安全生产、人才科技、员工生活水平、形象地位等十大方面实现了历史性突破和发展。企业主要经济指标与2005年相比,全部实现了翻番。

站在历史新起点,集团确立了打造"百年同煤"的宏伟目标,"十二五"期间,集团将深入贯彻落实科学发展观,紧紧围绕全省"转型发展、跨越发展"的总体部署,转变发展方式,扎实推进"双千亿"工程建设,将主业做强、非煤做大、转型做快、产业做实,加快构建以"循环、低碳、绿色、和谐"为特征的世界一流综合能源大集团,到"十二五"末,力保主要经济指标实现翻番:

总投资:"十二五"比"十一五"翻2番;

总资产:"十二五"比"十一五"末翻1番多;

销售收入:"十二五"比"十一五"末翻2番;

利润:"十二五"比"十一五"末翻3番多;

员工人均收入:"十二五"末比"十一五"翻1番。

塔山矿全景

大同煤矿集团

←2010年7月7日至9日，煤炭工业节能减排暨循环经济现场会

→2010年中国矿业循环经济论坛在同煤集团召开

有限责任公司

同煤大唐塔山 2×60 万 kw 坑口电厂

煤矸石砖厂机器人码砖线

全国最大的高岭土厂

同煤集团新办公楼广场全景

阳泉煤业(集团)

董事长、党委书记　任福耀

总经理　赵石平

有限责任公司

阳泉煤业(集团)有限责任公司的前身为阳泉矿务局,成立于 1950 年 1 月。经过 60 年的发展,阳煤集团已经成长为以煤炭和煤炭化工为主导产业,铝电、建筑房地产、机械电气、贸易服务多元化强盛发展的国有大型企业集团,目前总资产 868 亿元,净资产 263 亿元,拥有包括国阳新能和山西三维两个上市公司在内的 240 个子公司、分公司,地跨晋冀鲁京渝港 6 省市 16 个地、市、区,在册员工 14 万人,是国家规划的 13 个大型煤炭基地之一。2009 年煤炭产量 4346 万吨,营业总收入达到 496 亿元,荣列中国企业 500 强第 128 位。

近年来,阳煤集团大力实施"强煤强化、五年千亿"的发展战略,煤炭产能和技改规模达到 1 亿吨、化工商品产能 728 万吨、电力装机容量 65 万千瓦 / 年、铝业产能 65 万吨 / 年、建筑安装产值 50 亿元 / 年、商品房开发能力 30 万平方米 / 年,机械电器制造销售规模 25 亿元 / 年,物资贸易规模 90 亿元 / 年。

"十二五"期间,阳煤集团将按照袁纯清书记提出的"以煤为基,以煤兴产,以煤兴业,多元发展"的要求,积极调整产业结构,突出资源加工利用,继续构筑煤和煤层气—化工产品、煤—电—铝—铝型材、建筑—建材—建筑构件—房地产、煤炭—煤炭机械电气制造等四条产业链,积极介入国家倡导的战略新兴产业,争取"十二五"末集团煤炭产量达到 1.3 亿吨以上;煤炭化工产品达到 3000 万吨左右;煤炭加工转化量达到 4000 万吨;销售营业收入突破 2000 亿元,实现利税达到 300 亿元左右,力争进入中国 500 强前 50 位。

阳煤集团具有得天独厚的巨量资源赋存,交通畅达便利,人文环境优越,管理扎实严细,装备设施精良,科技实力雄厚。在科学发展观的指引下,阳煤集团正在抢抓机遇,攻坚克难,开疆拓土,谋好求强,努力保持健康稳定的可持续发展态势,强力打造安全阳煤、百年阳煤,建设和谐安康、文明兴盛的大型国有企业集团。

98 煤集团香港国际贸易有限公司成立揭牌

平舒公司

阳泉煤业(集团)

阳煤集团新元煤业公司洗煤厂

阳煤集团调度指挥中心

劳动预备制员工培训

职工的全家福,提醒职工在井下注意安全

阳煤集团奥伦胶带带芯车间

新型化工企业阳煤集团氯碱公司

兆丰铝业电解铝生产车间

综采

有限责任公司

矿建井塔施工

丰喜集团

齐鲁一化

寺家庄

绿色矿山

开元煤电公司＋花园式夜景

兆丰铝电公司自备电厂

太行国际新城房地产项目

山西潞安矿业(集

2009 年 5 月 16 日，全国人大副委员长司马义·铁力瓦尔地一行在潞安视察国家级循环经济园区

全面加快既强又大国际化新潞安建设步伐

山西潞安集团是山西省五大煤炭企业集团之一，曾被周恩来总理亲自选树为全国工交战线五面红旗之一，2000 年8 月改制后，潞安集团突出战略管理，依靠战略制胜，创新观念，创新机制，全面盘活，全面发展，创造了潞安历史上的“黄金发展期”。2009 年，煤炭产量 5509.2 万吨，销售收入 498.6 亿元，利润总额 37.9亿元，员工工资人均 66049 元 / 年，分别是 2000 年的 4.8 倍、32 倍、110 倍和 4.5 倍。在中国企业 500 强排名第 127 位，全国企业效益 200 佳第 119位。

集约高效生产水平得到巩固提升。全面推进《煤炭集约高效生产实施纲要》，加快数字化矿井建设，全面提升矿区集约高效水平，初步形成了数字化矿井技术管理体系，实现了装备现代化、系统自动化、功能智能化和管理信息化，接连创造了综采工作面日产 3.3 万吨、月产 65 万吨的全国新纪录。全国第一座数字化矿井、全国第一个大采高自动化综放工作面、全国第一个数字化掘进工作面、全国第一个 280米超长工作面、快速建井关键技术研究等九项重大成果，入选全国企业“新纪录”。

安全生产持续稳定发展。2008 年

团）有限责任公司

实现事故为零。2009年，面对资源整合牵扯精力大、矿井数量类型增多、地面高危行业增多的实际情况，他们大力强化"工作再忙不能放松安全工作，任务再重也要首先抓好安全生产"的理念，按照"集中管理，分类指导，明确责任，强化监管"的工作原则，全力构建了"大安全"格局。

融资链条更加牢靠。潞安环能股票表现强势，引领煤炭板块发力上涨，股价涨幅达到627%。潞安环能公司继荣获"中国十佳最具成长性上市公司"之后，又荣获"十佳最重回报上市公司"、"上市公司百强金牛奖"等荣誉，扩大了潞安在资本市场的影响力，为有效实施市值管理创造了条件。

财务公司的战略保障作用不断显现，资金集中度达到55%，向集团成员单位累计发放贷款52.8亿元，实现利润1亿元，为集团战略发展作出了贡献。

资源整合取得重大成果。把握省委、省政府推进资源整合重组的历史机遇，以高度的责任感、使命感，以创新精神和务实作风，坚持共赢发展，克服重重困难，发挥基层矿的积极性、主动性，全力推进资源整合和煤矿重组工作。目前，整合煤矿101座，整合资源30亿吨，整合产能3100万吨/年，形成了37座主体矿井，"六大员"已全部进驻，15座矿井已经复工复产，做到了整合进展最快、办法最多、效果最实，走在了全省前列。省委、省政府充分肯定了集团的做法，在全省推广了"潞安经验"。

与此同时，潞安集团以煤为基础，拉长产业链条，不断延伸壮大煤焦化、煤电化、煤油化三条主产业链，全面构建了焦化、电化、煤油、煤电四大循环经济园区，煤、电、油、化、硅五大产业协调发展，初步建成了循环经济的新型能化企业集团，潞安集团被确定为全国循环经济试点企业，煤油循环经济园区被誉为"高碳能源低碳利用的典范"。

当前，潞安集团正在全面启动"十二五"规划，建设既强又大的国际化新潞安。主要目标是：投资2000亿元，新增资产2000亿元（资产总额达3000亿元），经营收入达到2000亿元，实现利润200亿元，跨入中国企业100强，跻身世界500强。同时，在册员工总数动态保持在10万人以内，人均薪酬达到10万元/年，集团年薪酬总额达到100亿元，实现企业与员工的共同成长、共同发展。

2009年6月20日，中央财经工作调研组深入潞安调研

2009年3月19日，中央党建工作调研组深入潞安调研

2009年11月20日，原化工部长潘连生在潞安煤基合成油公司视察指导工作

●山西潞安矿业(集团)有限责任公司 ●山西潞安矿业(集团)有限责任公司

●山西潞安矿业(集团)有限责任公司

●山西潞安矿业(集团)有限责任公司

1. 2009年5月13日省委书记张宝顺在潞安集团视察时,用先进的"小灵通"与井下工作面工人通话
2. 2009年6月25日王君省长到潞安视察煤基合成油项目建设情况
3. 2009年10月22日国家能源局陈世海司长一行莅临潞安检查指导
4. 2009年4月13日潞安集团与中石油华北油田公司合作协议签字仪式
5. 2009年4月28日潞安集团与中国矿大(北京)战略合作签字仪式
6. 2009年6月17日潞安新疆煤化工(集团)有限公司与美国博地中国有限公司合作备忘录签字仪式
7. 2009年8月18日潞安集团党委书记王安民在全国国有企业党建工作会上作经验介绍
8. 2009年7月23日全国循环经济专家潞安行座谈会
9. 2009年10月11日潞安集团在上海与国内科研院所签定战略合作协议
10. 潞安集团委托国内相关高校培养第二学士学位

太原化学工业集团有限公司

董事长、党委书记　狄重阳

副董事长、总经理　武晋生

太原化学工业集团有限公司是国家“一五”期间建设的全国三大化工基地之一，是山西省综合性的特大型煤化工企业。公司所属单位29个，占地860万平方米，总资产82亿元，在册职工13340人。主要以煤化工、氯碱化工、精细化工为主；主要产品：聚氯乙烯、烧碱、己二酸、苯、合成氨、硝酸铵磷、甲醇、浓硝酸、焦炭、油漆、橡胶助剂、润滑油脂、硫酸、贵金属催化剂等50多种。

近年来，太化集团按照省委的统一部署和“转型发展、安全发展、和谐发展”要求，以“大改革、大发展、三次跨越”为发展战略，全力实施“五大工程”和“两大转变”，改造完善本部装置推动节能减排，优化产业结构调整增强核心竞争能力，实施改革改制减轻企业负担，整合优势资源壮大规模发展，加快推进非化产业和新基地建设，实现太化转型发展，全力打造“百亿太化、百年太化、绿色太化、和谐太化”。目前已形成了24万吨/年聚氯乙烯、20万吨/年氨醇、20万吨/年粗苯加工、100万吨/年高品质冶金焦和15万吨/年焦油加工的生产能力，2009年实现销售收入50亿元，在全球金融危机的重压之下仍保持了经济总量的平稳增长，实现了太化整体经济平稳、健康的发展。太化集团企业形象显著改善，企业信誉不断增强，发展环境明显好转，职工信任度持续提升，连续五年跻身全国石化行业百强之列、山西省30强企业和太原地区10强企业行列，始终位居山西省化工行业龙头地位。

粗苯加氢精制装置

园林式工厂—焦化厂

在全省国有资产监督管理工作会议上的讲话

山西省副省长　陈川平

（2009年1月19日）

同志们：

2008年是很不寻常、很不平凡的一年，应该说我国经受住了冰火两重天的考验。上半年我们经历了雨雪冰冻和汶川地震，下半年又遭遇了罕见的金融危机的冲击，也实现了我国百年奥运梦想。省属企业很好地完成了许多特殊任务，包括企业改革发展稳定的任务，取得了很好的成绩，也为我省和全国做出了巨大贡献。省属企业全年实现营业收入5154.4亿元，同比增长42.7%；上缴税金398.9亿元，同比增长42.4%；累计实现利润246亿元，同比增长26.4%；资产总额达到5951.3亿元，同比增长26.3%；净资产达到1917.1亿元，同比增长22.6%。这在全国来说，都是很好的成绩。

在肯定成绩的同时，我们必须保持清醒的头脑，要看到我们存在的问题。在刚刚结束的"两会"上，宝顺书记和王君省长都讲的十分清楚。宝顺书记讲：我省农业经济存在靠天吃饭的问题，现在看，我省工业经济也存在靠天吃饭的问题。我省的结构调整远远没有到位，产业单一的问题还非常突出。11月份，全国都受到了这次危机很大的冲击，但我们是全国受冲击最严重的省。财政收入和规模以上工业增加值都出现–24%增长，这在全国是绝无仅有的。全国出现负增长的只有北京、西藏、山西、海南。北京的服务行业占75%，同时受奥运会影响，出现负增长属于正常情况；西藏工业所占比重不大，且负增长是个位数；海南也是服务业为主，增长–1%左右。我省是从5、6月份增长20%以上，一下子滑到了–24%。我国中部地区虽增幅有所回落，但还是两位以上的增长，所以我省的形势尤为严峻。我省产业单一，特别是煤炭产业和以煤炭产业为基础的产业占到了全省工业经济的90%以上，而这些产业都是受到冲击最大的行业，产品价格基本都跌了一半。钢铁主要产品从6000多元/吨跌到了2600多元/吨，焦炭从最高2000元/吨跌到过最低600–700元/吨，所以，金融危机对我们的影响很大，我们结构调整的任务任重而道远。预计12月，我省规模以上工业增加值增幅还在–20%左右，可能比11月份好一些，但依然是全国形势最严峻的，由此也说明我们的任务还是非常繁重的。今年，省里确定的经济指标是导向性的，是可以随着形势发展变化调整的，历年来没有这种情况。王君省长讲：这是参照温总理在中央经济工作会议上的讲话中的提法。因为算出来没有那么多，GDP保持8%的增长是一个鼓舞士气、提高信心的指标。省里提出全省GDP要增长8%，规模以上工业增加值增长8%。实际上，规模以上工业增加值增长的幅度应该大大高于GDP的增长，大约应该在20–30%。即使是增长8%，但因为目前是–24%，所以实现目标的难度也是显而易见的。

今年，经济形势走势还是存在不确定因素，所以尽管省属企业今年的经济指标都有所下调，但要完成还是非常难的，任务艰巨。面对这样的形势任务，我强调几点：

一是要认真贯彻中央、省里领导一系列讲话精神。党的十七届三中全会、中央和全省经济工作会议、我省的“两会”以及刚刚闭幕的十七届三次中纪委全会上，中央和省领导都作了重要讲话，这些讲话都是管方向、管根本的，是我们克服困难的行动指南、信心和力量的源泉，我们要认真学习，贯彻落实好。

二是坚定信心，应对挑战，为我省经济平稳较快发展和全年目标的实现做出应有的贡献。我们对危机要正确认识，既不能掉以轻心，对其危害性、严重性估计不足，又不能惊慌失措，应对失当。“危机”的英文是Crisis，另外一个词意就是转折点。面对危机，肯定有部分企业要死掉，但还有一些企业经过危机会发展得更好。任何事情都有两面，有坏的一面，也有积极的一面。“文王拘而演周易，仲尼厄而作春秋”，困境使人发奋。越王勾践被吴王打败后，十年卧薪尝胆，终于成就霸业。所以，我们对危机要正确认识，勇敢地面对，积极地应对。就是战略上蔑视危机，战术上重视危机。我们精神状态一定要好，我们的信心一定要足。没有信心，没有意志力，将来的工作就要打折扣。如果我们领导同志在这方面信心勇气不足，就会影响整个队伍。我们应对危机的能力是我们实力和意志力的沉积，克劳赛维斯在《战争论》中讲：一个军队的战斗力是两个因素的沉积：一个是现在可以使用的手段，另外一个就是意志力。所以应对危机实际上是智力的较量，是一种利益格局的调整。优的可能就考试合格了，劣的就要被淘汰。

主席讲过：梅花喜欢漫天雪，冻死苍蝇未足惜。我看不仅是未足惜，而且是应该的，是自然规律，是优胜劣汰，是有益的。坏的环境，有时正是出现转机的时候，好的环境，容易养尊处优，其实也有不好的一面。所以，“山中老虎”能力强。宝顺书记讲：贵在信心，重在务实。比如太钢以前搞不锈钢，中国的市场基本是太钢一统天下。1998年以后，外国企业进入中国市场，太钢马上就不适应了，销售从10万吨退到了4.5万吨，新上设备闲置在那里，工人都下岗了。于是，我们积极采取措施，在反倾销的同时，努力寻求发展，现在太钢比世界上许多钢铁企业的设备、技术都要先进。虽然，现在太钢受出口和国家关税调整影响暂时不适应，但我还是对太钢充满信心。太钢虽然亏损，但从总体的经济规律和法则看，长远是好的。在中国高速发展的阶段，城镇化、工业化没有完成的情况下，好的钢铁企业总有发展的空间。现在我们要做的就是积极地应对，战术上重视。不好的一面要承受，吸取教训的一面也要达到。现在发展成本低，“走出去”的代价也相对较低，有实力的企业也要抓住时机加快发展。当然，发展要量力而行，不能光凭胆大，否则可能得到相反效果。要积极提升企业素质，实现“三个创新”：管理创新、技术创新、制度创新，要在这三个方面有所作为。省属企业作为共和国的长子，要把担子挑起来，危难时候显身手，努力增加贡献。

三是抓住有利机会，通过兼并重组，做大做强、改造提升。王君省长在《政府工作报告》中提出，工业结构调整要重点推进“四个一批”的工作：要下决心淘汰关闭一批落后产能；要下本钱改造提升一批传统产业；要下气力培育发展一批新兴产业；要下工夫做大做强一批优势企业。这“四个一批”既是工业结构的思路，也是国有企业发展的总体思路。国资委和省属企业要紧紧围绕这“四个一批”来推动国有企业改革发展。特别是兼并重组，它对我省“三个发展”来说至关重要，是转型发展的重要内容，是安全发展的重要基础，这是大势所趋。兼并重组的重点是煤炭企业，国务院安全生产电视电话会议上，山东省介绍经验，其中很重要的一条就是这两年大力推进煤炭企业兼并重组，提高单井规模，提高产业集中度，提高产业水平。所以山东今年煤炭百万吨死亡率是0.1。我省今年有了很大进步，但也才达到0.4。我们虽然也是先进，但和山东比还有差距。贵州省矿井规模平均在9万吨，百万吨死亡率在3.0多。南非是全球最好的，百万吨死亡率是0.013，其井工开采占60%，露天占40%，单井规模都在100多万吨。从以上情况我们可以看出问题，这其中道理就不用说了。这项工作的关键在于抓落实。王省长在《政府报告》中提出：明年要在全省17个行业开展专项整治，打击非法开采。对安全没有保障的，停下来整顿；对安全有把握的，加强监管。要求就一句话：敢于动真，敢于碰硬。今年，9·8溃坝事故对我们这项工作有影响。但王省长来我省后明确表示，已经确定的目标要坚定不移。省长在几个会上都讲：这项工作不要观望，各个市、各大企业都要强力推进。前几天，王省长给我打电话，要求就这项工作再进行深入研究，确定的目标一定要实现、要完成好。这是省里既定的大政方针，大家不要因为中间发生事故或出现一些问题就停下来，该做的还是要做，不要观望。要做大做强，"走出去"很重要，但首先要把周围的小煤矿兼并重组了。省政府优先支持大企业在省内发展，省内、省外的发展要协调统一起来。总之，大家不要受干扰，要按照省政府的部署，加快推进兼并重组。这既是省委、省政府的要求，也是企业自身发展的要求。

最后，我强调一下安全生产和稳定问题。今年省政府发的一号文件就是讲安全生产，省政府的第一个会议是安全工作会议，政府的第一个培训是安全的培训。省里市长助理和县长助理培训班的开班式上，省委组织部任部长做的动员，结业式是我做发言，讲的是安全生产的问题。前两天又搞了安全专项整治的一个培训班，我又去讲了一个小时。在刚刚召开的全国安全生产电视电话会议上，德江副总理强调今年是安全生产年。围绕这个中心，他部署了六项工作，即"三个活动""三项建议"。其中，打击非法是重点，特别要打击抗拒执法。襄汾溃坝事故中，就有抗拒执法的问题。各市的重点工作主要是打击非法生产，如果能按"三个一批"把非法生产打下去，山西安全生产的基础就打牢了。王君省长在大同讲：当前安全生产形势仍十分严峻，工作还一点把握也没有，稍不注意就可能出大事。为什么这么说非常严峻？因为专项整治、排除隐患的工作远远没有到位，思想认识还远远没有到位。我想确实存在这个问题。我们省属国有企业今年的安全生产工作的重点是什么，大家还要认真研究。要注意煤矿手续不全、超能力生产的问题，要在本质安全型、提高安全管理水平、标准化等方面上一个新台阶，保障能力要更加增强。要做到这一条，我们的领导干部一定要贯彻落实好党中央、国务院确定的"安全第一、预防为主、综合治理"的方针，要拿出足够的时间精力来研究安全生产。在这次学习实践科学发展观活动民主生活会讨论中，我找到我的问题之一就是抓安全的时间精力不够。我在太钢工作时，90%的时间精力是抓发展，抓安全的时间精力都没有10%，我想大家可能也一样。所以一定要保证抓安全的时间精力，不能开个董事会，说一说就行了。在这方面的差距，我们要尽快补上去。领导干部要把这项工作放在第一位，要经常不断地研究安全生产工作。要吃透上情，掌握下情，搞好结合，然后创新。中央监察部和我省监察厅都出台了《安全生产行政问责制度》，我省这个制度与在座所有人都有关系。问责的目的是促进两个责任的到位。现在这个制度还要征求所有被考核人的意见，再拿到省委研究，最后要很慎重地出台。山东省已经出台了“对号入座”的问责制度，“对号入座”就是先说领导责任，领导责任认定了，相关领导机关就要在规定时间内将其免职，事故调查完后，由谁承担事故责任是另外一回事。所以，今天是给大家敲警钟，希望在新一年里，不要有一个干部受到问责，因为问责后面就有死人的事发生。大家也不要再讲公平不公平的问题了，在岗位上就要负好责，不管尽了责任出现偶然性事故，还是工作不到位出了事故，都不要“摘帽好像刀砍头”，要正确对待这个问题。稳定方面，张主任讲的已经很全面。总的讲，今年省属企业的工作是很好的，为全省稳定做了很大贡献。《政府工作报告》提出今年要保增长、扩内需、调结构、重民生。要看到，现在企业困难了，许多职工就会困难，原来困难的企业会更加困难，就会出现许多具体实际问题，大量的工作要做。各企业的书记、董事长要分好工，配合好，把思想工作、稳定工作，把关心职工生活的工作做到位。有些企业和别的企业一样但问题出得多，原因就在于班子、在领导。各级政府和政府机关一定要为企业搞好服务。德江副总理讲：应对金融危机很重要的一个方面就是保企业。保企业就是保增长、就是保就业、就是保税收、就是保稳定。书记、省长在讲话中也多次讲到如何帮助企业克服困难渡过难关。最近，我省把中央出台的政策，包括省里原有的一些政策进行了研究，初步确定了省里的工作意见，包括降低费率、困难企业缓交保险、产业振兴扶持、银行支持等方面，这个意见出台后会给企业提供很大帮助。书记、省长对我们国资系统非常重视，王君省长提出要给予企业“保姆式”服务，要求政府部门要深入下去主动调查研究，企业也要积极上报情况，提供有价值的信息。总之，要通过努力把金融危机应对好，把全年工作完成好。

新的一年快到了，借此机会，给大家拜个早年，祝大家新年快乐，新的一年一切都好！谢谢大家！

沉着应对金融危机 认真做好各项工作 促进省属企业平稳较快发展

——在全省国有资产监督管理工作会议上的讲话 张崇慧

（2009 年 1 月 19 日）

同志们：

这次会议是在我们积极应对国际金融危机挑战的关键时刻召开的。会议的主要任务是，全面贯彻落实十七大、十七届三中全会、中央经济工作会议和全省经济工作会议精神，深入贯彻落实科学发展观，回顾总结 2008 年国资监管和国企改革发展情况，分析当前面临的形势任务，安排部署今年的工作，落实省属企业经营业绩责任制和党风廉政建设责任制，进一步推动全省国有经济布局结构调整和国有企业改革、稳定、发展，尤其是研究应对国际金融危机对实体经济的影响，保持我省国有企业平稳较快发展。省政府对这次会议非常重视，川平副省长亲临会议并将作重要讲话，我们要认真学习，深刻领会，扎实贯彻落实。下面，我讲三个方面。

一、2008 年主要工作情况

刚刚过去的 2008 年是极不平凡的一年。我们经历了南方低温雨雪冰冻和汶川特大地震自然灾害的考验，实现了世人瞩目、百年期待的奥运梦想，也遭遇了国际金融危机的严重冲击。面对这些重大的挑战和考验，在省委、省政府的坚强领导下，全省国资系统深入贯彻落实科学发展观，不畏艰险，迎难而上，各项工作都取得了新的进步。截至2008年12月底，我委监管的省属企业资产总额达到5951.3亿元，同比增长26.3%；净资产达到1917.1亿元，同比增长22.6%；累计实现营业收入5154.4亿元，同比增长42.7%；上缴税金398.9亿元，同比增长42.4%；累计实现利润246亿元，同比增长26.4%。根据国务院国资委最新统计，我省监管企业资产总额、所有者权益在全国各省中排名第四，营业收入、利润总额排名第二。省属国有企业和各市骨干企业继续保持了又好又快的发展态势，在全省经济社会发展中凸显了重要骨干作用。2008年，省属企业经济发展大体呈马鞍型。年初经济指标起步不错，6～9月进入快速发展的阶段，每月营业收入都在500多亿，10、11月下降比较多，12月份又有所回升。利润1～9月达到280亿，后几个月又有所下降。利润下降的另一个原因是煤炭企业利用这样一个总体上不错的机会去解决多年历史欠账，特别是在职工生活、工资、年金收入上，虽然减少了利润，但企业的发展后劲和职工生活有进一步改善。

（一）国有企业改革工作稳步推进

省市国资委积极发挥在全省国企改革中的牵头作用，坚持不懈地把国企改革作为首要任务抓紧抓好，坚持不懈地做好国企改革的指导和服务，坚持不懈地克服困难、完善制度，努力协调方方面面合力攻坚，全省国企改革稳步推进。

一是企业转制工作迈出新步伐。及时协调解决了部分省属国有企业改制中存在的土地问题和参加养老保险社会统筹的退休、退职人员取暖补贴的问题，加快了省属企业转制的步伐，累计完成改制131户，占改制企业的73.6%，其中省国资委监管企业的子企业有34户，占拟改制监管企业子企业的82.9%；省直部门所属企业97户，占拟改制省直部门企业总数的70.8%。特别是省国资公司大胆探索，积极应变，将部分已经列入国家破产计划的企业调整为转制搞活谋求发展，为财政节省约2.5亿元的兜底资金，实现了职工满意和企业新生的“双赢”。省国资公司就是其中一个很好的典型，年初他们的工作就引起川平副省长的重视，国资委也适时给予指导，“破产工作三原则”也是由此总结出来的。

二是关闭破产取得新突破。针对2008年企业出现的新情况，我们适时提出了“能不破产的就不破；能破则破；不能破的不破”破产工作原则，较好地解决了企业改革中面临的稳定问题。制定出台《关于省属国有企业关闭破产工作的补充通知》，与太原市中级法院就如何加快法院受理速度的问题达成了有关意向。政策性关闭破产方面，目前国家共批准我省政策性关闭破产项目163户，已破产终结的项目有100户。依法关闭破产方面，原省直各部门和国资委监管企业总体改革方案中176户拟破产企业，经过审查符合破产条件的有116户，现已批复破产的项目105户，占拟破产总数的90.5%，其中，国资委监管企业36户，有1户已破产终结，12户进入法律程序。在省国资委的指导协调下，吕梁市国资委妥善解决了吕梁丰喜的股权纠纷问题，完成了吕梁化肥厂的政策性破产工作。晋中市国资委下大力气推进晋华、锦纶、轻机的破产工作，借资6181万元，妥善解决职工普遍关心的欠发工资、拖欠医药费、医疗保险等问题。太原市国资委通过经济补偿、自谋职业、提供公益性岗位等多种渠道帮助职工再就业,太原变压器厂等12户企业顺利进入破产法律程序。朔州市国资委将朔州化肥公司土地转让金用于职工安置,最大限度地保障了职工利益。

三是基本完成省属企业主辅分离和自办中小学校移交工作。在2008年累计完成了115户辅业分离改制任务的基础上,又完成辅业改制28户,其中改制为国有控股12户,非国有的16户,分流安置职工3821人,落实安置职工的经济补偿金1.2亿元。完成301所企业自办中小学校实质性移交工作,占省属企业自办中小学校总数的97.1%,基本完成分离移交任务。

(二)国有经济布局结构进一步优化

一是加快省属煤炭企业整合地方煤矿步伐。在2006年下发晋国资产权【2006】94号《关于省属企业收购地方煤矿有关问题的通知》的基础上,省国资委又先后制定下发了《关于省属企业整合地方煤矿及引进资金合作煤炭项目有关规定的通知》等三个文件,进一步规范了省属企业煤炭资源整合的审批和矿业权评估核准等工作,积极推动山西煤矿企业兼并重组私募股权基金的设立工作。按照省政府打好小煤矿整顿关闭攻坚战的总体部署,省属煤炭企业加快兼并、收购地方中小煤矿步伐,全年经国资委批准收购和整合地方煤矿106个,获得资源储量89亿吨。同煤集团按照"成熟一个、推进一个"的思路,在临汾、运城、大同、朔州等地区收购控股了8座煤矿,整合优质资源16亿吨。潞安集团全资收购了13座地方煤矿,实施关小建大,"十三矿变三矿",夯实了企业发展基础。焦煤集团抢抓政策机遇,与58座地方煤矿(总产能1015万吨)达成兼并重组协议。晋煤集团、阳煤集团也在资源整合中取得明显进展。

二是加大国有企业重组力度。积极推动省属企业与其他省市企业联合重组和整合本地产业,延伸产业链条,实现多元发展,努力打造一批资产实力雄厚的大集团大公司。阳煤集团斥资15亿元收购丰喜肥业等6家化工企业,煤化工产业初具规模,产业链进一步延伸。晋煤集团完成了与浙江巨化集团、巨化股份等企业的合资合作,非煤产业的比重上升到63.5%。大同齿轮集团与中国重汽集团重组,有望建设成为中国最大重汽零部件生产企业。其所持太原重工的股份划转到太重集团,确保了太重集团有限公司对太原重工上市公司的实际控股权。我们还按照"母子公司"模式,完成了省经贸资产经营有限责任公司和省有色金属工业总公司的重组,提高了企业竞争实力和发展后劲。

三是加快实现股权多元化。制定了《省属企业2008年—2010年上市融资规划》,组织有关企业从实际出发实施上市和再融资工作。太钢不锈、太原重工完成股票定向增发,融资44亿元。同煤集团、晋煤集团分别对定向增发方案和首发上市方案进行了调整。煤炭进出口集团和省煤运集团正在积极收购上市公司控股权,通过定向增发股票实现主业资产上市的工作正在进行中。焦煤集团抓紧推进股权重组整体上市工作。阳煤集团和同煤集团积极与信达等资产公司协商沟通,推进债转股后续工作,修改补充了公司章程,完成了债转股新公司的工商注册。

四是全力推动"十一五"规划项目建设。编制完成省属企业煤层气、天然气、电力和服务业专项规划。开展了"十一五"规划中期评估。组织太化集团、太原煤气化开展搬迁筹备工作。认真做好重点项目的跟踪服务工作,对省属企业投资统计实施了动态管理。全年省属企业计划实施投资项目380个，计划投资537.8亿元，截至年底，预计可完成投资340亿元，占年计划的63.2%。焦煤集团山西焦化扩建二期工程，同煤集团塔山矿井，潞安集团屯留矿井，晋煤集团煤层气电厂，阳煤集团开元煤矿技改工程等一批重点项目建成投产；太钢集团自备电厂，焦煤集团斜沟、庞庞塔煤矿和古交电厂二期，同煤集团同忻矿井、塔山电厂，潞安集团高河矿井、高纯度多晶硅项目，国际能源兆光电厂二期、平朔煤矸石电厂等一大批具有带动和示范作用的重点项目正在抓紧实施。

五是积极推进“引进来、走出去”战略。在招商引资方面，省属企业在第二届煤博会上继续发挥了主力军作用，15户省属企业参展，签约项目55个，投资和贸易总额113.4亿美元，拟引资额24.4亿美元。其中，投资合作类项目28个，投资总额100.5亿美元，贸易类项目27个，交易金额12.9亿美元。各市国资委和市属企业也在招商引资工作上取得了丰硕的成果，晋城市国资委代表市政府与中海油签订了投资120亿元合作建设晋城煤化工二期项目的合同。大同市国资委与冀东水泥集团公司达成合作协议，引资15亿元。在引进战略投资的同时，省属企业也放眼国内外，积极拓展资源项目、合作经营等业务领域。太重集团签订了首钢迁安铸造起重机等一批具有影响力、超亿元的重大项目，国外订货量达16亿元，全年销售收入突破百亿元。建工集团开发宁夏、青海市场，在天津等省市积极竞标，并在境外承接了斯里兰卡纪念班达拉奈克国际会议中心等重大建设项目。潞安集团2007年在新疆取得200亿吨资源，重组了哈密矿务局，建设500万吨/年煤矿和露天煤矿。今年又在新疆完成了三个矿井的技术改造，产能提升为1040万吨/年，在内蒙购买了88亿吨煤炭资源，内蒙公司正式挂牌运营，300万吨/年的赛罕煤矿开工建设。太钢集团的缅甸镍矿、土耳其铬矿、澳大利亚铁矿等海外资源投资项目已签署了股东合作协议。焦煤集团实施煤钢、煤电、煤港联盟战略，对外发展取得了阶段性成果，与首钢合作签约曹妃甸1000万吨钢铁基地420万吨焦炉项目，并与宝钢八一、武钢防城港以及鞍钢达成了合作意向。最近，焦煤又和新疆签订战略合作协议，取得几十亿吨煤炭资源。

（三）国有资产监管继续加强

一是加强法规体系建设。加强对我省国资监管和国企改革发展的法规制度研究，起草了《关于支持五户省属国有重点煤炭企业发展的政策建议》，对《国资法（草案）》、《山西省煤炭条例（修改草案）》等十多个政策法规提出修改意见。加强省属企业总法律顾问建设，省地方铁路公司、太重集团2户企业聘任了总法律顾问。与省高院、财政、信托等加强协调，解决三维华邦债权债务纠纷，避免了数千万元的直接经济损失和三维35亿再融资计划被搁置的危险。晋中市等国资委制订了《市属企业国有产权转让实施办法》等一系列地方性规范文件，促进了国资监管法规体系的建设。

二是加强业绩考核体系建设和领导人员薪酬管理工作。落实了省属企业年度经营业绩责任和任期经营业绩责任。完成省属企业2007年度及2005-2007任期的经营业绩考核结果认定工作。建立了业绩考核对标体系，以此为基础建立了相应的评分办法。将节能减排指标列入考核指标体系，推进了省属企业节能减排工作的实施。完成2007年度企业领导人员薪酬测算和兑现。制定企业工资总额管理措施，完成了企业工资总额审核。下发了《关于进一步深化省属企业劳动人事工资分配改革的指导意见》，对企业三制改革起到有力推动作用。

三是加强财务监管和统计评价体系建设。出台《山西省省属企业财务预算管理办法》，基本形成了完整的财务监督工作体系。完成2007年省属企业财务决算审核批复和国有资产统计工作。加大省属企业财务动态监测和财务监督工作力度，重点加强对效益下滑幅度较大企业的协调督促，采取扭亏措施，转变被动局面。积极推进省属企业执行新的《企业会计准则》，建立了执行新准则重要财务事项审批备案管理制度。做好省属企业全面风险管理工作的前期准备工作，提出了省国有资产运行风险管理体系制度的框架构想。加强企业改革改制的清产核资工作，完成了总额近40亿元资产的清产核资。阳泉市国资委积极推行企业预算管理，完成了对35户独资和控股企业开展企业内部财务管理制度验收，对部分企业试行全面预算管理，企业财务管理得到加强。

四是加强国有企业产权管理。制定我省企业国有产权登记年度检查和数据汇总计划，开展了2007年度企业国有资产产权登记年度检查和数据汇总工作。加强对省属企业清产核资核销权益的不良资产的清理回收处置工作，清理接收资产总额5.5亿元。加强对从事省属企业资产评估等中介机构的选聘和监督。进一步完善产权交易市场管理机制，积极推进企业国有产(股)权进场交易。省产权交易市场全年完成交易项目37个，成交金额27.45亿元。各市国资委全面加强产权规范管理，促进国有资产合理流动。大同市积极完善市直煤矿改革，收回国有产权转让价款2008.9万元。阳泉市扩大交易范围，将泉东化工有限公司经营权在市产权交易市场公开转让。临汾市产权交易中心成为"北方产权共同市场理事单位"。

去年，襄汾发生尾矿库溃坝事故，死亡270多人，造成非常大的损失和影响。由于我们在国有资产流转上严格把关，规范程序，维护了国资监管的尊严。2005年该矿在省产权交易中心进行转让时，从临钢、到太钢、到省国资委和产权交易市场，所有程序都是严格、规范的，国资委的审批没有瑕疵。如果当初在产权交易上把关不严，国资委的责任就非常大。因此，这项工作一定要认真总结，规范进行产权交易一定要引起重视。在此，再次强调，省属企业产权转让必须做到100%进场交易，必须做到100%向国资委申报。

五是强化监事会监管力度。完成了省属企业监事会换届改派工作，调整了省煤运、同煤、阳煤、晋煤等债转股企业的监事会组成人员，完成了对新组建的山西国际能源集团的监事会派驻，并相应完成了各省属企业兼职监事的换届工作。强化了当期监督，先后完成太钢、太化、太重等10户企业的监督检查报告，提交了三份专项报告。完成了太钢、焦煤等11户的企业主要领导的经济责任审计。对2006、2007两年监事会监督检查报告中揭示的企业存在问题及整改落实情况进行了整理汇总，对企业投资、担保中需整改的问题进行了跟踪检查。加强与纪委和相关监督机构的沟通协调，较好地形成了监督合力。

六是理顺资产经营公司资产管理体制。经过几年的努力，推动省政府以晋政办发【2008】100号文件下发了《山西省省级财政性委托贷款核销和转增国家资本金办法》，明确了政府各职能部门管理、按照有偿原则以委托贷款和委托持股等形式周转使用的财政性资金，转增为相应资产经营公司的国家资本金，使我委对这些公司的资产管理落到了实处，相应的这些企业的财务核算也有了基础和前提。

(四)党的建设、领导班子建设和党风廉政建设等各项工作取得新成绩

一是切实加强省属企业领导班子建设。积极开展"四好"领导班子创建活动,表彰了省属企业"四好"领导班子先进集体。与组织部联合下发《关于进一步加强监管企业领导班子建设的意见》,明确了企业领导干部的任职、考核和干部交流、培养方面的有关规定。制订《省监管企业领导班子及成员任期考核工作方案》,结合年度考核,对33户省属企业领导班子及成员进行了全方位的任期考核。制定了《省属企业外部董事管理办法》、《独立董事备案管理暂行办法》、《省属企业领导人员职务任期制暂行规定》和《部分省属企业总会计师工作选拔工作方案》,初步建立了科学规范的选人用人机制。对20户企业的98名领导人员进行了考察调整。加强人才培养和储备,通过严格审查考试,选拔了100名优秀人才到上海交大安泰经济管理学院进行为期四个半月的学习培训。据我们掌握,培训班的学习效果很好,学员们收获很大。今后,国资委和企业要从学以致用出发,把他们放到一定的岗位上去锻炼,这是个很重要的导向。今后国资委选拔使用干部不可能都是这些人员,但是有相当一部分要从这里面考虑,今后这样的班还要办。此外,国资委以资本运营、股票、债券和人才创新等为重点内容,组织省属企业干部参加各类培训14次,培训人员500人次。

二是切实加强党建、思想政治、精神文明和企业文化建设。按照省委统一部署,从10月16日开始,省国资委党委及直属机关26个支部参加了全省第一批深入学习实践科学发展观活动,紧紧围绕"转型发展、安全发展、和谐发展"和国资委三大任务,深入学习、深入调研、深入查找差距和问题,取得了初步成效。认真组织省属企业学习贯彻党的十七大会议精神,开展学习宣传科学发展观主题活动。组织开展了企业党团组织换届选举工作,指导省属企业开好年度民主生活会。扎实抓好党员培训发展工作。组织了"特殊党费"的收缴工作。配合应对全球金融危机开展相关宣传工作,起到了稳定人心和提升信心的作用。举办了"山西国有企业改革开放三十周年"摄影作品展,出版了纪念论文集。省属企业普遍持续开展"文明和谐"创建活动,涌现出一大批国家级、省级和省属企业文明单位。潞安集团党委实施绩效管理,在将党组织政治优势转化为经济社会发展优势和市场竞争优势方面成功闯出一条新路。汾酒集团完成了电视剧《杏花魂》等拍摄工作,进一步提升和创新了汾酒文化。太化集团持续开展"保持党员先进性、三次跨越当先锋"主题活动,充分发挥基层党支部的战斗堡垒作用和党员的先锋模范作用。省煤运公司进一步健全集团公司各级工会组织,完善职代会制度,切实推行了企务公开。

三是加强企业党风廉政建设和反腐倡廉工作。积极构建党风廉政建设责任制工作机制,加强了对企业执行"七不准"要求的检查督促。深入部分企业进行调研督察,督促并帮助企业解决了一些群众关注的热点问题和班子急需解决的难点问题。全力推进企业效能监察工作,重点对大型工程建设项目实施了全过程的效能监察并取得了积极成效,省属企业全年共完成立项1385项,建章立制763条,堵塞漏洞682个,为企业挽回经济损失7.1亿元,增加经济效益9.5亿元。进一步深化源头治理,在企业招标过程中,清退资质不合格单位和废止违规招标达300余起，为企业节约资金近20亿元。从煤炭营销、煤炭资源整合入手，积极推进煤焦领域反腐败专项斗争。认真开展了对煤炭基金的专项清理工作，收回基金近4.6亿元。严肃查办各种腐败案件。各级纪检监察部门共受理信访583件，查结案232件，给予党纪政纪处分598人，挽回经济损失近1亿元。特别是查处了三维集团原董事长、党委书记仝立祥不经集体研究，擅自为民营企业提供巨额贷款担保，给企业造成重大损失的案件；经贸资产公司原董事长、党委书记王毅、总经理王怀国将国有资产（房产和资金）入股和出借给民营企业，导致巨大损失的案件；原乡镇煤运公司董事长李传怀、副总经理李宝山严重失职，造成山西天然气股份公司虚假增资、虚报工程款、涉及他人贪占9500万元的案件等，对规范企业经营决策行为起到了积极的作用。

（五）发挥骨干作用，在履行社会责任方面做出新贡献

面对特大自然灾害，省属企业以国家利益和人民利益为己任，积极履行社会责任，为全国能源供应和经济社会发展做出重要贡献。雨雪冰冻灾害期间，省属煤炭企业坚决按照胡锦涛总书记的指示，舍弃自身利益，加紧产煤运煤。一季度完成原煤生产8566.7万吨，同比增长10.18%，为抗灾斗争的全面胜利起到了极为重要的作用；8、9月份，按照李克强副总理在山西考察时的指示，省属煤炭企业继续发挥骨干作用，增加煤炭产量1000多万吨，缓解了全国“煤电油运”紧张局面，保证了电力的“迎峰度夏”和“北京奥运会”的顺利召开；汶川地震后，省属企业积极向灾区捐款捐物，累计达2.1亿元。省属煤炭企业还派出矿山救护队，汽运集团组织车队运送四川民工返回家乡，医药集团向灾区捐赠了药品，省建工集团派出11支施工队承担灾区过渡安置房的建设任务等，为灾区抗灾做出了突出贡献。

为扎实做好稳定工作，确保奥运会成功举办，省属企业积极开展大接访活动，认真开展重信重访专项治理活动。省国资委积极组织检查督导，及时处置了太化集团磷肥厂、太重集团山西机器制造公司等群体性突发事件，加强进京上访人员劝返接回及稳控工作。特别是全力以赴地解决了路桥集团的问题，解除了重大矛盾隐患。

（六）沉着应对金融危机，在发挥对全省经济的影响力和带动力作用方面做出新成绩

进入第四季度以来，受国际金融危机和我国实体经济普遍遭遇困难的影响，省属企业煤炭、电力、钢铁、化工等重要产品产量全部出现同比下降趋势，部分企业出现亏损。面对这一严峻形势，省国资委在10月30日、11月19日、12月5日先后召集部分企业座谈，听取了企业的生产经营情况、经济工作中遇到的困难问题和市场形势的预测，共同研究对策，积极应对挑战。省属企业干部职工确立过紧日子的思想准备，上下一心，把握国家、省扩大内需的政策机遇，及时调整经营策略，加强内部管理，强化风险管控，严格控制成本、费用增长，努力遏制经济效益下滑走势。太钢集团以质量和品种立企，力求“人无我有，人有我优”，开发出多种不锈钢新产品占领国内市场。国际能源积极寻求与省外投资主体合作，开发直供外省电源项目，积极开发风电等新型能源、煤层气项目和城市垃圾发电、污水处理等资源综合利用项目等。国际电力积极利用近期获准发行的中期票据、短期融资券、可转换债券等金融品种，优化公司债务结构，降低财务风险。焦炭集团推动甲醇加油站、岚县葛铺煤矿等重点项目建设，积极与焦化行业协会、焦化企业联盟协调行动，共渡难关。医药集团加大技术创新，加快研发国家一类粉针药“头孢噻肟钠/舒巴坦钠”。能源产业集团抓紧实施晋城至侯马煤层气输气管道工程项目。地方铁路公司积极参与山西中南部铁路出海通道建设的前期工作等。通过采取一系列有力措施，省属企业基本保持了平稳运行，确保了国有资产保值增值。

在过去的一年，省属企业和全省国有企业知难而进，勇挑重担，付出了极大的努力，做出了重要的贡献，取得了令人瞩目的成绩。在此，我代表省国资委和国资委党委，向全省国资系统的全体干部职工和各市、各市国资委、各省属企业的领导表示衷心的感谢！在肯定成绩的同时，我们必须清醒地看到，目前企业经济运行中的困难和问题还很多，全省国资监管工作和国有企业改革发展中的问题还非常复杂，特别是受国际金融危机的影响，今后一段时间企业的生产经营和改革发展可能会更加艰难。对此，我们必须引起高度重视，采取有力措施努力克服，认真应对，通过扎扎实实的工作，确保省属企业的平稳较快发展。

二、2009年面临的形势和任务

关于2009年的经济形势，中央和全省经济工作会议已经作了全面深入的分析。总的判断，2009年可能是新世纪以来我国经济发展最为困难的一年，也是蕴含重大机遇的一年。从国际看，金融危机尚存在诸多不确定因素，而且对实体经济的影响正进一步加深，后果还会进一步显现，今年我国发展的外部经济环境将更加严峻。从国内看，经济下行趋势由下游行业向上游行业、由沿海向内地、由中小企业向大企业传导，市场环境趋紧，经济增长速度明显放缓，电力、煤炭、石化、钢铁、有色金属、轻工、纺织、建材、房地产等一些行业生产经营都面临较大困难，相当一部分企业开始亏损。从我省看，宏观经济环境的重大影响与自身结构性矛盾相互交织，我省经济特别是工业经济出现多年来少有的大幅度下滑，具体表现在以下几个方面：一是能源、原材料等主导产业受到严重冲击。煤炭行业面临市场变化，经营压力增大；焦炭行业大幅度限产，多数企业亏损；冶金行业连续6个月负增长，除太钢、长钢外，多数中小钢铁企业停产半停产；电力行业出现近几年少有的负增长。二是全省工业投资衰减加重，新开工项目计划总投资同比大幅度下降。三是制约企业特别是中小企业发展的现实困难的潜在风险加大。四是企业经济效益下滑导致的就业形势严峻、职工收入增长放缓。五是节能减排和安全生产的压力增大。就我们省属企业来说，从去年3季度开始，企业的生产经营增速明显回落，部分企业产品销售不畅，库存急剧增加；经济效益急剧下滑，减利和亏损企业逐步增多，亏损企业亏损额增加；部分企业资产负债率上升，资产流动性下降，少数企业盲目扩张导致了营运资金不足，并由此带来一系列问题。

省属企业在全省国民经济和社会发展中具有举足轻重的作用。省属企业保持好的发展态势，对于稳定全省经济，促进经济平稳较快发展，有着十分重大的意义。今年是新中国成立60周年，也是战胜国际金融危机，保持经济平稳较快发展的关键一年。我们必须牢记责任，勇挑重担，积极应对，防止出现大的起落，为全省经济平稳较快发展做出应有的贡献。在今年工作中要注意把握好以下几点：

一是既要充分认识金融危机的严峻性，更要坚定战胜困难的信心。这场历史罕见的国际金融危机，冲击力极强，波及范围很广，对世界经济和我国经济的影响十分深远。我们要有充分的认识和足够的重视，防止由于估计不足和准备不够而陷于被动，同时也要认识到“信心比黄金更重要”。虽然危机和挑战前所未有，但我们也具备应对危机、战胜困难的基础和条件。首先，经过多年的改革发展，企业负担逐步减轻，特别是近年来，企业经营规模、经济总量和效益快速发展，绝大多数省属企业都积累了较为坚实的物质基础，抵御风险能力显著增强。其次，我省省属企业从整体上已形成坚实的产业基础，同时具有山西特有的区位优势、比较优势和后发优势，市场潜力巨大。第三，中央和我省已经出台了一系列保增长的措施，为我们战胜危机稳定发展提供了良好条件。只要我们坚定信心，准确判断，积极应对，一定能够抵御这场危机的冲击。

二是既要积极应对金融危机的冲击，更要发现和把握其中蕴含的机遇。面对金融危机的冲击，省属企业要密切跟踪相关行业变化，努力化解危机带来的冲击。更重要的是，要从变化的形势中捕捉和把握发展机遇，在逆境中发现和培育有利因素。当前，高污染、高能耗和资源型行业市场低迷，为加大关闭整顿力度和淘汰落后产能创造了条件，有利于我省国有经济结构的调整和发展方式的转变。能源原材料市场供需逆转、生产收益水平大幅度降低，有利于推进煤炭等行业资源整合、企业重组。国际技术、装备市场行情看低及其出口管制放松，有利于我们引进先进技术和重要设备。沿海地区部分产业由于竞争力下降，加快了产业梯度转移，有利于我们对外招商引资。我们要善于把握这些机遇，把有利条件运用得更加充分，把措施准备得更加周密，在逆境中获得更好发展。

三是既要做好当前应对工作，更要立足长远，从打造“百年企业”出发，实现内涵式发展。应对危机的挑战，最根本的措施是要练好“内功”。要在完善体制机制、提高管理水平、加强风险管控、增强创新能力、提高队伍素质、打造本质安全型企业等基础工作上下更大的功夫。不断转变发展方式、优化资源配置，实现企业科学发展。越是在困难的时候，越是要抓住这些企业发展的根本，切实采取措施，加大工作力度，全面提升核心竞争能力。

根据全省经济工作会议的总体部署，2009年，我们的基本工作思路是：认真贯彻党的十七大和十七届三中全会精神，深入贯彻落实科学发展观，按照全省经济工作会议部署和“转型发展、安全发展、和谐发展”的要求，积极应对金融危机，努力防范企业经营风险，切实维护企业和谐稳定，着力转变企业发展方式，不断深化国有企业改革、优化国有经济布局结构，促进省属企业平稳较快发展。

总的目标任务是：省属企业资产总额达到6600亿元，同比增长12%；净资产达到2100亿元，同比增长10%；营业收入达到5600亿元，同比增长10%；实现利润180亿元。

三、2009年主要工作

面对当前的形势，按照今年工作总体思路和目标任务，我们要着力抓好以下工作：

一是继续推进国有企业改革，增强发展动力

按照省委省政府用三年左右时间完成我省

国有企业改革的部署，省属国有企业改革已取得重大突破，大部分改革任务已经完成，但遗留的改革任务难度很大。受金融危机和国际国内股市下跌的影响，省属企业上市工作和股份制改革受到很大阻力。省属企业完善法人治理结构的任务也非常艰巨。因此，省属企业要继续将深化国有企业改革作为一项重要任务抓紧抓好，通过进一步改善资本结构，减轻企业负担，争取发展资金，有效盘活资产，以及成功构建“运作规范、管理有效”的企业董事会等工作，为企业的发展打下坚实基础。

积极采取措施，稳妥推进国有企业改革。要在巩固已有改革成果的基础上，不断探索和总结经验，坚持“先易后难”、“一厂一策”的改革方针和“能不破的不破，能破则破，不能破的不破”破产工作原则，在努力确保企业和社会稳定的前提下加快推进国有企业改革。要加大转制搞活工作力度，对未完成改制的企业，特别是省直部门所属企业，积极给予政策支持，调动各厅局的积极性加快实施；要进一步加快劣势企业退出步伐，全面完成依法破产预案的上报审批，抓紧实施列入国家政策性关闭破产计划的破产项目和已经审批核准的依法破产项目；深入推进主辅分离辅业改制工作，对已分离核算的辅业进一步加大内部整合、专业化管理和市场化运作的改革力度。对改制为国有参股、控股的辅业，要继续加大国有资本退出的力度，加快民营化进程；全面完成分离移交企业自办中小学校工作，对未接收企业中小学的个别市，采取有力措施推动其尽快完成移交，对已移交当地政府学校的遗留问题，按照政策努力协调解决。积极推进煤炭企业可持续发展试点工作，按照统一部署、分类实施、政企联动、分离和改制相结合的原则，加快启动分离重点煤炭企业中除中小学、公安外的其他企办社会职能，切实减轻企业负担。

深化股份制改革，加快上市融资工作。加快推进省属企业股份制改革，鼓励省属企业之间、省属企业与中央、地方企业相互持股，鼓励上下游企业相互参股，促进投资主体多元化。积极探索上市公司国有股全流通后的股权管理工作，按照“A股为主，突破境外”的思路，加快推进省属企业境内外上市和再融资工作。已经实现部分资产上市的企业，要抓住境内外资本市场调整机遇，加快资源整合，把优良主业资产注入上市公司，实现主业板块或集团整体上市。晋煤集团蓝焰股份争取实现首发上市。天脊集团和中条山有色金属公司要加快推进上市工作。煤炭进出口公司、省煤运集团完成收购上市公司控股权后，要尽快实施主业资产与上市公司重组，实现企业整体或优质资产上市。西山煤电、国阳新能、山西焦化、潞安环能、太化股份等上市公司要争取在证券市场实现再融资。大企业集团的中小企业要积极争取到创业板上市，有效盘活资产。

加强董事会建设，完善企业法人治理结构。要按照国资委和省委组织部下发的《关于进一步加强监管企业领导班子建设的意见》，推进领导班子年轻化、知识化和干部交流等工作，进一步规范公司股东会、董事会、监事会和经营管理层的权责边界，优化董事会结构，提高董事会的决策水平。要规范董事会、经理层的工作程序和议事规则，落实董事重大事项表决签字和董事重大决策失误责任追究制度。开展外部董事试点，建立和完善外部董事和独立董事管理制度，对上市公司独立董事实行任前备案。落实董事会依法聘用经营者的权力，探索董事会选聘经理层的有效方法。几年来，国资委在这方面提了许多要求，做了许多工作，但总的讲，还很不够。法人治理结构的协调运转是现代企业制度的重要方面，我们要争取每年在这方面都有所进步，通过几年的努力，使现代企业制度下的法人治理结构能够真正完善起来，它的内涵、实质性内容能按现代企业制度的要求很好地运转起来。要进一步完善领导人员任期制。把省属企业领导人员年度考核与经营业绩考核结果及领导成员分管工作相结合，与外派监事会、省纪委及省委巡视组、国资委纪委日常所掌握的情况相结合，建立完善企业领导班子及成员考核评价办法，认真做好企业领导人员年度考核工作。今年初，我们对企业领导班子进行了2008年度和任期考核，对领导班子建设和领导人员个人的德、能、勤、绩、廉要做出客观评价。作为一项重要工作，今后每年要考核一次，把考核结果作为对企业领导人员任用、奖惩的主要依据。

二是优化经济布局结构，实现“转型发展”

省委提出的“三个发展”对国资委的工作来说更加具有针对性，省国资委和省属企业要放在2009年工作的重要位置努力推进。要按照市场导向和可持续发展的原则，立足比较优势，坚持走新型工业化道路的同时，大力发展服务业。要在产业结构、产品结构、企业组织结构、资本结构和技术、管理创新以及节能减排和发展循环经济方面加快调整，不断提高国有经济的活力、控制力和影响力。当前重点要抓好传统产业向关联产业、资源原材料深加工产业、高新技术产业和现代服务业拓展、延伸，由相对分散的生产模式向规模化、集团化和园区建设转变。

要大力改造提升传统产业，提高产业素质。抓住国家实行增值税转型改革的契机，加快设备更新和技术改造，实现产业、产品的升级换代。我省确定的煤炭企业兼并重组的方针，是我省煤炭工业的大政方针，是通过几十年发展、摸索出的一条道路。我个人认为，煤炭工业当前存在的弊端之一就是煤矿私有化。在中国煤矿私有化不是出路，但私人可以通过股份制形式作为资本持有者参股或参与管理，这样就避免了各种短期行为。弊端之二是煤炭做为产品和商品，原始属性的比重较大，煤炭生产的装备水平对产品质量的影响不大，煤炭的质量与煤矿的规模也没有直接关系，于是小煤矿就有可能在投入上偷工减料，该上的安全设施不上，该有的几大系统没有。如果政府的管制不到位，就呈现多、小、散、乱，这就造成了煤矿安全事故和重大隐患。所以国家和我省确定的兼并收购中小煤矿的政策是完全正确的。通过大矿收购重组，关小上大，改小上大，根本上提升全省煤炭行业生产力水平，在体制和生产力水平上解决根本问题。这个政策的操作上，不是简单地剥夺中小煤矿主的权利，而是通过让他们作为资本持有者参股、参与管理，形成大企业主导煤炭生产的格局，这对国家能源安全和煤矿安全都有重要意义。因此，省属煤炭企业要按省里的要求积极整合地方煤矿。兼并收购过程中一定要把握两点：一是要积极带头，抓住机遇发展；二是要慎重，要有所选择。一定要干大的，不能干小的，如果也搞小煤矿，你面临的问题更多，还不如现在的私人矿。还要同时积极推进现代化矿井建设和对地方煤矿重组后矿井的技改、扩建工作；煤焦经销企业要下大力气落实“两个做实”（做实销售、做实煤源）。“做实销售”首先体现在自己的煤要自己卖，不能收点钱让别人卖，这不是企业的发展趋势。要有发煤站、洗煤厂、集散场地，有销售手段和设施；“做实煤源”就是煤炭运销企业要有自己的煤矿，至少有1/3-1/2左右的煤炭自产。几年来，省煤运、煤炭进出口、国新能源等建设自有煤矿的策略是正确的，关键在落实。要切实采取措施，把两个做实落到实处；焦炭企业要积极推广和发展化产回收和深加工，加大污染治理力度；太钢要在完善不锈钢产能的基础上发展优质硅钢和特种钢，特别是要把握国家核电和铁路建设热潮，积极开发铁路车辆和核电用材；电力企业新建火电厂必须采取大容量、高参数的超临界或超超临界机组，同步安装运行脱硫除尘设备。

要积极培育发展新兴产业，推动支柱产业多元化。发挥我省的传统产业优势和资源优势，在省属企业中大力发展装备制造业、现代煤化工业、高新技术产业和现代服务业，按照市场需求和企业实际比较优势确定产品和产业发展规划。太重集团要继续在铁路装备、煤矿采掘洗选装备、非煤矿山挖掘装备等方面挖掘潜力，在风能发电、环保装备等方面取得突破；天脊、太化和潞安、晋煤、阳煤要继续围绕“肥、醇、炔、苯、油”五条线，发展相关产品，拉长煤化工产业链；省属企业要将服务业列入发展规划，大力发展以煤焦物流、商贸流通、交通运输、燃气供应和科研服务业为重点的现代服务业，加快构建现代服务业体系。最近，我们企业的一些状况给我两个启发：一是无论是改造提升传统产业，还是培育发展新兴产业，都有产业、产品定位的问题，产业产品定位都应首先搞准市场定位。要有高档产品，但中低档也不一定放弃。二是循环经济的问题。阳煤的煤－电－铝循环经济遇到困难，并不是说明循环经济不能搞，而是一定要有档次，不能搞小循环，要有大循环概念。另外，还有经营成本的问题，有人讲“只有疲软的产品，没有疲软的市场”，这话讲得不完全对，但是有一定的道理。市场经济关键是产品有无竞争力，竞争力又取决于工程造价、质量、成本、费用和市场售价的关系。别人建个厂 10 亿，你却用 20、30 亿，别人单位成本 100 元，你却 200、300 元，虽然经济高位运行时你也能赚钱，但市场稍有变化你就出问题，就亏损，不得不停产。这样的项目，还是要认真从内部找差距，不要什么问题都记在美国金融危机和小布什头上。

要加快推进强强联合、上下游整合等多种形式的联合重组，增强企业的规模和实力。加强对省属企业国有产权及资源的市场化评估工作，在重要行业和关键领域保持国有控股前提下，加快推进省属企业重组，促进企业快速发展。国资委要积极支持煤炭企业捕捉低成本发展机遇，利用当前机会继续积极收购兼并资源储量较大、有扩建潜力的地方中小煤矿。要认真总结收购兼并中的问题并提出可行性政策建议，进一步加强省市两级国资委在整合收购工作中的合作和协调，并按国家有关规定，在资产评估、定价、股权的设置等方面严格把关；太钢要继续发挥龙头企业的作用，加快对省内、国内、国际钢铁及其上、下游产业的整合、兼并、重组力度，发展成规模技术效益一流的特大型钢铁联合体；电力企业要按照煤电联营发展的路子，建立以资本为纽带、相互参股的煤电产业共赢机制，提升行业整体的生产力水平；太钢等有实力的大企业要抓住国际能源原材料市场低迷的有利时机，走出去到国内、外取得重要矿产资源，为可持续发展提供保障。

三是强化安全生产责任，实现“安全发展”

要从我省几起重特大事故中吸取教训，强化“安全生产重于泰山”责任意识，树立没有安全生产就没有科学发展的正确导向，真正把省委、省政府的要求和措施落到实处。要落实企业安全生产主体责任，建立健全以法人代表负责制为核心的各级安全生产责任制，加大责任追究力度，实现事后追究向事前、事后追究并重的转变。要进一步加大安全生产投入，改善安全生产条件，加强员工技能培训，提高生产和管理的机械化、信息化、现代化水平。要健全安全生产规章制度，加强安全生产管理，深入排查治理安全隐患，努力实现本质安全型企业目标。特别是煤炭企业要深入开展煤焦领域反腐败专项斗争，深挖重大事故背后的腐败行为，遏制失职渎职和权力寻租行为。要落实好通风区长兼矿长助理的规定，进一步规范劳动用工管理，实行强制性安全培训，彻底治理安全隐患，构建起安全生产的长效机制，从根本上遏止重特大事故发生，切实保障企业的经济和社会利益。

四是抓好党的建设和企业稳定工作，实现“和谐发展”

要加强企业党建和党风廉政建设。今年将要在省属企业开展的深入学习实践科学发展观活动，为我们统一思想应对挑战解决矛盾提供了重大契机。各省属企业党委班子要高度重视，及早谋划，先学一步，做好思想、组织等各方面的准备。要按照中央和省委统一部署，把认真落实省委、省政府“保增长”的各项安排部署作为学习实践科学发展观活动的重要内容，切实把学习实践活动抓出实效，推动企业把握发展规律，创新发展理念，转变发展方式，破解发展难题，实现平稳较快发展。要开好省属企业纪念建党88周年表彰大会，表彰一批“争先创优”活动中涌现出的先进党组织、先进党员和先进党务工作者，认真总结国资委党的工作，结合深入学习实践科学发展观活动，以改革创新精神加强和改进国有企业党建工作，进一步推进企业党建工作制度化、规范化。要认真开展“四好”领导班子建设，继续推进省属企业党委换届选举工作，加强企业文化建设和企业职工代表大会制度建设，进一步推进厂务公开。要积极探索现代企业制度下企业党组织发挥政治核心作用的方法和途径，切实加强企业基层党组织和党员队伍建设。进一步加强新闻宣传工作，对省属企业在应对全球性金融危机过程中的成功经验和做法进行广泛宣传和交流，帮助企业提升应对金融危机的能力和信心。建立健全惩治和预防腐败体系，积极探索企业廉洁文化融入生产经营的有效途径，进一步规范企业领导人员权力运作行为和职务消费行为，拓展从源头上防治腐败的工作领域。在领导干部廉洁自律方面，首先要讲境界、讲理想、信念。“讲境界”不仅是说觉悟，而且要贯穿在人生观、价值观上。我去上海看望管理干部培训班学员时，讲到了唐代刘禹锡的诗。刘禹锡这个人为官坎坷，几次为官几次被贬，一生充满挫折，他的诗非常有寓意。他很著名的一首诗叫《乌衣巷口》，“朱雀桥边野草花，乌衣巷口夕阳斜。旧时王谢堂前燕，飞入寻常百姓家。”这首诗寓意深长。乌衣巷和朱雀桥是南京的地名，在东晋时候是非常繁华的地方，都是当时的高官住的地方。“王谢”是东晋的两个功臣。“王”是王导，“谢”是谢安。谢安是“淝水之战”的统帅，而淝水之战是我国战争史上以少胜多的典范，是东晋的功臣；王导地位更重要，王导与司马家族共同建立了东晋，地位显赫。“朱雀桥边野草花，乌衣巷口夕阳斜”都是形容凋零的感觉，说明这个地方已经荒芜了；“旧时王谢堂前燕，飞入寻常百姓家”，有两种解释，一种是王、谢这两个当时很显赫的大家族经过几百年到现在或者已经沦落到一般老百姓，或者这个地方已经让老百姓住了。意思说白了，就是功名富贵是过眼烟云，都是暂时的东西，可以得到，也很快随时间消散。所以人要有境界，要适可而止，特别是领导干部，要注重做事，不要考虑个人太多，不能上来就占便宜，占了小便宜再占大便宜，最后把自己送进去。还有一件事发生在明清时期的安徽。安徽桐城有一条街叫六尺巷，当时有两户人家住在这里，他们两家为了争地盘，互相争斗不断。两家都是达官贵人，其中一家的老子在朝廷做大官，儿子就写了封信想让老子干预，老子回信“千里修书只为墙，让他三尺又何妨？万里长城今犹在，不见当年秦始皇。”儿子看到老子的意思非常明确，就主动将自家的墙往后让了三尺，对方一看也就往后让了三尺，出来一条可以供人们通行的“六尺巷”。当时的封建士大夫尚有这样境界，我们是共产党员、国企领导干部，怎么就能没有境界呢？另外，就是要有规矩，靠制度管人。“有规矩”就是“三重一大”必须集体研究，不能个人专断。另外在企业投资、贷款、担保方面要按规矩进行，该履行的手续要履行，这也是对大家负责。主要领导一定要带头执行，要用制度管人，制度一定要管住人，不能束之高阁，国资委领导和国有企业领导都要常怀敬畏之心，心里要有“怕”字，要做到敬天敬地敬人。“天”就是党纪国法，“地”就是自然规律，“人”就是干部、职工、老百姓，要牢记“水能载舟，亦能覆舟”的道理。要在工作上积极进取，个人行为上还是要有所顾及，不能听之任之，明知故犯，更不能胆大妄为。企业党委、纪委对本企业包括一把手在内的党风廉政建设要真正负起责任来，加大监督力度，本单位发生重大廉政案件，党委、纪委书记要按案件性质承担责任。纪委书记提出意见，一把手不采纳，可以直接向国资委汇报，甚至可以越过国资委向省纪委等上级纪委反映。近年来，央企和我们自己企业中发生的一系列案件，如深能源的劳德荣，中石油的陈同海，光大银行的朱小丹、建行的张思照以及上海电气、古井贡酒的高层领导都因为党风廉政问题受到查处。这些问题和我们身边的例子都是活生生的教训，每个企业，每个国资委和企业的领导，尤其是主要领导，都应认真吸取教训。要全力推进企业效能监察工作，推动监事会与纪委工作的有机结合，积极推进煤焦领域反腐败专项斗争，严肃查办各种腐败案件。

要进一步做好维稳和信访工作。要把企业面临的困难和将要采取的措施告诉职工，让职工认清形势、树立信心，做到思想不乱、人心不散。各级领导要以身作则，带头艰苦奋斗，节约各项开支，为职工群众做出表率。要尽量保持职工队伍的相对稳定，尽最大努力减少内部企业停产，尽最大努力减少职工下岗，做到“减薪不裁员，歇岗不失业”。特别是停产限产企业要利用企业减产、停产的时机，加强对职工的新知识、新技术和新工艺的培训，提高职工技能和素养。要做好困难职工的帮扶工作，努力帮助他们解决一些实际困难。特别是解决好当前企业改制、劳动合同及劳动保障、职工子女就业、主辅分离和学校移交、煤炭企业“两区”改造等涉及职工切身利益的问题。要高度重视和切实做好信访工作，认真落实稳定工作领导责任制，建立完善突发事件应急机制，畅通职工群众表达意愿和反映问题的渠道，防止发生大规模群体性事件。

五是努力实现“两个转变”，提高企业经营效率和效益

省属企业要将主要依靠外延扩大再生产逐步转变为主要依靠内涵扩大再生产，将粗放型发展方式逐步转变为节约集约型发展方式，将这“两个转变”放在突出位置上。通过转变发展方式，切实夯实可持续发展的基础，打造百年企业。

要进一步创新体制机制，加强企业管理。省属企业要以调整和优化产权结构为重点，积极推进股份制改革，使股份制成为国有制的主要

实现形式。要加大劣势子企业、辅业资产和办社会职能的调整、退出或移交力度，进一步突出和精干主业。加大对子企业的清理整合力度，坚决把管理层级压缩到3级以内。要在进一步建立健全集团公司法人治理结构的同时，指导子企业建立规范的董事会，完善公司治理结构。要实行全面预算管理和业绩考核，通过预算执行来考核和评价企业各级领导的业绩，实现对领导人员的有效激励与约束。加快建立起市场机制调节、企业自主分配、出资人依法调控、社会有效监督的企业收入分配新体系。要进一步加强对投资、融资、担保、固定资产支出、大额度资金往来、重大物资采购、工资福利等事项的集中管理与控制，不断提高管理水平。

要进一步加强技术创新工作。省属国有大企业的作用不仅要体现在产品数量上，更重要的是体现在技术档次、装备水平和产品的市场竞争力上，尤其是各行业排在前列的大企业要在全省技术创新方面发挥影响和带动作用。如太钢300万吨不锈钢、7.63M焦炉、五大煤矿企业的众多现代化矿井、潞安的多晶硅、煤炭液化项目、晋煤的煤层气电厂、太化的苯加氢，三维的“1,4—丁二醇”等产业，产品就体现了先进生产力，起到了带动力、影响力的作用。省属企业要进一步建立和完善自主创新体系和长效机制，进一步加大企业研究开发投入，推进技术研发机构建设，加强核心技术的研究开发。要加强产、学、研结合，吸引外部创新要素向企业积聚，合理配置各种创新资源。围绕企业发展目标和发展战略，将科研开发融入企业发展规划，超前储备，技术攻关，集成推广，形成一批拥有自主知识产权的关键技术。

要大力实施“人才强企”战略，提高人员素质。从加强国有企业领导班子建设和队伍建设入手，着力解决企业人员素质不适应企业发展的情况，切实改变企业管理粗放、技术创新不足、核心竞争力不强等突出问题。要进一步健全人才的培养、使用和激励机制，继续办好省属企业经营管理人才培训班，重点培养和引进一批在国内外高新技术领域及资本运营、企业管理等方面的高级人才和紧缺人才。切实加强职工培训，结合企业实际组织开展职工技能大赛，引导职工在竞争中提高技能，增长才干。

要积极推进节能减排和发展循环经济。大力开展节能技术改造，积极开发新型能源和可再生能源，严格控制污染排放量。要进一步建立企业节能减排组织管理体系，完善领导体制和工作机制，落实节能减排责任制。要建立健全节能减排考核体系，形成压力层层传递的工作链条，确保完成节能减排年度目标。要依靠系统集成和科技进步，加强“煤、气、电、化”产业的耦合，加快循环经济工业园区建设，实施一批循环经济高技术产业项目，延伸产业链，提高产品附加值和资源利用率，使循环经济成为省属企业的主导经济模式。

六是积极应对金融危机，搞好企业生产经营

要研究市场和政策，进一步加强市场营销。强化国际国内市场分析预测，密切跟踪世界初级产品价格变化和国际主要货币对人民币汇率的变化，及时分析研判对本企业的影响，特别是要在密切跟踪国家宏观调控措施对市场的影响和利率、税率变化，努力用好用足政策的同时，积极争取政府有关部门出台可持续发展基金返还、低成本兼并收购及资源审批、项目核准、证照办理方面的综合性措施。要准确掌握行业市场动态，密切关注上下游行业和企业变化情况，更加准确地把握行业走势，及时调整企业经营策略。要加强市场营销，做实销售网络，加强销售队伍建设，提高销售费用在成本费用中的比例，加大产品促销力度。在巩固传统市场的同时，积极开拓新兴市场，并根据市场需求及时调整产品结构，提高产品质量，不断提升服务水平。要重点抓好煤炭销售工作，防止企业间恶意降价竞销，坚持按照以销定产的方法减少库存，努力扩大市场销售。

要加强内部管理，进一步强化风险管控。省属企业要进一步确立过紧日子的思想准备，加强投资管理，建立健全内部投资管理制度，严格履行投资决策程序，严肃投资决策责任。完善财务战略，加强集团化管理体系建设。加强预算管理，建立健全财务预算管理工作体系，提高预算目标的合理性和准确性。加强现金流量管理，完善集团资金集中管理系统，调整债务结构，合理安排生产经营活动的资金需求，审慎安排资金投放，有效巩固资金链。要进一步加强企业内部控制机制建设，强化重大事项和关键环节的管控。严格控制对外担保，降低财务风险。严格控制企业非主业投资和金融理财行为，严格禁止投机性投资。制定和实施有效的应收账款催收方案，严格控制赊销额度和赊销期限，杜绝形成新的货款拖欠。国资委监管的各资产公司要加强债权、股权项目管理，努力回收资金，加大不良资产处置力度，进一步加强对控股公司财务信息、重大事项管理和风险防范监测工作。各省属企业要进一步控制生产、销售成本增长，严格控制“三项费用”特别是非生产性支出增长。企业人工成本支出要和企业效益增长相适应，高管人员薪酬的增长速度要适度放缓。

要抓紧建设一批能够带动企业发展上台阶的重点项目，进一步增强发展后劲。省属企业要利用国家增加投资扩大内需的有利时机，加快上马一批具有带动作用的重点项目，形成新的经济增长点。从上报的情况看，省属企业2009年和2010年两年计划安排建设项目383个，项目总投资5461.7亿元。其中，煤炭项目86个，电力项目56个，冶金项目20个，机械装备项目13个，化工项目49个，其他类别项目159个。以上项目中在建项目156个，总投资额1290亿元，目前已完成投资495亿元，占总投资的38.2%。拟建项目227个，总投资额4170亿元。省属企业要确实保证在建项目的资金，抓紧开展拟建项目的报批，确保项目按进度实施。今年新开工项目要力争达到100个以上，投资额达到500亿元左右。特别是同煤、焦煤、阳煤、晋煤、潞安和国际电力、国际能源等企业要积极向国家发改委和国家能源局申报争取核准煤炭、电力的重大项目，努力落实我省6500亿投资盘子中的煤电项目投资，抓紧建设现代化大型矿井和大型坑口、热电联产电厂项目。太钢要按照国家最近出台的振兴钢铁行业的规划要求，进一步完善产业定位，加快吕梁500万吨特种钢项目报批和建设，加快吕梁袁家山铁矿700万吨铁矿粉项目和煤矿项目建设，此外，还要重点推进同煤100万吨氧化铝项目、太重三代核电站卸料系统设备项目、太化集团第二基地、太原煤气化榆次140万吨焦化项目等。通过一批大项目的实施，切实增强企业发展后劲，把金融危机的影响降到最低程度。

大家都关心2009年的指标，有的企业认为今年指标定的偏高。要看到，国家提振经济的力度很大，我省出台振兴经济的措施力度也很大，如果国家的政策措施和我们的项目都能落到实处，或者国家和我省有更大的措施出台，我觉得省属企业经济效益在困难一段时间后很快会有起色。如果国际金融危机进一步恶化，带来我们不能解决的困难，指标可以调整。我们的指标是按正常情况下“跳起来能够着”确定的，我们省属大企业虽遇到困难，但总体情况还是比较好的，要通过努力完成。

七是健全国有资产监管体系,加强企业监管

要进一步完善国有资产监管体系。认真学习贯彻《企业国有资产法》,进一步建立健全国资监管法规体系，积极制订有关配套规章和政策，及时修订调整现有的国资监管法规规章和规范性文件。加快推动总法律顾问制度建设，建立健全国有企业法律风险防范机制。落实省属企业重大资产损失责任追究制度，建立和完善投资项目后评价制度。进一步完善经营业绩考核体系，努力实现考核指标的原则性、科学性、灵活性与企业经营实际的有机结合。积极进行企业工资总额管理改革，推进企业工资总额管理向人工成本总额管理、企业工资总额计划管理向企业工资总额预算管理的过渡。结合省属企业战略性调整的需要积极探索省属企业领导薪酬综合管理。指导企业加大三项制度改革的力度，建设与现代企业制度相适应的人力资源管理体系。继续完善财务监督管理工作体系，探索建立财务信息公开制度、财务信息化建设等管理制度。在省政府出台我省国有资本经营预算制度后，抓紧制定配套制度，积极稳妥推进国有资本经营预算工作。

要进一步加强国有资产监管。认真研究金融危机对企业生产经营的影响，加强对业绩考核指标的动态监控，努力做好企业领导人员经营业绩考核工作。进一步做好财务动态监测和绩效评价工作，加强财务预决算管理和重大财务事项管控。加强企业总会计师职责管理,充分发挥总会计师的管账理财和控制风险作用。加强产权管理的基础工作，做好有关产权登记工作。推动产权交易市场的整合，建立以省产权交易市场为主体的全省联合交易组织机构，以统一交易规则为基础，实现产权交易市场的规范有序发展。进一步完善和强化监事会当期监督，加强对企业重大决策、重要经营活动和重大事项的实时动态监督，及时反映存在的重大问题并认真督促整改。规范企业内部审计工作，认真开展经济责任审计，及时推进重点项目审计,有效防止国有资产的流失。

要进一步加强国资委机关自身建设。继续搞好委机关深入学习实践科学发展观活动,切实把握科学发展、国资监管、企业发展和经济发展规律，解决制约国有企业科学发展的突出问题,理清工作思路,创新工作方式。按照大部制改革的要求，调整优化内部机构设置，推行干部轮岗交流和挂职制度，加强对干部的考核、激励和约束。搞好委直属事业单位的改革。继续创建“学习型、服务型”机关,加强干部培训，努力提高干部理论水平、业务素质和依法行权履职的能力，进一步转变机关干部工作作风，提高服务水平。国资委要兢兢业业做好服务，通过服务实现监管，企业也要做好对机关工作人员的监督。巩固精神文明创建活动成果，深化精神文明创建活动，指导直属单位搞好创建工作。加强国资系统的沟通与交流,加强对市级国资监管工作的监督与指导。

2008 年已经结束,各位领导要把企业工作和个人工作很好地总结一下，一年来干了几件事,效果如何？有很多领导和单位存在“日计有余,年计不足”,应引起重视,要在总结的基础上很好地规划全年工作。

最后强调一点:春节马上就要到来,希望各企业利用节前这一段时间，扎实做好优抚慰问工作，切实解决好困难职工的生产生活问题；要开展好安全隐患排查和整改治理行动，进一步消除事故隐患；加强应急值班，妥善处理好各种突发事件，确保广大干部职工过一个欢乐祥和的节日。

同志们,2009 年改革发展稳定各项工作十分艰巨。我们要在党中央、国务院和省委、省政府领导下，以邓小平理论和“三个代表”重要思想为指导，深入贯彻落实科学发展观，坚定信心，锐意进取，攻坚破难，开拓创新，认真做好各项工作，努力推进国有企业科学发展，确保我省国有经济持续稳定较快发展，为山西的改革开放做出新的更大贡献！

祝大家春节快乐，万事如意，谢谢大家！

2010

SHANXI PROVINCE STATE-OWNED ASSETS SUPERVISION AND ADMINISTRATION YEARBOOK

山西省国有资产监督管理年鉴

山西省国有资产监督管理概况

第二篇

太原重型机械

太重集团始建于1950年，是新中国自行设计、建造的第一座重型机器厂，属于国家特大型骨干企业。1998年创立了重机行业第一家上市公司——太原重工股份有限公司。2005年进入中国制造业500强，2006年荣获了“全国五一劳动奖状”，2008年胜利跨入了百亿企业的行列。太重集团主要成员单位有：太原重工股份有限公司、太重集团煤机有限公司、榆次液压集团有限公司等。截至2009年底，总资产169亿元，净资产52亿元；占地面积535万平方米；在岗职工14224人。

太重集团技术实力雄厚，拥有重大技术装备自主研发和工程总承包能力；建有国家级技术中心和博士后工作站。2009年，太重技术中心在国家认定企业技术中心中排名第13位，荣获了发改委、科技部等五部委颁发的“国家认定企业技术中心成就奖”。拥有国家级发明奖3项，国家级成果奖17项，国家科技进步奖11项，国家专利82项，创造了340多个

集团有限公司

太重滨海重型装备研制基地奠基仪式

太原重工轮轴分公司轮对厂投产暨出口轮对首发仪式

太重技术中心获得国家认定企业技术中心成就奖

意气风发的太重职工

国内外第一，累计为国家重点建设项目提供了1000余种，两万多台(套)装备，被誉为“国民经济的开路先锋”。

近几年来，太重集团在科学发展观的指导下，大力推进体制创新、管理创新、技术创新和观念创新，走上了良性循环的快速发展轨道，保持了销售收入年均增长30%以上、职工收入年均增长20%以上的良好态势。主导产品全部实现了出口，远销到了世界二十多个国家和地区。

太重集团将始终秉承“自力图强、求实创新、团结奉献”的企业精神，按照“集中力量，追求卓越，创建世界太重”的战略目标和“把真诚献给社会，以信义广交朋友”的经营理念，努力“提高四种能力，实现四个转变”，加快结构调整，加强自主创新，夯实基础管理，强化人才支撑，向充满活力、和谐发展、具备国际竞争力的世界一流重型装备制造集团而努力奋斗。

太重为三峡电站制造的世界最大的1200吨桥式起重机

太重制造的WK-55矿用挖掘机

太重制造的1.5MW风电增速器

太重集团服务领域广，产品门类多，主要有：

最具竞争优势的冶金类产品：大型冶金起重机、轧钢设备、板带精整设备、大型轧机油膜轴承、转炉倾动装置等。太重牌起重机、油膜轴承、减速机相继荣获“中国名牌”产品。

最为完整的煤炭类产品：国内唯一涵盖井下、露天煤矿采、运、选为一体的成套装备供应商，产品还延伸至煤炭深加工及煤化工成套设备。

太重制造的油膜轴承

太重为山东墨龙制造的 Φ180 三辊连轧管机组

太重制造的480t铸造起重机

太重制造的三峡门机群

太重为攀成钢制造的 Φ340mm 连轧线

最有影响力的液压类产品："榆液牌"液压元件和液压系统在行业内具有广泛的认知度。

太重还是国内唯一的火车轮对生产基地，品种最全的锻压设备生产基地，实力较强的风电、核电设备供应商，大型及特种铸锻件生产基地。其中，三峡 1200 吨桥式起重机、冶金 480 吨铸造起重机、20～55 立方米矿用挖掘机、Φ340 毫米无缝管轧机、西气东输螺旋焊管机组、10000 吨铝合金挤压机、神舟七号发射塔架、残奥会白玉盘舞台、国家大剧院舞台等设备为太重的标志性产品。

人重制造的嫦娥发射塔架

太重制造的 80MN 快锻

太重制造的 110MN 铝挤压机

山西国际能源

03 袁纯清书记在兆光调研指导工作。

04 山西国际能源集团有限公司朔州市垃圾焚烧发电项目奠基仪式。

05 山西兆光发电有限责任公司位于霍州市白龙镇境内，地处电力网架枢纽及负荷中心，是山西国际能源有限公司控股建设的现代化大型环保发电企业，总投资71亿元。公司总装机容量达到180万千瓦，对山西省南网网架的稳定运行起到强有力的支撑作用，可有效推动地方区域经济和社会发展。

01 山西国际能源集团有限公司董事长兼总经理郭明同志陪同省委书记、省人大常委会主任袁纯清，省委副书记、省长王君，省政协主席薛延忠等省市相关领导，对昱光公司工程建设进展情况进行现场观摩和检查指导。

02 山西省四大班子领导在山阴昱光煤矸石电厂现场观摩指导。

集团有限公司

06

07

山西国际能源集团有限公司是山西省政府出资并由山西省国资委履行出资人职责的特大型能源集团。公司注册资金52亿元，截至2009年底，公司总资产达到300亿元，业务领域以投资能源项目为主，包括电力、煤炭、煤层气、新能源、水务、房地产和旅游等七大领域的开发。

为进一步做强做大，经中华人民共和国商务部和山西省人民政府批准，山西国际能源集团与韩国电力公社、德意志银行两个世界500强企业，以及日本电源开发株式会社、日本中国电力株式会社共同出资组建大型中外合资能源企业——格盟国际能源有限公司，注册资金100亿元。山西国际能源集团为格盟国际的第一大股东，持股47%；韩国电力公社持股34%；德意志银行持股9%；日本电源开发株式会社持股7%；中国电力株式会社持股3%。

经过20多年的发展历程，山西国际能源集团参控股运营的发电企业达到17户，总装机容量1390万千瓦；控股煤矿3座，年产能300万吨；运营和在建的城市污水处理项目7个。形成了发电、煤炭、煤层气、新能源、水务、房地产、旅游七大板块相辅相成、协同发展，多业并举、互为促进的新格局，逐步发展成为具有国际竞争优势的特大型能源企业集团，在山西省能源和工业基地建设中具有举足轻重的地位。

06 在建的山阴煤矸石电厂拥有国内首座“三塔合一”多功效塔。该塔集空冷、脱硫、排烟功效为一体，塔高165米，环基中心直径160米，技术先进，环保省地，功能齐全，为亚洲最大的间接空冷塔。

07 山西省最大的煤矸石发电机组—山西平朔煤矸石发电有限责任公司。

08 总投资31.09亿元的节能环保重点工程—山阴2台30万千瓦煤矸石综合利用发电项目建设现场。

08

山西建筑工程(集团)总公司

山西建工集团系“中国企业500强”，是山西规模最大的综合性建筑集团。集团总公司具有国家建设部批准的房屋建筑工程总承包特级资质和多项总承包与专业承包一级资质，并具有国家商务部批准的对外工程承包和对外贸易经营权，连续七年跻身“中国承包商60强”。

集团总公司具有建筑科研设计、建筑施工、设备安装、道桥施工、工程机械制造、建筑构件生产、房地产开发、工程监理、物资供应、机具租赁、建筑技术开发和教育培训等综合经营能力，能够独立承包国内外大型工业项目和高级高层民用工程等。年施工能力200亿元以上，年竣工面积300万平方米以上，施工高峰期用工达10万人以上。集团设有国家级企业技术中心、博士后科研工作站和研究生教育创新中心，拥有一大批具有实践经验的工程技术和管理人才。其中工程师4700余人，高级工程师500余人，教授级高工12人；一级、二级建造师2000余人；有两位享受国务院特殊津贴专家，一位英国皇家特许建造师，三位省委联系的高级专家。

集团董事长张玉平(前排左一)陪同薛延忠主席、牛仁亮副省长慰问山西援建四川茂县工地

集团总公司坚持“立足山西，面向全国，开拓海外”的经营方针和“实施名牌战略，营造时代精品”的质量方针，创建五十余年来，承建了一大批国家和省、市重点工程项目及海外工程项目，创优质工程万余项。近十余年来，先后获得“鲁班奖”20余项，“汾水杯”100余项，居山西同行之首。集团高度重视所承建项目的质量、进度、安全、成本等管理工作，形成了一套切实可行并具有本企业特色的管理体系，以工程进度快、质量优和良好的信誉赢得国内外业主和政府部门的高度赞扬。集团总公司连续几年被评为“山西省优秀建筑企业”，先后获得“山西省五一劳动奖状”和“山西省功勋企业”等奖励，并获得了“全国优秀施工企业”和“全国用户满意施工企业”等称号。

山西建工集团在转型跨越发展的征程上，愿与各界朋友精诚合作，实现互利共赢，为社会奉献更多的精品工程！

山西省国有资产经营有限责任公司

董事长、党委书记　王师民

山西省国有资产经营有限责任公司是省人民政府在2002年省级机构改革中，为解决工业厅局撤销后所属企业的归口管理问题，为探索我省国有资产经营管理体制改革而组建的国有独资的特大型企业。公司注册资本9.58亿元，现有授权经营企业20户，新组建企业2户，公司总资产35.1亿元，有职工3万多人。涉及机械加工、军工电子、纺织、冶金、建材等7个行业，分布在我省的太原、大同、吕梁、临汾、运城等市。根据省政府2002年第86次常务会议决定，省国资有限公司的职能是“根据省人民政府的授权对其全资、控股或参股企业的国有资产行使所有者职能，享有出资人权利，并承担国有净资产的保值增值责任，通过搞好资本运营，盘活存量资产，实现资本滚动发展，不断发展壮大自身实力”。2004年省国资委组建后，其职能和工作任务没有改变。

近年来，公司按照省委、省政府和省国资委的安排部署，围绕推动困难企业改革重组和资产经营两大任务积极开展工作。特别是2008年以来，公司按照“一企一策、开发解困、重组兴业、转型发展”的工作思路和“改制、开发、增值、发展、破产、退出、重组、新生”的改革解困十六字方针，将改革解困确定为公司的阶段性目标，通过两年多的努力已取得明显成效。尤其是2009年以来，在省政府的高度重视下，在省财政厅和省国资委的大力支持下，通过实施6.5亿债权股权的划转，通过缩水回购21亿元巨额不良金融债权，使公司总负债减少26亿多元，为所属企业改制重组消除了巨大债务障碍，使公司资产质量得到明显改善。与此同时，5户企业的改制方案已经基本确定；5户企业的破产工作已接近尾声；5户企业“退二进三”开发解困、转型发展的思路和规划已得到当地政府批准，项目开发建设工作紧张有序推进；多数企业的生产经营工作呈现出良好的增长态势。

当前省国资有限公司正处在深化企业改革解困，促进公司转型发展的关键时期，公司将按照省委、省政府和省国资委的安排部署，举全公司之力，坚持以思路创新为先导，以开发解困和盘活存量资产为途径，按照“一企一策、开发解困、重组兴业、转型发展”的工作思路，坚定不移地推进企业改革解困工作，力争用一年左右的时间全面完成所属企业的改革解困任务，使有产品、有市场的企业甩掉包袱，在原有产业中获得新生发展；使有一定资产和资源的企业，通过“退二进三”，实现开发解困、转型发展；使无产品、市场，无有效资产的企业，实现国有资产和职工身份双退出。再经过两到三年的努力，通过不断深化企业改革，通过资本的有效运营和资源的深度开发，将公司逐步转型为以资本为纽带，以控股、参股为手段，集军工电子业、机械建材加工业、商业贸易、房地产业和文化创意服务业、非煤矿产业等为一体的，产权和经营手段多元化、经济效益良好的“国资控股集团”，“十二五”末，力争使公司及所属企业整体步入良性发展轨道，实现企业解困、公司转型跨越发展目标，并为搭建国有企业改革重组和资本运营平台做出新的贡献。

山西能源产业集团煤炭有限公司

集团公司董事长在机场迎接美国昆塔纳资本集团董事长一行

集团公司领导在煤矿检查指导

青年文明号授牌仪式

硕果累累

打造产业链条 实现跨越发展

——记奋进中的山西能源产业集团煤炭有限公司

山西能源产业集团煤炭有限公司前身为山西能源产业集团有限责任公司全资设立的国有企业，成立于1993年，2005年12月，山西能源产业集团高层毅然扯起改革的大旗，通过引进战略投资者，对所属煤炭公司进行大刀阔斧的改革。由王贵元同志担任董事长，聘任高级管理人才博士生逄晓霞同志为总经理。新的经营团队在集团公司与各股东的大力支持下，以改革创新为动力，积极推动产业结构的调整和优化，通过引进专业人才，加快建立现代企业管理机制等一系列措施，使一个具有计划经济体制下行政职能沿革的企业真正转变成为市场经济体制下政企分开、产权分明的现代化企业。

现代企业产权制度改革形成的混合型所有制，既激发了企业的活力，使公司规模得到迅速扩张的同时，又保持住了国有资本的影响力、控制力和带动力。

四年以来，在新的经营班子及全体员工的共同努力、艰苦拼搏下，打赢了一场又一场的攻坚战役，公司各项业务蒸蒸日上，很快扭亏为盈，连续四年全面完成能源集团下达的各项经营管理任务，实现了经济效益连创新高、内部管理有序完善、思想政治工作常抓不懈的喜人局面，成为能源集团下属公司中绽放的奇葩，多次荣获“能源集团综合优胜奖第一名”与“山西省青年文明号”等荣誉称号。

目前公司已初步形成了产运销一体化的综合性经营格局，注册资本金2亿元人民币，拥有多家煤炭发运站、煤矿及控股子公司。

在抓好经营的同时，煤炭公司还及时调整企业文化理念和建设方法，大力倡导责任文化、执行文化、学习文化和创新文化，逐步建立了高效、务实、稳健、创新的企业文化，公司各项事业步入了发展的快车道，向着打造煤炭产、运、销一体化现代型企业的目标大步迈进。

从1993年公司成立到现在，全体员工过了一段用心血和汗水铺就的奋斗之路，使一个背负着沉重历史包袱的企业焕发出了蓬勃生机，开创了煤炭公司崭新的未来。

风正潮平，自当扬帆远航；任重道远，更需策马扬鞭。昨天是一页翻过的历史，今天是一个崭新的起点，明天则是一幅宏伟的蓝图！面对改革与发展的新机遇，公司将继续努力，深入学习实践科学发展观，不断加强企业管理，追求一流品质和服务，营造热情开放、真诚协作、开拓进取的共赢氛围。并以与时俱进、求真务实、争创一流的工作作风，以昂扬向上的精神状态和锐意进取的创新精神争创更大成绩，努力推动煤炭公司实现跨越式发展，为建设和谐能源作出更大的贡献。

山西杏花村汾酒

汾酒集团董事长、总经理　李秋喜

山西杏花村汾酒集团有限责任公司是国家520户重点企业和山西省12户授权经营企业之一，拥有“杏花村”、“竹叶青”两个中国驰名商标。据世界品牌实验室发布的2009年《中国500最具价值品牌排行榜》中，“杏花村”品牌价值以44.88亿元排名位列第182位，是山西省唯一上榜品牌。

公司下属2个全资子公司，7个控股子公司，3个隶属单位，1个分公司。拥有员工8000余名，占地面积230万平方米，建筑面积76万平方米，资产总额38.09亿元。核心子公司——汾酒厂股份有限公司，于1993年12月在上海证券交易所挂牌上市，为中国白酒第一股，山西第一股。公司以生产经营中国名酒——汾酒、竹叶青酒为主营业务，年产销名优白酒能力达5万吨，是全国最大的名白酒生产基地之一。

汾酒文化源远流长，与黄河文化一脉相承，是晋商文化的重要一支。早在1500年前的南北朝时期，汾酒就作为宫廷御酒受到北齐武成帝的推崇而一举成名，并被载入廿四史；晚唐大诗人杜牧的千古绝唱“借问酒家何处有？牧童遥指杏花村”使汾酒再度成名；1915年，汾酒在巴拿马万国博览会上，荣获甲等大奖章，这是中国所有参赛白酒中，唯一获此殊荣的白酒品牌。建国以来，汾酒五次蝉联国家名酒，竹叶青酒三次被评为中国名牌产品。2009年度，汾酒集团在全国白酒行业综合效益排名第五。

2009年10月，以李秋喜为董事长、王敬民为党委书记的集团公司新一届领导班子组建上任后，通过密集调研，广泛座谈，深入思考，科学验证，确立了新的工作思路、目标和任务。遵循省委、省政府“转型发展、跨越发展”的要求，以“七个明确”理清了发展思路，即明确提出了汾酒发展的总体指导思想是“创建和谐，凝聚力量，奋起直追，再铸辉煌”；明确提出了到2015年百年大奖之际，实现百亿汾酒的中期目标和到2020年实现200亿的长期目标；明确提出了“国酒之源、清香之祖、文化之根”的战略定位；明确提出了“清香汾酒、文化汾酒、绿色汾酒”的经营理念；明确提出了“追赶、超越、领先”三步走的赶超战略；明确提出了“实现百亿目标、建立符合现代企业制度的管理秩序、带好汾酒这支队伍”的三大工作任务；明确提出了公司2010年“夯实基础、创新管理、深度营销、加速发展”的经营方针。同时，提出“七大支撑”，即体制机制支撑、人才支撑、文化支撑、市场营销支撑、科技质量支撑、财务资金支撑、项目支撑，确保目标如期实现。

按照“国酒之源、清香之祖、文化之根”的战略定位，以“清香汾酒、文化汾酒、绿色汾酒”为经营理念，咬定“百年大奖之际，实现百亿汾酒”的目标，努力破解发展道路上的瓶颈和难题，开创了汾酒发展的新局面。目前，正在进行保健酒园区建设，以竹叶青为主的保健酒将实现规模化发展。与吕梁市政府深度合作，依托汾酒集团，投资50亿元，规划5平方公里，将建成年产原酒十五万吨、产值达二百亿的杏花村酒业集中发展区，建设华北最大的白酒生产基地。汾酒集团将以此为契机，加快发展，力争提前实现百亿大目标。

集团有限责任公司

省委书记袁纯清、省长王君视察杏花村酒业集团

牧童指处

汾酒工业园林

山西煤炭进出口

山煤集团董事长、党委书记　杜建华

山西煤炭进出口集团有限公司成立于1980年，是一家以煤炭产销、装备制造和金融投资三大产业板块为业务核心的大型企业集团，拥有中国煤炭出口专营权、中国内销煤经销资格和铁路运输计划单列权，并在2009年被山西省政府确定为全省煤炭资源整合的七家主体之一，具有兼并、重组、整合地方中小煤矿，建立煤源基地的资格，是山西省最大的企业集团之一。

2009年，山煤旗下煤炭产销板块年贸易量达4327万吨，现拥有煤矿20座，形成了动力煤、炼焦煤、无烟煤、半无烟煤四大煤炭生产基地，三年内产能可达3000万吨。通过上游整合资源、下游整合市场，中间打通通道形成了从煤矿→物流园区→铁路→海运→配煤中心→客户的科学完备的现代化煤炭供应链。山煤集团煤炭主营业务历经一年的筹划在上交所顺利上市，搭建了煤炭板块的综合性融资平台，为煤炭板块的可持续发展提供了保障。高铁装备制造板块拥有国内唯一的高速动车组轮对生产基地，拥有世界先进的技术、精良的设备和优质的产品等显著优势。金融投资板块在对非煤资产和投资产权经营管理的基础上，正在积极向电子信息、新能源、新材料等新兴产业和金融产业等领域探索，将成为山煤集团高新技术产业的孵化器和发动机。

山煤集团拥有全资、控股企业63户，2009年实现销售收入230亿元，实现利润10.56亿元，资产总额264亿元，各项反映公司盈利能力的财务指标均远远超过国内同业平均值水平。历年来，在山西省国资委省管A类企业经营业绩考核中均位列前三。2002年起步入全国企业500强行列，2010年在全国企业500强中列第259名。

目前，山煤集团在科学发展观的指引下，抢抓机遇，攻坚克难，强基固本，开疆扩土，努力保持健康稳定的可持续发展态势，在“十二五”期间，山煤集团将做实做强三大产业板块，打造三个可持续融资平台，形成煤炭供应链、高铁轮对产业链和金融供应链三大链条，将山煤集团建设成省内一流、国内知名、跨国经营的特大型优秀企业集团。

山煤集团非煤产业——高速动车组轮对生产车间

山煤集团太行海运船队之长治号

山煤集团总部煤矿调度指挥中心

集团有限公司

山煤集团主营业务成功上市暨山煤国际能源集团股份有限公司揭牌庆典仪式

山煤集团高速动车组轮对生产线开工仪式

山煤集团办公大楼

董事长、党委书记　任　秀

副董事长、总经理　边荣军

山西地方铁路集团有限责任公司

山西地方铁路集团有限责任公司（以下简称“集团公司”）是2003年由山西省地方铁路局依法改制成立的国有独资大型一类企业。集团公司2004年2月18日正式挂牌，下属5个全资子公司、1个分公司、3个控股公司和1个参股公司。截止2009年底，集团公司在职职工2569人，资产总额37.6亿元。

集团公司主要业务为省内地方铁路基本建设及客货运输经营；铁路专用线的社会共用服务管理；省内地方铁路的煤炭建设与经营管理；大秦铁路煤炭集运站的建设、设备管理、配件经销、维修及人员培训；铁路专用物资的经销；旅游开发、经济信息咨询等。目前经营管理有孝（义）—柳（林）、武（乡）—左（权）、沁（县）—沁（源）、宁（武）—静（乐）和阴（塔）—火（山）等五条地方（合资）铁路，铁路正线里程380公里，线路总里程449公里。目前，年货物发运量两千万吨以上；与太原铁路局联合经营、行业管理的52条铁路专用线，年货物发运量八千万吨以上，为大秦铁路承担着大量的煤炭发送任务。集团公司管理的地方铁路和铁路专用线以其显著的经济效益和社会效益，在我省新型能源和工业基地建设中发挥着越来越重要的作用。

2009年，集团公司全年实现货物发运量2003.9万吨，货物周转量完成15.3亿吨公里，实现总收入72488万元，实现利润总额2297万元。安全生产形势持续稳定，未发生一般B类以上责任事故，连续六年实现安全生产；连续五年被中国地方铁路协会评为全国地方铁路先进单位。

山西省国有资产监督管理工作综述

2009年是新世纪以来全省国有经济发展最为困难的一年。在山西省委、省政府的正确领导下，国资系统深入开展学习实践科学发展观活动，全面加强国有企业党的建设，上下齐心，迎难而上，共克时艰，全力"保增长、保民生、保稳定"，经受住了国际金融危机的严峻考验，省监管企业经济实现企稳回升，经济运行总体保持了平稳健康的发展势头，为山西省经济社会发展作出了积极贡献。截至2009年底，省监管企业资产总额达到7396亿元，所有者权益(净资产)达到2487亿元。全年监管企业累计完成增加值1300亿元，累计实现营业收入5224亿元，累计实现利润225亿元，累计上缴税金415亿元。省监管企业资产总额、净资产和实现利润三项指标均超额完成年初确定的目标，在全国省级国资委中位居前列，在全省经济发展中继续起着"引领"作用。其中，资产总额、所有者权益、营业收入和实现利润四项指标分别是2003年省国资委成立前的3.7倍、3.4倍、6倍和9.5倍。上述四项指标在全国31个省(区、市)排名由2003年的第十七位跃居到第二至第五位。

【全省国有企业总体情况】 按照《企业国有资产监督管理暂行条例》和《企业国有资产统计报告办法》规定的汇编范围，2009年纳入统计范围的国有企业（含国有控股参股)4261户，比2008年增加18户。资产总额持续增长，2009年全省国有企业资产总额达到9593.20亿元，比2008年的7999.23亿元增加1593.97亿元，增长率为19.93%。营业收入略有减少，2009年全省国有企业销售收入达到6001亿元，比2008年的6180亿元减少179亿元。利润总额有所减少，2009年全省国有企业利润总额为296亿元，比2008年的360亿元减少64亿元。国有资产总量持续增加，截至2009年12月31日，山西省国有资产总量达到2233亿元，比2008年末的1880亿元，增加353亿元，增长率为18.78%。从统计数据可以看出，国有资产依然主要集中在省属企业，2009年省属企业国有资产总量为1861.47亿元，比2008年增加280.71亿元，占总国有资产的比重达到83.38%。从经营规模来看，国有资产主要集中在大型企业，2009年占到74.36%，比2008年的67.96%增加了6.40个百分点。各项获利能力指标有所降低，2009年国有企业利润增长率-12.53%。净资产收益率（不含少数股东权益)为5.75%。

【国有资产实现保值增值】 全省国有企业总体上连续实现国有资产的保值增值，保值增值的原因主要来源于国有企业经营增值，国有资产得到保全并持续增长，国有企业权益资本的稳定增加，保证了国有企业较高应付风险的能力和较强的持续发展能力。2009年全省国有企业保值增值率实现108.01%，比2008年的109.19%减少1.18个百分点。2009年国有企业资本积累率为11.90%，比2008年的23.66%减少11.76个百分点。2009年末国有企业所有者权益为2413.24亿元（不含少数股东权益)，比年初的2212.02亿元增长201.22亿元。其中，实收资本增加28.15亿元，增长率为2.18%，资本公积增加10.50亿元，增长率为1.69%，盈余公积增加27.58亿元，增长率为25.70%，未分配利润增加92.19亿元。国有资本保值增值率主要来源于省属监管企业的贡献，从分布结构来看，省属监管企业实现107.62%的保值增值率，贡献国有资本及权益1773.21亿元；省属非监管企业保值增值为105.95%；市级及市级以下企业保值增值为111.70%。

【采取有力措施应对金融危机】 省国资委加强了对经济运行的监测，建立了重点企业主要产品产销量旬报制度和月度经济运行分析制度，委领导深入企业调研达90余次，指导企业调整策略，加强生产经营，应对危机，如煤机制造企业积极与煤炭生产企业签署战略合作框架协议，增强抵御危机的能力。省属企业积极实施市场多元化战略，在精耕细作传统市场的同时，千方百计开拓新兴市场。五大煤炭集团通过完成煤炭订货、突出重要客户、开展易货贸易、强化重点煤种销售等措施，稳定提高了省煤炭价格。各企业加强管理，推行降本增效，严格控制非生产性支出增长，如潞安集团全年节约各种费用2亿元。各监管企业严格控制对外担保和金融理财等行为，严格控制资产负债率，有效防范经营风险，如晋煤集团坚持“预收款”制度，有效规避了坏账风险。

【加大融资力度，积极招商引资】 监管企业通过多种方式，积极开拓融资渠道。全年省监管企业通过审批的企业债券和中期票据发行量达305亿元，12户大型生产企业获得银行授信额度共计3511亿元。省国资委大力开展招商引资和对外合作，收集并发布了52个非煤产业招商引资项目，与上海市国资委进行了合作洽谈，组织企业参加了中博会、东博会和高交会。同煤与中海油签订了共同投资300亿元建设40亿立方米/年煤制天然气项目和配套煤矿项目的合作协议。国际电力先后与华能集团、华润电力等国内外大型企业和民营企业进行接洽，在多领域进行合作并取得实质性进展。

【不断推进技术创新】 监管企业积极发挥科技创新引领作用，加大研发投入，努力突破制约企业发展的关键技术，抢占市场竞争的制高点。太钢、潞安、太重、晋煤4家省监管企业入选国家级创新型企业试点，12家监管企业及其子企业入选省级创新型企业试点。太重集团风电整机和千万吨级矿井综采成套装备研制成功，大型铝型材挤压机、大型液压挖掘机等新产品取得了阶段性成果。晋煤集团研发出6.2米液压支架、二代连掘工艺和装备等，并在瓦斯治理和防突上取得了突破性成效，使原煤产量较上年有大幅度增长。潞安集团全面提升矿区集约高效水平，建成全国首个自动化矿井，高炉喷吹煤被认定为全国高新技术产品。太钢集团开发出核电、装饰、汽车、锅炉行业用不锈钢和宽幅冷板等多种新产品，增强了国际竞争力。

【全面推进煤炭资源整合】 按照省委、省政府整合地方煤矿的有关精神，焦煤、同煤、潞安、晋煤、阳煤、省煤运、煤炭进出口七户具有整合资格的主体企业，扎实推进资源整合和煤矿重组工作。七户煤炭企业经煤炭企业兼并重组领导组会议确定的整合煤矿数979座（整合后410座，现经领导组批复的整合煤矿数为943座），已签定正式协议853座，占已批复煤矿的90.5%；办理采矿证372座，占应办证数的90.7%。整合矿井稳妥推进“六大员”进驻和复工复产工作，复工复产的煤矿达到212座。整合后资源储量增加285亿吨，增加产能约3.48亿吨，整合新增产能与约3.5亿吨的原有产能相当，对省属煤炭企业持续发展意义重大。七户整合主体以外的六户省属涉煤企业按省政府要求，对其原控股16座煤矿实行了参股或退出。

【推进企业联合重组】 省国资委提出了关于国有焦化企业资产整合组建焦化大集团的初

步意见。办理完成了中国重汽集团与大齿集团股权划转、资产移交的有关事项。山西焦煤集团与太钢集团共同出资设立了“山西煤钢联能源开发有限公司”，迈出了煤钢联合发展的步伐。太钢集团通过山西太钢不锈钢钢管有限公司增资扩股引入了天津钢管股份有限公司，同时在海外兼并收购了土耳其的铬矿公司，促进了产品结构的优化，建立了稳定安全的铬资源供应渠道。长治市国资委积极推动长治钢铁集团与首钢重组，在融入环渤海经济圈、承接京津地区产业梯度转移，调整振兴山西钢铁产业上取得重大进展。

【加快重点项目建设】 省国资委进一步强化监管企业发展规划，加强了对重大投资的进度统计和对外投资的专项管理，开展了对100个重点建设项目的监督检查和存在问题的协调服务。省监管企业全年完成投资852亿元，完成年计划的116%，竣工项目47个，新增收入300多亿元。其中，同煤集团同忻煤矿、焦煤集团斜沟煤矿已具备设计生产能力，阳煤集团7.5万吨1,4—丁二醇项目，国际能源兆光电厂二期、平朔煤矸石电厂二期，国际电力右玉、平鲁75MW风力发电，太重风力发电设备增速器技改项目建成投产。此外，太原市长安重汽新基地一期工程、新凯纺织印染有限公司新厂一期工程，晋城市大宁发电煤层气电厂项目、天泽煤化工13万吨/年大颗粒尿素技改等项目顺利竣工。重点项目的实施，优化了国有经济结构，为企业可持续发展奠定了重要基础。

【推进国有企业改革】 省国企改革办协调解决了省直单位所属5户企业改制的土地资产划转和省国有资产经营有限公司所属困难企业的改制专项资金问题。争取国家特批焦煤集团曹村矿、白龙矿实施政策性破产，推动10项破产项目进入法律程序。落实了物产集团所属7户企业和医药集团玻璃瓶厂等企业破产费用1亿多元。会同相关部门对享受医保补助的42户省属国有特困企业进行了认定。深入各地积极督促企业全面完成了中小学移交工作，代省政府起草并下发了《山西省分离国有重点煤炭企业办社会职能指导意见》。

【国有企业体制机制创新】 省国资委分三批组织监管企业参加国务院国资委主办的国有大型企业建设规范董事会实务培训班，指导企业加快建立和规范董事会运作的各项规章制度。煤炭进出口集团借壳中油化建在国内同行业率先实现了煤炭主营业务的整体上市，净资产由上市前的38亿元提升到200亿元以上。晋煤集团和焦煤集团整体上市工作取得积极进展。焦煤集团、煤炭进出口集团等企业调整或设置了董事会的专业委员会，进一步提高了董事会的决策水平。部分企业根据生产经营情况变化重新对管理模式进行调整，如阳煤集团整合下属47个煤矿，组建四个区域煤炭公司，构建了管理跨度适当的母子公司管理体制。

【推进企业转型发展】 监管企业努力扩大新兴产业的种类与规模，加快实现转型发展。煤炭企业继续加大非煤产业发展步伐，非煤产业上的投资第一次超过煤炭产业，潞安、晋煤的煤基合成油等一批重点项目投入运营。全年五大煤炭集团非煤产业完成营业收入1115亿元，同比增长22%。太化集团全力以赴做好新基地建设各项前期准备工作，并积极推进以房地产开发为龙头的非化工产业的发展。煤炭进出口集团形成精加工和组装1万对高铁轮对的能力，并抓住时机组建船务公司拓展物流运输产业。国新能源大力实施天然气、煤层气、焦炉煤气、氢气“四气合一”战略，基本形成了完备的产业格局。

【全面完成节能减排目标】 监管企业努力淘汰落后产能，强化“三废”治理，大力开发和利用煤层气、天然气等清洁能源，发展循环经济，圆满完成省政府下达的节能减排约束性指标。监管企业全年共实施22项较大的节能减排项目，完成年度投资40多亿元，项目累计投资达到124亿元。太钢投资15.8亿元建设了8个节能环保项目，吨钢综合能耗等多项指标均居行业第一。同煤塔山循环经济园区建成运行，实现了物料的闭路循环和资源的“吃干榨尽”。潞安集团煤电、煤油、焦化、电化四个循环经济园区初步建成，绿色潞安建设取得积极进展。国际能源、国际电力大力发展煤矸石发电、风电、垃圾发电、城市污水处理项目，实现了良好的经济效益和社会效益。

【完善国有资产管理体制】 省国资委研究起草了国有资本经营预算制度，开展了相关工作。省国资委及时调解经贸资产公司、三维华邦与其他企业之间的经济纠纷。焦煤集团3户重要子企业设立总法律顾问，完善企业法律工作机制。各市国资工作不断加强，监管工作围绕重点，各有特色：晋中市国资委建立了市县两级监管框架。大同市国资委引进中房集团和南京雨润集团投资52亿元进行房地产开发和食品加工。长治市国资委积极推动长治钢铁集团与首钢重组。朔州市、临汾市国资委开展了监管企业和改制企业的清产核资工作。阳泉市、忻州市国资委进一步完善了业绩考核办法，规范了企业薪酬分配。吕梁市、晋城市国资委出台了企业执行“三重一大”集体决策制度的有关规定。运城市国资委向当地政府移交三所企业自办学校。太原市国资委11户破产企业完成了职工安置。

【加强财务监督、监事会和审计工作】 省国资委推动企业全面执行新的《企业会计准则》，提高会计核算国际化水平。完成监管企业2009年度预算审核和2008年度决算审核，以及2008年全省经营性国有资产的统计和2008年度监管企业综合绩效评价，增强了出资人财务监督的力度和实效。八户资产公司开展了转增资本金工作及转增后的清产核资工作，共转增资本金189.2亿元。省属国有企业监事会完成10份监督检查报告，提交2份专项监督检查报告，下发了5份整改意见书和5份关注函，促进了企业经营管理和改革发展的规范运行。对2008年和2009年上半年出具的监督检查报告进行了梳理，就其中的重点问题督促企业整改。根据计划和重点项目进展情况，开展了经济责任审计和重点项目审计。就省审计厅对省属五个重点煤炭企业对外投资专项审计中发现的问题，针对性地进行了整改。

【完善业绩考核和薪酬管理】 省国资委完成了2008年度经营业绩考核评级和企业领导人员薪酬兑现工作，确认并及时调整了2009年度省属企业经营业绩考核指标。对2009年度和第二任期考核指标完成进度情况进行了跟踪分析。加大了对企业工资分配的调控力度，对企业工资总额和领导人员薪酬进行了稽核和检查，做到了“两协调”、“两低于”。

【规范产权管理】 省国资委加强产权登记工作和资产评估管理工作，办理产权登记73户，完成监管企业资产评估核准项目62项，备案项目31项。积极推进全省产权交易市场建设，深度整合交易资源，丰富交易品种，实现交易规模稳定增长。截至2009年底，全省产权交易机构累计进场交易项目112宗，成交额约41.9亿元，实现平均增值率9.4%。其中，省产权交易市场累计进场交易项目48宗，成交额约33.1亿元，实现增值率2.54%。

【深入开展全省国有企业学习实践科学发展观活动】 省国资委机关及直属单位的学习实践活动在2009年3月进行了总结，在省委第11指导组直接指导下，较好地完成了“学习调研、分析检查、整改落实”三个阶段的17项规定动作，并通过深入整改和“回头看”，切实解决了影响和制约国资监管工作的突出问题，较好地应对了金融危机复杂局面，确保了国有经济的持续增长，基本实现了“党员干部受教育、科学发展上水平、人民群众得实惠”的总体目标，为参加第二批学习实践活动的全省国有企业提供了宝贵的经验，奠定了扎实的基础。2009年3月2日，省国资委召开了第一批学习实践活动总结暨第二批省属企业学习实践活动的动员部署大会。省国资委监管的30户省属企业的9221个基层党组织（其中党委415个、党总支740个、党支部8066个），201947名党员（其中7975名处级以上党员领导干部）参加了第二批学习实践活动。从安排上，努力促进两批学习实践活动实现“无缝对接”，即用第一批学习实践活动取得的经验指导第二批活动的开展，用第一批学习活动的成果促进第二批活动取得新的更大收获。省国资委派出了六个指导小组，由一批有丰富经验的老同志带队赴各企业指导工作，把帮助企业“实现三保”和科学发展的任务进一步深化到基层，把国资委机关深化整改的各项举措落实到一线，同时，也把企业正在取得的好的经验和当前经济工作的信息带回到机关，促进和提高了机关整改工作的全面开展，形成了良好的互动局面。4月14日根据省委学习实践活动领导小组要求，省属企业学习实践活动领导小组正式更名为全省国有企业学习实践活动领导小组，全省1342户国有企业统一开展学习实践活动。4月16日召开“全省国有企业学习实践科学发展观活动研讨会”，省委常委、省委组织部部长、省委学习实践活动领导小组副组长任泽民同志作了重要讲话。会议学习贯彻中央关于开展深入学习实践科学发展观活动的一系列指示精神，研究、部署、解决全省国有企业学习实践活动中的问题，太钢、太重、晋煤三户企业分别介绍学习实践活动的做法和经验。五个多月时间，全省国有企业按照省委的统一部署，严格程序，精心组织，扎实推进，确保学习实践活动进展顺利，有力地促进了省属企业改革发展稳定，切实做到了学习实践活动与生产经营及各项工作“两不误、两促进”。学习实践科学发展观活动进一步解放了全省国有企业党员干部的思想，加深了对科学发展观和“三个发展”的理解，提高了对搞好国有企业的认识，坚定了深化改革、强化管理，攻坚克难、推动省属企业平稳较快发展的信心和决心，在应对金融危机、保增长和促进省属企业又好又快发展等重大问题取得了实效。省属企业先后明确整改项目1036个（其中，应对金融危机推动三个发展的项目480个、事关群众利益维护社会稳定的项目230个、其他项目320个），作出公开承诺事项461件。解决影响和制约企业科学发展方面的突出问题268个，解决应对金融危机确保经济稳定增长方面的突出问题241个，解决改善民生、维护群众切实利益和社会稳定方面的突出问题221个，解决本单位本部门存在的突出问题149个，为职工群众办实事办好事482件。

【企业领导班子建设】 按照省政府主要领导要求，省监管企业开展了“六比六看”活动，进一步引深了“四好”领导班子创建工作，促使企业领导班子在应对金融危机中增强信心、增强能力、发挥合力。省国资委党委制定下发了《关于省国资委监管企业领导人员实行考察公示制度的暂行办法》，从制度上保证了干部选任工作规范进行。进一步强化了公开监督和扩大干部民主选任，对防止“带病提拔，带病上岗”起到了监督保证作用。

【人才工作和职工队伍建设】 认真贯彻《党政干部选拔任用条例》，加强机关干部队伍建设，努力优化干部队伍结构，提拔能力强、业绩突出处级干部29人。通过参加全省公开招考严格程序，从800多名报考人员中择优录取6名公务员。牵头完成了《加强企业经营管理人才队伍建设课题研究》，制定了《山西省省属企业引进海外高层次人才工作暂行办法》。2009年9月组织部分企业参加全省海外高层次人才引进工作会、人才工作座谈会和省海外高层次人才引进计划（“百人计划”）的组织实施，太钢和太重成为第一批“山西省海外高层次人才创新创业基地”。为促进山西省上市公司控股股东及董事、监事和高管人员增强法制观念，强化风险意识，提高公司规范运作水平，8月20日至21日，与山西证监局联合举办了培训班，来自山西省内24家省属企业、27家上市公司及部分拟上市公司的主要领导和高管人员157人参加了培训。2009年10月17日，省国资委与北京科技大学联合举办的工商管理硕士（MBA）班开班，为全省国资系统培养高层次经营管理人才。2009年3月27日至2009年4月9日，组织了省属有关企业14人，赴香港进行企业项目、投资及风险管理的培训学习。

【推广潞安经验，加强企业党建】 2009年，省国资委党委结合深入学习实践科学发展观活动的开展，就进一步加强和改进省属企业党的建设，深入企业进行了广泛深入的调研，形成了《国有企业党组织政治优势转化为企业竞争优势和发展优势研究》等调研成果。特别是总结推广潞安集团党建工作经验，引起社会各界的广泛注目。潞安集团积极探索在现代企业制度条件下，进一步加强和改进党建工作的新思路和新方法，形成了以“抓班子、带队伍、创环境、促发展”为核心内容的党建工作模式，把绩效管理引入基层党的建设。这一做法得到了中央领导的重视。5月7日《人民日报》以《国有企业党建工作的有益探索》为题刊发中央党建工作调研组赴潞安的调研报告。省委书记张宝顺同志作出了“研究推广潞安经验，推进企业党建工作不断发展”的重要批示。省国资委按照宝顺书记的指示精神，决定在省属企业中学习推广潞安党建工作经验，切实加强国有企业党的建设，为实践省委、省政府提出的“转型发展、安全发展、和谐发展”提供强有力的政治保证。6月18日省国资委召开了“省属企业推广潞安党建工作经验交流会”。省委、省政府领导出席并作了重要讲话。省国资委党委以《国企党建通讯》为载体，及时宣传中央和省委关于党的建设的指示精神，广泛交流、推广各单位的研究成果，全年收集领导讲话、文件决定、工作动态以及理论研究等100余篇，对推动基层党组织开展党建工作研究，深化对党建理论的认识起到了积极作用。“山西国企党建网”充分利用网络优势，构建工作服务平台，实现了党建工作信息交流、资源共享的快捷方便。

【加强组织工作，努力“争先创优”】 按照《中国共产党基层党组织选举工作暂行条例》的要求，省国资委党委把省属企业党组织换届选举工作作为加强和改进企业党组织建设的重要抓手，认真组织实施。在企业换届选举工作中严把组织领导关、思想教育关和工作程序关。选举按照规定程序严格进行，充分体现换届选举的严肃性和科学性。经过各级党委的努力，省国资委监管的28户省属企业已有16户企业圆满完成了换届选举工作。

国资委党委注重加强基层党建工作，从生产一线中大力发展生产技术骨干加入组织，并从教育培训入手，加快入党积极分子成长步伐。党员培训工作结合当今形势发展，在方式上突出一个“新”字。坚持创新教育方式，打破常规，采取学习讨论相结合模式，转变观念，变“要我学”为“我要学”，努力增强培训实效。2009年开展集中培训2期，共培训400多人次，有效提高了入党积极分子的素质能力。

为在广大员工中营造崇尚先进、学习先进、争当先进的良好氛围，更好地发挥基层党组织的政治核心作用、党支部的战斗堡垒作用和党员的先锋模范作用，省国资委党委坚持深化“争先创优”工作，扎实推进省属企业深入开展创建先进基层党组织，争当优秀共产党员、优秀党务工作者活动，在中国共产党诞辰八十八周年之际，省国资委党委对省属企业102个先进基层党组织、155名优秀共产党员和33名优秀党务工作者进行表彰。为庆祝新中国诞辰60周年，激发广大共产党员的爱国热情，在省属企业中组织开展了一次以党史国史、国情国力、时事政治为主要内容的“先锋杯”百题知识竞赛活动，省属企业参赛人数达174622，党员参赛率达74.9%，平均分数为97.4。

省国资委党委按照省委组织部的统一安排，积极在省属国有企业组织系统中开展“讲党性、重品行、作表率，树组工干部新形象”活动，省国资委党委针对省属企业自身的特点，以晋国资党发【2008】10号制定下发了《关于在省属企业组织系统开展“讲党性、重品行、作表率，树组工干部新形象”活动的实施方案》，对活动的开展提出了新的要求，在活动动员部署工作中，活动领导组经过周密细致地研究，制定了《省属企业组织系统“讲党性、重品行、作表率，树组工干部新形象”活动流程》和《省属企业组织系统“讲党性、重品行、作表率，树组工干部新形象”活动重点学习内容》，确保省属企业认识统一，步调一致，各省属企业组织部门认真组织实施，使活动得以扎实有效地开展。

【精神文明建设和企业文化建设】 省属企业精神文明创建通过狠抓落实和持续推进，逐步实现创建活动精细化、长效化和常态化。省属企业普遍以文明和谐单位、文明和谐社区、文明和谐家庭、文明和谐班组等创建活动为载体，深入开展道德模范评选、道德塑型、“倡和谐、树新风、争作文明人”等针对性强的主题实践活动，使活动过程成为灌输正确思想、加强道德教育、弘扬社会新风的过程，充分调动单位、家庭、个人等各个方面的积极性，形成全员参与的良好创建氛围，使文明和谐建设成为省属企业干部、职工的自觉行动。2009年省国资委党委对省属企业精神文明建设先进单位和优秀个人进行了命名表彰，共命名表彰省属企业文明单位标兵132个，文明单位140个，文明社区25个，优秀工作者55名。省属企业文明办在表彰的基础上，向省文明办推荐了2008～2009年度省级文明和谐单位标兵27个，文明和谐单位46个，文明和谐社区13个，优秀领导干部6名，优秀工作者7名，精神文明创建特别贡献奖3个。根据省文明办安排，省属企业49个省级文明和谐单位参加了“文明和谐单位”和“社会主义新农村建设重点推进村”接对帮扶共建文明和谐村活动。各帮扶单位立足实际，送信息，帮助进一步理清新农村建设的发展思路；送经验，帮助进一步提升乡风文明程度；送资金，帮助进一步改善文化设施和村容村貌；送服务，帮助进一步提高村民医疗卫生、子女教育和业余文化生活；送爱心，帮助进一步解决困难学生、弱势群体和困难家庭的问题。

省国资委党委借建国60周年重大契机，在省属企业开展了“爱国歌曲大家唱”群众性歌咏活动，在各企业开展活动的基础上，组织了省属企业庆祝新中国成立60周年“赞美祖国”歌咏比赛，省属企业25个代表队和省国资委机关全体干部参加了比赛。同时，选派3个队参加了全省爱国歌曲大家唱“祝福祖国”歌咏比赛，取得了两个“一等奖”和两个“二等奖”的好成绩。积极组织了省属企业职工开展了“100位为新中国成立作出突出贡献的英雄模范人物和100位新中国成立以来感动中国人物”评选活动，省属企业30余万职工参加了书面投票，使省属企业广大干部职工受到爱国主义教育。

【党风廉政建设】 在省国资委党委领导下，省监管企业纪委大力开展廉洁文化“进机关、进厂区、进岗位、进社区、进家庭”的活动，进一步完善反腐倡廉宣传教育工作格局。深入开展企业效能监察工作，堵塞企业管理漏洞500多个，为企业增加经济效益15亿元。深入开展煤焦领域反腐败专项斗争，严肃整顿煤矿工作纪律，严格工作程序，推动了煤炭兼并重组整合工作规范、健康、有序进行。完善了“一案两报告”制度，查处了一批违法违纪案件，促进企业进一步规范招投标、干部任用、对外投资等重要行为。全年省国资委系统共立案303件，处分违纪人员836人，其中处级以上领导128人。

【安全维稳工作】 省属企业深刻吸取2009年山西焦煤屯兰矿“2.22”事故教训，全面开展安全大检查，逐级落实安全责任，强化问责，13户涉煤企业全部落实通风区长兼矿长助理工作，7户煤炭企业“六大员”到位2306人，为实现企业安全形势根本好转奠定坚实基础。中条山有色金属公司加大尾矿库专项整治和安全生产许可证办理工作力度，全面恢复生产经营。经过努力，当年事故起数和死亡人数均创历史最好水平，其中死亡人数减少1018人。信访稳定工作方面，委领导带队赴13户重点企业专门就信访突出问题进行了督导检查，接待涉及监管企业的群众上访，及时处置群体性突发事件，重点企业深入开展“信访积案化解年”活动，采取有力措施化解矛盾纠纷，实现了“国庆”期间进京非正常“零上访”目标。

【积极承担社会责任】 省属企业坚决落实山西省委、省政府“三保”任务，在生产经营形势十分严峻的形势下，做到不裁员，努力增加就业岗位，缓解全社会就业压力。国有企业积极承担社会责任作出表率，如医药集团完成抗击甲型H1N1流感急救药品及防控药品的储备供应任务，煤气化承担巨额亏损全力保障省城煤气供应。煤炭企业千方百计地提高电煤产量，缓解全国煤电供应紧张局面。省国资委积极开展机关干部下基层促进“三保”和新农村帮建工作，协调陵川县污水处理厂、高平市农村困难群众危房改造工程、陵川县城内寄宿制小学等帮扶项目顺利完工或资金到位，新建太原铁路客运南站拆迁问题圆满解决。监管企业积极参加帮建新农村建设，24户监管企业共投入1.4亿元，帮扶345个村的新农村建设。

山西省省属企业财务情况分析

2009年省属监管企业深入贯彻落实科学发展观，各项工作都取得了新的进展。面对全球性经济危机对企业经营发展带来的重大影响，在国家各项宏观调控政策措施引导下，在山西省委、省政府正确领导下，积极寻求危机应对策略，着力推进各项工作，在危机中寻找机遇获取发展空间，经济发展总体仍呈现出上升态势。

一、监管企业总体运营特点

（一）监管企业总体运营效率稳中有升，呈现出营业收入、净资产同步增长、资产质量不断改善的态势，监管企业在全省国民经济中的中坚力量和骨干作用进一步呈现

2009年，33户汇编监管企业实现营业收入5,221.13亿元，比上年增长1.43%（其中实现主营业务收入5,057.12亿元，比上年增长0.81%），占全省国有及国有控股企业（6,000.20亿元）的87.02%；实现利润228.45亿元，比上年减少19.31%，占全省国有及国有控股企业（296.44亿元）的77.06%；资产总额为7,377.01亿元，比上年增长23.70%，占全省国有及国有控股企业（9,593.20亿元）的76.90%；所有者权益为2,453.86亿元，比上年增长21.78%，占全省国有及国有控股企业（3,134.93亿元）的78.27%。上缴税金494.99亿元，占全省国有及国有控股企业（587.06亿元）的84.32%。省属监管企业在全省国民经济中的中坚力量和骨干作用进一步呈现，为全省经济和社会发展做出了重大的贡献。

（二）着力培育大企业集团，重点扶持能源、冶金和电力等产业领域，积极推进国有经济布局和结构调整

进一步加大整合力度，把山西省建设成为国家新型能源和工业基地，重点发展能源、金属材料等产业领域，推动国有资本向重点产业领域的大集团、大公司集中是省国有企业改革的重点。

大企业集团的规模效应明显提高。截至2009年底，资产超过百亿元的集团企业有10户：

金额单位：亿元

序号	单位名称	金额
1	焦煤集团	1,007.12
2	太钢集团	982.60
3	同煤集团	921.59
4	晋煤集团	847.43
5	阳煤集团	787.51
6	煤运集团	661.63
7	潞安集团	634.24
8	煤炭进出口	263.71
9	太重集团	168.68
10	国际电力	157.14
	合计	6,431.65

上述10户企业的资产总额为6,431.65亿元，占到全部监管企业资产总额的87.19%；营业收入为4,569.23亿元，占到全部监管企业营业收入的88%；利润总额为220.59 亿元，占到全部监管企业利润总额的97%。

重点产业领域更加集中。按行业划分，10户企业中煤炭工业5户、冶金工业1户、物资贸易2户、机械工业1户和电力工业1户。这些重点行业的大企业集团，规模效益好，具有持续赢利能力和抗风险能力，他们已成为山西省结构调整、产业升级的骨干和依托。

（三）企业管理水平进一步提高，风险意识加强，整体上的持续发展能力、长短期偿债能力和抗风险能力得到优化，资本结构更加合理，核心竞争能力大幅度提高，做大、做强的基础得到夯实

2009年度，省属监管企业继续落实省政府《关于进一步加快推进国有企业改革的意见》，积极优化调整企业内部组织结构，完善法人治理结构，推动现代企业制度建设，管理水平进一步提高，为企业发展营造了良好的内部环境，取得了显著成绩。成本控制效果显著，成本费用利润率达到4.56%，比上年下降1.29个百分点；成本费用总额占主营业务收入的比率为95.86%，比上年增长1.85个百分点；长短期偿债能力和抗风险能力得到优化，流动比率达到1.07，已获利息倍数为3.48倍，资产负债率为66.74%，资本结构比较合理。资产负债率维持在较为合理的水平，已获利息倍数的大幅度增加和较为充足的经营活动现金净流量，保障了企业较高的收益质量和偿债能力。

（四）通过加大国有资产监管力度与监管企业改革的深化，确保了国有资本的保值增值

监管企业年初国有资本及权益总额1,611.75亿元，剔除客观因素后，年末国有资本及权益总额为1,773.21亿元，比年初增加161.46亿元，国有资本保值增值率为107.62%，实现了国有资产的保全和持续增长。国有企业权益资本的稳定增加，保证了企业较高抗风险能力和较强的持续发展能力。

总体来看，省属监管企业整体竞争力和发展的内在动力明显增强，经济效益显著提高。这些成绩的取得是省委、省政府的正确领导和省国资委各项改革与监管措施的进一步推进，企业认真贯彻党中央、国务院以及省委、省政府的一系列方针政策，以科学发展观为指导，紧紧围绕建设新型能源和工业基地，继续深化国有企业改革，积极推进国有经济布局和结构战略性调整的结果。

二、监管企业主要指标情况

（一）资产总额情况

2009年33户监管企业资产总额为73,770,114.53万元，其中煤炭工业企业的资产总额为53,453,219.43万元，占到省属监管企业资产总额的72.46%；冶金行业资产总额为1,686,831.70万元，占全部监管企业的2.29%。

各行业资产总额分布情况表

按行业划分	企业户数	资产总额(万元)	比重(%)
监管企业	33	73,770,114.53	100.00
煤炭企业	6	42,753,506.21	57.96
冶金工业	2	10,428,674.75	14.14
电力燃气工业	2	2,389,252.57	3.24
投资公司	8	1,609,711.06	2.18
化学工业	2	1,754,359.36	2.38
物资贸易	6	10,775,622.41	14.61
建筑业	1	977,210.33	1.32
机械工业	1	1,686,831.70	2.29
其他工业	1	86,117.21	0.12
地方铁路	1	376,023.57	0.51
道路运输业	1	299,431.84	0.41
商业贸易	1	205,958.79	0.28
酒和饮料制造业	1	380,903.24	0.52

(二)所有者权益情况

2009 年 33 户监管企业所有者权益为 24,538,593.18 万元。

各行业所有者权益总额分布情况表

按行业划分	企业户数	所有者权益(万元)	比重(%)
监管企业	33	24,538,593.18	100.00
煤炭企业	6	13,353,914.10	54.42
冶金工业	2	3,937,354.37	16.05
电力燃气工业	2	1,522,227.31	6.20
投资公司	8	1,252,369.98	5.10
化学工业	2	636,677.90	2.59
物资贸易	6	2,731,451.65	11.13
建筑业	1	40,717.81	0.17
机械工业	1	519,304.91	2.12
其他工业	1	3,505.73	0.01
地方铁路	1	86,918.73	0.35
道路运输业	1	69,164.62	0.28
商业贸易	1	44,653.89	0.18
酒和饮料制造业	1	212,770.89	0.87

(三)营业收入及主营业务收入情况

2009 年 33 户监管企业实现营业收入 52,211,305.37 万元。其中 6 户煤炭生产企业的营业收入在各行业中比重最大，占到全部监管企业收入的 60.85%左右，达到 31,771,025.90 万元。

各行业营业收入分布情况表

按行业划分	企业户数	营业收入(万元)	比重(%)
监管企业	33	52,211,305.37	100.00
煤炭企业	6	24,957,670.35	47.80
冶金工业	2	10.417,971.87	19.95
电力燃气工业	2	402,148.66	0.77
投资公司	8	155,897.79	0.30
化学工业	2	953,553.99	1.83
物资贸易	6	11,981,768.21	22.95
建筑业	1	1,146,551.90	2.20
机械工业	1	1,090,889.84	2.09
其他工业	1	30,689.81	0.06
地方铁路	1	72,490,92	0.14
道路运输业	1	362,149.25	0.69
商业贸易	1	288,405.77	0.55
酒和饮料制造业	1	379,709.01	0.73

各行业主营业务收入分布情况表

按行业划分	企业户数	主营业务收入(万元)	比重(%)
监管企业	33	50,571,165.55	100.00
煤炭企业	6	23,755,427.33	46.97
冶金工业	2	10,278,975.25	20.33
电力燃气工业	2	394,817.73	0.78
投资公司	8	155,494.11	0.31
化学工业	2	895,245.45	1.77
物资贸易	6	11,794.444.18	23.32
建筑业	1	1,118,509.90	2.21
机械工业	1	1,085,519.73	2.15
其他工业	1	30,621.44	0.06
地方铁路	1	70,903.21	0.14
道路运输业	1	354,100.71	0.70
商业贸易	1	288,126.64	0.57
酒和饮料制造业	1	377,503.51	0.75

（四）利润总额情况

2009 年 33 户监管企业实现利润 2,284,494.52 万元。

各行业利润总额分布情况表

按行业划分	企业户数	利润总额（万元）	比重（%）
监管企业	33	2,284,494.52	100.00
煤炭企业	6	1,511,180.38	66.15
冶金工业	2	26,336.78	1.15
电力燃气工业	2	62,836.68	2.75
投资公司	8	−21,554.09	—
化学工业	2	13,813.81	0.60
物资贸易	6	560,809.42	24.55
建筑业	1	1,140.63	0.05
机械工业	1	59,411.56	2.60
其他工业	1	−2,495.91	—
地方铁路	1	2,297.29	0.10
道路运输业	1	1,138.34	0.05
商业贸易	1	3,031.58	0.13
酒和饮料制造业	1	64,091.14	2.81

（五）净利润情况

2009 年 33 户监管企业实现净利润 1,408,796.94 万元。

各行业净利润分布情况表

按行业划分	企业户数	净利润（万元）	比重（%）
监管企业	33	1,408,796.94	100.00
煤炭企业	6	873,426.48	62.00
冶金工业	2	8,603.90	0.61
电力燃气工业	2	51,764.90	3.67
投资公司	8	−23,987.95	—
化学工业	2	7,075.64	0.50
物资贸易	6	387,438.11	27.50
建筑业	1	779.33	0.06
机械工业	1	59,347.27	4.21
其他工业	1	−2,498.16	—
地方铁路	1	1,228.90	0.09
道路运输业	1	663.48	0.05
商业贸易	1	1,829.86	0.13
酒和饮料制造业	1	40,699.47	2.89

三、煤炭工业及所属单位主要指标

（一）财务效益状况

1.净资产收益率

煤炭工业净资产收益率情况图

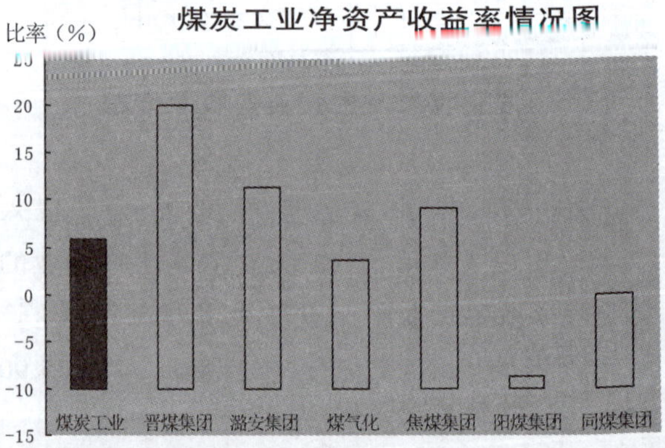

煤炭工业是山西省的主要支柱产业，2009 年省属煤炭工业净资产收益率为 5.89%，比 2008 年的 14.02%下降了 8.13 个百分点。各单位排序情况为：晋煤集团（19.95%）、潞安集团

(11.36%)、焦煤集团(9.13%)、煤气化(3.66%)、同煤集团(-0.04%)、阳煤集团(-8.73%)。

2.总资产报酬率

煤炭工业总资产报酬率情况图

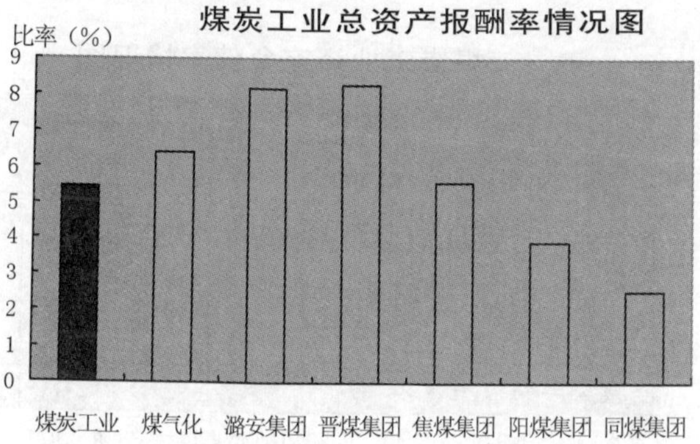

2009年省属煤炭工业总资产报酬率为5.82%，比2008年的8.1%下降了2.28个百分点。各单位排序情况为：晋煤集团(8.29%)、潞安集团(8.20%)、煤气化(6.38%)、焦煤集团(5.58%)、阳煤集团(3.91%)、同煤集团(2.54%)。

3.主营业务利润率

煤炭工业主营业务利润率情况图

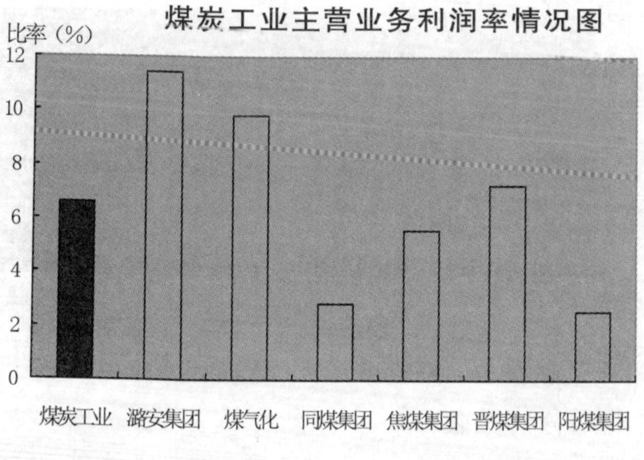

2009年省属煤炭工业主营业务利润率为6.58%。各单位排序情况为：潞安集团(11.40%)、煤气化(9.81%)、晋煤集团(7.24%)、焦煤集团(5.54%)、同煤集团(2.88%)、阳煤集团(2.58%)。

4.成本费用利润率

煤炭工业成本费用利润率情况图

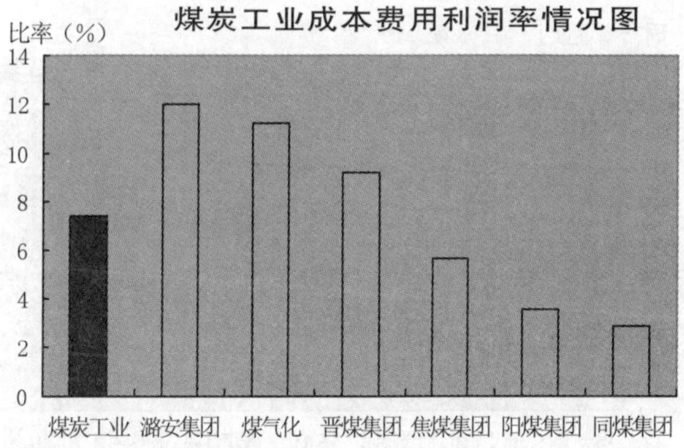

2009年省属煤炭工业成本费用利润率为7.43%。各单位排序情况为：潞安集团(11.97%)、煤气化(11.23%)、晋煤集团(9.25%)、焦煤集团(5.68%)、阳煤集团(3.59%)、同煤集团(2.88%)。

(二)资产运营状况

1.总资产周转率(次)

煤炭工业总资产周转率(次)情况图

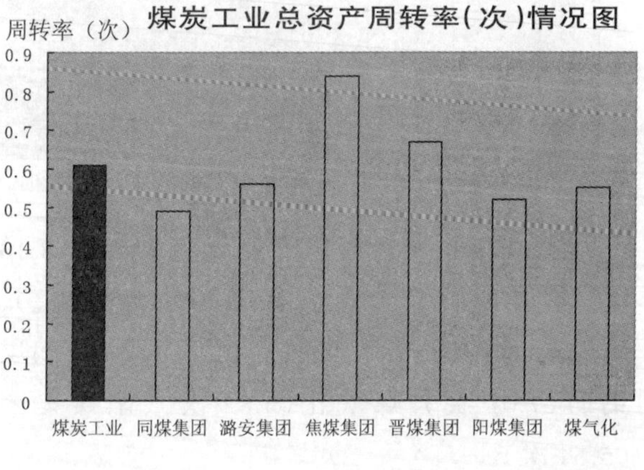

2009年省属企业煤炭工业总资产周转率为0.61次。各单位排序情况为：同煤集团(0.49次)、潞安集团(0.56次)、焦煤集团(0.84次)、晋煤集团(0.67次)、阳煤集团(0.52次)、煤气化(0.55次)。

2.流动资产周转率(次)

煤炭工业流动资产周转率(次)情况图

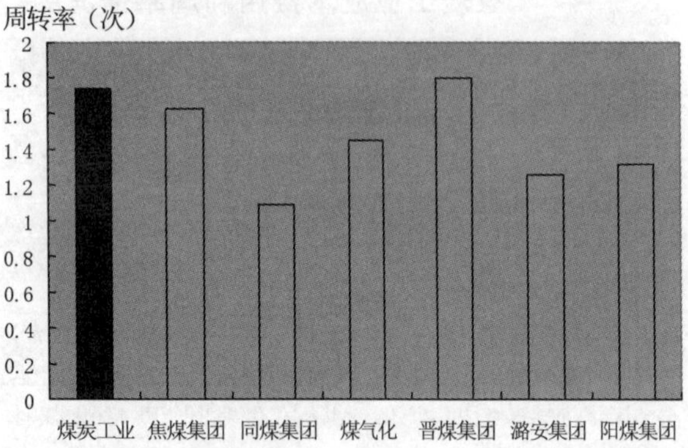

2009年省属煤炭工业流动资产周转率为1.43次。各单位排序情况为：晋煤集团(1.80次)、焦煤集团(1.63次)、煤气化(1.45次)、阳煤集团(1.32次)、潞安集团(1.26次)、同煤集团(1.09次)。

3.存货周转率(次)

煤炭工业存货周转率(次)情况图

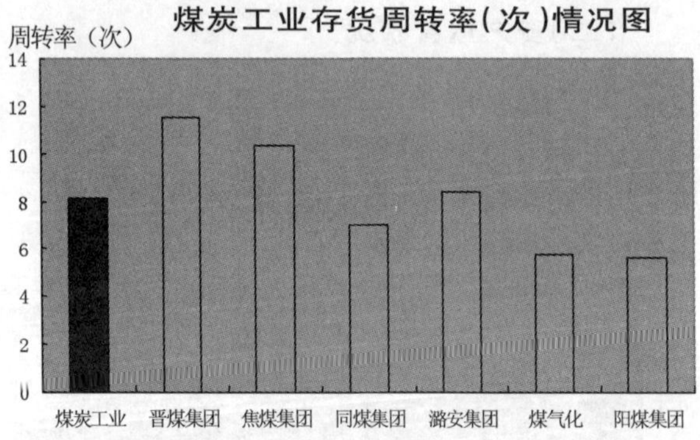

2009年省属煤炭工业存货周转率为8.13次。各单位排序情况为：晋煤集团(11.54次)、焦煤集团(10.35次)、潞安集团(8.41次)、同煤集团(7.01次)、煤气化(5.82次)、阳煤集团(5.64次)。

(三)偿债能力状况

1.资产负债率

2009年省属煤炭工业资产负债率为65.65%。各单位排序情况为：晋煤集团(73.65%)、阳煤集团(70.30%)、潞安集团(69.82%)同煤集团(69.05%)、焦煤集团(64.21%)、煤气化(46.88%)。

煤炭工业资产负债率情况图

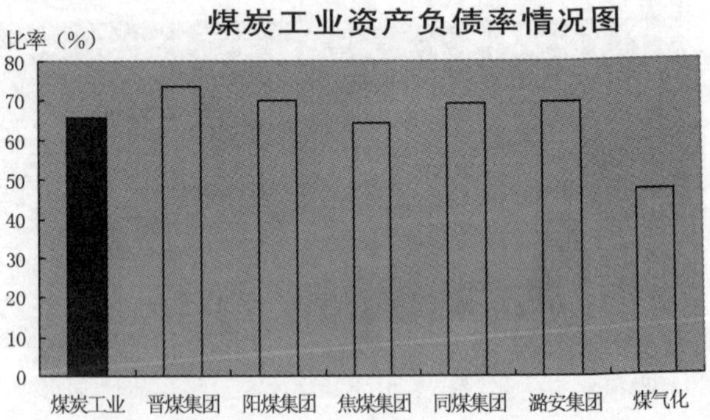

2.速动比率

2009年监管企业煤炭工业速动比率为90%。各单位排序情况为：同煤集团(97%)、焦煤集团(103%)、煤气化(93%)、潞安集团(104%)、晋煤集团(72%)、阳煤集团(71%)。

(四)附表

煤炭工业速动比率情况图

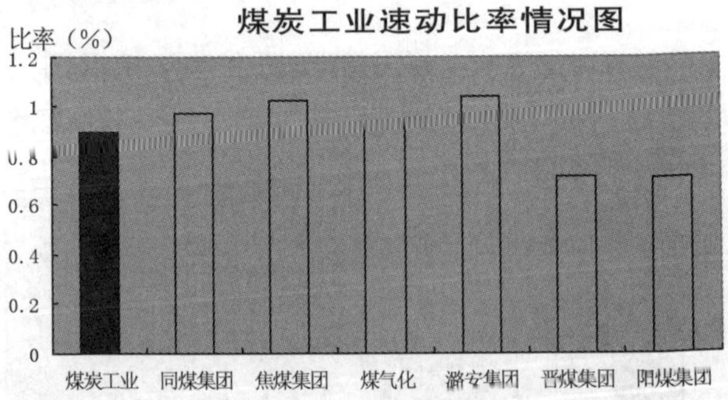

附表一：2009年33户省属监管企业按行业划分情况表

附表二：2009年33户省属监管企业主要指标排序表

附表三：2009年度全省国有企业主要指标排序表

附表一：

2009年33户省属监管企业按行业划分情况表

序号	行业分类	企业	单位名称
1	煤炭工业	1	山西焦煤集团有限责任公司
		2	大同煤矿集团有限责任公司
		3	山西晋城无烟煤矿业集团有限责任公司
		4	阳泉煤业(集团)有限责任公司
		5	山西潞安矿业(集团)有限责任公司
		6	太原煤炭气化(集团)有限责任公司
2	冶金工业	1	太原钢铁(集团)有限公司
		2	中条山有色金属集团有限公司
3	化学工业	1	太原化学工业集团有限公司
		2	山西大脊煤化工投资有限公司
4	建筑业	1	山西建筑工程(集团)总公司
5	物资贸易	1	山西煤炭进出口集团有限公司
		2	山西煤炭运销集团有限公司
		3	山西省物资产业集团有限责任公司
		4	山西省焦炭集团有限责任公司
		5	山西能源产业集团有限责任公司
		6	山西省国新能源发展集团有限公司
6	投资公司	1	山西省经济建设投资公司
		2	山西省经贸资产经营有限责任公司
		3	山西省煤炭资产经营有限责任公司
		4	山西金通投资管理有限公司
		5	山西省农业资产经营有限责任公司
		6	山西省科技基金发展总公司
		7	山西省国有资产经营公司
		8	山西省环境保护基金有限公司

续表

序号	行业分类	企业	单位名称
7	电力燃气工业	1	山西国际电力集团有限公司
		2	山西国际能源集团有限公司
8	机械工业	1	太原重型机械集团有限公司
9	地方铁路	1	山西地方铁路集团有限责任公司
10	商业贸易	1	山西省医药集团有限责任公司
11	酒和饮料制造业	1	山西杏花村汾酒集团有限责任公司
12	道路运输业	1	山西汽车运输集团有限公司
13	其他工业	1	山西省国有资产经营有限责任公司

附表二：

2009年33户省属监管企业主要指标排序表

金额单位：万元

序号	资产总额		负债总额		所有者权益		其中：少数股东权益	
	监管汇总	73,770,114.53	监管汇总	49,231,521.36	监管汇总	24,538,593.18	监管汇总	6,778,356.55
1	焦煤集团	10,071,171.74	焦煤集团	6,466,871.09	太钢集团	3,623,851.06	太钢集团	1,074,046.14
2	太钢集团	9,826,000.79	同煤集团	6,363,254.44	焦煤集团	3,604,300.65	阳煤集团	1,057,286.97
3	同煤集团	9,215,884.46	晋煤集团	6,241,692.10	同煤集团	2,852,630.03	焦煤集团	858,177.28
4	晋煤集团	8,474,261.72	太钢集团	6,202,149.73	阳煤集团	2,337,524.36	晋煤集团	849,350.24
5	阳煤集团	7,875,120.75	阳煤集团	5,536,596.39	晋煤集团	2,232,569.63	潞安集团	723,389.26
6	煤运集团	6,616,300.02	煤运集团	4,702,544.31	潞安集团	1,914,381.19	同煤集团	579,975.50
7	潞安集团	6,342,383.52	潞安集团	4,428,002.34	煤运集团	1,913,755.71	太重集团	308,019.52
8	煤炭进出口	2,637,102.53	煤炭进出口	2,163,988.18	国际电力	932,147.44	煤炭进出口	234,413.87
9	太重集团	1,686,831.70	太重集团	1,167,526.79	经建投	680,757.12	煤运集团	233,628.13
10	国际电力	1,571,394.44	建工集团	936,492.52	国际能源	590,079.87	煤气化	202,049.67

续表

序号	资产总额		负债总额		所有者权益		其中:少数股东权益	
11	建工集团	977,210.33	国际电力	639,247.00	太重集团	519,304.91	天脊集团	180,997.44
12	天脊集团	939,479.65	国际能源	615,166.82	煤炭进出口	473,114.35	国际电力	102,632.35
13	国际能源	817,858.13	天脊集团	584,886.83	煤气化	411,508.24	中条山	78,417.94
14	太化集团	814,879.70	太化集团	532,794.62	天脊集团	354,592.82	太化集团	61,313.15
15	煤气化	774,684.02	焦炭集团	390,419.69	中条山	313,503.31	汾酒集团	49,130.28
16	经建投	753,998.25	煤气化	363,175.78	太化集团	282,085.08	国新能源	44,576.92
17	国新能源	737,823.96	中条山	289,170.65	汾酒集团	212,770.89	国际能源	39,381.83
18	中条山	602,673.96	地方铁路	289,104.84	经贸资产	200,014.79	焦炭集团	19,655.17
19	焦炭集团	543,647.51	汽运集团	230,267.22	煤炭资产	175,176.20	地方铁路	16,909.15
20	汾酒集团	380,903.24	国新能源	227,778.26	焦炭集团	153,227.82	能源集团	16,272.43
21	地方铁路	376,023.57	汾酒集团	168,132.36	金通投资	145,816.51	建工集团	10,454.79
22	汽运集团	299,431.84	医药集团	161,304.90	国资经营	131,067.02	汽运集团	8,968.78
23	煤炭资产	257,632.45	能源集团	122,389.11	国新能源	122,657.13	医药集团	7,589.88
24	经贸资产	230,590.58	国资有限	82,611.48	地方铁路	86,918.73	煤炭资产	6,033.27
25	医药集团	205,958.79	煤炭资产	82,456.25	汽运集团	69,164.62	物产集团	4,642.26
26	金通投资	165,031.51	经建投	73,241.12	医药集团	44,653.89	经建投	4,471.91
27	能源集团	164,839.20	科技基金	56,367.70	能源集团	42,450.09	经贸资产	4,064.91
28	国资经营	132,628.71	物产集团	49,662.64	建工集团	40,717.81	科技基金	2,031.79
29	国资有限	86,117.21	经贸资产	30,575.79	科技基金	26,779.91	国资经营	385.07
30	科技基金	83,147.61	金通投资	19,215.01	物产集团	26,246.55	农业资产	92.76
31	物产集团	75,909.19	农业资产	12,561.45	农业资产	12,143.17	金通投资	
32	农业资产	24,704.62	国资经营	1,561.68	环保基金	8,176.55	国资有限	
33	环保基金	8,488.83	环保基金	312.29	国资有限	3,505.73	环保基金	-2.08

注:部分单位指标为"-"表示本指标值不存在计算基础,单位排序随机排序

2009年33户省属监管企业主要指标排序表(续一)

金额单位:万元

序号	营业收入		利润总额		净利润		资产负债率(%)	
	监管汇总	52,211,305.37	监管汇总	2,284,494.52	监管汇总	1,408,796.94	监管汇总	66.74
1	太钢集团	10,136,452.88	晋煤集团	437,046.50	晋煤集团	327,135.81	国资有限	95.93
2	焦煤集团	7,747,769.34	煤运集团	417,045.11	煤运集团	297,657.96	建工集团	95.83
3	煤运集团	7,243,878.09	焦煤集团	414,845.52	焦煤集团	287,191.97	国新能源	83.38
4	晋煤集团	5,089,446.63	潞安集团	351,591.13	潞安集团	229,000.23	煤炭进出口	82.06
5	同煤集团	4,254,300.98	阳煤集团	146,610.00	太钢集团	85,926.33	医药集团	78.32
6	阳煤集团	4,180,064.05	同煤集团	117,804.14	煤炭进出口	64,386.20	汽运集团	76.90
7	潞安集团	3,255,566.81	煤炭进出口	105,601.54	太重集团	59,347.27	地方铁路	76.88
8	煤炭进出口	2,302,888.70	太钢集团	104,108.59	同煤集团	47,757.60	能源集团	74.25
9	焦炭集团	1,295,585.79	汾酒集团	64,091.14	国际电力	43,865.60	晋煤集团	73.65
10	建工集团	1,146,551.90	太重集团	59,411.56	汾酒集团	40,699.47	焦炭集团	71.81
11	太重集团	1,090,889.84	国际电力	51,804.44	煤气化	29,953.96	煤运集团	71.08
12	国际能源	872,282.63	煤气化	43,283.09	国新能源	12,238.05	阳煤集团	70.30
13	天脊集团	481,706.09	国新能源	17,481.11	焦炭集团	9,942.15	潞安集团	69.82
14	太化集团	471,847.90	焦炭集团	16,603.06	国际能源	7,899.30	太重集团	69.21
15	煤气化	430,522.54	天脊集团	12,161.03	天脊集团	6,605.91	同煤集团	69.05
16	国际电力	391,025.45	国际能源	11,032.24	煤炭资产	3,482.43	科技基金	67.79
17	汾酒集团	379,709.01	煤炭资产	3,998.90	能源集团	2,351.61	物产集团	65.42
18	汽运集团	362,149.25	医药集团	3,031.58	医药集团	1,829.86	太化集团	65.38
19	医药集团	288,405.77	能源集团	2,802.62	经贸资产	1,351.59	焦煤集团	64.21
20	中条山	281,518.99	地方铁路	2,297.29	地方铁路	1,228.90	太钢集团	63.12
21	物产集团	140,500.99	经贸资产	2,142.63	物产集团	862.14	天脊集团	62.26
22	能源集团	126,632.01	太化集团	1,652.78	建工集团	779.33	农业资产	50.85
23	地方铁路	72,490.92	物产集团	1,275.98	汽运集团	663.48	中条山	47.98
24	经贸资产	61,397.86	建工集团	1,140.63	太化集团	469.73	煤气化	46.88
25	经建投	40,076.87	汽运集团	1,138.34	科技基金	405.92	汾酒集团	44.14

续表

序号	营业收入		利润总额		净利润		资产负债率(%)	
26	国资有限	30,689.81	科技基金	530.36	农业资产	170.49	国际电力	40.68
27	煤炭资产	16,180.69	农业资产	170.49	环保基金	22.67	煤炭资产	32.01
28	国际能源	11,123.21	环保基金	38.59	国资经营	-72.43	国际能源	27.85
29	农业资产	3,500.14	国资经营	-39.03	金通投资	-2,385.72	经贸资产	13.26
30	金通投资	2,192.99	金通投资	-2,384.17	国资有限	-2,498.16	金通投资	11.64
31	国资经营	2,097.80	国资有限	-2,495.91	经建投	-24,537.17	经建投	9.71
32	科技基金	1,574.83	经建投	-23,554.98	阳煤集团	-47,613.09	环保基金	3.68
33	环保基金	284.60	中条山	-77,771.81	中条山	-77,322.43	国资经营	1.18
	注:部分单位指标为"-"表示本指标值不存在计算基础,单位排序按随机排序							

2009年33户省属监管企业主要指标排序表(续二)

序号	总资产报酬率(%)		净资产收益率(%)		主营业务利润率(%)		成本费用利润率(%)		成本费用总额占主营业务收入比率(%)	
	监管汇总	4.82	监管汇总	6.10	监管汇总	4.23	监管汇总	4.56	监管汇总	96.86
1	汾酒集团	19.07	汾酒集团	21.17	金通投资	61.50	国际能源	42.02	国际能源	236.04
2	煤运集团	8.45	煤运集团	16.90	国际能源	50.45	科技基金	40.06	中条山	128.83
3	晋煤集团	8.29	晋煤集团	16.35	科技基金	33.74	煤炭资产	28.66	环保基金	120.09
4	潞安集团	8.20	煤炭进出口	15.94	经贸资产	30.06	汾酒集团	19.83	国资有限	109.98
5	煤炭进出口	6.78	潞安集团	13.10	煤炭资产	25.30	国际电力	13.29	农业资产	105.20
6	煤气化	6.38	国新能源	12.60	汾酒集团	17.28	潞安集团	11.97	国资经营	101.96
7	焦煤集团	5.58	太重集团	11.87	环保基金	13.56	环保基金	11.29	天脊集团	100.17
8	太重集团	4.58	焦煤集团	8.46	潞安集团	11.40	煤气化	11.23	能源集团	99.98
9	国际电力	4.53	煤气化	7.75	煤气化	9.81	晋煤集团	9.25	建工集团	99.83
10	国新能源	4.23	焦炭集团	6.87	国际电力	9.45	煤运集团	6.10	汽运集团	99.81

续表

序号	总资产报酬率(%)		净资产收益率(%)		主营业务利润率(%)		成本费用利润率(%)		成本费用总额占主营业务收入比率(%)	
11	阳煤集团	3.91	能源集团	6.42	晋煤集团	7.24	太重集团	5.80	物产集团	99.36
12	焦炭集团	3.78	国际电力	4.86	煤运集团	5.74	焦煤集团	5.68	太化集团	99.15
13	天脊集团	3.41	医药集团	3.96	焦煤集团	5.54	经贸资产	4.99	焦炭集团	99.06
14	太钢集团	2.71	物产集团	3.41	太重集团	5.25	煤炭进出口	4.78	国际电力	98.82
15	同煤集团	2.54	太钢集团	2.54	煤炭进出口	4.14	农业资产	4.63	医药集团	98.79
16	物产集团	2.37	煤炭资产	2.02	地方铁路	2.98	阳煤集团	3.59	太钢集团	98.78
17	国际能源	2.33	建工集团	1.99	同煤集团	2.88	地方铁路	3.22	地方铁路	98.44
18	能源集团	1.97	天脊集团	1.94	阳煤集团	2.58	同煤集团	2.88	国新能源	98.12
19	煤炭资产	1.88	同煤集团	1.73	能源集团	2.56	天脊集团	2.52	阳煤集团	97.70
20	医药集团	1.72	科技基金	1.60	天脊集团	2.29	能源集团	2.21	同煤集团	96.04
21	科技基金	1.59	地方铁路	1.42	国新能源	1.88	国新能源	2.04	煤炭进出口	95.86
22	太化集团	1.48	农业资产	1.41	医药集团	1.24	焦炭集团	1.29	煤运集团	94.28
23	经贸资产	1.29	国际能源	1.38	太钢集团	0.97	医药集团	1.06	焦煤集团	94.31
24	地方铁路	1.21	汽运集团	0.98	焦炭集团	0.94	太钢集团	1.04	太重集团	93.96
25	汽运集团	1.12	经贸资产	0.68	物产集团	0.60	物产集团	0.91	晋煤集团	92.80
26	农业资产	0.72	环保基金	0.28	农业资产	0.44	太化集团	0.35	潞安集团	90.09
27	建工集团	0.52	太化集团	0.17	建工集团	0.15	汽运集团	0.31	煤气化	89.51
28	环保基金	0.46	国资经营	−0.06	汽运集团	0.15	建工集团	0.10	经建投	88.43
29	国资经营	0.00	金通投资	−1.68	太化集团	−0.05	国资经营	−1.82	煤炭资产	86.22
30	金通投资	−1.56	阳煤集团	−2.20	经建投	−0.65	国资有限	−7.39	汾酒集团	85.13
31	国资有限	−2.89	经建投	−3.63	国资经营	−1.96	中条山	−21.44	科技基金	84.07
32	经建投	−3.10	中条山	−21.02	国资有限	−9.97	经建投	−66.46	经贸资产	69.91
33	中条山	−12.32	国资有限	−53.01	中条山	−28.78	金通投资	−282.38	金通投资	38.50
	注：部分单位指标为“－”表示本指标值不存在计算基础，单位排序按随机排序									

2009年33户省属监管企业主要指标排序表(续三)

序号	销售(营业)增长率(%)		总资产周转率(%)		流动资产周转率(次)		存货周转率(次)		应收账款周转率(次)		速动比率(%)	
	监管汇总	-1.03	监管汇总	0.76	监管汇总	1.66	监管汇总	8.12	监管汇总	12.61	监管汇总	0.92
1	国际能源	454.26	焦炭集团	2.42	焦炭集团	3.54	经贸资产	36.02	中条山	100.56	环保基金	18.74
2	国资经营	236.37	物产集团	1.85	汽运集团	3.43	汽运集团	29.23	农业资产	75.59	金通投资	5.34
3	经贸资产	137.58	医药集团	1.48	太钢集团	3.20	煤运集团	28.83	太钢集团	57.90	国资经营	4.94
4	医药集团	29.58	国新能源	1.43	物产集团	2.80	焦炭集团	27.54	晋煤集团	46.64	经贸资产	3.57
5	阳煤集团	28.90	煤运集团	1.29	国新能源	2.42	国际电力	25.91	汾酒集团	34.64	煤炭资产	2.39
6	金通投资	26.82	汽运集团	1.28	医药集团	1.93	农业资产	24.86	天脊集团	31.43	农业资产	2.31
7	环保基金	26.81	建工集团	1.22	晋煤集团	1.80	国新能源	24.23	经建投	20.45	煤运集团	1.57
8	焦炭集团	25.51	煤炭进出口	1.15	煤炭进出口	1.77	物产集团	21.44	汽运集团	19.62	煤炭进出口	1.35
9	建工集团	23.69	汾酒集团	1.07	煤运集团	1.77	地方铁路	16.77	潞安集团	17.26	焦炭集团	1.10
10	晋煤集团	23.50	太钢集团	1.05	焦煤集团	1.63	煤炭进出口	13.07	焦煤集团	16.21	科技基金	1.07
11	农业资产	22.03	焦煤集团	0.84	天脊集团	1.55	晋煤集团	11.54	环保基金	16.06	汾酒集团	1.04
12	潞安集团	20.70	能源集团	0.82	汾酒集团	1.51	焦煤集团	10.35	金通投资	14.98	潞安集团	1.04
13	国资有限	18.38	太重集团	0.68	地方铁路	1.50	医药集团	9.13	阳煤集团	13.58	焦煤集团	1.03
14	汾酒集团	15.06	晋煤集团	0.67	煤气化	1.45	潞安集团	8.41	煤炭进出口	13.05	能源集团	1.00
15	太重集团	13.86	潞安集团	0.56	建工集团	1.36	同煤集团	7.01	同煤集团	11.53	国际能源	0.98
16	经建投	13.19	天脊集团	0.55	阳煤集团	1.32	煤炭资产	6.70	焦炭集团	11.12	同煤集团	0.97
17	煤炭资产	8.15	煤气化	0.55	潞安集团	1.26	建工集团	6.69	煤炭资产	10.32	国新能源	0.96
18	煤炭进出口	5.14	太化集团	0.53	太化集团	1.18	太化集团	5.88	物产集团	10.25	物产集团	0.94
19	国新能源	2.76	阳煤集团	0.52	能源集团	1.11	煤气化	5.82	国际电力	9.95	太重集团	0.93
20	太钢集团	0.29	同煤集团	0.49	同煤集团	1.09	太钢集团	5.71	煤运集团	9.63	煤气化	0.93
21	地方铁路	-0.82	中条山	0.44	国际电力	1.04	阳煤集团	5.64	能源集团	7.48	国际电力	0.91
22	太化集团	-0.97	国资有限	0.37	太重集团	0.92	天脊集团	4.97	国新能源	7.28	医药集团	0.90
23	国际电力	-1.18	经贸资产	0.27	国资有限	0.83	能源集团	3.85	国际能源	6.23	经建投	0.88

续表

序号	销售(营业)增长率(%)		总资产周转率(%)		流动资产周转率(次)		存货周转率(次)		应收账款周转率(次)		速动比率(%)	
24	物产集团	-6.85	国际电力	0.24	中条山	0.78	国资有限	3.20	煤气化	6.14	建工集团	0.81
25	焦煤集团	-8.10	地方铁路	0.19	经建投	0.67	太重集团	3.08	太化集团	5.72	天脊集团	0.79
26	天脊集团	-12.33	农业资产	0.15	经贸资产	0.59	中条山	2.37	经贸资产	5.18	中条山	0.75
27	汽运集团	-12.76	煤炭资产	0.07	农业资产	0.52	汾酒集团	2.11	地方铁路	5.13	晋煤集团	0.72
28	同煤集团	-17.15	经建投	0.05	金通投资	0.35	经建投	1.30	国资经营	4.42	阳煤集团	0.71
29	煤运集团	-19.76	环保基金	0.03	国资经营	0.27	国资经营	0.97	医药集团	4.40	太化集团	0.67
30	煤气化	-23.45	科技基金	0.02	煤炭资产	0.18	国际能源	0.31	国资有限	3.56	汽运集团	0.54
31	科技基金	-27.25	国资经营	0.02	国际能源	0.05	金通投资	0.00	建工集团	2.43	国资有限	0.44
32	中条山	-45.05	金通投资	0.01	环保基金	0.05	科技基金	0.00	太重集团	2.19	地方铁路	0.42
33	能源集团	-47.47	国际能源	0.01	科技基金	0.03	环保基金	0.00	科技基金	0.00	太钢集团	0.40
	注：部分单位指标为"-"表示本指标值不存在计算基础，单位排序按随机排序											

2009年33户省属监管企业主要指标排序表(续四)

序号	流动比率(%)		人均利润(元/人)		人工成本占主营业务收入的比率(%)		人工成本占成本费用总额的比率(%)		全年职工人均工资(元/人)	
	监管汇总	1.07	监管汇总	26,912.12	监管汇总	10.46	监管汇总	10.57	监管汇总	39,477.30
1	环保基金	18.75	国际能源	154,513.21	环保基金	60.26	环保基金	48.43	金通投资	78,189.00
2	金通投资	5.34	煤炭资产	121,178.73	国资经营	31.71	金通投资	35.51	科技基金	61,102.79
3	国资经营	4.99	科技基金	110,492.08	地方铁路	26.26	国资经营	31.10	焦煤集团	55,910.77
4	经贸资产	3.63	煤炭进出口	104,982.15	科技基金	25.53	科技基金	27.79	农业资产	52,590.66
5	煤炭资产	2.39	国际电力	92,162.32	国际能源	25.42	地方铁路	26.10	潞安集团	50,987.05
6	农业资产	2.33	汾酒集团	81,333.93	国资有限	24.92	煤气化	23.22	国际电力	45,709.03

续表

序号	流动比率(%)		人均利润(元/人)		人工成本占主营业务收入的比率(%)		人工成本占成本费用总额的比率(%)		全年职工人均工资(元/人)	
7	煤运集团	1.65	国新能源	73,357.59	煤气化	21.60	国资有限	22.61	煤气化	42,968.62
8	汾酒集团	1.64	煤运集团	70,944.14	同煤集团	21.22	同煤集团	21.11	煤炭进出口	41,901.51
9	国际能源	1.56	潞安集团	57,442.96	潞安集团	18.52	潞安集团	19.16	汾酒集团	40,761.34
10	中条山	1.52	焦炭集团	42,802.44	焦煤集团	17.85	焦煤集团	18.67	煤运集团	40,252.97
11	煤炭进出口	1.50	晋煤集团	37,386.68	阳煤集团	17.18	阳煤集团	15.26	经贸资产	39,498.67
12	经建投	1.38	太重集团	37,293.05	金通投资	13.67	晋煤集团	14.00	煤炭资产	39,330.23
13	焦炭集团	1.22	经贸资产	35,710.50	晋煤集团	13.31	汾酒集团	13.39	阳煤集团	38,106.55
14	太重集团	1.21	农业资产	34,097.20	汾酒集团	11.46	煤炭资产	12.29	晋煤集团	37,530.84
15	能源集团	1.19	能源集团	29,408.41	煤炭资产	10.72	国际电力	10.54	太重集团	37,209.29
16	焦煤集团	1.15	煤气化	28,969.34	国际电力	10.58	国际能源	9.64	太钢集团	36,804.91
17	煤气化	1.14	物产集团	25,622.16	农业资产	9.82	农业资产	9.29	国际能源	36,716.61
18	潞安集团	1.14	焦煤集团	25,548.61	太重集团	8.68	经贸资产	9.25	国新能源	33,604.83
19	医药集团	1.10	太钢集团	21,300.56	天脊集团	8.43	太重集团	9.20	焦炭集团	32,834.85
20	科技基金	1.07	阳煤集团	13,307.01	中条山	6.74	天脊集团	8.31	同煤集团	32,342.42
21	同煤集团	1.07	天脊集团	10,805.96	经贸资产	6.46	经建投	6.34	天脊集团	32,291.29
22	国新能源	1.06	环保基金	9,646.95	汽运集团	5.93	汽运集团	5.81	国资经营	29,653.47
23	物产集团	1.04	医药集团	8,866.87	太化集团	5.81	太化集团	5.21	物产集团	29,033.33
24	天脊集团	1.01	同煤集团	7,451.85	经建投	5.61	中条山	4.99	能源集团	27,566.18
25	建工集团	0.97	地方铁路	2,971.54	建工集团	4.64	建工集团	4.54	环保基金	25,948.31
26	国际电力	0.93	太化集团	1,920.06	太钢集团	3.85	煤运集团	3.97	经建投	24,091.78
27	阳煤集团	0.84	汽运集团	1,098.78	煤运集团	3.81	太钢集团	3.85	中条山	22,703.83
28	太化集团	0.82	建工集团	713.74	医药集团	3.22	医药集团	3.25	地方铁路	18,996.24
29	晋煤集团	0.81	国资经营	−2,295.78	能源集团	2.53	煤炭进出口	2.55	建工集团	17,696.83
30	太钢集团	0.81	国资有限	−6,597.70	煤炭进出口	2.46	能源集团	2.50	国资有限	12,920.23

续表

序号	流动比率(%)		人均利润(元/人)		人工成本占主营业务收入的比率(%)		人工成本占成本费用总额的比率(%)		全年职工人均工资(元/人)	
31	汽运集团	0.61	中条山	-117,800.38	物产集团	1.49	物产集团	1.49	医药集团	12,671.39
32	国资有限	0.54	经建投	-391,278.74	国新能源	1.34	国新能源	1.34	太化集团	11,468.83
33	地方铁路	0.45	金通投资	-769,087.10	焦炭集团	1.33	焦炭集团	1.31	汽运集团	10,679.53
	注:部分单位指标为“-”表示本指标值不存在计算基础,单位排序按随机排序									

附表三：

2009年度全省国有企业主要指标表

单位：万元、人

企业名称(户数)	资产总计	所有者权益合计	营业收入	主营业务收入	利润总额	本年应交税金	年末从业人员人数
山西省国有企业(4261户)	95,931,988.35	31,349,258.94	60,002,044.21	58,166,113.85	2,964,438.78	5,679,763.24	1,267,950
山西省省级企业汇总(1417户)	81,074,614.65	26,855,987.26	54,445,135.00	52,761,539.04	2,346,243.00	4,935,718.47	938,326
山西省非监管企业汇总(418户)	7,304,500.11	2,317,394.08	2,233,829.63	2,190,373.51	61,748.48	122,608.78	59,435
山西省国资委监管企业汇总(999户)	73,770,114.53	24,538,593.18	52,211,305.37	50,571,165.54	2,284,494.52	4,813,109.70	878,891
监管企业占全省国有企业比重	76.90%	78.27%	87.02%	86.94%	77.06%	84.74%	69.32%
山西省省级以下企业汇总(2844户)	14,857,373.70	4,493,271.68	5,556,909.22	5,404,574.81	618,195.78	744,044.77	329,624
晋城市(438户)	3,703,987.45	1,603,421.69	1,370,712.73	1,342,823.61	299,038.60	263,754.30	71,459
太原市(510户)	2,831,620.95	554,214.95	946,085.13	901,648.71	−34,634.43	64,082.09	60,110
运城市(224户)	724,183.33	82,463.27	211,348.84	202,844.27	−40,647.75	3,945.83	15,180
阳泉市(183户)	986,582.28	221,903.14	294,208.64	280,696.09	−8,759.42	21,705.72	23,972
大同市(174户)	774,094.46	114,900.78	261,945.29	254,883.01	−16,657.47	28,337.57	28,179
晋中市(116户)	946,660.12	349,756.91	368,368.31	363,717.58	7,369.67	35,034.03	21,104
临汾市(288户)	1,060,166.07	457,198.85	394,982.66	387,262.08	112,716.87	94,852.92	20,187
长治市(270户)	1,351,164.00	496,237.33	668,245.35	648,543.28	93,430.48	79,571.02	28,723
吕梁市(212户)	935,182.98	192,638.07	235,268.09	228,771.48	504.39	22,637.16	17,539
朔州市(78户)	648,595.88	210,452.65	225,955.08	220,334.31	26,679.32	43,694.82	13,171
忻州市(351户)	895,136.17	210,085.05	579,789.09	573,050.39	179,155.51	86,429.31	30,000

山西省省属企业规划发展和投资监管工作

一、组织企业认真落实“十一五”规划，编制三年规划

认真组织企业落实“十一五”规划，同时，随着国际国内经济形势的变化，为了更好地指导企业适应新形势变化，变危机为机遇，根据国家十个产业振兴规划和省八大产业振兴规划，组织企业编制了2009～2011年三年规划，对企业“十一五”规划进行了补充和调整。在此基础上，组织有关人员编制了煤炭、冶金、电力、煤化工、煤机制造、装备制造、天然气、服务业等八个专项规划。

二、加强企业投资管理

33户省监管企业，2008年全年累计完成投资394亿元，完成年计划的73%，投资完成额与去年同比减少1.7%。从投资方向看，主业项目337个，全年累计完成投资345亿元，完成年计划的73%，投资完成额与去年同比减少4.7%；非主业项目43个，全年累计完成投资49.1亿元，完成年计划的78%，投资完成额与去年同比增加26%。从建设阶段看，新开工项目259个，全年累计完成投资91亿元，完成年计划的44%，投资完成额与上一年同比减少20%；续建项目121个，全年累计完成投资303亿元，完成年计划的92%，同比增加5%。

为应对国际金融危机带来的不利影响，在加强投资管理的同时，对投资计划统计逐步进行了调整。2009年初各企业上报计划投资总额为594亿元，后在“四个一批”中根据国资委已批复的兼并重组地方煤矿的进展情况，调整为661亿元。6月份国资委又下发了“关于进一步做好投资统计工作的紧急通知”，进一步明确企业投资计划、统计范围，有八户企业对年度投资计划进行了调整。调整后33户省监管企业2009年计划投资项目283个，计划投资总额732.2亿元，年计划投资总额与2008年投资完成额相比增加338.2亿元，增长86%。

三、加强项目协调，促进项目建设

2009年初，在收集整理企业年度投资计划时，确定了省国资委跟踪服务的100个重点项目，按月报告进展情况，跟踪服务，保证项目建设顺利实施。同时，为了帮助企业解决在发展中遇到的问题，在1、2月份分两次收集整理了五大煤炭集团及五大煤炭集团以外省属企业投资建设项目的有关问题，上报省政府协调解决。从9月份开始，每月收集3到5个在建设过程中遇到问题的重点项目由陈川平省长和省政府办公厅协调解决。同时，对省属企业2004年—2009年省外、境外投资项目进行了全面收集整理，完成了《省属企业对外投资情况》的报告，上报省政府。

四、继续加强招商引资工作

2009年上半年，收集整理了52个非煤产

业招商引资项目在山西国资网和山西省招商网公布。9月，收集整理了49个招商引资项目与上海市国资委进行洽谈，促进两地之间的交流与合作。同时，组织企业参加了“中博会”、“东盟博览会”和“高交会”等各类招商引资活动，为企业引进投资者，提高企业技术创新能力起到了良好促进。

五、组织企业做好技术创新、节能减排等方面工作

配合省科技厅、省经信委、省环保局等有关政府职能部门共同对企业在技术创新、节能减排等方面工作进行指导，先后组织申报了2009年山西省技术创新项目、2010年度专利申请资助项目，2010年度专利推广实施项目，参加了省节能目标责任制考核等，组织省属企业申报了2009年国外矿产资源风险勘查项目专项资金。

六、继续推进太化、煤气化搬迁工作，协调华源电化关停事宜

与太化集团一同制定搬迁工作方案，并3次与省政府办公厅一起研究修订。煤气化搬迁方案也正在制定中。积极推进华源电化关停事宜。

山西省国有资产监督管理法制建设

2009年，山西省国有资产监督管理法制建设工作在加强法规体系建设、企业法律顾问制度指导、法制宣传教育工作等方面，取得了积极进展和成效。

一、继续完善国有资产监管法规体系

（一）制定出台规范性文件

2009年，山西省国资委先后制定下发了《关于进一步推进省属企业法律风险防范机制建设的通知》、《山西省省属企业审计结果公告暂行办法》、《关于对省国资委监管企业领导人员实行考察公示制度的暂行办法》等规范性文件。

（二）规范地方国资监管

2009年6月，完成国务院国有资产监督管理委员会《关于依法完善国有资产管理体制和制度情况的调研》，于7月1日向国务院国有资产监督管理委员会提交了《山西省国资委依法完善国有资产管理体制和制度情况的报告》。2009年11月，转发了国务院国有资产监督管理委员会《关于进一步加强地方国有资产监管工作的若干意见》，要求各地市党委和政

府按照“国家所有,分级代表”的原则,规范国有资产监管工作的职责权限;按照政企分开、政资分开的原则,继续推进政府社会公共管理职能与国有资产出资人职能分开,处理好国资委与政府其他部门、机构及企业之间的关系;按照“权利、义务和责任相统一,管资产和管人、管事相结合”的原则,积极推进出资人三项主要职责的落实,依法规范出资人行权履责行为;按照所有权与经营权相分离的原则,加快推进国有企业公司制股份制改革,完善法人治理结构,不干预企业经营自主权。

二、加强省属企业法律风险防范机制建设

到2009年底,全省33户省属企业中已有15户企业聘任了总法律顾问(其中集团公司13户,子公司2户)。企业法律事务机构建设得到了加强,33户省属企业中,设置专门法律事务机构的共23户,设置率达70%。2009年4月,举办以《中华人民共和国企业国有资产法》和企业法律顾问实务为主要内容的企业法律顾问继续教育培训。省属企业的400多名法律顾问、法律事务工作者参加了培训。

三、积极帮助企业协调省属企业间的法律纠纷

努力探索对省属企业的法律支持机制,及时调解省属企业之间的经济纠纷,指导省属企业应对重大法律纠纷案件,维护国有企业合法权益,防止国有资产流失。2009年,先后协调了山西省经贸资产经营有限责任公司与山西省煤炭运销集团有限公司吕梁分公司的借款纠纷,与太原市中院联系沟通较好地处理了山西建筑工程(集团)总公司建筑构件公司生产用地的问题。根据省政府要求,参与太原钢铁(集团)有限公司宝山“5.18”尾矿库坍塌事故的调查。

四、积极开展“五五”普法依法治理工作

2009年,认真落实“五五”普法规划任务,先后组织机关及省属企业领导干部学习贯彻落实《全国领导干部学法用法工作经验交流电视电话会议》精神,同时,下发了《关于进一步开展学习宣传〈中华人民共和国突发事件应对法〉的通知》,组织普法考试,国资委系统1.7万人参加考试。

山西省省属国有企业改革工作

2009年,省国资委认真贯彻有关深化国企改革的一系列方针、政策,按照年初省政府确定的目标和王君省长在《政府工作报告》中提出的转型发展要完成“关闭淘汰一批落后产能、改造提升一批传统产业、培育发展一批新兴产业、做大做强一批优势产业”的总体思路,紧密结合全省实际,不断加大国有企业改革重组力度,克服

世界金融危机带来的不利影响，努力实现省属国有企业又好又快发展。

一、重点推进煤炭资源整合和企业兼并重组

煤炭企业兼并重组整合是全省经济社会发展的重大战略，是煤炭产业实现“三个发展”的根本保证。2009年，省国资委多次召开会议，积极解决推进过程中遇到的困难和问题，用具体明确的政策指导保证兼并重组整合健康有序快速推进。

（一）多次召开会议，分阶段安排部署省属企业兼并重组煤矿工作。为了进一步加快推进煤矿企业兼并重组整合地方煤矿步伐，在整合前期由省国资委带领七户煤炭企业赴临汾与市县政府对接洽谈，七大主体在临汾参与整合的比例在全省最高。根据重组整合进展的不同阶段，分别于5月25日、7月28日、9月7日、11月4日召集七户企业召开了省属有关企业兼并重组地方煤矿工作会议。要求七户煤矿企业领会省煤矿企业兼并重组整合一系列会议精神，根据整合重组的进展情况分阶段安排部署省属企业兼并重组煤矿工作，解决整合重组过程中的具体问题，并在七户企业中推广潞安集团和焦煤集团的做法。整合后期省国资委与每个企业建立了专人联系点制度，重点督促检查企业协议签订情况、主体到位情况、采矿许可证变更及资料准备情况等等，涉及到省国资委办理的事项要求各个环节提升服务质量，提高办事效率。

（二）建立良好的工作机制，按时上报进展情况，及时解决整合当中的问题。按照国资委《关于有关省属企业上报兼并重组整合工作情况的通知》（晋国资改革函【2009】424号）内容的要求，每旬上报一次进展情况。从11月初开始，按照省领导的要求，每天调度七户企业煤炭资源整合的进展情况，并在周末向省政府报告。积极协调整合中遇到的各种问题和矛盾，与企业间形成目标一致、运转协调、相互支持、密切配合的工作机制，既依法严格监管，又提升服务质量，确保煤矿企业兼并重组整合工作按照省委省政府确定的目标完成。为此，省国资委多次与有关市主要领导多次联系沟通、交换意见，商讨加快资源整合进度；协调各方关系，帮助企业解决实际问题。有效解决了资源整合中的资源价款、资产评估、股权比例、经营管理权、地方权益以及老百姓利益等问题。

（三）强化督查，现场推进。2009年，各企业按照省委、省政府的决策部署和工作要求，扎实推进煤炭资源整合和企业兼并重组工作，取得了实质性进展。按照省领导的指示精神，为加快整合重组步伐，从11月17日起，国资委派出七个督查组分赴七户煤炭企业督查煤矿企业兼并重组进展情况，重点督查采矿证变更办理的进展情况。另外，国资委参与了省政府组织的为期一个月对各市、省属七大煤炭企业集团煤矿重组整合工作的验收检查工作。根据检查情况看：

1.省属七户煤炭企业经省煤矿企业兼并重组整合工作领导组会议确定的整合煤矿数1012座，整合后402座；经省煤矿企业兼并重组整合工作领导组办公室行为批复的整合煤矿数924座，整合后389座。全部整合煤矿整合前的井田面积2408平方公里，资源储量167亿吨，总产能23696万吨/年；整合后井田面积3525平方公里，资源储量285亿吨，总产能

34856万吨。

2.省属七户煤炭企业所整合煤矿，已签订正式协议的853座，占已批复数的92.32%；已接管的803座，占已批复数的86.91%.

3. 省属七户煤炭企业所整合煤矿，已领新采矿证的共288座，未领已报到国土部门的80座。

4.省属七户煤炭企业所整合煤矿，复产矿井117座，复产矿井产能共计6631万吨/年。

二、积极推进国有企业改革重组，做大做强一批企业

（一）积极推进企业股份制改革。2009年，省国资委按照制定的上市规划积极推进企业上市工作。省煤炭进出口集团通过资产置换完成中油化建39.75%股权收购，非公开发行股票已获证监会核准。12月25日，山煤集团以借壳方式在国内同行业率先实现了煤炭主营业务的整体上市，成为山西省第28家A股上市公司、第10家煤焦能源类上市公司。省煤炭运销集团收购太工天成股权买壳上市正在进行中。焦煤集团结合债转股工作，提出了整体重组上市初步框架方案。晋煤集团完成首发上市准备工作，已报证监会审批。同时，省国资委还正在积极培育天脊化肥、国新能源、中条山、国际能源格盟公司、阳煤化工等企业在境内外上市。

（二）培育焦化两大集团。研究提出了关于山西省国有焦化企业资产整合组建焦化大集团的初步意见，拟分别以焦煤集团和焦炭集团为主组建一个2000万吨和一个1000万吨级的国有控股焦化企业，使省属焦炭产能达到3000万吨以上，力争占到全省焦炭市场需求产能的40%以上，真正提高省焦化产业的市场竞争力、抗风险能力和市场面话语权。

（三）推动冶金、煤机产业的改革重组。推动太钢集团与山西焦煤集团共同出资设立了“山西煤钢联能源开发有限公司”，迈出了煤钢联合发展的步伐。推动太钢集团通过山西太钢不锈钢钢管有限公司增资扩股引入天津钢管股份有限公司。支持太钢在海外兼并收购了土耳其CVK集团股权组建了科罗姆·马丹公司，参股土耳其Kop公司及Guney公司铬矿项目，使太钢建立了稳定安全的铬资源供应渠道，巩固了不锈钢产业竞争优势。在组建太重煤机有限公司，提升装备制造业的规模与效益的基础上，推动煤机企业与煤炭企业战略合作，进一步提升煤机制造业整合水平。积极研究各煤炭企业煤机产业的联合，努力推动山西煤炭大省向煤炭强省迈进。

（四）办理完成了中国重汽集团与大齿集团股权划转、资产移交的有关事项。为支持中国重汽集团到山西省投资发展，促进大同市经济实现转型发展，把大齿集团建成重汽零部件基地，在2008年省国资委与大同市政府和中国重汽集团共同签署了《大齿集团与中国重汽集团合作框架协议》和大齿集团重组协议的基础上，2009年一是完成了太重集团收购太原重工大齿分公司事项；二是完成了大齿集团持有太原重工股权划转太重集团持有的事项；三是完成了太重集团和省经贸资产经营有限公司持有大齿集团全部国有股权及太原重工大齿分公司资产无偿划转给中国重汽集团的事项；四是处理了大齿集团从省国有资产经营有限公司划出有关遗留问题。其中有关上市公司事项上报国务院国资委进行了批复。至此大齿集团与重汽集团重组的有关事项全部办理完毕。

（五）按照国务院国资委有关调查了解资产

经营公司有关情况的通知要求，对省属八户资产经营公司情况进行了摸底，并根据委领导办公会议精神确定了整合国有资产经营公司的初步意见。意见从历史沿革情况、资产状况、各资产公司与省直有关部门的业务关系等三个因素考虑，拟将山西省国资委监管的八个资产管理公司整合为四个，分别为山西省经济建设投资公司、山西省经贸资产经营有限责任公司、山西省国有资产经营公司和山西省煤炭资产经营有限责任公司。整合后的资产经营公司实行母子公司管理，其他几家资产公司作为以上四个资产公司的全资子公司。有关调查情况已经按要求上报国务院国资委。

另外，对省直有关部门提出组建国有资本经营中心的有关事项，在调查了解了兄弟省市有关工作情况后进行了研究回复。

三、企业改制加快推进

省国资委企业改革处同时承担着省属国有企业改革领导组办公室综合组和改制组的任务，积极推进企业改制工作。根据晋政办发【2006】33 号等有关文件精神，按照审批权限，把握原则，严格程序，规范操作，有序推进。特别是对省直厅局所属企业的改制工作采取分类指导、督促检查、抓住重点、攻克难点的办法，2009 年先后协调解决了经纬纺机厂、机电行办电子器材公司及省体育局所属 5 户企业的改制中土地资产划转问题；解决了省国资公司所属困难企业的债务问题；协调解决了省民族宗教局所属民族经济贸易总公司改制专项资金问题。

山西省企业国有资产产权管理工作

一、产权基础管理工作

（一）加强企业国有资产评估管理工作

1.为了做好 2009 年度资产评估管理工作，省国资委对 2008 年度国有资产评估项目进行了统计分析，并向国务院国资委上报了《山西省 2008 年度国有资产评估项目统分析报告》（晋国资产权【2009】24 号），转发了国务院国资委《关于企业国有资产评估报告审核工作有关事项的通知》（国资产权【2009】941 号）。

2.省属企业资产评估核准项目 62 项，账面资产总额 235.25 亿元，负债总额 137.56 亿元，净资产 97.69 亿元；评估后资产总额 282.12 亿元，增值率 19.92%，负债总额 137.66 亿元，净资产 144.46 亿元，增值率 47.87%。

省属企业资产评估备案项目 31 项，评估前资产总额 26.44 亿元，净资产 4.93 亿元，评估后资产总额 24.51 亿元，增值 -7.32%，净资产 3.06 亿元，增值 -37.87%。减值主要原因：破产项目多、处置闲置、报废资产多。

（二）加强产权登记工作

1. 为了做好 2009 年度产权登记的年检工作，下发了《关于做好 2008 年度企业产权登记年度检查及数据汇总工作有关事项的通知》

（晋国资产权【2009】23 号），并于 2009 年 3 月召开了 2008 年度企业国有资产产权登记年检培训会议，全面部署省产权登记 2008 年度检查工作。各地市、省属企业、省直有关部门按照要求上报了自查报告和产权登记相关数据。省国资委在进行全省数据的整理、调整、汇总和分析工作基础上，按时上报了国务院国资委，经审核一次性通过。

2. 省属企业 2009 年度共办理产权登记 73 户，其中：占有登记 36 户，变更登记 33 户，注销登记 4 户。

（三）加大了对产权交易工作的监管力度

1.转发国务院国资委《关于印发 < 企业国有产权交易操作规则 > 的通知》，并根据国务院国资委、财政部 3 号令及其相关配套文件，配合山西省国企改革工作，省国资委从转让审批、进场交易两个方面严格把关。截至 2009 年年底，在本省（区、市）国资委选择确定的产权交易机构中共完成各类产权交易 112 宗，交易金额 41.92 亿元，其中：企业国有产权转让 107 宗，占全部交易宗数的 95.5%，企业国有产权转让金额 40.25 亿元，占全部交易金额的 96%，转让金额与评估值相比增值 9.4%。

2009 年全年度所监管企业通过选择确定的产权交易机构实际转让国有产权 68 宗，交易金额 34.53 亿元，与评估值 32.95 亿元相比，增值率为 4.8%。

2.根据国务院国资委有关会议精神，为进一步规范企业国有产权交易行为，实现国资监管机构对企业国有产权交易过程的动态监管，建立企业国有产权交易的监测预警系统。2009 年 6 月，山西省产权交易市场按照接入要求，完善了软硬件设施建设，开发使用产权交易管理系统，向国务院国资委上报《关于山西省产权交易市场申请接入全国企业国有产权交易信息监测系统的请示》，申请接入全国企业国有产权交易信息监测系统。

3.根据《关于加快资本市场发展的实施意见》（晋政发【2009】13 号）和《关于印发山西省资本市场 2009—2015 年发展规划的通知》（晋政办发【2009】51 号），与山西省产权交易市场进行进一步研究，山西省产权交易市场提出了《设立山西股权交易所初步方案》。

二、股权管理工作

（一）通过多种方式，积极推进省属企业上市工作

为了更好地发挥好国有企业主力军的作用，省国资委认真贯彻落实省委省政府保增长、扩内需的一系列政策措施，充分利用好国家现行适度宽松的货币政策，为省属企业实现资本市场和实体经济协调发展提供有效的资金保障。

1.通过买壳方式实现企业上市。

（1）山西省煤炭运销集团有限公司已经完成太工天成 20%股权收购，2009 年 10 月 30 日完成上市公司过户手续。

（2）山西煤炭进出口集团有限公司 2008 年年底正式启动借壳上市工作，在不到一年的时间里完成了以资产协议收购中石油持有的 39.75%的中油化建股份；全面要约收购非限售流通股；中油化建以增资扩股方式向山煤集团定向增发 4.5 亿股股份，总股本达到了 7.5 亿股，山煤集团的股比达到了 75.94%；进行资产置换（置入山煤集团的资产，原中油化建的石油化工资产全部置出）以及完成了股权过户登记等全部重组事项。2009 年 12 月 25 日，中油

化建正式更名为山煤国际能源集团股份有限公司(简称山煤国际,股票代码600546),并迁址到山西省太原市。标志着山煤集团率先在全国煤炭行业实现了主营业务的整体上市，山煤国际正式成为山西省第28家A股上市公司、第10家煤焦能源类上市公司。按市值计算,一年内净资产由42亿元增至200亿元以上,增幅高达500%。山煤集团成功借壳上市被中国证监会评为2009年并购重组经典案例。

2.山西晋城无烟煤矿业集团有限责任公司积极推进整体上市工作。

3.结合债转股工作,推进山西焦煤集团主业整体上市。经与企业和资产管理公司共同研究,向省政府提出初步框架方案。

(二)大力支持企业,发行债券及中期票据

省属企业发行债券及发行中期票据可融资305亿元(含上市公司):

同煤集团发行中期票据，发行规模40亿，期限3~5年；

潞安集团发行短期融资券，发行规模20亿,期限1年;

晋煤发行中期票据,发行规模40亿,期限3~5年;

煤气化发行公司债,发行规模10亿,期限7~10年;

太钢不锈发行中期票据，发行规模35亿，期限3年;

太钢不锈发行短期融资券，发行规模40亿,期限1年;

省煤运发行中期票据，发行规模40亿,期限5年;

国际电力发行短期融资券，发行规模15亿,期限1年;国际电力发行中期票据,发行规模15亿;

山西焦煤集团发行中期票据,发行规模40亿,期限5年;

山西省煤炭进出口发行公司债券，发行规模10亿,期限7年。

(三)协调企业间互保,为企业融资创造条件

1.协调建工集团与汽运集团互保,解决企业向银行贷款5亿元。

2.协调天脊集团和太重集团互保,解决企业向银行贷款5亿元,发行债券10亿元。

3.太重集团给太原重工提供质押担保,解决企业向银行贷款2亿元。

4.转发国务院国资委《关于规范上市公司国有股东发行可交换债券及国有控股上市公司发行证券有关事项的通知》、《关于规范国有股东与上市公司进行资产重组有关事项的通知》、《关于印发<关于规范上市公司国有股东行为若干意见>的通知》,对上市公司国有股权管理进一步规范。

(五)通过省国资委行使优先受让权,打折回购太原煤气化集团和太化集团在东方资产经营公司不良债权，然后再将此债权转移给企业，解决太原煤气化集团和太化集团偿还拖欠东方资产经营公司金融债务事宜。

三、煤炭资源整合工作

为给省属企业兼并重组中小煤矿创造高效快捷的行政审批环境，于2009年5月22日对省属国有企业下发了《关于兼并重组地方中小煤矿选聘资产评估机构授权函》(晋国资产权函【2009】168号),授权七户企业在兼并重组整

合煤矿中选聘资产评估机构。

为加快省属企业在兼并重组中资产评估工作步伐、提高效率，经请示省政府同意，省国资委于8月14日下发了《关于省属七户重点煤炭企业兼并重组地方煤矿资产评估相关事项的通知》（晋国资发【2009】23号）。兼并重组过程中涉及的资产评估方面包括两部分，一部分是矿业权，对矿业权的评估通知中明确，省属国有企业按照省政府办公厅【2009】27次会议纪要的要求进行，并授权七户企业对被兼并重组中小煤矿剩余资源量及价款缴纳等进行核实、测算，并给予补偿，不再对采矿权进行评估。第二部分除矿业权外的其他资产的评估，通知中明确，七户企业二级以下子公司出资作为股东兼并重组地方中小煤矿的资产评估项目，由七户企业进行核准（备案）；七户企业直接出资作为股东兼并重组地方中小煤矿的资产评估项目，仍由省国资委进行核准（备案）（截至年底，七户企业兼并重组煤矿，基本是以二级以下子公司出资作为股东）。

山西省国有企业关闭破产工作

一、基本情况

（一）政策性关闭破产

1.截至2009年12月31日，国家批准山西省政策性关闭破产项目165户（其中中央企业25户、省属企业50户、市属企业76户、军队武警企业14户），共涉及资产221.15亿元，负债292.33亿元，职工47.21万人，拟核销银行呆坏账109.43亿元。已破产终结的项目有101户，共涉及资产109.21亿元，负债126.11亿元，职工28.61万人，核销银行呆坏账53.76亿元，中央财政补助74.71亿元。

2.在省国资委监管的企业中，国家批准的政策性关闭破产项目共48户，涉及资产109.67亿元，负债113.33亿元，职工24.90万人，拟核销银行呆坏账28.99亿元。其中：破产终结的项目27户，共涉及资产61.65亿元，负债59.62亿元，职工15.46万人，核销银行呆坏账16.28亿元，中央财政补助59.60亿元，省财政补助2.57亿元。

（二）依法关闭破产

1.截至2009年12月31日，省国企办已批准实施依法破产项目111户，共涉及资产54.40亿元，负债116.23亿元，职工2.98万人，拟核销银行呆坏账57.12亿元。破产终结的项目1户，进入法律程序的项目20户。

2、在省国资委监管的企业中，省国企办已批准实施依法破产项目39户，共涉及资产22.67亿元，负债51.32亿元，职工1.77万人，拟核销银行呆坏账30.70亿元。破产终结的项目1户，进入法律程序的项目14户。

二、继续抓好关闭破产项目实施的协调指导工作

（一）严格按规定编制、审核破产预案，为审核并下达关闭破产计划提供准确依据。在预案的编制上，要求企业必须严格按照国家和省里规定的内容、格式，结合企业的实际，实事求是地制定，上报省企业兼并破产和职工再就业工作协调小组办公室或省国企办后，省国资委

及时组织专人进行审核，指导企业修改、上报。

（二）做好各项前期准备工作，打好操作基础。前期准备是关闭破产工作中的一个重点。因此，省国资委本着统筹兼顾的原则，以确保稳定为前提，有计划、有步骤地进行推进。一是抓住前期准备工作的关键环节，积极协调沟通，按政策规定合理分割银行贷款和签订债权债务转移协议，确定核销呆坏账计划。二是按照关闭破产费用测算办法的规定认真测算关闭破产费用。三是积极与地方政府协商沟通，争取地方政府的重视和支持，按照有关政策规定，努力推进将破产企业所办的学校、医院、公安、消防、供水、供电、供暖等职能移交地方政府管理。四是坚持走群众路线，广泛征求各方意见，制定并反复修改和完善了一系列方案和办法。指导组织召开职工代表大会，讨论通过关闭破产实施方案及职工安置方案。五是采取召开企业关闭破产工作座谈会、组织人员到先期进行过破产的兄弟单位实地考察学习、举办关闭破产培训班等方法，进行学习交流，借鉴成功经验，为开展好关闭破产工作奠定了基础。六是妥善处理职工集体上访事件，确保关闭破产工作在稳定的前提下顺利进行。

（三）抓住关闭破产工作的关键，切实做好职工安置工作。坚持“不违反国家政策，不损害职工利益”两条原则，掌握节奏，先易后难，逐个实施。着力抓好职工情况确认、伤病残鉴定、解除劳动关系、发放安置费等重点环节，按照安置政策及渠道，有计划、有步骤、分阶段、按程序，积极稳妥地做好职工安置工作，努力消除不稳定因素，确保关闭破产工作顺利进行。

（四）认真宣传关闭破产的方针政策和法律法规。通过多种形式向职工宣传国家实施关闭破产政策的必要性，努力做到“五个”讲清：讲清国企改革的发展趋势，讲清关闭破产的原因，讲清关闭破产的目的和意义，讲清国家和省里采取的安置政策，讲清企业重组的发展前景。通过及时了解和掌握职工的思想动态，有针对性地做好思想疏导工作，解疑释难，理顺情绪，化解矛盾，增强职工的心理准备和思想承受能力。

（五）在事关群众切身利益的事情上体现“公开、公平、公正”原则。通过召开职代会，让职工们对破产、重组、安置等方案进行广泛的讨论，使职工们有知情权、参与权、决策权。慎重对待企业改制和发展中遇到的各种问题，站在全局的角度考虑事情，增强广大职工的使命感和责任感，提高了他们主动做好破产工作的自觉性。

（六）充分发挥各级党工团组织做好思想政治工作。指导破产企业党委、工会、团委要分别制定在实施关闭破产重组过程中加强党的工作、工会工作、共青团工作的意见，并结合各自的实际和特点，有针对性地做好思想政治工作，充分发挥各自的作用，保证队伍不散，思想不乱，工作不断。

三、关闭破产工作的效果

通过对一批长期亏损、资不抵债、扭亏无望的困难企业和资源枯竭的矿山实施关闭破产，对于调整国有经济布局和结构，维护企业和社会稳定，起到了重要作用。

（一）促进了山西国有企业扭亏脱困和国有经济的战略性调整。一是消除了一大批亏损源。自1997年实施政策性关闭破产工作以来，企业兼并破产工作使国有企业减少亏损157亿元。山西关闭破产户数较多的省属企业集团、太原市、大同市、阳泉市、长治市效果较为明显。二是促进了产业结构的调整。在纺织行业限产压锭、亏损糖厂关闭、煤炭资源枯竭矿山关闭破产、军工企业改革脱困等多项工作中,关闭破产都起到了关键作用。三是促进了国有企业素质的提高和经济效益的好转。国有企业经济效益的大幅增长,一方面是宏观调控的结果,另一方面也是深化改革、调整布局和结构的效果,其中国有企业关闭破产工作起到了重要作用。

(二)促进了企业优胜劣汰机制的建立,激发了企业深化改革的内在动力。经过多年的探索和实践,政策性关闭破产和省属国企的依法破产不仅从最初的理论变为现实,而且像其他非国有企业一样建立起符合市场经济规律的优胜劣汰机制。新机制从根本上解决了企业吃国家大锅饭的问题,也激发了国有企业提高经营能力、深化内部改革、加强内部管理的内在动力,形成了企业长期发展的动力源泉。

(三)维护了企业和社会的稳定。如何在破产过程中维护企业和社会的稳定是国有企业关闭破产工作的难点和重点。主要是强化了"三个注重":一是在宣传工作上注重深度和广度;二是在信访工作上注重焦点和难点;三是在稳定工作上注重发挥党组织的作用。

山西省省属国有企业经营业绩考核工作

一、与32户省属国有企业签订了《省属国有企业领导人员2009年度经营业绩责任书》

2009年年初,为了做好省属国有企业经营业绩工作,省国资委业绩考核处深入32户省属国有企业调研协商2009年度经营业绩指标。在省国资委工作会议上,张崇慧主任与32户省属企业负责人签订了《省属企业领导人员2009年度经营业绩考核责任书》。省属国有企业2009年度营业收入目标值核定为:5343.8亿元,较2008年实际完成值4912.3亿元增加8.66%,有力地支持了省政府保持经济一定幅度增长的目标。

二、对6户主要企业营业收入指标做了调整

按照王君省长2009年5月6日企业座谈会上的要求,山西省国资委于6月30日对省属企业签订的2009年度经营业绩责任书中进行了调整。根据2009年1–5月份省属企业经济运行情况,考虑到部分省属国有企业由于受全球金融危机及山西省对地方煤矿安全整顿和资源整合的影响,本着保增长、增信心和实事求是的

原则，对部分省属国有企业（太钢、焦煤、阳煤、潞安、晋煤、省煤运）2009年度营业收入目标值做了适当调整，调整后32户省属国有企业2009年营业收入目标值为5338亿元。

三、对山西省省属企业2008年度企业领导人员经营业绩责任书完成情况进行了全面核实认定

从2009年4月份开始，历时两个多月对省属32户国有企业逐户进行了考核认定。2009年，省国资委监管企业34户，2008年度按照经营业绩考核办法接受年度考核的企业共32户，其中新纳入考核范围一户：山西国际能源集团有限公司（2008年度单独进行企业领导人员经营业绩考核）。山西路桥建设集团有限公司划回交通厅；山西省有色金属工业总公司划入经贸资产；太原煤气化由于是省国资委与中煤集团共管，按照股权比例已接受中煤集团考核；国际经济技术合作公司由省建总托管。

从考核结果看，32户省属企业总体经营业绩良好，绝大多数企业都完成或超额完成了2008年度考核目标。考核的3项指标均保持了增长：利润总额认定完成254.4亿元，较目标值170.0亿元增长49.66%；营业收入认定完成5001.7亿元，较目标值3623.6亿元增长38.03%；净资产收益率高于全国同行业优秀值4户（煤炭资产、省煤运、国新能源、太重）；资本保值增值率高于全国同行业优秀值7户（省煤运、中条山、煤炭进出口、潞安、国新能源、晋煤、太重）。

按照《年度考核计分办法》的规定，32户省属企业考核平均得分112分，经国资委党委会议研究通过，综合评定潞安、煤炭进出口、晋煤、省煤运、太重、同煤、天脊集团、阳煤、国新能源、太钢、国际电力等11户为2008年度经营业绩考核A级企业；中条山、省汽运、物产集团、焦炭集团、地方铁路、焦煤集团、医药集团、煤炭资产、太化集团、经贸资产、省建总公司、经建投、国际能源等13户为2008年度经营业绩考核B级企业；汾酒集团、国资有限、金通、国资经营、农业资产、能源产业、环保基金、科技基金等8户为C级企业。

山西省省属国有企业审计工作

2009年省属国有企业审计工作按照省国资委总体安排部署，坚持“全面审计、突出重点、提高质量、服务全局”的原则，紧紧围绕省属国有企业改革发展和年度经济目标，抓住经济责任审计和专项审计两个重点，突出对重点单位、重点资金的审计，不断转变审计思路，创新审计方法，拓宽审计领域。各企业内部审计部门按照省国资委下发的《关于加强省属企业内部审计工作的通知》的要求，开展了经济责任审计、财务收支审计、经济效益审计、内部控制制度审计、专项工程审计、重大投资审计、工程项目审计、采购审计、招标审计、改制审计、预算审计、领导人任期审计和财务决算审计等各种审计。审计方式从事后审计逐步向全过程审计转变，审计目标也从查错纠弊逐步向内控评价和风险评估转变。各企业通过提高审计质量，提高

了企业经营管理水平，保障了国有资本保值和企业可持续发展。审计成果通过加强与其他部门的协调配合，得到广泛的应用，取得了较好的效果。

一、进一步完善了企业审计制度

省国资委起草下发了《山西省省属企业审计结果公告暂行办法》，规范省属企业审计结果公告工作，提高审计工作透明度，充分发挥了审计监督作用；晋城无烟煤矿业集团有限责任公司制定了《晋城煤业集团审计工作管理办法》、《关于对子公司部分审计项目实施收费的通知》和《审计部管理转型办法》；山西国际电力集团有限公司结合相关法律法规及工作实际拟定了《山西国际电力集团有限公司内部审计管理办法》，确定了"审计准备、审计实施、审计整改"的工作流程，积极引用外智尝试采取"以我为主，联合会计师事务所共同审计"的审计模式；太原钢铁（集团）有限公司下发了公司《全面风险管理办法》，规定了部分关键业务风险事项、风险管理目标、管理原则和管理责任；山西煤炭运销集团有限公司审计部制定了《集团内部审计工作考核办法》，制定了对分公司审计工作的考核标准及办法；山西煤炭进出口集团股份公司借壳上市工作成功后，股份公司审计部积极按照上市公司对内部审计的要求，先后起草了《山煤国际能源股份有限公司内部控制制度》、《山煤国际能源股份有限公司内部审计工作制度》，充实完善了上市公司的相关审计制度。这些制度的完善，使省属国有企业真正实现审计工作制度化、程序化、计划化和审计人员专业化的要求，强化了企业内部监督与风险控制，提高了企业经营管理水平，充分发挥了内部审计的监督与服务职能。

二、领导重视，审计工作在企业管理中发挥了重要的作用

企业领导也给审计工作给予了高度重视和大力支持。2009 年以前有 24 户企业设立了相对独立的内部审计机构。2009 年山西省国际电力集团和山西省国有资产经营公司为加强内部审计工作，将审计处从原来的审计人员从其他处室分离开来独立办公，重新配备处长，极大地提高了审计人员的工作积极性。山西煤炭进出口集团对借壳成功上市的山煤国际股份公司也设立了独立的审计机构，进一步加强了内部审计对上市公司的监督作用。晋煤集团 2009 年要求在各二级单位中各矿井单位都设置相对独立的内审机构，还对辅业机构也设置内审机构，对不具备条件的单位设立了专职审计员，使晋煤集团二级单位审计工作覆盖面达到了 80%。

山西汽运集团胡鲜朝董事长将离任审计结果作为考核干部的重要依据，真正将离任审计工作做到"走的明白，接的清楚"，避免了实体公司新旧负责人的互相扯皮和推诿；山西省焦煤集团在认真做好审计工作的同时，非常注重同集团公司领导的交流，不定期汇报工作情况，争取领导的信任，取得了领导对内审工作的高度重视和大力支持。集团公司领导对审计工作倍加关注，对审计的组织、人员的调配予以大力支持，对重大问题的定性与处理亲自过问，对审计报告认真批阅，及时提出了整改意见和具体要求，为审计工作的顺利实施提供了有力保证。建工集团三公司领导对审计工作非常重视，公司领导在审计部门的建议下出台了

《关于解决公司管理中存在的主要问题的措施》和《备用金管理办法》，提升了企业管理水平。企业领导通过内部审计，帮助企业堵塞了漏洞，防止了关键岗位和关键环节腐败问题的发生。

三、开展了经济责任审计、扎实进行各类专项审计

2009年各企业内部审计机构经过不懈努力，任期经济责任审计已逐步走向规范化、制度化。按照省国资委领导的安排，2009年省国资委审计处对太重集团、同煤轩岗煤电、省有色金属公司、焦煤汾西煤电、霍州煤电等五户省属企业领导人员进行了离任审计。

部分企业对下属公司负责人进行了经济责任审计工作。晋煤集团将经济责任审计作为2009年重点工作之一，全年开展经济责任审计23项。其中，集团审计部共开展11项(四项离任审计、七项任中审计)，查出违规违纪金额653.7万元，并已全部纠正；太重集团完成经济责任审计14项（其中离任审计三项）；太钢集团完成经济责任审计53项 (其中离任审计17项)；焦煤集团公司各级审计机构按照组织人事部门下达的任期经济责任审计通知，会同组织人事部、企管部(处)、财务部(处)等部门共同开展实施了88项任期经济责任审计；山西国际电力集团开展任期经济责任审计工作共计17项(离任审计工作8项)；阳煤集团审计部先后完成对一矿、五矿、开元、平舒、供应处等15个单位的领导干部离任经济责任审计；潞安集团根据集团公司人事处委托分别完成对五阳煤矿、漳村煤矿、王庄煤矿、慈林山煤业公司、五阳热电厂和清浪公司的六项离任审计工作；山西煤炭进出口集团对晋城公司、长治公司、通海公司、阳泉公司、日照公司、连云港公司、大同公司、中泰公司、进出口有限公司、铺龙湾煤业有限公司10家单位的法人进行了离任经济责任审计；山西建工集团对集团所属单位在任领导以三年为一届进行了一次任中经济责任审计，全年共进行经济责任审计51项；山西煤运公司对集团公司任免的4家企业领导的离任经济责任进行了审计。其中2009年6月份，煤运公司受国资委委托对运城分公司经理任职期间的经济责任进行了审计，通过这次审计追回对外拆借资金3100万元，占拆借资金的75.7%，追回外借车8辆。

2009年晋煤集团开展工程项目审计24项(其中工程决算审计三项、在建及预结工程八项、竣工工程审计三项)，为企业节约建设资金4214.27万元，晋煤审计部还对集团各单位2008年、2009年上半年财务预决算执行情况进行了审计；太钢集团审计部全面开展了各类审计业务，共计完成各类审计项目90项(其中经营管理审计53项、工程承包责任制审计10项、专项审计5项、改制审计2项、境外公司年度决算审计3项)；汽运集团对集团所属13个子公司、交通大厦及本部2008年经营业绩进行了审计，对长治、忻州、侯马、运城、迎泽物流等公司进行了工程结算审计；建工集团不仅开展了44项重点项目审计，还对总公司所属单位开展了165项经济效益审计和内控制度审计；潞安集团对集团公司所属45个单位、55个机关处室2008年度经营目标完成情况开展了审计，对2008年审计出的问题进行后续审计；山西省煤运集团2009年完成财务收支审计13项，后续整改审计29项，专项审计5项，清算审计1项，专项调查1项，共提出审计建议400多条；山西煤炭进出口集团对28个直属(控股)单位的财

务收支及内控制度有效性进行了审计，对34家目标承担单位进行了年度目标责任审计；山西焦煤集团各级审计机构共开展建设项目审计16项，对各子分公司企业安全生产费用的提取、管理、使用和效果进行了专项审计，开展了针对涉及职工利益的“五险一金”及其他专项资金审计调查18项；阳煤集团审计部对集团“公务用车改革”进行了专项审计，收回参加车改领导多领车补42.7万元。对四项工程进行了工程造价专项审计调查。进行了四项项目竣工结算和自有资金工程预、结算审计工作。2009年，阳煤集团审计部共审计鉴证各类经济合同14104份、金额282.29亿元，平均每天要鉴证52份合同。

四、开展各类培训、交流提升企业审计人员素质

2009年，各省属国有企业审计人员参加了由省国资委5月组织的审计人员培训班；太钢集团、晋煤集团、潞安集团、同煤集团、建工集团、焦煤集团、山西省煤运集团等企业分两次组织公司的内审人员参加了山西省内审协会组织的《新会计准则》、《经济责任审计实务》《企业内部控制》的培训；太钢集团不仅参加了安泰环球咨询公司组织的企业风险管理师精品课程培训，还加强与各咨询公司进行业务交流，重点与国际国内知名咨询公司德勤华永、毕博、科尔尼、安永、罗兰贝格、波士顿、达信、中天恒、北京第一会达等进行了专题交流；山西煤炭运销集团组织内审人员进行了《会计核算办法》的培训，组织了全系统的内部审计人员参与了内审协会举办的《合同法》、《风险管理审计》、《建设项目审计》方面的法规解读和案例分析的学习；山西煤炭进出口集团根据股份公司上市的需要，组织内审人员学习了《企业内部控制基本规范》、《企业内部控制评价指引》、《企业内部控制应用指引》、《上市公司信息披露制度》、《上市企业相关财务制度》等相关知识；山西建工集团请回了北京林森审计咨询公司的林炳发博士，为集团公司全体审计人员进行了“建筑施工工程项目审计”、“集团内控审计理论与实务”、“人际沟通及内审发展前景”的培训；山西省汽运集团根据运输行业审计的要求，组织32名审计人员参加省交通厅组织的《内部审计人员岗位资格证书》的继续教育和年检注册登记工作；太重集团根据机械行业审计的要求，组织人员参加由中国机械工业审计学会组织的内审人员岗位资格证和后续教育的学习。各企业还鼓励审计人员参加各类学历教育和职称资格考试，使企业内部审计队伍素质逐步提高，业务水平大幅提升。

山西省省属企业党建工作

2009年，省国资委按照省委的要求，认真组织开展第二批省属企业深入学习实践科学发展观活动，紧紧围绕国资委党委确定的活动主题和载体，认真组织实施。充分发挥省属企业党组织的政治核心作用和广大共产党员的先锋模范作用，为进一步健全和完善国有资产管理体制，积极转变国有经济增长方式，大力发展循环经济，更好地发挥国有经济的主导作用，推动国有企业持续健康快速发展，为创建和谐企业、构建和谐社会提供强有力的政治保证。

一、深入开展学习实践科学发展观活动

按照中央和省委的统一部署，省国资委监管的28户省属国有企业（含3户中央驻并企业）的9058个基层党组织和170674名党员参加了第二批深入学习实践科学发展观活动，活动从3月2日启动，历经五个多月的时间。省国资委党委高度重视，坚持按照中央和省委的统一部署，严格程序、精心组织、扎实推进，在确保学习实践活动进展顺利、发展健康、注重实效的同时，有力地促进了省属企业改革发展稳定，基本达到预期目的和中央、省委的要求，切实做到了学习实践活动与生产经营及各项工作“两不误、两促进”，得到了省委学习实践活动领导小组办公室和省委指导检查组的肯定与好评。通过这次学习实践科学发展观活动，党员干部进一步解放了思想，加深了对科学发展观的理解，提高了对搞好国有企业的认识，坚定了深化改革、强化管理、攻坚克难，推动省属企业平稳较快发展的信心和决心。在广大党员干部中形成了“五个共识”：即在进一步增强贯彻落实科学发展观的自觉性和坚定性上形成了共识，在实现“三个发展”是贯彻落实科学发展观的首要任务上形成了共识，在促进省属企业生产经营和改革发展稳定是贯彻落实科学发展观的基本要求上形成了共识，在更好地承担起国有企业“保增长、保稳定、保和谐”的经济责任和社会责任是贯彻落实科学发展观的总体目标上形成了共识，在突出实践特色、促进全省国有企业及省属企业学习实践活动取得实效上形成了共识。省国资委党委及省属企业各级党组织，按照省委“三个发展”要求，从企业实际出发，围绕构建企业核心竞争力和可持续发展能力，切实解决影响和制约企业生产经营和改革发展稳定的突出问题、事关职工群众切身利益的突出问题、党性党纪党风方面存在的突出问题，着力研究应对金融危机、保增长的措施，着力提高领导企业科学发展、促进企业与社会和谐的能力，在促进省属企业又好又快发展等重大问题上下工夫。省属企业先后明确整改项目1036个（其中，应对金融危机推动三个发展的项目480个、事关群众利益维护社会稳定的项目230个、其他项目320个），作出公开承诺事项461件。坚持认真落实“边学边改、边查边改”的要求，狠抓问题整改，共计解决影响和制约企业科学发展方面的突出问题268个，解决应对金融危机确保经济稳定增长方面的突出问题241个，解决改善民生、维护群众切实利益和

社会稳定方面的突出问题221个，解决本单位本部门存在的突出问题149个，为职工群众办实事办好事482件。省属企业通过学习实践科学发展观活动，进一步理清了发展思路、完善了发展战略，把所取得的共识转化为具体行动，把思考和谋划细化为具体措施和办法，落实到企业生产经营各项工作中去，推动了企业的平稳较快发展。

二、认真抓好省属企业基层党组织换届选举工作

党的基层组织是党的全部工作和战斗力的基础。各级党组织在换届选举工作中严把“三个关”：一是把好组织领导关，这是抓好组织换届选举工作的前提。省属企业组织换届选举工作涉及面广、要求高、政策性强，在实际工作中难免会出现这样或那样的问题。因此，加大领导力度，是行之有效的措施。各级党委党组织高度重视组织换届选举工作，将其纳入重要议事日程，认真研究和部署。党委主要领导定期听取企业组织换届选举工作情况汇报，深入开展调查研究，帮助解决实际问题。二是把好思想教育关，这是抓好省属企业组织换届选举工作的基础。各级党委把思想政治工作的关键放在班子成员和干部的思想统一上，主要领导深入基层，与群众和党员干部接触，了解思想情况，掌握思想动态，把握工作中的重点对象，抓住苗头性的问题，提前做好深入细致的思想工作。特别是对那些有不同意见的党员和群众，分别同他们谈心，通报有关情况，认真听取他们的意见，加强思想沟通，解除他们的思想顾虑。同时，在选举时及时了解群众和党员的思想情况，做好工作，化解矛盾，较好地把好了党员和群众的思想政治稳定关。三是把好工作程序关，这是抓好省属企业组织换届选举工作的关键。党内选举必须按照规定程序严格进行，不能有任何更改和疏漏。在换届选举过程中，省国资委要求各级党委严格按程序办事，对每个程序都必须严格把关，不能图省事、走捷径、简单化，要充分体现换届选举的严肃性和科学性。经过各级党委的努力，省国资委监管的28户省属企业已有16户企业完成了换届选举工作。

三、进一步加强基层党组织建设

在中国共产党诞辰88周年之际，省国资委党委对省属企业102个先进基层党组织、155名优秀共产党员和33名优秀党务工作者进行表彰。为庆祝新中国诞辰60周年，进一步增强省属企业党组织的凝聚力和战斗力，激发广大共产党员的爱国热情，巩固和扩大深入学习实践科学发展观活动成果，在省属企业中组织开展了一次以党史国史、国情国力、时事政治为主要内容的“先锋杯”百题知识竞赛活动。此次“先锋杯”百题知识竞赛活动，省属企业参赛人数达174622，党员参赛率达74.9%，平均分数为97.4。在这次知识竞赛活动中，涌现出一批表现突出的省属企业，这些企业不仅按照活动的要求认真完成了“三个阶段”的规定动作，而且还要求本企业入党积极分子、中层以上非党员领导干部也参加了知识竞赛活动。

四、积极推广潞安党建工作先进经验

潞安集团党委以高度的政治责任感，积极

探索在现代企业制度条件下，进一步加强和改进党建工作的新思路和新方法,历经十年,初步形成了以“抓班子、带队伍、创环境、促发展”为核心内容的党建工作模式，把绩效管理引入基层党的建设。这一做法得到了中央领导的重视。2009 年 5 月 7 日《人民日报》以《国有企业党建工作的有益探索》为题刊发中央党建工作调研组赴潞安的调研报告。省委书记张宝顺同志作出了“研究推广潞安经验，推进企业党建工作不断发展”的重要批示。省国资委党委高度重视，按照宝顺书记的指示精神，决定在省属企业中学习推广潞安党建工作经验，切实加强国有企业党的建设，为实践省委省政府提出的“转型发展、安全发展、和谐发展”提供强有力的政治保证。在 6 月 18 日组织召开了“省属企业推广潞安党建工作经验交流会”。33 户省属国有企业及 3 户中央驻并企业党委书记、分管副书记、组织部长(党工部长)、国资委机关有关处室负责人、各市国资委党委书记参加了会议。省委、省政府领导出席并作了重要讲话。

五、加大入党积极分子培训工作力度

为进一步提高入党积极分子的综合素质，保证其尽快在思想上入党，在能力上入党，使其更具一名新时期共产党员的标准，国资委党委从教育培训入手，加大对入党积极分子培训力度，努力做到“三个突出”，不断加快入党积极分子成长步伐。一是科学设计课程，在培训内容上坚持与时俱进。在培训课程安排上，因人设课、因需施教。在培训入党积极分子《党章》、党史、国情国史等理论的基础上，结合当今形势发展，学习科学发展观、十七届四中全会精神。二是精心组织实施，在培训方式上突出新，采取学习讨论相结合模式，转变观念，变“要我学”为“我要学”，努力增强培训实效。2009 年开展集中培训 2 期，共培训 400 多人次，有效提高了入党积极分子的素质能力。三是强化师资配备，在培训档次上突出高。为使入党积极分子享受到高档次的教育培训，省国资委聘请山西大学、省委党校中既有理论高度又有实践经验的权威专家，组建师资队伍，对入党积极分子进行专门培训。同时，实行教案审核制度，授课教师制定的教案，由国资委党委组织部严格审核把关，保证所授知识既易于接受又实用。

六、着力加强国有企业党建工作研究

一是深入企业开展党建工作调研。结合深入学习实践科学发展观活动的开展，围绕省国资委党委确定的活动主题和载体，就进一步加强和改进省属企业党的建设，先后深入企业进行了广泛深入的调研，并形成了《国有企业党组织政治优势转化为企业竞争优势和发展优势研究》等五篇有价值的调研成果，其中已有两篇在省级刊物《前进》杂志上公开发表。

二是高质量办好《国企党建通讯》。2009 年，共创办《国企党建通讯》5 期，收集领导讲话、文件决定、工作动态以及理论研究等 100 余篇，对推动基层党组织开展党建工作研究，深化对党建理论的认识起到了积极作用。

三是精心创建了“山西国企党建网”。与山大星网合作，创建了“山西国企党建网”，进行了多角度、个性化栏目设置，不断充填新的党建知识和有关信息。该网开通以来，点击率逐步上升，深受党务工作者的青睐。

四是举办了《国企党建通讯》通讯员培训班。为不断提高通讯员理论素质和稿件质量，把《国企党建通讯》和“山西国企党建网”办成在全省有影响力的宣传资料，研究会举办了通讯员培训班，邀请经验丰富的专家学者讲学。太钢、焦煤、同煤等30余户企业的100名通讯员参加了培训，为办好党建刊物，扩展基层通讯员的知识奠定了扎实基础。

山西省国资委宣传和群众工作

2009年，省国资委宣传和群众工作紧紧围绕国资委中心任务，通过认真学习实践科学发展观，开拓思路，扎实工作，在对外新闻宣传、精神文明建设、企业文化建设、统战、工会工作等方面都取得了一定的成绩。

一、配合第二批省属企业深入学习实践科学发展观活动进行宣传

（一）制定宣传方案。为使宣传工作能够及时反映企业学习实践活动的进展情况，及时制定了《宣传方案》，以领导组办公室文件下发到各企业，对宣传重点、宣传形式和工作要求等几方面进行了安排，各企业都积极行动，踊跃投稿，起到了相互交流、共同提高的目的。

（二）及时编发《简报》。一是注意及时准确地反映企业学习实践活动的进展情况，有些重要内容以电子版的形式直接报送省委指导检查组。二是简报注意了“三个突出”。突出企业领导带头学习实践活动，如动员、辅导、赴企业调研等，都进行了专题报道；突出实践特色，先后编发了《学习实践活动要为推进“三个发展”实现企业科学发展提供强大动力和可靠保证》、《山西省属国企创新体制机制促进经济逆势上扬》等简报，同企业生产经营实际紧密结合；突出基层活动，简报不仅反映整个国资系统学习实践活动动态，还反映各企业的学习情况。活动开展以来，共编发简报52期。

（三）开辟网络专栏。除主要新闻在国资委网站报道外，还开辟了学习实践活动专题，通过领导讲话、文件通知、简报等形式及时反映情况，并开辟了网上互动栏目，把学习体会、意见建议通过网络平台进行交流。

（四）加强媒体报道。活动开展以来，紧密与省内主流媒体合作，在山西日报开辟《科学发展在国企》专栏，共刊登省属企业开展深入学习实践科学发展观活动情况6篇、在山西经济日报、山西电视台和山西人民广播电台四大媒体上综合或单独报道国企开展活动的新闻共20条左右。

二、着眼国企发展实际，进行有针对性的宣传工作

（一）通报分析2009年上半年省属企业经济运行情况

为及时反映省属企业应对金融危机的成效，7月份请张崇慧主任代表省国资委接受山西电视台专访，就省属企业2009年上半年经济运行情况进行说明和答疑，在社会上起到了鼓舞士气

和稳定人心的正面引导作用。之后,通过文件和网上视频将张主任的答记者问进行了转发。

(二)组织省属企业参加由省委宣传部主办的"建国60周年成就展"活动

展示了省属企业60年来艰苦奋斗、开拓进取,在体制改革、经济指标、节能环保、社会责任等各方面取得的丰硕成果,对进一步激励省属企业深化改革发展,提供了强大的精神动力。

(三)举办省属企业新闻宣传培训班

5月16日至18日,举办为期3天的省属企业新闻宣传培训班,对省属企业党委宣传部长及新闻采编人员进行培训,邀请北京市政府新闻办主任王惠、中国青年报总编室主任刘畅等人就新闻写作及应对媒体进行专题讲座。

(四)加强网络宣传

2009年全年在"山西国资网"刊发和转发全国国资监管、国企改革等相关新闻信息3000余条,尤其是在"委内工作动态"栏目刊发委内工作新闻70余条,及时向外界宣传了国资委的工作情况,提高了社会公众对国资委工作的了解和认知度,进一步推进了政务公开工作。

三、抓住关键,深入推进省属企业精神文明创建

省属企业精神文明创建狠抓落实,持续推进,逐步实现创建活动精细化、长效化和常态化。以文明和谐单位、文明和谐社区、文明和谐家庭、文明和谐班组等创建活动为载体,组织开展了道德模范评选、道德塑型、"倡和谐、树新风、争作文明人"等针对性强的主题实践活动,使活动过程成为灌输正确思想、加强道德教育、弘扬社会新风的过程,充分调动单位、家庭、个人等各个方面的积极性,形成全员参与的良好创建氛围,努力使文明和谐建设成为省属企业干部、职工的自觉行动。2009年对省属企业精神文明建设先进单位和优秀个人进行了命名表彰,共命名表彰省属企业文明单位标兵132个,文明单位140个,文明社区25个,优秀工作者55名。省属企业向省文明办推荐了2008~2009年度省级文明和谐单位标兵27个,文明和谐单位46个,文明和谐社区13个,优秀领导干部6名,优秀工作者7名,精神文明创建特别贡献奖3个。

认真贯彻省委宣传部、省文明办《关于庆祝新中国成立60周年重点活动的意见》精神,在省属企业开展了"爱国歌曲大家唱"群众性歌咏活动,唱响了共产党好、社会主义好、改革开放好、伟大祖国好的时代主旋律,弘扬了社会主义核心价值体系,激发了省属企业干部职工的爱国热情,促进大家振奋精神,凝聚力量,有效应对国际金融危机,努力实现转型发展、安全发展、和谐发展。在各企业开展活动的基础上,组织了省属企业庆祝新中国成立60周年"赞美祖国"歌咏比赛,省属企业25个代表队和省国资委机关全体干部参加了比赛。同时,选派3个队参加了全省爱国歌曲大家唱"祝福祖国"歌咏比赛,取得了2个一等奖和2个二等奖的好成绩。

在迎接新中国成立60周年之际,组织省属企业职工开展了"100位为新中国成立作出突出贡献的英雄模范人物和100位新中国成立以来感动中国人物"评选活动,省属企业30余万职工参加了书面投票,使省属企业广大干部职

工受到爱国主义教育。

四、统战工作深入开展实践创新活动，充分调动广大统战成员为企业改革发展服务的积极性

一是不断拓宽服务企业经济发展的渠道，组织和引导广大统战成员为企业发展做贡献。为了适应改革和发展战略，各企业不断拓宽了统战工作服务企业经济的领域。坚持情况通报，及时向统战各界人士通报企业发展的目标和任务，特别是在实施企业发展战略过程中所制定的主要改革方案和重大生产经营措施出台前，征求他们的意见和建议，以便使决策更加民主化、科学化。

二是按照省委统战部关于在统一战线实施“凝聚力九大工程”的总体部署，各省属企业结合本单位实际，围绕企业中心工作，开展了“献良策、比贡献”、“献才智、做贡献”、“智力兴晋”等活动，组织和动员广大统战成员特别是重点人士要立足本职工作岗位，积极建言献策，通过对企业转换经营机制、调整产业结构、资本运营及创新人事、用工、分配等涉及企业发展的关键问题进行了专题调研，为企业科学决策提供了有价值的参考意见和建议。此项活动同煤集团等4户省属企业受到省委统战部表彰。

三是认真、全面、准确地贯彻落实党的各项统战方针政策，从政治上、生活上关心统战成员，尊重、照顾和维护好同盟者的利益，多方面拓展统战成员参与企业民主管理和建言献策的渠道，为企业的改革、发展和稳定提供新的力量支持。根据党中央有关民主党派工作的精神和意见，在企业民主党派组织中重点开展了增强同中国共产党团结合作意识的教育、民主党派组织的历史教育、革命传统教育和爱企业、爱岗位的思想教育工作。同时，进一步完善和规范了民主党派的组织发展工作，使企业的民主党派组织成为企业继续深化改革、加快发展步伐、完善民主管理、全面提升企业核心竞争力进程中的一支不可或缺的依靠力量。根据上级统战领导部门的安排，结合企业思想政治工作和企业文化建设的实际，持续不断地开展统战理论政策的研究与宣传工作，为进一步深化企业统战工作提供理论政策指导。重点做好有代表性、有影响力的统战成员的工作，各企业党委确定了联系和工作的重点对象，通过定期座谈走访、生产经营情况通报、联谊交友等形式做好重点统战成员的工作，以此来带动、影响和凝聚统一战线各方面的力量。

四是加强民族宗教工作，积极维护企业稳定。各企业对本单位的信教群众进行了摸底工作。配合有关部门，对企业内部非法宗教活动严厉打击，取缔了非法活动点，制止了非法宗教聚会活动，使企业稳定得以保证。同时，关注少数民族和信教职工中的重点代表人物，在底子清的基础上培养和举荐民族宗教干部，积极选树典型，以此来带动和影响其他少数民族和信教职工，保持了省属企业民族宗教工作形势的总体稳定。

五、强化共青团组织凝聚力，服务企业发展

（一）抓教育，强思想

从3月初开始，结合企业开展的第二批深入学习实践科学发展观活动，认真组织团员青

年进行思想教育和理论学习，用科学发展观和社会主义核心价值体系教育和引导青年积极投身到全省的“三个发展”和“三保”实践活动中。下半年，在山煤集团、天脊集团等省属企业青年中开展了青年大讲堂——《弟子规》教育进企业活动，引导企业青年弘扬真善美等中华民族的优秀传统文化。

（二）抓安全，强服务

为落实省委提出的“三个发展”的要求，2009年3月以省国资委党委名义下发了《关于在省属企业中开展“企业安全、青年先行”主题实践活动的意见》。6月安全生产月前后，各企业共青团结合自身实际开展了安全示范岗、安全辩论赛、安全文艺宣教等丰富多彩的青年安全实践活动，推动了本质安全型企业建设。

（三）抓典型，强特色

坚持务实创新的团建思路，引导省属企业各级团组织结合自身实际开展特色团委和团支部建设。今年5月，省国资委团委命名表彰了一批五四红旗团委、特色团支部、青年岗位能手、优秀共青团干部、优秀共青团员、共青团工作贡献奖，形成了一大批特色鲜明，服务企业和青年工作成绩突出的先进团组织。

（四）抓基层，强基础

根据省国资委党委、团省委《关于做好省属企业团委换届工作的通知》（晋国资党发【2008】19号）要求，继续抓好基层团组织换届选举工作。截至目前，已有90%左右的基层团委、基层团总支、团支部完成换届工作。建立健全了团费收缴、团的组织关系转移等各项规章制度，使省属企业共青团工作走上制度化、规范化的道路。

（五）抓就业，强民生

落实团中央和团省委提出的创业带动就业的战略任务，在省属企业中抓好就业创业见习基地建设、企业下岗待业人员的培训和再就业工作，努力维护企业和社会的稳定，提高服务青年工作的水平。在省属企业建立培育了就业创业见习基地10个；部分省属企业变招工为招生，安置子女和高考落榜生到技工学校针对性地学习；帮助零就业家庭子女就业，维护企业和谐。

（六）抓活动，强凝聚

省属企业青联以事业为基础，以感情为纽带，围绕当前宏观经济形势、企业面临的困难和机遇组织专题型的研讨会。2009年6月在阳煤召开了2009年“保增长、促转型”省属企业青联研讨会。2009年8月21～23日，省属企业青联在右玉举行转型发展研讨会。青联委员们围绕煤炭产业实施资源整合，向“集团化、洁净化、多元化、现代化”转型，焦化产业延伸产业链条，电力产业发展风电项目，冶金产业优化产品结构以及大力发展机械制造、新型材料等新型产业进行了热烈的讨论。

2009年10月31日～11月7日，组织省属企业团干召开了“省属企业加强基层团组织建设和活动设计研讨班”，会议提出，按照胡锦涛总书记“两个全体青年”的要求，各级企业在团的组织建设上要扫除盲区盲点，在活动设计上要结合企业实际搞成品牌，力争做到有青年的地方就要有团的组织、团的活动，要影响和覆盖全体青年。

山西省国有企业绩效评价中心工作

一、完成8户资产公司财政性委托贷款转增国家资本金工作

2008年12月26日省政府以晋政办发[2008]100号文件转发了《山西省省财政性委托贷款核销和转增国家资本金办法》(以下简称《办法》),根据委领导的指示,省国有企业绩效评价中心(以下简称中心)提出了按照"总体安排、分步推进、加强协调、减少环节、前粗后细、掌握主动"的原则落实这项工作,具体分为制定政策、动员布置、转增资本金、清产核资和后续工作五个阶段进行。

2009年2月20日,省财政厅、省国资委以晋国资发[2009]3号文件联合下发了《关于山西省省级财政性委托贷款核销和转增国家资本金有关事项的通知》。2月23日,中心召开了落实晋政办发[2008]100号文件工作布置会,崔联会副主任在会上做了题为《积极稳妥做好财政性委托贷款核销和转增国家资本金工作》的重要讲话,标志着核销和转增国家资本金工作已正式启动。经过3个多月的努力,截止2009年6月8日,对账签证结果全部得到了资金安排部门的审核确认,经省国资委、省财政厅核实后全部转为8户资产公司的国家资本金,共计5178笔,合计金融189亿元,圆满完成了8户资产公司转增资本金工作。

为保证清产核资工作顺利进行,2009年9月2日中心召开了8户资产公司清产核资工作座谈会,就清产核资工作进度、出现的问题、资产减值准备标准等问题进行了讨论。中心向委领导提出了《关于在煤炭资源整合中保全省属企业债权的建议》和《关于8户资产公司清产核资不良资产处置问题的请示》,有力地推动了这项工作。清产核资资金核实方案根据清产核资的政策和规定,通盘考虑全部企业资本实力、发展后劲、税务筹划、不良资产管理等问题,全部根据企业实际量身设计。

二、积极开展2009年省属企业综合绩效评价工作

根据年初省国资委重点工作目标责任分解的要求,2009年中心完成了2008年度综合绩效评价工作。2008年度企业综合绩效评价是以2008年度财务决算数据为基础,对照国务院国资委颁布的《2009年企业绩效评价标准值》得出评价结论的。

从评价总体结果来看,监管企业主要分布在中以上,占总户数的93.94%(优良企业户数占总户数的57.58%),在国际金融危机的背景下,基本上没有出现特别大的下滑,保持了较好的水平。从绩效改进度来看,多数省属监管企业实现了经营绩效上升,而且上升速度快于标准值的上升速度,特别是煤炭企业经营绩效上升速度较快。从各企业的排名情况来看,评价结果比较准确地反映了企业的实际情况。

三、完成日常清产核资工作

2009年,中心完成了省焦煤集团等5户监

管企业的清产核资立项批复和省建一公司等5户监管企业清产核资结果批复。中心还严格按照大规模清产核资工作的程序，认真做好档案管理、数据收集、文件收发等日常工作，并对省直部门所属企业的清产核资工作进行了备案。

四、做好省属企业财会业务培训工作

根据《山西省国资委监管企业财会业务培训工作纲要》和《山西省国资委监管企业2006年-2010年财会业务培训工作规划》，中心2009年初认真总结前几期财会业务培训经验，精心安排了全年三期培训，监管企业中高级财务人员共计200多人次参加了培训。

山西省企业考核分配事务中心工作

一、完成了对省属企业工资总额管理和企业领导人员薪酬收入情况的专项稽核工作

按照委下发的晋国资分配函【2009】377号《关于做好2009年度省属企业薪酬收入检查工作的通知》要求，中心对省属32户企业2007年度领导人员薪酬兑付情况、2008年集团本部及其全资分、子公司、控股公司工资总额的提取和发放情况、个人所得税、住房公积金、“五险一金”缴纳情况、内退人员管理情况、领导人员职务消费情况、领导人员收入公示等情况进行了全面的检查稽核。

从2009年的检查稽核情况看，执行情况总体是好的，企业普遍重视了这项工作，对稽核中提出的问题能够认真进行整改，违规现象明显减少，薪酬兑付和工资总额执行情况逐步向好，分配秩序和企业内控机制也逐步规范和完善。但有的企业对稽核中检查出的问题仍重视不够，整改的不够彻底，有的甚至没有整改，工资管理和领导人员薪酬兑付中存在的问题仍不容忽视，譬如：在工资总额管理方面，有的企业仍未能严格执行国家有关调控政策，不报批工资总额，工效挂钩基本流于形式，超规定计提计发工资总额，有的漏统漏报工资总额，工资收入项目列支不合规等；在企业领导人员薪酬管理方面，有的仍在批准的薪酬之外领取报酬，有的对领导人员职务消费的管理还不规范，有的集团对所属企业疏于管理，其领导人员薪酬与业绩脱节等；在企业保险福利管理方面，有的企业未按国家规定缴纳法定社会保险费，有的擅自提高住房公积金标准，有的超标准发放医疗补助或建立补充医疗保险等等。

二、对省属企业经营业绩指标基础数据进行了评估核实

2009年，按照委晋国资考核【2009】19号文件，中心配合业绩考核处，分两组，从5月4日开始至6月底，用两个月时间，完成了对32户省属企业2008年年度经营业绩考核指标核定所涉及的基础数据的核实工作，为业绩考核处和分配处确定省属企业2009年度经营业绩考

核指标和2008年度企业领导人员薪酬提供了数据保障。

三、省企业工资管理协会工作顺利开展

2009年，在各会员单位的支持下，协会工作按照年初确定的工作重点，有条不紊地开展。一是进一步完善了协会内部管理制度；二是继续编辑会刊，办好会员单位交流的平台；三是组织开展了部分会员单位培训、考察活动。

山西省产权事务中心工作

一、企业国有资产产权登记工作

（一）完成了对全省企业国有资产产权登记2009年度检查工作。

根据《企业国有资产产权登记业务办理规则》和国务院国资委《关于做好2009年年度企业国有资产产权登记年度检查及数据汇总工作的通知》，及省国资委下发的《关于做好2009年企业国有资产产权登记年度检查及数据汇总工作有关事项的通知》，山西省产权事务中心（以下简称中心）采取自查和抽查的方式对各地市国资监管机构、企业的国有资产产权登记工作进行了年度检查，特别对省属企业主辅分离辅业改制完成后是否办理产权登记相关手续，省属企业对外投资是否及时办理产权登记相关手续，企业改制重组后是否办理产权登记相关手续，这三个方面进行了重点检查。

根据《山西省企业国有资产产权登记2009年度检查分析报告》，检查结果为：

1.全省各市国资监管机构和绝大多数省属企业已制定了产权登记相关制度，制定职能部门和专门人员负责产权登记工作。

2.2009年所出资企业发生新设立、分立、改制、增资扩股、转让国有产权（股权）、资产划转、关闭、破产等经济行为后，具备登记条件的绝大多数企业能够及时办理相应的产权登记手续，少数尚未办理登记的企业，正在积极收集相关资料准备办理登记。

3.各级国资监管机构和省属所出资企业都建立了产权登记数据库，产权登记表、证及有关资料的保管存放井然有序。

（二）完成了2009年山西省企业国有资产产权登记数据汇总和分析工作，并按时上报省国资委和国务院国资委。

根据国务院国资委《关于做好2009年年度企业国有资产产权登记年度检查及数据汇总工作的通知》、《2009年度企业产权登记年度检查及数据汇总编制说明》，及省国资委下发的《关于做好2009年企业国有资产产权登记年度检查及数据汇总工作有关事项的通知》，5月份中心对各地市国资监管机构和省属企业上报的2009年度产权登记数据，进行了全面汇总分析，并形成《山西省企业国有资产产权登记2009年度检查分析报告》按时上报省国资委和国务院国资委。

根据该《报告》，2009年全省共办理产权登记332户，其中当年占有未变动产权登记122

户，变动产权登记158户，注销产权登记52户。

截至2009年12月31日，全省累计办理产权登记3939户，其中：占有未变动产权登记3388户，已变动产权登记463户。已注销产权登记88户。在3939户企业中监管企业1023户，非监管企业2916户。1023户监管企业中占有未变动产权登记837户，已变动产权登记166户，已注销产权登记20户。

(三)省属企业国有资产产权登记日常工作。

2009年度，中心共办理了省属企业73户产权登记，其中：占有登记36户，变动登记33户，注销登记4户；完成了省属监管企业产权登记58户。其中：占有登记31户，变动登记23户，注销登记4户。

建立健全了山西省企业国有资产产权登记制度，为防止国有资产流失，各级国资监管部门实施国有资产的保值增值，为实行有效监管奠定了基础。

二、继续完成清产核资后的不良资产清收处置工作。

截至2009年12月31日，山西省清产核资办公室共计移交中心45户省属企业的清产核资核销权益的不良资产，总额为8.46亿元。中心已完成了41户企业的不良资产清理、接收和部分处置工作，已经清理、接收资产总额为7.13亿元，其中:不良债权4.75亿元,已全部委托山西省国有资产经营公司继续追偿；不良实物资产2.38亿元，其中部分资产已经委托山西省产权交易市场公开拍卖，预计处置收益约820余万元，进行清算后将解缴财政国库。其余应收未收不良资产1.33亿元，其中一部分正在清理接收中，还有一部分不良资产根据各家的复杂情况进行分类，并召开现场协调会，提出六项具体解决方案，现正在逐个逐条落实，争取尽早圆满完成这项工作，及时向清产核资办公室提请报告。

山西省国资委研究中心工作

一、完成《山西国资年鉴》的编纂出版工作

1.完成了《国资年鉴》(2008)编纂出版工作，并于2009年8月，在中国版协年鉴研究会及上海市史志办的支持下，在上海成功召开《山西省国有资产监督管理年鉴》(2008)卷编纂工作会议，总结了2008卷编纂出版工作并对2009卷编纂工作任务进行了安排部署，对年度内在年鉴编纂工作中做出突出贡献的先进单位、先进个人进行表彰。同时，对撰稿人员集中培训，进一步提高了编纂队伍的整体素质。

2.编写出版了《山西省国有资产监督管理年鉴编纂指南》，介绍了年鉴的一些基本知识和编写要求，明确了《国资年鉴》的栏目设置、收录范围和撰写规范，制订了年鉴资料报送流程等等，为《国资年鉴》编纂工作者特别是年鉴撰稿人提供了一个尽快入门的操作性较强的工具书，使年鉴编纂工作更加规范化、标准化。

3.积极加强对外交流与协作。2009年中心被中国出版工作者协会年鉴研究会吸收为会员单位，为与全国年鉴界同仁探讨年鉴编纂理

论，发展学术研究，交流年鉴出版经营工作经验提供了条件。同时，《国资年鉴》(2008)卷还被清华大学主办的中国学术期刊（光盘版）电子杂志社收集到“中国知识资源总库”里，进一步扩大了《国资年鉴》的影响力和知名度。

在2009年12月25日第四届全国年鉴编纂质量出版评比中，《山西国资年鉴》以其独特风格荣获综合奖二等奖，专项奖(条目编写)二等奖。

二、山西国有企业改革与发展研究会秘书处的工作情况

中心同时还承担着山西国有企业改革与发展研究会秘书处的工作。一年中，研究会共编辑出版了6期《山西国资》,《山西国资》紧紧围绕国资委的中心工作，以“探索国资监管，服务国企发展”为宗旨，把握时代脉搏，深入、深度、深刻报道和探讨，以学习实践科学发展观活动为契机，重点宣传了焦煤、煤炭进出口、太钢、同煤、晋煤等五户企业，受到了省属企业和社会各界的认可和好评；2009年5月，在由中国经济报刊协会和中国企业报社共同举办的“全国企业报刊新闻奖”评选活动中，《山西国资》以其独特的视角和深度报道效果，脱颖而出，荣获“最佳主编奖”。

山西省产权交易市场工作

一、交易规模稳定增长，业务领域逐步拓展

山西省产权交易市场的业务包括：省属企业国有产权、股权、债权、实物资产转让；省属国有企业清产核资中核销资产转让；行政事业单位资产转让；金融机构资产转让；依托四个直辖市交易机构开展驻地央企实物资产及产权、股权转让；辅业改制企业资产转让等。

2009年在国际金融危机导致全国经济不景气、企业国有产权交易量存在萎缩、市场投资信心不足的困难局面下，山西省产权交易市场做强内功，根据国务院国资委颁布实施的《企业国有产权交易操作规则》，对原有的交易规则和流程进行了调整完善，另一方面积极组织职工进行各种培训，扎实履行市场职能，2009年全年累计进场项目48宗，涉及资产总额42.06亿元，成交额33.14亿元，实现增值率2.54%。其中产权交易进场项目32个，成交金额32.56亿元。通过竞价转让的项目成交金额在评估值的基础上都有所增值，增值幅度最高达到305.6%。省属、监管企业进场率基本达到100%。产权交易部共完成项目24个，成交金额30.6亿元。从项目成交方式来看，5宗为竞价转让，其他均为协议转让，通过竞价转让的项目成交金额在评估值的基础上都有所增值，增值幅度最高达到305.6%。资产交易部全年累计进场

项目16宗，完成11宗，成交额5227万元，平均增值率为3.2%。

二、主要资质

山西省产权交易市场通过多方努力，截至2009年底，发展成为上海联合产权交易所山西分所，是北方产权交易共同市场的副理事长单位，是北京创新联盟的发起人之一；已与京、津、沪产权交易所签订合作协议，可以从事区域内中央企业国有产权交易业务；与全国主要产权交易机构、"中国产权平台网"实现信息资源共享，为各类产（股）权转让提供优质服务；是北京金马甲产权网络交易有限公司股东之一；还与西部、河北等不发达地区交易机构组成了区域性联盟，提升市场的综合运行能力、资源配置能力。

三、充分发挥市场功能，保障国有资产有序流转

山西省产权交易市场不断完善企业国有产权进场交易制度，规范交易行为，创新交易方式，把规范和服务结合起来，调集由包括经纪、法律、会计、评估、拍卖等专业人士在内的项目组，为企业精心组织策划，提供全程、专业、到位的服务。太钢集团持有的福州福原经济技术联合公司100%国有股权转让项目，在评估价1998万元的基础上，通过拍卖方式最终以4000万元成交，实现增值率100.2%；太钢集团持有的深圳市晋园不锈钢有限公司100%国有股权转让项目，评估价991万，在山西省产权交易市场成功地举行拍卖会，最终以4020万元成交，增值率305.6%。通过入场交易充分体现了"三公"原则，有效地防止了国有资产流失，确保了国有资产有序流转和保值增值，产生了积极的经济效应和社会效应，并从源头上预防了腐败行为的发生，为推进国企改革实现资源优化配置发挥了积极的作用。

四、优质服务，规范运作

在交易过程中严把审核和登记关（受让人报名须通过初审、复审、终审三道审核关），即转让价格关、受让条件审核关、信息披露关、受让方登记关、转让方式选择关。对资产处置项目，由领导带队对转让标的物实地考察，与转让方多次沟通、充分协商，利用省级经济类报刊、市场网站及其他多种媒体充分披露转让信息，根据具体项目具体情况采取拍卖、密封报价等转让方式，确保交易成效；对国有产权、股权项目，市场多次召集转让、受让双方召开碰头会议，及时化解双方在转让过程中出现的分歧和矛盾，协调双方达成一致、稳妥交割，以优质的服务受到了交易双方的高度评价。山西省产权交易市场还针对具体项目通盘考虑，没有将"价格最高"设定为唯一的评审依据，而是结合转让标的企业持续经营发展、职工安置、受让方经营实力等综合因素，采用综合评审的方法确定受让者，保障了转让方职工的合法权益和企业今后的持续发展，使转让方和受让方实现了双赢，得到了各界的好评。山西省产权交易市场发挥了信息集中、交易公开、程序规范、服务到位的平台作用，为多家企业取得了经济效益和社会效益双丰收，推动了国有经济布局和结构的战略性调整。

五、进一步加强信息建设，促进阳光交易

（一）形成覆盖面广的专业信息网络

山西省产权交易市场的专业网站与全国兄弟机构同步互联互通，使项目信息披露和征集受让方的范围更为广泛，形成完善的信息网络，挂牌信息在市场网站、“山西经济日报”、同行机构网站、金马甲统一同步披露，尽最大可能多渠道披露转让信息。

（二）改版了市场网站

增加了网站后台空间，使信息更新更加及时，新闻发布更加流畅；山西省产权交易市场网站实现了自助发布，用户可根据需要自行发布项目信息，由山西省产权交易市场严格进行后台审核，确保信息披露的安全、有效、真实。

（三）开通了电子竞价系统

开通了电子竞价系统，按照价格优先的原则最大限度地发现市场价值，降低了交易风险和交易成本。运用信息电子化手段激发受让方的竞买意识，充分发挥了市场价格发现功能，实现了交易功能的新突破，从技术层面上确保交易更加公开、公正、公平，并从源头上预防治理腐败。

（四）开发了产权交易电子管理系统

将交易项目操作从委托初期到交易鉴证结束，全部采用信息化管理，实现了产权交易工作的规范化、标准化、公开化。对于项目信息发布严格执行二级审核，即采用产权交易电子管理系统由市场内部审核通过后，要求转让方再履行审阅、签字等程序。终审合格后，按照统一、规范的挂牌格式利用信息网络同步对外披露。

（五）对接了国务院国资委监测系统

购置了相应的硬件设备、安装测试了应用软件系统，实现国务院国资委对产（股）权交易信息全程实时监控，保证了交易操作的公开、透明，杜绝了暗箱操作，使规范化运作水平跃上新台阶。

（六）金马甲信息平台建设

山西省产权交易市场作为金马甲股东之一，努力架构全方位的产品与服务体系，积极派员参加金马甲平台管理及业务操作，搭建起全新的渠道和服务平台。金马甲是覆盖全国的产权网络，从项目发布到交易竞价完全公开透明实时显示，参与人员不受地域、人为因素的限制，形成了有效的竞争机制；监管部门可以进行实时监督管理，体现出高度的公信力；另一方面，交易各方可以即时了解交易进程，充分实现阳光交易。

六、成功举办了“北方产权交易共同市场二届三次理事会”

从 2009 年初起，积极组织人力、物力，及

早完成了理事会前期各项筹备工作，保证了会议的圆满召开。本届理事会邀请了国务院产权局邓志雄局长、山西省国有资产监督管理委员会张崇慧主任、朱成基副主任、刘贵副巡视员、天津产权交易中心主任、北方产权交易共同市场理事长高峦及各省市交易机构的主要领导出席，理事单位及成员单位包括北京、天津、广州、黑龙江、河南、广西、新疆、四川等20个省市区71个产权交易机构在内的负责人及代表近200人出席了会议。会议充分利用北方共同市场这一中国最大的区域性联盟，围绕规范与创新两大主题，结合当前的经济形式展开广泛地交流与深入地探讨，为整合市场资源创建统一完善的市场体系开拓了工作思路，总结了宝贵经验，促进了中国北方地区以产权为纽带的跨地区、跨部门交易活动，推进了区域经济的联动和发展。同时，会议的成功召开提升了山西省国资监管及产权交易工作的知名度和影响力，对宣传山西省产权交易市场并加强同业合作，提高服务水平起到了重要的推动作用。

七、持续开展“省直文明和谐单位”创建工作

以“科学发展、全面提高”为主题，进一步提高综合服务能力，开展效能建设，不断提高交易队伍的业务能力与专业素质，形成开拓创新、与时俱进的发展氛围，以规范产(股)权交易工作为中心，以提高市场整体服务水平为根本，以创建文明和谐市场为目的，实施一系列的具体措施和管理办法，在获得2006年度“山西省政风行风评议先进单位”、2007、2008年度“山西省直文明和谐单位”、2008年度省直机关公民道德建设“十佳文明窗口单位”称号的基础上，持续创建文明和谐单位，把创建文明和谐单位作为一项长效工作深入开展，并以此为契机，推进交易产品、服务、方式、技术的创新，不断拓展新的业务领域，努力把交易市场建成覆盖多种经济成分、多功能、多层次的综合性产权交易服务机构，为推动国有经济布局和结构的战略性调整提供文明和谐、专业高效的全方位优质服务。

八、山西国信拍卖公司完成的主要工作

以科学管理、制度管理为目标，严格执行《拍卖法》、《拍卖管理办法》等法律、法规，严守拍卖程序。在规范建设上，健全了竞买人档案库，实现了文档规范化管理，可快速查阅到每次拍卖会情况及竞买人的资料，提高了工作效率；制定完善了详细的《拍卖规则》、《竞买登记表》，确保了拍卖工作高效地开展。认真履行工作职责，拍卖前认真为竞买人办理竞买手续，耐心解释竞买须知，为防止串标、避免竞买人相互见面，分别与竞买人进行协商沟通，保护委托人的利益。2009年成功举行了三场拍卖会，其中受交易市场委托拍卖的福州福原经济技术联合公司100%国有股权项目以4000万元成交，深圳市晋园不锈钢有限公司100%股权以4020万元成交，山西焦化股份有限公司焦化一厂停产资产以1396万元成交，充分实现了国有资产保值增值，取得了良好的社会效益和经济效益。为进一步拓展业务，国信拍卖公司与信达资产管理公司项目组在客户群、资产项目的资源共享方面达成了初步合作。

2010

SHANXI PROVINCE STATE-
OWNED ASSETS SUPERVISION
AND ADMINISTRATION YEARBOOK

山 西 省 国 有 资 产 监 督 管 理 年 鉴

山西省各市国有资产监督管理概况

第三篇

山西省焦炭集团有限责任公司

省委书记袁纯清、省长王君在焦炭集团介休工业园区调研

山西省焦炭集团有限责任公司是省政府出资、省国资委监管的33户省属国有骨干企业之一。公司于2002年成立，目前拥有子、分公司22个，资产总额63亿元，员工约5000人。承担着对全省焦炭运销进行统一管理、代征焦炭生产排污费、对炼焦用煤环节的煤炭可持续发展基金查验补征等多项政府授权的专项职能，以及多项社会事务职能，是中国炼焦行业协会副理事长单位、山西省焦化行业协会常务副会长单位、山西焦化企业联盟常务副理事长单位、山西焦炭交易中心董事长单位。

2009年集团公司克服金融危机的影响，实事求是，迎难而上，深入贯彻落实科学发展观，以人为本，改革创新。继续强化职能服务，深化基础管理，加快转型步伐。壮大发展，规避风险，融入焦化行业整合。分步、扎实、高效地全面建成完善提升介休工业园区，做实做强支柱产业，打造一千万吨焦炭市场控制力的焦化行业龙头企业。

几年来，公司在履行好政府授权职能的基

山西省焦炭集团有限责任公司董事长、党委书记 张 跃

山西省焦炭集团有限责任公司总经理 王廉敏

础上，按照省政府"十一五"焦化行业发展战略规划，以建设焦化行业龙头企业为目标快速推进实体化建设，积极实施营销与物流、生产经营、运销服务三大板块发展战略，通过走控股、兼并、收购、重组等低成本扩张之路，积极构建介休焦化示范工业园区等煤化工基地，不断优化产业结构，延伸煤炭综合利用产业链条，目前，已初步形成集焦炭、煤化工产品、运输、仓储、焦炭出口为一体的产业链，拥有控股及控股经营的410万吨/年焦炭产能，是在市场上具有较强影响力、控制力的大型焦化企业集团。

集团公司认真落实省委、省政府"十二五"规划，积极组织专家、学者描绘"十二五"发展蓝图，将以介休循环经济园区为载体，做强主业，在新型煤化工领域做文章、谋发展；加快参股煤矿的合作步伐，力争权益煤矿产能达到500万吨；积极主动参与山西焦化行业整合重组，力争实现控股焦炭产能1000万吨。集团主营业务收入将达300亿元，实体经济收入占到集团总收入的90%以上，利润达到10亿元，职工年收入达到8万元。届时，山西省焦炭集团职工将达到1万人，焦炭产量达到600万吨、醇醚燃料产量达到60万吨、甲醇燃料汽油30万吨、粗苯精制和其他产品达到14万吨、焦化及相关产品贸易规模达到1000万吨，运销管理服务新模式基本形成。

山西省焦炭集团益兴焦化股份有限公司化产车间

山西省国新能源发展集团有限公司

SHANXISHENGGUOXINNENGYUANFAZHANJITUANYOUXIANGONGSI

山西省国新能源发展集团有限公司

寿阳项目煤层气购销合同签字仪式

山西省国新能源发展集团有限公司成立于1981年，是以燃气、煤炭、贸易产业为主，水泥、油页岩产业为辅的多元化、规模化、现代化国有大型能源企业集团，是省国资委监管的重点企业之一，是省政府扶持发展的21户重点企业之一，是全省10大能源企业之一。

近年来，国新能源始终秉承“学无止境、追求卓越”的企业精神，树立“没有永远的第一，但要敢于永远地追求第一”的核心价值观，坚持服务低碳生产力，服务低碳消费，用足用好低碳政策，为全省社会经济发展提供能源引擎。目前，集团公司总资产75.54亿元，下属42家子公司，年煤炭外运能力3500万吨，拥有全省80亿立方天然气独家经营权及147亿立方混合燃气资源主导运营权，完成管网建设1500公里，气化全省65县(市、区)、260个新农村、十大产业集群178家工业用户、2358家公福用户、30个旅游景点，累计销气量31亿立方，拉动投资

BD新能源集团与3区20县输供气合作签约仪式

第一次党代会

山西发展战略规划大同区域现场推进会

300亿元。

面对“十二五”战略决战期，国新能源紧抓气化山西发展主线，坚定不移地走高碳能源低碳化利用的发展道路，全力推进燃气产业，巩固发展煤炭产业，带动贸易产业，参股水泥产业，布局油页岩产业，确保实现销售收入300亿元，利润10亿元，资产规模200亿元，人均收入10万元；实现年销气量50亿立方，力争达到100亿立方，煤炭发运5000万吨，参股煤矿产能1000万吨，参股水泥产能1200万吨；完成贯穿全省3300公里管网建设布局，气化覆盖全省91县（市、区）、1098个新农村、十大产业集群、100个旅游景点，拉动投资1000亿元。

国新能源将一如既往追求技术和利润高端，按照“十二五”规划，力争早日实现转型跨越、气化山西的既定目标，努力建设成为国际标尺衡量的，富有生命力、竞争力和可持续发展力的新能源企业！

中海油新能源与山西天然气公司签约仪式

创先争优文艺汇演

山西省经济

省经建投总经理 张 旭

省经建投党委书记 李中华

山西省经济建设投资公司成立于1988年，注册资本34.7亿元，国有大型一类企业，设十三个职能处室，拥有7家控股企业和200余家参股企业。根据省国资委晋国资规划[2006]12号文件，公司主业核定为资产管理和实业投资：资产管理业务是根据全省国民经济发展计划，遵照国家和省的有关法律、法规从事经营性存量资产（股权和债权）的管理、使用和回收，确保国有资产保值增值；实业投资主要分布在原材料、能源、房地产、高科技、交通等领域。公司作为组建时间最早的地方投资公司之一，是中国投资协会的主要发起人，也是中国投资协会国有投资公司专业委员会常务理事单位。

公司自成立以来，逐步由小到大，由弱到强，已初步形成了以资产管理为核心，以产权经营、实业开发为双翼的管理模式，在山西重点工程建设、经济结构调整、国有资本运营等方面和探索实践国有投资控股集团公司运作上取得了可喜的成绩。从2001年至2009年，公司按照科学发展观要求牢牢把握发展第一要务，以改革促效益，以创新求突破，各项工作一年一个新目标，一年一个新台阶，一直保持了持续发展的势头，经济效益显著提高，实力明显增强，2009年实现利润8334万元，7年时间翻了40倍，年平均增长率为68%。公司连年超额完成省国资委下达的年度及任期考核任务，无重大责任事故和无群体性上访事件发生，连续多年保持我省同行业领先地位。公司先后获得省属企业文明单位、国有产权登记先进单位、创建服务品牌模范单位、守合同重信用单位等一系列集体荣誉40余项，公司总经理张旭于2005年荣获山西省“五一”劳动奖章、2006年荣获山西省劳动模范称号、2008年获“首届华腾奖全国优秀职业经理人”称号。

忆往昔峥嵘岁月，山西省经济建设投资公司随着改革开放浪潮，走过了坎坷不平的道路，逐步发展壮大起来，现即将迈入“十二五”，公司将继续从工作实际需要出发，认真贯彻省委、省政府大政方针政策，在省国资委的直接领导下，抓住机遇，迎接挑战，努力实现转型发展、跨越发展，把公司打造成为一流的投资控股集团公司，为山西省的经济发展做出更大的贡献。

建设投资公司

省经建投地震捐款

省经建投与国家开发投资公司合作签约

省经建投新办公大楼山西投资大厦

省经建投登山

省经建投与省建行召开联席会议

太原煤炭气化(集团)有限责任公司

化工生产系统

煤炭开采

打造中国煤炭精深加工多联产最具竞争力企业集团

太原煤炭气化(集团)有限责任公司成立于1981年,是由原煤炭部和山西省发起设立的国内首家煤炭综合利用大型联合企业。公司现有子分公司18家,深交所挂牌上市的太原煤气化股份有限公司是公司的控股子公司。截至2009年末,公司总资产77.5亿元,在岗职工16000多人。

太原煤气化始终坚持"建成煤炭综合利用示范性企业和实现太原城市煤气化"的办企宗旨,致力于发展煤炭综合利用和城市燃气事业,经过不懈努力,现已形成集煤炭开采、洗选、炼焦、制气、煤化工产品生产、煤矸石发电供热、煤气表灶管制造和城市煤气输配、服务、管理为一体的产业链条,煤—焦—气—化—电煤炭综合加工利用产业格局初具规模,为我国煤炭资源实现清洁高效利用走出了一条示范之路。同时城市燃气事业得到长足发展,太原城市气化率近90%,位居全国大中型城市前列,为省城太原改善民生、实施"蓝天碧水"工程做出了历史性贡献。近年来,太原煤气化秉承"知时求进,事在人为"的企业核心理念,积极推行内部改革,不断创新管理模式,突出煤焦业主业发展,着力推进产业结构优化升级,企业生产经营保持了快速增长势头,经济运行质量大幅度提升,经济实力和可持续发展能力显著增强。2003年以来营业收入年均增长24%,利润总额以年均29%的速度递增,2009年实现营业收入43亿元。企业以良好的经济效益和社会效益跻身全国520家重点企业和500家最具竞争力企业行列,被评为全国资源综合利用先进企业,并荣获全国文明单位称号。

"十二五"期间,太原煤气化将全面贯彻落实科学发展观,以转型跨越发展为指导,以"气化山西"为契机,构建"以煤为基"循环经济产业体系,构建以太原市为中心,覆盖晋中等市、县、乡镇的燃气网络,形成"以煤为基、多元发展"的产业格局,实现"三个三"的发展目标,即做实、做强煤炭、煤化工和燃气输配三大主业,建成太原燃气气源、龙泉煤电化、华鑫煤焦化电三大基地,实现产品产量、营业收入、利润总额三个主要指标翻两番,全力打造中国煤炭精深加工多联产最具竞争力企业集团。

山西省科技基金发展总公司

山西省科技基金发展总公司成立于1993年，注册资金2亿元。公司是专门从事促进本省科技成果转化工作的国有投资公司，也是国内最早运用政府资金进行创业风险投资实践的机构之一。公司的宗旨和职能是：管理和运用山西省公共财政预算中的一部分科研资金，通过创业风险投资方式，执行科技计划，带动和吸引社会资金，支持科技企业，促进科技成果转化和高新技术产业的发展，并保证国有资产的保值和增值。

基金公司成立十几年来，对促进山西省科技成果转化和高新技术产业发展做出了积极的贡献。

截至2009年末，公司注册资本由1998年的8000万元发展到2009年的2亿元；管理政府资金规模7亿元。

1998年至2009年共支持科技项目200多项，累计投入资金10亿元，并吸引包括银行资金在内的社会各类资金近20亿元，充分发挥了政府资金的引导带动作用。

基金公司成立以来，围绕创业风险投资服务于科技成果转化的根本宗旨，开拓创新，深入实践，求真务实，稳健发展。作为我省科技投资和促进科技成果转化的主体，基金公司通过十多年的努力探索实践，成功实现了“四个一”，即：走出了一条本土国有创投机构在经济欠发达地区全方位促进科技成果转化、发展创业风险投资事业的创新示范道路；初步建成了一个相对完善的集投融资、开放式研发、管理财务法律咨询、商业策划、技术产权交易、行业协会等子平台协同运行，全方位、多角度促进科技成果转化的综合服务平台；培育了一批规模效益突出、引领本省产业发展的科技企业；培养了一支高素质的创业风险投资人才队伍。

基于多年的努力和不断积累的业绩，基金公司提高了其在山西科技、金融和投资等领域的商誉，从而逐步确立了其在山西科技投资和创业风险投资领域的主体地位，同时也赢得了国家各级部门和领导的赞誉、同行的尊重和国内外的声誉。由于公司的出色业绩，多次受到国家科技部的表彰。1999年获科技部“全国先进科技单位”和“全国保护知识产权先进单位”奖励；2003年获科技部“全国优秀创业风险投资机构”奖励；2010年获“中国二十五家优秀创业投资机构产业投资奖”。

公司总经理　郭江明

公司领导考察企业

公司办公大楼

S 山西晋牌水泥集团有限公司

SHANXIJINPAISHUINIJITUANYOUXIANGONGSI

山西晋牌水泥集团有限公司

董事长、党委书记　庞瑞林

总经理　刘宇红

生产线鸟瞰

团结奋进的党政领导班子

“晋牌水泥”在腾飞

山西晋牌水泥集团有限公司(原山西水泥厂)是山西省“八五”重点建设项目,属国有大型二类企业,现有职工1069多人,固定资产9.48亿元。1992年9月开工兴建,1995年11月建成投产。该项目采用加拿大富乐·史密斯公司具有当今世界先进水平新型干法窑外预分解水泥生产工艺技术及主机设备,设计生产能力为年产高强度等级水泥75万吨。公司整条生产线技术装备新,自动化程度高,工艺布局紧凑、合理。从国外引进的集散控制系统、新型干法窑外预分解生产工艺及混合破碎、五级旋风预热器、超短回转窑、大布袋收尘系统等技术和设备皆为山西省首次采用,在国内处于领先地位。是一低耗、高产、优质和环保型的现代化企业典型。

公司技术力量雄厚,检测手段齐备,产品质量优良。现已通过GB/TI9002—ISO9002质量体系认证,产品低碱性也全部通过省级鉴定并批量生产。公司生产的“晋”牌系列低碱水泥畅销北京、天津、武汉、郑州、西安及本省各地区,普遍受到用户好评。“晋”牌水泥多次荣膺“国家免检产品”和“山西省名牌产品”荣誉称号。该产品具有快硬、早强、凝结时间短、抗冻融性好、耐磨性强等优点,尤其以色泽好、碱含量低享誉各地,可广泛应用于各种工业与民用建设工程,被广大用户誉为首选产品和信得过产品。公司视满足用户要求为己任,努力搞好产品售前、售中和售后服务工作,产品历年来均实现水泥出厂合格率、富裕标号合格率、包装袋重合格率三个100%。“晋”牌商标是“山西省著名商标”。企业连年被评为“山西省建材行业优秀企业”、“山西省用户满意企业”。该公司还是“全国建材产品质量服务信誉AAA级企业”、“山西省质量服务信誉AAA级企业”和省、市工商局评定的“守合同重信用企业”。

近年来,晋牌水泥集团公司在科学发展观的指引下,充分依托集团公司在人才、技术及管理等方面的优势,积极实施“走出去、引进来”战略,在陕西承包了5000t/d新型干法水泥熟料生产线项目,与此同时,与潞安集团、山东山水集团合资合作建设日产4800吨新型干法水泥熟料生产线项目(带余热发电)正在着手做各项前期准备工作。届时将形成年产210万吨熟料,170万吨水泥的产能,成为山西水泥产业的“巨无霸”,对加快长治水泥产业的结构调整,全力打造全国知名水泥制造业基地将起到积极的推动作用。

公司的质量方针:坚持持续改进,增强顾客满意,实现良性互动,提升双方效益。

公司承诺:用户的需求就是我们不懈的追求!

山西煤矿机械制造有限责任公司

山西煤矿机械制造有限责任公司于2002年12月由原山西煤矿机械厂改制为山西煤矿机械制造有限责任公司。公司资产10亿元,年产值12亿元以上。

多年来,公司坚持科学的发展观,依托持续的技术创新、管理创新和机制创新,不断提高企业的核心竞争力和可持续发展力,使企业在残酷的市场竞争中逐步跻身全国刮板机制造业前三强、中国机械工业500强和中国专用设备制造业纳税百强。

公司主导产品为:刮板输送机、带式输送机和转载机、运输车辆、洗选设备等。所有产品均取得煤炭安全标志准用证书。其中刮板输送机制造水平达到国际先进水平并获国家免检证书。刮板机成套设备、皮带机列为国家科技支撑项目。

公司拥有生产设备620余台(套),其中主要进口设备有德国MRP成套制链设备、瑞典EASE公司数控切割机、意大利数控镗铣床、日本中外炉公司可控气氛多用炉、俄罗斯磨齿机等先进的数字化设备,还拥有圆环链、联接环、中部槽、托辊等制造流水生产线和铸造挡铲板加工专用设备。

公司于1998年建立了以MRPII制造资源计划为核心的企业管理信息系统,2003年升级扩展为ERP企业资源管理系统。2005年获得信息产业部"国家倍增计划优秀项目",2008年获得"中国企业信息化500强"荣誉称号。公司先后通过ISO9001-2000版国际质量体系认证和国家安全质量标准化二级认证及ISO14001-2004环境管理体系和OHSMS18001-2001职业健康安全管理体系认证。

公司产品畅销山西省各大煤矿集团和大中型煤矿,在河北、内蒙古、陕西、宁夏、山东、辽宁等省外数百家用户中享有极高声誉。

公司将始终坚持"用户是上帝,质量是生命"的基本原则,努力为用户提供满意的产品和服务,与用户携手共创企业的美好未来。

董事长　冯金水

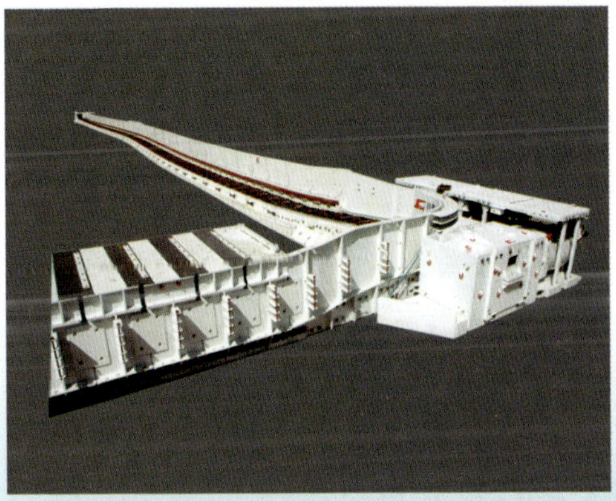

SGZ1250/2×1200智能化工作面刮板输送机

山西省煤炭资产经营有限责任公司

图片说明

01 党委书记、总经理 郑福和

02 公司领导研究转型发展规划

03 丰富多彩的文化活动

中国山西国际经济技术合作公司

商务部专家和中非农业部官员视察公司援中非姆波科农场情况

公司组织参加拓展训练

公司举办“欢乐五一，激情五四”体育竞赛活动

公司2009年新春联欢晚会

中国山西国际经济技术合作公司成立于1983年，是在我国改革开放初期由国务院批准成立的全国22家国际公司之一，是山西省最早的对外经贸合作窗口，现为山西省国有大型外经企业。

公司注册资本金1.5亿元人民币，经营范围为：矿业投资与管理，农业投资与管理，国际工程承包、设计咨询与工程管理，国际劳务合作，承担国家对外经济援助项目，各类商品和技术进出口贸易，境外投资，酒店旅游业，出国人员培训等。公司下辖山西三桥大厦、山西外经物资公司、山西省出国人员培训中心、山西省四方设计所四个法人实体单位，以及多个业务处室和国内外分支机构。

公司自成立以来，秉承“务实、诚信、创新、卓越”的企业精神，大力实施“走出去”和“多元化”战略，积极参与国际市场竞争，先后承担了中国驻中非、圣普大使馆建设工程，中国驻罗马尼亚大使馆维修改造工程，驻哈萨克斯坦、立陶宛经参处综合楼工程，厄瓜多尔城市引供水工程，苏丹国立思图曼医院设计项目，中非友谊小学校，中非农场等十几项国际工程；曾先后在德国、日本、匈牙利、韩国、新加坡的二十多个国家和地区开展了劳务、研修合作；同加拿大、美国、英国等十几个国际和地区进行了技术进出口和商品贸易，建立了广泛稳定的业务网络和渠道。

经过20多年的积累和发展，公司培养和锻炼了一批经验丰富、素质过硬的国际工程技术专家、设计咨询和工程管理人才、国际劳务合作管理人才、国际贸易人才、企业经营管理人才，公司在海外建立了遍布各大洲的业务网点，在策划和管理大型涉外工程项目及组织跨国劳动力流动、物资采供、资金流转等方面有独特优势。公司通过了质量、环境和职业健康安全三项国际标准化管理体系认证，能为客户提供优质高效的服务。二十多年中，公司致力于国际市场的开拓，各合作项目的执行均得到了外方和受援国的赞誉，取得了良好的社会效益，为我省的对外开放和国际经济技术合作事业做出了积极贡献。

在过去的岁月里，中国山西国际公司以优质、高效、诚信在海内外构筑起了优良信誉；今天，中国山西国际公司正朝着国际化、多元化、集团化、实业化方向发展前进。

全国人大副委员长、全国妇联主席陈至立视察煤机工业园，看望刘胡兰小组

山西省委书记、省人大主任袁纯清视察煤机工业园

山西省委副书记、省长王君视察煤机工业园

探索创新之路　强化品牌战略
建设中国一流的煤机成套装备制造基地

太原矿山机器集团有限公司（以下简称太矿），创建于1925年。2005年12月，在山西省委、省政府的直接领导下，由太原重型机械集团有限公司牵头，整合太原矿山机器集团有限公司等公司的国有产权，联合山西焦煤集团有限责任公司等七家煤炭生产经营企业共同出资成立太原重型机械集团煤机有限公司，投资10亿元在国家级太原经济技术开发区征地750亩，新建了煤机装备制造基地，拥有制造车间15.8万平方米，新增118台关键核心设备，成为我国最大的采煤机制造基地。2010年，企业实现销售收入30亿元。

太矿作为太重煤机的主体企业，近年来始终坚持改革、创新与发展，产品结构和产业结构得到优化调整。煤机产品呈系列化、多样化、成套化，并以国家科技支撑项目年产千万吨级2500KW采煤机为代表引领煤机技术发展方向。企业先后被评为“全国煤机工业优秀企业”，“中国矿山机械十佳企业”，入选“全国机械500强”，“太矿”商标被评为中国煤机行业唯一的“驰名商标”。

积极探索创新之路，向国际化发展迈进

近几年来，太矿走出了一条独特的科技进步与发展之路。在新产品的开发上我们采取了对外加强两个联合，对内加强两个结合，取得了非常好的效果。对外加强产学研联合，在山西省经贸委和科委的大力支持下，太矿依托与科研院所联合组建的“山西省煤机行业技术中心”、“煤矿装备研究生教育创新中心”、“山西省金属轧制精整装备工程研究中心”、“矿山机械CAE工程技术中心”，积极发挥共同组建产学研合作体优势，共同参与煤机行业的新技术创新与发展，依靠煤机制造专业经验积累与科技创新，提高了太重煤机科学技术研究的竞争力和新产品的研发能力。为此，争取并承担了国家科技支撑项目《高效综采机电一体化成套装备及其关键技术研究工作》的实施；加强与用户联合，借鉴太重煤机与兖矿集团公司联合开发出我国第一台机载交流变频调速大功率900KW电牵引采煤机的经验，与龙口煤电有限公司合作开发并制造出了能割油页岩的电牵引“采煤”机，与潞安环能集团合作开发，成功研制出总装机功率700KW、930KW两种功率的全智能化电牵引采煤机，不仅针对性强，而且效果显著。对内通过加强两个结合，即经销与技术紧密结合、市场开发和产品开发紧密结合。产品的整体技术水平不断提高，使太矿站在了世界煤机技术的制高点，为提高我国煤机装备制造业行业共性、关键性技术创新和系统集成创新能力提供了有力的技术支撑。

“十一五”期间，太矿技术创新累计投资2.24亿元，完成技术改进300余项、技术开发项目200余项。完善了CAD、CAE、UG等创新手段；创新制度建设，建立起了“产学研用”相结合的技术创新模式，对外与太原理工大、太原煤科院共同组建了煤矿装备研究生教育创新中心等四个“中心”，对内设立了学科技术带头人，制定实施了《新产品开发项目承包管理办法》，加快了新产品研发速度，在一些关键与核心技术上有了突破。特别是争取并承担了国家科技支撑项目《高效综采机电一体化成套装备及其关键技术研究工作》，成功研制出世界最大的2500KW电牵引采煤机，达到了国际先进水平，标志着我国千万吨级综采成套设备完全能够自主设计、自主生产，在行业中产生了重要影响，巩固和提升了太矿在全国煤机装备制造业的领先地位。代表性产品1800电牵引采煤机在中煤集团安家岭井工一矿创造了国产采煤机放顶煤的全国最高纪录；在神华集团金烽公司昌汉沟矿实现了国产设备年产千万吨目标，并创出月产118万吨的全国最高纪录，被国家四部委评为国家重点新产品，荣获国家科学技术进步二等奖。

实施品牌战略，增强企业核心竞争力

将产品质量和服务作为企业品牌来打造，提升在全国煤机行业的影响力。

近年来，太矿始终将产品质量和服务作为煤机品牌的两大重要组成部分来打造。

首先，通过ISO9001质量管理体系认证，对公司的质量控制体系和管理体系进行全面的提升，将改进工作质量作为改进产品质量的治本措施，从文化理念上再造，从生产流程上再造，从环节控制上再造，从制度执行的严肃性上再造，真正意义地实施了一次质量管理革命，使太重煤机产品的质量得以稳固和提高。

其次，通过对产品的精设计、高配置、严管理三项措施保证产品质量，从源头上加大对产品质量控制的力度。同时逐步推开和实行质量监制工作模式，聘请国内外的专家对公司的主导和重点产品进行监制，切实把煤机产品打造成精品、名品。

第三，通过在各部门中推行了“零缺陷”运动，将企业质量管理的创新提升为企业文化的具体体现，提出了“产品就是人品，品质成就未来”的理念，将工作质量和产品质量的追究制度纳入了干部职工的绩效考核中，成为干部选拔任用和职工合同聘用的重要否决指标。

第四，在狠抓产品质量的同时，太矿十分重视用户服务的创新与用户

服务质量的提高，把服务作为企业核心竞争力来进行打造，不断引申“用户永远是上帝，服务永远无止境，工作永远需改进”的理念，大力推行“精心的设计、精细的管理、精致的产品、精诚的服务”工作准则，并且对于用户的要求要“首问负责、有问必答、有求必应，先解决问题，再分析责任”，并对新产品和重点产品实行保姆式服务。

“太矿牌”作为采煤机行业唯一的驰名商标，在市场中享有较好声誉，“太矿采煤机、煤海一片情”、“太矿采煤机、采得痛快！”广告语在广大煤矿用户中已广为流传。

太矿“十二五”发展蓝图

1、“十二五”奋斗目标：“十二五”末，努力实现百亿煤机的奋斗目标。

2、指导思想：按照国务院《装备制造业调整和振兴规划》，依托太原经济技术开发区已形成的煤机产业基础，充分发挥太重煤机工业园的优势，通过实现“四个一流”（装备一流、技术一流、产品一流、服务一流），实现高端制造的目标；通过建设“四个国家级基地”（煤机装备制造基地、研发基地、综试基地、培训基地），打造中国一流、世界先进的煤机工业园区。

3、“十二五”发展战略：

战略原则：公司集团化、产权多元化、主导产品成套化、配套产品专业化，相关产品系列化。

战术原则：以客户为中心，以市场为导向，培育竞争优势；靠质量求生存，靠科技求发展，推行品牌战略。

发展路径：以技术做先导、靠服务创品牌、以集聚促联合、靠成套带规模。

以技术为先导：瞄准世界一流，明确产品升级创新方向，加大科技投入，通过自主研发与引进技术并进，提高自主创新能力，通过“产、学、研、用”联合，完善研发平台，为“做大做强山西煤机装备制造业”创造条件。

靠服务创品牌：通过服务创新，特别是要通过具有自身特色的服务，提升太重煤机在全国煤机市场的品牌形象，使企业由单一产品制造向研发、生产、成套、服务一体化转变。

以集聚促联合：发挥现有优势，牵头集聚山西省优势煤机资源，引导山西省内煤机企业中一批特色鲜明、重点突出的企业向太原经济技术开发区集聚，使园区煤机经济产生集聚效应，煤机企业经济产生规模效应，带头探索改变我国煤机行业多、小、散、低，并且是单打独斗的现状，迅速做大规模。

靠成套带规模：在横向联合、同业集聚的基础上，发挥山西煤机联合体通过“产学研用”联合进行产品开发和市场开发的成功经验，围绕为煤炭企业服务，承揽成套项目，实现规模的快速增长。

4、太矿将加强对外开放合作力度，通过“四个基地”建设，推进产业集聚并提高山西煤机的整体研发水平。

——国家级煤机成套装备制造基地：在目前基础上，继续加大投入，通过引进国外设计公司并与煤炭生产企业联合，进入液压支架和煤炭洗选工程成套领域，具备“三机一架”综采设备成套和煤炭洗选工程成套的资质和能力，实现成套项目突破。

——国家级煤矿开采装备技术研发基地：以山西省煤机行业技术中心为基础，以煤机产业链为主线，联合太原煤炭设计院及五大煤炭企业的技术中心，把山西省煤机行业技术中心建设成为国家级煤机行业技术中心，打造一流的煤机研发基地。

——国家级煤机工程试验检测基地：以太原煤科院已有的国家级刮板机、掘进机工程试验室为基础，联合太原理工大学及平阳重工相关资源，共同建设国家级的综采、综掘工程试验中心，打造一流的煤机综试基地。

——国家级煤炭制造业教育培训基地：联合有关单位共同建设具有“三机一架”实物教学能力的“前校后厂”的山西省煤机职业技术培训实习中心，打造一流的煤机装备使用培训基地。

依托园区承载，通过与国内外先进煤机企业和煤炭企业的合作，实现技术引进、消化、吸收、再创新，用最快的速度在相关煤机产品研发上取得突破。即：

通过横向联合，同业集聚，实现“三机一架”设备成套化的目标；

通过纵向联合，产业延伸，实现煤炭洗选设备工程成套化的目标；

做强煤炭输送设备、提升设备、辅运设备，实现产品系列化的目标；

做精矿用减速机、煤机设备的电气控制系统及元件、液压系统及元件，实现产品专业化的目标；

开拓井下通风安全监测设备、井下无线通讯、矿山数字化系统新领域，实现产品多元化的目标；

太矿集团将以“打造百年太矿、创建世界煤机”的雄心，以“行业领先，产业报国”的豪迈，借助着中国振兴装备制造业的天时，身处山西省煤炭资源重化工基地的地利和组建太重煤机的人和，为振兴山西煤机、壮大中国煤机进行不懈的努力！

山西焦化集

山西焦化集团董事长、党委书记　郭文仓

郭文仓深入生产一线调研

山西焦化：全力打造新型煤化工基地

山西焦化集团是一家对煤进行深加工，集炼焦生产、煤焦油及苯类加工、化肥、甲醇、精细化工、电子科技、化工设计、建筑安装、对外参股等为一体的煤炭综合利用企业，为国务院确定的520户国家重点企业、全国82家循环经济试点企业和山西省重点发展的优势企业之一，是上市公司山西焦化股份有限公司的控股公司，山西焦煤集团的子公司，是山西省产业转型百强潜力企业之一。

公司年产焦炭360万吨、尿素13万吨、硫酸铵2.5万吨、甲醇20万吨、炭黑8万吨，加工煤焦油30万吨/年，加工粗苯10万吨/年，生产50余种产品。近年来，公司坚持走安全发展、转型发展、和谐发展协调统一的科学发展道路，建设新型焦化工业基地和煤化工产业可持续发展示范基地。

产业转型大提速

十一五期间，山西焦化集团按照"依化配焦、焦化并举"的战略思路，累计投资31亿多元，建成了30万吨/年煤焦油加工项目、150万吨/年焦炉扩建项目、20万吨/年甲醇项目、10万吨/年粗苯加氢精制项目、6万吨硬质炭黑项目，使企业的焦化产值比例从8:2转变为6:4，化工产品种类从20余种增加到50余种，化工产业已成为山西焦化又一个支柱产业。

2008年以来，金融危机的影响，使整个焦化行业处于低迷，企业生产经营困难重重，这更让山西焦化认识到转型发展的重要性。十二五期间，山西焦化将抓住山西省"以煤为基，以煤兴产，以煤兴业，多元发展"的发展机遇，依托焦煤集团的大集团优势和平台，"优化资源配置，发挥装置效率，发展循环经济，促进产业转型"，以科技为先导，以市场为导向，以效益为中心，以项目为支撑，走循环经济可持续发展之路，建设资源节约型、环境友好型企业，实现煤化工产业的转型和升级，打造新型煤化工基地。计划"十二五"规划预计投资326亿元，做到做强焦化产业，配套煤矿并购及煤炭洗选加工项目，大力发展醇、苯、油(焦油)类精细化工产品，拓展物流贸易、对外投融资业务，提升电子科技、工程设计的盈利能力，到2015年，形成年实现销售收入达500亿元，利润21亿元。形成以煤、焦、化为主，集物流贸易、投融资、电子科技、工程设计、对外服务等为一体的新型煤化工基地。

节能减排"绿"山西焦化

2005年以来，山西焦化遵循发展循环经济的先进理念，坚定不移地全力构建"绿色"山西焦化。"全国环境保护先进企业""全国化工环保先进企业"，入选全国82家循环经济试点单位和山西省8个清洁生产示范企业、30个资源节约与综合利用示范企业……这一个个耀眼"光环"，见证了山西焦化的科学发展之路。

多年来，山西焦化依靠新技术、新工艺对已有的污染防治设施进行改造。截止目前，已累计投资2.5亿元，先后完成污染治理项目120余个，实现了焦化废水达标排放，水的循环利用率达90%以上；先后完成焦炉集气管微机调节、焦油尾气回收、锅炉除

团有限公司

20万吨/年甲醇生产装置全景

10万吨/年粗苯加氢精制项目全景

30万吨/年煤焦油加工项目核心装置现场区

尘等项目，使焦炉煤气得到最大限度的利用；突出废物的资源化和无害化处理，累计投资800余万元完成了10余项废弃物资源化利用——如今，全封闭式的生产线干净清爽，水泥路面宽阔整洁，两边绿草如茵、鸟语花香，工厂与远处的青山构成了一幅和谐相融的优美画卷。

管理创新结硕果

十一五期间，山西焦化集团秉承管理传统，更加积极稳妥地推行管理创新，形成了山西焦化独树一帜的管理模式。从规范公司运作和法人治理结构入手，出台新的《党委工作条例》，将公司领导层的管理运作引入规范化轨道；出台新的《招投标管理制度》和《工程管理制度》；规范了对外投资，理顺集团公司与股份公司的关系……由此真正形成了以集团公司为投资决策中心，控股及全资子公司为利润中心，控股及全资子公司下属单位为成本中心的现代企业架构。

与此同时，山西焦化集团不断探索科学管理之道——推行标准化工作、精细化管理，推行专业化管理、准军事化管理等，并在此基础上形成了"安全稳定长周期满负荷经济运行"管理方针。2010年下半年以来，公司加大管控力度，采取超常规、超精细、超严格的举措，借助焦煤集团的大平台，实施了"保安全、保扭亏、保稳定、促发展"的系列举措，向扭亏脱困工作目标发起了全力冲刺，激发了山西焦化职工的凝聚力和战斗力。

和谐花开分外香

山西焦化集团积极创建良好的生活环境，大力推进民主管理，千方百计关爱职工，重点救助困难职工，有效激发了职工队伍的工作热情，营造了健康向上、文明和谐的工作氛围。

在搞好生产经营的同时，山西焦化坚持常年开展健康有益的群众文化体育活动，丰富职工的业余文化生活，基本做到"天天有活动，月月有比赛"；认真贯彻落实民主管理制度，全心全意依靠职工办企业，切实保障职工依法行使各项民主权利，及时健全和完善了职代会制度，公司各级单位都做到了按期、按程序召开职工代表大会，保证了职工的知情权和参与权；建立起了帮困送温暖的长效机制，想方设法为困难职工排忧解难；推出职工大病医疗互助活动，为职工基本医疗保险提供了重要补充；2005年"金秋助学"活动以来，累计为家境困难的职工子女上学发放救助款10万余元，80多户困难职工家庭"雪中得炭"。

一个环境优美、生活健康、文明和谐、敢于发展的新山焦阔步走来…… **（文：艾鹏飞　图：王振波）**

董事长、党委书记　温百根

总经理　周亚东

华晋焦煤有限责任公司

华晋焦煤有限责任公司(以下简称"公司")成立于1992年,由原国家计委、能源部和山西省政府联合组建,国务院生产办公室批准成立。2001年按照国务院国办通(2000)10号文精神,改组为国有股份制企业,股东为中国中煤能源集团公司和山西焦煤集团有限责任公司,各持50%的股份。公司主要任务是开发山西河东煤田的离柳矿区和乡宁矿区,建设大型、特大型矿井和选煤厂。经营煤炭开采、加工、销售(原煤、精煤、焦炭及副产品),技术开发与服务,电力生产等。

公司拥有丰富的优质煤炭资源,属于国家明确规定的"两区一种"保护性开发资源。在离柳矿区拥有井田面积512.9平方公里,地质储量76.81亿吨,可采储量35.01亿吨,煤种主要为低灰、低硫、特低磷、高发热量、强粘结性的优质主焦煤。乡宁矿区拥有井田面积180平方公里,地质储量23.42亿吨,可采储量10.36亿吨,煤种主要为中灰、低硫、特低磷的优质瘦煤,是极好的炼焦配煤。公司所属沙曲矿生产的焦煤已注册"华晋焦煤"品牌,享有"中国瑰宝"之美誉。

公司下设十九个职能处室、六个直属单位、八个二级单位,有华晋煤层气综合开发利用有限公司、山西华晋韩咀焦煤有限责任公司两个全资子公司,控股山西华晋明珠焦煤有限责任公司、山西华宁焦煤有限责任公司、山西华晋吉宁焦煤有限责任公司、参股石太铁路客运专线有限责任公司、山西汾河焦化股份公司、山西焦煤汾河物业管理公司等。

沙曲矿井是公司在离柳矿区建设的第一对矿井,位于吕梁市柳林县境内,井田面积约135平方公里,地质储量22.52亿吨,可采储量12.76亿吨。矿井设计生产能力初期300万吨/年,后期改扩建到800万吨/年(第三期1000万吨/年)。2004年11月设计生产能力300万吨/年的一期工程建成投产。该矿井装备了国内先进的大采高综采设备,采用了国内最先进的皮带运输系统、辅助运输提升系统、综合信息化系统和全数字控制技术,安装了国内一流、国际领先的瓦斯抽放、监测监控系统,制定了科学完善的管理制度,实现了安全生产和持续稳定发展。

沙曲矿是国内少有的煤与瓦斯突出矿井,为了实现安全生产和瓦斯综合利用,公司采取"煤气同采、采气重于采煤"的综合措施,设立了瓦斯研究所,被作为山西焦煤集团公司的瓦斯研究治理基地;一期14MW的瓦斯发电厂已投产发电,二期62MW也正在建设中;

万吨精煤储煤仓

现代化的高效分选工艺

瓦斯发电厂一期发电机组

丰富多彩的职工文化生活

技能比武

沙曲矿一矿变两矿改扩建项目已经国家能源局批准同意开展前期工作，项目建成后将达到 800 万吨 / 年生产能力。目前，该矿正按照国家级瓦斯治理示范矿井的建设标准，向着“安全高效型、本质安全型、基础管理精细化、技术装备现代化、人员培训制度化”的“两型三化”矿井稳步推进。

沙曲选煤厂是沙曲矿井的配套项目，采用脱泥有压重介旋流器等先进工艺，主要设备从澳大利亚进口。沙曲选煤厂生产的主导产品为 10 级炼焦精煤，主要销往宝钢、鞍钢、莱钢、马钢等国内知名钢铁企业，畅销全国 20 多个省、市、自治区，并出口日本、韩国等国家。

位于乡宁矿区的王家岭煤矿项目（煤矿 600 万吨 / 年、选煤厂 600 万吨 / 年、综合利用电厂 2×5 万 KW、铁路专用线 9.2 公里）为山西省“十一五”重点工程，是国家和山西省煤炭工业循环经济示范园区。2005 年 8 月经国家发改委核准，2007 年 4 月，项目主平峒开工，2008 年 9 月选煤厂、综合利用电厂、铁路专用线全面开工建设。项目建设坚持“一流的设计，一流的工艺，一流的设备，一流的管理”的原则，努力建成让设计人得心、审批人放心、施工人安心的示范工程。严格执行国家环境保护法规和“三同时”制度，充分考虑自然生态系统的承载能力，高度重视煤炭资源的保护性开发，大力推行循环经济，实施清洁生产和资源综合利用，努力实现经济效益、环境效益和社会效益最大化，建成国内一流、国际领先、高产高效的特大型现代化矿区。

公司紧紧抓住当前国家高度重视能源工业发展的战略机遇，全面建设离柳矿区煤层气抽采及综合利用工业园区、乡宁河津煤炭循环经济工业园、吉县明珠煤化工工业园区等三大工业园区，制定了“33151”中长期发展战略：即坚持讲团结、讲责任、讲奉献，保安全、保效益、保发展的“三讲三保”创业精神，高起点、高标准、高效益的发展思路，到 2015 年底，原煤产能和入洗能力达到 3000 万吨以上，实现销售收入 300 亿元以上，发电 100 亿度以上，煤制烯烃 100 万吨，利润总额 50 亿元，职工人均收入达到 10 万元以上，实现煤、电、气、化、材五大产业协调发展，努力将华晋焦煤公司建成国内一流的安全、高效优质焦煤企业。

公司坚信，有各级党委政府及有关部门的大力支持，有两大股东作坚实后盾，在以董事长、党委书记温百根和总经理周亚东为首的领导班子的带领下，始终以科学发展观为统领，按照集团化的管控运行模式，坚持“安全、高效、和谐、发展”的核心价值观，本着“做强华晋、回报股东、造福员工”的企业使命，发挥“举华晋旗、走华晋路、做华晋人”的团队精神，以“安全为天、整合发展、跨越翻番”为工作主线，做到“经营工作做精、管理工作做细、安全工作做实”，努力把华晋焦煤建设成为“生产规模化、装备现代化、管理信息化、人才专业化”的大型煤炭企业，打造为国内一流的现代化优质焦煤基地。

现代化生产厂区鸟瞰

井口安全知识问答

太钢集团临汾钢铁有限公司

太钢集团临汾钢铁有限公司(简称临钢)溯源于山西省临汾钢铁公司,始建于1958年,曾是全国56家地方钢铁骨干企业之一。1998年10月,经省政府批准,被太钢集团整体兼并重组为"太钢集团临汾钢铁有限公司"与"山西新临钢钢铁有限公司",分别由太钢集团和太钢不锈控股,实行"两块牌子、一套机构"管理。

经过50多年的发展,临钢已成为采矿、冶炼、轧材等工艺配套,以中厚板为主导产品的大型钢铁联合企业。2010年,实现营业收入76.9亿元,实现利税2.5亿元,实现利润1058万元,产中厚板117万吨。目前,拥有总资产47亿元,在岗职工10118人,离(内)退休职工8034人。公司曾获得"全国五一劳动奖状""全国厂务公开工作先进单位""全国企业文化建设先进单位""山西省优秀企业""山西省文明单位""山西省先进基层党组织""山西省安全生产先进单位"等荣誉称号。

近年来,临钢实施"创建最具竞争力的中厚板精品企业"发展战略,依靠自我积累和自筹资金,投资20亿元建成具有国际水平和国内领先的3300mm中厚板轧制生产线和热处理酸洗生产线。这两条生产线的部分关键设备从美国、德国、英国、丹麦等国家进口,全线工艺技术、设备配置、节能环保及自动化程度达到国际先进水平,年产中厚板150万吨(含17万吨不锈钢板)。

临钢中厚板产品的规格为厚6-80mm、宽1500-3000mm、长3000-12000mm;钢种有不锈钢板、结构钢板、专用钢板和特殊用途钢板四大类;主要应用于工程机械、锅炉压力容器、造船、桥梁、核电、水电、石油、化工等行业和领域。其中,核电钢用于广东阳江核电站、广东台山核电站和浙江三门核电站;双相不锈钢用于川东造船厂万吨级化学品船的制造,液化天然气储罐用超低温06Ni9钢用于广东九丰和中石油寰球工程项目,填补了亚洲及国内同类产品的空白。热轧厚钢板为"山西省标志性名牌产品",低合金结构钢板为"全国用户满意产品",锅炉和压力容器用钢板、不锈钢热轧钢板为全国冶金产品实物质量"金杯奖"产品。

临钢通过管理创新,追求企业管理的标准化、信息化和精细化。公司全面导入和推行卓越绩效模式、六西格玛管理等先进的管理理念和方法,建立和运用先进的ERP、MES、OA信息化系统。同时,公司整体通过了ISO9001国际质量体系认证,实行质量管理体系、职业健康安全管理体系、环境管理体系"三标一体化"管理,是山西省首家"国家AAAA级标准化良好行为企业"。

临钢自2000年以来,累计投资4.6亿多元,配套建设90台(套)污染防治设施,污染物排放总量达到政府要求标准,全公司实现了废水零排放。

当前,临钢正在根据省委、省政府的要求,在临汾市委市政府的支持下,按照太钢集团整体部署,着力推进管理升级、产品升级、装备升级和相关多元化经营,加快实施兼并重组,实现新一轮科学发展,打造绿色临钢、人文临钢、科技临钢、和谐临钢。

3300mm 中厚板冷床

3300mm 中厚板酸洗生产线

临钢销往芬兰的不锈钢热轧钢板

整洁优美的花园式居民生活小区

国内领先国际先进的3300mm中厚板生产线

临钢"三星级"东苑酒店

太原市

一、太原市国有资产监督管理工作综述

2009年，在中共太原市委、太原市人民政府的正确领导下，在山西省国资委的指导下，太原市国资委以科学发展观为统领，紧紧围绕市委、市政府的中心工作，牢牢把握职责定位，努力克服金融危机带来的订单减少、收入下降、资金短缺、全面停产等重重困难，在困境中艰难地推进改革，在改革中艰难地求得发展，在加快企业改革、实施企业破产、推进项目发展、实现资源整合、强化内部管理和维护社会稳定等方面取得了新的进展，较好地完成了全年各项任务。

(一)进一步深化国有企业改革

1.企业破产工作。太原变压器厂、山西建设机械厂、山西无线电厂、太原第一毛纺织厂、太原瓷厂、太原标准件厂、太原地方建筑材料厂、太原绒织印染厂、太原洗涤剂厂、太原灯泡厂和古交钢铁厂等11户企业政策性破产清算工作全面展开，除古交钢铁厂、太原绒织印染厂外，其他9户企业已经完成了审计、评估、辅业资产剥离、职工安置成本审核、债权人会议、财产拍卖等法定程序。截至2009年年底，财政下拨破产专项补助和破产企业财产处置收入合计35000万元；核销银行本息共计145000万元；补缴社会保险3000万元；安置破产企业职工1792人；公益性岗位再就业1598人。

为推进企业破产工作的顺利实施，太原市国资委加大了土地处置的协调力度，会同有关部门认真研究土地处置有关问题，完成了太原变压器厂、太原第一毛纺织厂、太原瓷厂3户企业的土地拍卖。山西建设机械厂、太原标准件厂、太原洗涤剂厂、太原地方建筑材料厂、太原灯泡厂等5户企业土地拍卖的前期准备工作已全部完成。企业破产后剥离出的物业公司正在组建，重组企业注册运行。

2.资源整合工作。2009年，太原市国资委积极调整布局结构，集中进行资源优化整合。太原市饮食服务总公司按照“人资分离、先易后难、滚动改革”的思路，全面推进“人资分离”工作，在转让太原美容厅、太原面食店和太原银河宾馆后，加大了剩余资源的整合力度，制定了全公司整体转型、组建太原饮食集团的资源优化整合方案，经太原市改革领导组办公室批准，正式挂牌组建运营。太原东山煤矿有限责任公司作为太原市属煤炭企业资源整合主体，对太原市杏花岭区、万柏林区和小店区的6个地方煤矿进行整合。经过审计评估、储量调查、谈判签约、进驻接管等工作，按时完成了资源整合的任务，做到了在全省“签订协议第一、换证第一、付款率第一、完全接管第一、进驻第一、设计开工第一”的“六个第一”。资源整合后，太原东山煤矿有限责任公司新增产能285万吨，总体产能将达到600万吨，为进军千万吨大矿奠定了坚实基础。太原物产集团投资、物业、离退休职工管理“三个平台”建设取得积极进展，其集团公司旗下的太原物产集团投资有限公司、物生物业管理有限公司和离退休职工管理中心组建运营。

3.打包缩水工作。2009年,太原市国资委积极推进打包缩水处理债务、实现国有企业债资分离工作。利用资产经营公司的平台,回购市属企业在中国信达资产管理公司4亿元的不良债务,取得了积极进展,回购工作有序推进。太原天龙集团股份有限公司通过债务重组,公司实现扭亏为盈,避免了退市风险。

(二)培育壮大主导产业

1.做强做大优势产业。太原市国资委代表太原市政府入股太原长安重汽有限公司1亿元资金,推进装备制造业转型发展和振兴汽车产业。太原长安重汽有限公司新厂区一期工程已经投产运营,生产销售1000台整车,全年完成工业总产值5亿元。由北京雅世置业重组太原新凯纺织印染有限公司新厂项目一期工程进展顺利,10万纱锭、200台无梭织机的现代化纺织厂即将投产。由太原晋东资产管理处与山西北方风雷工业集团资产重组东方机械厂,投资4亿元,生产石油钻杆项目已正式开工建设。由太原市国有资产经营公司参股德汇钢管25万吨无缝钢管的项目已经投产。由太原双合成食品有限公司投资兴建的食品工业园已建成投产。

2.大力发展现代服务业。太原晋东资产管理处改造兴建的现代化小商品物流中心,占地300亩,市场规划方案设计已经向社会公开招标,一期工程建设的前期工作已经完成。太原迎春楼广东酒家实业有限公司利用太原桃园饭店和太原外贸集团大楼建设山西地方名吃文化城—晋韵大厦项目搬迁改造协议已经签订,规划方案已经向社会公示。太原迎春楼广东酒家实业有限公司大唐明楼主食配送中心项目、太原物产集团物资再生利用工业园区项目即将完工。

(三)加快企业搬迁改造步伐

企业搬迁改造是太原市实施"四个一批"战略的重要内容,利用级差地租,提高企业技术装备和生产工艺,通过产业集群、企业集聚,强化园区经济。太原长城光电子工业公司已完成一期搬迁工作,实现了项目的达产达效。2009年产品销售收入比上年增长40%,实现利润比上年增长95%;太原锅炉集团有限公司完成新厂区400亩建设的征地和环评,主体车间即将开工;太原狮头集团有限公司搬迁的前期环评、规划、设计工作已基本完成,新厂区奠基开工;太原工具厂旧厂区已经拍卖,新厂区土建工程基本完成,即将整体搬迁;太原内燃机厂已搬迁到晋中市榆次开发区并投产运营;山西电机厂落实土地400亩,搬迁工作也在积极推进中。

(四)狠抓技术创新

太原市国资委始终把技术进步、产品创新作为优势企业发展的重中之重。2009年,太原市国资委专门下发了《加强企业技术创新投入考核的意见》,下大气力推进企业技术创新,新产品研发工作。各出资企业充分发挥企业在技术创新和新产品研发中的主导作用,广泛开展产、学、研联合,引进技术,全年新产品研发项目28个,投资总额67909万元。太原第一机床厂与上海理工大学合作建立了技术中心,共同研发数控龙门铣床系列产品,创造了较好的经济效益。太原锅炉集团有限公司与清华大学合作研发的"循环流化床锅炉本体和动态仿真关键技术的研究和产业化"获国家科技进步二等奖。

（五）全面开展改革"回头看"、财务大检查工作

为了巩固国企改革成果，夯实监管基础，太原市国资委在全系统开展了改革"回头看"和财务大检查工作。一是由太原市改革领导组办公室牵头，对13户破产企业、5户改制企业改制总成本进行审核，核减不合理开支41000万元。二是针对1997年实施股份合作制改制企业改制不彻底、不完善问题，出台了《关于完善股份合作制企业办理土地手续有关问题的通知》。太原市解放副食品大楼等3户企业完善了土地处置手续，缴纳土地出让金3574万元，返还企业2708万元。三是针对太原联运总公司、太原新凯纺织印染有限公司等企业改制后打包缩水资金的处理、延期支付产权转让款利息、改制手续不完善等问题下达了整改意见。

财务大检查工作已完成了出资企业自查、互查和国资委重点抽查工作，对发现的问题，及时进行了纠正。

（六）进一步完善国有资产管理体系

一是扎实推进经营业绩考核工作，与出资企业签订了年度经营业绩责任书，对上年度签订责任书的企业进行了经营业绩考核，兑现了企业领导人员的绩效薪酬，落实了保值增值责任，初步建立起量化考核、收入与业绩挂钩的经营管理机制。二是加强了经济运行分析的力度，建立了月度、季度财务与经济运行分析制度，加大了对企业财务快报的分析工作，提高了经济运行分析的时效性，客观及时地分析出资企业经营发展中存在的问题，指导和帮助企业积极开拓市场，稳定生产经营。三是全面完成清产核资工作。2009年完成73家企业的清产核资工作，申报批准损失数占企业申报数的42.71%，占清产核资前资产总额的7.12%，确保了资产经营状况的真实性和完整性，真实反映了企业的资产及财务状况，为科学评价和规范考核企业经营绩效，落实国有资产保值增值责任提供了依据。四是进一步规范国有产权管理。制定下发了《太原市国资委出资企业实物资产处置管理办法》、《太原市产权交易市场企业国有产权交易工作规则（试行）》等6个规范性文件，对规范企业国有产权交易行为、加强国资监管、防止国有资产流失起到积极推动作用。太原产权交易市场全年完成产权交易26宗，涉及资产总额54300万元，交易额37200万元，交易额比转让评估值14900万元增值22702万元，增值率达155%。五是监事会建设得到加强。制定下发了《太原市市属国有企业监事会监督检查工作规程及实施要则（试行）》等3个规范性文件，初步建立了监事会工作制度体系，完善了监事会工作机制，进一步提高了监督时效。六是企业薪酬管理得到加强。加大了对非正常生产经营业务的企业法人薪酬的管理力度，在深入调研的基础上，草拟了具体实施办法。

（七）全力做好企业安全稳定工作

年初，与各企业主管部门、直接出资企业签订了《安全生产目标责任书》，每月定期召开安全生产例会，定期开展安全生产责任制落实情况的检查。全年督查检查出资企业60余次，其中，深入煤矿井下一线检查38次，排查重点安全生产隐患8条，一般安全生产隐患500余条。

信访稳定工作是太原市国资委全年工作的重要内容，2009年，采取"信访处现场接访，责任企业具体承办，委领导带头下访，一把手重点回访”的工作模式，坚持“能解决的限时解决，不能解决的限时答复”的原则，强化初访办结率和重复访办结率。全年信访总量为727件次，比上年减少40%，其中，受理转办件和群众来信共计59件，比上年减少45%；集体访19批457人次，比上年减少40%；个体访134批430人次，与上年基本持平；办理省、市交办的信访案件29件，办结29件，按期办结率为100%。

（八）学习实践科学发展观活动成效明显

太原市国资委党委紧密结合国资监管工作实际，认真开展学习实践科学发展观活动。“严”字当头，精心组织，扎扎实实，不走过场，取得了成效。一是联系实际，深刻剖析，找到了在贯彻落实科学发展观方面存在的突出问题，并明确了整改方向。二是切实解决了一系列迫切需要解决的突出问题并取得成效。各级党组织，把解决突出问题放在了首位，下大力气解决了一大批迫切需要解决的突出问题：针对企业改制、破产重组过程中职工关注的职工安置费、经济补偿金、军转干部生活补贴、取暖费等问题，太原市国资委党委责成有关处室积极协调有关方面，妥善予以解决，为企业改革发展创造了条件。全年发放关闭破产企业职工安置费370余万元；发放军转干部生活补贴359万元；发放困难企业取暖补助146万元。三是在事关国企改革、科学发展和国资监管等重大问题上统一了思想，形成了共识，广大党员，特别是党员领导干部受到了一次深刻的教育。

（九）企业党建工作取得显著成绩

2009年，紧紧围绕国企改革发展稳定这一工作重心，继续加强组织领导和工作力度，不断创新工作方法，探索企业党建、企业领导人员管理工作的新思路。一是加大班子建设的工作力度。年初，对直接出资企业领导班子、领导干部进行了全面考核考察。同时，加强了对考察提拔对象经营实绩和党风廉政建设情况的考察。对太原长城光电子工业公司、太原狮头集团有限公司、太原晋东资产管理处、太原同苑商务有限公司等企业的主要领导进行了调整；对太原物产集团等企业的班子进行了完善。二是广泛开展“党员示范岗”、“争先创优”等活动，使广大党员增强了使命感，在改革发展稳定中发挥了模范带头作用。加强理论学习，为国企改革奠定扎实的思想基础。三是围绕国企改革创新、实现企业绿色转型这一重点，全面加强理论学习，不断增强广大干部职工的政治素质。与此同时，围绕国企改革，宣传报道工作也迈上了新的台阶。四是开展了庆祝建国60周年活动，通过开展群众性歌咏比赛、诗歌朗诵、征文等形式，大力歌颂新中国成立60年来的伟大成就，收到很好的效果。五是紧紧围绕中心工作，充分发挥安置、管理、服务职能，不断创新老干部工作的内容、形式和方法，老干部工作的机构、制度、服务、经费等都得到了较好落实；改制、关闭、破产企业老干部的安置、管理、服务、政治生活待遇等得到了全面落实。全年共发放老干部统筹外经费3361万元；核拨建国前老工人统筹外经费1170万元。

（十）党风廉政建设得到进一步加强

2009年，太原市国资委按照太原市纪委的要求，认真贯彻党风廉政建设责任制，狠抓学习教育和制度建设，使全系统党风廉政建设得到稳步健康发展。一是认真贯彻落实中纪委三次全会精神和省市纪委九届四次全会精神，多次召开全系统党风廉政建设干部大会，对全系统年度纪检监察工作进行全面部署。层层签订了党风廉政建设目标责任书，分解任务，责任到人，把党风廉政建设作为党建和领导班子建设的重要内容纳入目标管理，融入国资监管中心工作。二是认真贯彻执行党员领导干部廉洁自律各项规定，狠抓“七个不准”和“十不准”要求，以太原市经济建设投资有限公司原总经理违法犯罪的事实为案例，结合科学发展观教育实践活动，在全系统开展了党风廉政建设警示教育，进一步规范国有企业领导人的行为，不断增强廉洁从业的自觉性，有效地防止了国企改革改制过程中违纪违规案件的发生。三是将治理商业贿赂工作与国资监管工作紧密结合，将效能监察贯穿于企业的改革改制，清产核资、产权交易等重大事项的始终。四是认真开展工程建设领域突出问题专项治理、政风行风评议、煤焦领域反腐败和“小金库”治理工作，进一步推动了全系统党风廉政建设和反腐败斗争的深入开展。

（十一）机关内部建设得到加强

一是进一步完善《月绩效考评办法》，严格对机关工作人员进行综合考核。二是定期举办国资监管业务知识培训讲座，坚持每周召开机关学习例会，鼓励机关干部主动学习政策法规和国资监管各项规章制度，提高国资监管综合素质和工作能力。三是完善行政效能监察操作规范，提高工作标准化程度。邀请行风监督员对机关效能建设进行监督，机关内部分组进行督察，从而提高了委机关服务企业，服务改革，服务发展的自觉性。2009 年，太原市国资委荣获“太原市文明和谐单位”和“双拥模范单位”称号。

二、2009 年国有资产总量与结构分析

截至 2009 年 12 月 31 日，太原市国资委录入决算范围的 237 户出资企业(包括二、三级企业)资产总量 1,421,326.8 万元，其中：工业生产企业资产总量 781,513.7 万元，占全部出资企业资产总量的 54.98%，与 2008 年比，增加 3.57 个百分点；其他企业资产总量 639,813.1 万元，占全部出资企业资产总量的 45.02%，减少 3.87 个百分点。太原市国资委直接监管的出资企业资产总量 1,009,036.2 万元，同比增加 179,026.6 万元；委托太原市国有资产经营公司监管的工业企业资产总量 196,658.2 万元，同比减少 18,700.1 万元；委托太原市国有资产经营公司监管的商贸企业资产总量 215,632.4 万元，同比减少 12,131 万元。

全部出资企业资产总量分项目变化情况如下：

1.流动资产合计 772,198.1 万元，同比增加 126,906 万元。主要增减情况：货币资金 226,011.6 万元，同比增加 86,689.6 万元；应收票据 19,600.8 万元，同比增加 9,012.5 万元；应收账款 70,517.6 万元，同比减少 1,729.9 万元；预付账款 31,626.3 万元，同比减少 5,028.5 万元；其他应收款 221,921.8 万元，同比增加 44,675.6 万元；存货 165,389.2 万元，同比增加 1,232.6 万元；其他流动资产 33,982.0 万元，同比减少 7,360.3 万元。

2.非流动资产合计 649,128.7 万元，同比增加 21,289.6 万元。主要增减情况包括：固定资

产净额 350,104.2 万元，同比减少 1,739.2 万元；在建工程 76,412.1 万元，同比增加 7,564.9 万元；固定资产清理-2622.9 万元，同比增加 235.3 万元。

三、太原市国有资产保值增值综合分析评价

截至 2009 年 12 月 31 日，太原市国资委全部出资企业国有资产保值增值率为 88.7%，比 2008 年降低了 0.3 个百分点。从全部出资企业 2009 年末所有者权益构成情况看，剔除待处理资产损失后为 195,665.9 万元，比上年 188,043.5 万元增加 7,622.4 万元。其中：太原市国资委直接监管 27 户出资企业合计 232,526.0 万元，同比增加 61,047.0 万元；委托太原市国有资产经营公司监管的 16 户工业企业所有者权益合计 11,680.8 万元，同比减少 51,844.7 万元；委托太原市国有资产经营公司监管的 134 户商贸企业（包括二三级企业）所有者权益合计-48,540.8 万元，同比增加 1,579.8 万元。所有者权益类主要项目构成情况如下：

1. 实收资本中：国家资本 82,663.2 万元，占实收资本总额的 48.80%；集体资本 3,537.1 万元，占实收资本的 2.09%；法人资本 61,256.6 万元，占全部实收资本的 36.16%，同比减少 4,818.1 万元，其中：国有法人资本 45,971.7 万元，占法人资本的 75.05%，占全部实收资本的 27.14%；个人资本 21,551.6 万元，占实收资本的 12.72%；外商资本 373.7 万元，占实收资本的 0.22%。

2. 资本公积 262,232.8 万元，同比增加 30,966.1 万元。

3. 盈余公积 41,957.3 万元，同比增加 619.2 万元。

4. 未分配利润-344,276.8 万元，比上年-318,187.8 万元增加 26,089 万元。

（一）存在的主要困难和问题

1.多数企业盈利能力低下，部分小型国有企业经营困难，处于保本经营状态，维持职工工资已经相当困难。部分企业因债务负担沉重、产品市场竞争力弱等因素，已失去了生产经营的条件，多数职工待岗，只能依靠房屋租赁来维持职工的最低生活保障。

2.企业融资困难长期存在。由于企业债权主体和融资渠道单一，银行成为企业最大的债权人。高负债率下的低资产收益率，使得企业债务问题成为加快发展的重要“瓶颈”。随着企业风险意识的增强，一些临时性和小额融资业务因无担保单位，使企业经营资金出现断链。

3.企业的激励约束机制尚待完善。太原市虽然对国资监管制度进行了改革，在部分企业实行了年薪制等激励机制，但由于大部分企业暂时不能实行年薪制，因而企业广大员工的工作积极性未能得到充分激发。

4.企业内部运行机制尚待完善。体现在法人治理结构不完善，一些企业、董事会、监事会机构不健全，缺乏科学的现代企业管理制度；有些企业仍政事、政资不分，没有健全真正意义上的法人治理模式。

（二）加强国有资产监管的重心是加快国有资产结构调整步伐

发展壮大一批：对目前生产经营状况良好，有发展潜力的企业，争取做大做强。

转型搞活一批：对生产经营状况一般基本能维持的企业，实行转型发展其他低碳节能产业。

通过调整重组，转型发展使全市国有资本有效集中，合理收缩，国有经济结构逐步优化，质量和效益不断提升。

四、太原市国资委领导班子成员名录

王建生	太原市人民政府副市长、委党委书记
赵利民	主任、党委副书记
王千文	党委副书记、纪委书记
黄建民	党委副书记
张东生	副主任、党委委员
李振忠	副主任、党委委员
韩东来	副主任、党委委员
郭晓亭	副主任、党委委员
宋连斌	党委委员、副调研员
赵国琦	党委委员
屈广志	调研员
申执中	原副主任

大同市

一、大同市国有资产监督管理综述

(一)国有企业改革工作

2009年，大同市国有企业改革按照大同市城市建设整体规划，重点对涉及拆迁的困难企业实施关闭破产，全年组织实施关闭破产企业35户，涉及在册职工6402人。其中实施关闭的企业27户，实施破产的企业8户。为妥善安置关闭破产企业职工，大同市政府组织有关部门制定实施了一系列职工安置政策。大同市国资委与大同市劳动和社会保障局联合制定了同企改字[2009]5号《关于市属涉拆关闭破产国有企业部分职工实行内退的意见》、同企改字[2009]7号《关于市属涉拆关闭破产国有企业实行内退职工中“4353”人员进入失业保险的意见》和同企改字[2009]22号《关于市属涉拆关闭破产企业合同制职工和集体工安置办法的意见》。这些涉及拆迁实施关闭破产企业职工安置政策的实施，保障了关闭破产企业职工的基本生活，维护了社会稳定。2009年，除安置当年关闭破产35户企业的6402名在册职工外，还对前二年关闭破产企业未安置的职工进行了安置。全年共安置职工11562人，支付职工安置费3.27亿元。其中：办理提前退休手续6940人，办理内退手续(包括进入失业保险)的职工2344人，办理保留三项保险关系手续的职工2278人。在做好2009年国有企业改革工作的同时，还对已经改制的企业进行回头看。对大同市铸管厂、大同市管件铸造厂、大同市五金工业公司、大同市迎宾实业公司等已改制企业进行了回头看,对职工重新进行了妥善安置。

(二)国有资产监管工作

1.完成对资产经营公司的整合。根据大同市委常委会议和大同市政府常务会议精神,对6家国有资产经营公司、2家物资企业集团公司撤并重组，组成新的4家国有资产经营有限责任公司。商贸国有资产经营有限责任公司和农业国有资产经营有限责任公司合并组建新的商贸资产经营有限责任公司，重工国有资产经营有限责任公司和轻工国有资产经营有限责任公司合并组建工业国有资产经营有限责任公司，工交国有资产经营有限责任公司和建设国有资产经营有限责任公司合并组建交通建设国有资产经营有限责任公司，第一物资产业集团公司和第二物资产业集团公司合并组建物资国有资产经营有限责任公司。市国资委按照重组实施方案，对人员资产进行认真细致的摸底调查，并做了合理的安排，实现了资产经营公司整合重组的平稳过渡。

2.健全完善监管企业财务月报、快报工作制度,对纳入2008年度国有资产统计的203户国有和国有控股企业的主要财务指标、资本运营和资产质量状况进行研究分析，写出了专题报告。

3.进行国有资产产权登记年检工作。2009年办理产权登记20户,其中:占有登记12户,变更登记8户。在占有登记的12户企业中企业实收资本11964.4万元，其中：国有资本10067.8万元,占实收资本的84.14%;国有法人资本1649.7万元,占实收资本的13.79%;个人资本246.9万元,占实收资本的2.07%。在变更登记的8户企业中,实收资本65940.4万元,其中：国家资本5034.6万元，占实收资本的7.64%,国有法人资本60774万元,占实收资本的92.16%,个人资本151.8万元,占实收资本的0.2%。

4.完善资产评估项目专家评审制度和评估项目公示制度。2009年所有核准备案的资产评估项目都组织召开了财政部门、审计部门、纪检部门和外聘的注册会计师、注册评估师等有关专家参加的评审论证会议,确保每个项目评估结果客观公正。对核准备案项目,都必须执行公示制度,在被评估资产的企业公示七天,同时公开举报电话和举报邮箱,接受职工群众监督。对各项资产评估报告在经专家评审和企业内部公示结束后，予以核准备案。2009年,完成资产评估项目11项,通过评估项目监管,全年累计调增资产权益980万元。为提高评估执业质量，根据国务院国资委第12号《企业国有资产评估管理暂行办法》,大同市国资委与大同市财政局一起对国有资产评估项目核准的2户企业和备案的9户企业及6户评估机构进行了专项监督检查。检查的重点是评估项目各方当事人行为的真实性、合法性,评估程序的合规性,评估报告的规范性,评估机构和评估人员的执业素质、资格。对抽查中发现的问题,及时要求企业和评估机构进行了整改。

5.进行改制企业的资产审核工作。先后完成了大同市煤气公司、大同市运输一公司、大同市同力橡胶厂、大同市肉联厂等单位相关资产处置的审核与批复，严格履行进场交易转让程序。对大同市粮油储运公司整体搬迁，大同市供水排水集团的组建，大同市三江有限责任公司的股权转让都按照相关规定进行了清产核资、产权界定、资产审计和资产评估。

6.规范企业国有资产租赁行为。根据《中华人民共和国企业国有资产法》等有关法规，2009年将市国资委监管的国有、国有控股企业出租资产和破产关闭企业未变现的出租资产列为重点监管范围，制定了《关于市国资委系统所属企业国有资产租赁暂行规定》。

7.履行审计监督职能。依法对监管企业开展了内部审计服务和内部审计监督工作。对大同市云城乳业有限公司的对外投资、对外租赁、职工住房、资金使用情况进行了严格的审核、审计。对大同市铸管厂、大同市管件厂、大同市塑料一厂、大同市五金公司等8户企业职工安置费用收支进行了审计调查。全年共对11个单位进行了审计监督，审计资金达2.3亿元，提出改进和完善整改建议46条。

（三）招商引资和重点项目建设

1.2009年引进南京雨润集团和中国房地产开发集团投资项目。南京雨润集团在原大同肉联厂厂址建设百万头生猪屠宰生产线。中国房地产开发集团与大同市城建开发公司合作，计划进行改造振华南街老住宅区、开发御东新区、古城区改造恢复重建项目。

2.两个重点建设项目进展顺利。2009年大同市国资系统列入大同市重点工程建设的项目有两个，计划总投资16.63亿元，到2009年底，累计完成投资10.6亿元。其中：大同冀东水泥"两条日产4500吨熟料水泥生产线带纯低温余热发电"项目，一期工程于2009年12月18日一次点火成功投入生产。雨润集团"百万头生猪屠宰"项目，一期工程，计划总投资9840万元，实际完成投资3500万元，完成投资计划的35.6%。

（四）开展企业可持续发展专题调研

为进一步推动国企改革，更好地促进企业可持续发展，2009年7月，大同市国资委组织业务骨干，分成六个调研小组，对11户企业进行了专题调研。调研小组通过听汇报，开座谈会等形式，了解企业经济运行情况和制约企业发展的问题。通过调研，提出了促进企业改革发展的五项措施：一是围绕发展抓改革，改革的措施要与企业发展紧密结合；二是充分利用国有企业的存量资产，加大招商引资力度；三是推进国有企业之间的重组；四是在研究审批改革方案和关闭破产预案时严把职工安置关；五是重视项目建设，通过项目建设推动企业可持续发展。

（五）完成政府下达的拆迁任务

2009年大同市大规模进行道路改造建设，涉及50户企业的拆迁，共涉拆67个点，涉拆建筑面积15.1万平方米，涉及职工10392人。按照政府的安排，国资委及时对涉拆企业的基本情况进行了摸底调查、协助拆迁主体做好拆迁工作，做到和谐拆迁。各涉拆企业均已顺利完成了拆迁。

（六）深入开展学习实践科学发展观活动

大同市国资委系统学习实践科学发展观活动从2009年3月10日正式开始，8月20日圆满结束。参加学习实践科学发展观活动的企业260户，党组织689个，党员12702名。大同市国资委在学习实践活动中，按照"规定动作不走样，创新动作有特色"的要求，结合企业实际，加强分类指导，扎扎实实地抓了学习调研，分析检查和整改落实三个阶段的工作。在全系统学习实践科学发展观活动进行群众满意度测评中，满意度为96%。

（七）全面推进党建工作创新发展

1.强化党建工作机制，进一步落实国有企业党委党建工作责任制和党委第一责任人制度，把党建工作摆在促进企业改革发展的重要位置。

2.强化党建基础建设，加强困难企业党组织的整顿和完善工作，理顺破产企业党组织的隶属关系，开展以学习实践科学发展观为主要内容的创先争优活动，进一步发挥“五好”基层党组织的典型作用。

3.进一步加强党员队伍建设，强化党员教育管理，举办了入党积极分子培训班，全年发展新党员230名。

（八）认真做好国有企业廉政建设工作

按照2009年大同市党风廉政建设和纪检监察工作会议精神，结合大同市国资委系统工作实际，制定了《2009年党风廉政建设和反腐败工作实施意见》，把党风廉政建设的各项任务分解到基层单位。按照《大同市纪委监察局关于应对危机、保障和服务经济发展的实施意见》精神，大同市国资委与大同市纪委、大同市企廉办联合制定《关于落实〈大同市纪委监察局关于应对危机、保障和服务经济发展的实施意见〉第七条规定的实施细则》，要求企业领导人员严格执行中纪委“七个不准”规定，严格执行“三重一大”决策制度，对企业领导的公务用车、出差等职务消费进行了规范。按照市纪委要求，在市属国有企业中开展反腐倡廉调研工作，对近三年职务消费的实际情况进行了摸底分析，为下一步改革职务消费制度提出建议。向市纪委报送了《试谈国有企业腐败现象的特点和治理对策》、《大同市国有企业党风建设和反腐倡廉工作现状、存在问题及建议》、《发挥纪检监察职能作用，为“三个发展”提供纪律保证》三篇论文，其中《发挥纪检监察职能作用，为“三个发展”提供纪律保证》一文获市纪委优秀论文奖。

（九）加强信访接待工作

1.做好日常信访接待工作。按照“有访必接，有接必果，有果必公”的要求，认真办理每一件群众来信来访事项。全年共接待来访职工243批1434人次，全部当场进行解答，信访结案率100%。

2.坚持领导接待群众日制度，全年组织领导接待群众日活动20次，接待上访群众29批，对上访群众反映的问题认真进行办理，使大量重复上访事件得到解决。

3.积极办理上级批转的信访案件。全年共承办上级交办信访案件16件。

二、大同市国有资产总量与结构分析

（一）资产结构

截至2009年12月31日，纳入资产统计范围的国有、国有控股企业169户，资产总额774094万元，负债总额659194万元，净资产114900万元（见表1、表2、表3）。

表 1　　按隶属关系划分资产结构表

单位:万元

项　目	户数	资产总额	负债总额	净资产
合计	169	774,094	659,194	114,900
市级企业	60	489,637	477,131	12,506
其中:市级国资监管企业	43	432,003	419,063	12,940
市级非国资监管企业	17	57,634	58,068	-434
市级以下企业	109	284,457	182,063	102,394
其中:城区	3	22,280	8,813	13,467
矿区	10	2,888	2,923	-35
南郊区	4	37,017	22,811	14,206
新荣区	9	79,033	45,152	33,881
浑源县	6	8,627	8,162	465
灵丘县	11	11,65	7,155	4,49%
广灵县	29	11,12	16,58	5,541

表 2　　按经营规模划分资产结构表

单位:万元

项目	户数	资产总额	负债总额	净资产
合计	169	774,094	659,194	114,900
市属中型企业	8	288712	310533	-21821
市属小型企业	52	200925	166598	34327
县区大型企业	1	63731	37794	25937
县区中型企业	10	147671	85538	62133
县区小型企业	98	73055	58731	14324

表 3　　按行业划分资产结构表

单位:万元

项目	户数	资产总额	负债总额	净资产
合计	169	774,094	659,194	114,900
工业企业	46	515,061	420,822	94,239
其中:煤炭工业	13	227,896	180,447	47,449
建材工业	10	29,274	20,909	8,365
化学工业	1	9,372	6,698	2,674
食品工业	8	22,222	8,301	13,921
医药工业	1	2,484	1,542	942
机械工业	2	13,687	12,321	1,366
电力工业	3	15,765	10,621	5,144
市政公用工业	6	193,467	175,418	18,049
其他工业	2	894	4,564	-3,670
建筑业	5	22,663	25,703	-3,040
仓储业	47	61,437	59,358	2,079
运输业	3	51,128	36,518	14,610
贸易业	55	82,424	77,613	4,811
餐饮业	2	833	589	244
房地产业	4	35,745	31,401	4,344
服务业	5	3,952	6,765	-2,813
其他行业	2	850	424	426

(二)经营状况

截至 2009 年 12 月 31 日,纳入资产统计范围的国有、国有控股企业 169 户,实现营业收入 261945 万元,实现利润-16657 万元(见表 4、表 5、表 6、)。

表 4　　按隶属关系划分经营状况表

单位:万元

项　　目	户数	营业收入	利润总额
合　　计	169	261,945	−16,657
市级企业	60	105,054	−16,636
其中:市级国资监管企业	43	91,930	−15,393
市级非国资监管企业	17	13,124	−1,243
市级以下企业	109	156,891	−21
其中:城区	3	18,679	−1,859
矿区	10	176	−46
南郊区	4	6,106	827
新荣区	9	56,982	160
浑源县	6	2,432	31
灵丘县	11	10,210	36
广灵县	29	9,635	66
大同县	14	10,041	−215
天镇县	8	1,817	−187
阳高县	10	3,781	−184
左云县	5	37.032	1,351

表 5　　按经营规模划分经营状况表

单位:万元

项　目	户　数	营业收入	利润总额
合计	169	261,945	−16,657
市属中型企业	8	61932	−11065
市属小型企业	52	43122	−5571
县区大型企业	1	36759	1500
县区中型企业	10	87328	−64
县区小型企业	98	32805	−1457

表 6　　按行业划分经营状况表

单位:万元

项目	户数	营业收入	利润总额
合计	169	261,945	−16,657
工业企业	46	169,007	−7,555
其中:煤炭工业	13	110,930	−1,899
建材工业	10	5,994	−230
化学工业	1	2,992	−1,242
食品工业	8	401	−626
医药工业	1	0	−6
机械工业	2	2,001	−9
电力工业	3	1,492	2
市政公用工业	6	43,671	−2,857
其他工业	2	1,526	−688
建筑业	5	10,365	−905
仓储业	47	30,872	−653
运输业	3	7,675	−4,505
贸易业	55	36,850	−2,013
餐饮业	2	64	−83
房地产业	4	466	−638
服务业	5	5,635	−326
其他行业	2	1,011	19

三、大同市国有资产保值增值综合分析

截至 2009 年 12 月 31 日,纳入资产统计范围的国有、国有控股企业 169 户,资产总额 774094 万元,同比增长 6.62%,负债总额 659194 万元,同比增加 10.39%,净资产 114900

万元，同比下降 10.86%，实现营业收入 261945 万元，同比下降 43.88%，实现利润-16657 万元。

四、国有企业主辅分离工作

2009 年，大同市煤业有限公司子弟学校、大同市碳素厂子弟学校、大同市云城乳业子弟学校移交到地方政府，一共分离人员 137 名。

五、大同市国资委领导班子成员名录

柴　毅	党委书记、副主任
荆　虎	主任、党委副书记
田四同	党委副书记
戴守国	党委副书记
宋玉斌	党委委员、副主任
郭天禄	党委委员、副主任
吕振林	党委委员、纪委书记
白　福	党委委员、总经济师
李福英	助理调研员

忻州市

一、忻州市国有企业改革工作

(一)南白水泥厂引资技改

针对一些债务沉重、无法整体改制而产品又有市场的停产企业，忻州市国资委组织有关人员，在充分调研论证的基础上，确立了资、债、人暂时分离，实行托管经营的改革思路。同时充分利用和把握一切机会，内引外联，招商引资，让有实力的客商投资国企，共谋发展。南白水泥厂经过反复洽谈、协商和论证，在由聚鑫公司托管经营后，引进山西晋汇科工贸有限公司资金近 1 亿元，对该厂日产 2000 吨熟料回转窑进行技术改造，预计明年初投产。南白水泥厂技改后，生产能力可由目前的 20 万吨提高到 100 万吨，在安置近 300 人上岗的基础上，可新增就业岗位 100 个。

(二)钨丝厂并购重组

为了促进一批企业的开工复产和职工上岗再就业，忻州市国资委积极抓好一些具备改制条件企业的改制工作，并取得了一定进展。市钨丝厂由于流动资金缺乏，历史包袱沉重，管理费用较大以及设备陈旧等原因，企业被迫停产。为了盘活资产，妥善安置职工，经过多方洽谈和论证，初步形成了承债式兼并重组、退城入园的改制思路，即将钨丝厂有效资产（生产经营性设备）和国有划拨土地，在投资方承担该厂债务和安置职工费用的条件下转让给投资方，投资方在原址开发建设商住小区，并在工业园区新征土地建厂，保留原企业的钨钼加工生产项目,安置240至260名企业职工上岗就业。截至2009年底,该厂就有关事项与相关部门进行协调，方案修改完善并按有关程序报批后即可进行实际操作。

(三)五交化供应站盘活土地资产

市五交化供应站从1998年开始经营便十分困难。截至2009年底,486名在册职工除12名留守人员外，其余职工都自谋出路。该企业位于忻州市区黄金地段,三面临街,四通八达,盘活土地资产是企业走出困境、职工上岗脱困和生活得到保障的唯一出路。在充分调研论证的基础上,通过招商引资兴建20层写字楼和职工再就业商场。截至2009年底,各种报批手续已完成,正着手进行建筑基础建设。

(四)铁合金厂“退城入郊”项目前期工作

按照市政府城市规划要求，铁合金厂作为高耗能企业,实施“退城入郊”,走可持续发展之路。经过积极争取,该项目已被列入我省“两区”重点建设项目。目前,已新组建了以年产千万吨铝、硅、钛新型复合材料项目为依托的“山西昌益新型材料有限公司”，同时进行了项目选址（初步选定高城乡前淤泥村原昊天公司征用的土地,并与昊天公司达成了意向)。前期的项目考察、可行性研究等技术性工作正在有序进行。

二、忻州市国资监管工作

加强国有资产监管，确保国有资产保值增值，是国有资产监管工作的一项重要任务。在国有资产监管上,重点抓了三个方面。

(一)完成国有资产监管和产权登记工作

1. 圆满完成全市368户国有企业的2008年年终决算工作，按时上报省国资委，并受到表彰。

2. 按照国务院国资委每月10日前报送国资监管企业财务快报的要求，每月按时报送省国资委。

3.按照产权登记工作的要求,按时完成了全市184户已登记办证企业的产权年检和季度季报,2009年新登记企业6户,产权变更登记1户，颁发资产产权证7户。配合完成市财政局下属忻州市资产经营管理中心的产权管理工作，对其下属6户企业的产权进行了登记和变更等手续。同时,完成省国资委产权登记核实、添加登记项目、完善已登记企业登记以及国家产权登记库系统升级等工作。

(二)加强对国有资产的有效监管

1.全面调查、统计监管企业在各银行、资产经营公司的债务，并反复与各资产经营公司协商，为处置核销监管企业在各资产经营公司的债务做好前期准备。

2.对监管企业2008年底前的资产、负债、职工、土地等基本情况进行统计，并就不良资产进行预估,为领导决策提供依据。

3.认真开展对监管企业的资产监管。2009

年重点对忻药(集团)代县分公司、市机床厂、市煤机厂等企业的资产移交、资产保值和增值进行了核实、审查和批准工作，并按照市政府安排积极配合、协助云河集团公司完成了飞虹桥小区转让与五福清泰安养园土地转让工作，确保国有资产不流失。

(三)完善企业经营业绩考核、企业重大决策失误追究制度

忻州市国资委于2008年11月7日制定《忻州市国资委监管企业经营绩效考核暂行办法》,并下发各监管企业。2009年,又结合实际制订了《忻州市国有企业重大经营决策失误责任追究暂行办法》，逐步完善国有资产监管制度,保证国有资产不流失。

三、企业稳定工作

(一)突出“三抓”,着力解除信访隐患

对所属企业不稳定的因素做到心中有数，对带有倾向性、苗头性、普遍性的问题,做到了早预知、早上手、早化解,具体办法是,抓苗头、抓领导、抓群体上访的关键人物，做好事前的疏导化解工作。

(二)坚持“七访”,努力化解各类矛盾

针对企业存在的不稳定因素,做到坚持“七访”,即一是主动下访。对于短期内难以解决的问题，忻州市国资委实行领导包点，专人包案的办法，带着问题和解决办法，深入一线主动下访，进行耐心的解释说服，避免因为长期解决不了的问题而使职工情绪激化。二是热情待访。凡是到市国资委上访的人员，都有专人热情接待,解疑释惑,能当场解决的当场解决,不能当场解决的也尽可能地使上访人员情绪稳定,平和离去。三是耐心劝访。对于一些情绪激动，执意越级上访的人员，忻州市国资委干部主动出击，做耐心的思想稳定工作，避免了多起越级上访事件发生。四是有序陪访。对于一些劝说无效，坚持进京赴省上访的人员，为了减少上访人员的数量，防止上访期间有过激行为，采取了陪访的办法，即让上访群体选三至五个代表，国资委派专人陪代表一起去向有关部门反映问题。五是积极接访。一旦信访部门通知有越级上访人员，国资委都及时到位,采取措施,把人带回来,并积极做好善后工作。六是个别约访。对有上访苗头的上访人，叫回机关约谈，及时化解矛盾缓和情绪。七是不断化访。对群访领头人进行个别安抚，起到解决一个人的问题稳定一大片的作用。

(三)完善机制,建立信访例会制度

根据工作经验，忻州市国资委建立了解决重点案件的周例会制度。如在推动南白水泥厂的节能减排综合治理工作和协调解决忻运公司云母分公司问题的过程中，市国资委坚持每周召开一次相关方面参加的工作例会，对当前形势进行分析，对下一步的思路进行研究，对存在的问题及时商讨，使各项工作不断接续推进,消除了不稳定隐患,迟滞了一些人的上访。

通过上述措施，市国资委实现了监管企业职工进京赴省零上访，到市政府、国资委上访的次数、人数同比大幅下降，多数化解在国资委内部。2009年到市政府上访13次,比上年的30次减少了17次;上访人数314人,比上年的

1281人减少了967人；到国资委上访52次，比上年的131次减少了79次；上访人数553人，比上年的1323人减少了770。

四、党建和党风廉政建设

(一)深入开展学习实践科学发展观活动

根据市委关于开展深入学习实践科学发展观活动的要求和部署，市国资委深入学习实践活动自2009年3月20日开始，8月20日顺利结束。通过学习检查，对科学发展观的形成、规律、基本要义和内涵有了较为全面系统的把握，对存在的问题有了更加清醒的认识。

(二)以作风集中整顿活动为契机，全面提升机关工作效率

为了全面实现机关干部作风集中整顿“工作秩序进一步规范，办事效率进一步提高，在岗守位切实坚持，真抓实干自觉到位”的目标和市国资委提出的“深化企业改革、促进企业发展、确保企业稳定、强化机关效能”的具体要求，根据市委的安排，市国资委于2009年9月19日开始，进行了为时2个月的机关干部作风集中整顿。

(三)以提高行政效能为目的，深入开展政风行风评议

根据省国资委和市政府安排，认真开展了政风行风评议工作。在过去良好工作的基础上，制定评议工作方案，在《忻州日报》作出公开承诺，设立政务公示栏及行政效能监督箱，公布监督投诉热线电话，编制政务公开目录及行政职权运行流程图，为广大群众和社会各界对忻州市国资委行政效能建设实行有效监督提供快速、便捷的平台。

(四)以提高企业党组织战斗力为目标，不断引深党风廉政建设和反腐败工作

根据中央及省、市有关党风廉政建设工作会议精神，市国资委以建设社会主义和谐社会为主题，努力构建惩防并举的反腐倡廉体系，健全组织机构，认真落实一把手负总责的领导体制和工作运行机制；不断加强廉洁自律教育和干部队伍建设，确保党风廉政建设向健康方向发展；引深企务公开和效能监察，认真落实党风廉政建设责任制，有效地促进了党风廉政建设和反腐败工作。

晋中市

一、晋中市国有资产监督管理工作综述

(一)推进国有企业改革

2009年，全市国有企业改革得到有效推进，具体分三个层面进行：一是市直属国有企业改革；二是市直部门国有企业改革；三是县(区、市)国有企业改革。

1.有效推进市直属企业改革。2009年重点是加快推进山西晋华纺织厂、山西锦纶集团、山西轻工机械厂三户政策性破产企业（以下简称“三厂”或“三户”)工作进程，主要任务是完成审核，落实资金，实施方案。按照晋中市委、市政府主要领导对三户破产企业年底前基本结束职工安置的要求，加大了市属国有企业改革力度，已完成晋华纺织厂、锦纶集团、轻机厂三户企业破产前有关上报资料的准备，对列入国家政策性破产企业的相关资料进行集中赴省人力资源和社会保障厅、国土资源厅报批，山西省国有企业改革领导组办公室已于2009年9月30日下发三户破产企业进入法律程序的启动通知。

此外，市国资委还推进了市属其他国有企业改革工作，如晋中市药材公司的班子问题已经解决，总体改制方案已经制定，改制工作已作了安排部署，各基层公司正在积极制定改制实施意见，年底已有二户企业上报改制实施意见，等待审批。山西格芙兰纺织有限公司受金融危机于年初停产两个月后，在市委、市政府的支持下，注入500万元流动资金，已恢复了生产，人心比较安定，生产经营步入正常状况。山西金恒化工集团公司积极应对煤炭市场变化，引进战略投资者，注入6000万元资金，启动了企业技改升级，以此提高企业产品的科技含量和安全性，使职工得到稳定就业，实现了“不下岗、不裁员、不降薪”的承诺，保证了员工收入的稳定和增长。

2.督促指导县(区、市)及市直部门企业改革。关于晋中市全市国有企业改革情况，市国资委根据市政府张璞市长的指示，分两组对各县(区、市)国有企业改革情况进行了综合调研督促。按照2000年底统计口径，全市882户国有和规模以上集体企业，职工总人数12.19万人。经过2009年的改革攻坚，当年完成改制企业9户，置换职工身份3008人，支付经济补偿金4214万元，截至年底，完成改制和破产的企业814户，占总数的92.3%；采取各种办法安置职工83974人，占总数的68.89%；累计支付经济补偿金7.76亿元。到年底统计，全市有68户企业未完成改制，占总户数的7.7%，其中各县(区、市)未改制企业29户，涉及职工5426人；市直和部门企业未完成改制的39户，涉及职工15713人。企业已经改制但职工身份未置换的96户，涉及职工16787人。

(二)搞好信访工作，全力以赴确保和谐稳定

市国资委主要负责市直属企业稳定工作。2009年是新中国成立60周年，信访稳定工作尤为重要。2009年，通过及时贯彻中央、省、市维护稳定暨信访工作会议精神，做到周密部署；通过加强领导，强化值班，认真制定了信

访、稳定、安全等各种应急预案；通过深入重点企业排查信访隐患，及时化解了不稳定因素；通过组建“促和谐保安宁”驻京工作组，圆满完成了上级交付的“随有随接、随接随返、不滞留、不倒流”的目标，实现了赴省进京正常访、非正常访“双为零”的好成绩；2009年接待企业职工87批次，涉及上访人数3356人次，信访答复率100%，办结率90.8%。

（三）系统实施素质教育，依法行政强化监管

为提高全市国资系统广大干部职工国资监管素质，2009年5月8日，市国资委邀请中国政法大学研究生院常务副院长李曙光教授，与邓小平理论学院共同在市委、市政府二楼报告厅作了《企业国有资产法》专题讲座，市委、市人大、市政府、市政协领导，各县（区、市）分管国资监管的副县（区、市）长及国资、财政、经贸负责人，市直各部门负责人，市级国有、国有控股及参股企业参加了培训。于2009年11月13日至20日，在上海复旦大学等地，组织各县（区、市）分管国资工作领导及全市国资系统监督管理人员进行业务知识培训。组织国资系统的相关单位于2009年9月27日在晋中电视台举办“祖国在我心中，我是国资人”为主题演讲比赛及歌咏比赛演出晚会，欢庆中华人民共和国成立60周年，歌颂60年来我国社会主义现代化建设取得的辉煌成就。于2009年12月16日在晋中日报全文刊登了国务院国资委《关于进一步加强地方国有资产监管工作的若干意见》，并刊发特约评论员文章。

在体制建设上，2009年3月底已明确了各县（区、市）的国资监管机构，市、县(区、市)国资监管框架初步建立。

在企业国有资产统计评价建设上，已完成2008年度全市国有资产统计及2008年度财务决算工作，并按时上报省国资委。已开始对参加清产核资的企业进行户数清理，由于涉及企业较多，先行安排监管企业展开清理工作，已有山西金恒化工集团、晋中市产权交易中心等单位完成了任务。建立统计评价与财务分析平台，以电子申报为主要载体，以财务快报和财务分析为主要内容，首先在市政府授权正常经营的18户监管企业中展开，初步建立统计评价体系基本框架；积极开展调查研究，就“增值税转型对企业经济效益的影响及对策”进行专题调研，为领导的决策提供了依据。

在产权管理建设上，会同工商局规范企业国有股权变更工作，以完善公司章程，健全国有股权管理为核心，做到市国资委出资人代表的基本到位。积极配合有关部门做好市政府发行企业债券的前期准备工作。根据省国资委安排，经过近一年筹备，已于2009年8月全面展开全市经营性国有资产的产权登记工作。以落实《企业国有产权交易操作规则》为契机，2009年8月，晋中市国资委与市监察局就规范国有产权进场交易进行专门研究部署，提出具体要求；代市政府拟定《关于进一步规范企业国有产权转让行为严禁场外交易的通知》；2009年12月，晋中市国资委与市国土资源局出台了《企业国有资产整体转让操作规程》，初步建立起晋中市企业国有产权登记、界定、变更管理体系。

（四）开展深入学习实践科学发展观活动，取得了效果

根据晋中市委关于深入学习实践科学发展观活动的要求和部署，市国资委学习实践活动自2009年3月中旬正式展开，到2009年8月上旬结束。在开展学习实践活动中，市国资委干部职工积极行动，突出主题，结合实际，务求实效，确保学习实践科学发展观活动扎实深入开展。在调查摸底的基础上，制定了两个生活小区水暖整改工作方案，涉及住户80多户，居民200多人，市国资委拿出一定经费，解决了宿舍楼采暖主管道、供水管道、院内排水系统、办公楼顶的防水等历史遗留问题。坚持做到了两手抓，两不误，两促进，确保学习实践活动取得实效，受到广大干部职工的好评，经测评，群众满意和比较满意的达到98%。

二、晋中市国有资产基本情况

根据2009年度国有资产统计报表对晋中市国有企业（含晋中煤运集团）决算汇总财务状况分析如下：

（一）企业基本情况

2009年晋中市国有企业决算汇总为167户，其中一级企业112户（含市级监管一级企业19户）。年末资产总额为134.53亿元，负债总额为91.89亿元，所有者权益为42.63亿元（其中少数股东权益0.21亿元，归属母公司所有者权益42.43亿元），资产负债率68.3%；2009年全年实现收入10987亿元，其中主营业务收入1,08.75亿元，实现利润总额1.53亿元，净利润0.58亿元。

1.盈亏情况。2009年晋中市国有企业决算汇总纳入财务决算合并范围的录入总户数为112户，其中盈利企业46户，盈利面为0.41%，盈利额为3.57亿元；亏损企业66户，亏损面为58.9%，亏损企业亏损额为2.04亿元。

2.人员及工资情况。2009年末晋中市国有企业决算汇总从业人员总数为26366人，全年平均从业人数为25663人，职工工资总额为51431.8万元，人均1.95万元；在岗职工工资总额为51356.6万元，人均2.2万元。

3.审计情况。2009年晋中市国有企业决算有65户企业进行了审计，占汇总户数的51.6%，其中对45户子公司出具了标准无保留意见审计报告，对19户子公司出具了保留意见审计报告，企业内部审计机构审计1户。

（二）企业财务状况

1.资产负债结构。2009年末晋中市国有企业决算汇总资产总额134.5亿元，比上年增加19%；负债总额91.9亿元，比上年增加31.9%，其中：流动负债64亿元，占负债总额比例为69.6%；资产负债率为68.3%，流动比率为1.13，速动比率为0.98，另有42户企业资不抵债。

2.经济效益状况。2009年晋中市国有企业决算汇总主营业务收入为109.9亿元，比上年降低25.7%；利润总额为1.5亿元，比上年下降66.7%；上缴税金6.6亿元，净资产收益率为1.4%，总资产报酬率为2.4%。

3.现金流量情况。2009年晋中市国有企业决算汇总经营活动产生现金流5亿元，投资活动产生现金流-10.3亿元，筹资活动产生现金流量10.2亿元。截至2009年末，晋中市国有企业决算汇总货币资金余额为14.7亿元。盈余现金保障倍数为831.3，现金流动负债比率为7.8%。

四、晋中市国资委领导班子成员名录

马彦平	市委常委、副市长、兼任市国资委党委书记
张柱小	主任、党委副书记
连民跃	党委常务副书记
宋文杰	副主任、党委委员
张炳钢	副主任、党委委员
兰　冰	副主任、党委委员
王永明	纪委书记、党委委员

晋中市国有企业基本情况表

2009年12月31日　　金额单位:万元

项　目	行次	金额
一、职工人数情况(人):	1	—
(一)年末从业人员人数	2	26,366
(二)全年平均从业人员人数	3	25,663
(三)年末职工人数	4	27,035
其中:年末在岗职工人数	5	23,145
(四)全年平均职工人数	6	25,150
其中:全年平均在岗职工人数	7	21,751
(五)年末离休人数	8	199
(六)年末退休人数	9	7,280
(七)参加基本养老保险职工人数	10	255,633
(八)参加补充养老保险(年金)职工人数	11	2,354
(九)参加基本医疗保险职工人数	12	49,257
(十)参加补充医疗保险职工人数	13	441
(十一)参加失业保险职工人数	14	15,351
(十二)参加工伤保险职工人数	15	13,382
(十三)参加生育保险职工人数	16	6,803
(十四)接收军队转业、复员退伍人员总数	17	439
其中:当年接收军队转业、复员退伍人员数	18	17
(十五)实行工效挂钩职工人数	19	282
二、企业不在岗职工及劳动关系处理情况	20	—
(一)年初不在岗职工人数(人)	21	2,224
其中:内退人数(人)	22	1,276
(二)年末不在岗职工人数(人)	23	3,422
其中:内退人数(人)	24	941
(三)本年累计解除劳动关系人数(人)	25	60
(四)本年累计支付经济补偿金额	26	0.5
其中:财政负担部分	27	0.0
三、工资及福利情况	28	—
(一)全年应发工资总额	29	53,393.6

续表

项　目	行次	金额
(二)全年实际发放工资总额	30	51,431.8
其中:全年实际发放职工工资总额	31	51,356.6
其中:全年实际发放在岗职工工资总额	32	50,955.3
(三)企业提取的工资总额	33	53,393.6
1.非工挂企业工资总额	34	53,393.6
2.工挂企业工资总额	35	0.0
(1)核定的工挂企业工资总额基数	36	0.0
(2)工挂企业提取的新增效益工资	37	0.0
(四)离退休人员养老金及福利性补助	38	858.1
(五)企业负责人薪酬总额	39	934.0
企业负责人人数(人)	40	453
(六)本年列支的职工福利费	41	3,468.3
(七)本年支付的医药费	42	746.2
其中:离退休人员医药费	43	39.2
(八)本年企业支付的职工住房费用	44	1,819.1
其中:本年提取的住房公积金	45	1,470.7
本年一次性支付的住房补贴	46	281.9
本年按月发放的住房补贴	47	48.2
四、本年支付的职工培训费用	48	571.5
五、产值(按现行价格计算):	49	—
(一)工业总产值	50	199,549.5
(二)工业增加值	51	116,438.4
六、本年收到的财政性资金	52	2,129.1
(一)基本建设性资金	53	427.8
(二)生产发展性资金	54	67.8
(三)社会保障性资金	55	516.3
(四)其他	56	1,117.2
七、本年科技资金来源及支出情况:	57	—
(一)本年科技资金来源合计	58	83.7
1.政府拨款	59	0.0
2.企业自筹	60	83.7
3.其他	61	0.0

续表

项目	行次	金额
(二)本年科技支出合计	62	92.5
1.研究开发费用合计	63	92.5
(1)科技人员人工支出	64	89.9
(2)研究开发性固定资产	65	0.0
(3)其他研究开发支出	66	2.6
2.购买新技术、科研设备等支出	67	0.0
3.其他科技支出	68	0.0
八、固定资产情况:	69	—
(一)按使用情况划分(原价)	70	589,605.2
1.在用固定资产	71	570,788.7
2.未使用固定资产	72	11,771.4
3.不需用固定资产	73	2,045.1
(二)主要类别固定资产情况:	74	—
1.固定资产原价合计	75	584,605.2
其中:土地资产	76	18,475.6
房屋、建筑物	77	194,358.3
机器设备	78	343,197.5
运输工具	79	21,318.1
2.当年计提的固定资产折旧总额	80	25,482.6
其中:房屋、建筑物	81	8,160.8
机器设备	82	14,529.3
运输工具	83	2,280.9
3.当年计提折旧的平均固定资产原价	84	490,404.3
(三)当年固定资产投资总额	85	59,194.4
1.购置固定资产	86	26,018.3
2.基建投资	87	33,138.8
3.其他投资	88	37.3
九、投资收益	89	310.2
(一)长期股权投资	90	252.5
(二)交易性金融资产	91	0.0
(三)交易性金融负债	92	0.0
(四)持有至到期投资	93	0.0

续表

项目	行次	金额
（五）可供出售金融资产	94	0.0
（六）其他收益项目	95	57.7
十、拥有的自主知识产权专利数量（项）	96	0.0
其中：本年度新增专利数量（项）	97	0.0
十一、当年企业提取的安全生产费用	98	2,629.9
十二、当年企业支出的安全生产费用	99	2,385.3
十三、当年企业支付的环境保护及生态恢复支出	100	286.1
其中：（一）本年度上交政府统筹的支出	101	267.0
（二）本年度企业提取或据实列支的支出	102	13.5
十四、当年企业支出的节能减排费用	103	42.8
十五、企业累计向境外投资额	104	0.0
其中：企业当年新增向境外投资额	105	0.0

晋中市国有企业利润表

2009 年 12 月 31 日　　　　金额单位：万元

项　目	行　次	本期金额	上期金额
一、营业总收入	1	1,098,657.2	1,478,544.4
其中：营业收入	2	1,098,657.2	1,478,544.4
其中：主营业务收入	3	1,087,492.8	1,469,904.4
其他业务收入	4	11,164.4	8,640.1
△利息收入	5	0.0	0.0
△已赚保费	6	0.0	0.0
△手续费及佣金收入	7	0.0	0.0
二、营业总成本	8	1,098,756.6	1,437,782.0
其中：营业成本	9	984,125.4	1,312,168.3
其中：主营业务成本	10	981,983.1	1,310,440.2
其他业务成本	11	2,142.3	1,728.1
△利息支出	12	0.0	0.0
△手续费及佣金支出	13	0.0	0.0
△退保金	14	0.0	0.0

续表

项　目	行　次	本期金额	上期金额
△赔付支出净额	15	0.0	0.0
△提取保险合同准备金净额	16	0.0	0.0
△保单红利支出	17	0.0	0.0
△分保费用	18	0.0	0.0
营业税金及附加	19	6,828.4	8,620.3
销售费用	20	25,303.3	32,059.6
管理费用	21	63,664.8	67,343.9
其中：业务招待费	22	2,336.8	2,438.1
研究与开发费	23	83.5	101.3
财务费用	24	17,234.6	17,178.0
其中：利息支出	25	13,741.2	13,719.8
利息收入	26	593.0	950.1
汇兑净损失（净收益以"-"号填列）	27	1.5	1.5
资产减值损失	28	1,600.0	244.0
其他	29	0.0	168.1
加：公允价值变动收益（损失以"-"号填列）	30	0.0	0.0
投资收益（损失以"-"号填列）	31	310.2	107.9
其中：对联营企业和合营企业的投资收益	32	40.4	-13.0
△汇兑收益（损失以"-"号填列）	33	0.0	0.0
三、营业利润（亏损以"-"号填列）	34	210.7	40,870.3
加：营业外收入	35	24,459.7	6,433.1
其中：非流动资产处置利得	36	1,375.4	160.4
非货币性资产交换利得	37	0.0	3.6
政府补助	38	10,784.6	2,852.3
债务重组利得	39	140.0	11.3
减：营业外支出	40	9,340.4	2,400.9
其中：非流动资产处置损失	41	75.8	220.0
非货币性资产交换损失	42	0.1	0.0
债务重组损失	43	62.6	0.0
四、利润总额（亏损总额以"-"号填列）	44	15,330.0	44,902.5
减：所得税费用	45	9,496.3	17,314.5
五、净利润（净亏损以"-"号填列）	46	5,833.7	27,588.0

续表

项　　目	行　次	本期金额	上期金额
归属于母公司所有者的净利润	47	6,038.2	27,527.6
*少数股东损益	48	-204.5	60.4
六、每股收益:	49	—	—
基本每股收益	50	0.0	0.0
稀释每股收益	51	0.0	0.0
七、其他综合收益	52	0.0	0.0
八、综合收益总额	53	5,833.7	27,588.0
归属于母公司所有者的综合收益总额	54	5,987.7	27,527.8
*归属于少数股东的综合收益总额	55	-154.0	60.3
	56		

晋中市国有企业资产负债表

2009 年 12 月 31 日　　金额单位:万元

项　　目	行次	期末金额	年初金额
流动资产:	1	—	—
货币资金	2	146,806.3	98,720.0
△结算备付金	3	0.0	0.0
△拆出资金	4	0.0	0.0
交易性金融资产	5	0.1	1.5
应收票据	6	11,206.0	17,034.1
应收账款	7	105,072.7	87,544.7
预付款项	8	84,425.6	46,743.5
△应收保费	9	0.0	0.0
△应收分保账款	10	0.0	0.0
△应收分保合同准备金	11	0.0	0.0
应收利息	12	42,118.3	42,118.3
其他应收款	13	194,789.8	106,999.1
△买入返售金融资产	14	0.0	0.0
存货	15	100,325.5	117,222.6
其中:原材料	16	13,902.3	17,131.5

续表

项　　目	行次	期末金额	年初金额
库存商品(产成品)	17	59,975.6	71,528.2
一年内到期的非流动资产	18	409.2	394.4
其他流动资产	19	40,725.6	30,333.1
流动资产合计	20	725,879.0	547,111.3
非流动资产：	21	—	—
△发放贷款及垫款	22	0.0	0.0
可供出售金融资产	23	3.0	3.0
持有至到期投资	24	105.6	105.7
长期应收款	25	810.0	138.2
长期股权投资	26	74,668.9	73,736.5
投资性房地产	27	65.4	68.4
固定资产原价	28	584,605.2	539,806.1
减：累计折旧	29	143,281.8	123,795.5
固定资产净值	30	441,323.4	416,010.6
减：固定资产减值准备	31	30.6	2,034.9
固定资产净额	32	441,292.8	413,975.7
在建工程	33	39,583.3	33,606.1
工程物资	34	75.8	71.8
固定资产清理	35	20.8	220.4
生产性生物资产	36	1,032.6	0.0
油气资产	37	0.0	0.0
无形资产	38	31,100.0	33,388.1
开发支出	39	0.0	0.0
商誉	40	0.0	0.0
长期待摊费用	41	16,800.6	12,588.5
递延所得税资产	42	661.9	612.8
其他非流动资产	43	12,872.6	14,358.4
其中：特准储备物资	44	0.0	0.0
非流动资产合计	45	619,394.3	582,873.7
	46		
	47		
	48		

续表

项　　目	行次	期末金额	年初金额
	49		
	50		
	51		
	52		
	53		
	54		
	55		
	56		
	57		
	58		
	59		
	60		
	61		
	62		
	63	1,345,273.3	1,129,985.0
资产总计	64		
流动负债：	65	—	—
短期借款	66	104,565.0	95,360.5
△向中央银行借款	67	0.0	0.0
△吸收存款及同业存放	68	0.0	0.0
△拆入资金	69	0.0	0.0
交易性金融负债	70	0.0	0.0
应付票据	71	700.0	3,435.0
应付账款	72	96,320.4	98,024.2
预收款项	73	171,666.0	84,130.7
△卖出回购金融资产款	74	0.0	0.0
△应付手续费及佣金	75	0.0	0.0
应付职工薪酬	76	16,129.5	22,915.5
其中：应付工资	77	8,258.3	17,497.5
应付福利费	78	1,372.3	2,384.5
#其中：职工奖励及福利基金	79	0.0	0.0
应交税费	80	20,087.2	35,883.2

续表

项　　目	行次	期末金额	年初金额
其中:应交税金	81	15,130.7	29,490.1
应付利息	82	1,881.9	1,901.9
其他应付款	83	196,862.7	175,286.2
△应付分保账款	84	0.0	0.0
△保险合同准备金	85	0.0	0.0
△代理买卖证券款	86	0.0	0.0
△代理承销证券款	87	0.0	0.0
一年内到期的非流动负债	88	25,274.8	10,623.1
其他流动负债	89	6,081.6	6,637.5
流动负债合计	90	639,569.2	534,197.7
非流动负债:	91	—	—
长期借款	92	259,064.0	129,102.7
应付债券	93	0.0	0.0
长期应付款	94	8,881.7	22,069.7
专项应付款	95	9,071.4	9,195.8
预计负债	96	1,043.1	1,195.1
递延所得税负债	97	0.0	0.0
其他非流动负债	98	1,322.8	1,590.4
其中:特准储备基金	99	0.0	0.0
非流动负债合计	100	279,383.0	163,153.6
负债合计	101	918,952.2	697,351.3
所有者权益(或股东权益):	102	—	—
实收资本(股本)	103	293,098.7	287,525.5
国家资本	104	76,176.8	75,022.3
集体资本	105	2,778.8	2,778.8
法人资本	106	203,576.3	200,792.9
其中:国有法人资本	107	184,412.8	184,491.5
集体法人资本	108	10,153.5	10,076.5
个人资本	109	10,566.7	8,931.4
外商资本	110	0.0	0.0
#减:已归还投资	111	0.0	0.0
实收资本(或股本)净额	112	293,098.7	287,525.5

续表

项　　目	行次	期末金额	年初金额
资本公积	113	163,375.4	158,179.2
减:库存股	114	0.0	0.0
专项储备	115	3,534.2	685.9
盈余公积	116	22,506.4	17,763.7
其中:法定公积金	117	10,355.6	9,671.8
任意公积金	118	1,738.7	1,888.3
#储备基金	119	0.0	0.0
#企业发展基金	120	0.0	0.0
#利润归还投资	121	0.0	0.0
△一般风险准备	122	0.0	0.0
未分配利润	123	-58,263.5	-33,773.1
外币报表折算差额	124	0.0	0.0
归属于母公司所有者权益合计	125	424,251.1	430,381.2
⋆少数股东权益	126	2,070.0	2,252.4
所有者权益合计	127	426,321.1	432,633.7
负债和所有者权益总计	128	1,345,273.3	1,129,985.0

晋中市国有资产变动情况表

2009年12月31日　　金额单位:万元

项　　目	行　次	金　　额
一、年初国有资本及权益总额	1	375,898.2
二、本年国有资本及权益增加	2	26,457.3
(一)国家、国有单位直接或追加投资	3	3,470.1
(二)无偿划入	4	75.7
(三)资产评估增加	5	734.5
(四)清产核资增加	6	130.6
(五)产权界定增加	7	0.0
(六)资本(股票)溢价	8	2,270.1
(七)接受捐赠	9	19.0
(八)债权转股权	10	0.0
(九)税收返还	11	0.0

续表

项　　目	行 次	金　　额
(十)补充流动资本	12	0.0
(十一)减值准备转回	13	0.0
(十二)会计调整	14	3,492.3
(十三)中央和地方政府确定的其他因素	15	1,017.8
(十四)经营积累	16	15,247.2
三、本年国有资本及权益减少	17	27,964.7
(一)经国家专项批准核销	18	0.0
(二)无偿划出	19	36.5
(三)资产评估减少	20	63.5
(四)清产核资减少	21	0.0
(五)产权界定减少	22	0.0
(六)消化以前年度潜亏和挂帐而减少	23	67.9
(七)因自然灾害等不可抗拒因素减少	24	0.0
(八)因主辅分离减少	25	0.0
(九)企业按规定上缴利润	26	11,412.0
(十)资本(股票)折价	27	0.0
(十一)中央和地方政府确定的其他因素	28	2,285.6
(十二)经营减值	29	14,099.1
四、年末国有资本及权益总额	30	374,390.9
五、年末合并国有资产总量(计算机自动生成)	31	262,652.1
	32	

晋中市国有企业主要分析指标表

2009年12月31日　　金额单位:万元

指标名称	行次	数值
一、绩效指标:	1	—
(一)盈利能力指标:	2	—
1.净资产收益率(含少数股东权益)(%)	3	1.4
2.净资产收益率(不含少数股东权益)(%)	4	1.4
3.总资产报酬率(%)	5	2.4
5.成本费用利润率(%)	7	1.4
6.盈余现金保障倍数	8	831.3
7.成本费用总额占营业总收入的比率(%)	9	99.9
(二)资产质量指标:	10	—
1.总资产周转率(次)	11	0.9
2.流动资产周转率(次)	12	1.7
3.存货周转率(次)	13	9.0
4.资产现金回收率(%)	14	4.1
5.存货增长率(%)	15	−14.4
(三)债务风险指标:	16	—
1.资产负债率(%)	17	68.3
2.已获利息倍数	18	2.1
3.流动比率	19	1.1
4.速动比率	20	1.0
5.现金流动负债比率(%)	21	7.8
6.短期借款占全部借款的比率(%)	22	28.8
(四)经营增长指标:	23	—
1.营业总收入增长率(%)	24	25.7
2.主营业务收入增长率(%)	25	−26.0
3.营业利润增长率(%)	26	−99.5
4.利润增长率(%)	27	−65.9
5.国有资本保值增值率(%)	28	100.3
6.资本积累率(%)	29	−1.5
7.资产增长率(%)	30	19.1
8.固定资产增长率(%)	31	8.3

吕梁市

一、吕梁市国有资产监督管理工作综述

(一)企业改制工作取得新进展

2009年,重点推进化肥厂、丝织印染厂、第四纺织机械厂改制工作。

吕梁市化肥厂的资产审计评估、职工安置费用测算等工作已完成。经审计,企业资产总额8592.91万元(不包括土地,其中:固定资产7925.85万元,流动资产677.06万元),负债总额31985.33万元,净资产总额-23392.42万元。其中,纳入破产资产7804.59万元;被剥离资产788.32万元。职工安置费用5682万元。

为整体推动丝织印染厂、第四纺织机械厂改制工作,工作组制定了《整体改制方案》和《职工安置方案》,拟采取"双退出"(即国有资本和职工国有身份双退出模式,实行人员分离,先安置职工后处置资产)。8月1日,吕梁丝织印染厂召开职工代表大会,会议审议并通过了《职工安置方案》和《整体改制方案》,并报市国有企业改革领导组批复;随后,工作组按照已批复的方案,召集劳动部门各社会保险经办机构,安排测算各项职工安置费用;安置费用测算完毕后,市政府驻厂工作组及时向市政府作了汇报,在市政府安排下,市财政落实了职工安置资金,职工安置工作正式进入实施阶段。截至2009年年底,全厂621名职工除5人联系不上外,其余人员全部安置完毕。

山西第四纺织机械厂改制工作已完成职工档案的审核、职工安置方案的拟订,职工个人情况公示和方案征求意见等工作,并于2009年12月29日召开全厂职工大会。

(二)扎实推进产权管理工作

2009年,吕梁市国资委产权管理工作坚持以市属国有监管企业改革发展稳定为主线,以产权制度建设为重点,开展产权登记,加强产权管理。

一是开展产权登记工作,维护出资人权益。按照省国资委安排,对全市有关县市(文水、孝义等)和市属部分监管企业进行了产权登记年度检查。新办理产权登记6户。其中:占有登记3户,变更登记3户,注销登记无。二是做好对山西中吕能源(集团)有限公司整体接管监交工作。吕梁市国资委和中吕能源(集团)有限公司新班子一起,根据企业实际情况,先后制定《关于整体接管榆林市榆阳区沙炭湾煤矿的工作方案》、《关于整体接管山西中吕能源(集团)有限公司(包括中吕铁、中吕车队)的工作方案》、《关于整体接管山西中吕焦化有限公司的工作方案》,明确了接管原则、接管范围、接管要求,并在清产核资、财务审计、资产评估的基础上,对移接交双方提出明确具体要求,确保资料完整、真实,确保国有资产不流失。除中吕焦化有限公司接管监交工作尚在进行外,其余儿户企业已整体接管。

(三)稳步推进国资监管工作

一是健全管理制度、严格管理标准。出台了

《吕梁市国资委关于国有煤焦企业执行“三重一大”集体决策制度及有关程序的暂行规定》。确保国有资产保值增值。出台了《吕梁市属监管企业国有资产处置管理暂行办法》，进一步规范国有资产处置行为，加强国资监管。出台了《吕梁市属监管企业重大事项监督管理暂行办法》，对企业在改革发展、经营管理、安全稳定中将产生或已经产生重大影响的应向市国资委报告的事项，就审批程序、审批范围以及违反本办法承担的责任作了明确规定。二是建立了市属企业年度财务决算报告管理工作体系，完善了企业相关财务制度，对3户监管企业的财务决算进行了专项审计，出具了财务审计工作报告。三是全力推进业绩考核。出台了《吕梁市属监管企业负责人经营业绩考核暂行办法》，从考核范围、原则、内容、对象以及考核的指标都做了详尽说明，在山西离柳焦煤集团有限公司和吕梁市中药厂试行企业负责人经营业绩考核办法，与企业负责签订经营业绩责任书，实行年度考核与任期考核相结合、结果考核与过程评价相统一、考核结果与奖惩相挂钩的考核制度。

二、吕梁市已办理产权登记企业国有资产总量与结构分析

截至2009年底共办理产权登记103户。其中：占有登记91户，变动登记12户，注销登记无（其中：在占有产权登记中，所监管企业一级企业14户，二级企业8户；在变动产权登记中，所监管企业一级企业1户，二级企业0户）。103户中市级企业52户，县级51户。一级企业95户，二级企业8户；国家资本57277.3万元（其中：一级企业57081.4万元，二级企业195.9万元）；国有法人资本1541.5万元（其中：一级企业811.5万元，二级企业730万元）。监管企业国家资本24278.9万元（其中：一级企业24083万元，二级企业195.9万元）。

三、吕梁市国有资本分布情况

（一）市县区国家资本分布

表1　　国家资本分布表

单位：万元

市、县区	户数	%	国家资本	%
合计	103	100	57277.3	100
市级企业	52	50	40306.6	70
文水县	25	24	3242.3	6
临县	6	6	2680.5	5
交城县	5	5	1787.3	3
离石区	5	5	786.3	1
柳林县	4	4	1747.1	3
岚县	1	1	1000	2
孝义市	5	5	5727.2	10

从表1可看出，市级企业52户，县级企业51户，分别占企业总户数的50%，各占一半；市级企业占有、使用国家资本40306.6万元，县级企业占有、使用国家资本16970.7万元，分别占国家资本总额的70%和30%。截至2009年12月31日吕梁市产权登记中国家资本57277.3万元，比2008年国家资本53423万元增长7%。

表 2　　一级企业产权登记表

单位：万元

项目	户数	%	国家资本(2009 年)	%	比 2008 年增减±%	国有法人资本(2009 年)	%
合计	95	100	57081.4	100	7	811.5	100
其中：〈一〉国有控股企业	8	8	16065.6	28	–	261.5	32
〈二〉国有独资企业	87	92	41015.8	72	10	550	68
一、国有企业	83	87	38211.7	67	11	550	68
二、公司制企业	11	12	18380.7	32	–	226.5	28
1、有限责任公司	10	11	18380.7	32	–	150	18
其中：(1)国有控股	6	7	15576.6	27	–	150	18
(2)国有独资	4	4	2804.1	5	–	–	–
2、股份有限公司(国有控股)	1	1	–	–	–	76.5	10
三、其他企业	1	1	489	1	–	35	4
联营企业(国有控股)	1		489		–	35	4

（二）组织形式分析

（1）一级企业产权登记分析

从表 2 可看出，截至 2009 年吕梁市一级企业产权登记中国家资本 57081.4 万元，比 2008 年国家资本 53227.1 万元增长 7%。国有企业使用国家资本 38211.7 万元，占国家资本总额的 67%，占企业户数的 87%，比 2008 年国家资本 34272.4 万元增长 11%；公司制企业使用国家资本 18380.7 万元，占国家资本总额的 32%，占企业户数的 12%。

（2）一级企业占有产权登记分析

表 3　　一级企业占有产权登记表

单位：万元

项目	户数	%	国家资本	%	国有法人资本	%
合计	83	100	44628.5	100	297.2	100
其中：〈一〉国有控股企业	7	8	15998.6	36	261.5	88
〈二〉国有独资企业	76	92	28629.9	64	35.7	12
一、国有企业	73	88	26366.8	59	35.7	12
二、公司制企业	9	11	17772.7	40	226.5	76
1、有限责任公司	8	10	17772.7	40	150	50
其中：(1)国有控股	5	6	15509.6	35	150	50

续表

项目	户数	%	国家资本	%	国有法人资本	%
(2)国有独资	3	4	2263.1	5	–	–
2、股份有限公司(国有控股)	1	1	–	–	76.5	26
三、其他企业	1	1	489	1	35	12
联营企业(国有控股)	1	1	489	1	35	12

从表3可看出,截至2009年吕梁市一级企业占有产权登记中国家资本44628.5万元。国有企业占有、使用国家资本26366.8万元,占国家资本总额的59%,占企业户数的88%;公司制企业占有、使用国家资本17772.7万元,占国家资本总额的40%,占企业户数的11%。

(三)国民经济行业分析(一级企业产权登记)

表4　国家资本行业分布图

单位:万元

行业	户数	%	实收资本合计	%	国家资本	%
合计	95	100	64272.8	100	57081.4	100
一、农林牧渔业	1	1	251.8	1	251.8	1
二、工业	30	32	36176.2	56	29690.1	52
1、煤炭工业	5	5	22557.3	35	16529.9	29
2、石油和石化工业	1	1	597.3	1	597.3	1
3、冶金工业	2	2	637.9	1	637.9	1
4、化学工业	3	3	3605.4	5	3605.4	6
5、森林工业	1	1	265.4	1	229.7	1
6、食品工业	5	7	419.5	1	419.5	1
7、医药工业	1	1	524	1	489	1
8、机械工业	2	2	839.6	1	554.6	1
9、电力工业	2	2	1198.2	2	1198.2	2
10、市政公用工业	5	5	5074.7	7	5074.7	8
11、其他工业	3	3	456.9	1	456.9	1
三、建筑业	2	2	2711.5	4	2711.5	4
四、地质勘查及水利业	2	2	23	1	23	1
五、交通运输仓储业	14	15	2460.6	3	2384.1	4

续表

行业	户数	%	实收资本合计	%	国家资本	%
七、批发和零售、餐饮业	25	26	10680.2	17	10115.9	17
九、房地产业	3	3	872.3	1	872.3	2
十、信息技术服务业	1	1	110	1	110	1
十一、社会服务业	7	8	9668.8	13	9668.8	15
十三、教育文化广播业	4	4	375.4	1	310.9	1
十四、科学研究和技术服务业	4	4	413	1	413	1
十五、机关社团及其他	2	2	530	1	530	1

从表4可以看出，全市国家资本主要分布在第二产业工业中，占全市一级企业国家资本总额的52%，户数占32%；批发和零售、餐饮业占全市一级企业国家资本总额的17%，户数占26%。

四、吕梁市国有经济运行情况

（一）总资产情况

截至2009年年底，吕梁市国有企业资产总计935617万元，比上年715455万元增加220162万元，增幅30.77%。吕梁市国有企业资产运行情况是：

固定资产合计361621万元，同比增加68411万元。主要增减情况包括：固定资产净额248493万元，同比增加53804万元；在建工程115059万元，同比增加15869万元；固定资产清理796万元，同比增加15万元。

流动资产合计389460万元，同比增加122831万元。主要增减情况：货币资金170905万元，增加110224万元；应收票据14661万元，同比增加13972万元；应收账款38466万元，同比减少1930万元。其他应收款51299万元，同比增加3123万元；预付账款30807万元，同比增加9700万元；短期投资255万元，同比减少2万元，其他流动资产21670万元，同比减少2276万元等。

长期投资合计42138万元，同比增加12150万元，其中：长期股权投资38956万元，比上年增加12150万元；长期债权投资3182万元。

无形资产及其他资产合计139004万元，同比增加16038万元。主要是：无形资产116989万元，同比增加17939万元。长期待摊费用（递延资产）5657万元，同比增加1443万元。其他非流动资产16358万元，同比减少3345万元。

（二）负债类情况

负债总计742827万元，比上年581199万元增加161628万元。主要包括：

流动负债年末数合计443908万元，同比增加23735万元。主要科目增减情况：短期借款109739万元，同比增加11077万元；应付票据73635万元，同比增加22859万元；应付账款61701万元，同比减少15658万元；其他应付款111643万元，同比减少13101万元；预收账款

21535万元，同比增加10225万元；应付职工薪酬16108万元，同比增加5134万元；应交税费24522万元，同比增加9694万元等。

长期负债合计298919万元，比上年161025增加137894万元。主要是：长期借款243239万元，同比增加114807万元；长期应付款35473万元，增加20624万元；专项应付款18418万元，比上年增加4683万元，其他流动负债1757万元，同比减少2219万元等。

（三）所有者权益

所有者权益合计（剔除未处理资产损失后的金额）192790万元，比上年134257万元增加58533万元。所有者权益类主要项目情况如下：

实收资本（股本）合计87593万元，同比增加10697万元。具体包括：国家资本74190万元，同比增加10224万元；集体资本1560万元；法人资本8436万元，同比增加3090万元。其中：国有法人资本4915万元，占法人资本的58.26%，占全部实收资本的5.61%；个人资本3407万元，占实收资本的3.89%，同比减少2616万元。资本公积140382万元，同比增加47995万元。盈余公积6323万元，同比增加815万元。未分配利润-41883万元，比上年-40534万元增亏1349万元。

五、吕梁市国有资产保值增值的综合分析评价

截至2009年底，吕梁市共有工业、交通、商贸、物资及建筑等国有及国有控股企业231户，其中，市属企业26户，县属企业205户。市属26户企业包括：吕梁市国资委监管的工业、建筑、制药企业3户，国有资产总量为490000万元，其他主管部门企业23户，国有资本总量为100000万元。县属205户企业国有资本总量为340000万元。

吕梁市国资委监管的煤炭、流通、医药3户企业，企业总资产487300万元，总负债414800万元，所有者权益72500万元，资产负债率85.12%。

市属3户监管企业2009年度净资产总量为72500万元，较2008年71100万元增长1400万元，增幅为1.97%。从全市国有资产总量看，吕梁市2009年度国有资产总量为935600万元，较2008年715500万元增长220100万元，增幅为30.76%。吕梁工业以煤焦为主，近年来受国家宏观政策及煤矿资源整合等因素影响，煤焦市场需求逐步趋稳，对煤焦企业国有资产的保值增值和利润有一定影响。

六、市国资委机关建设情况

1.组织开展“深入学习实践科学发展观”活动。制定了实施方案和日程安排，圆满完成了三个阶段的工作。学习调研阶段，主要以“深化认识，找准问题，理清思路”为重点，组织学习讨论和专题调研。分析检查阶段，主要以“征求意见、分析原因、明确方向、提出举措”为主要任务，抓好领导班子专题民主生活会，领导班子成员写了分析检查报告，组织群众进行评议。整改落实阶段，以“解决问题，完善制度”为重点，制定整改方案、落实整改措施，建立健全体制机制。

2.认真开展煤焦领域反腐败斗争。一是出台了《关于煤焦领域反腐败专项斗争集中整治阶段工作实施意见》，明确了总体要求、工作任

务、工作方法，并公布了举报电话、举报网址。二是对2008年煤焦领域反腐败专项斗争工作进行“回头看”，查找存在问题，制定整改措施。三是组织分管煤焦相关工作的县级、科级领导干部参加省纪委举办的全省煤焦领域干部廉政教育培训。四是出台了《涉煤涉焦国资监管企业领导人员执行廉洁自律“七个不准”的规定》、《国有煤焦企业执行“三重一大”集体决策制度及有关程序的暂行规定》、《市属监管企业负责人经营业绩考核暂行办法》、《涉煤涉焦国有企业董事会、监事会管理监督制度》，进一步规范涉煤涉焦国企领导人行为。

3.政风行风建设取得新成效。一是聘请监督员。聘请了14名同志为“党风廉政建设监督员”，监督委政务公开、效能建设和政风行风建设等情况。二是参加了吕梁人民广播电台组织的《政风行风热线》节目。现场解答听众就国资监管工作方面提出的问题。三是举办了政风行风民主评议听证对话会。政风行风监督员和服务单位代表对我委机关的政风行风建设做了充分评议，在肯定成绩的同时提出了宝贵的意见和建议。四是参加了吕梁市民主评议政风行风问卷测评。市国资委聘请的40名政风行风监督员、服务对象代表和社会各界代表参加了测评。编发《政风行风建设简报》9期。

4.党风廉政建设扎实推进。一是明确工作任务。出台了《关于贯彻落实〈建立健全惩治和预防腐败体系2008~2012年实施意见〉工作方案》，出台了《2009年反腐倡廉建设工作要点》。二是加强学习教育。制定了《关于学习党的十七届四中全会精神的安排意见》。组织全体干部职工学习了胡锦涛总书记、贺国强同志在十七届中纪委三次全会上的重要讲话精神，学习了宪法、行政许可法、公务员法、《干部法律知识读本》、《公民常用法律知识读本》、《关于实行党政领导干部问责的暂行规定》、《关于国有企业领导人员廉洁从业若干规定》等内容。

七、国资监管企业党建情况

1.认真落实党建目标责任制。制定了《2009年党建工作要点》、《2009年党员干部理论学习的安排意见》、《中心组学习计划》，与各支部签订了2009年党建目标责任状，与党员签订了责任卡。

2.指导国资委监管企业的党建工作。制定了《2009年国有企业党建工作要点》、《2009年度发展党员计划》。开展以“政治素质好、团结协作好、经营业绩好、作风形象好”为主要内容的“四好”班子创建活动。“七一”期间，表彰了22名优秀党员、10名优秀党务工作者和8个基层支部。

八、吕梁市国资委领导班子成员名录

刘平泽	吕梁市国资委主任
郭建生	吕梁市国资委副主任
王振安	吕梁市国资委副主任
李志龙	吕梁市国资委副主任
高志明	吕梁市国资委副主任
郑金生	吕梁市国资委副主任
冯吉才	吕梁市国资委副主任
温明理	吕梁市国资委纪检书记
车振斌	吕梁市国资委总工程师
刘祺虎	吕梁市国资委总会计师
王宪君	吕梁市国资委调研员
李乐寅	吕梁市国资委调研员

阳泉市

一、阳泉市国有资产监督管理工作综述

(一)积极应对金融危机,企业生产经营平稳增长

一是加强服务协调和运行监测力度，企业生产经营稳定运行。年初,市国资委完善了领导班子成员联系企业制度,深入企业开展“三抓三保”活动,即“抓生产、抓项目、抓安全,保增长、保民生、保稳定”，结合学习实践科学发展观活动,委领导带队深入企业达120多人次,加大了为出资企业服务协调力度。2009年5月分两批企业组织召开了“积极应对金融危机保增长促发展”座谈会,定期召开经济运行分析会议,加强对企业经济运行的协调监测力度，努力解决企业的困难和问题,确保企业正常生产经营。通过工作，出资企业主营业务收入从6月开始逐月提高,全年实现了正增长。

二是加强营销管理,不断开拓市场。面对生产经营困难,各企业把营销工作放在龙头地位,全力开拓市场,确保企业生存发展。市铝业股份有限公司集中力量开拓新市场，在上海等地区增加销售网点,采取多渠道销售策略,加大高档铝型材、铝门窗的销售力度,争取客户预付款,缓解了公司资金紧张的压力,5月开始逐步启动上年10月停产的电解槽，抓住了市场机遇,走在了全省乃至全国同行业的前列，为全系统和全市工业经济指标好转做出了贡献。市食品总厂有限公司下大力拓展团餐业务，全年团餐业务销售额达到500万元,同比增长45%。市煤气公司积极拓展大型用户,制定用气激励政策,完善供气保障措施，全年煤气销量比上年增长27%,突破1亿立方米大关,企业整体经营规模五年翻两番,迈上了新台阶。一批停产企业和以租赁业务为主的企业，也千方百计提高租金收入,确保企业和职工队伍的稳定。

三是强化成本管理,积极挖潜增效。市水泵厂有限公司围绕人本、销售、技术、生产、质量、财务、供应和后勤,狠抓“7+1”管理,开展了以“增收节支、节能降耗”为主题的强化内部管理活动,全年电、煤消耗分别下降3.3%和24.7%,水泵产量提高51.6%。市阀门股份有限公司狠抓材料供应、工艺技术、经营销售三个环节,广泛开展“深入挖潜、增产节约”活动,全年节约支出1454万元,消化了金融危机带来的产品降价因素，保证了经济效益的稳步提升，实现利润319万元。市自来水公司面对全市工业经济结构调整造成用水量数年徘徊的现实，继续狠抓内部挖潜增效，努力消化职工工资增长、社保缴费率提高、电费增长、水价降低等四大不利因素共计761万元，超额完成了市国资委下达的利润指标，继续成为全系统企业管理的标兵单位。

四是强化人本管理,优化人员结构。经过两年多的规范整顿，监管企业人力资源管理混乱的状况得到了明显改善。通过实施“计划、分类”管理办法及“31150”职工素质工程,引导企业不断优化职工的年龄结构、文化结构、技能结构。对运行态势较好、有发展前景的重点企业，积极鼓励引进各类人才，对停产半停产企业严格控制人员进入,下大力清理“放手续”、

“两不找”等人员。两年来，市信达投资管理公司等13户重点企业经核准共引进专业技术和管理人才268人。2009年，监管企业共减少人员1400余人。其中，隆鑫商厦有限公司、粮油公司、铝业股份有限公司、百货大楼股份有限公司、水泵厂有限公司等20户企业清理和解除劳动关系400余人。五年时间，全系统企业减少人员超过6000人，为企业的进一步改革和发展创造了条件。

（二）积极推进布局结构调整，重点项目建设成效明显

一是全力抓好重点项目建设。2009年，企业实施的重点项目有25个。列入市重点的“百项工程”有4户企业8个项目，市国资委确定的企业“自建项目”有17个。25个项目总投资15.2亿元，2009年完成投资额4.7亿元，项目开工以来累计完成投资7.7亿元，完成总投资的50.7%。市属棚户区改造安置工程和晋东医药物流配送中心等11项重点工程已经完成，累计完成投资4.1亿元。市热力公司仅用140天时间，就圆满完成了龙川热源管网工程，使全公司实现了历史性的三大突破：入网供热面积突破1000万平方米，供热用户突破10万户，年主营业务收入突破亿元。

二是企业经营创新和技术进步取得新进展。华龙超市面对激烈的市场竞争，积极开辟新网点、改造旧商场，拓展经营领域，成立了商汇通公司，推出了具有本地一卡通功能的商汇通卡，加盟商家发展到140余家；创办桃河家园网上购物，开创了本市购物新潮流。阀门股份有限公司多年来坚持不懈开发新产品，在闸阀、蝶阀、煤气阀等产品的基础上，目前已拓展到止回阀、冶金阀等多个类别100多个系列1200多个规格。其中，59个系列填补了国家空白，10个系列达到国际先进水平。

三是积极谋划矿机装备工业园。按照市委、市政府提出的阳泉市经济社会发展总体要求，为振兴本市传统机械装备制造业，打造一个现代化的矿机装备产业园区，经过充分调研，提出了在市区与平定县交界处建设“阳泉矿机装备工业园”的思路和设想。园区规划总面积5.72平方公里，由全国知名的广州博为国际产业园区运营研究中心进行规划设计，总体规划设计方案已于年内初步完成。

四是积极争取省市项目扶持资金。各企业多方努力，积极争取省市各项企业扶持资金，全年共争取到上级有关部门扶持资金8888万元。获得200万元以上扶持资金的企业主要有：热力公司6576万元，铝业股份有限公司1260万元，煤气公司500万元，华龙超市202万元，蔬菜公司250万元。

（三）扎实推进国有企业改革重组，国有经济活力进一步增强

全系统以“做大做强一批、关闭退出一批、放开搞活一批、逐步消化一批”改革为重点，扎实推进国有企业改革重组，取得一定成效。

在做大做强一批方面，重点推进水泵厂有限公司、阀门股份有限公司、铝业股份有限公司、电工机械有限公司改革，先后与华通路桥集团、阳煤集团等企业进行了多次合作洽谈，为企业改制重组做了大量的前期准备工作。

在放开搞活一批方面，市高压电瓷厂联手市国泰耐火材料有限公司和民营企业山西融发贸易公司，合作建设晋东地区最大的建材装饰材料市场，组建了混合所有制的高雅融发装饰市场有限公司。市信达投资管理公司出资1300

万元，联合华通路桥集团等8户企业，组建了注册资本达8000万元的汇通小额贷款股份有限公司,2009年6月开业至年底，实现利润355.3万元。市医药药材公司抓住医药卫生体制改革的机遇，积极履行社会责任，增强企业发展后劲，投资457万元建设晋东医药物流配送中心,已于年底投入运营。

在关闭退出一批方面，市医药药材公司新特药经营部、郊区药材公司、庆丰水工有限公司等3户企业破产清算工作进程过半。市粮食工业公司和粮油副食品经管中心破产进入法律程序,各项清算工作和职工安置工作加紧进行。

在逐步消化一批方面,对市纺织集团、晋盂钢铁有限公司、电石有限公司等停产企业,认真落实本市关于解决困难企业职工生活困难的一系列政策措施，协调市劳动、财政等部门解决困难企业职工医疗保险、个人代企业垫交养老保险等问题,按月为市纺织集团等企业7000多名放假职工借资发放生活补助1650万元,确保了企业和职工队伍的稳定。

(四)强化责任意识,圆满完成保民生保稳定任务

一是全面加强安全生产工作。按照国家、省、市关于企业安全生产的一系列安排和部署，国资委高度重视安全生产工作，委领导带队多次深入企业进行安全督查。各企业针对自身特点,查问题、找隐患、抓培训、定规程、大投入，深入开展安全生产专项整治活动，认真制定完善安全生产应急预案，有效应对暴雪等自然灾害，全年无安全生产事故，为全市安全生产形势的持续好转做出了重要贡献。

二是全面加强信访维稳工作。围绕建国60周年大庆，从二季度开始，陆续出台了一系列加强信访和维稳工作的政策措施,9月又召开了全系统信访维稳工作会议，对国庆维稳工作进行全面安排部署。2009年,国资委与企业一道,搞调查、共协调、多研究,下大力气解决了一批信访积案。充分体谅困难企业职工的疾苦，耐心接待群众上访，全年共接待职工上访974人次,妥善处理了晋盂钢铁有限公司、高压电瓷厂等企业的群体上访，赴省进京上访人员明显减少。信访维稳工作受到了市委、市政府的充分肯定。

三是全面落实保民生任务。各企业把保民生作为维护稳定促进生产的重要任务来抓,千方百计确保“职工不失业、工资不降低”,全力解决困难企业职工社会保障、上岗就业、工资收入等民生问题。国资委按照“分类、分批”的办法,积极争取中央、省帮扶资金,解决企业历年拖欠职工工资2256.6万元。采取多种措施，争取市财政资金，变现企业闲置资产，全力解决晋盂钢铁有限公司、电石有限公司等停产企业职工的水、电、暖等问题,确保了停产企业职工生活稳定。

(五)健全国有资产监管体系,国资监管进一步加强

一是加强企业领导班子建设。针对监管企业领导班子存在的问题,2009年2月，阳泉市国资委党委集中对部分企业领导班子进行了充实调整。此次调整,共免职46人,提拔36人,平调14人，降职使用3人，领导职数减少21名。企业领导班子的年龄结构、知识结构进一步优化。涉及调整领导班子的企业，绝大多数领导工作努力,求新求变,企业经营业绩、职工收入都有不同程度的提高，有的还明显好于预期。进一步加强企业领导人员培训，组织举办了企业领导人员学习实践科学发展观暨国资政策法规培训班，与市委组织部联合在天津南开大学举办了企业领导人员管理培训班，参训人员达400人次。

二是进一步完善经营业绩考核体系和薪酬管理。经过几年的努力，初步形成了以利润总额和净资产收益率为基本指标，以企业改革、项目建设、企业管理、党建廉政等工作为专项指标的综合考核体系；形成了定量考核与定性考核相结合、企业领导班子综合考核与企业领导人员考核相结合、考核档次与奖惩相挂钩的考核评价机制，考核评价工作进一步得到规范。在此基础上，进一步规范了企业领导薪酬分配，形成了以业绩为主、综合兑现的薪酬分配机制。2008年，52户企业法人代表平均薪酬水平为50923元，较上年的55058元降低7.5%，薪酬水平控制在企业职工平均工资的2~10倍之间，达到了财政部、国务院国资委对国有企业领导人员待遇的原则规定。

三是强化国有产权管理。进一步加强资产转让的财务审计和资产评估工作，有效杜绝国有资产隐形流失。企业的资产处置实行严格的进场交易制度，对中源硫铁矿有限公司等5个单位的5宗闲置资产通过市产权交易市场公开处置。进一步加大企业不良贷款处置力度，对星宇化工集团、建虹无机化工厂、华龙购物中心和华联商厦有限公司等4户企业的2.4亿元不良贷款进行了处置，增加净资产1.8亿元。国资委成立5年多来，累计处理企业不良贷款19.6亿元，增加净资产16.6亿元，国有资本结构得到明显优化。

四是出台了加强全面预算管理的意见。为实现出资人与经营者目标一体化，国资委继续扩大全系统预算管理工作试点，2009年3月出台了《关于加强监管企业全面预算管理与目标责任制考核的意见》，把企业的财务预算管理与经营者目标责任考核挂钩，进一步规范企业财务行为。

（六）深入开展学习实践科学发展观活动，企业党建和党风廉政建设进一步加强

一是企业党建工作扎实推进。全系统开展的学习实践科学发展观活动，历时半年时间。国资委机关及所属的79个党组织、6334名党员参加了学习实践活动。各级党组织共组织中心组学习290次，专题讲座86次，开展“解放思想大讨论”座谈会73次，组织培训160次，撰写学习体会5823篇，参学率达到了100%，下大力解决了一批影响和制约企业科学发展的突出问题，基本实现了“党员干部受教育、科学发展上水平、人民群众得实惠”的总体目标。6月，召开了纪念建党88周年总结表彰大会，22个先进基层党组织、101名优秀党员、25名优秀党务工作者受到了表彰。

二是企业党风廉政建设得到加强。全系统认真落实党风廉政建设责任制，加大了对重点项目、重点领域的监督检查力度。国资委制定下发了《关于进一步落实“七项要求”等规定，促进企业领导人员廉洁从业的具体办法》。对8户企业离任的法人代表进行了经济责任审计，并对发现的问题进行了处理。加强信访举报和案件核查工作，初核信访件6件。

二、阳泉市国有资产总量与结构分析

（一）国有资产总量与结构

2009年末，阳泉市上报省国有资产统计报表共汇编全市国有企业183户。其中:市直企业148户,市属以下国有企业35户。183户企业拥有资产总额98.66亿元,同口径比上年增长9.99%;负债总额76.47亿元,同口径比上年增长11.08%,其中:流动负债60.75亿元,占负债总额比例达79.45%;资产负债率为77.51%。流动比率为0.75;速动比率为0.59。所有者权益总额22.19亿元,比年初的20.86亿元增长6.38%。其中:实收资本14.75亿元,比年初的14.12亿元增加6357万元,增长4.51%;其构成是:国家资本113667万元,占实收资本总额的77.04%,比上年增长3.61%;集体资本总额495万元,占实收资本总额的0.34%;法人资本28402万元,占实收资本总额的19.25%,其中国有法人资本23939万元,占实收资本总额的16.23%;个人资本4963万元,占实收资本总额的3.37%;外商资本30万元,占实收资本总额的0.02%。2009年汇编户数较2008年减少9户,其中:2009年本年新增7户;本年减少16户。减少的16户企业中:改制企业3户;撤销关闭2户;其他原因减少11户。

2009年末,阳泉市183户国有企业实现营业总收入29.42亿元,同口径比上年39.49亿元减少100701万元,降低25.5%;营业总成本31.10亿元,同口径比上年40.27亿元减少91836万元,降低22.80%;销售费用12413万元,同口径比上年10720万元增加1693万元,增长15.80%;营业税金及附加3607万元,同口径比上年3888万元减少281万元,降低7.22%。在上述因素影响下,营业利润亏损15040万元,比上年的亏损7145万元增亏7895万元,增亏幅度110.50%;营业外收入9189万元,同口径比上年10653万元减少1464万元,降低13.74%;管理费用50823万元,同口径比上年49869万元增加954万元,增长1.92%,相当于营业总收入的17.28%;财务费用5056万元,同口径比上年6117万元减少1061万元,降低17.34%,相当于营业总收入的1.72%;利润总额亏损8759万元,比上年的亏损784万元增亏7975万元;缴纳所得税2231万元,同口径比上年的3220万元减少989万元,降低30.71%;净利润亏损10990万元,同口径比上年亏损4004万元增亏6986万元,增亏幅度174.48%。

2009年末,阳泉市183户国有企业年末职工人数30709人,其中年末在岗职工人数18220人,占年末职工人数的59.33%;全年应发工资总额3.07亿元,全年实际发放工资总额3.15亿元,工资发放率为102.61%。

(二)2009年末,阳泉市国资委履行出资人企业的145户独立核算企业,按行业分类

1. 工业企业62户。资产总额78.12亿元,占145户企业资产总额的58.93%;负债总额53.85亿元,占145户企业负债总额的56.49%;所有者权益24.27亿元,占145户企业所有者权益总额的63.45%。

2.商贸、餐饮业企业55户。资产总额18.97亿元,占145户企业资产总额的14.31%;负债总额16.04亿元,占145户企业负债总额的16.83%;所有者权益2.93亿元,占145户企业所有者权益总额的7.87%。

3.公用企业9户。资产总额15.32亿元,占145户企业资产总额的11.56%;负债总额7.62亿元,占145户企业负债总额的8%;所有者权益7.7亿元,占145户企业所有者权益总额的20.68%。

4.其他行业企业19户。资产总额20.17亿元,占145户企业资产总额的15.22%;负债总额17.82亿元,占145户企业负债总额的

18.7%；所有者权益 2.35 亿元，占 145 户企业所有者权益总额的 6.31%。

（三）2009 年末，阳泉市国资委独资、控股、参股的 145 户独立核算企业，按股权分类

市国资委独资企业 71 户。资产总额 49.62 亿元，占 145 户企业资产总额的 37.43%；负债总额 36.8 亿元，占 145 户企业负债总额的 38.61%；所有者权益 12.82 亿元，占 145 户企业所有者权益总额的 34.42%。

市国资委控股企业 54 户。资产总额 25.55 亿元，占 145 户企业资产总额的 19.28%；负债总额 22.75 亿元，占 145 户企业负债总额的 23.87%；所有者权益 2.8 亿元，占 145 户企业所有者权益总额的 7.52%。

市国资委参股企业 20 户。资产总额 57.41 亿元，占 145 户企业资产总额的 43.31%；负债总额 35.78 亿元，占 145 户企业负债总额的 37.54%；所有者权益 21.63 亿元，占 145 户所有者权益总额的 58.07%。

三、阳泉市企业资产保值增值的综合分析评价情况

（一）企业资产保值增值状况

2009 年末，阳泉市国资委履行出资人企业资产总额为 132.58 亿元，较年初的 113.29 亿元增加 19.29 亿元，增长 17.03%；负债总额为 95.33 亿元，较年初的 81.4 亿元增加 13.93 亿元，增长 17.12%；所有者权益总额为 37.25 亿元，较年初的 31.89 亿元增加 5.36 亿元，增长 16.81%。资产保值增值率为 116.81%。

按股权划分来看，市国资委独资企业年末所有者权益总额为 128213 万元，资产保值增值率为 112.51%；控股企业年末所有者权益总额为 28019 万元，资产保值增值率为 80%；市国资委参股企业所有者权益总额为 216248 万元，资产保值增值率为 127.26%；按行业划分来看，工业企业年末所有者权益总额为 242737 万元，资产保值增值率为 119.68%；商贸、餐饮业年末所有者权益总额为 29314 万元，资产保值增值率为 98.65%；公用企业年末所有者权益为 77007 万元，资产保值增值率为 120.38%；其他行业年末所有者权益总额为 23423 万元，资产保值增值率为 104.6%。

（二）企业偿债能力状况

截至 2009 年末，市国资委独资、控股、参股的 145 户企业资产负债率为 71.91%，流动比率为 0.76，速动比率为 0.64。2009 年，145 户企业承担的债务总额为 953347 万元，平均每个企业负担 6575 万元，企业包袱沉重。

（三）企业获利能力状况

2009 年，阳泉市国资委独资、控股、参股的 145 户企业的总资产报酬率为 5.72%；净资产收益率为 9.38%。

按股权分类来看，独资企业的总资产报酬率为-1.1%；净资产收益率为-5.94%；控股企业的总资产报酬率为-1.8%；净资产收益率为-23.1%；市国资委参股企业的总资产报酬率为 15.3%；净资产收益率为 24.29%。

(四)企业管理营运能力状况

2009年,145户企业流动资产周转率为1.15次,资金周转有所缓解。从企业的经营状况看,市国资委独资、控股、参股的145户企业营业总收入531903万元,其中营业总成本为480575万元,占营业总收入的90.35%;销售费用、管理费用、财务费用等期间费用为106085万元,占营业总收入的19.95%。

四、阳泉市经济和信息化委员会(市国有资产监督管理委员会)领导班子成员名录

黄少英	经济和信息化委员会(市政府国有资产监督管理委员会)党委书记、副主任
杨晋波	经济和信息化委员会(市政府国有资产监督管理委员会)党委副书记、主任
栾进喜	经济和信息化委员会(市政府国有资产监督管理委员会)党委副书记、副主任
胡元农	经济和信息化委员会(市政府国有资产监督管理委员会)党委副书记、副主任
郭建民	经济和信息化委员会(市政府国有资产监督管理委员会)党委委员、副主任
闫　亮	经济和信息化委员会(市政府国有资产监督管理委员会)党委委员、副主任
姬振良	经济和信息化委员会(市国有资产监督管理委员会)党委委员、副主任
刘志钧	经济和信息化委员会(市国有资产监督管理委员会)党委委员、副主任
李建平	经济和信息化委员会(市政府国有资产监督管理委员会)党委委员、纪检书记
程祯喜	经济和信息化委员会(市政府国有资产监督管理委员会)总会计师
宋剑龙	经济和信息化委员会(市政府国有资产监督管理委员会)监事会主席

晋城市

一、晋城市国有资产监督管理工作综述

(一)应对金融危机,国有经济平稳运行

1.加强经济运行监测,提高企业应对危机能力。面对金融危机的冲击,加强对经济运行的监测,密切关注企业经济运行情况,完善市属骨干企业主要产品产量月报和经济运行分析季报制度,指导企业生产经营。委领导分头带队深入企业调研,机关干部深入基层促“三保”,加大了为企业服务的力度。市属企业根据自身实际,制定了有效应对危机的策略。兰花集团充分发挥资源优势,及时调整销售策略,全年生产原煤

1257万吨，生产尿素133万吨，企业效益稳步提升。天泽煤化工完成销售收入22.57亿元，实现利税1.39亿元，实现利润1.2亿元。山西煤销集团晋城分公司全年完成煤炭销量2789万吨，实现销售收入138.4亿元，实现利润10.36亿元。绿洲公司积极调整产品结构，努力实现出口内销双并举，保证企业正常运行。竞成食品积极转换经营模式，与山西泽榆畜牧业开发有限公司进行收购、屠宰、销售一体化合作经营，步入良性发展轨道。市医药药材公司积极筹措资金，完成了GSP认证，确保企业正常经营。

2.加强管理技术创新，提高骨干企业素质。兰花集团2009年实施技术开发项目21项，课题研究8项，直接产生经济效益2000余万元；原煤综合能耗4.04千克标准煤/吨，同比降低6.48%；合成氨综合能耗1532千克标准煤/吨，同比降低2.68%。天泽煤化工全面推行循环经济发展战略，实行“三五五”工作法、“六管一算”管理模式，吨氨综合能耗继续在全省同行业处于领先水平。绿洲公司立足自主创新，采用高新技术改造提升传统产业，在继“绿洲牌”大麻产品喜获“中国名牌产品”、“中国质量免检产品”之后，新完成的《抗菌纤维材料功能化过程的界面物理与化学研究》获国家技术发明二等奖，是全省纺织行业所获唯一奖项。竞成食品、吐月面粉等企业大力实施品牌战略，企业知名度、美誉度、市场占有率得到提升，兰花科创荣获“2008年度中国上市公司价值百强”奖，入选“山西十佳最具发展潜力品牌”，走出了一条独具特色的国企改革创新发展之路。

(二)推进产业调整，增强国有经济活力

1.立足主业优势，谋求转型发展。兰花集团坚持以煤为本，坚定不移提升煤炭产业，充分利用整合主体优势，通过收购、控股、参股等不同形式，在晋城、朔州、临汾等地整合10座煤矿，新增无烟煤资源储量2.39亿吨、焦煤资源储量1亿吨、动力煤资源储量2.86亿吨，新增产能近1000万吨。太行民爆公司积极开展市场调研，先后成立了爆破公司、绿色发展公司，努力探索“一业为主，多业并举”发展思路。

2.依托项目建设，提升发展潜力。不断强化市属企业发展规划，加强对骨干企业工程建设的督查力度，确保了一批重点项目建设顺利实施。市属骨干企业新建、续建项目23项，累计完成投资8.4亿元。其中，兰花科创“3052”大颗粒尿素项目正在进行初步设计，玉溪煤矿240万吨/年新建项目已开工建设，王莽岭旅游景区开发项目工程建设基本完成，大宁煤层气发电项日正在进行设备安装调试；天泽煤化工技改项目竣工投产，40万吨/年氨醇项目、60万吨/年大颗粒尿素项目前期工作进展顺利；太行民爆、吐月面粉、竞成食品、城建开发也积极研判市场形势，选准上马了一批企业重点项目。

(三)实施国企改革，优化国有经济结构

1.国有企业改革取得新成效。纳入本轮改革重点的18户市属国有企业(破产清算和解散的企业12户，改制企业6户)，涉及职工10228人(在册职工6891人，退休职工2787人，遗属抚恤及其他人员550人)，目前已安置职工8820人，占86.2%(在册职工5862人，退休职工2477人，遗属抚恤及其他人员481人)。具体情况为：市凤凰织品有限公司、市民爆器材专营公司、市钻石水泥有限责任公司3户企业改制工作基本完成。晋钢、阳丝、端丝、盛唐丝纺四大重点企业的破产工作即将结束，阳丝和端丝经营性资产、非经营性资产、低值易耗资产

已整体移交和转让。丝麻行业所属其余几户企业改革工作接近尾声。晋东南印刷厂的改革工作已于2009年3月全面完成,人、财、物已整体移交,原企业职工已在新企业重新上岗。粮食行业3户企业的改革进入攻坚阶段。市农机公司的破产清算工作加快推进。春光热电有限公司的破产清算工作即将启动。

2.各县(市、区)国企改革稳步推进。泽州县百矿带动、一矿一业,强弱联合、优势互补,积极推进煤炭企业与地面企业改制重组;高平努力盘活企业国有资产,积极筹措改革专项资金;阳城县政策先行,在国有产权管理和国有资本收益方面,做出了积极探索;沁水县依托国有资产经营公司,加快企业改革重组步伐。城区、泽州、高平、阳城等县区以高度的政治责任感和大局意识,在接收中央、省、市驻地方企业学校工作中,努力克服自身困难,积极主动开展工作,为学校教职员工分忧解难,有力支持了国有企业改革的推进。

(四)创新监管方式,国资监管体系逐步完善

1.完善国有资产监管制度。出台《关于直接监管企业执行“三重一大”决策制度有关规定的通知》、《国有及国有控股企业监事会监督管理暂行办法》等一系列制度规定,为国资监管工作实现科学规范化运作奠定了扎实基础。积极搭建国有资产运营平台,以太行民爆、竞成食品为试点有序开展了国有资产授权经营工作。

2.加强财务监测和清产核资。完成上年度全市国有及国有控股企业财务决算审核和国有资产统计。继续完善清产核资后续工作,巩固清产核资工作成果。督导部分市属企业对清产核资后应核销的各项不良资产、不良债务、不良投资及实物资产损失,成立专门机构进行清理和追索。委托国有资产经营公司对企业不良资产进行处置,避免国有资产流失。

3.规范业绩考核和薪酬管理。以经营业绩考核为抓手,以生产经营、财务状况、主要产品市场动态和安全生产为重点,不断强化资产经营责任,建立健全了“考核层层落实、责任层层传递、激励层层连接”的国有资产保值增值责任体系。与兰花集团、天泽煤化工等6户市属骨干企业签订《2009年度经营业绩责任书》,并完成上年度经营业绩责任考核。着手制定《国有企业领导人员薪酬管理办法》,核定并批复了2009年度市属国有企业工资总额同经济效益挂钩基数。

4.推进产权管理与产权交易。承办了全省企业产权登记年检及数据汇总工作培训会议。产权管理工作正常开展,国有产权进场交易得到严格落实。认真开展企业国有产权登记年检,共年检企业180户,其中市属企业98户,县级企业82户,办理企业产权占有登记22户,变更登记21户,注销1户。按照省、市要求,制定出台了《关于认真做好煤矿企业兼并重组整合中清产核资资产评估工作的意见》,指导各县(市、区)做好煤炭资源整合中的资产评估工作。

5.完成市级财政委托贷款摸底核查。联合市财政、监察等部门,完成了市级财政性委托贷款摸底核查:截至2008年底,晋城市市级财政性委托贷款资金余额65098万元,应收利息13603万元,本息合计78701万元。贷款涉及市直、各县(市)区400多个单位,其中大部分单位因为停产、倒闭,还贷困难,形成呆死账本息共计26401万元,占到贷款余额本息的33.5%。此次核查,为下一步市级财政性委托贷款清理整顿打下了良好基础。

（五）深入开展学习实践科学发展观活动，国有企业党的建设和党风廉政建设进一步加强

按照市委统一部署，2009 年 3 月-8 月在全系统深入开展了以“稳步有序推进改革、转型创新谋求发展、构建和谐保持稳定”为主题的学习实践科学发展观活动，挖掘出了“绿洲精神”并在全系统推广，有力推动了企业党的建设、领导班子建设和党风廉政建设。

1.企业党的建设呈现新局面。基层党组织建设进一步完善，先后对 8 个企业党组织进行了换届调整。党员管理日趋规范，建立和完善了党员信息库。党员队伍建设不断加强，全系统共发展党员 130 人，培训系统内入党积极分子 150 名。党内学习紧紧跟上，通过党委理论中心组学习会、委机关干部学习大会、委机关党员学习会等，深入学习了党的十七届四中全会精神和“右玉精神”、“绿洲精神”，同时指导与推动国有企业广泛开展党员政治理论学习，努力抓好国资委系统广大党员的经常性教育。此外，以纪念新中国成立 60 周年、纪念建党 88 周年为主题开展了一系列主题活动。兰花集团党建工作在全省国有企业党建工作经验交流会上受到表彰。

2.企业领导班子建设得到加强。与晋城市委组织部联合下发了《关于在全市国有企业开展“四好”领导班子创建活动的实施意见》，建立和规范了市属国有企业领导干部选拔任用制度，初步形成人才选拔、培养、流动、激励机制。建立了市属企业优秀人才信息库，为企业发展壮大提供强有力的人才支撑。根据企业发展需要，配合市委组织部对兰花集团、兰花科创、天泽煤化工、丝麻集团等部分企业领导人员进行了考核推荐，国资委党委对绿洲纺织公司领导班子进行了充实调整。

3.企业党风廉政建设和反腐倡廉工作走向深入。制定出台了《班子成员党风廉政建设和反腐败工作目标责任分解意见》，同 25 家市属企业签订了《市属国有企业 2009 年度落实党风廉政建设责任制目标责任书》。积极开展了煤炭领域反腐败集中整治和煤炭基金的专项清理，截至 2009 年 12 月底，共回收煤炭发展基金贷款 1666.97 万元，其中本金 1366.40 万元，利息 300.57 万元。

（六）树立责任意识，圆满完成保稳定、保民生的任务

1.圆满完成安全稳定任务。认真开展领导大接访活动和矛盾纠纷化解工作，班子成员下企业 90 余次，分管领导带领相关人员对重点企业督查 31 次，化解了 50 余起欲进京赴省上访事件，挽回经济损失近 10 万元。加大考核和责任追究力度，对信访问题矛盾较为突出的 3 户企业领导进行了诫勉谈话，配合相关部门对 35 名缠访、闹访、非法上访人员进行了训诫谈话。2009 年，全系统群体性上访、进京赴省非正常上访同比下降 18%。全国两会、国庆期间，国资委系统无重大刑事案件，未发生一起群体性进京赴省非正常上访事件，有力维护了晋城市的良好形象。

2.落实保民生任务。把维护职工合法权益作为各项工作的落脚点，一批困难企业的重点民生问题逐步得到重视和解决：会同市劳动保障、财政部门完成市属 12 户特困企业的认定工作，为解决 6000 多名困难职工医保问题创造了条件；积极协调解决原晋钢下岗职工再就业问题，提供就业岗位 265 个；积极争取政策扶持，春光热电、晋龙油脂、凤源食品等企业 110 多名退休职工领不到退休金问题得到妥善解决。此外，认真组织领导干部“结对帮扶”活动，开展了慰问“三老”及困难人员送温暖活动，共慰问“三老”人员及困难党员4000人次，发放慰问金300余万元。

二、晋城市国有资产总量与结构分析

（一）基本情况

由于煤运系统隶属关系改变，为保持同比口径一致，以下数据比较都不包含煤运系统数据。

1.汇编户数情况。

截至2009年底，纳入全市国有企业国有资产统计报表编制范围的企业共有395户，所属独立核算单位439户。其中：市级国有企业115户（其中独立核算单位159户），县级国有企业279户；煤运系统1户。在市属国有企业中市国资委直接监管的19户（其中独立核算单位63户），委托监管的企业有96户（其中：企业化管理的事业单位有11户）。

全市国有及国有控股企业按行业划分情况表

项　目	户数	占总户数的比例(%)
农、林、牧、渔业	8	1.82
采矿业	31	7.06
制造业	56	12.76
电力、燃气及水的生产和供应	21	4.78
建筑业	11	2.51
交通运输、仓储和邮政业	101	23.01
批发和零售业	118	26.88
住宿和餐饮业	11	2.51
房地产业	8	1.82

续表

项　目	户数	占总户数的比例(%)
租赁和商务服务业	18	4.10
科学研究、技术服务和地质勘探业	3	0.68
水利、环境和公共设施管理业	3	0.68
居民服务和其他服务业	40	9.11
文化、体育和娱乐业	10	2.28

2.资产结构情况。

截至2009年底，晋城市资产结构情况如下：

资产总额：全市国有企业资产总额达到3703987.45万元，比上年同期的3210694.07万元增加了493293.38万元，增幅15.36%。其中：市级资产总额2435477.60万元，占总额的65.75%，比上年同期的2116643.29万元增加了318834.31万元，增幅15.06%；县级资产总额1268509.86万元，占总额的34.25%，比上年同期1094050.79万元增加了174459.07万元，增幅15.95%。

晋城市国资委直接监管企业资产总额达到2041642.02万元，比上年同期的1754557.67万元增加了287084.35万元，增幅16.36%。其中：流动资产743307.07万元，固定资产合计1028512.32万元（其中固定资产净值751199.28万元），长期投资108799.72万元，无形及其他资产161022.91万元。

全市国有及国有控股企业资产总额前十名排序

单位：万元

企　业　名　称	资产总额	排　序
山西兰花煤炭实业集团有限公司	1495617.66	1
沁和能源集团有限公司	537128.40	2
山西天泽煤化工股份有限公司	344835.67	3
晋城市城市经济发展投资有限公司	118597.46	4
晋城市经贸资产经营有限责任公司	83440.55	5

续表

企业名称	资产总额	排序
阳城县竹林山煤炭有限责任公司	75800.02	6
山西晶鑫实业股份有限公司	56397.08	7
高平市赵庄煤矿	54619.78	8
山西省高平市新庄煤矿	51373.06	9
山西晋城岳南煤业有限公司	46338.44	10
合计	2864148.12	

国有资产总量情况：截至2009年底，全市国有企业国有资产总量达到859770.36万元，比上年的771972.51万元增加了87797.85万元，增幅11.37%。其中：市级国有资产总量529464.81万元，占总量的61.58%；县级国有资产总量330305.55万元，占总量的38.42%。市国资委直接监管的企业国有资产总量为401468.49万元，比上年的374894.46万元增加了26574.03万元，增幅7.09%。

负债总额：全市国有企业负债总额2100565.76万元，比上年同期的1814173.1万元增加了286392.66万元，增幅15.79%，其中：流动负债1532381.78万元（短期借款558719.01万元）；非流动负债568183.98万元（长期借款402884 19万元）。

市国资委直接监管的企业负债总额1121845.94万元，比上年同期的953091.89万元增加了168754.05万元，增幅17.71%，其中：流动负债826200.04万元（短期借款336707.26万元）；非流动负债295645.90万元（长期借款270654.08万元）。

所有者权益：全市国有企业所有者权益总额1603421.69万元，比上年同期的1396520.97万元增加了206900.72万元，增幅14.82%，其中实收资本396707.08万元，资本公积238249.39万元；盈余公积118300.92万元，未分配利润443261.63万元。

晋城市国资委直接监管的企业所有者权益总额919796.08万元，比上年同期的801465.78万元增加了118330.3万元，增幅14.76%，其中实收资本159255.67万元，资本公积135162.45万元，盈余公积26598.98万元，未分配利润214494.93万元。

3.职工基本情况。

截至2009年底，全市国有企业年末从业人数为71435人，年末职工人数71767人（其中在岗人员62724人），离退休人员10156人。其中：市国资委直接监管企业年末从业人数为33456人，年末职工人数33724人（其中在岗人员30307人），离退休人员5397人。

2009年底，全市国有企业年末在岗职工平均工资为26750.22元，较上年的27242.36元减少了492.14元。市国资委直接监管企业年末在岗平均工资为31114.14元，较上年的35457.31元减少了4343.17元。

4.社会统筹情况。

截至2009年底，全市国有企业参加基本养老保险人数62341人，占年末职工人数86.87%；参加基本医疗保险人数56172人，占年末职工人数78.27%；参加工伤保险人数54936人，占年末职工人数76.55%；参加失业保险人数43609人，占年末职工人数60.76%。市国资委直接监管企业参加养老保险人数30185人，占监管企业年末职工人数89.51%；参加基本医疗保险人数28204人，占监管企业年末职工人数83.63%；参加工伤保险人数27748人，占监管企业年末职工人数82.28%；参加失业保险人数22408人，占监管企业年末职工人数66.45%。

（二）主要经济指标分析

主营业务收入：全市国有企业主营业务收入 1342823.61 万元，比上年的 1254544.6 万元增加了 88279.01 万元，同比增长 7.04%。其中：市级国有企业主营业务收入 917579.56 万元，占全市国有企业的 68.33%。县级主营业务收入 425244.05 万元，占全市国有企业的 31.67%。

晋城市国资委直接监管企业主营业务收入 836842.77 万元，占全市国有企业的 62.32%，同比增长了 4.13%。其中增幅较大的为：山西兰花煤炭实业集团有限公司主营业务收入 595459.79 万元，较上年 575944.52 万元增长 19515.27 万元，增幅 3.39%；山西天泽煤化工集团股份公司主营业务收入 226596.21 万元，较上年 194671.64 万元增长 31924.57 万元，增幅 16.40%。

利润总额：全市国有企业实现利润 299038.6 万元，较上年的 353449.32 万元减少了 54410.72 万元，减幅 15.39%。其中：市级国有企业实现利润 181852.7 万元，占全市国有企业的 60.81%。县级 117185.9 万元，占全市国有企业的 39.19%。晋城市国资委直接监管企业实现利润 181641.72 万元，占全市国有企业的 60.74%。

国有及国有控股企业利润总额
（5000 万元以上）排序表

单位：万元

企 业 名 称	资产总额	排 序
山西兰花煤炭实业集团有限公司(合并)	167257.00	1
沁和能源集团有限公司	46739.90	2
山西省高平市新庄煤矿	21464.61	3
山西省天泽煤化工股份有限公司	15120.04	4
阳城县竹林山煤炭有限责任公司	14638.63	5
高平市赵庄煤矿	12814.77	6
山西省高平申家庄矿业有限公司	10025.11	7
晋城市三八煤矿	8641.89	8
山西阳城沁海煤业有限公司	8200.63	9
晋城市经贸资产经营有限责任公司	5369.65	10
合计	310272.23	

上缴税金。全市国有企业上缴税金 289683.5 万元，其中市级国有企业上缴 183155.54 万元，占全市国有企业的 63.23%。委直接监管企业上缴税金 177341.4 万元，占全市国有企业的 61.22%，比同期的 121377.33 万元增加了 55964.07 万元，增幅 46.11%。其中：兰花集团完成 147418.99 万元，天泽完成 28596.92 万元，两家重点企业上缴利税占监管企业上缴税金的 99.25%。

工业总产值。全市国有企业工业总产值实现 1162947.98 万元，同比减少 0.97%。其中：市级 862343.77 万元，县级 300604.22 万元，在市级国有企业中市国资委直接监管企业的工业总产值实现 853262.52 万元，占全市国有企业总产值的 73.37%。

工业增加值。全市国有企业工业增加值实现 730026.52 万元，同比减少了 1.95%。其中：市级 499173.91 万元，县级 230852.61 万元，在市级国有企业中市国资委直接监管企业的工业增加值实现 497210.36 万元，占全市国有企业增加值的 68.11%。

国有资本保值增值率。全市国有企业国有资本保值增值率为 116.71%。其中：市级

115.96%,县级118.21%,在市级国有企业中市国资委直接监管企业的国有资本保值增值率为120.49%。

资产负债率。全市国有企业资产负债率为56.71%。其中:市级57.36%,县级55.46%,在市级国有企业中市国资委直接监管企业的资产负债率为54.95%。

总资产报酬率。全市国有企业的总资产报酬率为9.36%。其中:市级8.78%,县级10.48%。在市级国有企业中市国资委直接监管企业的总资产报酬率为10.46%。

净资产收益率(不含少数股东权益)。全市国有企业的净资产收益率为13.77%。其中:市级10.75%,县级17.53%,在市级国有企业中市国资委直接监管企业的净资产收益率为13.35%。

国有及国有控股企业国有资本保值增值率与上年对比表

单 位	国有资本保值增值率(%)	
	上 年	本 年
全市国有企业	127.92	116.71
市级	115.61	115.96
其中:直接监管企业	118.42	120.49
各县(市 区)	164.34	118.21
其中:城 区	102.36	131.76
阳城县	172.08	108.40
泽州县	167.54	115.13
沁水县	146.56	120.92
陵川县	114.59	219.41
高平市	164.39	122.01

晋城煤运系统资产总额1084548.72万元,同比增长了22.90%,负债总额636356.91万元,所有者权益448191.8万元,同比增长6.75%。国有资本总量达到369890.75万元,主营业务收入1239842.25万元,实现利润126358.16万元,上缴税金130858.49万元。

(三)经济运行情况分析

从晋城市国有企业经济运行情况来看,2009年晋城市国有企业整体经济运行保持平稳发展状态。

1.生产销售仍呈增长趋势,但增长速度明显回落。2008年以来,受金融危机的影响,晋城市国有企业整体运行不太平稳,波动较大,主要经济指标逐渐回落,工业总产值和增加值都有所减少,主要是由于企业成本费用加大,需求不足,部分产品价格下降,产量下滑。

2.增加国有资本存量,确保国有资本保值增值。随着国企改革、股权投入多元化的推动和深入,国有资本的存量资产得到了明显改善,增量资产主要集中在重要领域和重要行业,国有资本结构得到了进一步的优化,有影响的企业经济实力明显增强。

3.加强内部管理,创新管理理念。企业在确保经济快速增长的同时,加强企业内部管理,不断创新经营管理理念,加强内控成本管理,降低能源消耗,以最小的投资产出最大的效益,实现了销售和利润的同步高速增长,企业经济实力得到大幅提升。重点通过创新管理体制机制,进一步引深全面预算管理、内部市场化管理、信息化管理三大管理,加强对管理环节上的规范化、精细化、现代化改造,企业素质显著增强。自身管理方式方法、制度、流程更趋合理高效,实现了内部资金流、物流、信息流等整个流程的再造,进一步提高了资源配置效率和效益。

三、晋城市国资委领导班子成员名录

王树新	市政府副市长、国资委党委书记(兼)
闫培烈	主任、党委副书记
张余庆	党委常务副书记(正处)
李廷祥	党委副书记
毕前胜	党委委员、纪检委书记
徐跃山	党委委员、副主任
司秀春	党委委员、副主任
刘建光	党委委员、副主任
刘云芳	党委委员、总经济师
田有富	党委委员、副调研员
任晋君	党委委员、副调研员

长治市

一、长治市国有资产监督管理工作综述

(一)稳步推进国企改革,国有经济布局结构逐步优化

按照"扶持壮大一批、改制重组一批、关闭破产一批"的思路,国有企业改革步伐进一步加快。一是积极推进长钢改革重组工作。2009年初,长治市国资委牵头成立了长钢首钢联合重组工作协调领导组办公室,制定了联合重组工作推进计划,并将33项工作任务分解到各成员单位,明确了各项工作的责任人和时间进度要求,有序推进了长钢联合重组工作。2009年8月8日,长治市政府与首钢总公司签署了《战略合作协议》,长治市国有工业资产经营公司与首钢总公司正式签署了《股权转让协议》。2009年11月上旬,重组后的首钢长钢公司召开了第一次股东会、第一次董事会。2009年12月18日首钢长钢公司正式揭牌,标志着首钢长钢联合重组工作顺利完成。二是加快推进长治轴承厂政策性破产工作。长治轴承厂企业职工的破产清算费用测算工作基本结束,劳动、财政等部门联合审核工作正在进行,企业办医院、技校、幼儿园等社会职能整体移交工作在积极推进中。三是通过国有股权转让、资产重组、关闭清算等形式,稳妥推进长治市潞苑建材公司、长治市合成化学总厂、长治市煤化机械厂等25户企业的改制工作。长治市陶瓷厂、长治市潞苑建材公司、长治市交通燃料公司、长治市纸面石膏板厂等5户企业均已完成清产核资、资产评估等改制前期工作,职工代表大会表决通过了职工安置方案,并已通过产权交易市场发布了企业资产转让公告,待政府确定企业资产处置方式后,可进行交易;长治市合成化学总厂整体租赁经营工作已完成;长治市潞华一厂关闭清算前期各项准备工作已完成,职工代表大会表决通过了职工安置方案,待政府资金到位后即可安置职工;长治市木材公司、长治市机电设备公司资产评估等基础性工作正在进行;其他企业改制前期准备工作在积极推进中。

（二）加大监管工作力度，增强国有资产保值增值责任

围绕国有资产保值增值责任，长治市国资委积极推进监管基础工作，国资监管体系不断完善。一是做好企业国有资产管理工作。2009年，长治市国资委对近十多户企业进行了清产核资、资产评估、土地评估（土地测绘）、专项财务审计等一系列的规范运作，其中，完成清产核资的企业6户，完成资产评估的企业6户，完成土地评估(土地测绘)的企业6户，完成专项财务收支审计的企业5户，为企业改制的决策提供了可靠的依据，有效避免了国有资产的流失。二是对3户直属资产经营公司及21户市属监管企业的法定代表人或负责人进行任期经济责任审计，针对审计过程中发现的问题企业进行了认真整改，进一步健全了国有企业内控制度，加强了国有资产管理，提高了企业抗风险能力。三是严格执行《企业国有产权转让管理暂行办法》，规范国有资产处置程序，2009年改制的长治市潞苑建材有限公司、长治市陶瓷厂、长治市交通燃料公司、长治市纸面石膏板厂、长治市煤炭化工机械厂等5户企业全部拟通过产权交易市场发布转让公告，公开征集受让方，市属企业国有产权进场交易率达到100%。四是加强国有产权管理，建立和完善国有产权管理制度。认真做好产权登记工作，严格颁发产权登记表证有关材料的报审工作，2009年共办理新增产权登记企业29户，变动登记企业73户，注销登记企业43户，其中：市属新增产权登记企业6户，变动登记企业15户，注销登记企业2户；县区新增产权登记企业23户，变动登记企业58户，注销登记企业41户。五是认真开展监管企业统计评价，健全监管企业财务统计制度。完成了2008年度财务决算审核和汇总，进一步完善长治市国资委企业年度财务决算报告体系。

（三）扎实推进维稳工作，为企业改革创造良好环境

一是高度重视稳定工作，针对可能出现的不稳定问题，长治市国资委明确了分管领导，落实了承办科室，实施稳定工作责任制。2009年，长治市国资委系统共接待上访群众1232人次，处置信访事件23起，化解矛盾纠纷15项，特别是成功处置了“6·22”长治市合成化学总厂职工集体上访事件，通过信访案件的解决，有力地维护了长治市国资委系统的稳定，保证了企业的正常生产秩序。二是分门别类做好维护稳定工作。一方面是认真做好改制企业职工的稳定工作，妥善解决改制工作中的遗留问题。要求企业改制严格按照政策规定进行，坚持以人为本，尽量做到人性化操作，2009年以来较好地协调解决了市属特困企业职工参加基本医疗保险问题。另一方面认真做好企业离退休老干部的工作，对全系统298名老干部进行健康体检，为41名1945年9月2日前参加工作的离休干部办理提高待遇审批手续，坚持定期和不定期走访慰问工作，给他们送去了党和政府的关心和温暖。

（四）狠抓企业党建工作，和谐稳定良好局面得到加强

一是学习实践科学发展观活动扎实推进。按照市委的部署，长治市国资委在认真搞好机关学习实践活动的整改落实工作的同时，深入开展第二批基层企业党组织的学习实践活动，共涉及66个基层党组织、5660名党员，积极探索科学发展的新思路新举措。二是进一步加强基层党组织建设。调整部分基层党组织机构设置，对19户改制企业（其中关闭破产清算企业17户，改制为非国有企业的2户）的1336名党员实行属地管理；对102名入党积极分子进行了培训，审批预备党员转正24人，发展党员98人。三是推进国有企业“四好”班子建设，先后对长治市合成厂、长治市畅达公司、长治市产权交易市场、长治市国谐公司等企业的领导班子进行了充实调整，为企业的改革发展稳定提供了政治保证。四是抓好党风廉政建设。深入开展廉政文化进企业、进家庭活动，抓好企业效能监察工作，继续开展煤焦领域反腐败专项治理工作，进一步建立健全国企党风廉政建设和反腐败斗争工作机制，确保实现“国有资产不流失、领导人员不失足、群众利益不受损”的目标。

（五）继续加强机关建设，国资监管水平进一步提升

一是继续推进学习型机关建设。长治市国资委通过深入学习贯彻党的十七大精神，积极宣传实施《中华人民共和国企业国有资产法》，并坚持每周召开机关学习例会，网上自学、外出学习等各种方式开展学习培训活动，全面提高国资监管工作人员的思想政治素质、理论水平和实际工作能力。二是转变工作作风，牢固树立出资人意识，准确把握职能定位，坚持做到“不缺位、不错位、不越位”，在创新服务上多做文章，服务基层、服务企业、服务群众的观念进一步增强，切实将“管人、管事、管资产”的各项职责落到实处。三是健全和完善各项规章制度，严格执行“服务承诺制”、“首问责任制”、“岗位责任制”，廉洁自律、纪律观念明显增强，机关效能、机关形象明显提升。

二、长治市国有资产运营状况分析

2009年长治市国有及国有控股企业共汇总报表276户，比2008年338户减少62户，比2007年394户减少118户。本年度新增报表14户，其中：新增企业2户，新设合并2户，上年应报未报10户；本年度减少户数76户，其中：改制38户，拍卖2户，隶属关系改变25户，其他情况11户，2009年企业户数减少的主要原因为：一是全市粮食企业改制；二是长钢股权转让；三是各县煤运公司统一由省煤运汇总。汇总报表的276户企业基本情况如下：按企业规模划分：大型企业4户，占总户数的1.45%；中型企业13户，占总户数的4.71%；小型企业259户，占总户数的93.84%。按企业级次划分：市级企业88户，占企业总数的31.88%；县级企业188户，占企业总数的68.12%。按组织形式划分：国有企业220户，占总户数的79.71%；公司制企业36户，占总户数的13.04%；其他类型企业20户，占总户数的7.25%。按盈利或亏损划分：盈利企业132户，占总户数的47.83%；亏损企业144户，占总户数的52.17%，资不抵债企业（指负债大于资产）有90户，占总户数的32.6%。按行业划分：农林牧渔业9户，占总户数的3.26%；工业企业69户，占总户数的25%；建筑业7户，占总户数的2.54%；交通运输业8户，占总户数的2.9%；仓储业52户，占总户数的18.84%；贸易业86户，占总户数的31.16%，餐饮业7户，占总户数的2.54%；房地产业7户，占总户数的2.54%；社会服务业21户，占总户数的7.6%；教育文化广播业 9 户，占总户数的 3.26%；其他行业 1 户，占总户数的 0.36%。

（一）企业资产质量稳步增长

2009 年度长治市国有及国有控股企业汇总资产总额为 1364496 万元，比上年同期 1321388 万元增加 43108 万元，增长 3.26%。其中：国有资产总额为 482699 万元，比上年同期 455198 万元增加 27501 万元，增长 6%。全市国有及国有控股资产等与 2007 年、2008 年度（较 2008 年减少，主要是本年长钢股权转让后，未汇总长钢资产）对比情况见下表：

国有及国有控股企业资产存量增减变化表

单位：万元

项　目	2007 年	2008 年	2009 年	较上年增减	较上年增减(%)
户　数	394	338	276	-62	-18.34%
资产总额	1291126	2835781	1364496	-1471285	-51.88%
负债总额	817302	1986218	862701	-1123517	-56.57%
所有者权益	473973	849563	501795	-347768	-40.93%
国有资产总额	454947	767459	482699	-284760	-37.10%

资产总额按企业规模划分：大型企业汇总资产总额 737048 万元，占全市资产总额的 54.02%；中型企业汇总资产总额 194364 万元，占企业资产总额的 14.24%；小型企业汇总资产总额 433084 万元，占企业资产总额的 31.74%。

按组织形式划分：国有独资企业汇总资产总额 59109 万元，占全市资产总额的 4.33%；非公司制独资企业汇总资产总额 1162463 万元，占全市资产总额的 85.19%，有限责任公司汇总资产总额 43613 万元，占全市资产总额的 3.2%；股份制企业汇总资产总额 77682 万元，占全市资产总额的 5.69%。

按企业隶属关系划分：市级企业汇总资产总额 362611 万元，占全市资产总额的 26.57%；县级企业汇总资产总额 1001884 万元，占全市资产总额的 73.43%。

按行业划分：农林牧渔业汇总资产总额 2659 万元，占全市资产总额的 0.19%；工业企业汇总资产总额 1028577 万元，占全市资产总额的 75.38%；建筑业汇总资产总额 41541 万元，占全市资产总额的 3.04%；交通运输业汇总资产总额 46997 万元，占全市资产总额的 3,44%；仓储业汇总资产总额 67981 万元，占全市资产总额的 4.98%；贸易业汇总资产总额 78308 万元，占全市资产总额的 5.74%，餐饮业汇总资产总额 5321 万元，占全市资产总额的 0.39%；房地产业汇总资产总额 25325 万元，占全市资产总额的 1.86%；社会服务业汇总资产总额 50058 万元，占全市资产总额的 3.67%；教育文化广播业汇总资产总额 15295 万元，占全市资产总额的 1.12%；其他行业汇总资产总额 2434 万元，占全市资产总额的 0.18%。

在工业企业 1028577 万元资产中，按各行业所占资产与工业企业总资产比重排序为：煤炭工业资产总额 839847 万元，占工业企业资产总额的 81.65%，占全市资产总额的 61.55%；食品工业 14615 万元，占工业企业资产总额的 1.42%，占全市资产总额的 1.07%；医药业资产总额 57723 万元，占工业企业资产总额的 5.61%，占全市资产总额的 4.23%；化学工业 12839 万元，占工业企业资产总额的 1.25%，占全市资产总额的 0.94%；电力工业 9995 万元，占工业企业资产总额的0.97%，占全市资产总额的0.73%。

通过以上可以看出，长治市国有及国有控股企业在资产分布上，主要集中在煤炭行业、金属工业，小型企业、贸易业、餐饮业在不断减少，资产分布主要还是集中在资源型企业，以煤炭型企业所占比例最大，其他行业数量多、资产少。

（二） 企业负债率呈下降趋势

长治市国有及国有控股企业2009年度负债总额为862701万元，比上年同期增长2.14%，汇总企业资产负债率为63.22%，比上年降低6.78个百分点；流动比率为1.14，比上年增加0.34个百分点；速动比率为0.99，比上年增加0.3个百分点。

负债总额按企业规模划分：大型企业负债总额379267万元，占全市负债总额的43.96%；中型企业负债总额138898万元，占全市负债总额的16.10%；小型企业负债总额344536万元，占全市负债总额的39.94%。

按组织形式划分：国有独资企业负债总额13226万元，占全市负债总额的1.53%；非公司制独资企业负债总额755375万元，占全市负债总额的87.56%，有限责任公司负债总额25904万元，占全市负债总额的3%；股份制企业负债总额55662万元，占全市负债总额的6.46%；企业化管理事业单位负债总额12534万元，占全市负债总额的1.45%。

按企业隶属关系划分：市级企业负债总额253117万元，占全市负债总额的29.34%，资产负债率69.8%；县级企业负债总额609584万元，占全市负债总额的70.66%，资产负债率60.84%。

按行业划分：农林牧渔业负债总额2340万元，占全市负债总额的0.27%，资产负债率为88%；工业企业负债总额614438万元，占全市负债总额的71.24%，资产负债率为59.74%；建筑业负债总额33515万元，占全市负债总额的3.88%，资产负债率为80.68%；交通运输业负债总额17924万元，占全市负债总额的2.08%，资产负债率为38.14%；仓储业负债总额67281万元，占全市负债总额的7.8%，资产负债率为98.97%；贸易业负债总额73297万元，占全市负债总额的8.5%，资产负债率为93.6%；餐饮业负债总额3309万元，占全市负债总额的0.38%，资产负债率为62.17%；房地产业负债总额20633万元，占全市负债总额的2.39%，资产负债率为81.47%；社会服务业负债总额15309万元，占全市负债总额的1.77%，资产负债率为30.58%；教育文化广播业负债总额14530万元，占全市负债总额的1.68%，资产负债率为95%；其他行业负债总额124万元，占全市负债总额的0.01%，资产负债率为5.08%。

在工业企业614438万元负债中，煤炭工业负债475878万元，占工业企业负债总额的77.45%，占全市负债总额的55.16%；食品工业负债9431万元，占工业企业负债总额的1.53%，占全市负债总额的1.09%；医药业负债总额40332万元，占工业企业负债总额的6.56%，占全市负债总额的4.68%；化学工业12656万元，占工业企业负债总额的2.06%，占全市负债总额的1.47%；电力工业负债5965万元，占工业企业负债总额的0.97%，占全市负债总额的0.69%。

通过以上可以看出，长治市国有及国有控股企业负债状况有以下特征：一是负债总额逐年增加，还有煤炭行业负债比重较大。二是一些行业资产负债率过高，如仓储业资产负债率将达100%,整体上已经是资不抵债。三是小型企业负债虽然占总负债比例较低，但企业户数多,多是县级企业,总体偿债能力较差,资金流动不畅。

(三)国有资产与企业资产等幅增长

截至2009年底,长治市汇总企业国有资产总额为482699万元,比上年增长6.04%,其中:国家资本105042万元，比上年增长1.18%,法人资本10501万元,比上年减少14.84%,个人资本4518万元,比上年增加192.42%。资本公积77367万元,比上年减少41.83%,盈余公积35106万元,比上年增长15.69%;未分配利润215373万元,比上年增长51.05%。2009年度全市国有资产保值增值率为114.7%。

国有资产分布状况如下：

国有资产总额按企业规模划分：大型企业国有资产总额为357781万元,占国有资产总额的74.12%;中型企业国有资产总额为37289万元,占国有资产总额的7.75%;小型企业国有资产总额为87529万元，占国有资产总额的18.13%。

按组织形式划分：国有独资企业国有资产总额为45884万元,占全市资产总额的9.51%;非公司制独资企业国有资产总额为407275万元,占全市资产总额的84.37%,有限责任公司国有资产总额为13271万元，占全市资产总额的2.75%；股份制企业国有资产总额为7174万元,占全市资产总额的1.49%;其他企业国有资产总额为9095万元，占全市资产总额的1.88%。

按企业级次划分：市级企业国有资产总额为91660万元，占全市国有资产总额的18.99%；县级企业国有资产总额为391039万元,占全市国有资产总额的81.01%。

按行业划分：农林牧渔业国有资产总额为328万元,占全市国有资产总额的0.06%;工业企业国有资产总额为399092万元,占全市国有资产总额的82.69%；建筑业国有资产总额为8041万元，占全市国有资产总额的1.66%;交通运输业国有资产总额为25374万元，占全市国有资产总额的5.26%；仓储业国有资产总额为530万元,占全市国有资产总额的0.11%;贸易业国有资产总额为5187万元,占全市资产总额的1.07%，餐饮业国有资产总额为2013万元,占全市资产总额的0.41%;房地产业国有资产总额为4692万元，占全市资产总额的0.97%；社会服务业国有资产总额为34357万元,占全市资产总额的7.12%;教育文化广播业国有资产总额为775万元，占全市资产总额的0.16%；其他行业国有资产总额为2310万元，占全市资产总额的0.48%。

在工业企业399092万元的国有资产中,国有资产总额较大的有：煤炭工业363980万元，占工业企业国有资产总额的91.2%，占全市国有资产总额的75.41%；医药制品工业3087万元,占工业企业国有资产总额的0.77%,占全市国有资产总额的0.46%；食品工业1324万元，占工业企业国有资产总额的0.33%，占全市国有资产总额的0.27%；电力工业4030万元,占工业企业国有资产总额的1%，占全市国有资产总额的0.83%。

总体来看，长治市国有企业国有资产是稳步增长的，但资产总额和负债总额的增长速度较快;虽然全市经济基本走上了健康、稳步、有效发展的良好轨道，但国有资产仍集中于大中型企业，在煤炭行业仍然居于主要地位，由于2008年对于医药行业事件的影响,使全市医药行业的国有资产明显下降。截至2009年底,长治市的国有资产主要集中于煤炭等行业。

（四）国有及国有控股企业销售收入及利润下降

2009年度长治市国有及国有控股企业实现销售收入681002万元，比上年减少9%。利润总额93180万元，比上年减少47.95%。净利润66742万元，比上年减少49.28%。全市总资产报酬率7.71%，比上年上升1.32个百分点，净资产收益率13.64%，比上年上升4.79个百分点，成本费用利润率16.09%，人均利润33562元。

按规模分析。大型企业主营业务收入397649万元，占总收入的60.13%，中型企业主营业务收入89438万元，占总收入的13.52%，小型企业主营业务收入174214万元，占总收入的26.34%。大型企业实现利润96171万元，占总利润的103.21%，中型企业亏损779万元，小型企业亏损2213万元。

按组织形式划分。国有独资企业主营业务收入为29316万元，占全市主营业务收入的4.43%；非公司制独资企业主营业务收入为568555万元，占全市主营业务收入的85.98%；有限责任公司主营业务收入为23222万元，占全市主营业务收入的3.51%；股份制企业主营业务收入为34238万元，占全市净利润的5.18%。国有独资企业实现利润为3970万元，占全市利润总额的4.26%；非公司制独资企业实现利润为90574万元，占全市利润总额的97.2%；有限责任公司亏损1180万元；股份制企业国有资产总额为109万元，其他企业亏损293万元。

按企业级次分析。市级企业主营业务收入145504万元，占总收入的21.36%，县级企业主营业务收入535498万元，占总收入的78.64%。市级企业实现净利润-2718万元，比上年亏损3121万元，县级企业实现净利润69460万元，比上年亏损61721万元。

按行业划分。主营业务收入：农林牧渔业主营业务收入272万元，占总收入的0.04%，工业企业主营业务收入466797万元，占总收入的70.6%，建筑业主营业务收入14775万元，占总收入的2.22%，交通运输业主营业务收入16049万元，占总收入的2.44%，仓储业主营业务收入67020万元，占总收入的10.13%，贸易业主营业务收入48972万元，占总收入的7.41%，餐饮业主营业务收入441万元，占总收入的0.07%，房地产业主营业务收入5826万元，占总收入的0.88%，社会服务业主营业务收入37857万元，占总收入的5.72%，教育文化广播业主营业务收入3245万元，占总收入的0.49%，其他行业主营业务收入48万元。

在工业企业的466797万元的营业收入中，煤炭工业主营业务收入406073万元，占工业企业销售收入的87%，占全市销售收入的61.41%；医药制造工业33453万元，占工业企业销售收入的7.17%，占全市销售收入的5.06%；化学工业主营业务收入1914万元，占工业企业销售收入的0.41%，占全市销售收入的0.29%；电力工业主营业务收入1863万元，占工业企业销售收入的0.4%，占全市销售收入的0.28%。

实现利润的93180万元中：农林牧渔业利润总额-17万元；工业企业利润总额91411万元，占总利润的98.1%；建筑业利润总额-41万元；交通运输业利润总额-42万元，仓储业利润总额-607万元；贸易业利润总额-1006万元；餐饮业利润总额-44万元；房地产业利润总额-34万元；社会服务业利润总额4114万元，教育文化广播业利润总额-441万元。

（五）国有及国有控股企业税金平稳增长

2009年长治市国有及国有控股企业应缴税金总额为79780万元，全年实际缴纳税金112499万元。其中：增值税本年应缴42993万元，本年已缴56343万元；营业税本年应缴2016万元，本年已缴1817万元，资源税本年应缴1754万元，本年已缴1817万元；城建税本年应缴831万元，本年已缴779万元；企业所得税本年应缴26199万元，本年已缴46050万元；其他各税本年应缴4643万元，本年已缴4418万元。全市国有企业税金缴纳呈平稳增长趋势，企业拖、欠税现象逐渐减少。

综合以上分析对长治市国有及国有控股企业的2009年度汇总后情况分析表明，长治市国有资本分布呈现以下特点：一是行业覆盖面过宽，全市278户企业，几乎遍布所有行业；二是产业集中度偏低，国有企业数量多，煤炭行业仍是本市国有及国有控股企业的支柱行业；三是资本结构不合理，全市汇总企业中公司制企业户数仅占总户数的13.04%，国有企业占全市企业比重仍然较大。随着国有企业改革的深化，增强了国有资本控制社会资本的能力，有效地发挥了国有经济的主导作用，但国有经济主导作用的发挥不仅仅要表现在国有资本的总体数量上，而且更集中地反映在国有资本的质量上，通过国企改革，使国有资本的分布更加合理，使资本从低效益领域向高效益领域转移，国有企业的资产负债率、资本盈利水平更趋合理。

临汾市

一、临汾市国企改革工作

一是及时协调财政部门按时为临汾纺织厂、襄汾纺织厂、山西橡胶厂、山西电控厂、临汾造纸厂五户政策性破产企业下拨专项资金2.6亿元；二是五户企业政策性破产工作取得突破，其中临汾纺织厂的依法清偿、职工安置工作完成90%，其他四户完成了依法清偿的各项费用公示、确认工作；三是积极化解金融债务，回购了侯马纺织厂、临汾宾馆、市金属公司等企业的9000多万元债权；四是其他市属企业改制规范进行，其中临汾煤焦发运站和市政设施养护处已完成清产核资、财务审计和资产评估工作。贫困地区经济开发公司、化工供销公司、重工供销公司、轻纺公司的企业破产预案和职工安置方案已经相关部门核准。

二、临汾市国资监管工作

一是完成了全市2008年度308户企业国有资产的统计工作，全市企业国有资产保值增值率为147.50%；二是为6户企业办理了产权登记；三是建立企业国有资产评估项目核准备案制度，出台了《市属企业国有资产评估项目核准备案审核办法》。全年共受理备案7个，核准项目6个；四是调整充实了清产核资领导组，制定了《市属国有企业清产核资中资产损失认定审核办法》，草拟了《市属清产核资企业不良资产处置和管理办法》；五是对直属企业生产经营各项管理制度执行情况进行了监督检查，使各企业进一步健全了规章制度，规范了经营行为；六是制定了《市属企业国有资产处置实施办法》，健全了市产权交易中心的内部制度，初步建立了一个公开、公平、规范、有序的产权交易体系。全年共交易2个项目，交易底价431.8万元，成交额434.8万元。

三、学习实践活动

一是成立了活动领导小组，制订了实施方案，明确了活动主题、活动载体和措施要求；二是组织了三次大型调研活动，找准了影响全市工业经济、国企改革、国资监管等方面科学发展的突出问题，制定了有针对性的整改措施；三是组织广大干部职工系统学习了科学发展观的相关知识和中央省市的相关文件；四是对征求到的意见建议进行梳理，确定了23条整改事项，并落实了整改责任人、完成时间和标准质量；五是多次深入临纺、襄纺、临纸、市建、电控厂等直属企事业单位进行督导，帮助企业找准了生产经营中以及改制过程中存在的突出问题，提出了整改建议和工作要求，促进了各企业的学习实践活动顺利开展。六是加强了学习实践活动的宣传工作。共编发简报18期，其中被省委学习实践活动领导小组转载一期，省国资委学习实践活动领导小组转载两期，市委学习实践活动领导小组转载两期。

四、党建工作

一是围绕创建学习型机关活动，健全完善了学习制度，创新了学习方式，通过观看音像资料、下基层调研、领导解读、点评法律法规及相关政策等方式，丰富了机关学习形式，提高了大家的业务能力和理论水平；二是为加强党员队伍建设，举办了一期入党积极分子培训班，41名入党积极分子参加了培训。发展新党员35人。七一前夕，对26名优秀党员、17名优秀党务工作者、13个先进基层党组织进行了表彰；三是深入开展党风廉政建设。对照中纪委提出的“五项规定”和“国有企业领导人员廉洁从业暂行规定”的要求，在全系统开展了“六查六看”自查自纠活动，并针对系统实际，制定出台了《关于加强破产企业管理的6条纪律要求》，防止在企业政策性破产期间发生违纪违法问题；四是对煤焦领域反腐败专项斗争进行了回头看，并制定实施了《煤焦领域反腐败专项斗争集中整治阶段实施意见》；五是对工程建设领域突出问题专项治理工作进行了安排部署。

五、机关效能建设

一是将全年各项工作目标细化为68项，并层层分解，责任到人；二是建立了重大事项承办卡和工作效能督办卡制度，修改完善了其他19项制度；三是提高了办事效率。全年共受理各类审批项目323件。其中：核准项目306件，备案项目17件，办理时限全部在5日内，分别比承诺时间缩短了10天和3天。四是开展了政风行风评议工作。从全市民主党派中增加聘请了7名行评监督员。举办了政风行风评议咨询服务活动。通过座谈会、听证对话会、发函等形式，征求意见建议23条，并进行了认真整改。参加了三次行评热线节目，现场解答了群众提出的问题。

六、信访稳定工作

一是与各直属单位(企业)签订了稳定责任书,进一步明确责任分工。设立应急值班室,实行二十四小时值班,定时汇报各单位的稳定情况;二是建立了委领导包企业、企业领导包车间、车间领导包班组、班组长包个人的"四包"工作网络;三是变"上访"为"下访",全年委领导先后深入18个企业,下访19次,走访信访人员71人次。召开信访工作会、案件协调会8次,协调解决信访问题22个。组织了9次大的排查活动,排查出各类矛盾和问题86个,解决、平息了69个;四是为直属单位和企业及时下拨解困资金160万元,救助困难职工2300多名。

运城市

一、运城市国有资产监督管理工作综述

(一)企业改革取得新进展

在全面摸清企业情况的基础上,按照以人为本和又好又快发展的原则,依据监管企业分类改制意见,全面启动市属国有企业改革工作,取得较大进展。一是企业改制工作积极开展。市无线电厂改制工作,在认真摸排走访的基础上召开了职工大会,职工安置方案已征得全体职工同意,改制进入实施阶段。市百纺公司通过联合开发进行彻底改制,经过公开招标已确定合作方,改制工作正在实施。临猗、永济医药药材公司改制完成。杜家沟煤矿在完成现代企业制度改革后,已正式移交霍州矿务局。礼元化肥厂移交闻喜县政府管理。二是积极帮助企业解决实际问题,确保正常发展。新绛纺织有限公司停产后,运城市国资委通过多方努力,先后帮助企业争取职工生活费750万元,为符合条件的45、50人员150余人办理提前退休手续,一定程度上保证了企业稳定。在与新绛县政府积极协调后,已完成子弟学校移交管理工作,为企业减轻了负担,解决了实际问题。在此基础上,通过公开招标,实行租赁经营,租赁协议已于2009年10月1日正式签定。运城拖拉机厂子弟学校教职工及资产已全部移交盐湖区,中条山有色金属子弟学校已移交垣曲县。根据商业肉联厂职工反映的职工医保的问题,经与企业协商,各方共同努力后,使职工的医保问题得到彻底解决。三是企业破产工作稳步推进。永济纺织厂政策性破产正式启动。糖酒公司职工安置结束,破产即将终结。食品公司进入破产程序,第一次债权人会议召开,审计、评估和各项费用测算已基本完成。

(二)重大投融资项目管理得到加强

五色石公司计划淘汰现有立窑生产工艺,新上日产2500吨新型干法水泥熟料生产线,已经省经委核准,积极与龙门集团进行谈判,拟由双方共同建设。市外贸包装公司拟建大型仓储物流中心,建成后物流量可达150亿元,新增营业收入1500万元,安排就业300余人,截至年底该项目已报市发改委,争取国家和山西省专项资金。

（三）产权管理工作进一步加强

一是产权登记和产权交易管理日益规范，交易程序制度化、程序化、为保证全市国有资产保值增值做出了贡献。全年共发布《国有资产产权交易告》17 宗，成交 11 宗，涉及评估值 2303.74 万元，实际成交价 2654.93 万元，平均增值率为 15.25%。二是加强招商引资力度，为关铝热电厂、市建等办理抵押贷款 2.2 亿元。

（四）企业干部管理及激励约束机制日趋完善

一是企业领导班子建设效果明显，顺利完成 2009 年度企业领导班子和领导人员年度考核工作，监管企业领导班子的整体素质明显提高。在学习实践科学发展观活动中，先后列席参加了市建、五色石公司、永济印染厂等企业的领导班子专题民主生活会。做好了企业后备干部的培养推荐工作，结合年度考核，在 7 个单位推荐副职后备干部 21 人，正职后备干部 3 人，都已上报市委组织部，建立了企业后备干部人才库，截至年底已有 7 人被提拔使用。二是按照现代企业制度要求进一步规范企业法人治理结构。对经纬燃气公司领导班子进行了调整加强。对运城大酒店的董事会和经理层领导人员进行了补充提名。通过对公司制组织结构的完善，确保了企业的良好运行。三是顺利完成了南风集团和关铝股份两家企业领导班子人事档案移交工作。

（五）企业党建工作进一步加强

一是扎实做好了党员队伍建设工作，全年共发展党员 115 名，并组织举办了国资委第三期入党积极分子培训班，参加培训的积极分子达 70 余名。二是成立组织结构，按照市委、市政府要求，在学习实践科学发展观指导检查组的具体指导下，抽调专人到市委科学发展观指导组工作，认真完成规定动作，切实做好自选动作，保证了委机关和全系统学习实践科学发展观活动的顺利完成。三是春节期间对老党员和生活困难党员 253 人进行了春节慰问，国庆节前夕对全系统离休老干部等 128 人进行了走访慰问，并对帮扶困难党员活动进行了动员安排和摸底。四是对开展“四好”领导班子创建活动进行了检查督促，为部分企业党组织的换届工作做了前期准备工作。五是根据市委组织部安排，下发了国庆 60 周年重点活动通知，对全系统建国 60 周年活动进行了细致安排，取得了比较好的效果。并根据市委宣传部安排，在全系统进行了“100 位为新中国成立作出突出贡献的英雄模范人物推荐、100 位新中国成立以来感动中国人物推荐表”双评活动。

（六）纪检监察工作稳步有序

一是对科学发展观落实情况进行了进度检查，严肃处理违反国家能源管理和环境保护法律法规的问题，坚决控制低水平重复建设，严格控制“两高”项目上马，加强对“蓝天碧水工程”推进情况的监督检查。二是做好了信访工作，全年共接到各类信访案件 38 批次 323 人次，认真做好了接待、登记工作，积极解决群众的上访问题。三是继续开展治理商业贿赂以及煤焦和矿山领域反腐败“专项斗争”，认真贯彻落实中央、省、市有关文件精神，推动国资委系统专项工作深入开展，规范了工作行为，明确了工作目标。四是改进和完善工作机制，深入开展企业廉政文化建设，营造了讲廉政、宣传廉政的浓厚氛围。五是制定了国资委政风行风建设工作实施方案。做到了责任到人，任务到科，职责明确。

(七)机关自身建设和离退休人员管理工作得到加强

一是牵头组织实施深入学习实践科学发展观活动，起草制定下发《关于深入学习实践科学发展观活动的实施方案》和运城市国资委学习实践科学发展观活动流程。二是积极配合市纪检委搞好"小金库"清理工作。三是在"三八"妇女节期间，为体现对妇女同志的关怀，安排组织妇女同志体检，并参观了李家大院。在国庆期间，下发了《关于开展城乡环境创双优迎国庆活动的通知》、《关于认真做好两节期间安全生产工作的通知》，保证了两节期间国资委系统的安全稳定。四是根据人事局安排组织委机关45名公务员分三期进行公务员理论知识培训。五是搞好"企业国有资产法"宣传活动。六是组织节能减排宣传活动。七是离退休人员管理工作扎实有效。妥善安排好三位离休干部的丧葬善后优抚工作；完成12位离休老干部遗属生活困难补助工作；完成88位离退休老干部的调资手续和各种补助的审核、造表、报批工作，并按时发放；为老干部领发各种报纸杂志500余份；协调移交并接受两个破产改制企业的8名离休老干部，并为糖酒公司的2名异地离休老干部报销医药费近万元，解决了他们的后顾之忧，保障了离休老干部的生活。

二、运城市国有资产总量与结构分析

根据2009年度国有资产统计报表统计，全市224户地方国有企业占有国有资产总量合计为9.83亿元。

(一)国有资产总量分布结构现状

1.按隶属关系分布。从隶属关系划分看，全市国有资产主要集中在市级国有企业。2009年底市级国有企业占用国有资产总量7.14亿元，占全市的72.63%，其中：监管企业国有资产总量6.01亿元，占全市的61.14%。

2.按地区分布。从地域分布看，全市国有企业占用国有资产主要集中在运城市区域内，2009年底运城市区域内国有企业占用国有资产总量为5.95亿元，占全市国有资产总量的60.53%。

全市地方国有企业国有资产总量隶属分布情况

单位：亿元

项　目	国有资产总量
全市合计	9.83
市　级	7.14
市级监管企业	6.01
市级非监管企业	1.13
市级以下	2.69
盐湖区	0.05
临猗县	0.16
万荣县	0.36
闻喜县	0.16
稷山县	0.38
新绛县	0.06
绛　县	0.14
垣曲县	0.07
夏　县	0.03
平陆县	0.16
芮城县	0.03
永济市	0.94
河津市	0.14

3.按组织形式分布。从组织形式分布看，有限责任公司占有国有资产比重较大。2009年底独资公司占有国有资产总量为6.60亿元，占全市国有资产总量的67.14%。

全市地方国有企业国有资产总量

地区分布情况

单位：亿元

项　目	国有资产总量
合计	9.83
独资公司	6.60
非公司制独资企业	1.11
有限责任公司	1.54
合资或合营企业	0.05
企业化管理事业单位	0.41
其他	0.12

全市地方国有企业国有资产总量

按组织形式分布情况

单位：亿元

项　目	国有资产总量
合计	9.83
大型	3.70
中型	2.03
小型	4.10

4.按规模分布。从规模分布看，大中型国有企业集中了大部分国有资产。2009年底11户大中型国有企业占用国有资产5.73亿元，占全市国有资产总量的58.29%；其中：2户大型国有企业占用国有资产总量3.70亿元，占全市国有资产总量的37.64%。

全市地方国有企业国有资产总量

按规模分布情况

单位：亿元

项　目	国有资产总量
合计	9.83
大型	3.70
中型	2.03
小型	4.10

5.按行业分布。从行业分布看，工业企业集中了大量国有资产。2009年工业企业占用国有资产总量7.55亿元，占全市国有资产总量的76.81%。

全市地方国有企业国有资产总量

按行业分布情况

单位：亿元

行　业	国有资产总量
合计	9.83
农业	0.16
工业	7.55
建筑安装业	0.43
旅游服务业	0.13
商品流通业	0.50
仓储业	0.90
其他	0.16

（二）国有资产分布结构特征

1.国有资产主要分布在市级企业、监管企

业、大中型企业和独资公司;2.国有资产主要集中在工业企业。其中，冶金行业国有资产总量为3.71亿元,占全市国有资产总量的37.74%;自来水和燃气生产供应行业国有资产总量为1.93亿元，占全市国有资产总量的19.63%;纺织行业国有资产总量为0.95亿元，占全市的9.66%;化工行业国有资产总量为0.61亿元,占全市的6.21%。

(三)国有资产分布结构存在的问题

1.国有资产行业分布比较分散。9.83亿元的国有资产分布在224户企业、28个行业分类里。

2.小企业过多,经济效益较差,国有资产集中度处于较低水平。全市国有企业中仍存在大量的小型企业,这些小型企业实力弱、资源少、经营效益普遍较差，国有资产损失严重。2009年全市国有企业中仍有213户小型企业，占总户数的95.09%。

(四)主要措施和建议

1.进一步加大改制力度。加快各县粮食企业改制步伐；在妥善安置职工的条件下，对资不抵债企业实施破产。各市县粮食企业亏损形势严峻,尽管2009年相当一部分粮食企业进行了改制，企业亏损面有所缩小，但企业亏损额增亏幅度加大。粮食企业大部分只是靠财政拨款艰难维持，而且粮食企业按保护价收购,造成收入同比减少,亏损额增加。

2.积极扶持盈利企业及有发展潜力的企业，协调相关部门及时解决企业发展中存在的问题。对其生产经营状况进行动态监控，及时提出对策加以解决;建立财政、金融、税务、铁路、交通、电力、统计、国资、物价等多个部门的联席会议制度，解决工业企业生产经营所面临的重大问题,确保工业经济平稳、健康运行。

3.继续加快国有资产从一般竞争性领域退出的步伐，促进国有资产向优势产业流动,推动国有资产向大公司、大集团流动，提高国有资产集中度。

三、国有资产保值增值情况

运城市2009年度国有企业国有资产保值增值率为66.99%,市级企业国有资产保值增值率为70.11%,其中:监管企业为66.79%,非监管企业为91.60%;市级以下企业为50.67%。

四、企业改制、破产情况

(一)企业破产

1.运城市食品公司于2007年3月5日由市中院宣告破产,2009年完成了前期工作。

2.永济纺织厂政策性破产计划国家已批复,2008年底进入程序,正在筹措资金安置职工。

(二)企业改制

1.新绛纺织有限责任公司于2008年10月15日全面停产后,在运城市政府、新绛县政府大力支持下，该公司于2009年10月1日正式签署对外租赁协议,已全面开产,该厂2432名职工全部得到妥善安置。

2.永济印染有限责任公司对外租赁于2009年11月30日到期，根据运城市国资委主任办公会议安排，对该厂租赁期间进行全面审计，并征求广大职工意见，于2009年10月与凯通有限责任公司签署租赁协议，确保了国有资产不贬值，广大职工得到妥善安置。

3.市百纺公司通过联合开发进行彻底改制安置职工，经公开招标已确定合作方，改制工作正在顺利实施。

五、企业主辅分离企业改制情况

1.永纺子弟学校是一所普通全日制中小学校，有15个教学班，460余名学生。在册教职工66人，其中：在职教职工49人，离退休17人。学校占地11亩，教学楼1座，老师办公用房22间。2009年9月移交永济市政府管理。

2. 新纺子弟学校成立于1951年，设初中部、小学部。在校学生1480人，24个教学班，学校占地22亩，建筑物5000平方米，账面资产310万元（不含土地），土地面积14857平方米，教职工91人，其中：在职教职工68人，退休职工23人。2009年12月底正式移交新绛县政府。

六、运城市国资委领导班子成员名录

按照《运城市人民政府机构改革方案》，2009年10月15日，原运城市经委与运城市国资委合并组建成立运城市经信委（国资委）。

卫明泽	市经信委（国资委）党组书记（党委书记）、主任
王新征	市经信委（国资委）党组副书记（党委副书记）、副主任
丁志良	市经信委（国资委）党组成员（党委委员）、副主任
狄建国	市经信委（国资委）党组成员（党委委员）、副主任
李引平	市经信委（国资委）党组成员（党委委员）、市经信委总经济师
侯全友	市经信委（国资委）党组成员（党委委员）、副主任
郭守义	市经信委（国资委）党组成员（党委委员）、副主任
乔望生	市经信委（国资委）党组成员（党委委员）、副主任
薛清华	市经信委（国资委）党组成员（党委委员）、市经信委总工程师
廉运杰	市经信委（国资委）党组成员（党委委员）、副主任
赵红泽	市经信委（国资委）纪检组长（纪委书记）
张炳奎	市经信委（国资委）党组成员（党委委员）、副主任
李运喜	市经信委党组成员、市国资委党委副书记
潘志英	市经信委（国资委）党组成员（党委委员）、副调研员

2010

SHANXI PROVINCE STATE-OWNED ASSETS SUPERVISION AND ADMINISTRATION YEARBOOK

山西省国有资产监督管理年鉴

山西省国资委监管企业改革与发展概况

第四篇

山西宁武煤业集团有限责任公司

省委常委、宣传部长胡苏平莅临集团公司视察指导工作

忻州市委书记董洪运莅临集团公司视察指导工作

山西宁武煤业集团有限责任公司(简称宁煤集团)是以宁武能源投资有限公司为主体，依托原国有宁武大运华盛煤矿组建的煤炭企业，山西宁煤集团下辖五个煤业公司和一个煤矸石砖厂，井田总面积27.5960km^2、资源总储量58452万吨、生产总规模450万吨/年、职工总人数2660人，集团拥有资产13.5亿元人民币。

宁煤集团在团结奋进的集团公司领导班子的带领下，坚持科学发展、和谐发展和安全发展，形成了强大的企业凝聚力、执行力和战斗力。多年来宁煤集团荣获了“全国五一劳动奖状、山西省安全生产工作先进单位、山西省模范劳动关系和谐企业、山西省煤炭科技双十佳煤矿、山西省功勋企业”等三十余项省、市荣誉。

集团正在进行矿井综合机械化采煤和安全质量标准化矿井建设，矿井全部达产达效，年销售收入可突破15亿元、可实现税费4.6亿元。目前，大运华盛南沟煤业公司120万吨/年、大运华盛庄旺公司90万吨/年的综采工程已在2010年10月份转入联合试运转，同时两公司率先实现省一级安全质量标准化矿井，推进其余三个公司向“两型三化”矿井迈进，年产1.2亿块煤矸石砖厂8月份开工，为宁煤集团转型发展、低碳经济发展节能减排迈出了第一步，为地方经济的发展做出更大的贡献。

宁煤集团“十二五”期间，将继续以科学发展观为指导，紧紧围绕市委提出的“三五”工作总要求和县委提出的坚持“科教兴县、生态立县、煤电强县、旅游活县”的发展战略和瞄准“三个主攻方向”、引深“七大攻坚行动”、全力实施“四个十工程”，培育发展新兴产业。集团公司要扩大发展产业空间，调整产业结构，大力发展循环经济和煤炭工业清洁生产，积极推广节能减排、低碳经济发展，最终实现全集团技术现代化、生产规模化、管理精细化、培训制度化、矿井机械化、地面园林化的全面协调发展。

省煤监局副局长徐占成、市长助理范建民莅临集团公司安全督察

集团调度指挥中心

安全高效综采工作面

培训实验室

山西焦煤霍州煤电

六大支撑项目之——庞庞塔煤矿项目

六大支撑项目之——泽新煤矿项目

集团公司办公大楼

集团有限责任公司

山西焦煤汾西

在资源整合煤矿重组左权四矿进驻仪式上山西焦煤党委书记、董事长白培中（右）向汾西矿业党委书记、董事长翟红（左）授旗

资源整合兼并重组左权四矿进驻仪式

汾西矿业文体中心

矿业集团公司

第四届职工技能大赛开幕式

介休福馨园小区

汾怡园夏日

职工家属喜迁新居

汾西矿业 600 万吨矿井及配套选煤厂——新阳煤业

长治市国资委

市国资委主任　魏书校

长治市人民政府国有资产监督管理委员会于2005年7月正式组建成立，为市政府直属正处级特设机构，代表市政府履行出资人职责，负责监管市属企业国有资产。机关内设办公室、政策法规科、企业改革重组科、统计评价科、产权管理科、组织人事科、纪检监察室等7个科室；下设国有企业监事工作管理中心、产权交易中心、国有资产稽查评审中心和国资委电教中心等4家事业单位；监管工业、交通、物资系统市属企业96户。

组建以来，长治市国资委坚持以科学发展观统领全局，以深化国有企业改革为中心，以加快国有资产监管体制改革为重点，以加快推进国有经济布局和结构调整为目标，以关注和解决民生问题为己任，严格履行国有资产监管人的职责，在国企改革、国资监管等方面开展了卓有成效的工作，进行了积极而有益的探索。严格按照工作程序，认真履行职能，进一步加快市属国企改革工作，规范国有产权交易行为，完善国资监管体系，积极开展企业清产核资工作，严格按照“重组一批、搞活一批、关闭破产一批”的改革思路，重点突破，分批推进，市属国有企业改革工作取得了明显成效。

市委书记杜善学深入市国资委党委对科学发展观活动开展情况进行调研

市长张保深入市国资委检查指导工作

市国资委机关办公楼

市国资委党委副书记、主任　张柱小

市国资委系统在电视台举办"祖国在我心中"演讲比赛晚会，欢庆新中国成立60周年

前进中的晋中市国资委

晋中市国资委于2007年9月开始组建成立。组建以来特别是2009年，围绕改革、稳定、监管主线做了大量的工作，主要体现在以下五个方面：

一、大力推进国有企业改革

市国资委组建后，就把国务院批准的原省属企业晋华、锦纶、轻机三户政策性破产改革工作列入重要日程，这三户企业涉及职工15000余人，停产时间长，遗留问题多、各种矛盾错综复杂，是晋中市的最大稳定隐患，也影响着省城太原的安定工作。经过大量细致艰苦的工作，确保三户企业于2008年底顺利召开了职代会，通过了职工安置方案，促使省改革领导组办公室于2009年9月30日下发三户破产企业进入法律程序的启动通知，确保市法院于2009年底下达了破产裁定。目前已对三厂职工进行了妥善安置。与此同时，市国资委也加快了市属其他企业改革进程，为有关企业配备了领导班子、注入了流动资金、引进了战略投资者、启动了技改项目，推进了企业的改革与发展。已连续两年为39户部门国有特困企业办理了医疗保险，解决资金近700万元。目前全市完成改制和破产的企业820户，占总数的92.97%；采取各种办法安置职工85609人，占总数的70.22%，累计支付经济补偿金7.84亿元。

二、切实维护企业和谐稳定

2009年，共接待企业上访职工87批次，涉及上访人数3356人次，信访答复率100%，办结率90.8%，有效地确保了"两会"、"奥运会"及"残奥会"、新中国成立60年国庆等期间的稳定工作。

三、进一步理顺体制，强化产权管理

2009年初明确了各县(区、市)的国资监管机构，市、县(区、市)国资监管框架初步建立；规范了监管企业国有股权变更工作，做到市国资委出资人代表的基本到位；建立健全了国有产权流转管理制度；加强国有产权交易市场监管，保障了国有资产的安全；全面展开全市经营性国有资产的产权登记工作，初步建立起晋中市企业国有产权登记、界定、变更管理体系。

四、积极引深企业管理工作

建立了统计评价与财务分析平台，完成了年度全市国有资产统计及年度财务决算工作，初步建立统计评价体系基本框架。出台了《晋中市市属企业负责人经营业绩考核办法》、《晋中市市属企业负责人考核核准备案暂行办法》，加强了对国有独资、控股、参股企业的审计和评估工作，已对晋华纺织一厂、金恒化工股份有限公司、和顺天池能源有限责任公司、山西轻工机械厂、山西锦纶集团有限公司等企业进行了审计评估。

五、不断完善自身建设

市国资委完善了《党委会议制度》、《主任办公会议制度》等十八个方面110多条内容的一系列工作制度。积极组织机关人员外出考察学习，邀请中国政法大学教授，与邓小平理论学院共同举办了《企业国有资产法》专题讲座。在上海复旦大学等地，对各县(区、市)分管国资工作领导及全市国资系统部门管理人员进行业务知识培训。组织国资系统的相关单位在晋中电视台举办了"祖国在我心中，我是国资人"为主题演讲比赛及歌咏比赛演出晚会，歌颂了60年来全系统社会主义现代化建设取得的辉煌成就。

市国资委召开国有资产监督管理工作会议

市国资委在迎宾广场举行政风行风宣传活动

晋中市国资委

忻州市国资委在转型发展中砥砺奋进

忻州市经信委（国资委）党委书记、主任　张勇强

山西轴承厂与天创液压有限公司合作组建液压油缸生产基地签约仪式

忻州市国有资产监督管理委员会成立于2004年11月。2009年11月根据市政府机构改革的有关精神，市国资委与市经委合并组建市经济和信息化委员会，同时挂市国资委的牌子，形成"一套人马、两块牌子"的新格局。2010年底共有国资监管企业26户。六年来，特别是2010年以来，以科学发展观为指导，认真贯彻落实《企业国有资产监督管理条例》和市委"三五"工作总要求，正确处理改革、发展、稳定的关系，以维护稳定为大局和前提、改革创新为动力和手段，确保国有资产保值增值为最终目标，"管人、管事、管资产"全面推进，在履职尽责中做了大量卓有成效的工作，取得了显著成绩。

——国企改革迈出新步伐。按照"全面部署、分类指导、因企制宜、重点突破"的改革思路，国企改制改组取得积极进展。特别是在组建神达能源集团和水务集团、理顺城区燃气供应体制、帮助忻通公司联合重组、南白水泥厂引资技改等方面取得显著成效。

——资产监管取得新成效。坚持按时上报资产统计报表、产权登记年报和资产评估年检报告，并被评为"年度报表工作先进单位"。积极帮助企业处理不良债务、对企业产权进行动态管理取得实质性进展，并结合监管企业实际，对企业业绩考核做了有益的探索。

——信访维稳呈现新局面。创建并坚持"三抓、七访、一例会"信访维稳工作机制，及时化解了各种矛盾，确保了全系统企业稳定，达到了"信访矛盾基本平稳、工作目标基本实现、稳定态势基本受控"三个目标，受到了市委市政府的肯定和表彰。

——党建工作推出新举措。不断加强和改善机关与企业党建工作，认真开展了"创先争优"活动，先后出台了《国有企业领导人员管理暂行规定》、《企业干部教育培训工作实施办法》、《党员教育实施办法》，并认真组织实施，扎实推进，从而提高了企业党组织和领导班子的战斗力和凝聚力，推进了其他各项工作的胜利开展。

总之，忻州市国资委组建成立六年来，不辱使命，守土尽责，认真履行各项职能，扎实开展各项工作，积极进取，砥砺奋进，为全市改革、发展和稳定做出了积极贡献。

忻州市委书记董洪运在忻通公司调研

市长李平社、副市长武德在2010中国（山西）制造业博览会上参观忻州展厅并了解企业产品情况

晋城市国资委

兰花科创化肥分公司厂区全貌

晋城市国资委党委书记、主任　闫培烈

晋城市国资委是晋城市人民政府直属特设机构，代表市政府对市属企业(含企业化管理的事业单位)履行国有资产出资人职责。晋城市国资委直接监管企业33户，资产总额达236.79亿元，所属兰花煤炭实业集团、天泽煤化工集团在煤炭、煤化工领域均位居全国同行业前列。"十一五"期间，晋城市国资委积极推进国有经济结构布局战略性调整。到"十一五"末，市属国有企业资产总额、所有者权益、利润、利税等土要经济指标均较"十一五"初翻了一番多，国有资产总量增长了13倍，市属国有经济呈现出"数量减少、总量增大，存量集中、布局优化，产业升级、效益提升"的显著变化。"十一五"期间累计安置改制、关停、破产企业职工近万人，为下岗职工提供再就业岗位上千个，解决职工养老、医疗保险3000余人。

晋城市国资委多次被评为市级和谐机关、文明机关，先后荣膺"全市和谐机关标兵"、晋城市"五一劳动奖状"、"全省厂务公开民主管理考核一等奖"、"全省政风行风评议先进单位"等荣誉称号。

市国资委领导深入企业生产一线调研

天泽集团煤气化厂易地搬迁改造"24·40·20"项目投产现场

绿洲纺织公司样品展示间

市国资委党委对山煤集团晋城分公司创先争优活动进行观摩

跨越发展中的铁

公司董事长吕家忠带领有关部门负责人深入现场指导工作

大同煤矿集团铁峰煤业有限公司组建于2003年。在集团公司党政的正确领导下，经过七年的改造发展，公司由两座地方小煤窑发展成为机械化程度100%、资源回收率达到75%、年生产能力240万吨、固定资产突破10亿元的现代化文明煤矿。

七年来，铁峰煤业有限公司坚持以科学发展观为引领，大力开展群众性精神文明创建活动，积极推进企业形象工程和员工素质工程，精神文明建设工作取得了丰硕成果，全公司涌现出大批文明队组、岗位明星和文明员工，充分体现出了精神文明的建塑和引领作用，从而实现了经济效益和社会效益的双丰收。公司先后获得山西省五一表彰模范单位、省级文明单位、省属企业先进基层党组织、省属企业文明和谐单位等多项荣誉称号。

新起点上搏浪前进的铁峰人，坚持把绿色与文明作为理想，把低碳与生态作为追求，把富裕与和谐作为责任，坚持打造"五个品牌"的发展定位，在做强主业的基础上，坚持多元发展战略，形成以煤炭生产洗选为主导，以铁路、电力、建材和生态文化旅游为链接的区域性循环经济模式，在塞上大地建设一座充满希望的绿色工业文明园区。

节假日开展井口慰问

公司工程技术人员专业培训开班典礼

安全宣誓

峰煤业有限公司

全面实行准军事化管理

丰富多彩的文体活动

纪念党的诞辰歌咏比赛

设施齐全的员工餐厅

先进的现代化采煤设备

公司办公楼主楼

同煤国电同忻

董事长　靳雄师

总经理　李俊成

现代化的主井皮带集控室

在壮美的晋北大地上，在积淀千年历史文明的北方重镇大同，一座年产量千万吨的现代化矿井正在悄然崛起，并以它高起点起步、跨越式发展的雄姿成为煤炭行业一颗璀灿的新星，它就是同煤国电同忻煤矿有限公司。

同煤国电同忻煤矿有限公司（简称同忻矿），由同煤集团和国电电力公司共同出资兴办，同煤占72%股份，国电占28%股份。同忻矿是国家发改委2006年核准的全国十个千万吨级矿井之一，也是同煤集团“十一五”期间规划建设的七个千万吨矿井之一。整个项目包括年产1000万吨的矿井、洗选能力为1000万吨/年的洗煤厂和装车能力为2万吨/列的铁路专用线，投资概算29.1亿元。作为山西省新能源基地建设的重

煤矿有限公司

点工程，它一问世，就以亮眼的风采为世人瞩目。

同忻矿2007年7月开工建设，历时26个月，2009年9月30日井下设备联合试运转，比设计工期提前了8个月。2010年3月1日正式试生产，整个项目取得了“建设速度快，工程质量优，安全有保障，经济效益好，科技创新多，环境污染少”的良好成绩，创出了全煤系统新井建设的最快速度。主副斜井井筒、主斜井胶带机及配电安装工程荣获“煤炭行业工程质量太阳杯奖”；主皮带变频启动技术应用，荣获山西省颁发的科技创新节能奖。2010年同忻矿还先后获得了“中国矿业大会国际合作最佳科技创新奖”、“山西省五一劳动奖状”。

2010年，同忻矿在集团公司的正确领导下，以“建好同忻，发展同煤，奉献能源，服务社会”为宗旨，全面落实“六个典范”标准，超前意识，超前思维，超前预防，严格制度，严明纪律，严谨作风，严细工作，项目建设、安全生产均取得了良好成绩。全面构建以“人人都是通风员”为核心的安全管理体系，严把准入关，强化现场管理，实现了安全为“零”的目标，杜绝了重伤事故。狠抓动态达标，质量标准化建设有了质的提升，本质安全型矿井建设快速推进。2010年3月1日正式试生产以来，五个月月产突破100万吨，最高日产5.9万吨。全年生产原煤1006万吨，实现了“当年投产、当年达产”的目标，仅用10个月就创出了“一井－一面－1000万”的全国煤炭系统新纪录；全年外运650万吨，利润实现10.5亿元，全年上缴利税9.16亿元。

目前，同忻矿已逐步走上了科学发展、安全发展、集约高效发展、绿色和谐发展的良性轨道，正在为保障国家能源供给、推动同煤集团持续发展、建设百年同煤、拉动地方区域经济发挥着重要的作用。勤劳朴实的同忻人正用智慧和汗水撑起本质安全型矿井的一片广阔而蔚蓝的天空，广大干部员工正沿着建设现代化一流矿井的目标，阔步前进。

同忻矿的地标建筑，目前尚属亚洲地面储煤第一仓

全国第一列2万吨不解体装车大列在同忻矿开通运行，开创了全国煤炭重载运输的新纪元

山西汽车运输集团有限公司

山西交通能源投资有限公司副董事长、副总经理，山西汽车运输集团有限公司董事长、总经理　张海清

安全、快捷、优质的客运服务

举办安全知识竞赛

大吨位货运车辆与豪华大巴

山西汽车运输集团有限公司前身为山西省汽车运输总公司，始建于1949年，现隶属于山西能源交通投资有限公司，为国有独资大型一类企业。集团下属17个子分公司，遍布全省各地市，是山西省规模最大的道路运输企业，位列全国道路运输企业50强、全国交通企业100强、全国物流企业100强、全国道路运输诚信企业100强、全国服务业500强，系交通运输部重点联系企业之一。

目前，集团总资产33.4亿元，从业人员4.1万人，经营范围包括道路客、货运输、现代物流、汽车维修、驾驶培训、油气销售以及房地产开发等，拥有客、货运车辆14948台，营运线路1805条，汽车站110个，物流园区9个，维修场站38个，驾校11个，基本形成了覆盖山西省、辐射全国的客货运输、物流配送、站场枢纽、维修救援、信息服务等五大网络。历年来，圆满完成了晋煤外运、保电保化，以及抢险救灾、抗击非典、奥运服务等重点运输任务，为山西省经济社会发展提供了有力保障。

“十二五”期间，集团将秉承“精诚团结、用心做事”的企业精神，围绕“334567”发展战略和“集团有实体，基层有实力，职工有实惠”的工作目标，加快转变发展方式，着力调整经营结构，全面提升“三个服务”能力和水平，努力建设成为国内一流的道路运输企业，塑造一流的道路运输服务品牌。力争“十二五”末，营收达百亿，利税达五亿，职工收入翻番，实现“再造一个新汽运”的宏伟目标。

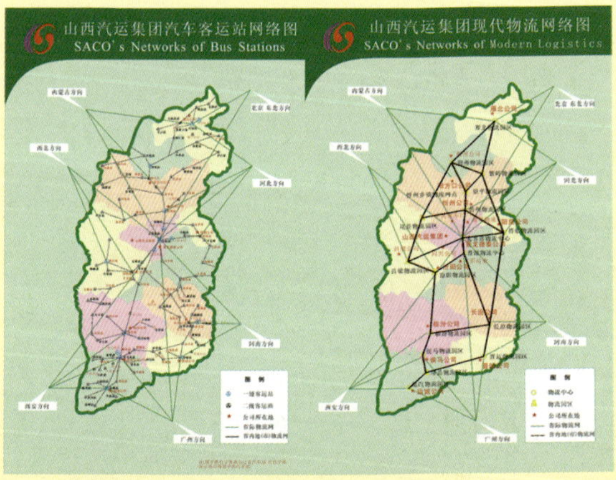

客运站场、现代物流网络图

山西焦煤集团有限责任公司

【概况】 山西焦煤集团有限责任公司(以下简称"山西焦煤")是国务院规划的全国13个大型煤炭基地之一，是全国最大的炼焦煤生产企业和炼焦煤市场的主供应商。公司下设西山煤电、汾西矿业、霍州煤电、华晋焦煤、山西焦化、煤炭销售、国际发展、国际贸易、投资公司、财务公司、煤钢联能源公司等11个子分公司，拥有西山煤电和山西焦化两个A股上市企业。

公司地处山西省三大煤炭基地之一的晋中基地，现有32座煤矿、26座洗煤厂、4座焦化厂、6座坑口综合利用电厂。公司以煤炭开采加工、发供电、焦炭化工、物流贸易为主业，兼营建筑建材、机电修造、民爆化工、煤层气开发利用、矿用材料、生产加工、商贸服务等产业，主要产品炼焦煤销量占国内炼焦煤需求量的10%以上，占国内18大钢厂供应量的20%以上。

2009年山西焦煤主要经济指标完成情况表

指标	单位	2009年实际	2008年实际	增减额度(+、-)	增减幅度(%)
一、主要经济指标					
现行价工业总产值	万元	4724505.43	4853731.60	-129226.17	-2.66
工业增加值	万元	1732567.55	1886556	-153988.45	-8.16
原煤产量	吨	80788432	80291008	497424	0.62
精煤产量	吨	36654214	37708038	-1053824	-2.79
发电量	万千瓦时	595240.29	619442.38	-24202.09	-3.91
焦炭	吨	2542133	2685669	-143536	-5.34
二、主要技术指标					
炼焦精煤综合产率	%	77.91	76.47	1.44	—
原煤全员效率	吨/工	6.551	6.746	-0.20	—
采区回采率	%	83.06	82.72	0.34	—
百万吨死亡率	人/百万吨	1.16	0.149	1.01	—
三、主要经营指标					
销售收入	万元	7747769	7179795	567974	7.91
利润总额	万元	414846	508063	93217	-18.35
实现税费	万元	1012269	988563	23706	2.40
在册平均职工人数	人	151998	153945	-1947	-1.26
在册职工工资总额	万元	726705	694324	32461	4.68

【分行业收入】 2009年，山西焦煤煤炭行业实现收入370.89亿元，比2008年416.6亿元减少45.71亿元，减幅10.97%，主要是由于商品煤综合售价同比下降92.99元/吨所致。非煤行业实现收入403.89亿元，比2008年301.39亿元增加102.5亿元，增幅34%。其中：贸易服务行业销售收入同比增加130.11亿元，增长了69.17%；焦化行业销售收入同比减少22.9亿元，减幅33.72%，主要是由于下游钢铁行业疲软，焦炭产品销售价格同比下降405.39元/吨所致；电力、建筑建材销售收入同比下降了5.83亿元，降幅18.23%。

煤炭行业仍然是企业的支柱产业，2009年煤炭收入占总收入的比例47.87%，比2008年的58.02%减少了10.15个百分点，山西焦煤对煤炭主业的依存度仍然较高。非煤产业占公司的收入比重进一步增加，2009年非煤收入占总收入的比例由2008年的41.98%上升为52.13%，增长了10.15个百分点，其中贸易服务业销售收入当年实现高速增长。

2009年山西焦煤分行业收入情况表

单位：亿元

行业	2009年	2008年	增加额	增幅	2009年比重	2008年比重	比重差
一、煤炭行业	370.89	416.6	-45.71	-10.97%	47.87%	58.02%	-10.15%
二、非煤行业	403.89	301.39	102.5	34.01%	52.13%	41.98%	10.15%
1.电力行业	12.9	15.52	2.62	[illegible]	1.66%	2.16%	-0.50%
2.焦化行业	45.02	67.92	-22.9	-33.72%	5.81%	9.46%	-3.65%
3.机制机修	0.2	0.15	0.05	33.33%	0.03%	0.02%	0.01%
4.建筑建材	13.25	16.46	-3.21	-19.50%	1.71%	2.29%	-0.58%
5.贸易服务	318.2	188.09	130.11	69.17%	41.07%	26.20%	14.87%
6.其他	14.32	[illegible]	1.07	8.08%	1.85%	1.85%	0.00%
合计	774.78	717.99	56.79	7.91%	100.00%	100.00%	

【成本费用】 2009年，山西焦煤成本费用总额730.67亿元，较2008年664.63亿元增加66.04亿元，增幅9.94%。其中：销售成本623.28亿元，同比2008年549.28亿元增加74亿元，增幅13.46%；三项期间费用97.2亿元，同比2008年105.39亿元减少8.19亿元，减幅7.77%；营业税金及附加10.18亿元，同比2008年9.96亿元增加0.22亿元，增幅2.21%。

【利润增减】 2009年，山西焦煤主营业务销售毛利142.73亿元，同比2008年170.46亿元减少27.73亿元，减幅16.27%。其中：煤炭行业实现销售毛利135.72亿元，占全部主营业务销售毛利的95.09%，同比2008年149.39亿元减少13.66亿元，减幅9.15%。

非煤行业实现销售毛利7.01亿元，占全部主营业务销售毛利的4.91%，同比2008年

21.07 亿元减少 14.06 亿元，减幅 66.73%。

2009 年度增减利因素分析表

单位：亿元

项目	金额
一、2008 年利润总额	50.81
二、增利因素	69.07
（一）商品煤销量增加	4.57
（二）商品煤销售成本下降	38.89
（三）电力价格提高及销量增加	0.72
（四）焦炭成本下降	7.16
（五）财务费用减少	1.89
（六）销售费用减少	6.29
（七）投资收益增加	2.76
（八）资产减值损失减少	5.79
（九）其他因素影响	1.02
三、减利因素	78.39
（一）商品煤综合售价下降	55.83
（二）电力成本上升	0.47
（三）焦炭价格下降	11.46
（四）管理费用增加	1.42
（五）贸易等其他行业毛利率下降	9.21
四、2009 年利润总额	41.48

煤炭行业的贡献处于绝对主导地位，是山西焦煤利润的主要来源。由于商品煤综合售价的下降，虽然公司针对成本控制及时采取了有力的措施，使原煤制造成本同比下降了 73.25 元/吨，但煤炭业务实现的毛利仍下降了 13.66 亿元。

【财务状况】 2009 年末山西焦煤资产总额 1007.12 亿元，其中：西山煤电集团公司 406.99 亿元，汾西矿业集团公司 191.92 亿元，霍州煤电集团公司 190.08 亿元，华晋焦煤公司 75.35 亿元，山西焦化 64.73 亿元，国际发展公司 17.34 亿元，国际贸易公司 22.57 亿元，投资公司 12.28 亿元，财务公司 10 亿元，东方联合资源（香港）公司 19.24 亿元，山西焦煤母公司 313.75 亿元，集团合并抵消 317.13 亿元。

2009 年末山西焦煤资产总额 1007.12 亿元，比年初 817.44 亿元增加 189.68 亿元，增幅 23.2%。负债总额 646.69 亿元，比年初 499.13 亿元增加 147.56 亿元，增幅 56.91%，占资产总额的 64.21%。所有者权益合计 360.43 亿元，比年初 318.31 亿元增加 42.12 亿元，增幅 13.23%，占资产总额的 35.79%。其中：归属于母公司所有者权益合计 274.61 亿元，比年初 241.55 亿元增加 33.06 亿元，增幅 13.68%，占资产总额的 27.26%；少数股东权益 85.82 亿元，比年初 76.75 亿元增加 9.07 亿元，增幅 11.82%，占资产总额的 8.53%。

2009 年资产增减变动表

单位：亿元

项目	年初数	年末数	增减额	增减率
货币资金	139.36	188.70	49.34	35.4%
应收票据	111.54	76.74	-34.80	-31.2%
应收账款	42.70	46.91	4.22	9.87%
预付款项	29.75	56.44	26.68	89.69%
其他应收款	30.51	99.36	68.85	225.7%
长期股权投资	16.39	26.50	10.11	61.67%
固定资产净额	250.29	286.79	36.50	13.58%
在建工程	93.85	118.06	54.21	25.79%
无形资产	22.03	39.36	17.32	78.62%

2009 年负债及所有者权益增减变动表

单位：亿元

项　目	年初数	年末数	增减额	增减率
一、负债				
短期借款	61.32	88.45	27.13	44.24%
应付账款	106.47	136.62	30.15	28.32%
预收款项	45.49	69.12	23.63	51.93%
应付职工薪酬	64.78	59.73	-5.04	-7.79%
应交税费	21.03	14.50	-6.52	-31.03%
其他应付款	65.87	64.68	-1.19	-1.82%
应付票据	4.12	10.06	5.93	143.82%
长期借款	89.20	98.41	9.21	10.34%
应付债券	28.03	87.31	59.28	211.53%
其他长期负债	6.43	8.31	1.87	29.08%
二、所有者权益				
实收资本	133.47	133.74	0.27	0.20%
资本公积	22.39	26.76	4.37	19.52%
未分配利润	6.35	29.42	23.07	363.31%
母公司所有者权益	241.55	274.61	33.06	13.68%
少数股东权益	76.75	85.82	9.07	11.82%

2009 年山西焦煤现金流入总额 943.34 亿元，比 2008 年 966.69 亿元减少 23.35 亿元，减幅 2.42%。现金流出总额 896 亿元，比 2008 年 923.29 亿元减少 27.29 亿元，减幅 2.96%。现金净流量 47.32 亿元。

2009 年现金流量增减变动表

单位：亿元

项　目	2008 年	2009 年	增减额	增减率
一、经营活动产生的现金流量：				
经营活动现金流入	833.9	760.73	-73.17	-8.77%
经营活动现金流出	735.13	651.43	-83.7	-11.39%
经营活动产生的现金流量净额	110.86	109.3	-1.56	-1.41%
二、投资活动产生的现金流量：				
投资活动现金流入	1.33	2	0.67	50.36%
投资活动现金流出	90.09	161.5	71.41	79.26%
投资活动产生的现金流量净额	-88.76	-145.49	-56.73	63.91%
三、筹资活动产生的现金流量：				
筹资活动现金流入	131.45	180.48	49.03	37.3%
筹资活动现金流出	98.06	96.94	-1.12	-1.14%
筹资活动产生的现金流量净额	17.53	83.54	66.01	376%

2009 年度山西焦煤商品煤综合售价比上年降低，商品煤销售毛利率降低，但由于采取了积极、稳妥的营销策略，经营活动产生的现金净流量比上年增加 1.05 亿元。同时，发行企业中期票据 14 亿元，发行企业债券 45 亿元，增加长短期借款 44 亿元。通过多种渠道融资有效地降低了融资成本，为山西焦煤的资源整合等投资活动提供了资金保障。

2009 年山西焦煤国有资本及权益 274.61 亿元，2008 年 241.55 亿元，扣除客观增减因素后，资本保值增值率为 113.47%。

【改革发展】

1.扭转安全被动局面。积极应对屯兰“2·22”事故危机，妥善开展抢险救援、医疗救治、善后处理、媒体引导、矿区稳定、生产恢复、事故调查等工作，较好地完成了事故处置任务。针对事故暴露出的安全问题，开展了声势浩大的“安全全面反思、理念根本转变、瓦斯彻底整治，大打安全生产翻身仗”活动，配套出台了六个方面的综合安全措施。组织对12对高瓦斯矿井进行了全面的安全会诊与技术方案研究论证，提出了安全整治方案并组织实施。从优化采掘部署、加大采掘核心装备投入等八个方面入手，开展安全示范矿井建设，夯实了安全生产的基础。结合全国瓦斯治理抽采工作会议，制定了《吸取屯兰事故教训十六条规定》，对标开展瓦斯治理专项行动。此外，公司严格落实通风区长兼矿长助理制度，把高瓦斯矿井和瓦斯突出矿井总工程师调整为行政“二把手”，保证了矿井“一通三防”工作政令畅通、令行禁止。强化各级领导干部下井、下现场管理，建立了事故、隐患问责和主要领导告诫约谈双“三十条”制度，起到了良好效果。

2.应对国际金融危机。采取“降价择稳”的措施，根据市场形势适度降低煤炭产品售价，迅速扭转了销售极度紧张的被动局面。主动将高硫精煤调整为电精煤，提前防止了产品滞销。在此基础上，严格实行“两降、五保”营销策略，在煤炭销售合同价格下降和交易条件有所降低的情况下，保证了调整结构综合售价基本不变、市场份额不减、货款回收率不降、重点友好合作关系连续和财年出口渠道稳定。内部经营管理方面，严格控制成本费用，有效调控资金储备，一是采取限制工资总额的提取使用和管理层工资考核兑现额度、限制贷款担保额度、限制项目审批的“三限”措施，加强对各经营单位的成本、利润控制。二是累计留存工资储备资金39亿元，留存发展资金48亿元，保证了关系民生、关系安全、关系加快发展的投入不受大的影响。三是突出对经济运行质量的考核，建立了经营业绩考核评价体系，完善了有效的激励约束机制。四是坚持每月一次的经济运行分析专题例会和每季一次的经济运行分析综合例会，通过数据对比和走势研判，分板块、分类别制定应对措施，提高了经济运行的掌控力。五是积极响应省政府保省内炼焦煤企业煤炭供应的要求，加强生产销售衔接，增加省内洗精煤供应量，合理处置了支援全省与自身增长的关系。

3.资源整合兼并重组。贯彻省委省政府工作部署，及时调整和加强了兼并重组整合地方煤矿攻坚领导组力量，明确任务、目标、责任，建立工作机制和考核激励机制。公司主要领导亲自带队，先后多次赴各地市与政府主要领导进行对接洽谈，争取整合主体地位，协商解决遇到的困难和问题，稳步推进了整合重组步伐。工作中，明确了“点上突破、统筹推进”的策略，选择吕梁四矿等一批整合难度较小、具有代表性的矿井为突破口，及早进驻开展工作，为总体推进提供了示范。积极稳妥地开展整合前的财务审计、资产评估、尽职调查，统筹谋划重组模式，研究制定了合作、转让、资产收购协议三个示范文本，有效规避了整合过程中的风险。规范“五长”配备，先后从老矿抽调业务骨干或通过打分、排名、公示的方式，选派精兵强将进驻整合矿井，为隐患整改和复工复产创造了有利条件。2009年底，山西焦煤先后与临汾、吕梁、晋中、忻州、运城等地市签订了整合重组煤矿框架协议，纳入山西焦煤整合范畴的地方煤矿共170座，共取得资源面积845.7平方公里，煤炭储量69.9亿吨，规划新增产能6926万吨/年。

4.重点工程项目建设。集中精力开展项目和重点工程建设，确保事关企业长远发展的重点项目顺利推进。一是推广项目总包制和“交钥匙”工程，加强和完善施工监理和业主监督制度，推进骨干项目的早日建成投产；二是完善项目建设手续，明确专事专人，实行限期办结制；三是严格概算管理，拓宽融资渠道，通过银行贷款、发行债券和票据等多种方式保证了工程建设的资金来源。2009年，西山煤电斜沟1500万吨/年矿、厂、路配套工程建成投产，进入联合试生产期，华晋焦煤王家岭、霍州煤电庞庞塔两座千万吨级矿井综合项目进展顺利，古交发电厂二期2×60万千瓦机组预计2010年6月发电，山西焦化150万吨/年焦炉扩建投产、10万吨粗苯加氢项目具备了投料条件。与此同时，一批矿井、选煤厂技改扩建工程顺利推进，对主业规模迅速扩张提供了有力支撑。此外，公司共有18项工程列入了省重点工程建设名录，进一步提升了重点工程的管理水平和建设标准。经省政府两次常务会议研究，通过了14宗配置接替资源项目，新增资源82亿吨。

5.体制机制改革转型。先后修订董事会、党委会、经理层工作规则，调整并重新组建了董事会七个专业委员会，进一步规范了法人治理结构，形成了各负其责、上下贯通、衔接有序的工作格局。在三届三次职代会上研究通过了工资分配制度、人事制度、用工制度三项改革方案，组织了机关职能部室副部长和业务主管、主办的公开选拔，共有45名同志补充到机关总部。成立新产业发展局，重新界定了新产业范围，形成了新产业发展的体制框架，加快推进新产业跟进发展。重组党委组织部、人力资源部、政策研究室，新成立了通风部，相关专业工作得以充实加强并引深提高。根据企业高速发展和管理的需要，以最低成本的新设方式成立了财务公司，打造了资金运营平台，为提高财务资金管理效益创造了条件。对外，与山西焦炭集团进行了两矿、三厂的资产重组和战略合作，与太原钢铁集团按照6:4的股比，共同出资组建了山西煤钢联能源开发公司，与太钢、山西天利集团合资组建了山西晋非投资有限公司，开发建设毛里求斯经济贸易区，迈出了国际化发展的重要一步。成立焦化产业重组发展领导组，全面展开了焦化产业重组和焦化基地建设工作。

6.加强改进党的建设。认真组织开展深入学习实践科学发展观活动，深刻剖析了与科学发展观要求不相适应的深层次矛盾和问题，形成了加快企业科学发展六个方面的统一认识。利用中心组学习和办讲座、召开民主生活会等形式，组织学习十七届四中全会精神，将全会精神具体化为对党员干部严明政治纪律、统一思想认识、加强民主团结、转变工作作风四个方面的要求。组织建设方面，适时成立国际贸易公司党委，将投资公司党支部调整充实为党委，确保了基层党建工作的有效开展。在对外投资项目、参控股企业、资源整合矿井等新经济组织内全部设立了党的组织，真正做到行政机构设置到哪里，党的组织就跟进到哪里。作风建设方面，推行了“2+2”工作例会制度，每周召开一次党政联席例会和总经理安全办公例会，每月召开一次经济运行分析例会和党务政工例会，营造了严肃紧张的工作氛围。组织开展了“现代型、服务型、高效型”机关创建活动，在广大干部职工中间形成了“更严、更紧、更细、更实”的良好风气。制度建设方面，建立了对领导班子和中层干部的考评和“一报告两评议”制度，实现了干部年度考核的制度化。党风廉政建设方面，广泛开展“一十百千”活动，深化煤焦领域反腐败专项斗争，围绕省国资委七个方面的要求加大资源整合兼并重组督查力度，确保了企业的风清气正。

7.民生改善和谐建设。以庆祝建国60周年为契机，深入开展“颂祖国、爱焦煤”主题宣传教育活动，在推动文化发展上取得了积极进展。组织工资改革回头看、区队工资分配、奖金发放专项调研活动，广泛听取干部职工意见建议，完善了工资制度改革。公司人均收入53718元，较2008年增长8201元，增幅17.55%。深入开展扶贫解困“送温暖”活动，为屯兰事故遇难职工家属建立了专项救助基金，全年共计走访慰问离退休人员、贫困职工、老劳模、老党员91153人次，发放慰问金2581.68万元。适时开展职工思想状况调查，通过“万人问卷、千人座谈”的方式，了解职工心声，掌握职工思想动态，集中精力解决了一批职工群众最关心、最关注的热点问题。大力推进棚户区改造和矿区环境治理，三年来新开工面积完成253.17万平方米，新开工住房30687户，分别完成计划的115%、108%，一大批标准化示范小区相继建成。建立集团公司、子分公司、矿厂三级信访责任体系，强化“疏、堵、防、责”的四字工作要领，实现信访稳定工作由被动向主动的转变。国庆安保期间，山西焦煤未发生一起非正常上访和进京上访事件。

【法人治理结构】 山西焦煤在公司治理结构和职权定位上，形成了三个中心的管理运行机制，即集团公司是资本运营中心，主要职责是战略决策管理和投融资管理，行使重大决策权、资产受益权和经营者选择权；子分公司是利润中心，主要职责是围绕集团公司制定的战略规划目标，自主经营，不断提高经济增长的质量和效益；各矿、厂单位是成本中心，主要职责是围绕子分公司利润目标的实现，抓好生产组织，抓好安全管理，抓好过程控制，实现产出投入比的最大化。

【公司领导班子成员名录】

白培中	董事长、党委书记
高玉斌	副董事长、党委常委、总经理
高斌旗	党委副书记、纪委书记
潘得国	董事、党委常委、兼山西焦化集团公司董事长、党委书记
李建胜	董事、党委常委
张树茂	董事、总会计师
申晋鸣	副总经理
李东刚	副总经理
邓保平	董事、党委常委、工会主席
杨根贵	董事、党委常委
游　浩	董事、党委常委、总工程师
王绍进	副总经理
李堂锁	党委副书记
武华太	董事、党委常委、兼西山煤电集团公司董事长、党委书记
曹耀丰	副总经理、兼霍州煤电董事长、党委书记
曲剑午	副总经理、兼煤炭销售总公司总经理

山西国际电力集团有限公司

【基本概况】 山西国际电力集团有限公司（以下简称“集团公司”）于1989年1月经山西省人民政府批准成立，是代表省政府进行电力投资、建设和经营的电力企业，是全国为数不多的同时占有发电和配电两端市场、控股上市公司和金融机构、集生产经营和资本运营于一体的特大型集团公司。

山西国际电力集团有限公司电力产业涉及火电、水电、风电、太阳能、生物质能发电以及电网，在上市公司中控股山西通宝能源股份有限公司，大比例参股京能热电、漳泽电力两家公司，拥有包括220千伏电网在内的12个县级配电企业，储备26个前期电源项目；金融产业中控股山西金融租赁有限公司，参股山西证券、中国光大银行、山西信托投资、晋商银行等4家金融公司；非电产业涉及煤炭、煤层气开发、水务、房地产、酒店服务业等。

集团公司现行三级管理体制。总部设6个管理部门，分别为：集团工作部、财务部、人力资源部、产业管理部、投资管理部、法律审计部，为战略管理中心、投融资管理中心、人力资源管理中心；下设通宝能源、发电、配电管理、金融租赁、资产管理、燃气公司、置业公司、投资公司等8个二级公司，为运营管理中心；全资或控股的38个发、配电等三级公司，为利润中心。集团公司注册资本金60亿元人民币，共有员工7848人。

【发展历程】 在80年代末国家开始财税体制改革的大背景下，1988年出台电力建设基金“两分钱”政策，为促进我省地方电力工业的发展，山西省人民政府于1989年1月成立了山西省地方电力公司，委托省电力局代管，主要负责全省地方电力建设资金的征集、使用和管理。随着我国电力工业“政企分开、省为实体、集资办电、联合电网、统一调度”的改革进程，1998年1月，省委七届七次全委会通过了《关于进一步推进经济体制改革的实施方案》，解除了公司被省电力局的代管关系，成为自主经营的经济实体和省政府授权的电力投资、资产经营和地方电力资产出资者代表。2002年12月，经省政府批准，山西省地方电力公司按照现代企业制度要求整体改制为山西国际电力集团有限公司。2007年12月，按照省政府战略重组的决策和部署，经商务部和省政府批准，集团公司顺利完成了重组，进入了新的发展阶段。

重组后的集团公司为山西省政府全资设立的电力产业集团，是省政府授权的省级电力资产出资者代表，是担负电力生产建设、运营管理职责的专业化公司。

【主要经济指标】 2009年，集团公司权益装机容量为390.57万千瓦（含在建）；集团公司控股机组全年完成发电量76.68亿千瓦时，配电企业完成售电量40.23亿千瓦时，同比增加3.9%；全年实现主营业务收入39.44亿元；实现利润4.39亿元。完成了省国资委下达的经营目标。

截至2009年底，集团公司总资产达到157.14亿元，净资产93.21亿元，实现销售收入39.44亿元、利润4.39亿元。权益发电装机容量为390.57万千瓦（含在建）。

2004年～2009年间主要经营目标完成情况

年份	资产总额（亿元）	控股机组容量（万千瓦）	发电量（亿千瓦时）	配网售电量（亿千瓦时）	主营业务收入（亿元）	利润（亿元）
2004	200.08	213	139	20.08	37.13	5.68
2005	220	273	149	25.80	43	5.90
2006	260	395	187.46	30.80	50	8.50
2007	172.40	148.88	162	34.50	54.87	8.78
2008	157.60	147.08	83.21	38.72	39.90	4.69
2009	157.14	141.58	76.68	40.23	39.44	4.39

【产业发展及重点工作进展】

1.产业格局基本形成。2009年,面对经济下行的重重困难,集团公司生产经营平稳运行,经济效益得到提升,新兴产业快速跟进。通宝能源有效应对发电成本上升、电量需求不足、机组利用小时下降等不利因素,内控成本,争发电量,调增电价,所属发电公司发电量完成年度预算的101.5%,全面完成了年初确定的经营目标。地电股份紧紧抓住供电区域经济回暖的市场契机,规范基础管理,深挖内部潜力,经济效益显著。金融租赁加强存量资产管理,提升风险内控水平,租赁资产规模进一步扩大。燃气产业集团公司抓住机遇,多渠道整合资源,为集团公司全面进入煤层气、天然气开发建设领域奠定了良好的基础。国电置业探索形成与国内房地产业优秀企业共同合作的开发模式,发挥集团自身优势,盘活存量土地资源,为培育集团公司新的经济增长点做了有益的尝试。

2.投资建设稳步推进。全年完成建设投资27.34亿元,实际出资23.14亿元。耀光2×200MW机组锅炉点火吹管结束,两台机组基本具备整套启动条件;国锦交城2×300MW机组借鉴巢湖经验,不断优化初步设计,出色地完成了三大主机和主厂房区域桩基工程招标工作;控股国金文水2×300MW机组项目并积极开展项目报批;福光右玉、平鲁风电项目并网投产发电;蒲县生物发电项目开工建设;天桥大坝加固工程开始上下游围堰施工;右玉10MW、平鲁5MW光伏发电项目获得核准,列为国家"金太阳"示范工程;大热关小上大项目稳步推进;石楼2×600MW、孝义2×300MW项目上报国家发改委待批;兴县二期、交城二期、蒲县电厂项目通过初可研审查;朔南2×1000MW、保德电厂开展前期工作;关注IGCC、CO2捕获等高效低碳前沿发电技术;开展了宁武盘道梁、平鲁二期、朔城区牛家岭风电项目前期工作。全年建成投运输变电工程29项,其中兴县220KV变电站是山西省首座220KV数字化变电站。参股右玉元堡、宁武榆树坡、和顺长沟煤矿,合并权益产能600万吨。平遥至孝义输气管线项目建成投产;临原煤层气利用工程开工建设;临临线等5个燃气项目获准开展前期工作。收购昆仑AMT和昆仑重工股权,控股开发大锻件项目。与省水利厅、吕梁市、中石油、太钢、焦煤、阳煤签署合作协议。

3.预算管理初见成效。全面预算管理作为集团公司最主要的管理手段,经过2008年下半年的试运行和2009年整个年度的运行,基本构建了以经营预算、财务预算、收入预算、成本费用预算、资本预算和基建预算为主要内容,覆盖集团公司生产、经营、基建、计划、财务等全过程和各分子公司、各前期筹备处的预算管理体系。

4.信息化建设全面实施。信息化一期工程建设全面实施,基本完成了全集团信息网络平台建设,建立了信息系统安全体系,完成了集团办公自动化系统、财务系统、人力资源系统的部署和模拟测试工作,业务统计分析系统进行了预开发,初步使信息化成为集团公司贯彻制度、优化流程、提高效率的有效手段。

5.强化内部风险控制。集团公司成立法律审计部,进一步有效提升了风险防控能力。对出资合作、股权受让等法律文书进行法律审查。按照全面审计、突出重点的审计方针,创新审计模式,开展审计工作,完成了涉及15个分子公司的内部审计,在防范经营风险,促进增收节支,加强经营管理等方面发挥了积极的作用。加强了对审计、法律、会计事务所和招投标代理机构等中介机构的管理,在全省范围内优选三家合格代理机构，实行优胜劣汰、动态管理。

6.安全生产保持稳定。根据山西省电力行业安全生产专项整治活动总体要求，在集团范围内开展了安全生产专项整治活动，将缺陷管理、隐患排查治理、重大危险源监控和应急预案动态管理作为一项基础性工作常抓不懈。全面修订突发事件应急救援预案，形成了三级架构衔接一致、逐级细化的应急预案体系，通过了省安监局的审查。在发电和电网产业中分别组织了天桥防汛演练和辛庄变电站大面积停电演练。结合近年来集团公司发生的安全事故，组织各级安监人员对集团公司安全规程进行修编，以杜绝习惯性违章为出发点，从管理制度、责任制落实、安全监督三方面入手开展工作，形成了具有集团公司特点的安全生产企业标准。组织各级管理人员开展安全调考、安规两票写实报告，安全基础进一步夯实。

7.深入开展学习实践科学发展观活动。集团公司利用近四个月的时间，在集团公司及各分子公司11个党委、57个党总支和党支部、1722名党员中组织开展了学习实践活动。

8.文化建设得到提升。编印颁发了《企业文化手册》、《管理制度手册》和《社会责任手册》。加强内外部宣传工作，组织撰写集团公司成立以来首份社会责任报告。组织了龙舟比赛和歌咏比赛，活跃了员工文化生活。

9.党风廉政建设进一步加强。推进文明单位创建，集团本部及部分分公司、子公司通过了“省级文明和谐单位”和“省属企业文明单位”验收。重视制度建设，印发了《党委会议制度》等5大类23个党建工作制度。落实惩防体系五年规划，开展了工程建设领域突出问题专项治理工作，完成了自查自纠排查工作。强化作风建设，引导各级管理人员自觉树立和弘扬良好作风。

【培训后备高级管理人员】 2009年10月22日，集团公司2009年后备高级管理人员培训班开班典礼在清华大学主楼327会议室举行。来自集团公司各单位的40名学员参加了培训。集团公司董事长、党委书记、总经理常小刚出席开班典礼并做了重要讲话。

【进入燃气产业】 山西燃气产业集团有限公司，是山西国际电力集团有限公司坚持传统能源高效化和新型能源规模化，为积极开发新型能源，加快煤层气、天然气等清洁能源的综合开发利用，于2009年7月出资设立，代表国际电力集团进行燃气项目投资、建设和运营管理的专业化公司，注册资金2.5亿元。

山西燃气产业集团有限公司是山西省人民政府授权的煤层气(天然气)综合开发利用主体之一。公司以“奉献绿色能源，服务山西发展”为使命，认真落实省委省政府“气化山西”战略，以气为基，实施赶超，致力于打造一个集资源开发、输送利用、化工转化与产业服务于一体的煤层气、天然气综合性新型能源产业集团。公司倡导清洁生产，追求永续经营，争当全省转型跨越发展的先锋队和排头兵。

【公司领导班子成员名录】

常小刚	董事长、党委书记、总经理
傅志明	董事、党委委员、纪委书记
白　雷	副总经理
刘世文	董事、党委委员
樊　洪	董事、党委委员
张　然	副总经理
曹　冬	副总经理
郭永和	董事、党委委员、工会主席
刘会成	副总经理
薛文晔	副总经理

大同煤矿集团有限责任公司

【公司概况】 大同煤矿集团有限责任公司(以下简称"公司")的前身大同矿务局成立于1949年8月30日,2000年7月改制为大同煤矿集团有限责任公司。公司现有总资产1000多亿元,职工和家属70万人。有子、分公司和二级单位139个,分布在山西和内蒙古,东西跨度300多公里、南北跨度600多公里的区域内。煤炭总量连续五年突破亿吨。现已形成煤炭为主,电力、化工、钢铁生产、机械制造等多业并举的特大型综合能源集团。

企业成立60年来在科技、装备和管理等方面创造了100多项全国第一;企业文化底蕴深厚,人才、管理、队伍等方面在同行业具有明显优势;产品过硬,大同煤发热量高,灰分低,是工业食粮中的精品,畅销全国电力、冶金、建材等多个行业,并远销日本、韩国、印度、土耳其等多个国家。产品被列为"中国十大世界影响力品牌"、"世界市场中国十大年度品牌"、"国家免检产品"。企业曾荣获全国"五一"劳动奖状、"金马奖"等多项荣誉。2009年首次荣膺全国精神文明建设先进单位殊荣。

【主要经济指标】 实现煤炭总量1.13亿吨;利润11.78亿元,同比增加1.26亿元;员工收入:集团人均收入达到37636元,同比增加3702元;安全:集团百万吨死亡率为0.054;总资产921.6亿元,同比增加172.4亿元。

【重点项目进展】 塔山矿已经达到1500万吨设计产能,经过技术改造,产能已经达到2000万吨。同忻矿提前8个月试生产,创集团公司建井最快纪录,5.9公里的配套铁路专用线同步开通运营。东周窑、麻家梁井筒掘进到位。梵王寺、马道头、北辛窑矿井正在办理前期各项准备事宜。虎龙沟煤矿升级改造完成,首采工作面已经试产;色连煤矿全面施工建设。稳步推进重点矿井工程的技术改造,坚持月度考核例会和现场督办落实制度,14项重点工程正常推进。

按照全省煤矿企业兼并重组的工作部署,将省内6市14县区的85座煤矿整合成30座。目前整合矿井的协议签订、证照办理、隐患排查、"六长"到位、地质报告、矿井初设等工作快速有序推进。

以电力为龙头的非煤项目建设同步推进。轩岗电厂工程竣工、王坪电厂开工建设,标志着"十一五"规划的312万千瓦装机容量全部落实。120万吨甲醇(一期60万吨)已经开工建设。全国最大的5万吨煤系煅烧高岭土和年产2.4亿块烧结砖项目顺利投产。钢铁公司高炉改造竣工投运。日产4500吨新型干法水泥项目安装收尾。100万吨氧化铝项目正在积极申报核准。旅游公司全年营业收入近3000万元。

对外贸易迈出了新步伐,推进了土耳其阿玛斯拉煤矿建井项目,积极开拓中俄边境化工原料的对外贸易,全年完成对外经贸业务额7585万美元。

我国煤炭行业第一个产业链最完整的循环经济园区—塔山循环经济园区,2009年8月30日全面建成。集团公司在中国国际矿业大会上,荣获了"2009中国矿业国际合作最佳环保奖"。

【创新能力】 一是建立了项目投资管理决策机制。2009年集团公司成立投资审核委员会，强化了公司在重大项目投资决策的科学性和规范性。二是创新旧区改造模式。为了改善职工住宅条件，集团公司围绕“少花钱多办事，不花钱也办事”的思路，通过市场化运作盘活土地，以企业、居民和开发商互利共赢为目标，吸引开发商成片进行拆迁改造，实施了旧区改造。三是重组成立机电装备制造公司。通过整合内部网点资源，与国内外30多家煤机制造装备公司进行合作，打造晋北地区最大的煤机生产基地。四是积极推进主辅分离、辅业改制。完成北京阳坊文化公司国有股减持。宏瑞劳务派遣公司充分发挥市场化运作优势，在完善企业用工制度和方法上搭建了平台，实现了新项目后勤服务社会化。五是加强资本运作，建立资本运营例会制度，拓宽融资渠道，改善债务结构，组织5年期40亿元中期票据发行准备工作，推进财务公司的申报。

【民生工程】 在金融危机背景下，把企业发展与惠及员工统筹起来，依靠员工办企业，与员工群众共同分享企业发展成果。员工工资收入提高10.9%。近7万户居民喜迁采煤沉陷区和棚户区治理改造住宅区，二期工程已经开工。投资1亿多元对矿区6条道路进行整修，环境面貌发生了新的变化。创新筹资渠道成立了“煤海阳光”和“煤海希望”两个理事会，通过这两个理事会，主要解决一些困难员工因贫困不能正常生活、看不起病、子女上不起学的问题。

【党的建设和精神文明建设】 廉政建设方面。以煤焦领域反腐败专项斗争为契机，坚持教育、制度、监督三并重，狠抓源头预防。建立了党委中心组学习廉政内容制度、党政主要领导讲廉政课等十项党风廉政教育制度，健全了《领导人员廉洁从业和责任问责实施细则》等规章制度。加强工程招标、物资采购、领导人员选拔、资金使用等重点监督，对17起不符合规定的招标程序进行了纠正，对8起违反招投标法有关规定的招标作出废标处理；查处各类案件和问题46件，处分违纪人员73人，营造了风清气正的良好环境。

文明创建取得丰硕成果。企地共建，扩大覆盖，涌现了11个省级和谐单位、4个文明和谐社区。承办了全煤系统和谐社区建设现场会。倡导爱企敬业，营造和谐氛围，通过了省级特别贡献奖验收。

企业文化方面。坚持制度管企，文化管人，推进企业精细管理向精准管理、精确管理、精益管理、精美管理的延伸发展，探索构建“快乐工作法”长效机制，增强了企业的向心力和凝聚力，提升了员工的认同感和归属感。承办了第二届中国企业文化百人学术论坛暨全国企业文化（同煤）现场会，集团公司被授予“全国企业文化建设示范基地”。

舆论宣传工作。建立了企业英文网站和股份公司网站，国外76个国家和地区点击访问同煤网站，全年总访问次数突破200万次新高。

民主管理。始终坚持全心全意依靠员工群众办企业的方针，不断拓宽以职代会为主的民主渠道，二届三次职代会征集提案的落实率达到100%，集体合同履约率100%。

【主要管理经验】

1.抓应对措施，企业实现平稳运行。2009年，面对金融危机和复杂环境，科学应对，采取措施。通过市场调研和分析、预测，以及召开党政联席会、中层干部大会等多种形式，统一了思想。

一是形成了“坚定信心，迎接挑战，抓住机遇，谋求更大的发展”的共识。二是坚定了“四个信心”：坚定不移举全集团之力抓营销，推动营销工作开创新局面；坚定不移抓好各项经营措施的落实，推动经济运行质量再上新水平；坚定不移地推进重点项目，加快结构调整，推动企业发展实现新跨越；坚定不移推进资源整合、兼并重组工作，扩充煤炭资源。三是出台了9条措施和5点要求，包括加强安全、营销、产运存协调、资金管理、成本管理、重点项目建设、资源扩充、资本运作等措施。四是年初出台了强化经营管理的33条特别措施和19个管理办法。狠抓这些措施的落实，保证了全年工作的主动，实现了迎难而上，有效应对。通过强化“强管精营做企业，勤俭持家富员工，科学持续谋发展”经营理念，加大了资金、成本管理力度。1～10月，实现增收节支8亿元，预计全年近10亿元。通过招标，合同金额比计划金额节约3.92亿元，降低10.54%。

2.抓营销决策，提高市场竞争新能力。煤炭生产战线克服资源锐减、地质复杂等不利因素，内抓生产、外盯市场；适时调控、合理部署；优化工艺、精采细采，实现了产运平衡。强化现场管理，努力提高单产单进水平，全公司百万吨综采队达到18个。加大机电检修维护，充分发挥设备效能。合理调整电网布局，加快同忻、塔山等变电站的改造建设，为煤炭生产提供保障。

举全公司之力舞好煤炭销售这个龙头，有效应对金融危机的冲击。面对市场形势的变化，一月一思路、一旬一决策、一日一计策，灵活策略，分段实施，赢得先机。充分发挥大集团多品种价格联动机制和品牌优势，适时调整市场结构，发挥话语权优势，以量稳价，强化煤质管理，扩大高价位市场煤的销售份额。

3.抓文化引领，提升安全管理新水平。提出了“安全工作比天还大，瓦斯治理重中更重”新理念，丰富了以“人人都是通风员”为核心的同煤特色工作体系，实施了“五到位、三不准”硬性规定，开展了“人人都是通风员”系列活动，使广大员工的认识更加深刻，行为更加规范。

修订完善《安全生产责任制》，推行安全责任集体问责和个人问责制，对安全管理不到位、隐患排查不得力矿井的领导进行诫勉谈话，对事故的责任人进行责任追究。开展了安全生产领导干部“一帮一”及联点承包活动，坚持领导班子安全敏感性考核，强化了领导人员安全责任的落实。

加强班组建设，实施基层“三项管理”，学习推广“白国周班组管理法”，狠抓安全质量标准化达标，4座矿井被国家命名为特级安全高效矿井，17座矿井为安全高效矿井。高度重视机电安全“二件大事”，狠抓机电现场管理。注重源头治理，严格落实安全准入制度，对66个新综采工作面进行准入验收。出台了《关于兼并重组煤矿安全准入的实施意见》，对新整合矿井，严格履行验收程序和审核评价，坚决做到不安全不生产。

构建五级排查治理网络，分级管理、挂牌督办、跟踪监控、整改销号。强化以“一通三防”为重点的隐患治理。加大外委施工队伍整治，对现场管理差的项目部下达了停工意见书，有效提升了大集团的整体安全管理水平。

加大培训力度，通过在岗和脱产相结合的培训方式，不断引深以“人人都是通风员”为核心，以班组长、区队长为重点的培训工作，大力开展“师带徒”活动、技术比武和技能人才评价工作。

4.抓经营管理决策，创出整体管理新成效。

强化非煤系统管理，塔山、热电两个电厂内抓节流，外抢电量，并实现盈利。地面生产单位内强管理，外闯市场，经营状况有所改善。引入市场机制，提高内部供货企业的产品质量和竞争力。

全面规范招标管理，初步形成了具有同煤特色的合理制衡、严密监督、质效并重的监管模式，做到了“严把六关、三个必查”。不断优化物流管理，定期组织清仓利库和专项审计，各二级单位安全费用自购物资和三类物资逐步实行招标代储，储备资金同比下降8428万元，代储率达到95.5%。全年回收复用价值2.42亿元，修旧利废1828万元。突出抓好供电管理，大集团总用电量同比下降3653万度。

5.抓软实力建设，创出科技培育新能力。发挥博士后工作站的作用，组织完成国家、省部委重大科技项目的申报，6项获省部级科学技术奖，3项获大同市科学技术奖。在全省企业中，率先成立了院士专家企业协作中心工作站。完善了科研项目管理及验收办法，组织了857项企业科技成果的验收评审，完成了“特厚煤层大采高综放开采成套技术与装备研发”等多项重大课题的评审和申报。投入近千万元加快企业信息化建设，完善了生产调度、瓦斯监测等系统建设，实现了信息资源共享。加强人才队伍建设，完善优秀人才评选办法，141名同志被评为省国资委联系的高级专家，30名被评为大同市青年人才。

阳泉煤业(集团)有限责任公司

【概况】 阳泉煤业(集团)有限责任公司(以下简称“阳煤集团”)的前身为阳泉矿务局，成立于1950年1月。经过60年的发展，阳煤集团已经成长为以煤炭和煤炭化工为主导产业，铝电、建筑房地产、机械电气、贸易服务多元化强盛发展的国有大型企业集团，截至2009年底公司总资产787亿元，净资产233亿元，拥有包括国阳新能和山西三维两个上市公司在内的232个子公司、分公司，在册员工14万人，是国家规划的13个大型煤炭基地之一。2009年煤炭产量4346万吨，营业总收入达到496亿元，位列中国企业500强第128位。

阳煤集团实施“强煤强化、五年千亿”的发展战略，煤炭与煤炭化工产业横跨晋冀鲁京渝5省市15个地市。煤炭产能和技改规模达到1亿吨，化工商品产能728万吨、电力装机容量65万千瓦/年、铝业产能65万吨/年、建筑安装产值50亿元/年、商品房开发能力30万平方米/年，机械电器制造销售规模25亿元/年，物资贸易规模90亿元/年。

【主要经济指标】 原煤产量：实际完成4346万吨，比上年同期的3729万吨增加617万吨。其中：矿井产量实际完成4144万吨，比上年同期的3482万吨增加662万吨。掘进总进尺：计划为27.23万米，实际完成31.10万米，完成计划的114.21%，比上年同期的28.64万米增加2.46万米，增幅为8.59%。块炭产量：计划

400 万吨，实际完成 456 万吨，完成计划的 114%,比上年的 420 万吨增加 36 万吨,增幅为 8.57%。喷粉煤产量:计划 390 万吨,实际完成 497 万吨，完成计划的 127.44%，比上年的 450 万吨增加 47 万吨,增幅为 9.46%。工业总产值(现行价):本年实际完成 3001561 万元,比上年同期的 2211966 万元增加 789595 万元。煤炭外运量:本年实际完成 3913 万吨(其中:铁路外运量 3068 万吨、公路外运量 845 万吨),比上年的 3558 万吨(其中:铁路外运量 2266 万吨、公路外运量 1292 万吨)增加 355 万吨。商品煤销量:本年实际完成 4058 万吨，比上年的 3665 万吨增加 393 万吨。商品煤售价：本年实际完成 437.99 元 / 吨，比上年的 436.80 元 / 吨增加 1.19 元 / 吨。利润总额：本年实现利润 146610 万元，比上年实际 160191 万元减少 13581 万元。其中:国阳股份实现利润 248679 万元;三维集团实现利润 125 万元。营业收入:全年实现营业收入 4960041 万元，比上年的 3436779 万元增加 1523262 万元。其中:煤炭收入 1987880 万元;铝电收入 268716 万元;化工收入 922815 万元,建筑建材 397319 万元;服务贸易 995572 万元,其他 387739 万元。百万吨死亡率:本年计划完成 0.35 人 / 百万吨,实际完成 0.09 人 / 百万吨，比计划减少 0.26 人 / 百万吨，比上年的 0.05 人 / 百万吨增加 0.04 人 / 百万吨。

【经营业绩与财务分析】 1.阳煤集团 2009 年末财务状况分析(见表 1:阳煤集团资产负债表)。2009 年末,阳煤集团总资产达 7875121 万元,比年初的 5996583 万元增加 1878538 万元;负债总额为 5536597 万元，比年初的 4005389 万元增加 1531208 万元;所有者权益为 2338524 万元，比年初的 1991194 万元增加 347330 万元，其中：归属于母公司的所有者权益为 1281237 万元,比年初增加 246 万元。2009 年末资产负债为 70.30%，比年初的 66.79%增加了 3.51%。

2009 年末，集团公司资产总额达到了 7875120 万元,比年初资产总额(调整后)增加 1878537 万元,其中:流动资产增加 1096757 万元,非流动资产增加 781780 万元。流动资产的增加主要是货币资金增加 587830 万元,其他应收款增加 273620 万元;非流动资产的增加主要有:固定资产增加 467418 万元,在建工程增加 96612 万元,无形资产增加 125907 万元。

2009 年集团公司负债总额比年初增加 1531250 万元，其中：流动负债增加 801050 万元,主要是短期借款增加 203120 万元,应付账款增加 269535 万元；非流动负债增加 730155 万元,主要是长期借款增加 532292 万元,应付债券增加 240475 万元。所有者权益较年初增加 347389 万元,其中:专项储备增加 135301 万元。

2. 阳煤集团 2009 年度利润完成情况分析(见表 2:阳煤集团利润表)。2009 年,集团公司实现利润 146610 万元，比上年同期的 160190 万元减少 13580 万元。

影响利润增加的主要因素有：

1.煤炭产品销量、售价增加影响利润增加 74632 万元。一是商品煤销量增加,影响利润增加 54806 万元。二是商品煤售价提高,影响利润增加 4842 万元。三是商品煤销售费用减少,影响利润增加 14982 万元，主要是国贸公司出口煤费用减少销售费用。

2.劳动保险费用减少,影响利润增加 3067 万元。由于 2009 年执行《企业加强职工福利费财务管理的通知》(财企【2009】242 号)的规定,将离退休人员统筹外费用等费用通过福利费核算,不再经过劳动保险费,致使劳动保险费减少。

3.投资收益增加,影响利润增加 20034 万元。

4.补贴收入增加,影响利润增加 9835 万元。

2009年阳煤集团利用国家优惠政策，争取补贴收入26525万元，其中：化工企业财政补贴20807万元（其中：三维集团4803万，化工投资公司16004万元）；集团母公司争取各项政府补助资金5718万元（其中：亏损补贴1920万元；煤层气抽采财政补贴2302万元；各种污水处理改造补助1196万元，贴息补助300万元）。

5.资产减值损失减少，影响利润增加24544万元。主要是集团母公司本期计提各项资产减值损失18899万元，比上年同期的46439万元减少27540万元。

影响利润减少的主要因素有：

1.煤炭产品销售成本及税金增加影响利润减少17279万元。一是煤炭销售成本增加，影响利润减少10097万元。影响成本增加的主要原因：一方面是各投资公司收购兼并煤矿，新增单位所致；一方面是基建技改矿转生产矿，影响销售成本增加。二是煤炭产品销售税金及附加吨煤增加1.77元，影响利润减少7182万元。2009年，增值税转型后，煤炭产品销项税调整为17%，进项税抵扣比上年增幅不大，使2009年增值税较上年的22亿元增加9.2亿元，由此带来附税增加。

2.其他产品及业务利润减少，影响利润减少28492万元。主要是化工行业和铝电行业市场持续低迷，致使兆丰铝业公司和化工投资公司亏损较大。

3.管理费用增加，影响利润减少52362万元。主要是阳煤集团2009年收购重组、扩张发展，新设机构及新增单位较多，影响管理费用增加40824万元。

4.财务费用增加影响利润减少10936万元。主要是集团公司新增银行借款较多，2009年集团公司及各子企业各种借款及发行债券2780740万元，比上年的1831797万元增加948943万元，影响财务费用增加。

5.营业外收入减少，影响利润减少35178万元。

6.营业外支出增加，影响利润减少1444万元。

【改革发展】 经营业绩。全年营业总收入完成496亿元，同比提高44.61%。在化工、铝电等产业亏损10亿元的情况下，实现利润14.6亿元。企业总资产达到787亿元，同比增长28.59%，净资产达到233亿元，同比增长28.73%。

煤炭产业。全年商品煤产量完成4346万吨，同比增加617万吨；总进尺完成31.1万米。二矿成为首个千万吨矿，寺家庄矿一次采全高工艺获得成功。抢抓全省煤炭资源配置、整合机遇，强力推进煤矿重组工作，将太原、临汾、阳泉、忻州、朔州、晋中等6个市的77座小矿整合为31座矿井，新增产能3000万吨，新增煤炭储量25亿吨。集团公司煤炭产能和基建规模达到1.15亿吨以上。

化工产业。主要化工产品销量达到374万吨。组建阳煤化工投资公司，引进资金8亿元。继续实施并购重组，增资控股正元集团[illegible]绝对控股齐鲁[illegible]化，成功收购山东恒通化工，新增销售收入17亿元。榆次、昔阳、和顺、沧州等化工基地相继开工建设。

辅助产业。电解铝、氧化铝成功复产，电解铝一期技改恢复建设，取得80万吨/年铝土矿探矿权。贸易服务产业实现利润过亿元，墨玉宾馆、药林会议中心酒店档次再上台阶。机械电气业规模和效益同步增长。建筑建材产业在收入下降情况下利润同比增长4900万元。推进煤层气勘探、开发、利用一体化进程，积极实施气代油、瓦斯发电、压缩煤层气、液化煤层气等瓦斯利用项目。

安全管理。扎实推进煤矿安全生产专项整治,效果明显。本煤层瓦斯抽采完成8500万立方米,生产矿井瓦斯超限次数同比下降53.8%,瓦斯治理三年规划正式启动。深化干部职工队伍教育培训,推进现场质量标准化建设,全面落实干部下井考核和现场管理骨干“在先、在后、在位”要求。提前对43人进行矿长资格培训,对180人进行安全资格培训,保证了兼并煤矿“六长”人员及时到位。全年百万吨死亡率0.09,新景、平舒等12个煤矿实现安全生产。

重点项目建设有序推进。煤炭产业方面,寺家庄、运裕等矿井相继投产,元堡、榆树坡、七元、景福等项目开工建设。非煤产业方面,临猗45万吨尿素、三维万吨级白乳胶、昔阳40万吨电石、和顺18·30等重点项目顺利开工,180万吨甲醇60万吨烯烃项目完成前期调研,沧州300万吨尿素项目进入场平阶段。电解铝一期技改、奥伦扩建、华越技改和采掘设备制造实体化稳步实施。

管理体制转换继续深入。确立了“强煤强化、五年千亿”新的经营发展战略。继续落实完善基数增长、资本回报和授权经营制度。实施煤矿管理体制改革,组建四个区域公司,实行了煤矿安全生产建设分区域监管,全面推行矿管矿模式,以大带小,保证了煤矿数量急剧膨胀后加强管理的需要。

矿区面貌持续改善,职工生活水平不断提高。本部职工人均收入达到46208元,同比提高13.6%。全年新增就业岗位9631个,其中安置职工子女高校毕业生1341人。两区改造住房建设和商品住宅竣工65万平方米,4000户职工喜迁新居。投资5.4亿元改善矿区基础设施,三电厂冷凝热回收利用一期工程完成,新增供热能力150万平方米;矿区居民24小时全天候用水基本实现。

【公司结构调整】 2009年,在煤炭化工方面,组建了化工投资公司,增资控股正元集团,成功收购了山东恒通公司。三维集团7.5万吨BDO项目、丰喜5万吨化工装备项目、恒源化工技改工程等20个项目竣工投产,增加销售收入18亿元。另外,启动了和顺“18·30”项目、昔阳100万吨/年电石项目和榆次万吨级白乳胶项目。电解铝、氧化铝紧跟市场回暖步伐,适时恢复生产,成功兼并盂县两个铝土矿并成立矿山公司,煤电铝产业链进一步完备。刚刚成立一年的国贸公司和物资经销公司积极开拓国内、国际两个市场,发挥规模和资金优势,实现利润过亿元。机械制造业和建筑地产业同步快速发展,煤层气开发利用项目进展顺利。

非煤在建重点项目进展情况如下:

兆丰一期12.5万吨电解铝技改项目。该项目由中铝国际工程有限公司贵阳分公司设计,拟建300KA大型预焙阳极电解槽156台,产能125kt/a(最大产能12.93万吨),项目于2007年8月1日开工,截至2009年底,累计完成投资102129.34万元。

三维集团化工研发中心项目。该项目由太原市建筑设计研究院设计,总建筑面积为32715m²,地面以上建筑17层,地下2层,项目于2009年6月14日开工,截至2009年底,累计完成投资2828.12万元。

【国有资产保值增值】 年初,阳煤集团国有资本及权益总额为1280991万元,当年国有资本及权益增加138006万元,当年国有资本及权益减少137760万元,年末国有资本及权益总额为1281237万元。扣除客观因素后,国有资本保值增值率为99.81%。(见表3:阳煤集团保值增值表)

2009年客观因素增加国家、国有单位直接或追加投资2706万元,为计入资本公积的政府补助，其中：晋财建【2008】560号新景矿机械化升级改造项目833万元和年产80万吨氧化铝一期40万吨及配套改造800万元，晋财建【2008】625号新景矿机械化升级改造项目（第二批）1073元，以上三笔补助在晋发改能源发【2008】1467号文中均注明为资本金注入。

【重大项目进展】

1.煤炭项目。

山西寺家庄煤业有限责任公司（寺家庄矿井）。寺家庄矿井位于山西省昔阳县境内，井田面积126Km²，地质储量为117484万吨，设计生产能力500万吨/年。该项目为国家发改委核准的重点建设项目，同时配套建设同等能力的选煤厂和铁路专用线。项目概算投资338191万元，建设工期46个月。截至2009年底累计完成投资238131.72万元。

山西新元煤炭有限责任公司（新元矿井）。新元矿井位于山西省寿阳县境内，是山西省重点工程建设项目之一。矿井地质储量143671.12万吨，设计生产能力500万吨/年，一期按300万吨/年建设，二期按200万吨/年建设，项目概算总投资320219.78万元。一期工程于2002年12月20日开工建设，2007年4月1日建成试生产。二期工程于2007年8月开工，预计2011年12月竣工投产。二期工程项目概算总投资90126万元。截至2009年底累计完成投资20263.88万元。

五矿扩区赵家分区。五矿扩区位于五矿现有井田西部，扩区井田面积约101.18km²，总资源储量为88707万吨，改扩建后达到300万吨/年的设计生产能力，项目建设总资金48851万元，截至2009年底累计完成19731.14万元。

七元矿。七元井田位于山西省寿阳县境内，设计生产能力800万吨/年、井田面积194.36km²，地质储量1618.34Mt，主采煤层8号、15号，采煤方法全部采用综采。工程预计投资27亿元。项目在进行前期地质勘察工作，矿井精查钻孔51490m，预计投资3037.91万元，2007年完成32100m,2008年完成钻孔16000m。截至2009年底累计完成1806.86万元。

2.联营整合地方煤矿。

长沟煤矿。长沟煤矿位于和顺县境内，井田面积9.09km²，批准生产能力15万吨/年。2007年1月26日，阳煤集团出资10495万元将其全资收购，并对其进行90万吨/年改扩建，项目概算投资为45750万元，截至2009年底累计完成投资34781.56万元，矿井建设工期25个月，预计2010年2月底建成投产。

山西阳煤坪上煤业有限责任公司（坪上煤矿）。坪上煤矿位于昔阳县乐平镇，井田面积约7.8km²，地质储量6003万吨。2007年3月，阳煤集团对其进行整合重组，出资6547.48万元置换坪上煤矿51%的股份，并对其进行控股经营。90万吨/年技改工程项目概算投资为43537万元，截至2009年底累计完成投资22420.15万元，预计2010年2月建成投产。

山西阳煤运裕煤业有限责任公司（运裕煤矿）。运裕煤矿原为昔阳县民营煤矿，井田面积9.62km²，地质储量5800.2万吨。2007年8月，阳煤集团出资4503.07万元置换运裕煤矿60%的股份，对其进行控股经营并进行90万吨/年改扩建，项目概算投资为45448万元，截至2009年底累计完成投资25566.10万元。

左权永兴煤化有限责任公司（永兴公司）。永兴公司位于左权县，下辖有洗煤厂、焦化厂、永佛寺煤矿。2007年5月，阳煤集团下属的石港公司整合重组永兴公司，对其进行90万吨/年改扩建，项目概算投资为66038.71万元，截至2009年底累计完成投资10697.53万元，预计2011年10月建成投产。

山西平舒煤业有限公司（平舒矿井）。平舒矿井位于寿阳县境内，系集团公司2007年初整合的煤矿，集团公司占56.31%的股份。矿井地质储量13169万吨，90万吨/年矿井从2004年9月开工建设，于2007年9月进入试生产阶段。按照企业发展设想，集团公司拟对平舒矿井实施扩建，使生产能力达到300万吨/年的规模。工程预计投资估算为120973万元。2008年6月6日开工建设，预计2010年12月建设完毕。截至2009年底累计完成投资36828.99万元。

山西景福煤业有限公司（景福矿井）。景福矿井位于寿阳县境内，为阳煤集团寿阳开元矿业有限责任公司控股子公司。矿井地质资源量7822万吨，矿井建设规模为90万吨/吨，项目总投资为76172.5万元，截至2009年底累计完成投资200.02万元。预计2011年12月建设完毕。

孙家沟煤矿（孙家沟矿井）。孙家沟矿井位于保德县孙家沟乡，资源储量12708万吨，矿井建设规模300万吨/年，矿井建设项目总造价为3.2亿元。截至2009年底累计完成投资14750.92万元。

山西右玉元堡煤矿（元堡矿井）。右玉元堡煤矿位于右玉县城东南的元堡子镇，地质储量4.11亿吨，可采储量2.27亿吨，矿井建设规模300万吨/年，矿井服务年限60.5年。截至2009年底累计完成投资5181.66万元。

榆树坡煤矿。榆树坡煤矿位于宁武县内，原井田面积1.02km^2，现井田面积15.0km^2，地质储量4.21亿吨，可采储量2.55亿吨。榆树坡矿井建设规模300万吨/年，矿井服务年限60.8年，2009年12月正式开工建设。

泰安煤矿。平朔泰安公司井田位于宁武煤田平（鲁）—朔（州）矿区北端，朔州市平鲁区白堂乡窝窝会村东，行政隶属朔州市平鲁区管辖，面积4.20km^2，地质储量7862万吨。矿井生产规模90万吨/年，项目总投资29101万元，截至2009年底累计完成投资15072.64万元。

【公司治理结构】 2005年12月，阳煤集团改组为由山西省国资委、中国信达公司、省建行共同持股的有限责任公司。按照《公司法》规定，阳煤集团建立了由董事会、监事会、经理层组成的公司治理结构，同时设党委常委会、职工代表大会。从组织构架、高管人员职位设置上看，阳煤集团目前的公司治理结构符合现代企业制度要求，企业内部的决策机构、执行机构和监督机构之间既相互独立，又相互制约，使所有者、经营者和员工的积极性得以发挥，行为受到约束，利益得到保障，形成科学合理的现代企业新机制。

2009年，阳煤集团董事会由13人组成，其中：董事长1人、副董事长2人、董事10人。董事会对股东会负责，行使对集团公司重大事项的决策权，即公司改革发展战略和中长期发展规划；决定组织结构和对总经理班子的提名、聘任及解聘；重大的投融资活动等。

监事会由5人组成，设监事会主席1人、监事4人；监事会行使对董事会、经理层的监督权，并有权检查公司财务、提议召开临时股东会、列席董事会会议等。

经理层由10人组成，其中：总经理1人、副总经理7人、总工程师1人，总会计师1人。总经理由董事会聘任或解聘。经理层对董事会负责，组织实施董事会决议，主持公司的生产经营管理工作。

党委常委会由8人组成，其中：党委书记1人、党委副书记3人、党委常委4人。党委常委会与董事会、经理层实行交叉任职，党委在集团公司履行监督、保证和参与公司重大决策的职责。

职工代表由集团公司逐级选举产生，3年一届。职工代表大会代表职工行使审议建议权、审查同意和否决权、审议决定权和评议监督权等。

【产权制度改革和主辅分离辅业改制】

2009年，阳煤集团重点对中小企业集团开展了产权制度改革，2009年1月，中小企业集团对三家直属企业进行出资，其中对上海大众汽车阳泉销售服务有限公司出资5253636.98元，取得51%的股权；对阳泉冬阳散热器有限公司出资409346.78元，取得51%的股权；对阳泉润德贸易有限责任公司出资33.15万元，取得51%的股权。2009年3月对山西嘉盛招标代理有限公司投资90万元，注册资本600万元，占其15%的股权。

2009年上半年，中小企业集团出资400万元，以57.14%的注资比例，与一矿多营发起成立了阳泉阳煤中小企业投资管理集团第一有限公司。2009年7月13日，中小企业集团结合实际出台了阳煤中小企业【2009】55号《关于加快组建中小企业集团子公司改制步伐的实施意见》，在二、三、五矿多营公司全面推广一公司改制经验。2009年三季度，中小企业集团又相继出资520万元、260万元、120万元，以50.98%、50.98%、51.06%的注资比例，分别与二、三、五矿多营公司发起成立了阳泉阳煤中小企业投资管理集团第二、第三、第五有限公司。之后，中小企业集团又相继对各矿子公司开展了以土地入股为主要形式的二次注资工作。

【公司领导人员经营业绩考核体系与薪酬制度建设】

1.领导人员经营业绩考核。阳煤集团正职严格按照省国资委确定的年薪标准执行。副职年薪标准的确定坚持向分管生产、安全与技术的副职适当倾斜的原则，按照集团公司制定的领导人员分工与业绩考核办法和各项分管工作完成情况进行考核后，根据业绩拉开分配差距。

2.薪酬制度建设。阳煤集团继续加快薪酬制度改革的步伐，由岗位技能工资制变为岗位绩效工资制，已基本形成以岗位绩效工资制为主，多种分配形式并存的薪酬制度。薪酬分配重点向岗位责任重、技术要求高、贡献突出等关键管理、技术岗位和工作负荷大、劳动环境差的井下人员倾斜，逐步合理各类人员分配关系。

一是对集团公司所属各单位的经营层，在考虑其市场及行业竞争程度的基础上，实行基薪收入与管理幅度、管理责任、员工平均工资挂钩考核，效益收入与利润以及其他主要生产经营指标挂钩考核的年薪制。同时，根据煤炭行业特点，增加了安全风险抵押金制度，加大了对安全奖励的考核力度。

二是工作有量可计的岗位继续实行计件工资制，强化定额管理，加强民主监督，保证分配的公平公开。同时，制定重点采掘队组台阶工资指导价位，促进高产高效工作。

三是对工作不易计量的一般管理人员及操作人员实行岗位绩效工资制，以岗定薪，岗变薪变。同时，对一般管理人员试行职级管理，按个人综合素质、工作经验、工作能力和工作实绩确定职级，按职级确定岗位系数。

四是对技术专家、技术能手以及技师提高技术津贴标准，实行科研成果重奖制度，提高生产效率和企业竞争力。

五是对营销人员实行与销售量、售价、货款回收挂钩的提成工资制。

六是对企业急需各类短缺人才实行协议工资制。用人单位参照市场工资指导价位，经双方协商报集团公司批准后按协议支付工资。

七是制定了引进人才薪酬政策，提出各类

专业人才的工资指导价格，并明确住宿条件与生活补贴等福利待遇以吸引高等院校毕业生。

【主要管理经验】

一是提早制定应对经济危机的十条措施并坚决贯彻落实，严肃实施紧缩资金、降低成本、调整结构、严格考核、确保就业等应对经济危机措施；大力推行“双精”管理，扎实推进管理流程和生产流程再造；执行招工、售房、用车、出国审批制度，取消不必要的庆典、会务、参观等活动，全年可控成本比上年度降低15%以上，吨煤成本降低10%。积极开展易货贸易和代销服务，努力降低采购成本，全年节约采购资金7000余万元。重点开展领导干部经济责任和降成本专项审计，审计节支9800余万元。发展计划部、技术中心、煤层气公司、三维、丰喜等部门和单位积极走出去，全年争取政策性资金9.58亿元。严格定员管理和薪酬管理，清退临时用工15412人，争取待岗人员生活费和失业保险政策减免共8000万元，保证了职工就业和放假职工生活稳定。

二是不断加强安全管理和改善安全生产条件。在瓦斯灾害日益频繁的情况下，紧紧抓住井工瓦斯抽采、矿井通风系统改造、干部职工队伍教育培训、干部下井到现场考核、现场质量标准化建设、落实分管领导安全负责制和履职问责、基层指挥和管理人员“在先在后在位作为”等七个重点领域，扎实开展工作，保持了企业生产安全状况的基本稳定和安全生产条件的不断改善。

三是继续深入体制机制改革。在深入落实基数增长、资本回报和授权经营制度的同时，前半年组织了对招工、售房、用车、出国审批制度的改进和完善，在扩大民主、促进公开、降低公务用车标准、停止争议较大的公务用车制度改革等方面进行了积极尝试，取得了明显效果。后半年，在充分酝酿的基础上，全面推行了煤矿管理体制改革，实行了煤矿安全生产建设分区域监管，全面推行了煤矿管煤矿模式，对煤炭运销机构进行了分离重组，保证了煤矿数量急剧膨胀后加强管理和统一销售的需要；着眼于煤炭化工产业整体上市，成立了煤炭化工投资公司，为煤炭化工产业整体上市和开展资本运作奠定了基础；批准了国际贸易公司落地香港和太原两地扩大业务，为加快服务业发展开辟了新的天地。

【公司领导班子成员名录】

任福耀	董事长、党委书记
赵石平	总经理
白　英	副董事长、党委副书记
李彦璧	党委副书记、纪委书记
裴西平	党委副书记、副总经理
王炳俊	工会主席
张巨海	党委常委、董事
靳培宏	副总经理
廉　贤	总会计师
崔建军	副总经理
王付云	副总经理
聂建民	副总经理
余北建	副总经理、安监局长
娄森根	副总经理
张庆恒	总工程师

表 1

阳煤集团资产负债表

2009 年 12 月 31 日　　金额单位:万元

项　　目	行次	期末金额	年初金额	年末比年初增减
流动资产:	1	—	—	—
货币资金	2	1,513,642	925,812	587,830
△结算备付金	3	0	0	0
△拆出资金	4	0	0	0
交易性金融资产	5	0	0	0
应收票据	6	205,008	84,601	120,407
应收账款	7	275,574	215,581	59,993
预付款项	8	211,191	171,784	39,407
△应收保费	9	0	0	0
△应收分保账款	10	0	0	0
△应收分保合同准备金	11	0	0	0
应收利息	12	1,916	1,404	512
其他应收款	13	577,120	303,502	273,618
△买入返售金融资产	14	0	0	0
存货	15	513,759	500,496	13,263
其中:原材料	16	149,981	126.770	23,211
库存商品(产成品)	17	194,914	146,887	48,027
一年内到期的非流动资产	18	0	0	0
其他流动资产	19	1,809	84	1,725
流动资产合计	20	3,300,020	2,203,264	1,096,756
非流动资产:	21	—	—	—
△发放贷款及垫款	22	0	0	0
可供出售金融资产	23	3,325	1,796	1,529
持有至到期投资	24	54,640	7,600	47,040
长期应收款	25	0	0	0
长期股权投资	26	138,319	110,663	27,656
投资性房地产	27	0	0	0
固定资产原价	28	4,278,406	3,460,792	817,614
减:累计折旧	29	1,461,309	1,117,776	343,533

续表：

项目	行次	期末金额	年初金额	年末比年初增减
固定资产净值	30	2,817,097	2,343,016	474,081
减:固定资产减值准备	31	6,715	52	6,663
固定资产净额	32	2,810,383	2,342,964	467,419
在建工程	33	783,662	687,050	96,612
工程物资	34	10,948	8,505	2,443
固定资产清理	35	48	0	48
生产性生物资产	36	0	0	0
油气资产	37	0	0	0
无形资产	38	601,611	475,704	125,907
开发支出	39	11,265	0	11,265
商誉	40	98,378	106,759	-8,381
长期待摊费用	41	14,143	11,626	2,517
递延所得税资产	42	48,378	40,652	7,726
其他非流动资产	43	0	0	0
其中:特准储备物资	44	0	0	0
非流动资产合计	45	4,575,100	3,793,319	781,781
	46			
	47			
	48			
	49			
	50			
	51			
	52			
	53			
	54			
	55			
	56			
	57			
	58			
	59			
	60			
	61			

续表：

项　目	行次	期末金额	年初金额	年末比年初增减
	62			
	63			
资产总计	64	7,875,121	5,996,583	1,878,538
流动负债：	65	—	—	
短期借款	66	1,036,429	833,309	203,120
△向中央银行借款	67	0	0	0
△吸收存款及同业存放	68	0	0	0
△拆入资金	69	0	0	0
交易性金融负债	70	0	0	0
应付票据	71	126,865	31,908	94,957
应付账款	72	854,883	585,348	269,535
预收款项	73	300,436	189,516	110,920
△卖出回购金融资产款	74	0	0	0
△应付手续费及佣金	75	0	0	0
应付职工薪酬	76	284,468	268,124	16,344
其中：应付工资	77	210,026	203,087	6,939
应付福利费	78	1,290	1,606	−316
#其中：职工奖励及福利基金	79	12	0	12
应交税费	80	194,057	141,205	52,852
其中：应交税金	81	156,970	110,282	46,688
应付利息	82	5,210	776	4,434
其他应付款	83	780,957	710,863	70,094
△应付分保账款	84	0	0	0
△保险合同准备金	85	0	0	0
△代理买卖证券款	86	0	0	0
△代理承销证券款	87	0	0	0
一年内到期的非流动负债	88	194,570	221,514	−26,944
其他流动负债	89	146,182	140,443	5,739
流动负债合计	90	3,924,059	3,123,006	801,053
非流动负债：	91	—	—	—
长期借款	92	1,309,266	776,974	532,292
应付债券	93	240,475	0	240,475

续表：

项　　目	行次	期末金额	年初金额	年末比年初增减
长期应付款	94	25,301	58,501	−33,200
专项应付款	95	32,233	43,594	−11,361
预计负债	96	0	0	0
递延所得税负债	97	1,153	2,536	−1,383
其他非流动负债	98	4,110	778	3,332
其中：特准储备基金	99	0	0	0
非流动负债合计	100	1,612,538	882,383	730,155
负债合计	101	5,536,596	4,005,389	1,531,207
所有者权益（或股东权益）：	102	—	—	
实收资本（股本）	103	726,475	726,475	0
国家资本	104	378,030	378,030	0
集体资本	105	0	0	0
法人资本	106	348,445	348,445	0
其中：国有法人资本	107	348,445	348,445	0
集体法人资本	108	0	0	0
个人资本	109	0	0	0
外商资本	110	0	0	0
#减：已归还投资	111	0	0	0
实收资本（或股本）净额	112	726,475	726,475	0
资本公积	113	266,244	275,041	−8,797
减：库存股	114	0	0	0
专项储备	115	493,661	358,360	135,301
盈余公积	116	36,245	5,798	30,447
其中：法定公积金	117	36,245	5,798	30,447
任意公积金	118	0	0	0
#储备基金	119	0	0	0
#企业发展基金	120	0	0	0
#利润归还投资	121	0	0	0
△一般风险准备	122	0	0	0
未分配利润	123	−241,387	−84,684	−156,703
外币报表折算差额	124	0	0	0
归属于母公司所有者权益合计	125	1,281,237	1,280,991	246

续表：

项　目	行次	期末金额	年初金额	年末比年初增减
★少数股东权益	126	1,057,287	710,203	347,084
所有者权益合计	127	2,338,524	1,991,194	347,330
负债和所有者权益总计	128	7,875,121	5,996,583	1,878,538

表 2

阳煤集团利润表

2009 年度　　　　金额单位：万元

项目	行次	本期金额	上期金额	本年比上期增减
一、营业总收入	1	4,180,064	3,242,788	937,276
其中：营业收入	2	4,180,064	3,242,788	937,276
其中：主营业务收入	3	3,628,834	2,956,199	672,635
其他业务收入	4	551,230	286,589	264,641
△利息收入	5	0	0	0
△已赚保费	6	0	0	0
△手续费及佣金收入	7	0	0	0
二、营业总成本	8	4,098,327	3,222,004	876,323
其中：营业成本	9	3,398,707	2,554,586	844,121
其中：主营业务成本	10	2,899,095	2,297,962	601,133
其他业务成本	11	499,612	256,623	242,989
△利息支出	12	0	0	0
△手续费及佣金支出	13	0	0	0
△退保金	14	0	0	0
△赔付支出净额	15	0	0	0
△提取保险合同准备金净额	16	0	0	0
△保单红利支出	17	0	0	0
△分保费用	18	0	0	0
营业税金及附加	19	67,039	50,383	16,656
销售费用	20	56,783	67,469	−10,686
管理费用	21	434,481	394,878	39,603
其中：业务招待费	22	7,140	5,843	1,297
研究与开发费	23	20,015	33,751	−13,736

续表：

项目	行次	本期金额	上期金额	本年比上期增减
财务费用	24	126,993	115,793	11,200
其中：利息支出	25	124,649	122,568	2,081
利息收入	26	8,256	8,656	−400
汇兑净损失（净收益以“–”号填列）	27	225	1,052	−827
资产减值损失	28	14,325	38,895	−24,570
其他	29	0	0	0
加：公允价值变动收益（损失以“–”号填列）	30	0	0	0
投资收益（损失以“–”号填列）	31	26,238	6,481	19,757
其中：对联营企业和合营企业的投资收益	32	−5,803	0	−5,803
△汇兑收益（损失以“–”号填列）	33	0	0	0
三、营业利润（亏损以“–”号填列）	34	107,975	27,265	80,710
加：营业外收入	35	57,078	83,443	−26,365
其中：非流动资产处置利得	36	8,291	2,393	5,898
非货币性资产交换利得	37	1	0	1
政府补助	38	28,208	18,289	9,919
债务重组利得	39	4,032	23	4,009
减：营业外支出	40	18,443	16,999	1,444
其中：非流动资产处置损失	41	4,207	6,758	−2,551
非货币性资产交换损失	42	0	0	0
债务重组损失	43	0	126	−126
四、利润总额（亏损总额以“–”号填列）	44	146,610	93,709	52,901
减：所得税费用	45	194,223	39,962	154,261
五、净利润（净亏损以“–”号填列）	46	−47,613	53,747	−101,360
归属于母公司所有者的净利润	47	−111,901	6,220	−118,121
*少数股东损益	48	64,288	47,527	16,761
六、每股收益：	49	—	—	—
基本每股收益	50	0	0	0
稀释每股收益	51	0	0	0
七、其他综合收益	52	−11,450	325	−11,775
八、综合收益总额	53	−59,063	54,072	−113,135
归属于母公司所有者的综合收益总额	54	−123,404	6,545	−129,949
*归属于少数股东的综合收益总额	55	64,341	47,527	16,014
	56			0

表3 **阳煤集团国有资本保值增值情况表**

金额单位:万元

项　　目	金　额
一、年初国有资本及权益总额	1280991.06
二、本年国有资本及权益增加	138006.38
其中:客观增加因素	2706.00
(一)国家、国有单位直接或追加投资	2706.00
(二)无偿划入	–
(三)资产评估增加	–
(四)清产核资增加	–
(五)产权界定增加	–
(六)资本(股票)溢价	–
(七)接受捐赠	–
(八)债权转股权	–
(九)税收返还	–
(十)补充流动资本	–
(十一)减值准备转回	–
(十二)会计调整	–
(十二)中央和地方政府确定的其他因素	–
经营积累	135,3003.38
二、本年国有资本及权益减少	137,760.05
其中:客观减少因素	
(一)经国家专项批准核销	–
(二)无偿划出	–
(三)资产评估减少	–
(四)清产核资减少	–
(五)产权界定减少	–
(六)消化以前年度潜亏和挂账而减少	–
(七)因自然灾害等不可抗拒因素减少	–
(八)因主辅分离减少	–
(九)企业按规定上缴红利	–
(十)资本(股票)折价	–

续表：

项　目	金　额
(十一)中央和地方政府确定的其他因素	-
经营减值	137,760.05
四、年末国有资本及权益总额	1,281,237.38

表4 **阳煤集团2009年员工情况表**

类　别	人　数	学　历	人　数
年末从业人数	104957	研究生	305
年末职工人数	104957	本科生	5477
其中:在岗职工	102139	专科生	13418
年末离休人数	334	中专生及以下	85757
年末退休人数	32011	合计	104957
年　龄	**人　数**	**构　成**	**人　数**
55岁以上	2056	生产工人	68900
50-54岁	7550	工程技术人员	2513
40-49岁	27900	管理人员	10435
30-39岁	36425	服务人员	16431
29岁以下	31026	其他人员	6678
合计	104957	其中:井下人员	34986
		合计	104957

山西潞安矿业(集团)有限责任公司

【概况】 山西潞安矿业(集团)有限责任公司(以下简称“潞安集团”)源于1959年1月成立的潞安矿务局，是山西省五大煤炭企业集团之一，曾被周恩来总理亲自选树为全国工交战线五面红旗之一，现有员工57000人，45个子、分公司，资产总额810亿元。企业主导技术、装备水平、效率效益始终名列全行业前茅。1987年建成“全国第一个现代化矿区”，曾经两次获得全国“五一”劳动奖状、国家级企业技术进步奖，三获全国企业管理最高奖—“金马奖”。2004、2006年两次被评为“全国最具影响力企业”。

2000年8月改制后，潞安集团突出战略管理，依靠战略制胜，创新观念，创新机制，全面盘活，全面发展，创造了潞安历史上的“黄金发展期”。2009年，煤炭产量、销售收入、利润总额、员工工资各项主要经济指标分别是2000年的4.8倍、32倍、110倍和4.5倍。企业名列中国企业500强第127位，全国企业效益200佳第119位，全省30强第3位。

潞安集团以煤为基础，拉长产业链条，不断延伸壮大煤焦化、煤电化、煤油化三条主产业链，全面构建了烯烃、高纯硅业太阳能一体化、煤油、煤电四大循环经济园区，煤、电、油、化、硅五大产业协调发展，初步建成了循环经济的新型能化企业集团，潞安集团被确定为全国循环经济试点企业，煤油循环经济园区被誉为“高碳能源低碳利用的典范”。

【主要经济指标】 集团煤炭产量5509.2万吨，销售收入498.6亿元，利润总额38亿元，员工年均收入66049元。

【改革发展】 在快速做强做大的同时，潞安集团重点推进了“四个转型”：

一是煤炭产业向集约高效、安全和谐、绿色新型转型。不断用信息化改造提升传统产业，通过对本部矿井数字化改造，对整合矿井的成套设备融资租赁，以及不断强化煤炭产品的自主创新，杜绝了重特大事故，实现了安全生产的长期稳定发展，成为全煤系统唯一获得安康杯竞赛11连冠企业。

二是由区域性煤炭企业向全国性煤炭大集团转型。通过兼并重组新疆哈密煤业集团和省内煤炭企业等，形成了潞安本部、武夏、忻州、临汾、晋中、潞安新疆六大矿区，拥有煤炭储量435.6亿吨。

三是由从单一煤炭生产企业向以煤为基、多元发展的绿色新型能化集团转型。潞安集团始终把循环经济作为资源型企业可持续发展的最佳途径，立足煤、延伸煤、超越煤，推动企业从单一煤炭生产企业向“循环园区做承载、重点项目作支撑”，煤、电、油、化、硅五大产业综合发展的绿色新型能化集团转型。2009年，非煤产业销售收入达到248.9亿元，占到集团总销售收入的一半，潞安被确定为全国循环经济试点企业。

特别是在推进传统焦化产业改造升级、构建煤电一体化发展格局的同时，集团着力推进了两个标志性项目建设。

一个是煤基合成油多联产。潞安不仅产出了全国第一桶煤基合成油，而且是世界上唯一一家同时采用钴基、铁基两种催化剂生产煤基合成油的企业，潞安煤基合成油被用作上海世博会部分油轮和公交车辆的环保调剂油；使用高硫高灰的下组高硫煤作为煤基合成油原料，不仅对于延长矿井服务年限、推进现代煤化工产业发展具有重要意义，而且建设以煤基合成油为基础的产业链条和循环园区，把煤炭开采及洗选加工、瓦斯抽采利用、焦炉煤气利用、矸石发电、煤基合成油、联产化肥、联合循环发电、氮气干熄焦等融为一体，被中央领导誉为“高碳能源低碳利用的典范。”

另一个是高纯硅业、太阳能一体化产业链。长治地区有丰富优质的石英砂资源，潞安内部电厂有富余电量，这两种优势叠加，对发展多晶硅产业非常有利。潞安 1GW/ 年的光伏太阳能项目一期工程已经投产，二期工程正在建设；聚氯乙烯、工业硅、高纯硅等项目将于年内或明年上半年陆续建成投产，形成完整的垂直一体化硅产业链条。

四是由资源依赖型企业向综合创新型、综合效益型企业转型。充分依托国家级技术中心和山西省首家企业研究院的作用，着力推进科技创新，20 项科技成果通过省级鉴定，7 项达国际先进水平，5 项达国内领先水平；12 项科技成果获得省级和行业级奖励，潞安集团被确定为全国创新型试点企业，同中科院上海高研院联合组建了“潞安上海低碳能源转化技术中心”。潞安环能成为全煤系统唯一的国家级“高新技术企业”；不断强化金融功能，潞安环能股票表现强势，引领煤炭板块发力上涨，股价涨幅达到 627%，“中国煤炭第一股”的龙头地位更加凸显。潞安环能公司继荣获“中国十佳最具成长性上市公司”之后，又荣获“十佳最重回报上市公司”、“上市公司百强金牛奖”等荣誉，扩大了潞安在资本市场的影响力，为有效实施市值管理创造了条件。财务公司的战略保障作用不断显现，资金集中度达到 55%，向集团成员单位累计发放贷款 52.8 亿元，实现利润 1 亿元，为集团战略发展作出了贡献；适应集团战略发展和产业转型的要求，构建了立体化的人才队伍，潞安本科以上学历员工占到员工总数 1/10 以上，高级技能人才占到生产技能岗位人员的 50%，荣获国家技能人才培育突出贡献奖。

【国有资产保值增值】 2009 年潞安集团公司资本保值增值的实际值为 124.95%，高于行业内同规模水平值 6.10%，高于上年同期 10.56%。

【结构调整】 煤炭产业进一步做大做强。集团公司核定产能达到 7236 万吨 / 年，潞安煤炭资源量达到 400 多亿吨，按照亿吨级规模开采，可以稳定开采 200 年，为煤炭产业做强做大和可持续发展奠定了坚实基础。

一是新井建设快速推进。800 万吨 / 年高河矿井具备投产条件，500 万吨 / 年李村矿井建设进展顺利；1200 万吨 / 年古城矿井、300 万吨 / 年临县姚家山矿井开工准备全部就绪，潞新公司准东 1000 万吨 / 年奇台一矿奠基开工，500 万吨 / 年砂墩子矿井主要系统形成，1500 万吨 / 年沙西露天矿建设顺利推进，2009 年产量达到 200 万吨以上。

二是矿井资源接替取得历史性突破。与中石油签订了煤层气合作协议，在全省首家从根本上解决了采煤与采气矿权重叠、长期制约发展的历史问题；李村接续慈林山、姚家山接续夏店、上马接续石圪节，以及五阳扩区、屯留二期的资源配置项目，潞宁孟家窑、丁家沟、左眼沟“13 矿变 3 矿”的扩区资源配置项目，以及古城矿井等 9 宗资源配置项目继获得省政府批准后，又获得国家批准；《武夏矿区总体规划评估报告》正式报国家发改委审批，资源储量核实报告通过国土资源部评估。

三是后劲工程有序推进。王庄矿 540 水平开拓延伸工程提前全线贯通，600万吨/年模块洗煤厂建成投产；常村矿470水平延伸工程建设快速推进；五阳矿主斜井及南丰进风井工程竣工投入运行，新增可采储量3.2亿吨；潞宁煤业完成了新扩区开拓延伸初步设计，孟家窑煤业240万吨/年技术改造全面展开；郭庄煤业完成了主提升、供电、通风等系统改造，产能提升为300万吨/年；石圪节下组煤首采工作面建成投产；慈林山煤业下组煤开发实现三井贯通；余吾煤业二期工程具备联合试运转条件，南风井井筒到底；潞新公司山鑫矿井完成240万吨/年技术改造；司马煤业佳瑞矿井120万吨/年一期技改工程完成；上庄煤业90万吨/年改扩建获省政府批准。

四是村庄搬迁取得实质性成果。全年共盘活储量4791万吨，漳村矿垴上村搬迁全部完成，西回辕村101户村民全部完成借住；王庄矿完成了岭上村首期120户搬迁工程建设；五阳矿侯村搬迁主体工程完工，东李村实现了“三通一平”，与付村签订了搬迁协议；常村矿就南浒庄整体搬迁签订了合作协议。

集约高效生产水平得到巩固提升。全面推进《煤炭集约高效生产实施纲要》，加快数字化矿井建设，全面提升矿区集约高效水平，初步形成了数字化矿井技术管理体系，实现了装备现代化、系统自动化、功能智能化和管理信息化，接连创造了综采工作面日产3.3万吨、月产65万吨的全国新纪录。各矿优化生产布局，主采面和边角面搭配开采，资源回收率稳步提高；王庄矿、常村矿、余吾煤业、司马煤业、漳村矿等矿井产量大幅提升，潞新公司重组成立以来，煤炭产量连续三年上台阶，2009年首次突破1000万吨大关；集团全员效率、回采工效继续保持全国领先水平。

安全生产持续稳定发展。2009年，面对资源整合牵扯精力大、矿井数量类型增多、地面高危行业增多的实际情况，集团大力强化“工作再忙不能放松安全工作，任务再重也要首先抓好安全生产”的理念，按照“集中管理，分类指导，明确责任，强化监管”的工作原则，全力构建了“大安全”格局。深入汲取兄弟单位重特大事故教训，把2009年确定为“瓦斯治理年”，全面强化复杂条件下瓦斯、煤尘、水、火、顶板等关键环节源头治理，突出抓好重大事故预防，矿井抗灾御灾能力显著增强；全面推行“大超前”管理和变化安全管理，认真落实“三走到”、“三必到”制度，有效消除各种安全隐患；针对煤基合成油产业发展实际，重点强化独立安全监察，保证全集团安全生产平稳健康发展。

煤炭营销再创佳绩。坚持抓贸易、抓扩张、抓质量、抓诚信，超前预测，超前谋划，精心操作，战胜了市场剧烈波动、煤电谈判僵持等诸多挑战，以先进的营销信息网络手段，良好的煤质管理和信誉，实现了保市场、保价格、保回款、保结构、保效益的目标。铁路电煤价格大幅提升，销售收入首次突破100亿元大关；公路煤炭营销量首次突破1000万吨大关，销售收入突破60亿元，出境煤名列全省第一；喷吹煤销售逆势上扬，市场话语权进一步增强，在钢铁行业整体低迷环境下，销量达到1350多万吨，占到全国市场份额的三分之一；煤炭经营成效明显，全年经销煤炭163万吨，微子镇战略装车点300万吨运力得到铁道部确认；司马战略装车点快速推进；潞安日照国际贸易公司全年贸易额达到16亿元，日照国家级储煤中心筹备工作进展顺利；自备车运输再创历史最好水平，铁路运营公司在圆满完成国铁车运输任务的情况下，运营收入完成2.8亿元，实现利润首次突破1亿元。全年自备车直供周边电厂运输量达到140万吨。

投资管理更为规范。在投资管理上，坚持专家论证、集体决策和民主监督，严格执行“三个优先，三个严控”的原则，严格按照项目建设程序和投资决策程序进行管理，确保了重点项目和资源整合工作的顺利推进。同时，进一步加强了招投标管理，推行了商务谈判制度，强化了全程监管，提高了招投标质量。

内部市场化管理成效显著。各单位把推行内部市场化作为一把手工程，高度重视，深入推进，运行手段各具特色、日臻完善，取得了较好的经营绩效。物资供应处初步形成了明码标价、代储寄售、及时配送的现代物流超市运行新模式，储备资金减少1000万元；常村矿、王庄矿、漳村矿、铁运公司内部市场管理继续深化，常村矿通过内部市场化实现增收节支，提高效益1亿多元。集团全年节约材料配件、水电、修旧利废等费用2亿多元，各项可控成本费用、应收款项、存货等余额在上年基础上下降了10%。

机制体制改革稳步推进。率先改制的潞安工程公司、潞安勘察设计咨询公司、机械公司、民爆公司等单位，均取得了良好的经营绩效；潞安工程公司形成房地产开发、建筑施工、矿建施工“三足鼎立”产业格局，荣获全国“五一劳动奖状”；集团招待所、上海招待所、山西轻工建设公司完成改制，运行良好；中小学移交社会工作基本完成；晋牌水泥集团不等不靠，创新思路，强强联合，在国外、省外承包了特大型水泥项目；中小企业健康发展，培育了“矿用掘进离心式除尘风机”、“井下职工专用袋装水”等新产品，王庄华亿公司销售收入突破10亿元，其他企业保持较好发展态势。中小企业共实现销售收入25亿元，为集团战略发展做出了贡献。

单一煤炭生产企业转型为“三个链条为主线，四大园区作承载，煤、电、油、化、硅五大产业综合发展”的绿色新型能化集团。目前，非煤产业销售收入占总销售收入将近一半，潞安被确定为全国循环经济试点企业。按照“化产是主产品，焦炭是副产品”的理念，形成了300万吨/年焦炭、60万吨/年甲醇、40万吨/年二甲醚规模。建成了两座27万kW/年的煤矸石综合利用电厂，两座4500kW/年瓦斯发电厂，正加快构建煤电、气电一体化格局。

发挥周边石英砂资源丰富及潞安富余电量优势，初步构建了煤矸石综合利用电厂—工业硅—聚氯乙烯—高纯度多晶硅—太阳能电池垂直一体化的硅产业链条。

作为转型发展的重大战略性项目，潞安煤基合成油举世瞩目。在建设阶段，不仅创造了同类型煤化工装置建设速度最快纪录，而且在2008年12月22日产出全国第一桶钴基煤基合成油；2009年8月，铁基浆态床生产出合格油品，12月联产的“1830”化肥项目投产。整个园区把煤炭开采及洗选加工、下组高硫煤开发、瓦斯抽采利用、焦炉煤气利用、矸石发电、煤基合成油、联产化肥、联合循环发电、氮气干熄焦等融为一体，初步实现了气、油、肥、电与高端化工品的多联产。

【重大决策与重大项目进展】 高纯硅业、太阳能一体化产业链建设顺利推进。40万吨/年聚氯乙烯、5000吨/年高纯度多晶硅、240MW/年太阳能电池垂直一体化项目一期工程和万吨级工业硅建设快速推进，被列入全省调产龙头项目和全省重点建设项目。

烯烃类产业稳步发展。焦炭产能达到500万吨/年规模，利用焦炉煤气联产60万吨甲醇项目一期工程投运；具有国际先进技术的7.63米环保炉型、800万吨/年焦炭项目纳入全省焦化产业发展规划，为建设千万吨级低碳新型焦化园区奠定了基础。

电力产业有序推进。余吾、容海两个电厂顺利通过国家竣工验收；高河电厂项目一期 2×60 万 KW 前期工作进展顺利，集团 2×60 万 KW 电厂筹备工作正加快推进。

煤基合成油取得举世瞩目的重要成果。2008 年 12 月 22 日，产出了我国第一桶钴基催化剂合成油；2009 年 7 月 10 日，铁基催化剂正式出油。11 月，“1830”化肥项目建成投产，潞安煤基合成油示范项目全部完成，潞安成为世界上唯一一个掌握两种催化剂进行煤制油的企业，产量规模达到 21 万吨 / 年，确立了世界领先的技术优势。

截至 2009 年底，煤基合成油产量稳定在 300 吨 / 天。高品质柴油、石脑油、蜡产品十分畅销。潞安煤基合成油产业化项目列入全省煤化工产业调整和振兴规划，300 万吨 / 年产业化筹备工作全面展开；IGCC 项目奠基开工，以低碳排放和循环经济为标志的园区建设形成潞安特色。

同时，正在研究实施加拿大西鹰公司参股潞新公司“3052”项目和矿井建设；与美国博地公司签署了合作开发新疆煤炭资源的协议。新上项目股权多元化取得新的进展。

资源整合取得重大成果。把握省委省政府推进资源整合重组的历史机遇，以高度的责任感使命感，以创新精神和务实作风，坚持共赢发展，克服重重困难，发挥基层矿积极性主动性，全力推进资源整合和煤矿重组工作。截至 2009 年底，整合煤矿 101 座，整合资源 30 亿吨，整合产能 3100 万吨 / 年，形成了 37 座主体矿井，“六大员”已全部进驻，15 座矿井已经复工复产，走在了全省前列。

【主辅分离辅业改制】 构建了“集团化模式，专业化管理，市场化运作，规模化经营”的大集团管理格局，建立了集团为投融资主体、各子分公司为利润主体、各厂矿为成本主体的经营管理模式。特别是进一步深化了内部改革，常村矿内部市场化管理抓得早、抓得实、效果好；物资供应处开启阳光采购，现代物流和阳光超市不断创新发展；铁运公司后勤社会化管理深入推进，市场化改革百花开放，效果日益显现。主辅分离辅业改制成效明显，13 所中小学校按照属地移交的原则全部移交给当地政府；潞安勘察设计咨询公司、潞安机械公司、民爆公司等 8 个单位实施了改制，建立了现代企业制度；后勤中心、总医院、通信公司等 10 家单位实行了单独核算，实现了资产、人员、核算三分离；碳黑公司、水泥厂、漳村煤气化厂等实施了关闭重组。

【主要管理经验】

一是必须把战略管理与解放思想结合起来，以思想大解放促进企业大发展。思想上的障碍，是最大的障碍；观念上的落后，是最大的落后。集团战略发展的 10 年，就是思想大解放的 10 年。正是有了战略发展之初的 3000 职工思想大调查，有了不断地“请进来，走出去”，实现了思想大解放、思路大创新，才有了“十五”提前一年高标准、大面积“再造一个潞安”，更加坚定潞安集团方方面面争第一的信心勇气，“十一五”的能化大集团建设才能全面有序推进。同样，没有战略大发展，就不会有干事创业的激情、放胆争先的胆气，没有思想的大解放。在新的战略发展时期，必须再次吹响思想大解放的号角，把思想解放和战略管理紧密结合、把发展热情和科学态度有机统一，推动潞安实现大转型、大跨越。

二是必须把自主发展与合作发展结合起来，以开放办企促进共赢发展。潞安是一个好企业，素有“艰苦奋斗、勤俭办矿”的好传统，素有“自主创新，务实高效”的好作风。但在经济全球化不断深入、市场经济日益发展的时代潮流下，实现自身的又好又快发展，不仅需要继续苦练内功，内涵挖潜，更需要敞开胸怀，登高望远，与人合作，在交融共生中实现共赢；既需要我们立足自身优势，不断提升核心竞争力，更需要我们把兼并重组、联合发展作为重要发展手段，与能人携手，和巨人同行，重点做好跨区域、跨行业、跨所有制、跨国界的强强联合，盘活方方面面的资源，激活各种发展要素，在共同做大“蛋糕”中实现自身的发展目标。

三是必须把企业发展与职工成长结合起来，以大和谐促进大跨越、大发展。潞安的战略发展离不开广大职工的支持、参与和创造，战略发展要为职工谋取“大恩大惠”，让战略发展成果普惠职工群众，始终坚持“企业发展后劲增强了没有，职工生活质量提高了没有”两条根本标准，把企业大发展与职工根本利益结合起来，找准职工主人翁和主力军作用契合点，尊重和发挥好职工的首创精神，实现职工与企业的共同成长，战略发展才能不断攀越新的高峰，取得新的成绩。

【和谐企业建设】 形成了潞安党建新模式。主题活动不断深入，激发和调动了干部职工的积极性、主动性和创造性；社区建设成效显著，在建成国际安全社区、全国文明社区的基础上，又建成了全国和谐社区建设示范街道，五阳、王庄、常村、侯堡社区进入“全国和谐社区建设示范社区”500强；新文化建塑稳步推进，6S管理得到各级领导高度评价，“开放办企，合作共赢”、“与能人携手，和巨人同行”等核心理念深入人心；全国一流文明矿区创建工程全面启动。作为全国唯一一家省属企业，参加了全国国有企业党建工作会，并作了经验介绍，潞安党建经验在全省推广，并在全国受到广泛关注。

2009年，潞安集团成功举办了潞安建企五十周年庆祝活动，展示了潞安改革发展成果，激发了潞安人建设既强又大国际化新潞安的热情和干劲。

绿色潞安建设取得新进展。高质量完成了省政府污染物排放指标和节能指标；公司所属四座电厂的锅炉全部安装了烟气脱硫设施；五阳、常村、王庄、慈林山矸石山治理取得重要成果，漳村矿矸石山治理工程全面开工，“黑色矸石山”变成“绿色新景观”；司马煤业塌陷区治理工程成为长治市示范工程；漳村、五阳、石圪节煤业等完成了污水处理工程，提升了矿区环保形象；五阳矿瓦斯发电余热利用工程建成投运；石圪节煤业15#煤燃烧试验成功，实现了集中供暖；园林绿化工作成效显著，共植树30余万株，受到省委省政府的表彰奖励。矿区大气环境质量长期稳定在二级以上标准，司马煤业荣获“中华环境友好企业”，集团荣获“中国节能减排功勋企业”、“中国能源绿色企业50佳”、“联合国清洁煤技术示范和推广企业”等荣誉称号。

积极履行社会责任。在抗风雪、办奥运保电煤活动中，集团主动为国分忧，勇担社会责任，加班加点组织生产，捐款捐物奉献爱心，保质保量完成了电煤生产任务，捐款总额达到2100余万元，展现了国企风采。

【公司领导班子成员名录】

任润厚　董事长、党委副书记
王安民　副董事长、党委书记
李晋平　董事、总经理
徐贵孝　副总经理
刘仁生　副总经理
师文林　副总经理
郭金刚　副总经理

郭贞红	副总经理	张丛林	党委副书记
孙玉福	副总经理	肖亚宁	副总经理
刘克功	副总经理、总工程师	王观昌	副总经理
王志清	党委副书记、纪委书记	洪　强	总会计师
张万金	工会主席		

潞安集团资产负债表

2009 年 12 月 31 日　　　　金额单位:万元

项　　目	行　次	年末金额	年初金额
流动资产:	1	—	—
货币资金	2	888,325.70	539,966.60
△交易性金融资产	3	125,733.90	14,280.20
# 短期投资	4	0.00	0.00
应收票据	5	539,693.90	295,081.10
应收账款	6	148,225.10	145,751.50
预付款项	7	383,611.10	385,304.70
应收股利	8	0.00	0.00
应收利息	9	0.00	6.88
其他应收款	10	616,126.90	190,189.90
存货	11	272,860.60	244,783.50
一年内到期的非流动资产	12	17,110.00	530.00
其他流动资产	13	48.20	143.70
流动资产合计	14	2,991,735.40	1,816,038.08
非流动资产:	15	—	—
△可供出售金融资产	16	33,345.10	49,807.60
△持有至到期投资	17	24,368.80	12,868.80
# 短期投资	18	0.00	0.00
△长期债权投资	19	0.00	0.00
长期股权投资	20	182,903.80	137,408.40
# 股权分置流通权	21	0.00	0.00

续表

项　目	行　次	年末金额	年初金额
△投资性房地产	22	792.50	744.40
固定资产原价	23	2,346,153.00	2,025,850.90
减:累计折旧	24	960,405.90	752,367.80
固定资产净值	25	1,385,747.20	1,273,483.10
减:固定资产减值准备	26	1,412.10	1,774.00
固定资产净额	27	1,384,335.10	1,271,709.10
在建工程	28	1,242,379.30	866,081.10
工程物资	29	9,212.70	9,633.20
固定资产清理	30	348.90	284.30
△生产性生物资产	31	0.00	0.00
△油气资产	32	0.00	0.00
无形资产	33	423,167.40	393,350.00
△开发支出	34	0.00	0.00
△商誉	35	11,787.70	739.70
#*合并价差	36	0.00	0.00
长期待摊费用(递延资产)	37	4,339.00	1,349.40
△递延所得税资产	38	25,885.70	20,817.00
# 递延税款借项	39	0.00	0.00
其他非流动资产(其他长期资产)	40	7,782.10	9,169.00
其中:特准储备物资	41	0.00	0.00
非流动资产合计	42	3,350,648.10	2,773,962.00
资产总计	43	6,342,383.50	4,589,993.20
流动负债:	44	—	—
短期借款	45	757,201.10	678,847.40
△交易性金融负债	46	24,261.10	10,953.20
# 应付权证	47	0.00	0.00
应付票据	48	157,398.80	133,747.40
应付账款	49	725,210.00	576,313.80
预收款项	50	286,576.30	179,868.90
应付职工薪酬	51	166,080.60	135,885.60
应交税费	52	94,266.70	142,924.80
应付利息	53	1,590.70	194.90

续表

项　目	行　次	年末金额	年初金额
应付股利(应付利润)	54	0.00	0.00
其他应付款	55	209,912.30	182,342.90
一年内到期的非流动负债	56	172,710.00	89,910.00
其他流动负债	57	8,602.90	6,039.40
流动负债合计	58	2,603,810.50	2,137,028.30
非流动负债:	59	—	—
长期借款	60	1,386,663.70	648,780.20
应付债券	61	338,810.40	133,997.50
长期应付款	62	30,088.20	41,993.20
专项应付款	63	11,465.10	10,923.90
预计负债	64	13.70	20.70
△递延所得税负债	65	22,380.40	6,417.20
# 递延税款贷项	66	0.00	0.00
其他非流动负债	67	12,986.10	9,150.10
非流动负债合计	68	1,802,407.50	851,282.80
负债合计	69	4,428,002.30	3,009,096.80
所有者权益(或股东权益):	70	—	—
实收资本(股本)	71	233,471.60	233,721.30
国家资本	72	233,471.60	233,721.30
集体资本	73	0.00	0.00
法人资本	74	0.00	0.00
个人资本	75	0.00	0.00
外商资本	76	0.00	0.00
资本公积	77	402,361.00	352,034.40
△减:库存股	78	0.00	0.00
盈余公积	79	25,046.00	15,962.10
△一般风险准备	80	0.00	0.00
#★未确认的投资损失(以"-"号填列)	81	0.00	0.00
未分配利润	82	317,778.70	205,620.80
外币报表折算差额	83	0.00	0.00
归属于母公司所有者权益合计	84	1,190,991.90	953,116.30
★少数股东权益	85	723,389.30	627,780.10

续表

项　目	行　次	年末金额	年初金额
所有者权益合计	86	1,914,381.20	1,580,896.40
# 减:未处理资产损失	87	0.00	0.00
所有者权益合计(剔除未处理资产损失后的金额)	88	1,914,381.20	1,580,896.40
负债和所有者权益总计	89	6,342,383.50	4,589,993.20

潞安集团利润表

2009 年 12 月 31 日　　　　金额单位:万元

项　目	行　次	本年金额	上年金额
一、营业收入	1	3,255,566.80	2,696,224.80
其中:主营业务收入	2	3,034,262.60	2,603,976.60
其他业务收入	3	221,304.20	92,248.20
减:营业成本	4	2,391,423.80	1,854,882.30
其中:主营业务成本	5	2,188,495.60	1,798,183.10
其他业务成本	6	202,928.20	56,699.30
营业税金及附加	7	38,073.70	28,538.20
销售费用	8	52,251.50	42,493.30
管理费用	9	377,009.70	351,365.30
财务费用	10	77,971.90	61,602.50
汇兑净损失(汇兑净收益以"－"号填列)	11	5.00	6.50
△资产减值损失	12	12,531.50	3,451.50
△加:公允价值变动收益(损失以"－"号填列)	13	57,005.60	-10,495.60
投资收益(损失以"－"号填列)	14	4,315.60	3,695.40
二、营业利润(亏损以"－"号填列)	15	371,749.60	351,720.90
加:营业外收入	16	12,224.30	13,469.00
减:营业外支出	17	32,382.80	25,378.60
三、利润总额(亏损总额以"－"号填列)	18	351,591.10	339,811.30
减:所得税费用	19	122,590.90	106,422.20
四、净利润(净亏损以"－"号填列)	20	229,000.20	233,389.10

续表

项　　目	行　次	本年金额	上年金额
减:*少数股东损益	21	107,233.80	114,823.30
五、归属于母公司所有者的净利润	22	121,766.50	118,565.90

潞安集团国有资本保值增值情况表

2009 年 12 月 31 日　　　　金额单位:万元

项　　目	行次	金　额
一、上年年末国有资本及权益总额	1	987,497.00
二、年初国有资本及权益总额	2	953,116.30
三、本年国有资本及权益增加	3	237,875.60
(一)国家、国有单位直接或追加投资	4	0.00
(二)无偿划入	5	0.00
(三)资产评估增加	6	0.00
(四)清产核资增加	7	0.00
(五)产权界定增加	8	0.00
(六)资本(股票)溢价	9	0.00
(七)接受捐赠	10	0.00
(八)债权转股权	11	0.00
(九)税收返还	12	0.00
(十)补充流动资本	13	0.00
(十一)减值准备转回	14	0.00
(十二)会计调整	15	0.00
(十三)中央和地方政府确定的其他因素	16	116,109.10
(十四)经营积累	17	121,766.50
四、本年国有资本及权益减少	18	0.00
(一)经国家专项批准核销	19	0.00
(二)无偿划出	20	0.00
(三)资产评估减少	21	0.00
(四)清产核资减少	22	0.00

续表

项　目	行次	金　额
(五)产权界定减少	23	0.00
(六)消化以前年度潜亏和挂账而减少	24	0.00
(七)因自然灾害等不可抗拒因素减少	25	0.00
(八)因主辅分离减少	26	0.00
(九)企业按规定上缴红利	27	0.00
(十)资本(股票)折价	28	0.00
(十一)中央和地方政府确定的其他因素	29	0.00
(十二)经营减值	30	0.00
五、年末国有资本及权益总额	31	1,190,991.90
六、年末其他国有资金	32	0.00
七、年末国有资产总量	33	1,190,991.90

太原化学工业集团有限公司

【公司概况】 太原化学工业集团有限公司（以下简称“太化集团”）是“一五”期间国家建设的全国三大化工基地之一，是山西省综合性的特大型煤化工企业。1988 年被确定为全国特大型化工企业，1997 年整体改制为国有独资的有限公司，省政府授予国有资产经营管理权，2000 年太化股份 A 股发行成功，2006 年 10 月完成股权分置改革。公司所属单位 35 个，占地 860 万平方米，总资产 81.47 亿元，在册职工 13340 人。主要以煤化工、氯碱化工、精细化工为主；主要产品：聚氯乙烯、烧碱、己二酸、苯、合成氨、硝酸铵磷、甲醇、浓硝酸、焦炭、油漆、橡胶助剂、润滑油脂、贵金属催化剂等 50 多种。

【主要经济指标】 工业总产值（现价）全年完成 419164.69 万元；工业增加值全年完成 33844 万元；营业收入全年完成 471847.9 万元，其中：主营业务收入全年完成 419287.78 万元。实现利税：全年完成 10468.08 万元，实现利润 1652.78 万元，比 2008 年的 1577.61 万元增利 75.17 万元。

主要经济效益评价指标完成情况：主营业务利润率 8.79%；净资产收益率 0.17%；成本费用利润率 0.35%；国有资本保值增值率 106.68%；资产负债率 65.38%；流动比率 0.82；速动比率 0.67；流动资产周转率 1.18 次；应收账款周转率 5.72 次；存货周转率 5.88 次。

主要产品产量完成情况

序号	产品名称	单位	年计划	年实际	为年计划%	为上年同期%
1	合成氨	吨	160000	95026	59.39	63.79
2	硝酸铵	吨	290000	193462	66.71	74.67
3	浓硝酸	吨	25000	14164	56.66	71.47
4	硝酸钠	吨	7000	6591	94.15	97.62
5	亚硝酸钠	吨	5000	3551	71.02	70.74
6	硝铵磷肥	吨	183600	169715	92.44	100.11
7	离子膜碱	吨	60000	41528	69.21	108.06
8	聚氯乙烯	吨	80000	47207	59.01	46.231
9	焦炭	吨	850000	726039	85.42	103.50
10	工业萘	吨	12000	9352	77.93	102.30
11	沥青	吨	90000	58875	65.42	88.33
12	甲醛	吨	17000	8139	47.88	75.86
13	橡胶助剂	吨	1800	2022	112.33	106.59
14	洗精煤	吨	400000	294456	73.61	143.14
15	甲苯	吨	22000	12307	55.94	136.56
16	重苯	吨	14500	10165	70.10	88.43
17	纯苯	吨	110000	70480	64.07	105.32
18	洗油	吨	8500	8700	102.35	99.20
19	铂网催化剂	公斤	1500	1523	101.53	100.13

【改革发展】 2009 年，面对金融危机的蔓延和困难的加剧，太化集团按照省委统一部署和“转型发展、安全发展、和谐发展”要求，以“大改革、大发展、三次跨越”为发展战略，全力打造“百亿太化、百年太化、绿色太化、和谐太化”。集团公司领导带领广大干部职工，深入学习实践科学发展观活动，针对市场和经济运行

的状况，对所属企业进行全面调研分析，根据不同情况，制定不同措施，全面加强对企业的管理和指导工作，实现了经济运行的平稳发展。

1.确保四个目标，积极应对金融危机。一是在生产运行管理方面，按照“经济开车、优化开车、安全开车、绿色开车、管理开车”的目标，充分发挥产业集群和园区经济效益，确保全公司经济运行的基本稳定。二是时刻坚守生产管理的“三个不动摇”（即生产的基础地位不能动摇，成本、效益的中心地位不能动摇，安全的核心地位不能动摇）地位，合理调配生产资源，增强核心竞争能力，着力提高经济运行的质量和效益。三是全力实施具有太化特色的“五大工程”（即环境大整治、安全大检查、资源大整合、产量大提高、效益大增长）和“两大转变”（思想大解放、作风大转变），在降低成本消耗、狠抓节能减排、促进管理升级和增加企业效益上下工夫，两大化工园区环境有了明显改善，资源综合利用优势得到充分发挥，全体干部职工积极应对经济困难，勇于攻坚克难，保持了整体经济总量稳中有升的良好态势。

2.坚持滚动技改，本部装置日趋完善。聚氯乙烯形成20万吨/年能力，工艺技术和电石消耗居国内同行领先水平；6万吨/年离子膜扩建工程正式投运后，成为新的经济增长点。30万吨/年焦油加工一期15万吨运行良好。焦化厂新1#、2#焦炉投产后形成了100万吨/年高品质冶金焦的能力。20万吨/年苯加氢工程已成为国内产能最大的粗苯加氢精制装置。南堰污水处理厂技改扩容及回用水提质工程的实施，解决了公司大发展中污水和生产用水量增加的难题，实现了“污水全处理、回用水全利用、新鲜水少使用”的目标。

3.做强非化产业，促进转型跨越发展。在不断改造和完善本部化工生产装置、努力实现达产达标的同时，太化集团加快推进以房地产为龙头的商业和服务业等非化产业的转型发展。房地产开发按照“统一规划、统一开发、统一管理、统一使用”的原则，大力实施老生活区改造和商品化开发工作，形成集团公司新的经济增长点，2009年房地产开发实现收入达8亿元。物业管理理顺职能，对化工、化肥两大区及其他松散物业进行了有效整合，市场化运作步伐得以实质推进，实现了由“等、靠、要”向“创、增、改”的平稳过渡。工程建设装备制造整合后在保障本部装置稳定运行过程中发挥了重要作用。水厂实施水采暖工程替代燃煤锅炉，实现了由生产供水向服务供热的转型。在推进新基地建设方面，对项目选址进行了考察，对产品链不断完善和补充，并组织省内外专家对新基地的规划项目进行了反复论证。

4.稳步推进改革，运行机制逐步规范。按照《太化改革总体方案》等13个改革配套文件，明确了“关闭破产、兼并重组、规范改制、主辅分离、资源整合、壮大发展”六大任务，大力实施“四个一批”（破产一批、剥离一批、改制一批、发展一批），正确处理好“五个关系”（改革和改制的关系、改革和发展的关系、主业和辅业的关系、改革和稳定的关系、激励和约束的关系）。2009年太化集团改革工作稳步有序地全面推进，所属6所中小学校已全部移交社会；磷肥厂等六户企业破产改制工作已经结束，职工安置基本完成。核定破产资产2.15亿元，核销负债10.48亿元；应安置职工3274人，实际安置3242人，安置率为99.02%。同时大力推进资源整合，财务、武保、宣传及工程建设等资源整合后运行良好。

5.围绕发展战略，深入开展学习实践活动。2009年，经过全体党员和干部的共同努力，圆满完成了三个阶段九个环节十五项工作任务，基本实现了“党员干部受教育、科学发展上水平、职工群众得实惠”的预期目标，职工群众对学习实践活动的满意率达97%。

【技改项目】 太化集团坚持以科学发展观为统领，从降低生产成本、提升装置能力的角度出发，不断进行节能减排和配套完善改造，切实加大有效投入，大力推进新建及技改项目的实施进程，2007年～2009年已投入重大技改项目资金达4.6亿元，重大项目实施进展顺利，并取得了明显成效，企业的核心竞争力得到有效增强。

2009年建设的重大项目如下：

1.6万吨/年离子膜烧碱技术改造工程。6万吨/年离子膜烧碱为20万吨/年聚氯乙烯配套工程。项目工程包括电解槽、氯氢系统、盐水系统的改造、建设。该工程在原有引进日本旭硝子的离子膜制碱工艺的基础上，结合目前国内对离子膜烧碱工艺改造的成功经验实施。改造后的烧碱综合能耗指标由858kg标煤降至458kg，具有产品能耗低、质量高、占地面积小、自动化程度高、节能减排等优点。该工程总投资8469万元，于2008年开工，2009年12月成功试车，投运生产后预计年销售收入为13616万元，年利润总额为4546.44万元。每年可节电2516.4×104Kwh，节汽24.6×104吨。

2.合成氨3#锅炉改造(35t/h→75t/h)。该项目总投资约2500万元，于2008年开工，2009年12月7日并入系统运行。该项目的竣工，既确保了整个化肥工业园区的安全稳定生产，又为化肥地区10万职工家属的冬季供暖提供了保证。

3.南堰污水处理厂技改扩容及回用水工程。该工程是国家发改委于2005年8月批复的环境和资源综合利用国债投资的山西省重点工程，项目总投资10347万元。共分三步实施：第一步实施回用水提质工程，于2006年开工，2007年完工，投资3324万元；第二步完成技改工程，总投资3367万元，预计2010年底完工，使出水水质达到国家一级B类排放标准；第三步扩容工程正在积极筹划进行之中。工程完成后，年新增销售收入4653.75万元，年新增利润总额1896.39万元。另外，环境效益和社会效益是此项目的一大亮点。

【安全生产】 太化集团是全省最大的综合化工生产企业，也是全省危险化学品生产种类最多的化工企业。具有高温、高压、低温、低压、易燃、易爆、易中毒、点长、面广的特点，安全生产压力很大。主要表现在危险化学品种类多，其中有危险化学品重大危险源七个（按照《危险化学品重大危险源辨识》GB18218-2009），分别是太化集团氯碱分公司液氯生产贮存装置区；太化集团氯碱分公司氯乙烯生产贮存装置区；太化集团合成氨分公司液氨生产贮存装置区；太化集团合成氨分公司煤气贮存装置区；太化集团合成氨分公司甲醇生产贮存装置区和太化集团有机化工厂液氨贮存区；太化集团宝源公司苯系列产品生产贮存装置区；有剧毒品一种；有第三类易制毒品三种；有严格控制的炸药原料一种；有具有强腐蚀性的三酸；加之太化集团作为一个老企业需要进一步的安全投入的压力等，这些均增加了安全管理的难度。

2009年，集团公司在上级安监部门的正确领导和大力支持下，认真贯彻执行国家、省、市有关安全生产的方针政策和法律法规，始终坚持“安全第一、预防为主、综合治理”的方针，突出“以人为本”的管理理念，严格落实安全生产责任制和安全生产监管措施，不断强化安全生产的“主权观”、“生存观”、“效益观”，强力实施“监管、培训、防范”三项并重的原则和“标本兼治、重在治本”的安全生产措施，不断加大安全教育培训和安全设施投入力度。坚持开展安全生产隐患排查治理和反习惯性违章活动，规范危险化学品安全管理，进一步完善事故应急救援建设，不断提高事故应急处置能力和企业的本质安全程度，为太化的转型跨越发展营造了安全和谐的生产环境。全年消灭了重大火灾事故、重大爆炸事故、重大设备事故和多人中毒事故，杜绝了社会灾害性事故。全公司千人负伤率为0.23，千人重伤率为零，完成了全年安全目标考核任务。

【节能减排】 2009年，太化集团坚持技改创新、实施清洁生产、加强污染治理，削减了排污总量，全面完成了市政府环保目标责任制考核总量指标。截至2009年底，COD、氨氮、烟尘等市政府重点考核的五项指标排放总量比2008年同期平均下降了14.73%。其中：烟尘排放量完成了62.67吨，比计划指标下降了63.14%，比2008年同期指标下降9.89%；粉尘排放量完成106.38吨，比计划指标下降了3.29%，比2008年同期指标下降2.28%；二氧化硫完成565.34吨，比计划指标下降了13.29%，比2008年同期指标下降了13.90%；COD完成了338.70吨，比计划指标下降了27.32%，比2008年同期指标下降了32.49%；氨氮排放量为198.84吨，比计划指标下降了6.65%，比2008年同期指标下降了15.09%。太化氯碱分公司、水厂、宝源分公司获得了企业环境行为评价蓝色等级；焦化厂筛焦楼清洁生产改造工程、水厂再生水水源热泵一期工程等一批环境治理工程通过省市相关部门的验收；100万吨/年焦炉气源替代技改工程、12万吨/年粗苯加氢精制二期工程、15万吨/年煤焦油加工三个项目得到省环境保护厅正式批复。

太化集团通过提高生产系统运行质量，加强原料管理，采取稳定调整、优化工艺、加大考核等措施，使煤耗有了明显下降。2009年万元产值综合能耗为1.22吨标煤，比2008年降低了22.51%，比2005年降低了60.64%。至2009年底（2006～2009年）节能量达191223.58吨标煤，完成省政府下达“十一五”节能量计划的91.93%，超计划11.93%。太化集团积极响应省政府的号召，在环保综合治理、优化生产环境等方面取得实效。

【构建和谐企业】

1.以人为本，职工合法权益得到维护。一是在发展项目达产达效的同时，优先安排下岗职工重新返岗，基本上解决了下岗职工的安置问题。二是严格落实“四不欠”措施，认真做好职工医疗、养老、失业保险的保障工作，同时尽最大可能为职工增加收入。三是大力改善职工住房条件，新建职工住宅楼小区陆续交付使用，不断优化居住环境，满足职工住房要求。四是建立困难职工帮扶机制，完善困难职工档案848份，太化集团争取送温暖资金、自筹资金62万元，救助困难职工2580人，慰问特困职工100户，使太化的改革发展始终得到广大职工的拥护、支持和参与。五是开展职工大病医疗互助活动，2009年为10091名职工办理大病互助，参加金额363276元，其中50人得到大病救助，救助资金186000元。六是开展“金秋助学”工程，解决特困职工子女上大学的燃眉之急。每年支持职工子女上大学50名以上，每名3000元以上。2009年太化集团救助困难学子72人，救助金达207000元。

2.科技创新，加强专利技术应用保护。2009年，太化集团共完成新产品、新技术、新工艺创新项目20项，省级以上科技项目11项；新产品实现销售收入12.9亿元，占产品销售收入总额的13%。太化集团技术中心完成了公司内部安排项目以及新基地的设计和可行性研究报告的编制，加强了专利技术申报和知识产权保护，申报受理专利11项，其中7项获得国家专利局授权，另外4项已在国家专利局网站公示。同时，太化集团技术中心积极主动对外承揽设计任务，取得项目建设单位的一致认可。

3.齐心协力，构建和谐稳定发展环境。太化集团审计、监察部门强化企业内部监管和风险控制，在重大技改工程、招投标、节能降耗和产品互供方面深入开展审计和效能监察工作，全年通过审计、招投标节约资金1642万元，纠正账目差错金额2156万元，通过效能监察争创效益2780万元，为公司的健康发展保驾护航。在国庆60周年之际组织了“祖国颂，太化情”国庆晚会、“火车头杯”职工羽毛球赛等系列文体活动，丰富了职工的文化生活。共青团组织大力开展创建“青年文明号”活动，团结和带领广大青工在各条战线上做出了积极的贡献。职工大学充分发挥教育主阵地的功能，完成了全公司干部、职工的各项教育培训工作，招生人数创出近年最好水平。职工医院制定新的整改措施，不断提升医务人员的整体素质和业务水平。武装保卫系统对损坏企业生产设施、偷盗企业财物等行为实施严厉打击，同时还加大了危化品使用、存贮、运输等环节的巡查力度，确保了全公司的稳定与安全，为集团公司的和谐稳定发展创造了良好的环境。

太化集团2009年度经营业绩考核指标完成情况表

项　目	单位	2009年	2008年	同比增减%
一、基本指标：				
1、利润总额	万元	1652.78	1577.61	4.76
2、净资产收益率	%	0.17	−1.16	−114.66
二、分类指标：				
1、营业收入	万元	471847.90	481590.28	−2.02
三、横比指标：				
1、总资产报酬率	%	1.48	1.46	1.37
2、成本费用利润率	%	0.35	0.33	6.06
3、总资产周转率	次	0.53	0.68	−22.06
4、流动资产周转率	次	1.18	1.77	−33.33
5、资本保值增值率	%	106.68	99.89	6.80
6、技术投入比率	%	3	2.38	20.67
四、控制目标指标：				
1、工资总额增长幅度	%	−6.82	2	
2、职工实际平均工资增长幅度	%	−5.28	10	
3、万元产值(90不变价)能耗	吨标煤/万元	1.2203	1.5747	−22.51
4、千人重伤率	‰	0	0.10	
5、重大违纪违规行为		无	无	
五、否决指标：				
重特大生产责任事故		无	无	

山西晋城无烟煤矿业集团有限责任公司

【概况】 山西晋城无烟煤矿业集团有限责任公司(以下简称“晋城煤业集团”)下属55个控股子公司、12个分公司,主营煤炭开采、洗选加工、煤层气开发利用、煤化工、坑口电厂、煤机制造、现代物流业务。

晋城煤业集团前身是始建于1958年的晋城矿务局。2000年8月28日,经山西省人民政府批准,改制为国有独资的“山西晋城无烟煤矿业集团有限责任公司”。2005年12月11日,经国务院批准,通过实施债权转股权,进一步改制为由山西省国资委控股、股权结构多元化的有限公司,是国家规划的13个大型煤炭基地中晋东煤炭基地的重要组成部分,是全国19个首批煤炭资源国家规划的矿区之一,是全国最大的煤层气开发利用集团,全国最大的煤化工企业集团和全国优质无烟煤生产的龙头企业,位列2009年中国企业500强第132名。

2009年,晋城煤业集团以开展深入学习实践科学发展观活动为契机,以实施战略愿景为动力,以“练内功、保增长、重转型、促发展”为主线,精心运筹应对策略,科学驾驭复杂局面,在危机中抢抓机遇,在困境中寻求突破,在竞争中赢得主动,经济指标逆势超越,各项事业迅猛发展,胜利开启“亿吨基地、千亿规模、百年企业、能源旗舰”的新征程。

【主要经营指标】 截至2009年底,晋城煤业集团总资产847.43亿元,同比增加213.76亿元,增长33.73%。全年完成生产经营总额554.35亿元,同比增加108.85亿元,增长24.43%。实现营业收入508.98亿元,同比增加96.84亿元,增长23.5%,完成预算的118.37%。其中,煤炭板块199.88亿元,同比增加38.05亿元,增长23.52%,完成预算的121.03%;煤化工板块245.08亿元,同比增加49亿元,增长24.99%,完成预算的97.93%;其他板块64.02亿元,同比增加9.79亿元,增长18.05%,与预算基本持平。实现利润43.70亿元,同比增加4.39亿元,增长11.16%,完成预算的146.56%。其中,煤炭板块27.89亿元,同比增加10.34亿元,增长58.92%,完成预算的133.46%;煤化工板块11.89亿元,同比减少6.56亿元,下降35.56%,完成预算的153.27%;其他板块3.92亿元,同比增加0.61亿元,增长18.43%,完成预算的338.47%。上缴税费61.61亿元,同比增加13.49亿元,增长28.02%。

【主导产业经营】 煤炭板块。2009年,晋城煤业集团科学组织煤炭生产,严格强化煤质管理,敏锐把握价格走势,坚持预收款制度,推动煤炭产销量快速增长,商品煤价格逆势上扬,煤炭产能大幅提升。全年完成原煤产量4260.59万吨,完成预算的100.47%,同比增加516.85万吨;商品煤销量3761.64万吨,完成预算的104.5%,同比增加569.02万吨;商品煤综合售价518.68元/吨,完成预算的108.56%,同比提高32.80元/吨;计提三项基金14.76亿元。

晋城煤业集团进一步加快安全集约高效型矿井建设,强力推进核心技术,不断夯实安全基础,大力实施精细管理,严格落实《“安全红线”管理规定》,持续提升保障能力,晋城煤业集团形成5000万吨/年的煤炭产能。全年原煤生产百万吨死亡率0.024,同比下降11.11%。

煤化工板块。晋城煤业集团面对煤化工行业“需求萎缩、产品滞销、价格跳水、效益下滑”

的严峻形势，动态测算盈亏平衡点，科学调整生产负荷，及时优化氨醇比，强化节能降耗减排，壮大产业规模，形成1200万吨/年的总氨产能、1000万吨/年的尿素产能。全年完成总氨产量789.47万吨，完成预算的95.49%，同比增加230.25万吨，约占全国总氨产量的12.5%；尿素768.36万吨，完成预算的116.72%，同比增加271.69万吨；甲醇148.56万吨，完成预算的58.26%，同比增加1.7万吨。

各化工公司在经济运行异常艰难的情况下，顾全大局，共克时艰，不仅发挥了"防火墙"作用，促进晋城煤业集团煤炭主业稳产稳销高价位运行，而且加快自身发展，实现板块整体盈利。

煤层气板块。晋城煤业集团加快煤层气井建设，加强市场开发和跨区域合作，积极争取煤层气矿权，煤层气抽采和利用总量大幅提升。全年完成煤层气钻井548口，累计完成2001口；煤层气抽采量11.69亿立方米，完成预算的123.05%，同比增加3.94亿立方米，占全国抽采总量的16.3%，其中，地面抽采量6.21亿立方米，同比增加2.45亿立方米，占全国地面煤层气抽采量的61.2%；煤层气利用总量7.05亿立方米，完成预算的117.5%，同比增加3.88亿立方米，占全国利用总量的30%。煤层气利用率达60.3%，高出全国28个百分点，获得国家煤层气专项补贴6164万元。

晋城煤业集团实施"走出去"战略，与阳泉煤业集团、甘肃省庆阳市的跨区域合作取得突破性进展，在阳泉矿区施工煤层气井230口，其中已运行60口。通过艰苦努力，取得胡底、郑庄区块54.5平方公里的煤层气矿权，为新井开发建设铺平道路，为煤层气抽采创造了条件。

煤机板块。晋城煤业集团按照"资源共享，管理协同，产业联动，培育规模"的定位，以金鼎公司为核心，整合重组煤机产业，初步形成煤机制造与检修、矿井建设与安装、煤炭整合与生产、物资装备与物流四大产业格局，全年实现营业收入4.7亿元，实现利润0.23亿元。

电力板块、多经板块。电力板块发电量达到14.32亿千瓦时，同比增加4.7亿千瓦时，增长48.86%，实现营业收入3.3亿元。多经板块实现营业收入46亿元，实现利润1.46亿元。晋城煤业集团非煤产业的比重达60.73%，各板块全部实现盈利。

【煤炭资源整合及亿吨基地建设】 2009年，晋城煤业集团加快推进煤炭重点项目建设，岳城矿90万吨/年改扩建工程实现当年投产、当年达产；长平矿井改扩建工程铁路专用线正式投运，矿井形成生产系统；赵庄二号井主要生产性工程基本完成，首采工作面开始设备安装调试；寺河二期扩建项目井巷工程完成设计总量30%。

晋城煤业集团响应省委、省政府的号召，充分发挥各方面的积极性、主动性，全力推进资源整合和煤矿重组工作。全年重组整合44个规划包、120座煤矿，整合资源储量19.91亿吨，规划产能3060万吨/年。先后派驻拟任"六长"223名，实现已有16座矿井复工复产，为资源整合全面告捷奠定了基础。

晋城煤业集团全力以赴争取整装煤炭资源。一是郑庄矿、胡底矿、龙湾矿正式奠基；赵庄矿、长平矿增设下组煤，龙湾井田、山怀南井田、固贤井田、车山井田探转采的6宗煤炭资源申请获得省政府同意。以上9宗矿权共配置煤炭资源储量42.67亿吨、规划能力4000万吨/年。二是与山西煤炭运销集团签署"合作开发协议书"，共同开发东大井田，3号煤储量9亿吨；与山西太钢集团合作，组建"山西晋煤太钢能源有限责任公司"，共同开发临县三交一号井田，煤炭储量19.9亿吨；国家发改委明确巴愣矿井项目以晋城煤业集团为主体开发建设。截至2009年底，晋城煤业集团已有和申请煤炭资源储量合计达145.92亿吨，有效解决企业可持续发展最为艰巨、最为紧迫的难题，为亿吨基地建设奠定了基础。

【体制机制改革创新】 根据省政府关于我省资本市场发展的实施意见和规划，晋城煤业集团对蓝焰股份公司上市方案和晋城煤业集团整体上市方案进行充分论证，确定"晋城煤业集团由有限责任公司整体变更为股份有限公司，公开发行A股并上市"的新思路，拟定晋城煤业集团整体上市框架方案，完成前期准备工作。

晋城煤业集团以强化产业链终端控制为核心，积极构建集团战略管控体系，设立沁水晋煤瓦斯发电有限公司、赵庄煤业有限责任公司、晋城天煜新能源有限公司、装备物资有限公司、财务公司等子公司。拥有57个控股子公司、12个分公司。

晋城煤业集团实施业务流程再造，实行林业公司与宏圣公司合署办公，金鼎公司与装备物资分公司合署办公；合并救护大队与消防大队，成立救护消防中心。实施"大部制"改革，在合并人事处、劳资处的基础上，划出企管处的部分职能，成立人力资源管理中心；合并计划处与基建处，成立发展与建设局；合并总工办和环保处，成立资源环境管理局。按照"还权予责"的原则，推行矿井自主管理，各生产矿井安全生产的积极性、创造性进一步增强。

"王台铺经济共同体"、"凤凰山经济共同体"实现整体盈利。"古书院经济共同体"通过资源整合、新井建设、项目开发等举措，积极构建全新的商业模型。

晋城煤业集团加强全面预算管理程序化、定额化、信息化建设，2009年，公司净资产收益率19.96%，国有资本保值增值率124.67%，成本费用利润率9.25%。

【转型发展项目建设】

煤化工项目。2009年，煤化工在建重点项目48项。其中，恒盛公司"18·30"项目一次投料达产；20万吨/日工业水厂一期竣工投产；联盟公司10万吨合成氨扩产改造工程建成竣工；明水公司原料块煤改煤棒项目投入运行、10万吨包膜尿素项目一次开车成功；日月公司新增4万吨/年二甲基甲酰胺（DMF）技改项目建成投运；昊源公司1800吨/日老尿素改造工程竣工投产；联盟石油油品加氢制氢技改项目投入运营。截至2009年底，煤化工板块已建成投产项目23项，新增总氨产能104万吨/年，尿素产能78万吨/年，DMF产能4万吨/年。

煤层气项目。建成投运一期日处理能力25万立方米的易高煤层气液化厂，投运目前世界上规模最大的寺河120兆瓦瓦斯发电厂，投运李庄首站管路。基本完成集团内部7个加气站工程的建设；开工机关末站至长治苏店煤层气输气管道项目；完成王台LNG厂、易高二期、西气东送管道首站扩建工程的前期准备工作；全面启动国家重大专项"山西晋城矿区一体化煤层气井发示范工程"。

电力项目。晋城煤业集团与阳城县热电有限公司、阳城县城镇集体工业联社合作，开工建设阳城2×135兆瓦煤矸石综合利用热电联产项目。完成煤矸石电厂、成庄热电厂的改造工程，加快瓦斯电厂扩容工程和胡底150兆瓦瓦斯发电厂建设。

【技术创新工作】 煤炭核心技术研发。一是自主研制的6.2米液压支架顺利通过工业性试验；二是自主创新一套适合于小煤矿开采和掘进的工艺技术；三是"成庄矿双U型通风系统综放工作面采空区瓦斯分布规律研究”、“矿区铁路运输综合系统开发”、“晋城矿区15号煤层自燃预测技术与堵漏风新材料研究”等科技项目达到“国际先进水平”。

煤化工技术创新。具有自主知识产权、被列入国家“863”计划的加压灰熔聚气化技术，及世界首套MTG装置的“10万吨/年煤基合成油示范工厂”一次开车成功，生产出合格的93号汽油，实现全流程贯通。航天炉粉煤加压气化工业性试验装置在临泉公司获得成功，配烧晋城末煤最大比例达到70%，煤耗、蒸汽耗、电耗和碳转化率都具有明显优势，达到或超过国际同类炉型的水平。

煤层气技术开发。晋城煤业集团编写的《民用煤层气（煤矿瓦斯）》、《车用压缩煤层气》已通过国家标准化管理委员会专家审核；晋城煤业集团承办的“先抽采煤层气后采煤、煤炭与煤层气共采示范工程项目”，2009年7月通过国家能源局组织的验收；晋城煤业集团“无烟煤煤层气产业化开发利用技术体系与工程示范”项目，通过国家科技成果鉴定，研究成果达到国际领先水平。

2009年，晋城煤业集团投入科技研发资金1.2亿元，完成科技项目73项，取得科技成果115项，其中9项获省部级以上科技奖励，9项达国际先进水平；承担的7项省部级以上科技项目，获国家拨款1.08亿元；24项专利获国家受理。晋城煤业集团荣获“山西省煤炭创新十佳单位”称号，被科技部批准为“国家创新试点企业”。

【企业生态文明建设】 2009年，晋城煤业集团确立以“高效开发、清洁生产、产业延伸、综合利用、持续发展”为核心的循环经济发展模式，构建寺河、成庄、长平、赵庄等四个工业园区，列入《山西省煤炭工业循环经济推进计划(2008~2012)》。建立健全节能减排管理制度和指标体系，推行节能问责制，投入节能技改资金2.18亿元，加快淘汰高耗能设备，实施老区和寺河矿集中供热工程，改造矿井通风、压风和生产生活供水、供电、供暖等系统，节能减排关键指标大幅下降。晋城煤业集团万元产值综合能耗为0.66吨标准煤，同比下降10.81%；吨原煤生产综合能耗为6.5千克标准煤，同比下降22.3%；完成节能量9.9万吨标准煤；化学需氧量减排2404.25吨，二氧化硫减排175.98吨，二氧化碳减排846万吨。荣获“山西省节能工作先进企业”称号。

晋城煤业集团投入环保资金1.71亿元，完成寺河矿储煤场防风抑尘网建设、古书院矿西风井噪声治理等23项重点工程。继续实施矿（厂）区造林绿化工程，全年绿化面积13.5万平方米，矿区绿化覆盖率达到38.51%。荣获中华环保基金会颁发的“山西环境保护奖”。

【和谐企业建设】 2009年，晋城煤业集团圆满兑现“不裁员、不降薪”的庄严承诺。为员工晋升一级工资，全年在岗员工人均收入54704元，同比增长14.59%，接收安排员工子女就业1116人；继续提高住房公积金企业补贴标准，人均月补贴标准增加278元；为员工缴纳15项保险金10.28亿元，缴纳住房公积金3.01亿元，住房补贴金2287万元；企业年金运营实现收益1.59亿元，收益率13.82%；铭基公司竣工员工住宅面积4.9万平方米，住宅套数328套。正在开发建设的沉陷区住房、经济适用房、普通商品房约5000套，基本能够满足无房户的住房需求；晋城煤业集团总医院被评为“三甲医院”，全年完成尘肺普查16815人，普查率达82%；积极配合晋城市政府，启动晋煤集团北石店区城市化拆迁改造工程；进一步加强安全文明小区建设，强化社会治安综合治理，加大信访接待和矛盾调解力度，全力做好国庆安保工作，保持了企业和谐稳定的良好局面。

【企业文化和精神文明建设】 晋城煤业集团按照山西省委和省国资委党委的统一部署，开展深入学习实践科学发展观活动，着力推进“三个发展”、“六大工程”，真正使党员干部受教育、科学发展上水平、员工家属得实惠；进一步加强企业文化建设，围绕“高举旗帜、战略驱动、主动融合、打造特色”的总体思路，加强文化引导，强化理念渗透，促进母子公司文化融合升华，企业凝聚力、向心力、执行力不断增强；不断深化“四五六”系列创建活动、“五位一体”思想政治工作法、“干事干净”管理法等工作，形成独具晋煤特色的党建品牌。2009 年 11 月，晋城煤业集团荣获“全国企业党建文化试点先进单位”称号。

晋城煤业集团以国庆 60 周年为契机，开展形式多样的纪念庆祝活动。“感动晋煤十大新闻人物”以感人的事迹，感染了晋城煤业集团全体员工家属。蓝焰合唱团代表 3400 万山西人民在央视演播大厅展演，展现了风采，赢得了赞誉。企业转型发展电视片喜捧“中国煤炭工业辉煌 60 年”专题片大赛金奖。晋城煤业集团荣获“山西省庆祝新中国成立 60 周年系列活动先进集体”称号。

【公司领导班子成员名录】

朱晓明	董事长、党委书记
高玉斌	副董事长、总经理（2009 年 3 月止）
杨茂林	副董事长、总经理（2009 年 3 月始）
贾国华	党委常务副书记、纪委书记
郭爱堂	工会主席
文士华	副总经理
苏清政	副总经理
贺天才	总工程师（2009 年 10 月止）
李鸿双	副总经理
张虎龙	党委副书记
李国彪	副总经理
王　毅	副总经理
李海明	副总经理
都新建	副总经理

太原重型机械集团有限公司

【公司概况】 太原重型机械集团有限公司（以下简称“太重集团”）是新中国自行设计、建造的第一座重型机器厂，下属企业主要有太原重工股份有限公司、太原重型机械集团有限公司煤机有限公司（主要包括太矿集团和山西煤机）、榆次液压集团有限公司等，凭借卓越的技术实力，太重集团为我国以及全球二十多个国家和地区提供优质产品与服务。截至 2009 年底，太重集团总资产为 168.68 亿元，净资产 51.93 亿元，职工 1.42 万人，主营业务收入列居全国重矿行业第三位。

太重集团服务领域广阔，产品门类众多，主要产品涵盖起重设备、挖掘设备、轧钢设备、锻压设备、油膜轴承、铁路轮轴产品、减速机、焦炉设备、航天发射装置、舞台设备、煤炭机械、煤炉、压力容器、液压元件和应用系统、大型和精密铸锻件等诸多领域，建厂五十多年来，太重为冶金、矿山、水电、交通、化工、建筑、航空航天等行业，特别是为国家重点建设项目提供了

1000余种、20000多台(套)装备,创造了360多项国内外第一,被誉为“国民经济的开路先锋”。太重先后培育了起重机、油膜轴承、减速机三个“中国名牌”产品。太重研制生产的神舟七号飞船、嫦娥卫星航天发射塔架,三峡1200t桥式起重机,480t铸造起重机,20m³~55m³矿用挖掘机,Φ340mm无缝管轧机,西气东输螺旋焊管机组,10000吨铝合金挤压机,残奥会白玉盘舞台以及国家大剧院舞台设备都是其标志性产品。

【主要指标】 2009年完成工业总产值114.23亿元,为年计划的103.85%,同比增长9.64%;完成工业增加值27.02亿元,为年计划的122.82%,同比增长16.49%;实现主营业务收入108.55亿元,为年计划的100.51%,同比增长8.35%;实现利润5.94亿元,为年计划的118.80%,同比增长16.93%;累计订货195.68亿元,为年计划的102.99%,同比增长2.86%;国有资产保值率为112.01%,完成了指标的107.70%;净资产收益率为7.16%,完成了指标的143.2%。

【改革发展】

1.市场营销。在国际市场需求下降、国内市场竞争加剧的严峻形势下,公司上下高度重视,各级主要领导带头深入市场一线,积极应对市场变化,新增订货虽然略有下降,订货结构却明显优化,显示出了较强的市场竞争能力。太原重工露天矿用挖掘机实现订货22亿元,同比增长110%;有色金属挤压设备实现订货11.17亿元,同比增长260%;风电、核电、水电等项目实现订货12.7亿,同比增长164%,矿山、新能源、有色金属等领域成为了支撑集团公司规模增长的主要力量。签订了黑龙江建龙轧管机组、云南文山铝业煤化工总包等重大成套项目,签订了三峡升船机螺母柱、造船门吊、金属镁挤压机等新领域项目,有力地促进了公司的结构调整。太重煤机采掘设备连续两个月订货突破亿元,获得了唐山春兴特钢高速线材轧机项目、朔州西易煤机项目等成套订货,煤炭输送设备进入了陕西、内蒙古、云南等省外市场,井工矿煤机订货同比增长了43%。榆液集团第四次独揽三峡开发总公司的液压启闭系统。

2.生产组织。太重集团克服了任务不均衡、新产品多、制造难度大等困难,保证了合同履约率,赢得了用户好评,产出规模继续保持较高增长。太原重工迈上了单月产值8亿元的新台阶。顺利出产了墨龙Φ180连轧管机、青海国鑫100MN挤压机、韩国现代和浦项62台起重机、21台20m³以上大型挖掘机等一批重点产品,成功浇注了单件最重的187吨前梁和特大船用铸件。太矿集团推行“准时化投入、精细化管理”的生产模式,开展“百日百台”劳动竞赛活动,生产效率全面提高,全年出产采掘设备172台。山西煤机扩大对外专业化协作,充分利用ERP系统智能排产,克服产能瓶颈,实现较快增长。

3.自主创新。创新体系建设得到加强,太重技术中心在575家国家认定企业技术中心中脱颖而出,排名提升到第13位,集团公司荣获了国家发改委、科技部等五部委颁发的“国家认定企业技术中心成就奖”。成立了技术创新部,加大创新奖励力度,科技立项总数、奖励额度为历年之最。外聘国内外专家16名,2名博士后入站工作,与4位海外人才签订了合作意向,促进了产品开发和技术进步。知识产权管理不断加强,全年申请专利88项(其中发明专利46项),授权专利28项,均为上年度的两倍多。修订15项国家标准、9项行业标准。“国家国际合作基地”、“院士专家工作站”、“矿山重型装备山西省重点实验室”、“山西省海外高层次人才创新创业基地”等陆续挂牌，进一步增强了技术创新平台建设。产品开发又有新成果，自主研发设计的1.5MW风电整机实现了当年开发当年出产，比原计划提前一个月并网发电，为公司新产品开发又树立了成功的典型；具有自主知识产权的首套千万吨级矿井综采成套设备成功下线，标志着我国煤机制造进入了一个新阶段，其中，太矿集团和山西煤机制造了我国装机功率最大、结构设计先进、智能化程度较高的2500KW采煤机和国内井下内槽最宽的刮板运输机；1.5MW风电增速齿轮箱获得了中国船级社颁发的“设计评估”和“型式试验”认证证书，突破了批量生产瓶颈，顺利出产80台；掌握了二代加、欧洲三代核环吊技术，并取得订货10台套；WK-55挖掘机经过完善改进，全面达产达效，受到市场的肯定，又签订了神华集团两台WK-55挖掘机制造合同；在轮对产品领域，研制成功了出口欧洲轮对；太矿集团试制成功了动筛排矸机、直线香蕉筛、EBZ200掘进机、侧卸装岩机、凿岩台车等新产品；榆液集团新产品开发13项，其中长液公司4项新产品全部实现销售，占其销售收入的30%。

4.企业经济运行情况。一是更加注重发挥大集团优势。建立集团公司经济运行会制度，启用视频会议系统，扩大了内部交流；提出“遵从市场规则，内部制造优先”的原则，加强内部专业化定点协作，提高了内部资源利用率；充分发挥集团公司的社会影响力，加强争取政策工作，三代核电站项目争取到国家补助资金3000万元，煤机成套项目争取到3100万元，累计争取国家、省市政策资金过亿元，创历年之最。二是企业形象明显提升。扎实推进6S管理活动，现场管理有了较大提高；加强厂区规划治理，加大绿化维护整修力度，实施管网入地工程，贯通形成了三纵五横的交通格局，厂区环境和交通条件有了明显改观；完成了前进路美化改造工程；统一了集团本部工作服。三是降本增效，质量改进取得新成效。全员全过程的成本管理得到加强，太原重工财务电算化系统开始上线运行，实现了银企联网；实施了重点产品、出口产品质量跟踪制度，质量改进受到用户肯定；太矿集团加强质量控制和监督，焊接件和整机质量有了明显提高。四是安全环保工作稳步推进。加强安全技能培训和隐患排查整治力度，特种作业人员持证上岗率达到了100%，隐患整改率达到了98%，安全形势总体平稳；完成了起重机后处理喷砂作业环境治理改造，有效降低了污染物排放量；基本完成了炉窑改造工程，获得省市节能减排奖励资金，连续两年荣获了“山西省节能先进单位”称号；开展了西山责任区的绿化工作，投资40余万元，植树40余亩。

【重大决策与重大项目】 2009年是集团公司工程项目多、工作任务重、技改成效比较突出的一年。太重滨海公司完成了厂房设计、围海造地等前期准备工作，于2009年11月15日隆重举行了奠基仪式，正式投入建设。万吨压机通过环评审批，完成了初步设计，涉及各单位的搬迁改造工作基本完成，具备了开工条件。太重煤机工业园全面达产达效，办公楼投入使用，核心制造能力和企业环境达到国内一流水平。太原重工风电增速器厂房投入运行，形成了年产500台的能力。建成了8500m²的挖掘机新总装厂房，新增天桥铣等关键设备，形成每月出产三台大型挖掘机的能力。改建6300m²的轮对厂房，形成年产10000副轮对的压装能力。改建6912m²的大型压机装配生产线，缓解了大型压机装配面积不足的压力。改建5000m²的电控新厂房，为做大做强电气产品奠定了基础。山西煤机投资2000万元新增设备，缓解了瓶颈环节的制约。基础设施建设得到加强，厂区布局更加优化，为今后的发展奠定了良好的基础。兴业公司投资3500万元完成了热力公司二期2台40t/h循环流化床锅炉的技术改造任务，与集团公司联合完成了主电缆的改造工作，确保了生产生活需要。煤气站、储运、起重机二厂、减速机二厂等单位从公司改革发展大局出发，顺利完成搬迁工作，为集团公司结构调整作出了贡献。

【法人治理结构】 太重集团自1996年整体改制为国有独资公司，随后逐渐建立起健全的现代企业制度，形成和完善了法人治理结构。按照《公司法》，确立了公司《章程》，设立了董事会、监事会和经理层，制定了《董事会议事规则》、《党委常委会议事规则》、《总经理办公会制度》等制度，明确了董事会、监事会、经理班子、党委会、职工代表大会和党政联席会议的工作职能和议事规则。2009年，太重集团继续在法人治理结构框架内规范运行。

【公司领导人员经营业绩考核体系与薪酬制度建设】 太重集团领导人员经营业绩考核体系与薪酬制度，按照《山西省人民政府国有资产监督管理委员会关于省属企业领导人员经营业绩考核的暂行办法》(晋国资发【2004】11号)、《山西省人民政府国有资产监督管理委员会关于省属企业领导人员薪酬管理的暂行办法》(晋国资发【2004】12号)、《山西省人民政府国有资产监督管理委员会关于印发省属企业领导人员薪酬管理补充办法的通知》(晋国资发【2005】2号)和《山西省人民政府国有资产监督管理委员会关于省属企业领导人员薪酬计算办法(暂行)的通知》(晋国资发【2005】5号)的有关规定执行。2009年度太重在省国资委经营业绩考核中名列前茅。

太重内部对规模以上生产经营单位经营管理者的薪酬，比照省国资委考核办法，按照《太重集团公司经营管理者年度薪酬及经营业绩考核管理办法》执行。重点考核年度利润总额、销售收入、净资产收益率(或回款)和质量、安全以及集团公司年度方针目标中的其他分解目标。

【公司领导班子成员名录】

岳普煜	董事长、党委书记
王创民	副董事长、总经理、党委常委
张玉牛	董事、总法律顾问
王春明	党委常委、工会主席、董事
张克斌	党委常委、副总经理
介志华	董事、副总经理
林　经	党委常委
荆冰彬	副总经理
王　敏	副总经理
王吉生	副总经理、总工程师
丁永平	党委副书记
张志德	董事

山西煤炭运销集团有限公司

【公司概况】 山西煤炭运销集团有限公司(以下简称“集团公司”)是集煤炭生产、运销和多元化经营于一体的特大型国有企业。2007年7月，由山西省国资委和11个地市国资委共同出资组建，注册资本101.56亿元。集团公司下设11个市级子公司，98个县级子公司，25个控股企业，1 家上市公司（太工天成，控股 20%）。现有员工 8 万多名。截至 2009 年底，集团资产总额为 662 亿元。在中国企业 500 强中位列第 65 位，并入选世界著名品牌 500 强。

集团公司的前身是山西省煤炭运销总公司。20 世纪 80 年代初，全省近万座地方煤矿压价倾销、无序竞争，全省煤炭利益大量流失，为切实规范全省地方煤炭运销秩序，缓解国有重点煤矿的经营压力，维护全省煤炭利益，山西省政府成立煤炭运销总公司。主要负责对全省地方煤矿生产的煤炭实行五统一管理，即统一计划运输和销售；统一组织使用、管理建设和改造地方发煤站；统一组织煤炭的短途集运和集中发运；统一煤炭货款结算；统一组织管理汽车外运煤炭出省工作。1986 年，受省政府委托，煤运公司利用统一与用户结算的环节，代为收取煤炭专项基金。2007 年 8 月，煤炭专项基金政策到期，根据省政府有关文件精神，总公司主要负责协助地税部门在出省口查验补征可持续发展基金，并负责查验回收煤炭销售票。

从 1983 ~ 2007 年，集团公司累计销售煤焦 30 多亿吨，实现利税 275 亿元，上缴煤炭专项基金 750 亿元。特别是 2000 年以前，全省财政收入水平长期偏低，集团公司每年上缴省财政的煤炭专项基金，相当于全省一般预算收入的 40%左右。成为全省经济建设和重点项目投资所需资金的重要来源。在全省各地市，特别是在一些重点产煤市、县，煤运公司上缴地方财政的煤炭专项基金，相当于地方财政收入的一半以上，成为地方经济社会发展所需资金的主要来源。

集团公司认真履行省政府赋予的全省地方煤炭运销统一管理的职能，抑制和打击无序经营、现金交易、偷漏税费、私挖滥采、超能力生产等不法行为，避免煤炭市场恶性竞争、压价竞销，规范全省煤炭运销秩序，对维护煤炭市场秩序和全省煤炭经济整体利益，发挥了积极作用。

【主要经济指标】 完成煤炭产量 1287.2万吨、总运量 1.99 亿吨、总经销量 1.38 亿吨，实现销售收入 702 亿元、利润 33.2 亿元，各项指标降幅与年初相比收窄 30 ~ 40 个百分点。

【煤炭资源整合】 面对年初资源整合的不利形势，集团公司将资源整合作为年度工作的重中之重来抓。一是积极争取资源整合主体资格。经过多方协调、竭力争取，大同、忻州、晋中、吕梁、太原、长治、晋城、临汾、三元、省外等公司合力攻坚、积极跟进，在集团公司取得资源整合主体地位的同时，15 个子公司也获得二级整合主体资格；二是强化组织领导。成立了以集团主要领导为组长的资源整合领导组，实行班子成员分片承包责任制，抽调精兵强将成立 10 余个专项工作组，围绕尽职调查、资产评估、商务谈判、权证办理等工作攻坚克难、协同作战，执行周五整合会战工作日和周报告制度，以项目部牵头的资源整合办公室加班加点，推动整合工作取得突破性进展；三是狠抓资金筹措。集团财务部门通过全方位、多渠道融资，全年争取银行贷款授信额度 490 亿元，有力支持了资源整合的全面推开。截至 2009 年底，兼并重组整合矿井 425 座，占地方被整合矿井总数 15%左右；整合后矿井共 163 座，占整合后七大主体矿井总数 30%左右，保有储量 101 亿吨，产能 1.3 亿吨 / 年，已办理采矿权证 142 家。

【煤矿安全生产】 一是建立健全煤炭安全生产组织体系。组建煤炭安全生产管理局，确立了“集团公司监管、二级公司直管、企业全面负责”的安全责任体制和“统一管理、分级负责”的安全工作运行机制，全面加强煤矿安全生产“三项建设”，制定出台了《确保煤矿安全生产10项措施》等129个安全生产管理规章制度，初步构建了一套煤矿安全生产管理体系；二是积极开展安全生产专项整治，以“一通三防”、防治水、现场安全管理为主要整治内容，全年开展了16轮拉网式安全大检查，共查出隐患问题6893条，整改完成6848条，整改完成率达99.35%。三是大力提升煤矿职工队伍整体素质。通过外引内培，广纳煤矿管理人才和专业院校毕业生共1700余人，组织职工参加各级安全培训和事故警示教育达3310余人次，三元煤业填补集团空白，取得了煤矿安全生产培训机构三级资质。四是内部挖潜促生产。在全省地方煤矿大面积停产限产情况下，集团公司全年生产原煤1287.2万吨，百万吨死亡率为零。其中，三元煤业生产原煤490.6万吨，实现净利润11亿元，占集团利润总额的近1/3；阳泉公司生产原煤508.8万吨，走在市级公司前列；晋神能源沙坪矿复产3个月生产原煤105.5万吨，现代化高产高效矿井产能得以释放。

【两路经销和物流配送】 面对煤源紧张、需求下滑、价格倒挂的严峻形势，公铁两路千方百计掌控货源促销售，运量和销售量大幅提升。2009年集团公司煤炭总运量实现1.99亿吨，其中铁路运量完成3628万吨，公路运量完成1.63亿吨；煤炭经销量完成1.38亿吨，同比下降18.2%，但比年初收窄约40个百分点。纵观全年，主要抓了五方面工作，一是积极开展“决战四季度”活动，资源采购、运力协调、市场服务三位一体，全面攻坚，季度运行指标大幅回升，特别是忻州、临汾、大同三家公司“决战四季度”成效显著，四季度综合指标位列集团前三名。二是铁路方面积极开展“营销月”活动，深入基层分片督导，建立大客户协商监控机制和服务体系，优化中南部站点布局，积极恢复北部铁路业务。临汾张礼、吕梁万安、晋中石港口、晋城町店等一批大型集运站正在紧张建设中。公路方面扎实开展出省站“百日整治”活动，提升经营管理及服务水平，围绕掌控货源，积极采取签订承运合同、外购煤炭保地方电煤需求等措施，服务用户能力显著提升。三是各市子公司积极采取蹲点采购、驻矿销售、签订包销协议、严格上站煤采购责任制等有效措施，落实货源，扩大销售。长治公司实施驻矿包销，进驻率达83.96%；晋城公司进驻市域内全部复产的21座煤矿；阳泉公司把承运合同融入双向合同，实现了采购－运力－销售－结算的有机统一；晋昌源、吕梁、忻州、朔州公司利用区位优势，经销陕蒙过境煤500余万吨，组织上站煤150万吨。四是坚持“六统一”原则，公铁两路首次集中统一订货成效显著，凸显了集团统一销售主体地位，增强了煤炭销售集中度和市场话语权，实现了量增价涨、结构优化。合同总量增加，实现产需衔接达1.9亿吨；合同价格平均增长45元/吨；用户结构优化，百万吨以上的大客户增加了9个，18个大客户合同签订量达到2600万吨；首次实现24个省内电厂3040万吨的煤炭买卖合同有质、有量、有价、有条款。五是公铁两路积极探索构建煤炭物流服务体系。铁路方面参照国内煤炭大集团统一销售框架体系，结合集团实际，制定了铁路煤炭统一销售和物流体系建设草案；公路方面以整合社会运力为切入点，重点尝试构建物流配送服务体系。目前，各市县子公司已组建运输服务中心53个，形成约3000万吨/年的承运能力；长治明华公司在铁路运销普遍下滑、系统发煤站大面积亏损的情况下，靠做实运力链接两端，靠提升服务拓展市场，全年发运煤炭366万吨，同比增长32.4%，其中铁路发运225

万吨，同比增长35.23%，公路发运140万吨，同比增长38.98%，销售收入增长近50%，多项指标在集团发煤站中名列前茅；汛潮公司在阳泉积极开展“煤炭物流信息化管理系统”试点工程，初步搭建了煤炭物流业务处理信息化平台。

【非煤经营业】 本着因地制宜、融入并服务地方经济的思路，大力推进多元化非煤经营业，主要在五个板块取得明显成效：一是煤机制造业稳健起步，与美国艾尔吉公司、北京园之翰公司签订了煤机装备制造项目合作协议，厂房已开工建设。二是新能源产业起步入轨，与国新能源合作的压缩天然气公司已投入运营。三是有色金属业低成本扩张，晋银公司在取得灵丘地区非煤矿山整合主体资格的前提下，成功控股刁泉银铜矿业和宗银公司，和外方合作建立了银产品深加工基地，为企业规模化经营奠定了资源储备基础，2009年实现销售收入1.3亿元，利税总额达3610万元。四是房地产业取得积极进展，万景苑小区项目开工建设，太原公司长风街房地产项目进展顺利，吕梁公司梅苑新村综合楼项目即将竣工，阳城公司五星级酒店建成并投入运营。五是IT信息业不断发展，汛潮公司和晋煤物流实现人员、业务全面融合，成功开发了煤炭物流经营管理系统、煤矿安全监测预警系统等软件。

【党建工作】 一是深入开展学习实践科学发展观活动，认真落实学习调研、分析检查、整改落实3个阶段11个环节的各项工作，明确整改目标和措施。积极学习和推广潞安党建经验，实行党员信息入库管理，加强了基层组织建设，健全和完善了班子议事规则和决策程序。党政正职严格坚持党政领导通气制度和“三重一大”集体决策制度，遇事及时沟通，和谐团结、作风过硬、领导有力的班子建设得到加强。二是大力加强党风廉政建设和效能监察。制定出台了关于加强领导干部作风纪律建设、加强招投标管理、加强站点和票据管理、规范资源整合工作程序等10余个方面的内部规章以及《关于违反“三重一大”规定的责任追究办法》等7个方面的问责制度，一定程度上改变了班子、队伍建设、经营管理中存在的制度缺失问题。加强资源整合和重大项目的监督检查，集团本部将万景苑住宅项目、王家岭煤矿等列入年度效能监察项目进行了跟踪监督，各单位对资源整合“一号工程”实施了效能监察。三是认真贯彻执行煤焦领域反腐败集中整治部署。严肃查处了吕梁军渡站“收黑放黑”等腐败渎职案，年内集团各级纪委共初核案件53件，立案查处27件，对101名干部职工给予党纪政纪处分（其中副处级以上干部9人），向18个单位下达了纪检监察整改建议书，对4个企业领导班子集体和10余名企业主要领导人进行了诫勉谈话或提醒告诫。同时，积极总结、推广泽州等公司公路站点“三权分离”机制，省纪委领导给予充分肯定。加强纪检监察机关自身建设，依托中纪委杭州培训中心举办了首期纪检监察干部培训班。狠抓“六项纪律”的执行和检查，有效控制了滥投资、滥进人、滥设机构等现象。四是加强群众文化建设。开展了“安康杯”知识竞赛、“创建学习型企业，争做知识型员工”、“保障煤矿安全生产、维护农民工合法权益”等活动，取得积极效果。重视信访工作，开展“信访积案化解年”活动，全年受理信访案件29件。开展丰富多彩的文体活动，取得省属企业“赞美祖国”大型歌咏比赛一等奖，全国煤矿“乌金杯”篮球赛男子亚军、女子季军等奖项。集团荣获中国经济促进会“中国经济建设—全国煤炭系统先进单位”和山西省“抗震救灾功勋奖”。晋中公司获“全国文明单位”，太原公司、临汾蒲县公司被授予“全国精神文明建设工作先进单位”称号，45个单位被评为省属企业文明单位标兵和文明单位，3名同志被评为省属企业精神文明创建先进工作者。

【主要管理经验】

集团管控能力明显增强。一是组织管控能力增强。按照“两级架构、三级管理”体制，完成108家全资子公司的注册登记，标志着集团母子公司两级架构的真正形成，集团公司作为决策中心、投融资中心和风险管控中心的组织保障作用日趋显现。二是财务管控能力逐步提升。构建财务信息化管理平台，加强会计核算管理，出台了集团公司《煤炭资源整合资金管理办法》、《煤矿整合财务接收指导意见》、《财务管控制度体系》等30余项财会制度，为解决集团公司资金管理分散、财务监督不力等问题提供了有力保障。三是绩效管控能力逐步强化。完善企业绩效考核体系和考核办法，建立由日报、周报和月报组成的企业经济运行分析体系，加强企业经营管理过程考核和督导，强化考核评价的导向性、科学性和可操作性，以绩效考核促进绩效管控。四是人事管控能力逐步增强。出台了《煤炭安全生产管理系统机构编制管理暂行办法》，对各级单位在编人员进行实名制摸底；构建集团公司薪酬管理体系，对二级单位领导人员试行年薪制，分配制度改革不断深化。五是风险管控能力得到加强。充分发挥法律事务和审计监督作用，严把合同审核关，完成任期经济责任审计、年度财务收支审计等46项，企业风险防范能力得到增强。

【公司领导班子成员名录】

刘建中	董事长、党委副书记
赵进明	党委书记、副董事长
王建设	执行董事、党委副书记
石魁英	董事、常务副总经理
荣海涛	董事、副总经理
王利君	董事、工会主席
龙孝忠	总经济师
张银元	副总经理
张泽田	纪委书记
徐忠和	副总经理
郑　涛	副总经理
张　树	副总经理
韩振贵	副总经理
于喜东	总工程师

山西国际能源集团有限公司

【概况】 山西国际能源集团有限公司(以下简称“集团公司”)由山西省国有资产监督管理委员会以(晋国资改革【2006】127号)文批准成立，是山西省人民政府国有资产监督管理委员会履行出资人职责的国有独资公司。公司总部位于山西省太原市府西街69号国贸中心A座40~42层，注册资本52亿元人民币，截至2009年底，公司总资产达300亿元。业务领域以投资能源项目为主，包括电力、煤炭、煤层气、新能源、水务、房地产和旅游等七大领域的开发。

为进一步做强做大，经中华人民共和国商务部和山西省人民政府批准，山西国际能源集团与韩国电力公社、德意志银行两个世界500强企业，以及日本电源开发株式会社、日本中国电力株式会社共同出资组建大型中外合资能源企业—格盟国际能源有限公司，注册资金100

亿元。山西国际能源集团为格盟国际的第一大股东,持股47%;韩国电力公社持股34%;德意志银行持股9%;日本电源开发株式会社持股7%;中国电力株式会社持股3%。

山西国际能源集团参控股运营的发电企业17户,总装机容量1390万千瓦;控股煤矿3座,年产能300万吨;运营和在建的城市污水处理项目7个。形成了发电、煤炭、煤层气、新能源、水务、房地产、旅游七大板块相辅相成、协同发展,多业并举、互为促进的新格局,逐步发展成为具有国际竞争优势的特大型能源企业集团,在山西省能源和工业基地建设中具有举足轻重的地位。

【主营业务】 集团公司定位为综合性大型能源投资企业,以电力、煤炭投资为基础,实施多元化的发展战略,电力、煤炭、煤层气、基础设施、水资源、旅游资源等一体化开发,主要经营以下业务:

1.依法经营山西省人民政府授权范围内的国有资产和国有股权;

2.从事电源的投资、建设、生产经营和管理,组织电力(热力)的生产和销售,主要包括火力发电、风力发电及城市垃圾发电等;

3.从事煤矿的投资、建设,进行煤炭的生产、加工、销售,以及从事煤层气的开发;

4.从事城市基础设施的投资、建设及经营和管理;

5.从事城市污水处理项目的投资、建设、运营管理,以及参与中小型水库的投资建设及经营;

6.参与旅游项目的投资、经营和管理。

7.根据国家有关规定,经国家批准,从事国内外投资、融资业务。

【经营业绩】 2009年,集团公司全年完成发电量153.8亿千瓦时,同比增长8.6%;上网电量完成139亿千瓦时,同比增长8.37%;供电煤耗完成364克/千瓦时,同比降低5克/千瓦时;单位发电油耗29吨/亿千瓦时,同比减少43吨/亿千瓦时;厂用电率完成8.9%,与2008年持平;电厂平均利用小时完成4922小时,受金融危机影响,与上年相比,有所减少;平均上网电价0.321元/千瓦时,同比增加0.0215元/千瓦时;平均标煤单价445元/吨,与2008年持平。2009年实现营业收入38.5亿元,同比增长15.8%,完成了省国资委确定的全年经营目标和各股东方期待的目标。

2009年主要经济指标

数据名称	2009年
主营业务收入(万元)	411865
利润总额(万元)	21532
净利润(万元)	13790
成本总额(万元)	347107
资产总额(万元)	2876816
总资产报酬率(%)	2.47
净资产(万元)	1313934
净资产收益率(%)	1.59
资产负债率(%)	46%
所有者权益总额(万元)	550696
国有资产总量(万元)	550696
职工人数(万人)	0.29
不良资产(万元)	0

【改革发展】 2009年，集团公司控、参股的发电企业中天石电力公司机组利用小时达到7560小时，创全省最高，提前两个月完成了全年利润指标，在全国循环流化床机组中继续保持领先地位，年度净资产收益率超过10%；平朔发电公司作为目前世界上单机容量最大、山西省首台300MW煤矸石循环流化床机组，在稳定机组运行上积累了经验，取得了良好的经济效益和社会效益；柳林、华光公司在煤源煤质上实现重大突破，两个公司都比较好地完成利润目标，拓宽工作视野，充分发挥客户资源优势，为集团公司开发煤炭领域做了大量的工作；河坡公司在保障安全和环保的基础上，摸索出了一条掺烧煤泥、低热值煤，有效降低燃料成本的成功经验，标煤单价继续保持同地区最低，提前127天完成全年发电任务，实现了集团公司下达的经营目标；太原同舟能源垃圾发电公司，加强设备整治，实施垃圾分选，创造了很好的社会效益，2009年首次实现零亏损，成为山西垃圾焚烧发电的龙头企业；阳城国际、大唐阳城强化成本管理，完善内控机制，采取科学管理体系，取得了比较好的经济效益；兆光、漳山、榆社改变传统管理思维，拓宽视野，加大成本控制力度，也实现大幅度减亏，完成了董事会确定的经营指标。

2009年，集团公司电源点建设投资46.8亿。当年控股投产发电装机1900MW。兆光二期2×600MW项目在国家大力控制发电项目、核准难度加大的情况下，经过集团公司和项目单位同志们的不懈努力，于2009年5月12日拿到了项目的核准文件，两台机组分别于9月16日、9月23日顺利通过168小时，11月4日举行了规模隆重的投产庆典活动，从建设质量、管理水平、厂容厂貌等多个方面受到了出席庆典仪式各方面领导、专家的高度评价。平朔二期2×300MW项目在没有建设先例，项目一班人经过了艰苦细致的工作，科学严谨地处理一个个技术难题，使两台机组安全通过168小时，填补了我国大容量机组烧用煤矸石发电的空白，为山西省今后大规模开发煤矸石发电项目，使煤炭生产过程中大量产生的煤矸石、中煤、煤泥等废弃物变废为宝，在改善环境方面做了有益的探索。

【产业发展及重大项目进展情况】 山西国际能源集团有限公司拥有电力、煤炭、新能源（风、光、城市垃圾处理、生物质发电）、煤层气、水务、房地产、旅游等七大产业版块。参控股35家企业，其中控股28户，参股企业7户。公司的主要产业发展情况及重大项目如下：

1.火力发电。公司拥有参控股发电企业17户，控股的投产和在建容量762万千瓦，其中单机30万千瓦以上的高参数大容量机组占火电装机总容量的88%，成为公司的主力机型。已投产的发电容量442万千瓦，占全省投产装机容量的11%；在建装机容量320万千瓦，占全省在建容量的三分之一。此外，公司还拥有牵头开发的大型火力发电前期筹建项目17个，规划容量2000万千瓦。

公司目前拥有和掌握世界上技术最先进、全国装机容量最多的煤矸石发电容量，已投产、在建的控股及大比例参股矸石的发电项目5个，装机容量275万千瓦，项目全部投产后，年消耗煤矸石1300万吨，相应减少原煤消耗700万吨。自1998年以来，公司致力于低热值煤矸石综合利用技术的研发，与上电集团合作率先开发了天石2×2.5万千瓦循环流化床电厂，与上海电气、东方电气、西安热工院合作先后开发了2.5万千瓦、5万千瓦、20万千瓦、30万千瓦、35万千瓦等不同等级的3000大卡热值以下燃料的循环流化床机组，是全国乃至全球最大的锅炉容量吨位、总容量最多的煤矸石（包括热值在3000大卡以下的洗中煤、煤泥）发电技术开发专业公司。2009年发电企业大面积亏损时，集团公司控股的山西平朔煤矸石发电公司和天石电力公司实现盈利。

2.清洁能源。集团公司目前的风力发电已投运14.7万千瓦，主要包括神池风电一期、二期风电和大同新荣风电。每年提供清洁电力3.2亿度电，可节约标煤12万吨，减排二氧化碳31万吨（按1吨标煤产生2.6吨二氧化碳计算），减排二氧化硫465吨，减少烟尘排放140吨。近期将开工建设新荣光伏发电1万千瓦、应县生物质能发电2.4万千瓦。

3.污水处理。污水处理作为一个环保产业，公司早在2005年就已介入，目前拥有污水处理项目7个，全部达标投运，年处理污水4800多万吨，削减COD（化学需氧量）1.1万吨。晋中市第二污水厂由集团公司独立规划、设计、建设、运营管理，日处理能力10万吨，分两期建设，一期日处理污水5万吨，再生水4万吨，总投资1.9亿元，已于2009年10月投产，是目前国内现代化程度最高的污水处理厂。建成后主管部门和行业专家到现场进行参观，一致认为工艺设计、污水处理深度都达到世界顶级水平，处理后的再生水作为主水源直接供给为太原南城区供热的瑞光热电厂。该项目被建设部、国家发改委誉为“山西国能污水处理体制模式”，国家发改委给予晋中市第二污水处理厂国债补偿资金5700万元。

4.垃圾发电。公司拥有山西省第一座垃圾焚烧电站—太原同舟能源有限公司（太原市东山垃圾发电厂），日处理垃圾能力1300吨，2009年实际处理垃圾45万吨。公司已在全省范围内筹划建设垃圾发电厂，截至2009年底，积极筹建了朔州垃圾电厂（日处理垃圾1000吨）、太原西山垃圾电厂（日处理垃圾1300吨）、阳泉垃圾电厂（日处理垃圾1300吨）。

5. 煤层气。集团公司控股建设长治—和顺—太原煤层气管线，年输气能力4.9亿立方米，实现与中石化榆济线对接。参股建设临汾-临县煤层气管线。正筹划开发建设一批加气站及分布式能源示范项目。

6.旅游。集团公司现控股的“常家庄园”是山西晋商大院的代表，是儒商文化的典范，在众多大院遗址中面积最大，文化品位最高，众多与晋商有关的影视作品的主要场景都取景于常家庄园。景区占地面积12.7万平方米，年接待游客30万人以上，是山西省4A级风景区。

7.房地产。应太原市政府要求，集团公司参与了太原市城市改造和新型智能商务区建设。目前在建的长风商务区写字楼、商住楼是长风商务区整体规划中的重要板块，总建筑面积为120万平方米，其中地上70万平方米，地下50万平方米。

【法人治理结构】 公司董事会现有3名董事组成，行使法律及公司章程规定范围内的职权。设有监事会，由5名监事组成，监事会成员由省国资委委派，同时按照有关程序选举兼职监事，行使法律及公司章程规定的职权。公司设总经理1名，副总经理4名，总经理及副总经理由国资委提名，董事会批准。公司总经理对董事会负责，组织负责公司的日常生产经营管理工作。集团公司设立党委，党委委员由国资委任命。

【产权制度改革】 集团公司与韩国电力公社、德意志银行共同出资组建的格盟国际能源有限公司是迄今为止山西省最大的引资项目，也是全国电力行业最大的引资项目。2007年，格盟国际能源有限公司成立时，德意志银行投资19亿人民币，占总股比的19%，由于种种原因，德意志银行的11%的股份受特殊条款约束，冻结在德意志银行上海分行，格盟国际的治理结构受到影响。2009年8月7日，德意志银行与日本电源、日本中国电力成功签订格盟国际10%的股权转让协议，11月27日完成股权交割，11月30日冻结的10亿资本金全部回到格盟国际账户，新股东日本电源持有格盟国际7%的股份，日本中国电力持有格盟国际3%的股份，格盟国际资本金基本全部落实，公司股东结构进一步优化，法人治理结构进一步完善，为公司的良性发展进一步奠定了基础。格盟国际的主要股东方韩国电力公社是韩国第一大综合性电力企业，位列世界500强企业排名228位。拥有世界一流的研发机构，业绩突出，尤其是在核电技术、循环流化床锅炉技术（最适合山西中煤矸石的利用）等方面具有很强的实力；德意志银行是德国最大的银行和世界上最主要的金融机构之一，位列世界500强企业，排名35位，在资本市场运作领域拥有丰富的经验；日本电源开发株式会社和日本中国电力株式会社为日本大型趸售电力公司，在日本拥有众多水力及火力发电设备，在日本电力稳定供给及实现电源最佳化配置中居于重要地位。山西国际能源集团有限公司响应省委、省政府的号召，通过与世界优秀企业的强强联合，引进先进技术、管理经验和雄厚的国际资本，对我省国有传统产业优化升级，实现我省从“资源大省”向“能源大省”的转变具有重要意义。

格盟国际能源有限公司在快速发展，不断做强做大的同时，将立足山西、面向全国、走向世界，逐步发展成为以电力、新型能源及基础产业为主的国际型投资控股集团。同时，将更多的资金投向关系民生和环保的清洁能源发电、生物质发电、风力发电、煤层气开发、污水处理等开发项目，进一步优化山西省的产业结构和能源结构，促进山西经济又好又快的发展。

【主要管理经验】

1.在集团公司本部实行扁平化组织结构管理。扁平化的组织结构具有显著的优越性，提高了公司决策和管理的效率，减少了管理层级、提高了信息传递的速度、避免了信息在传递过程中失真，高管层和执行层沟通紧密、开阔了决策层的视野，使决策更科学、迅速。

2.在对控股企业的管理上推行“三个一”管理模式。围绕用人机制、激励机制、约束机制三个核心管理环节，在全资和控股发电企业成功地实施了“选好一个总经理，用好一个年薪制，定好一个指标”的管理模式，突出体现总经理在企业经营和发展中的核心地位，将用人机制、激励机制和约束机制有机结合，充分调动基层管理者的积极性，增强其责任感。

3.在控股电厂经营管理中集团公司在控股电厂推行先进的“一体化管理、契约式运营”管理模式。以市场为导向，以合同为纽带，通过招标方式，将生产运行、设备维护、物资仓储以及物业管理，都以“契约式”管理方式对外承包，充分利用专业化、社会化的服务机构，并通过企业的一体化管理整合利用各种社会资源，从而实现公司健康、高效、安全运行，企业效益最大化。

4.在基建项目中推行国际通用的EPC（交钥匙）总承包模式，即设计、采购、建设“交钥匙”总承包模式，达到降造、廉政和提高投资效益的目的，对于提高工程质量、降低工程造价、缩短工期、提高投资效益有显著的成效。

【公司领导班子成员名录】

郭　明	董事长、党委书记、总经理
郭钛星	董事、党委委员、纪委书记
白祚祥	副总经理、党委委员

任晓彤　副总经理、党委委员
曹　阳　董事、党委委员、工会主席
冯培一　副总经理、党委委员
刘　蒴　副总经理、党委委员

山西建筑工程(集团)总公司

【公司概况】 山西建筑工程(集团)总公司(以下简称"集团总公司")是山西规模最大的综合性建筑集团。山西建筑工程(集团)总公司具有建设部批准的房屋建筑工程总承包特级资质和多项总承包与专业承包一级资质，并具有商务部批准的对外工程承包和对外贸易经营权。集团总公司连续6年入选"中国承包商60强",2009年排名第36位,并连续6年荣获"山西省百强企业"称号,2009年排名第15位。

截至2009年末,山西建筑工程(集团)总公司的资产总额为97.72亿元；在册职工20246人,其中各类管理、专业技术人员12413人;完成经营总额125.57亿元,竣工面积493.13万平方米。集团总公司辖有11个子公司,其中9个一级总承包建筑公司，两个附属工业企业。另有一所建筑工程技术学校，一个托管企业——中国山西国际技术合作公司。集团本部有法人单位9个。

【主要指标】

1.主要经济指标。市场开发:全集团承揽任务突破200亿元大关,达到229.12亿元,同比增长了32.89%。经营总额:全集团综合经营额突破100亿元大关,达到125.57亿元,同比增长了29.3%。竣工面积完成493.13万平方米，同比增长了16.8%。实现利税4.91亿元,同比增长了14.45%。以上四项指标均提前完成了集团"十一五"规划目标。安全生产:创省级安全标准化工地40项，地市级安全标准化工地49项。职工收入:人均年工资21764元,同比增长了9.11%，超过了职代会提出的平均工资不低于2008年水平的目标。

2.经营业绩考核指标。利润总额:全年实现利润总额3316.59万元,完成考核指标2700万元的122.84%。净资产收益率:2009年净资产收益率6.04%,与考核指标净资产收益率4.2%相比,提高了1.84个百分点。主营业务收入:全年实现主营业务收入1118510万元，完成考核指标955000万元的117.12%。

3.财务状况分析。集团总公司的注册资本金为42,569万元。截至2009年12月31日,集团总公司拥有资产总额977210万元,负债总额936493万元,净资产40718万元,资产负债率为95.83%。构成如下:

(1)资产。流动资产:流动资产总额881844万元,占资产总额的90.24%。流动资产中,应收账款净额472711万元,占流动资产的53.60%,占总资产的48.37%。高额的应收账款严重影响了企业正常的生产经营活动，成为制约企业发展的瓶颈。固定资产:固定资产原值107402万元，固定资产净额74946万元，占资产总额的7.67%，固定资产成新率50.35%。其他各类资产：在建工程14528万元，占资产总额的1.50%;无形资产及长期待摊费用297万元;其他长期资产2678万元,占资产总额的0.27%。

(2)负债。流动负债:流动负债总额913660万元,占负债总额的97.56%。长期负债:长期负债总额22833万元,占负债总额的2.44%。

(3)净资产。净资产总额40718万元。

【改革改制】 集团总公司在2008年改制工作进展的基础上,2009年初提出了改制工作的安排意见并付诸实施。一公司改制预案获得省国资委批复后，开始了资产审核工作，其中清产核资结果年前已经国资委认可。三公司上报的第三层次两个单位的改制预案获得了集团董事会的批复。四公司根据年初的资产审核结果，又重新调整了股权结构，并上报了调整方案。拟组建的中国山西国际合作公司，正在进行成立新公司预案的修改完善工作和财务资产核实工作。构件公司、四分公司、八分公司整合工作基本到位，八建有限公司的产权关系也基本理顺，一期职工股的募集已完成，二期募股正在进行。五公司成立国有控股的二级子公司和组建房地产公司获得省国资委批复后，已展开了工商注册和资质申报工作。安装公司、装饰公司上报了国有控股的整体改制方案。组建“山西建设发展有限公司”获得国资委的批复，具体实施工作正在积极推进之中。

【结构调整】 集团总公司发展的三大主业,即建筑业、房地产业、国际贸易与劳务。集团总公司的指导思想是：做大做强建筑业,加快发展房地产业,全面开拓海外事业。

在发展房地产业方面，集团继续坚持系统内单位联合开发的做法，坚持集团自有土地统一规划、集中审核、优先内部开发的原则。总公司牵头合作的和昌延项目和河西构件厂经济适用房项目，尽管规划审批遇到的难度越来越大，但完善前期相关手续仍在稳步推进。2009年12月,经集团总公司研究决定,在太原龙城大街购置土地进行开发。

集团海外业务虽然受全球金融危机的影响较大，但海外部紧紧依托现有的经援项目,进一步开拓受援国及周边市场的做法取得了较好的成果。先后中标了1541万元的援喀麦隆体育馆周边河道改造项目、1.72亿元的援喀麦隆杜阿拉妇儿医院项目、5100万元的援中非综合医院项目等,共计2.53亿元。六公司中标葛洲坝集团“利比亚房建工程VI标段”，是继总公司之后经营海外市场成效最为显著的单位。3个援外成套项目通过商务部验收，援中非百合园小学项目顺利完工并移交当地政府。由于受世界经济增速减缓的影响，集团的外派劳务和进出口贸易业务下滑幅度较大。

【国有资产保值增值】 2009年,集团总公司国有资本及权益总额期初数为29486万元，剔除影响国有资本增减变动的客观因素后,集团总公司2009年期末国有资本及权益总额为31715万元,资本保值增值率为107.56%,国有资本实现增值，与2008年度资本保值增值率106.8%相比提高了0.76个百分点。

【法人治理结构】 公司法人治理结构由董事会、监事会、经理层组成。董事会成员由省国资委任命，董事会是集团总公司最高决策机构,现由6名董事组成,其中董事长1人,副董事长1人，董事4人。董事会依照法律规定和公司章程行使职权，决定公司重大事项，对省国资委负责。监事会由省国资委委派，由6名监事组成,其中主席1人,监事3人。监事会依照法律和公司章程行使职权，对集团公司经营行为及国有资产实施监管。集团总公司经理人员由省国资委提名，由董事会决定聘任和解聘。总经理依照法律规定和公司章程行使职权，主持集团总公司的生产经营管理工作和组织实施董事会决议，总经理对董事会负责。经理层由5人组成,总经理1人,副总经理2人,总会计师、总工程师各1人。

【公司领导人员经营业绩考核体系与薪酬制度建设】 集团总公司领导人员薪酬分配坚

持激励与约束相统一，薪酬与责任、风险相一致，与经营业绩挂钩；坚持短期激励与长期激励相结合，促进企业可持续发展；坚持效率优先、兼顾公平的原则。集团领导人员及所属子公司领导人员薪酬均实行年薪制。

集团领导人员年薪与经营业绩考核挂钩，经营业绩按照年初与山西省国资委签订的《省属企业领导人员经营业绩责任书》由省国资委进行考核，省国资委根据集团总公司年终完成经营责任考核指标情况进行考核，企业根据考核结果兑现经营者年薪。年薪分基薪与绩效薪金，基薪与绩效薪金的60%年度考核确定审批后兑现，绩效薪金的40%在任期考核结束后，根据任期业绩考核情况兑现。

所属子公司经营者年薪根据《山西建筑工程（集团）总公司经营者年薪考核兑现办法》由集团总公司负责考核，审批兑现。《年薪考核兑现办法》以充分调动经营者的积极性和创造性，促进企业改革、发展和经济效益的增长为指导，坚持激励与约束相统一，薪酬与责任、风险相一致的原则，突出业绩考核。年终通过对业绩考核指标完成情况的考核审计，兑现年薪收入。年薪收入分基薪收入、绩效收入和增加绩效收入，绩效收入和增加绩效收入的60%当年不兑现，由企业专户存储，在经营者任期届满时，经审计后连本带息一次付给本人。

实行年薪制的企业领导人，不再享受企业内部的工资、奖金等其他工资性收入。

【主要管理经验】

1.积极应对金融危机。一是大力压缩各种非生产性的开支，节俭经营。集团系统各单位都建立了年度财务收支预算制度，区别轻重缓急，合理调配资金，把有限的资金用到了保证企业正常运营最需要的地方。二是及时掌握政策信息，借助政府扩大内需、支持企业应对金融危机的各项政策措施，主动寻求帮助，共渡经济难关。2009年全集团共得到财政直接拨付企业资金1535.22万元，减少社保资金812.9万元，获得财政直接拨付军转干部生活补助资金140万元。三是结合特殊的经济环境调整了市场开发策略，大幅减少垫资项目和其他资金状况差、付款风险大的项目，对付款条件苛刻的项目坚决放弃。四是继续加大了工程拖欠款的清收力度。2009年，集团确定了清欠难度较大的重点项目355个，总金额10.03亿元，回收资金4.11亿元，回收率34.18%。同时激活清产核资应收账款损失项目16个，收回资金460.86万元。五是千方百计打通融资渠道。经过多方努力，集团系统融资授信工作在艰难中有所突破：实现了集团总公司与山西汽运集团的授信互保；总公司海外部取得了国家开发银行2115万美元援外项目流动资金贷款，并已取得国开行综合授信3亿元的意向；四公司取得银行融资授信1.3亿元；六公司在工行综合授信额度达到1亿元。

2.加强项目管理。集团各单位虽然在项目管理的模式上不尽相同，但都把落实项目责任主体、降低项目成本作为重点工作来抓。一公司多年来坚持和深化"二次竞标"办法，2009年又在专业分包、材料采购、劳务招标等控制项目成本方面出台了许多具体办法，成本降低效果明显，"二次竞标"的项目成本平均降低率为3.78%。机械公司通过实施《项目评估与考核办法》，严把标前成本测算关，有效地控制了项目成本，全年没有出现亏损项目和亏损分公司。二公司提出"消灭亏损项目"的口号，围绕这一目标，公司主要领导带队，深入项目一线，进行了长达两个月的深入调研，总结出两万余字的调研报告，详尽地查找和分析了影响项目成本的各方面原因，针对性采取了一系列规范和加强管理的措施，工作重心向生产一线下移，有效地扭转了被动局面，使所属分公司的经营管理水平得到明显提高，公司效益显著回升，实现利润近年来首次完成了总公司下达的目标。四公司把2009年确定为“成本管理年”，编制了《全面合同、结(预)算、成本管理大纲》，并建立了“全面合同电子化管理系统”。在项目上推进精细化管理，取得了较为明显的效果，公司项目成本降低率3.96%，成本降低额达4393.92万元。

3.推进科技进步。2009年，总公司下达科技项目246项，总投入为6184.64万元，比2008年增长了18.98%。其中总公司投入1704.72万元，带动各单位投入4479.92万元。总公司组织集团各单位赴广州、深圳等地的大型项目参观学习，并邀请北京专家进行了“建筑地基处理新技术”的专题讲座。组织集团内部专家、学术带头人，对山西大剧院、朔州师专、吕梁8126主体工程高模架等16项危险性较大的工程方案进行了论证，帮助项目解决了技术难题。集团有72项工法通过了鉴定，其中36项达到国内领先水平，获得国家级工法7项。全系统获得山西省科技进步二等奖1项、三等奖2项，有两项科技项目被确定为省科技攻关项目。“试制塔机”项目被列为2009年第一批省重点创新项目。总公司坚持多年承担《屋面工程技术规范》、《地下防水工程质量验收规范》等多项行业标准和《预应力混凝土管桩基础技术规程》等山西省地方标准的编写和修订。2009年10月，集团总公司获得“全国工程建设标准化先进集体”荣誉称号。

2009年12月19日，山西省科技厅组织有关专家对集团总公司科技攻关计划项目《特殊地质条件下嵌岩桩的施工工艺研究》进行了科技成果鉴定，并形成鉴定意见：该项目在同类研究中达到国际领先水平。

4.全面质量管理。2009年集团总公司组织召开了全系统的质量、环境和职业健康安全标准的强化培训。根据ISO9001-2008《质量管理体系要求》，总公司完成了“三标一体”管理文件的修订换版工作。全系统继续开展全面质量管理和QC小组活动，获得省级QC成果一等奖21项，二等奖3项，优秀奖38项；获得国家级QC成果一等奖1项，二等奖11项，三等奖1项。总公司承建的太原飞机场改扩建工程新航站楼工程获得全国建筑工程质量最高奖“鲁班奖”；装饰公司承建的太原金融大厦外立面装修工程获得“全国建筑工程装饰奖”；一公司承建的临汾市尧都区检察院工程、三公司承建的昔阳行政服务中心大楼、五公司承建的高平市体育中心体育场等11项工程获得“汾水杯”；二公司承建的山西闻汇大厦、四公司承建的阳泉凤凰城住宅小区A-3、A-4住宅楼、六公司承建的63710部队神剑苑小区军官住宅楼、八公司承建的人民银行太原中心支行附属楼、总公司总承包部承建的太原邮电综合业务楼等13项工程获得“太行杯”；一公司承建的北京豹房南里1#住宅楼获得“长城杯”金奖、2#-7#住宅楼获得“长城杯”银奖、甘肃舍利塔工程获得“飞天奖”。

5.承担四川茂县援建任务。山西省第八建筑工程公司作为集团的代表，承担了山西省政府支援四川茂县的建设项目，先后承建了茂县人民医院、中医院、茂县高中、茂县广播电视大楼等8项重大工程项目。公司参加援建的人员斗风沙、战严寒，日夜奋战在项目工地上，谱写出了山西人民援建灾区的动人篇章，受到了当地政府和山西省委领导的充分肯定和赞扬。

6.企业文化建设。集团广泛开展了形式多

样、内容丰富的文明和谐创建活动。系统8个单位获得省属企业文明单位标兵称号,2个单位获得省级文明单位称号,2个单位获得省级文明标兵单位称号,其中四公司再次获得“全国文明单位”称号。三公司建工小区获得集团系统第一个省属企业“文明社区”称号,国际公司三桥大厦首次跨入了省属企业文明单位行列。

【公司领导班子成员名录】

张玉平	董事长、党委副书记
赵建泽	党委书记、副董事长
孙　波	董事、总经理、党委委员
阎　峰	董事、工会主席、党委委员
许建强	董事、纪委书记、党委委员
史振国	董事、副总经理、党委委员
杜怀文	副总经理
贺代将	总会计师
郝玉柱	总工程师

山西省物资产业集团有限责任公司

【概况】 2009年,面对金融危机的影响,山西省物资产业集团有限责任公司(以下简称“集团”)紧紧围绕集团“十一五”规划和服务业发展规划、“三个一批”改革框架方案及年初制定的工作目标,适时不定期组织发展类企业分析市场形势,及时召开经营形势分析会和经验交流现场会,对不同企业提出了不同要求,即:贸易类企业要积极调整经营结构,构建新的营销模式,分析确定细分目标市场,采取多种措施开拓市场;物流类企业要依托仓储开展一体化经营,拓展仓单质押和建设物流市场等新型业务,实现转型发展;房地产企业要稳扎稳打,做到外树形象内提素质,提升企业品牌影响力。为了实现目标,集团公司领导班子对所属发展类企业和改制搞活类企业实行了分户包干。考核企业的利润总额提前3个月完成了全年目标。

【主要指标】 截至2009年底,集团实现营业收入14.05亿元,利润总额1276万元,净资产收益率2.75%。整个集团公司经营规模达到26.5亿元。

在山西省发改委支持下,按要求开工建设了1.8万平方米轻钢结构现代物流仓库,7月底完成主体工程,9月底建成并投入使用,完成投资1300万元。

销售煤炭52.4万吨,钢材7.46万吨,塑料原料1.2万吨,化工产品2.5万吨,回收拆解报废旧机动车1556辆,物流综合收入达到2.45亿元。

仓单质押规模月平均达到6500万元。

已宣告破产的7户企业破产费用全部落实,职工分流安置基本结束,7户企业破产工作已经法院宣告终结。

【主营业务】 综合贸易。面对订单急剧减少、价格持续下滑、货源和市场需求明显不足、资金周转缓慢、利润空间趋窄的严峻形势,集团所属进出口公司紧紧围绕煤炭运销这一核心业务,坚持与上下游客户共渡难关,上游为客户提供人力、财力帮助,保证了公司货源的有效供应;下游加大开发客户的工作力度,实行跟踪服务,加快资金周转;同时充分利用拥有的铁路发运权,开展煤炭代发运业务,超额完成利润目标任务1倍以上。民丰化工公司积极开辟新的资源渠道和供货渠道，成为中石油产品的代理商和销售代表，与包钢等大型焦化企业合作，取得稳定的第一手资源，在山东、宁夏、河北等地开发新的用户，使化工产品年销售量创下历史最好水平。与此同时，抓住塑料制品需求量上升的时机，开足马力增加产量，针对特殊用户的特殊需求，开发生产窄幅包装膜等产品，参与国家农业直补项目的产品供应，不仅使当季的成品全部销完，而且将年初的库存全部销售。物产金属公司抢抓国家和省大力投资基础建设的机遇，集中开发重点工程市场，使经营规模和经济效益实现了同步增长。物产再生公司一方面狠抓废钢经营，使之逐步成为公司的另一主营业务，另一方面进一步理顺报废汽车回收拆解业务程序、做到一站式服务，大力开拓新的收车渠道，报废汽车拆解销售坚持公开竞拍，保证了拆解收益最大化，收到了好的效果。

现代物流。集团紧紧抓住国务院出台《物流业调整和振兴规划》和山西省加快扶持物流业发展的机遇，不断调整经营结构，开拓物流市场，物流业务实现初步转型。长风物流公司从提升综合物流能力出发，主动调整储户结构，经营业务从单纯仓储和货物发运向仓储、配送、办市场等一体化转变，开展了中转集散、停车配货、信息服务等综合物流服务，综合收入提高近1倍。现代物流公司在省发改委支持下，按要求投资1300万元开工建设了1.8万平方米轻钢结构现代物流仓库，成功地引进了海尔电器、美的电器等一批具有国际知名度的大客户；广泛开展质押监管业务，民丰公司储运分公司通过调整存储产品结构，加大火车到达和汽车到货量，增加安全生产投入，实现了业务收入稳步增长。此外，集团还分别争取到山西塑料物流中心项目、商品车物流基地建设项目及信息化建设项目资金。大宗商品物流基地信息化系统已在工业和信息化部的年度倍增计划中立项。积极申请山西塑料物流中心(园区)建设项目二期、综合性区域物流配送中心第三期建设、家电下乡物流配送、物流与电子商务信息平台和山西报废汽车拆解循环利用市场项目扶持资金。

房地产开发。在完成宝佳·丽景花园综合楼和回迁楼交工使用、正式运营太原宝佳物业管理有限公司的同时，积极办理长风街机电仓库南区、宝佳公寓、物产再生地块和马道坡街项目的前期手续，做好开工前策划工作。同时，为了做好机电仓库南区土地的开发准备工作，经过认真地考察和多次接触，最终确定与万科企业股份有限公司进行合作开发的战略思路。

【企业改革改制】 发展壮大类企业改制进一步深化。为了做强优势企业，实现企业股权多元化，集团对进出口公司进行了增资扩股，注册资本扩大至5000万元，同时引入民营资本，增加自然人股份。随着注册资本的扩大，企业实力增强，将按照现代企业制度的管理理念，建立相互制衡机制，促进企业健康快速发展。长风物流公司按照改制方案的要求，完成了组织构架与人员竞聘工作。为了促进改制公司健康发展，集团在资金紧张的情况下，按照《公司法》和《公司章程》的要求，提前解缴了长风物流公司和物产再生公司的注册资本金共计1060万元，为企业进一步巩固改制成果、实现健康运作奠定了基础。

转制搞活类企业改革改制工作取得新的进展。木材公司原有改制方案推进受阻，在学习实践科学发展观活动中，集团经过反复研究论证，提出了合作开发现有土地、盘活存量资产、赚取改制成本的新的改制思路，目前正在办理相关手续。结合宝佳物业公司的启动运作，物产物业公司部分人员进行了改制分流。

困难企业关闭破产工作稳步推进。2009年，集团完成了进入法律程序7户破产企业《费用测算方案》的制定、报批和资金争取工作，经省财政厅和省国企改革办核定的破产费用于10月底全部拨付到账。制定下发了《关于认真做好困难企业破产职工分流安置工作的实施意见》，明确了职工分流安置工作的相关要求、原则，规范了相关程序及有关问题，有条不紊地分流安置职工。同时，经法院指定的实物资产拍卖机构在太原市产权交易市场公开拍卖，完成了6户驻并企业的资产处置工作。12月18日太原市中级人民法院下达了破产终结裁定，在并6户企业的破产工作终结。省木材晋南公司的破产工作也基本结束。

【化解风险】 集团公司多次与DAC公司谈判，最终达成了抵顶债务的调解协议，使集团公司长达十年之久的担保责任得以终结，彻底解除了集团公司为机电公司兼并租赁公司提供担保形成的对美国DAC公司不良债权的诉讼风险。回购了东方资产管理公司对省物资储运经销公司的债权，化解了储运公司债务风险、实现了资产一体化经营。集团坚持按照《担保管理办法》规定的程序，审核、审批每一笔贷款担保事项。2009年共审批担保事项5项，均建立了担保跟踪卡，并按规定以每年不低于25%的幅度压缩了对参股企业的担保额度。针对新的质押担保事项，集团制定了《关于开展货物质押监管业务的指导意见》，从制度上、程序上进行了规范。同时对5户被担保企业和1户质押监管企业的运营情况加强了跟踪管理。

【改善民生】 集团所属企业根据企业实际情况，努力把企业发展的成果惠及广大职工，切实提高职工生活质量。发展类企业为职工增长了工资。集团利用宝佳·丽景回迁楼房屋资源，解决了100余户回迁户和住房问题。通过采取现房调购和货币化补贴彻底解决了集团本部及从未进行福利分房公司职工的住房问题。积极争取到离休干部医疗补助金和统筹外生活补贴，提高老干部的生活质量。与企业共同做工作，有效解决了个别企业集体职工养老保险未开户的问题。

【来信来访】 随着关闭破产工作和住房调购工作的推进，各种矛盾相互交织，集体上访和个人上访明显增加。为了确保整体和谐稳定，集团根据领导分工，对反映比较集中的破产补偿、住房分配、集体职工保险等问题的信访接待工作进行了明确分工。在具体接访中，集团坚持“高度重视、热情接待、坚持原则、不激化矛盾”的原则，经过进行耐心地政策解释，使一些上访问题得到妥善解决。长风物流公司面对拆迁工作中的两个“钉子户”，始终坚持原则性和灵活性相结合，经过大量艰苦的工作，终于实现搬迁，为机电仓库北区整体开发、实现土地收益创造了条件。

【党建工作】 开展学习实践科学发展观活动。按照中央、省委和省国资委党委的统一部署，集团开展了学习实践科学发展观活动，取得了明显成效。据统计，活动期间集团领导带队深入基层企业开展专题调研172人次，召开专题民主生活会、评议分析检查报告座谈会、党委会及扩大会共6次，参加人员157人次，集团领导班子成员共撰写调研报告15份，形成分析检查报告和整改落实方案各17份，在职工群众满意度测评中，满意率达到99.5%。

加强党建工作。组织召开了建党88周年座谈会，使广大党员对“六个为什么”有了深刻的理解；认真推广潞安党建工作绩效管理经验，结合集团实际进行了细致的安排；组织参加省国资委党委“创先争优”活动，有两个基层党组织被评为省属企业先进基层党组织，4名同志被评为优秀党员;加强群团组织建设,召开集团第一届团代会,完成集团及所属企业团委换届改选,集团团委被评为省属企业五四红旗团委,组织评选出第四届“十佳青年”,举办了“庆三八,提素质、促和谐”三八妇女节知识讲座,筹措资金组织慰问建国前工作的老同志、特困职工、困难军转干部,让职工感觉到了组织的温暖。

加强领导班子建设。围绕十七大报告提出的“提高领导干部执政本领”的新要求,扎实推进“四好”领导班子创建活动。在2009年省国资委对33家省监管企业领导班子任期考核中,集团领导班子被评为14个优秀领导班子之一。

加强精神文明建设。组织建国60周年系列活动,并参加了省国资委组织的建国60周年大型歌咏比赛,获得了二等奖;举办了老干部座谈会、集团迎春晚会和团拜会。开展了长风物流杯乒乓球比赛等丰富多彩的文化娱乐活动,极大地活跃了职工的业余生活,培育了职工的团队精神,增强了集体荣誉感。

【公司领导班子成员名录】

郝瑞珍	董事长、党委书记
荣建民	副董事长、党委委员、总经理
常建军	董事、党委委员、副总经理
苏建民	董事、党委副书记
赵铁贵	董事、纪委书记
陆生满	党委委员、工会主席
傅健敏	党委委员、副总经理
郭进科	党委委员、副总经理
刘照国	党委委员、副总经理

山西省医药集团有限责任公司

【基本概况】 山西省医药集团有限责任公司(以下简称“集团公司”)成立于2000年7月7日,是在原山西省医药总公司所管理的182户企业基础上组建起来的,为省政府授权经营的国有重点骨干企业。公司原有直属企业31个(其中:商业企业23个,工业企业7个,规划设计院1个),实行省市县垂直管理。经过这几年来的改革改制,部分商业企业和几个工业企业下放地方,形成了集团控股公司管理模式,截至2009年底,拥有成员企业23户,其中:10户全资企业、6户控股企业、7户参股企业。

2009年末集团公司总资产20.59亿元,总负债16.13亿元,所有者权益4.46亿元,资产负债率78.34%。2009年末,集团公司职工总人数4431(其中:在册职工人数1441人,离退休2990人)。本部设10个职能部室,领导成员7人,工作人员35人。

主导企业及产品。集团公司所属工商企业均通过了国家的GMP、GSP认证,建立了严密的质量管理体系。公司拥有在国内化学原料药及制剂、抗生素、传统名牌中成药的生产、中药材规范化种植技术、医药商业物流网络等方面的比较优势。

化学制药板块。截至2009年末,太原医药产业园区内入驻合资公司有20多个。在喹诺酮类、半合抗类、精神类药物的研发生产上处于国内领先地位。

商业物流企业以山西双鹤药业有限公司、临汾医药药材有限公司和太原医药药材公司为省内医药流通领域的龙头企业，这些企业对部分品种实行总经销、总代理经营战略，拥有覆盖全省的药品营销网络，益源大药房、竹林大药房及精英零售连锁公司拥有门店500余家，对山西省医药零售市场具有良好的控制力。

中药制药工业以集团参股企业拥有的15个中药保护品种为主导产品，如“双人”牌七珍丸、点舌丸，“紫金山牌”男宝，“晋临”牌三宝胶囊、蓼参胶囊，“石佛”牌仲景胃灵丹、癫痫康胶囊等以其良好的疗效深受患者好评。

中药材种植方面承担着科技部山西道地药材党参、黄芪、远志、柴胡、款冬花等5个品种规范化种植研究基地项目，拥有这5个品种的规范化种植技术和示范基地。

【主要经济指标】 2009年集团公司工商合计完成销售收入33.6亿元（含税），比同期26.1亿元增加7.5亿元，增幅为29%。其中：工业销售收入8.9亿元，较同期增加1.9亿元，增幅为28%；商业销售收入24.7亿元，较同期增加5.6亿元，增幅为29%；实现利润3039万元，比同期2535万元增加504万元，增幅为20%；应收账款余额为62299万元比期初增加7908万元，增幅15%。

【财务分析】 集团公司2009年度决算反映资产质量的各项指标均好于上年，表现在以下四个方面：

一是从营运能力看，主营收入快速增长，与上年同期比总资产周转率由1.20次到1.48次，增加0.24次；流动资产周转率由1.70次到1.93次，增加0.23次；存货周转率由7.88次到9.13次，增加1.25次；应收账款周转率由3.84次到4.40次，增加0.56次，周转速度进一步加快。

二是从盈利能力看，集团整体盈利能力稳步提高，净资产收益率、总资产报酬率、主营业务利润率、成本费用利润率分别达到3.96%、1.72%、9.13%和1.06%。

三是从偿债能力看，集团公司资产负债率由年初83.64%到年底78.32%，减少5.32%，已获利息倍数由年初的12.71到年底10.48，减少2.23，流动比率由0.96到1.10，增加0.14，速动比率由0.78到0.90，增加0.12。

四是从集团公司发展能力看，近年来一直维持快速、稳健的增长态势，销售增长率2007年为28.33%，2008年为16.34%，2009年为29.58%，增幅增加13个百分点；资产增长率2007年为9.44%，2008年为16.34%，2009年为12.58%，较2007年增加了3个百分点；利润增长率2007年为19.83%，2008年为19.12%，2009年为20.85%。

【生产经营】 2009年随着国际金融危机对实体经济侵蚀的不断加大，我国宏观经济形势严峻，医药市场竞争激烈，药品招标采购价格不断下降，药品经营毛利率下降，并持续走低。面对复杂多变的经济环境，集团公司及各所属企业积极采取有效措施，全力保增长、拓市场、严管理，做了大量扎实有效的工作，实现了生产经营工作有序运行，整体经济实现了平稳较快增长，2009年全年经济运行平稳，经济增长速度加快，运行质量提高，各项经济指标稳中有升，呈现出良好的发展态势。

山西双鹤药业有限公司以推动企业经营为主线，以提高企业经济效益为目标，不断创新运营机制，强化经营管理，完善营销模式，2009年在全省药品挂网招标中共投标1945个品规，中标1631个，中标率达83.9%，在全省药品流通企业中名列前茅，为完成全年任务目标奠定了良好的基础；以目标利润为营销主题，利用疫苗存储和冷链运转能力成立疫苗部，对太铁医院药房进行整体托管；积极开展“三个中心”（医药物流中心、医药流通信息中心、中药材物流配送和培育中心）基础建设；全面推行预算管理，兼顾不同业务板块的经营情况，化小成本控制单位，明确购销环节从业务员到品种的业绩考核责任。通过种种措施提升企业的管理水平，提高经济效益，取得了全年实现销售收入16.9亿元，同比增幅达31%，实现利润684万元，同比增长125.76%的好成绩。

山西临汾医药药材有限公司在转轨变型中通过创新经营体制、加强上下游供应链管理以及挖潜降耗等措施，使改革改制与经营工作同步推进，保持了较好的发展势头。

太原市医药药材公司注重管理整顿和土地资源盘活，并将新农合配送作为经营突破的契机，积极开拓农村市场，在解决发展空间不足，减少管理瓶颈方面取得阶段性成效。

益源大药房连锁有限公司将2009年作为公司积累和快速发展期，加快规模化进程，门店数量由原来的47家增至75家，并积淀了“健康为本、效率第一、专业服务、协同发展”的价值观和不断创新创业的企业文化。

太药工业园区大力加强基础设施建设，经过投资改造和积极协调，初步解决了园区生产动力供应和环保问题，维持了驻园企业生产经营的正常运行。

【改革改制】 2009年，集团公司继续深化改革，创新发展机制，改制重组取得了新成绩，企业关闭破产工作进展顺利。

一是完成了博康药业有限公司的增资扩股改制，改善了企业的资本结构，引入了新的经营管理机制，拓宽了营销渠道，提高了新品种研发能力。

二是完成了万泰药业公司股权结构调整和益源大药房连锁公司审计评估等改制搞活的前期准备工作。

三是积极协调解决改制遗留问题，巩固改革成果。如临汾公司的土地变更和产权登记、阳泉中药厂的职工安置、康威制药（侯马中药厂）的职工医疗保险、正元盛邦制药（临汾中药厂）遗留问题、崇安堂药业（晋城中药厂）股权管理理顺或退出等。

四是积极推进、指导破产企业加快破产工作进度，同时，积极采取有效措施，保证了企业的稳定和破产期间国有资产的安全。一是太原制药有限公司破产项目于2009年11月20日由太原市中级人民法院正式宣告，太药管理人通过确立工作思路、明确工作机构、制定工作制度、编制工作计划、启动清算工作，完成了债权申报受理、清算审计、清算资产评估、核定拖欠职工各类资金、制定职工安置方案、破产资金申请等工作；二是昔阳制药厂和省医疗器械厂的职工安置方案分别于5月22日、6月4日获省劳动厅批准，6月24日，山西省省属国有企业改革领导组办公室批准同意进入破产法律程序。

【结构调整】 2009年，集团公司通过实施战略发展规划，进一步提升企业管理水平，建立了战略型管控和投资型管控相结合的集团管控模式。

一是加强战略管理。从动态视角审视战略和战略管理，对太原市医药药材公司、临汾医药材有限公司、益源大药房零售连锁公司和太药工业园区制定了3～5年发展规划，修订了集团公司和山西双鹤药业的规划目标，进一步明晰了内部资源和能力，从财务、客户、内部流程和学习成长四个维度对子公司明确了具体目标，初步建立了集团对控股公司的战略管控机制。

二是加大经济结构调整，发挥利用资源技术优势，实现集团公司多元发展。一方面为做好土地资源的合理开发与利用，实现产品经营与资产经营有机结合，进而带动资本运营取得更好的发展和更大的效益，集团公司根据自身实际和条件于2009年4月成立山西正翔房地产开发公司，2009年集团设计开发了房地产开发项目，完成了部分项目前期报建准备工作，全年实现房地产开发收益4000余万元。另一方面依托近年来在中药现代化种植研究方面取得的科研成果，投资组建山西农泰中药科技开发有限公司，拟通过中药科技开发公司对这些科研成果进行产业化推广和开发，为打造集研究、生产、营销、技术培训为一体的中药创新型平台奠定基础。

三是优化组织结构，提升组织效率。2009年制订、修改、完善、补充了相关制度，出台了《投资管理暂行办法》、《国有产权管理暂行办法》、《聘用员工管理规定》、《关于所属成员企业干部管理有关问题的意见》等制度规范，进一步完善企业制度建设。

四是加强财务审计、法律监察等内控体系建设。紧紧围绕企业生产经营的中心任务，以风险为导向，以内控为主线，以维护企业权益、服务企业发展、提升企业价值为目标，积极开展财务监管、审计监督、普法教育、效能监察等工作，促进了企业规范管理，提高了风险防控能力，确保了国有资产安全完整和资产运营效率和效益。

【国有资产保值增值】 2009年末，国有净资产44,654万元，比年初净资产47758万元减少3104万元(由于太原制药有限公司破产账务调整所致)，实际国有资产保值增值率为102%。

【法人治理结构】 按照《公司法》和现代企业制度要求，2009年集团公司进一步完善和规范公司法人治理结构，一方面不断完善集团董事会与经理层的职责分工、议事规则、工作程序和决策程序，并自觉接受监事会的监督、指导与检查，形成各负其责、运转协调、有效制衡的公司法人治理结构。另一方面加强了集团对子公司的管控力度，通过委派董事、监事作为产权代表，完善子公司现代法人治理结构，增加投资收益。同时，健全完善改制企业产权登记，按照集团公司产权管理办法，对改制企业进行产权注册登记工作。

【重点项目进展】 2009年，集团公司继续加大技术创新、科研开发工作力度，在产品研发和中药材种植方面进展顺利，进一步提升企业核心竞争力。

一是积极开展新产品研发和旧品种改造工作。在抓好医药工业资产重组、安全生产、节能减排工作的同时，持续跟进新产品研发及工艺改造，提高了产品质量标准。山西博康药业2009年完成了复合抗生素制剂注射用头孢噻肟钠/舒巴坦钠Ⅱ期临床试验调研、六类新药注射用头孢地嗪钠的试验资料研究和六类口服制剂头孢克洛的临床试验，萘夫西林钠工艺改造项目被省经济和信息化委员会列入山西省企业技术创新项目计划，另外还进行了原料厂家变更、包材备案及有关品种的有效期延长等工作。博康药业获得了2009年度山西省“科技奉献奖”先进集体三等奖的荣誉。

二是中药材规范化种植技术研究—“党参、远志良种选育研究项目”顺利完成结题，为实现中药产业化奠定了扎实的基础。

【公司领导班子成员名录】

张华龙　董事长、总经理、党委委员
张　侃　党委书记、董事
朱雅宾　副总经理、董事、党委委员

秦英杰　　副总经理、党委委员
王　军　　副总经理、党委委员
董德平　　工会主席、董事、党委委员
高红玉　　副总经理、党委委员

山西省国有资产经营有限责任公司

【基本概况】 山西省国有资产经营有限责任公司(以下简称"公司")是山西省人民政府在2002年省级机构改革中,为探索我省国有资产经营管理体制改革，解决工业厅局撤销后所属企业的归口管理问题而组建的国有独资大型企业,于2003年初挂牌成立。通过省政府授权经营的方式,承接了省属六个厅局,涉及机械、军工电子、纺织、冶金、化工、建材、建筑等7个行业的26户大中型企业。根据省政府2002年第86次常务会议决定,公司职能是"根据省人民政府的授权对其全资、控股或参股企业的国有资产行使所有者职能,享有出资人权利,并承担国有净资产的保值增值责任，通过搞好资本运营,盘活存量资产,实现资本滚动发展,不断发展壮大自身实力"。随着我省产业结构和企业组织结构的调整，现有授权经营企业20户,分布在我省大同、太原、吕梁、临汾、运城等市,其中大型企业4户,中型企业16户,职工总数30913人,其中在册职工18302人,离退休职工12611人。由于这些企业大多是工厂制企业,体制机制落后,历史包袱沉重,推动企业改革解困和维护企业稳定成为公司的阶段性任务。

【生产经营】 2009年,面对国际金融危机带来的不利影响，公司因企制宜，采取有力措施，支持正常生产企业克服各种困难，抓好产品和市场开拓工作，并抓住国家和我省扩大内需的有利时机，大力支持大众机械厂、东华机械厂等企业做好技改项目的立项工作；鼓励无法正常生产企业开源节流，想方设法盘活存量资产，增加收入，使企业生产经营工作进一步好转，呈现出良好发展态势，全年累计实现销售收入和其他收入7.5亿元。大众机械厂狠抓生产经营和产品开发，军品、民品生产均获得较大发展，销售收入已由2006年的8000余万元增长到2009年的2亿多元;东华机械厂想方设法自筹资金解决流动资金短缺的难题，军品生产获得较快发展，销售收入逐年增长，已由2006年的6000多万元增长到2009年的1.3亿元；山西兴永明仪器仪表公司克服重重困难，努力抓好生产自救，不但保证了原企业的产品市场和经营渠道，而且为山西永明无线电器材厂的破产重组打下了良好基础；太原平板玻璃厂同山西利虎玻璃工业公司保持了良好的租赁经营关系，克服了金融危机的严重影响，确保了生产经营的正常开展和2000多名职工的就业。同时,公司坚持"安全第一,预防为主,综合治理"的方针,层层落实安全生产责任制,不断加强对企业生产区、出租形成的商业区、开发拆迁现场和建筑工地等的安全大检查，积极排查和消除事故隐患，有效防止各类安全事故的发生。大众机械厂努力争取省、市有关部门的支持，完成了企业电力大动脉2号线的改造迁移,消除了一大安全隐患,保证了企业生产、生活用电的安全。公司所属企业涉及7个行业，没有发生一起重大人身事故。

【改革发展】

1.企业破产工作。公司7户拟破产企业中，又有山西永明无线电器材厂、国营东声器材厂、山西弘莹硅厂等3户企业于2009年4月进入破产法律程序。对山西建山机器厂等先后进入程序的5户企业，公司认真履行破产管理人职责，层层明确各企业留守人员工作任务，努力克服各种困难，扎实推进破产工作。针对破产清算的各项费用落实难的问题，公司不等不靠，挤出自身仅有的办公经费来支付各项费用(累计垫支500多万元)，确保了破产清算工作的正常开展。针对土地资产评估备案及审核工作程序复杂、时间周期长，职工安置费用和破产各项费用无法及时落实的问题，经公司努力争取，于2009年10月从省财政预借了3000万元用于支付企业破产清算的各项费用，确保了破产企业职工基本生活费等的发放，有效地维护了企业稳定。5户破产企业的资产审计、评估和有关费用的测算工作基本完成，国营建山机器厂和山西四家湾金铜矿于2009年6月分别由太原市中级人民和临汾市中级人民法院下达了破产裁定，山西弘莹硅厂于2009年9月由交城县人民法院下达了破产裁定，企业破产各项费用已于年底上报省财政厅审核。大众机械厂是我省乃至全国目前列入计划内破产规模较大的企业之一，职工近万人，历史遗留问题较多，还承担着多项国家军工科研生产任务，如果按照现行政策实施破产，不但社会震动大、操作难度大、职工难以接受，还需财政5亿多元的兜底资金支持。针对这些情况，公司和企业经过深入调查研究，详细分析破产和改制的利弊后，提出了一个震动小、周期短、成本低、易操作的改革解困方案，得到了省国资委和省国企改革领导组办公室的肯定。方案于2009年11月上报了省政府。

2.资本运营工作。2009年，经公司努力，在省政府、省国资委的重视下，公司提出的债权股权划转和缩水回购21.6亿元不良金融债权的方案得到了省有关部门的批准，四户省属资产公司的6.5亿元债权股权于年初顺利划转到公司。经过认真谋划，历时一年、百余次的沟通协调和艰苦谈判，首批债权回购工作于10月底顺利完成，共借用财政资金8730万元，回购债权19.05亿元，回购率为4.58%。这一举措的实施，以极小的成本解决了7户企业沉重的债务负担，解封了企业抵押在银行的土地、厂房和设备资产，不但使资不抵债无法实施改制重组的企业具备了改制条件，而且使公司整体资产质量得到了明显改善。通过债权回购和股权债权划转，公司资产负债率已由原来的215%降为96%，降了119个百分点，彻底打开了企业债务链的死结，为实现一企一策、开发解困、重组兴业、转型发展目标奠定了坚实的基础。

3.企业改制和开发解困工作取得新的进展。在股权债权划转、债权缩水回购的基础上，公司通过深挖企业的土地、厂房、设备、产品、技术等有效资产和资源，指导和帮助山西涤纶厂、省化纤所、东华机械厂、临汾动力厂、金阳器材厂、山西滤清器厂等6户思路已经明确的拟改制企业，采取对资产和债务进行重组的方法和继续留用、内部退养、一次性支付补偿金等多种职工分流安置方式，经反复论证修改，分别制定完成了改制预案和开发解困方案。为加快所属企业开发解困步伐，公司经广泛市场调研和反复论证，报请省国资委批准，组建了山西国华房地产开发有限公司，为推动企业现有资源的整合利用、开发增值和实现公司的多元化发展迈出重要的一步。经过努力，山西涤纶厂提出的拟通过对东厂区旧厂房、旧建筑的改造，创建太原瓦窑文化创意产业园的项目得到了省委宣传部、省文化厅等有关部门的高度重视，该项目已被省政府列为十五大重点文化产业项目之一。临汾动力厂解放思想、更新观念，提出了充分利用地理位置优势，建设商贸购物中心的开发解困、转型发展思路和规划，得到了有关部门的批准和支持，通过招商引资，有望在2~3年内建成临汾市最具现代化的商贸购物中心。改制后的临机、临铸公司制定完成了产业转型开发规划，部分开发解困项目已经实施，为企业实现彻底解困和转型发展奠定了较好基础。

【领导班子、党建工作和自身建设】

1.扎实开展了学习实践科学发展观活动。按照省委、省国资委党委的统一安排，2009年初学习实践科学发展观活动开展以来，针对所属企业下岗职工多、离退休职工多和流动党员多、特困党员多的实际情况，公司采取了一系列针对性措施，突出改革、发展、稳定等实践特色，认真分析研究企业改革解困和生产经营等工作中存在的问题，积极探索和寻求破解改革解困难题的思路和措施，努力解决制约企业改革发展和职工群众反映强烈的突出问题，实现了企业改革解困工作与学习实践活动“两不误、两促进”。本次学习实践活动，公司及所属企业共解决突出问题110余项，为群众办实事140余件。

2.领导班子和企业党建工作进一步加强。公司在各企业认真开展“四好班子”建设工作，以企业改革解困工作成效为重点，开展年度业绩考核工作，使企业领导班子推进改革的责任感和积极性不断增强。结合开展学习实践科学发展观活动，公司及时调整和完善了基层党组织设置，加强和改进了党员教育管理工作，切实做好新党员发展工作，认真组织开好各企业的民主生活会，通过民主生活会及时沟通，化解矛盾，统一思想，增强班子的团结和活力。并组织各企业认真学习贯彻《企业领导人员廉洁从业若干规定》，深入开展对党员领导干部党纪政纪的学习教育和典型案例的警示教育工作。与各企业签订《党风廉政建设目标责任书》，指导和督促各企业认真落实民主集中制原则，坚持“三重一大”事项集体决策制度，深化企务公开工作，积极开展效能监察工作。大众机械厂将冬季供暖运行列为效能监察项目，取得了良好的供暖效果，受到了职工好评。同时，公司进一步加强对企业改革各项重大举措的监督检查，认真做好职工群众来信来访的处理工作，协助有关部门调查了解有关举报信件反映问题的整改和核实情况，加强对信访案件的查处力度，有效地防止和减少了违法乱纪行为的发生，确保了国有资产的安全和企业改革的顺利推进。

3.自身建设不断加强。为进一步加强基础管理工作，针对所属企业行业不同、经济运行情况各异、生产经营统计口径不一致的问题，公司按照省国资委对省属企业生产经营指标统计工作的要求，及时下发了《关于完善企业经济指标统计工作的通知》，在深入调查研究的基础上，进一步修订和完善经济指标统计制度，为建立科学的管理、运行、财务核算体系和业绩考核体系奠定了较好基础。同时，公司努力争取省财政的经费支持，在非常困难的情况下，努力改善公司机关职工待遇，提高职工养老、医疗和住房公积金缴纳基数，有力地调动了机关工作人员的积极性和主动性。2009年8月开始，随着山汽集团拆迁改造的步伐加快，公司努力克服办公楼停水、停电、停气等各种困难，基本做到了人心不散、队伍不乱、工作不误。经过广泛的市场调研，想方设法筹措资金1000多万元，在省国资委和太原市有关部门的支持下，购买了宏安国际大厦的部分楼层，彻底解决了公司的办公场所问题。并更新和添置了新的办公设施，进一步改善了办公环境和条件，为公司下一步发展奠定了良好基础。

【主要管理经验】

1.坚持“三个紧密结合”的工作理念，努力促进公司上下解放思想、统一认识，增强加快推进企业改革解困的紧迫感和责任感。在鼓励各企业解放思想、创新思维的基础上，加大了对公司三届一次董事会决策部署和改革解困亮点的宣传，加强对国企改革发展的政策法规、重大举措和典型经验的学习交流，努力促使各企业正视面临的改革形势。并结合企业实际，明确各自的目标任务，精心组织，分解细化工作任务，层层落实，责任到人，加强动态管理，及时掌握每一个环节的工作进度，统一协调各部门工作，确保了企业改革解困工作快速有序的推进。

2.坚持“因企制宜、分类指导、整体推进、各个击破”的工作方法，系统地推进企业改革解困工作。为加快企业破产工作步伐，公司建立了拟破产企业的公司领导联系点制度，明确了各企业破产项目责任人和留守人员职责，成立了各企业综合协调、信访稳定、人事劳资、财务及资产清查、设备维护、安全保卫等工作小组，制定了各项工作制度，认真组织开展财产清点、账册核查、债权债务清查登记、债权申报及审核等工作，同时开展破产费用测算方案及破产财产变价和分配方案的编制等工作，并安排专门人员对企业应收款项进行清收。

3.坚持“以改革促稳定，以稳定保改革”的方针，努力营造和谐稳定的改革环境。公司始终把关心困难职工生活，关注职工思想动态，主动化解各种矛盾，确保企业稳定作为工作的重中之重。层层落实信访稳定工作责任制，认真做好信访接待工作，及时掌握和解决倾向性问题，有效预防和应对突发事件。特别是针对已进入破产法律程序的5户企业，首先，要求企业成立以党政主要领导亲自挂帅的信访稳定工作组，主动做好政策宣传、解释工作，及时向职工通报企业改革工作进展情况，依法按政策解决好职工的合理诉求，及时化解不稳定因素。其次，将维护职工合法权益放在首位，严格按照有关政策、法律规范操作，在企业破产过程中，做到公开、公正、透明，切实维护好职工的合法权益，确保国有资产不流失。第三，坚持把加强思想政治工作与解决实际问题相结合，充分发挥企业党、政、工会组织的积极作用，变上访为下访，主动深入企业将职工思想工作做到基层、做到家庭，努力把矛盾解决在基层，化解在萌芽状态。第四，高度重视对大规模集体上访事件的有效预防和提前化解。进一步健全和完善了突发事件和集体上访事件应急处置机制，加强事前防范，畅通信息渠道，确保对各种集体上访事件信息掌握及时，应对有力。5户进入破产程序的企业，涉及5000多名职工，没有发生一起非正常上访事件。同时，努力为困难职工排忧解难和争取落实各种政策。2009年，公司争取省财政为9户特困企业的10000多名职工解决了基本医疗保险费用480万元，落实了军转干部、离退休职工和困难职工各种补贴、补助资金1552万元，并配合政府有关部门认真做好联企帮困工作，力所能及地开展金秋助学、走访慰问特困职工等活动，努力解决困难职工的切身利益问题，得到了广大职工的拥护，有力地促进了企业的和谐稳定，保证了企业改革的顺利进行。

【公司领导班子成员名录】

王师民	董事长、党委书记
张端成	董事、党委委员、总经理
丰铁成	董事、党委委员、副总经理
乔日永	董事、党委副书记、纪委书记

吕尚伊　董事、党委委员
张继宏　董事、党委委员、副总经理
张学平　董事、党委委员、副总经理
安　静　党委委员、副总经理、总会计师

中条山有色金属集团有限公司

【概况】 2009年，中条山有色金属集团有限公司(以下简称“中条山集团公司”)面临着金融危机冲击和主体单位停产的双重影响和严重困难。面对困难，中条山集团公司确定了实现“双百三大”战略目标的六大结构调整重点项目，千方百计做好停产单位复产工作，千方百计利用优惠政策应对金融危机，千方百计做好停产期间稳定工作，确保各项工作的积极平稳推进，生产经营情况总体良好，基本完成了省国资委下达的年度考核指标。

【主要经营指标】 矿山依据铜价攀升、有盈利空间的市场特点，满负荷组织生产。处理矿量完成351.2万吨；铜精矿含铜完成16077吨。冶炼依据铜价攀升、低加工费以及铜原料成分复杂的特点，基本实现了粗炼稳定经济生产，精炼满负荷生产。精炼铜完成65146吨；硫酸完成16.5万吨；生产金锭364千克；银锭37420千克；粗硒24.5吨；粗硫酸镍36吨。非铜产业坚持“有所为，有所不为”的经营思路，稳定内部市场，拓展社会市场，完成水泥74.71万吨，熟料80.47万吨。完成机修总量8995吨；工程量7449万元；完成运输周转量878万吨公里；完成塑编袋1202万条。

【企业改革】

1.取暖费改革稳步实施。根据建设部等八部委《关于城镇供热体制改革试点工作指导意见》(建城[2003]148号)等文件精神，结合集团公司实际，经各界代表听证会听证、二届职代会第二次联席会议表决通过，出台了《冬季取暖费改革方案》，推进了供热市场化运作，改善了供热质量和效果。

2.撤销了建筑公司铜材分公司。鉴于铜材分公司规模小、工艺设备落后、市场占有度低、能耗高、成本高，经营连年亏损，决定撤销铜材分公司。对铜材分公司资产、债权、债务、所有者权益、人员进行了妥善处置，确保了资产处置合法、合理，确保了职工稳定。

3.关停热电厂1#、2#发电机组。根据《山西省关于关停小火电机组实施方案》(晋政办发[2007]42号)文件精神，依据电煤的高价格，发电不如买电，同时考虑热电联产的取暖、工业用汽和保安电源，决策关停了热电厂1#、2#发电机组，获取国家和市场补偿政策。

【营销管理】

1.2009年，进口铜原料共签订合同12份，金属量39636吨，国内完成金属量18137吨。全年完成采购金属量57773吨。

2.主产品销售工作严格执行集团公司《关于主产品销售批复方案》，继续执行集体定价机制，采取上海为主、本地为辅的销售策略，认真做好市场分析，较好地把握了市场节奏，采取了低价位放缓销售速度、高价位多销售等销售方式，降低了销售费用，提高了销售价格，销售回款率达到100%。

3.非铜产品营销严格执行《集团公司非铜产业(产品)营销管理暂行规定》，重点对合同、价格、应收货款等进行了规范，提升了规避市场风险的能力。利用“中条”品牌优势,拓展了水泥、熟料销售市场。机电产品以可靠的质量和积极的营销措施拓展了外部市场,先后与洛阳一拖、太原重工等多家厂商签订了制造合同和协议,首次实现了外部产量超过内部产量。

【重点工程进展】

矿山衔接工程。铜矿峪矿二期产前掘砌工程基本完成。建成了混凝土搅拌站和砂泵站。完成了圆锥破碎机、斜井胶带运输机等重点设备招标。选矿厂改扩建工程完成了初步设计以及部分施工图设计工作,并开工建设。篦子沟矿业公司四期工程,2009 年 7 月完成了施工图设计及设计审查,8 月开工建设。

循环经济工程。稀贵金属回收技术改造工程完成了设备安装与调试工作,生产工艺顺畅,产品品质基本稳定。钼选厂工程完成了设备安装、联动试车、带矿试车等工作,钼精矿平均品位 35%左右。

民生工程。完成了 6 栋楼主体工程及总图配套工程,3.43 万平方米 276 户职工新建住房交付使用。

【技术进步,节能降耗】 2009 年,中条山集团公司获山西省“科技进步奉献奖集体特等奖”荣誉称号,被山西省有色金属行业协会、有色金属学会授予“行业突出贡献单位”。《一种吹炼炉富氧吹炼铜的方法》被国家知识产权局授予发明专利权。全年完成 10 个科技进步项目,其中《吹炼炉节能技术攻关》项目,对吹炼炉孔口进行了改造,调整了冰铜品位等工艺参数,降低了熔炼炉的脱硫率,提高了吹炼炉的脱硫率,冰铜品位稳定在 55%,吨铜耗煤由 240 千克下降到 210 千克,该技术成果获有色行业 QC 成果发布优秀奖。《球墨铸铁磨球的试验与应用》项目按期完成了全部试验工作,工艺技术先进,市场前景广阔。

按照集团公司 2009 年节能计划,完成了 6 项变频节能改造项目,年可实现节能 1113 吨标煤。全年节能 9900 吨标煤,圆满完成省政府下达的年度节能计划。

【安全环保】 认真贯彻落实《中华人民共和国安全生产法》、《山西省安全生产条例》和《集团公司 2009 年安全环保工作安排》,认真执行《集团公司 2009 年安全生产奖惩办法》,强化安全教育培训,开展“安全专项整治”、“安全生产月”活动,推进安全标准化创建工作,建立和完善各类应急预案,确保 2009 年安全生产目标顺利实现。全年实现人身伤亡事故、重伤事故、重大设备事故、重大火灾事故和重大交通事故为零、环境污染事故为零的安全环保目标,实现了山西省政府下达的安全生产目标。环保工作完成环保治理工程 6 项,改善了环境质量;完成环境污染综合整治工作和突发环境污染事故应急预案编制和审查备案工作,加强辐射环境安全管理和环境监测工作,保障了集团公司正常的生产经营秩序。

【战略性工作】

1.资源战略。全国危机矿山接替资源项目《胡家峪铜矿接替资源勘察》,地表钻探完成 1840 米,坑探完成 530 米,有望获得 150 万吨储量,金属量 1 万多吨。《篦子沟铜矿区深部及边部地质找矿研究》项目,坑探完成 260 米,钻探完成 288 米,初步探明储量 20 万吨,金属量 1500 吨。对美国内华达铜业公司进行了考察和项目洽谈,签订了项目合作意向。就印尼金矿、澳大利亚昆士兰铜矿开发进行了接洽、考察,印尼金矿开发项目已达成了《谅解备忘录》。镁资源探矿权申请已通过省国土资源厅资源配置专题会议审核,省政府常务会议已通过。石灰岩资源已缴纳采矿权价款,拿到了 333+334 级矿量 4750 万吨采矿权。

2.人才和人力资源战略。7月30日，召开了人才工作会议，出台了《集团公司人才战略规划》、《集团公司关于加强和改进人才工作的意见》等16个配套政策文件。加大人才培养力度，采取“校企联合”模式，与北京科技大学联合举办了地质、采矿、选矿、冶炼四个专业班，培养紧缺人才。职工培训工作，举办培训班101个，培训学员12956人次，2399人办理了国家安全资格证书，7231人办理了从业人员安全培训合格证书，提高了专业技术人员业务水平，优化了专业技术队伍结构。

【主要管理经验】

1.推行资金全面预算管理，保证生产经营稳健运行。按照现代企业集团化管理需要，全面实施了以现金流集中统一管理为主的全面预算管理。坚持收支两条线，集中统一管理，强化资金收支计划的严肃性。在资金使用上坚持“量入为出，确保重点，兼顾一般”的原则，优先满足生产经营、改革发展的资金需求。从严控制成本费用开支，对超计划、超标准、不符合规定的坚决不办。坚持资金日报制度，及时掌握资金动态，统筹使用，有效缓解了资金紧张的局面。

2.继续强化物资系统管理，科学经济采购，实现了低储备运营。继续深化招标采购和委托采购监管，完善过程管理，严格审查供应商资信度，加大从生产厂家直接采购的比例，实现了经济采购，降低了储备资金。按照“加强一级储备，减少二级储备，取消三级储备，实行全额配送”的原则，积极开展了三级库清理工作，物资系统储备资金占用比上年度末降低了2100万元。

3.发挥集团优势，统一配置生产要素。按照“六统一”原则，对经营框架方案继续实行批复制，对主要单位的生产方式、经济运作进行设计决策，对水、电、物等生产要素统一配置，对内部市场实行市场化运作、合同化管理、财务结算中心结算，经营决策科学驾驭，实现了稳健经营。

4.标准化体系运行和质量管理再上新台阶。完成了北方铜业质量管理体系和测量管理体系转版工作，通过了复评换证审核。加大了“四标”体系考核力度，对各认证单位进行了季度考核评价。重新修订了《冶炼产品质量指标考核管理办法》，加大了对高纯阴极铜考核力度，促进了冶炼产品质量的提高。

5.加大经济责任制的考核力度，体现管理科学。继续强化了以利润(费用)考核、超利(节费)分成为主体、各专业经济责任制相辅合的经济责任制考核体系。在成本管理上采用事前预测，事中控制，事后分析，加强成本费用的预算控制和考核。在经营上制定采购、储备、生产、销价、货款回笼等控制管理的经济责任制，加强了经济责任制的激励和约束，实现了管理科学。

山西能源产业集团有限责任公司

【基本概况】 山西能源产业集团有限责任公司（以下简称“能源集团”）注册资本为22046.9万元人民币，主营业务为煤层气(焦炉气)开发与利用和煤炭、焦炭贸易。能源集团实行计划、财务对省单列。拥有独资企业8家、控股公司12家、参股公司8家，现有员工1200人，分布在全省各县市。

【主要经济指标】 截至2009年12月31日，能源集团全系统资产总额为16.48亿元，负债总额为12.23亿元，所有者权益为4.25亿元，资产负债率74.21%，净资产收益率7.57%，总资产报酬率1.97%。

2009年，能源集团共实现营业收入12.66亿元，完成年计划的63.32%，完成煤炭运量239.91万吨；全系统共实现利润2802.62万元，完成年计划的112.10%，较上年增长237万元，同比增长9.23%。能源集团2009年按国资委调整后的目标任务全部完成。

【经营业绩】

1.煤炭发运工作。在煤炭销售运营管理方面，为理顺能源集团煤炭运销计划管理渠道，集团领导和相关部门做了大量工作，通过艰苦努力，经省政府批准，能源集团煤炭发运计划由原省煤运公司审批改为直接由中国（太原）煤炭交易中心审批。煤炭计划的单列，不仅是能源集团多年的期望，而且简化了审批程序，减少了制约环节，为充分挖掘能源集团煤炭运销潜力打下了良好的基础。在2009年煤源严重紧张的情况下，能源集团领导和各煤站根据企业实际情况积极想办法，分别采取了与各大煤炭集团合作、与发运企业当地煤矿合作等模式，缓解了部分煤站煤源紧张问题，大力保障发运量。

2.煤炭资源整合。能源集团把资源整合工作作为企业生存发展的大事，2009年初，集团领导积极与省委、省政府、省国资委及省煤矿企业兼并重组整合工作领导组汇报沟通，按照“单独保留、控股经营、露天开采”的整合思路，积极争取政策支持，严格操作程序，稳步推进工作，取得了煤炭资源整合工作的艰难突破。

（1）露天矿整合获批，换证工作有序推进。一是大同市广灵露天矿，经省煤矿企业兼并重组整合领导组批复，同意能源集团对其进行整合。整合后矿井核准名称为山西能源产业集团罗疃煤业有限责任公司。整合后可形成一座生产能力为60万吨/年的矿井。2009年11月23日取得省国土厅颁发的采矿许可证，煤田地质报告、煤矿初步设计已委托相关单位编制，积极完善各项手续。二是吕梁交口露天矿。经省煤矿企业兼并重组整合领导组批复，同意能源集团对交口县2#、4#矿井进行整合。交口2#矿整合后的矿井核准名称为山西能源产业集团鑫建煤业有限公司。整合后可实现年生产能力为30万吨矿井规模。交口4#矿整合后的矿井核准名称为山西能源产业集团晟凯煤业有限公司，整合后可实现年生产能力为30万吨矿井规模。

（2）参股经营矿井的整合工作顺利推进。一是灵石水牛沟煤矿。2009年11月2日山西煤矿企业兼并重组工作领导办公室文件《关于晋中市灵石县煤矿重组整合方案（部分）的批复》（晋煤重组办【2009】64号），灵石县永吉能源有限公司作为煤矿企业兼并重组的主体，兼并重组灵石县51处矿井，整合后形成25座矿井。灵石县永吉能源有限公司下设灵石国泰煤炭有限公司等六个子公司，其中整合后的山西灵石亨元顺煤业有限公司的上级主管单位及安全主体为灵石国泰煤炭有限公司。山西灵石亨元顺煤业有限公司由山西能源产业集团水牛沟煤矿、灵石县坛镇乡孙家沟煤矿、灵石县镇威煤矿、灵石县西堡煤矿4座煤矿及空白区进行资源整合重组，整合后可实现年生产能力为90万吨规模。二是古交、清徐地区。根据省政府9月23日省长会议精神，能源集团等十二家省属国有企业不能独立控股并购整合煤炭资源，为坚定不移地贯彻落实会议精神，经集团研究，并上报省国资委批准（晋国资改革函【2009】426号），能源集团将持有的山西能源产业集团矿业投资有限公司部分股权转让给省煤销集团，由省煤销集团控股山西能源产业集团矿业投资有限公司。同时，将名称变更为“山西煤销集团能源投资开发有限公司”，并继续以该公司为平台，推进古交、清徐地区的整合工作。能源集团于2009年10月25日与省煤销集团签署了合作协议。重组后的山西能源产业集团矿业投资有限公司股权结构变更为：省煤销集团41%，能源集团10%，其他股东49%。整合后可实现年生产为435万吨规模。

【煤层气项目建设】 能源集团在资金严重短缺的情况下，及时调整煤层气发展战略，按照“有进有退、有保有压”的思路，资金向世行、亚行等重点项目倾斜，将集输公司部分股权调整出让，用于解决世行项目注册资本金不足的问题，逐步确立和巩固集团公司煤层气的主营业务地位。

1.世行贷款煤层气开发利用项目。2009年是世行贷款煤层气开发利用示范项目取得重大进展的一年。截至2009年年底，公司已全部完成了项目的国内和世行审批程序。2009年10月14日，与晋城市政府联合筹办奠基仪式活动，举办了一次隆重、节俭、和谐、规模适度的开工奠基仪式。在此期间，公司参照项目EPC管理模式，引进海南海然公司为项目提供技术服务和技术保障，确保项目在建设阶段和试运行阶段能够获得足够的技术支持。

2.煤层气CNG加气站项目。2009年注册资本金足额到位。能源集团应投入的注册资本于2009年5月26日，经过省经委批复的400万元煤炭可持续发展基金作为集团公司资本金成功到位；2009年11月3日，能源集团第二批600万元资本金到账，至此公司注册资本金全部到位。在晋城加气站正常运营的基础上，全力推进太原、长治、晋中、吕梁等地项目建设。长治地区长治东客站北选定站址。2009年，该站址规划许可证已经获批，主要设备采购完毕，土建工程也已展开。

3.亚行贷款沁水煤田煤层气利用工程。亚行项目由于投资概算调整增加，能源集团以股权质押融资增加注册资本金2416万元，完成注册资本金的追加。2009年年底工程进度情况为端氏集气站正在进行场平、挡墙、围墙施工；高庄集气站已完成场平、挡墙，基本完成气柜安装；成庄集气站已完成场平、挡墙、围墙、站外道路工程；坪上集气站未进场。张岭输气站已完成土建，管道焊接与铺设16.5公里，挖钩1.72公里。

4.端氏—晋城—博爱煤层气输气管道项目。端氏—晋城—博爱煤层气输气管道工程是我国第一条跨省的煤层气长输管线，是沁水盆地煤田的煤层气向河南输送的主要管道。该管道起自山西省沁水县端氏镇，经山西省阳城县、晋城市泽州县，终点到达河南省博爱县磨头镇。项目已列入国家煤层气发展“十一五”规划重点建设项目且批复，被山西省、河南省都列为2009年重点工程项目。

5.晋城至侯马煤层气管线项目。由于资金原因，能源集团出让25%的股权，保留10%的股权。

【主要管理经验】

1.坚持探索创新，在拓宽融资渠道，构建融资新平台上取得了新进展。

一是与建设银行、交通银行、国家开发银行等金融机构建立了良好的合作关系，签订了银企战略合作协议书，为集团公司新项目的开发提供了资金支持；二是着力推进山西能源产业投资基金的发起设立，通过多次论证以及大量的前期工作，2007年初，山西能源产业基金经省政府正式上报国务院，之后国务院批转国家发改委调研论证。2007年8月,山西能源产业投资基金作为国家的试点产业基金得到国务院的正式批准。2009年10月,基金公司在北京注册成立。作为我国首支能源产业基金,基金首期规模100亿元人民币。设立基金是能源集团寻求资金保障,步入转型发展轨道的重要机遇。

2.结合实际,深入开展学习实践科学发展观活动。

一是增强了贯彻落实科学发展观的危机意识、忧患意识和责任意识。通过学习实践科学发展观活动,使集团增进了对行业、企业现状的深刻认识:尽管有了长足的发展,但资金和资源两个瓶颈问题非常突出,如果不能够加快发展,迎头赶上,集团将面临被边缘化的境地。

二是找准了制约能源集团改革发展的突出问题。在学习实践活动中,通过多种方式,多种渠道,认真查找了当前影响和制约能源集团改革发展的突出问题:一是对科学发展观的领会不够系统和深刻。二是能源集团基础薄、条件差、历史遗留问题多。三是能源集团现行体制机制存在一定的弊端,改革改制任务繁重。四是能源集团精细化管理,增强可持续发展,企业核心竞争力如何实现等问题。五是能源集团职工队伍的思想建设、能力建设、作风建设亟待加强。

三是进一步理清了能源集团科学发展的基本思路。针对存在的问题,能源集团进一步理清了思路,明确了方向,既立足于解决能源集团当前的实际困难,又着眼于长远发展:紧紧围绕能源集团“夯实基础保增长,破解难题求稳定,推进项目谋发展”主题载体,坚持以人为本,加快干部职工队伍建设;建立健全奖惩激励机制,努力提高经营管理水平;坚持“两个做实”,夯实煤炭板块基础;创新体制机制,妥善解决难点问题;突破资金瓶颈,推进煤层气重点项目建设;同时,妥善解决群众关心的突出矛盾等问题。

3.坚持狠练内功,在全面提升经营管理水平上取得了新进步。

一是规范行政管理。为了确保2009年各项任务的顺利完成,集团公司不断修改和完善了企业规章制度,使各项管理制度更趋合理,更趋完善,更趋科学。出台了《山西能源产业集团有限责任公司经营目标考核暂行办法》、《山西能源产业集团有限责任公司煤炭运销管理细则》、《山西能源产业集团有限责任公司公文限时办结制度》等制度、办法。各部门加大执行力度,一视同仁,依章管理,增强了全体员工遵章守制的自觉性。二是规范计划管理。按照计划管理的原则,能源集团做到了年初有计划,月初有安排,月末有检查,从而增强了工作中的预见性,大大减少了工作的失误。三是规范流程管理。按照年初工作安排,坚持遇事讲流程,办事讲原则的管理模式,有效避免有事无人管、遇事相互推、出事无责任人的不良习气,提高了工作效率和工作质量。四是规范财务管理。财务实行一支笔审签制度,货物购进及所有开支必须由经办人、保管员、部门负责人、分管领导签字后,避免了财务混乱给企业带来的损失。五是加强安全生产管理。严格各项规章制度和安全生产责任制,加大安全生产的监督力度,全面落实“两个主体责任”,围绕建立健全安全生产工作的长效监管体系和责任制体系,层层分解任务,层层落实责任,将责任和措施分解细化到每个环节、每个岗位、每个责任人。制定了《2009年度集团所属企业安全生产工作目标责任制》、《煤矿企业兼并重组整合期间安全工作方案》、《煤矿企业兼并重组整合期间安全工作责任书》和《煤矿企业兼并重组整合期间安全责任追究暂行规定》等制度。

【公司领导班子成员名录】

张　亮	董事长
刘　波	副董事长、党委书记
梁润德	副董事长、总经理
张耀生	董事、纪检书记
管春峰	董事、副总经理
丁　民	副总经理
邢海洋	副总经理
刘　蒴	副总经理
梁志勇	副总经理

太原煤炭气化(集团)有限责任公司

【基本概况】 太原煤炭气化(集团)有限责任公司(以下简称“公司”)经过实践和探索,产业产品结构日趋完善,煤—焦—气—化—电煤炭综合利用产业格局初具规模,形成了集煤炭开采、洗选、炼焦、制气、煤化工产品生产、煤矸石发电供热和城市煤气输配、服务、管理为一体的煤炭综合利用体系,截至2009年末,公司共有6座生产矿井、3个洗煤厂、2个焦化厂、1个煤矸石热电厂和太原、晋中2个城市燃气输配公司、1个天然气公司以及一座500万吨在建国家规划矿井等16家生产建设单位和5家辅助服务单位,形成年生产原煤430万吨、煤炭洗选360万吨、冶金焦炭175万吨、人工煤气3.3亿立方、煤化工产品10万吨、发电1.5亿度、供热35万吨、城市煤气输配5亿立方、天然气输配4亿立方的综合生产能力,发展城市居民燃气用户70万多户,工业、营业和福利用户2250余户。公司总资产为77.5亿元,在岗员工16000余人。

【主要指标】 2009年生产原煤356万吨,原煤入洗量276万吨,焦炭134万吨,城市燃气销售量75359万立方,发电量15005万度,营业收入完成43.1亿元,实现利润4.33亿元。

截至2009年底,公司股票市值109.68亿元,股份公司“煤气化”(000968)被评为“年度中国上市公司价值百强”,公司入选中国制造业企业500强。

【改革发展】

1.重点工作。一是龙泉项目取得了全部审批手续,井下及地面建筑各项工程全面动工,500万吨配套选煤厂筹建工作已经展开,2009年完成投资10168万元;二是资源整合取得进展,经过艰苦协调,整合了蒲县安泰和灵石华苑两处资源,新增资源储量1.2亿吨;三是长沟煤矿破产获得法院裁定,企业减债减负的目标即将实现;四是进一步规范了晋中燃气公司运营机制,与晋中市政府明确了双方增资扩股的具体事项,为晋中燃气输配系统改造和拓展市场奠定了良好的基础;五是积极推进辅业改制,挂牌成立了恒通房地产公司,生活公司完成了“三项制度”改革,多经公司整合成立了矿山支护材料公司,后勤辅业创效能力进一步增强。

2.营销工作。在金融危机影响下,2009年下游市场持续低迷,对企业正常生产经营构成较大影响。公司按照“以质取胜、长短结合、供需双赢”的原则,采取“量、款、价”三结合的灵活营销策略,一是建立完善了客户分类管理体系,按照“三个优先”(优先国有大型钢铁企业、优先回款好信誉高的企业、优先中长期战略合作企业）的原则，确保重点用户，稳定基本用户，兼顾一般用户，始终保持了稳定的市场占有率；二是针对焦炭市场波动较大、质量要求十分苛刻的情况，运销公司班子成员分片包点，深入市场一线，充分了解客户信息，分析判断市场走向，最大限度降低销售风险；三是充分发挥行业联盟和协会的主导作用，积极倡导行业自律，树立了煤气化负责任、信誉好、质量高的良好形象；四是优化结算程序，缩短结算周期，妥善处理商务纠纷，客服质量进一步提高；五是加大货款回收力度，做到新款不欠，应收账款比年初下降 1.8 亿元，全年货款回收 41.45 亿元；六是努力打造装卸排作业品牌，2009 年太原铁路局在公司召开焦炭装车作业现场会，推广公司标准化、流程化、规范化作业经验，进一步巩固了路企合作关系。全年完成运量 706 万吨，车均装载量、车辆停时等指标创历史最好水平。

3.企业管理。公司本着科学规范、实用可行的指导思想，以提升效率和效益为目标，从企业管理最根本、最基础的工作着手，2009 年做了以下几方面的工作：一是加强企业基础管理，着力构建管理、工作、技术、考核四大标准体系，焦化厂、第二焦化厂、经理办、东河煤矿通风区等单位和部门制订了完善的工作标准与流程，为实现规范管理奠定了扎实的基础；二是加强企业基层管理，以班组建设为重点，构架班组建设工作体系，完善班组建设基础管理制度，推行班组长竞争上岗，对操作规程和检修维护规程进行了修订，集中培训了 15 期 680 余名班组长，企业基层管理水平有了明显进步；三是加强企业计划管理，强化计划执行力度，年度重点工程 373 项，开工率为 100%，全年资本支出计划 52660 万元，完成 44667 万元，完成计划的 84.8%；四是加强企业考核管理，对考核管理体系进行调整，修订完善目标绩效考核办法，进一步量化细化考核指标，全年考核扣减工资总额 335 万元；五是加大企业内控力度，全年审查合同 226 份，标的额 9.8 亿元，对炉峪口煤矿、嘉乐泉煤矿、职工医院等 10 个单位财务收支情况进行了审计，开展了清理“小金库”专项检查；六是加强企业财务管理，公司现金流量基本保持正常，归还长期贷款 2283 万元，资产负债率 46.88%，比年初降低 3.4 个百分点，低于行业平均值 9.77 个百分点，公司被中国煤炭工业协会评为第二批煤炭行业 AA 级信用企业。

4.保供气工作。2009 年，省城燃气供应持续紧张。为了完成好保供气任务，公司加大管网改造力度，完成了晋祠路、和平北路管线改造，改善了管网运行的安全状况；加快天然气置换步伐，完成了 15 万户的置换任务，有效缓减了煤气供应压力；克服亏损努力提高主气源厂产量，保持结焦时间在 30 小时以内，供气量保持在 60—70 万方 / 日；启动了“清徐—河西”煤气大通道建设，为两气长远发展奠定基础；加大储煤力度，保证两厂原料煤库存，为“两节”期间稳定供气做好准备；全力挖掘调控潜力，实施太钢引气工程，安排工业用户避峰让气，启动 CNG（压缩天然气）补气方案。2009 年，保供气工作虽然经受了严峻的考验，但整体运行良好，基本满足了市民生活需求，树立了企业的良好形象，为保稳定、保民生发挥了重要作用。

5.安全生产。公司内抓双基强管理，外学先进转观念，深入开展了安全生产专项整治活动，安全生产基础管理水平明显提高，实现了安全生产零死亡的奋斗目标。一是健全安全生产组织领导体系，成立了公司安全生产委员会，组建了安全纠察队，所属煤矿全部配齐了

“五长”，落实了通风区长兼任矿长助理政策，明确了通风区、地测部下属专业队建制；二是狠抓安全基础管理制度建设，对《安全生产责任制》进行了全面修订，补充完善了《安全生产监督检查制度》等23项基础管理制度；三是加强安全质量标准化建设，重修了《安全质量标准化考核标准和评级办法》，安全生产系统外学大屯经验，对标开展了专项检查，公司每季进行标准化全面检查，6个生产矿井4个达一级水平，2个达二级水平；四是加大安全投入力度，安全资金计划全年完成10795万元，6个煤矿的人员定位系统投入运行，完成地面和井下双回路改造，井下掘进工作面实现双风机双电源，全面淘汰国家明令禁用的机电设备；五是积极构建地质保障体系，建立和完善地测防治水基础管理制度，启动防治水预测预报体系建设，对东河煤矿、嘉乐泉煤矿、离石煤矿井田范围开展了物探；六是深入开展安全生产专项整治，组织安全检查和督查行动130余次，排查一般隐患2282条，隐患整改率达96%。加大重点隐患治理力度，对风峁顶位移进行了治理，对长沟铁路线涵洞进行大修，完成了离石煤矿750大巷维修和梯子间安装工程，对清河三矿和东河辛庄井实施了关闭，从系统上基本消灭了重大隐患；七是强化应急处置能力，生产单位全部完成了应急预案的修订，煤矿全部组建了辅助救护队，分期分批进行了应急演练14项，企业应急救援处置能力明显增强。

6.节能减排。以建设资源节约型、环境友好型企业为目标，坚持治理和管理并重的原则。一是层层分解节能减排指标，与16个二级单位签订了《节能减排目标责任书》，列入中煤“节能环保资金计划”的6个项目全部启动，电厂锅炉点火系统改造等项目顺利完工；二是加快节能技术推广与应用，在晋阳选煤厂试点推广绿色照明，与政府共同投资3700万元对住宅小区进行节能改造，有效降低了能源消耗，“十一五”以来累计节约标煤12.05万吨，已完成政府下达任务的92.7%；三是加大了矿山生态环境恢复治理力度，编制完成了3个矿区《生态环境恢复治理方案》，获得省环保厅批准，启动激活2500万元的生态保护治理资金；四是提高节能减排监控能力，在焦化厂等五个单位建成了污染排放在线监测系统，排放数据稳定传输至省厅，树立了公司节能减排的良好形象。2009年，全公司SO_2排放量3032吨，比上年减排287吨，COD排放229吨，比上年减排61吨，提前实现了国家“十一五”比“十五”末减排10%的目标。公司获得全省环境行为评价“蓝色”等级和全国煤炭行业节能减排先进单位称号。

7.技术创新。一是进一步完善技术创新体系建设，编制了三年科技发展规划和年度科技项目计划，制定了《专利管理办法》和《科技进步奖励办法》，规范了项目开题报告和科研论证程序，技术中心顺利通过省级技术中心评价；二是持续加大科技投入力度，2009年科技投入15207万元，组织开展了45项科技研发项目，其中3项列入中煤重点技术创新计划，两项列入《山西省企业技术创新项目计划》，《挡风抑尘网空气动力学及抑尘效果的研究与应用》获得“山西省十大优秀煤炭科技成果”；三是积极开展产学研合作，与煤科总院北京煤化工研究分院、太原理工大学等单位确立了长期合作关系，公司的技术研发水平和技术创新能力进一步提高；四是加大知识产权保护力度，9项成果申请了国家专利并被受理，完成了中煤下达的专利任务指标；五是注重技能人才培养，150人通过初中高级技能鉴定，83人取得技师和高级技师资格；六是信息化建设取得成效，编制了《信息化建设总体规划》，完成了办公自动化系统一期和二期工程，生产调度管理系统、公司视频会议室投入使用，公司信息化管理水平逐步提高。

8.和谐企业建设。2009年公司认真开展深入学习实践科学发展观活动，查找整改了安全基础管理等六个方面的31个突出问题，形成了公司"三个三"发展目标和"1265"工作思路，为公司今后发展指明了方向；以"抓班子、带队伍、创环境、促发展"为指导，引深"三级联创"活动，企业党建工作不断加强；以创建"四好"领导班子为核心，全面落实党风廉政建设责任制，加强对"三重一大"落实情况的监察，干部履职能力得到提升；以创建"六好"党支部活动为抓手，实施支部达标动态化管理，充分发挥了党支部的战斗堡垒作用；以"比安全技能、比安全贡献、比安全绩效"活动为载体，全面加强党员队伍建设，党员在安全生产中充分体现了先锋模范作用；以促进企业和谐发展为目标，积极开展企业文化建设，大力加强思想政治工作，及时掌握职工思想动态，加强信访工作力度，努力将矛盾解决在萌芽状态，企业呈现出和谐稳定的良好局面。

【公司领导班子成员名录】

王良彦	董事长、党委书记
胡耀庭	副董事长、党委常委、总经理
宋旗跃	副董事长、党委常委
齐立宏	董事、党委常委、副总经理
杨　晓	董事、党委常委
王　健	党委常委、纪委书记
高建光	副总经理
张道平	副总经理

山西天脊煤化工集团有限公司

【基本概况】 山西天脊煤化工集团有限公司(以下简称"公司")是省属大型国有企业。其前身为山西化肥厂，是我国改革开放初期，成套装置引进国外先进技术和装备建设的第一套以煤为原料生产高效复合肥的大型企业。1983年8月正式开工建设，1987年9月建成投产。目前，已形成年产85万吨合成氨、81万吨硝酸、90万吨硝酸磷肥（硝酸磷钾）、60万吨尿素、20万吨硝铵、13万吨苯胺、28万吨水泥、6500万条塑料编织袋的生产规模，总资产80亿元，年产值超过50亿元，初步形成了以本部化肥和有机化工基地、高平尿素基地和潞城西部煤炭深加工基地为主体的大型煤化工产业集团，是国家重要的煤化工基地之一。

公司通过了ISO9002质量体系认证、ISO14000环境体系和计量体系认证，通过了国家实验室和国家级技术研发中心认可。公司自行研发的《大型鲁奇煤制氨工艺技术的开发与应有研究》成果，荣获国家科技进步二等奖。"天脊"牌硝酸磷肥集"中国驰名商标"、"中国名牌产品"和"国家免检产品"于一身。"天脊"商标入评"中国最具价值品牌"价值达到29.70亿元。公司曾荣获"全国五一劳动奖状"，被评为"中国化工行业科技创新示范企业"、"全国肥料制造业自主创新能力十强企业"和"全国化工环境保护工作先进单位”,2006年获得山西省安全质量标准化二级企业,2007年获得山西省安全生产先进单位,2008年荣获“全国石油和化工行业先进集体”称号。

【主要经济指标】 2009年产氨制氢共86.74万吨,比上年同期增长1.00%,生产化肥(实物量)175.51万吨,生产苯胺11.79万吨,比上年同期增长58.07%;产品销售率和货款回收率均实现100%。完成工业销售产值42.41亿元。

财务状况。资产收益率2.38亿元比目标值1.07增加1.31亿元;营业收入48.17亿元比目标值46.50亿元增加1.67亿元;实现利润总额12161万元比目标值5000万元增加7161万元;

2009年末资产总额939479.65万元,其中,所有者权益173595.39万元,少数股东权益180997.44万元,负债总额584886.83万元;年末净资产354592.82元,比年初326415.86元增加28176.96元,其中,本年度实现净利润6605.91万元,归属于母公司净利润为3939.42万元。实现主营业务收入475957.67万元。

【主要管理经验】

1.不断巩固生产基础地位,着力提高装置运行质量和应对市场变化的能力。

2009年,公司根据复杂多变的市场形势,坚持“以销定产、以效定产”的策略科学组织生产,采取有效措施进一步巩固生产的基础地位。一是加强了工艺管理、设备管理和现场管理,深入开展了“突出五个重点,开展五项检查,做到五个到位”活动,生产装置持续保持了良好的运行状态。二是坚持按照市场变化组织生产,合理调整生产目标,克服了生产不平衡和难以组织等困难,加大硝铵和苯胺的生产,特别是在化肥旺季也是生产难以组织的雨季,灵活调整化肥品种,组织了多批次的硝酸磷肥系列产品的生产,进行了高浓度(45养分)三元肥试生产并获得成功,为市场提供了相对多元的产品。三是根据市场情况,更好地把握和驾驭苯胺装置的运行,在苯胺市场3月转暖后,连续实现了安全稳定满负荷生产,产品产量创年产最高纪录。四是用25天完成了年度检修任务,消除了影响生产装置运行的瓶颈和问题,为实现长周期高负荷生产创造了条件。五是根据生产形势和市场形势,及时组织决战四季度,确保了全年生产经营任务的全面完成。

2.千方百计应对市场变化,努力实现产品销量、售价、回款和效益的有机统一。

针对2009年化肥市场产能过剩、价格大幅下滑、销量明显萎缩的严峻局面,公司充分发挥网络优势和品牌优势,合理利用价格杠杆,确保产品销量和货款回收。一是在尿素、二铵价格持续走低的情况下,克服困难,顶住压力,实现了前三季度化肥价格的高位运行,保证了全年化肥销售实现盈利。二是进一步规范市场,对分公司及经销商明确任务、落实指标、强化监管,淘汰调整了部分不重信用、不履行责任的代理商,利益同享、风险共担的双赢机制进一步巩固。三是农化服务从内涵到形式更加适应了农村实际和农民需求,通过“三下乡”活动和强化对基层经销商的培训,企业知信度进一步提高,有效地促进了化肥销售。四是抓住市场有利时机,扩大了苯胺、硝铵两大产品的销量,与国内主要工业用户建立了较为稳定的合作关系;硝铵出口在将近一年几乎停滞的状况下,实现了销售并扩大了市场覆盖面,远销亚洲、非洲、澳大利亚、美洲等二十三个国家和地区。

原材料供应工作,围绕生产需要千方百计疏通供应渠道,以满意的价格保证了原材料的供应,满足了生产的正常运行。备品备件供应进一步加大招投标力度,并不断挖掘库存、盘活资产、强化服务。

3.下大决心推行精细化管理，进一步增强应对危机的能力和综合竞争力。

一是强力推进精细化管理，从工艺技术管理、设备运行管理着手，严格执行工艺技术指标，建立健全操作规程和设备维护管理规章制度，进一步提高了基础管理水平。二是加大节能降耗的管理和考核力度，从物料消耗、现场管理、生产控制等环节，明确了降低消耗的具体办法和指标，把指标分解到厂、车间、班组，形成了以经济责任制考核、节能降耗指标考核和横大班小指标竞赛三管齐下的节能降耗和能源管理体系，在此基础上层层抓好落实，严格检查、考核和兑现，使生产成本明显下降。三是加强财务管理，认真执行财务预算和计划，严格控制非生产性开支，将费用指标层层分解，并强化审批程序，严格把关，使非生产性费用支出得到有效控制，期间费用大幅减少。四是强化以大宗原料储运和现场整治为重点的细节管理，减少浪费，堵塞漏洞，进一步明确责任、落实措施，通过运输车辆贴封条、进场检验、现场存放使用等环节的严格管理和检查，取得了显著效果。

注重加强国家有关财经政策研究，积极运用国家扶农、税收等政策，为企业增加收益。获得国家化肥淡季储备贴息和山西省工业经济运行调节专项资金贴息。并经过多方努力，继2006年硝酸磷肥减免增值税后，从2009年4月起硝酸磷钾肥又获得国家减免增值税，全年减免增值税为企业增加效益3100万元。

加强资金运作，用好用活多种理财手段，在金融危机冲击、资金周转困难的情况下既保证了资金链条的安全，又降低了融资成本。向国家发改委申报发行十亿元企业债券，取得阶段性进展；合理运用各种理财手段和金融工具共节约财务费用800多万元。

按照集团公司“六统一、六监管”的要求，进一步完善对子公司的管理和绩效考核，加大对子公司以经济责任目标为主要内容的监督和检查，使子公司自我管理、自主经营意识和市场竞争能力有了新的提高。

4.持之以恒狠抓安全环保工作，做实做强企业持续健康发展的基础。

安全管理方面。始终坚持“安全第一，预防为主，综合治理”的安全生产方针，按照责任制的要求，层层落实安全责任，强化主体责任意识，加强监督和管理，加大检查考核力度，形成了全体职工人人负有安全责任的安全生产管理体系。按照省政府统一部署，组织开展了“安全生产专项整治”活动，跟踪落实隐患整改，促进了安全生产。不断加强安全教育、安全培训和安全宣传，职工的安全意识和预防能力有了新提高。加大安全硬件建设和投入，安全生产条件和本质安全度得到持续改善。修订和完善了事故救援应急预案，举行了救援应急演练，进一步锻炼和增强了应急救援的能力。集团公司第10次蝉联“山西省安全生产先进单位”，再次获得一等奖。

环境保护方面。按照环保和节能减排的目标责任，严格控制污染物排放，重点治理污染源，强化了现场管理和考核力度，开展了用排水专项整治活动，加大了对现场跑冒滴漏现象的整治。运用新技术新设备提高了资源利用率和尾端回用，投资3000多万元完成了合成氨节能降耗增产、西循环水改造、硝铵计量秤改造、澡堂厕所用水改造等节能项目。完成了环保核查、新建项目的环评能评、清洁生产审核等工作。2009年集团公司跨入“中国环保企业500强”和“石化行业节能减排20强”行列，在7次蝉联山西省和石化行业环保先进企业的基础上，首次荣获“山西省节能先进单位”。

5.有力有序推进技术创新，巩固和提升企业在煤化工领域的领先优势。

一是按照“提产、降耗、减排、增效”的要求，对已有装置进行了80多项技术改造，九大攻关项目完成七项。其中合成氨装置新增了甲烷和尾气压缩机，使合成氨装置的运行得到进一步优化，较大幅度提高了合成氨生产能力，制造成本进一步降低；复肥装置脱硅除钙前期工作取得重要进展。二是年产30万吨甲醇项目打通流程产出产品，标志着在焦炉气循环利用的技术、规模和集约化程度上迈上了新的台阶。三是按照“积极审慎，顺势而为”的发展策略，新增项目完成了安全、环保、能源评价和发改委的立项工作，前期各项准备基本就绪。四是编制完成了《天脊集团发展战略规划》，进一步明确了企业发展的战略目标和保障措施。五是进一步完善科技创新制度和机构的建设，天脊集团技术中心被国家五部委授予“国家认定企业技术中心成就奖”，成为全国50家首批获此荣誉的企业技术中心之一。集团公司共有11项发明专利、5项实用新型专利获国家专利局授权证书。

山西杏花村汾酒集团有限责任公司

【概况】 山西杏花村汾酒集团有限责任公司（以下简称“集团公司”）为国有独资公司，以生产经营中国名酒—汾酒、竹叶青酒为主营业务，年产名优白酒5万吨，是全国最大的名优白酒生产基地之一。

集团公司下属2个全资子公司，7个控股子公司，3个隶属单位，1个分公司，员工8000余人，占地面积230万平方米，建筑面积76万平方米。核心企业汾酒厂股份有限公司为公司最大的控股子公司，1993年在上海证券交易所挂牌上市，为中国白酒第一股，山西第一股。

2009年10月，集团公司新一届领导班子组建上任后，通过密集调研，广泛座谈，深入思考，科学验证，确立了新的工作思路、目标和任务。遵循省委、省政府“转型发展、跨越发展”的要求，按照“国酒之源、清香之祖、文化之根”的战略定位，以清香汾酒、文化汾酒、绿色汾酒为经营理念，咬定“百年大奖之际，实现百亿汾酒”的目标，努力破解发展道路上的瓶颈和难题，开创了汾酒发展的新局面。

【经营指标】 2009年集团公司各项经济指标按计划顺利完成。全年完成现价工业总产值26.48亿元，同比增长17.47%；完成销售收入37.88亿元，同比增长14.79%；实现利税13.98亿元，同比增长53.18%；实现利润6.52亿元，同比增长100.19%；上缴税金10.12亿元，同比增长9.03%。出口创汇1893万美元。商品酒销量54237千升，同比增长3.29%；商品酒生产量53134千升，同比增长3.51%。

生产系统以销定产，合理调度，运行有序，保证了产品质量稳定提高，实现了全年安全生产无事故。汾酒生产原粮出酒率达44.09%，全年汾酒交库特优率6.58%，交库合格率100%；大曲生产优质率84.5%，交库无缺陷率99.92%；贮配配制酒入库无缺陷率为100%；成装生产入库无缺陷率99.95%；能源生产全年产蒸汽65万吨，总耗煤9.6万吨，总供水265万吨，总供电2291万度；维修服务及时，主要生产设备完好率达标。

【市场营销】

1.持续推进品牌整顿管理，简化品种和产品结构，清晰概念，树立形象，按照“优胜劣汰、扶大去小”的原则，克服种种阻力和困难，坚决将产品品种规格由原来的1060个，精简到361个。对与集团公司进行杏花村品牌合作的省外四户合作企业，综合忠诚度和诚信度等因素，终止了合同续签，彻底从源头上化解了“杏花村”品牌的经营风险。

2.本着以自营产品为主的指导思想，完成了汾酒、竹叶青酒产品线的构建。研发出新国藏汾酒、中高档竹叶青酒、专卖店专供酒等，产品线系列趋于层次分明，市场竞争力明显提升。

3.出台了《区域经销和价格管理制度》等有关规定，严厉整治窜货和低价倾销行为，取消经销商两家，查处市场违规行为11次，处罚金额65.18万元，较好维护了市场价格体系。

4.省外市场发展势头良好。对省外市场坚持了“三基”建设，即基本建设、基本操作和基本服务，费用投入达3亿元，促进了省外市场的有序拓展。

5.打假维权效果明显。选调了50人全力进行省内市场的维护和服务工作。加强与工商、质监、酒管等部门的合作，从严从重打击假冒伪劣，特别是对开发、合作商涉嫌制假售假等问题和事件严肃查处。售后服务工作明显提高，顾客投诉得到妥善处理。

6.加大市场推广力度。通过春、秋季糖酒会，举办汾酒发展论坛、汾酒战略发展研讨会，以“山西汾酒队”冠名山西职业男篮等多种渠道和途径，使汾酒文化和产品形象得到较好宣传。全年央视广告投入8200万元，区域广告投入5900万元，给予经销商奖励、兑现9239万元。

【产品质量与安全工作】 公司着力于全员质量意识的有效提高，借《食品安全法》出台的契机，开展了“质量和安全年”活动。制定了《加强食品安全工作实施方案》，改善了质量标准体系，构筑了有效的质量安全防线。集团公司荣获“全国计量诚信优秀单位”称号。

技术创新方面，围绕调味酒中试开展了产酯酵母的应用、压醅酒及酒尾调味酒生产、多种原料酿酒试验、高温大曲堆积发酵等专项工作。竹叶青系列功能酒的基础研究继续深入，进行了低糖低药竹叶青系列酒、中药提取技术等方面的研究和新型白玉酒的开发。

积极推进QC公关活动。贮配分厂金手指QC小组获全国优秀质量管理小组称号，维修公司维一车间QC小组获全国质量信得过班组称号。

【企业发展】

1.筹备建设“汾酒产业发展园区”项目。为进一步发挥集团优势，带动行业发展，“汾酒产业发展园区”建设筹备工作全面展开。园区建设遵循“总体规划、分步实施、分项落实”的原则，正在努力推进。

2.挖掘潜能、扩大产能，原酒产能实现新的提升。公司在现有存量用地范围实施技改项目，推进工作进展顺利。

3.组建了汾酒战略专家咨询委员会，举办了“践行科学发展，再铸汾酒辉煌”为主题的汾酒发展战略研讨会。对汾酒、竹叶青酒、白玉汾酒、玫瑰汾酒和杏花村酒五大品牌进行全面考量，明确定位，强化各自的最大优势。同时，为缔造汾酒文化管理和文化营销的成功版本，更好地传承和维护品牌创造了条件。

4.开展零点大盘库行动，对公司所属范围的原材料、成品库进行彻底盘查，理清家底，明确库存，为公司整体经营运行提供准确的信息和数据。

5.全面推进精细化管理,以准确定位、合理分工、细化责任、量化考核为主要目标,以基础管理较好的股份公司为重点,开始在集团范围全面推行。

【民生工程】 按照企业改革发展成果与职工共享的原则,在企业生产经营增长、效益提高的同时,着力改善民生,解决职工最关心、最现实的问题,努力满足职工的物质需求,丰富员工的精神生活:

1.执行带薪休假制度。职工可以根据工龄、职称等享受不同时间长度的带薪休假。

2.为酿酒车间配备了送酒电瓶车,提高了工作效率,降低了工人劳动强度。

3.职工文体活动中心体育馆落成并投入使用。

4.厂区供热管网实施了“汽改水”改造,符合节能减排降耗的目标要求,保证了新周期汾酒生产和职工的冬季正常采暖。

5.2009年职工年人均收入41132元,同比增长12.25%。

山西地方铁路集团有限责任公司

【基本概况】 山西地方铁路集团有限责任公司(以下简称“集团公司”)是2003年由山西省地方铁路局依法改制成立的国有独资大型一类企业。集团公司2004年2月18日正式挂牌,下属5个全资子公司、1个分公司、3个控股公司和1个参股公司。截至2009年底,集团公司在职职工2569人,资产总额37.6亿元。

集团公司主要业务为省内地方铁路基本建设及客货运输经营;铁路专用线的社会共用服务管理;省内地方铁路的煤台建设与经营管理;大秦铁路煤炭集运站的建设、设备管理、配件经销、维修及人员培训;铁路专用物资的经销;旅游开发、经济信息咨询等。目前经营管理有孝(义)—柳(林)、武(乡)—左(权)、沁(县)—沁(源)、宁(武)—静(乐)和阴(塔)—火(山)等五条地方(合资)铁路,铁路正线里程380公里,线路总里程449公里。目前,年货物发运量两千万吨以上;与太原铁路局联合经营、行业管理的52条铁路专用线,年货物发运量八千万吨以上,为大秦铁路承担着大量的煤炭发送任务。集团公司管理的地方铁路和铁路专用线以其显著的经济效益和社会效益,在我省新型能源和工业基地建设中发挥着越来越重要的作用。

【主要经济指标】 2009年集团公司全年实现货物发运量2003.8万吨,同比减少5.6%。货物周转量完成15.3亿吨公里,同比增长7.9%。实现总收入72488万元,同比降低0.83%。实现利润总额2297万元,同比降低4%。安全生产形势持续稳定,未发生一般B类以上责任事故,连续第六年实现安全生产,连续第五年被评为山西省安全生产先进单位。同年被中国地方铁路协会评为全国地方铁路先进单位。

2009年度集团公司主要经济指标较去年略有下滑,主要是受金融危机影响,市场对电煤的需求量持续低迷,造成以运输电煤为主的企业,货运量下降,营业收入减少。

【国有资产保值增值】 截至2009年底,集团公司资产总额为37.6亿元,与年初数37.25亿元相比,增加0.35亿元,扣除少数股东权益,集团公司净资产为7亿元,较2008年的6.92

亿元增加 0.08 亿元。国有资产保值增值率为 101.5%。

【改革发展】

1.积极争取政策支持，调整地方铁路价规。作为地方铁路企业，公益性强、盈利能力低是制约企业发展的一大难题，争取国家政策特别是价规政策的支持，是破解这一难题的关键。针对油价、材料价的连续上涨，铁路运营成本急剧增加等问题，集团公司向省物价局申请，并获准对所属运输企业的价规进行了调整。运费每吨公里上调 0.035 元，取送车费吨公里上调 0.05 元。宁静公司、忻州公司、武沁公司于 2009 年 4 月 1 日开始执行，孝柳铁路于 9 月 1 日施行。

2.首次实现国铁分流，创新发展取得突破。经过对我省铁路运输状况的认真分析，针对人中银铁路开通后，石太线压力增大的情况，集团公司抓住机遇，争取得到国铁货物向武左铁路的分流。经过努力，2009 年 10 月 6 日，第一列分流列车顺利驶出，标志着国铁分流正式开始，随着组织调度的逐渐磨合，分流运量的逐步增加，武沁公司经营艰难的局面将得到彻底扭转。

3.构筑自主路网规模，推进地方铁路建设。建立多元投资体制，拓宽铁路建设投融资渠道，积极引进战略合作伙伴。经过多次谈判、协商和论证，于 2009 年 8 月与太原煤气化公司达成合资建设"新建静乐—静游地方铁路"的框架协议。煤气化公司投入资本金约 2.4 亿元，股比为 49%。集团公司股比为 51%，需投入约 2.6 亿元项目资本金，正通过贷款、融资以及与中国建筑集团公司合作等方式加以解决。

忻州公司积极推进五寨至沙泉铁路与国铁的连通，五(寨)—沙(泉)铁路专用线建成后为当地的煤炭外运提供又一条便捷通道，此项目已与有关投资方达成合作意向稳步推进。大同地铁公司积极开拓市场，在管理现有 52 条专用线的基础上，争取将大同地区另 12 条铁路专用线纳入行业管理范围。该公司还抓住大同市正在进行城市建设的机遇，计划组建房地产开发公司，为公司实现可持续、多元化发展迈出了新的步伐。

【主要管理经验】

1.企业管理方面。2009 年，集团公司在继续加大基础管理力度上下工夫，以严格财务管理为切入点。在空前的危机面前，各企业以控制成本为重点，严格消耗定额，规范材料采购、领用的程序，积极消化原料、油料等各项成本上升因素，努力降低生产性支出，集团公司成本率同口径相比，下降了 0.8 个百分点。为了提高财务管理水平，重新修订了《山西地方铁路集团有限责任公司会计核算办法》和《山西地方铁路集团有限责任公司财务管理办法》，进一步完善了财务管理制度体系。

加强人力资源管理，转变人才引进和使用观念，通过技术岗位人才的引进，关键管理岗位少量聘用外部人才，对职工整体技能起到了"传帮带"作用。坚持提高职工整体业务素质，全年共举办各类教育培训班 28 期，参训职工 1466 人次，对 10 个主要工种 637 人次的业务技能进行了考核认证。

2.运输生产方面。根据我省煤炭资源整合的情况，集团公司要求各企业要积极实施大客户战略，积极开拓市场，努力寻求与大客户合作。宁静公司与铁路沿线宁武、静乐县煤炭资源整合后的霍州煤电、潞安集团积极建立合作关系，2009 年上半年与霍州煤电集团晋北煤业有限公司签订了运输合作协议；孝柳公司与沿线的汾西矿业、华晋集团和东胜煤炭企业均建立了合作关系；忻州公司继与晋神集团成功合作外，还在积极与鲁能合作，争取使鲁能上榆泉煤矿通过阴火线，向忻州广宇热电和原平晋北铝业发运煤炭。

2009年进入九月以后，国家经济企稳，经济形势呈现上升态势，煤炭市场有所好转。集团公司审时度势，召开了"决战70天"动员大会，通过层层落实，极大地激发了全体干部职工的工作热情和斗志，收到了较好的效果。

3.强化安全生产。安全是所有工作的重中之重，责任重于泰山。集团公司始终贯彻"安全第一"的指导思想，安全工作意识得到强化，安全目标责任制度得到落实，自上而下制定了安全目标并逐层签订安全目标责任状，实行安全一票否决制。2009年，为确保行车安全，各个运输企业相继共投入9529万元用于基础设施的改造和完善。在加强硬件建设的同时，还积极在管理上下工夫，各生产企业在教育培训、健全机制、严格问责等方面都得到了加强。2009年，集团公司实现了全年路外铁路交通事故伤亡人数为零的历史最好成绩。

4.基本建设和线路装备改造。宁静铁路姜庄煤台建设项目，于2009年11月完工并通过验收，现已投入运营。武沁公司对沁沁、武左两线进行了全面整治。在加强对机务设备、电力设备、信号通信的保养和维修的同时，投资3136万元对武左线武柳段进行技术改造，更换50kg钢轨36.386公里，道岔11组，更换普枕7269根，桥枕3708根，大机养护82公里，补充道碴2万余方。

孝柳公司完成了对30km+065m-800m等12处路基，46km+904m等5处涵洞，96km+260m-300m等5处干砌片石路肩等工程项目的整治；完成了东槽至石庄、小景至三角庄27座桥上的道床清筛7.2公里等33项线路维修养护任务；同时对13台电力机车全部安装了电子添乘仪。

大同地铁公司在对行业专用线进行部分大修的同时，投入354.6万元先后对两台DF-7B、两台DF4B，一台DF7B3037机车进行大、中修，使机车设备常年处在良好状态下运行，有力地保证了行车安全和运量的提高。

宁静公司将东寨、小石家庄、静乐三个煤台先后都安装了挡风抑尘墙，顺利通过了当地环保部门的验收，已投入使用。忻州公司投入138万元在阴塔煤台安装了挡风抑尘墙，已验收并投入使用。同时对其他配套设施也进行了改造。

【公司领导班子成员名录】

任　秀	董事长、党委书记
边荣军	副董事长、总经理
张建平	党委副书记、纪检书记、工会主席
祖　林	副总经理
杜振国	副总经理
赵石岗	副总经理、总工程师
连文明	副总经理
宋克忍	总会计师

山西汽车运输集团有限公司

【概况】 山西汽车运输集团有限公司（以下简称"集团"）为国有独资大型一类企业。总资产29.9亿元，净资产6.9亿元。在册职工4.1万人，车辆总数14132辆。汽车客运站113个，客运线路2127条，货场及物流中心9个，维修厂(站)37个,二级维护定点维修企业20个,驾驶员培训学校9个。集团下属13个控股子公司、1个分公司、1个参股子公司,其中:11个子公司为专业运输企业。经营范围主要有:道路客货运输、汽车站场经营、车辆维修服务、物流配送、客车制造、交通工程、宾馆餐饮等。集团具备公路客货运输一级经营资质条件,是国内最具竞争实力的道路运输骨干企业之一,也是山西省首家通过ISO9000质量体系认证的运输企业。集团先后跻身于全国道路运输50强、交通企业100强、物流企业100强、全国服务业500强行列,中国道路运输百强诚信企业第5位。2009年被交通运输部评为重点联系企业经济运行分析工作"先进单位"。

各子、分公司(15个):晋龙捷泰运贸公司,运城、侯马、临汾、晋城、长治、阳泉、汾阳、忻州、阳方口、雁北汽车运输公司,宇星客车有限公司,迎泽物流有限公司,华运开发公司(原"同兴开发公司"),交通大厦。

【主要指标】 经营效益明显提升。计划利润500万元,实际完成1009万元,为年计划的201.8%;净资产收益率计划0.25%,实际完成0.26%。

营业收入在市场需求不足、企业关闭重组、全省经济整体艰难的不利形势下,仍实现35.6亿元,完成预期目标。

运输能力明显增强。全年换算周转量计划55亿吨公里,实际完成56.7亿吨公里。

安全生产趋于平稳。营运车辆责任事故死亡率14.5人/万人,低于19人/万车的安全控制指标。

职工收入继续增加。较2008年同比增长11.5%。

【财务分析】 截至2009年12月31日,集团公司拥有资产总额299432万元,负债总额230267万元,净资产69165万元,资产负债率为76.9%。构成如下:

1.资产。

(1)流动资产:流动资产总额116661万元,占资产总额的38.96%。流动资产中,应收账款净额16636万元,占流动资产的14.26%,占总资产的5.56%。

(2)固定资产:固定资产原值145898万元,固定资产净值91380万元,占资产总额的30.52%。

(3)其他各类资产:①在建工程20938万元,占资产总额6.99的%;②无形资产63218万元,长期待摊费用895万元;③其他长期资产38万元。

2.负债。

(1)流动负债:流动负债总额192019万元,占负债总额的83.39%。

(2)长期负债:长期负债总额38248万元,占负债总额的16.61%。

3.净资产。净资产总额69165万元。

附表:基本情况表(见附表1)

资产负债表(见附表2)

利润表(见附表3)

所有者权益(或股东权益)增减变动表(见附表4)

【改革发展】 2009年,由于金融危机的影响和企业关停并转的加剧,道路运输运力大于运量的矛盾凸显,大量运力闲置;费改税的实施,对依靠增加车辆发展货运的传统模式形成了巨大冲击,货运的发展面临严峻考验;铁路、民航等其他运输方式的快速发展导致长途客运遇到了替代性竞争;城乡公交化的加速推进,使得中短途客运的处境艰难,与之相关联的维修业出现了少有的萧条。面对复杂的局面和各种不利因素,集团审时度势,科学分析,确定了

"认清形势，理清思路，看清方向，跑步前进"的总体思路，明确只有调整经营结构，改变发展方式，加快企业转型，才能实现企业的可持续发展，并适时提出了全面推进"七项重点工作"的战略目标，制定了"调整创新客、货运经营、扩大提升维修、驾培服务、下大力气抓好物流发展"的经营策略，并认真组织落实。

【结构调整】 "七项重点工作"是集团应对危机，实现传统道路运输业向现代运输服务业转型的重要举措。年初，全面安排，集中学习，为工作的开展奠定了思想、理论基础。3月，现场观摩，亲身感受了"七项重点工作"给企业带来的大变化、大发展。制定三年规划和年度工作目标，并有效组织实施。7月、12月，集团领导两次带队检查指导进展情况。"七项重点工作"扎实推进，企业的核心竞争力和抗风险能力明显增强。

1.客运经营。按照"翔实测算、互利共赢、分类指导、逐步推进"的原则，采取合作经营、股份经营、全资经营等多种模式，全力推进以企业控股为主的客运公司化经营。由于测算准确、管理严格、工作推进扎实，客运经营效益显著提升，同比增长2429.6万元。至年底，集团共有全资车辆224台，控股车辆224台，参股车辆153台，车辆产权结构明显优化。如：晋城公司共有股改车辆93台，经营收益由参股前的21%提高到40%；雁北公司19台公营车辆上缴收入占到全部车辆上缴总额的26%；长治公司对"长治—屯留"班线进行公交化改造，经营效益提高233.3%，公司化经营初见成效，服务质量、服务水平和盈利能力明显提升。

2.货运经营。面对严峻形势，集团提出"货源兴，则货运兴"的货运发展新理念，努力构建"抓住货主、联系买主、组织车主"的新型货运关系链。各公司主动深入各大企业联系货源，建立长期稳定大宗货源基地，大力发展非煤货源，提升组货能力。运城公司依托地区特有的农副产品丰富的优势，积极拓展非煤质货源市场，货运收入稳步提升，运力结构显著改善。如：侯马公司围绕宝特、方略物流园区的市场需求，率先组建了甩挂运输车队；临汾公司积极培育货源基地，目前已与森泰洗煤、古县煤气化、临汾同世达、三维化工建立了长期的运输合作关系；阳泉公司自筹资金购置货车11台，承揽榆社华能电厂运煤业务，并以公司化经营模式投入运营，年完成货运量达到20万吨以上，实现收益83万元。至年底，全集团年组货量明显上升，达到168.6万吨，较2008年增长53.9%。

3.现代物流。集团下发《关于建立以运输、仓储、货代、配送为一体物流基地指导意见》，以加快物流基地建设为工作中心，以市场需求、服务顾客为导向，以现代信息技术为依托，全力推进全系统现代物流发展。如：迎泽物流依托自身优势，在做好物流市场的基础上，租赁阳旭物流基地，通过为海尔提供物流服务，提升了管理水平。同时，加快第三方物流发展步伐，努力构建营销物流网络，与隆力奇、爱立信、德克士、沃尔玛等商家广泛合作，在园区内形成了服务优质完善、资源配置优化、运营成本节约、高效运转的一体化服务体系，由单一的经营物流市场逐步向第三方物流迈进。长治公司在市政府的统一规划和直接领导下，牵头注册长治物流中心公路货运枢纽有限公司，占地227亩的物流基地正式奠基建设。晋城公司苗匠物流园区投资4000多万元，年内已竣工并投入使用。运城公司空港物流园区被省政府列为全省服务业"1+10"商贸流通业的示范带动项目之一，被市政府列为运城地区三大物流基地之一。阳方口、忻州公司积极培育物流市场并新建物流基地。与此同时，集团牵头积极开展物流软件研发和信息平台建设，至年底，平台建设方案已经通过专家论证。

4.站场经营。集团作为山西道路运输的主导企业，依托站场优势，发挥站场公益职能，全力服务广大人民群众出行。一方面按照《道路旅客运输及客运站管理规定》、《汽车站质量信誉考核体系》和《汽车客运站安全生产规范》等法规要求，努力提高“三个服务”的能力和水平，认真落实交通部“三优、三化”标准，围绕安全生产、运转顺畅、功能完善、方便快捷、优质服务的总体要求，强化管理，精心服务，为广大人民群众提供了安全、舒适、便捷的出行环境。另一方面坚持自主经营、控股经营、租赁经营相结合的原则，以专业化发展、网络化经营为目标，通过资本运作，积极参与新站建设与经营管理，并对现有站场进行提升、改造。如：晋城公司一级客运站已完成主体建设；临汾公司一级客运站、忻州公司忻州、原平一级客运站已经奠基建设。晋城公司收购的高平站、阳城站正在建设之中，区域网络优势进一步增强；长治公司武乡站、平顺站已投入使用，长子站、壶关站、屯留站、襄垣站的建设亦已完成，区域网络基本形成；忻州公司加快对所属汽车站的建设步伐，静乐站、岚县站即将投入运营；阳泉公司左权站、运城公司万荣东、西站相继投入使用。集团以地市汽车站为中心，县市汽车站为节点的客运站场网络得到进一步巩固与完善，服务能力进一步提升。

5.维修服务。面对金融危机和煤矿关停并转的严重影响，各公司围绕《关于推进建立以“4S”店为中心的维修基地指导意见》，以提高质量、强化服务、拓展市场为目标，在市场低迷的形势下，全面加强内部管理，积极开展职工培训，增加优质服务项目，调整车辆品次与结构，为市场回暖后营业收入的快速回升奠定了良好的基础。与此同时，加快建设技术先进、效益一流、服务优质的维修服务企业。如：长治公司在南垂汽贸园区建立了一汽、重汽、比亚迪、荣威、名爵、莲花等品牌在内的维修集群基地；临汾公司在抓好解放、东风“4S”店的基础上，新增柳特、莲花轿车“4S”店，取得东方红皮卡临汾市总代理权；晋龙捷泰公司新增莲花“4S”店、福田皮卡、轻卡“4S”店；忻州公司新增比亚迪“4S”店。侯马公司积极拓展维修市场，投资300余万元筹建机动车综合检测线，将交警车管业务、运管审验、尾气环保检测业务引入公司浍南园区，进一步增强了公司的影响力、控制力，全系统年维修收入实现5.3亿元。

至年底，集团营运车辆达到14132台，其中：客车4496台（高级客车1618台），总座位数116896个；货车9636台（重型大吨位5710台，专用车3327台），总吨位123946.2个。车辆二维率97.2%，完好率97.9%，完成检验率98.2%，车辆平均技术等级率为1.29。

6.驾校管理。各公司按照《关于建立以驾培为中心的综合培训基地指导意见》，以提高培训质量和提升服务能力为重点，增加基础设施，改善办学条件，累计投资近3000万元对所属驾校的软硬件设施设备进行了升级改造。其中，晋城公司的苗匠生态园林式驾校综合培训基地已正式投入使用，顺利通过一级驾校验收；晋龙捷泰公司恢复一级驾校资质；运城公司投资900余万元新增设备，建设全新的驾培基地；侯马、临汾、长治、忻州公司凭借完善的教学设施和雄厚的师资力量，拓展综合培训业务，新增客运、危货、乘务员、押运员从业资格培训、驾驶员违章培训、驾驶证注销恢复培训等业务，与行业主管部门联办驾驶员申报中高级职业资格、汽车修理工等综合培训，较快地实现了由单一的驾驶员培训向综合培训基地转变。至年底，全系统共有一级驾校3所，二级驾校6所，年培训人数达2.5万人，实现营业收入2300万元。

7.土地资本。集团充分利用土地授权经营管理的政策优势，通过资本运作将有限的资产最大限度的转化为支持企业发展的资金。如：华运公司与阳泉公司合作开发同兴开元项目，实现收益200余万元；与侯马公司合作开发新田府邸项目进展顺利；与宇星公司合作开发龙兴府邸项目已申报立项。忻州公司通过资本运作，不仅解决了场站的建设资金和建设用地，而且净增土地面积150余亩。阳方口公司神池汽车站成功用3亩授权土地置换70亩出让土地，既解决了汽车站建设用地，又开发了汽配市场，收益达到2000万元。晋城公司并购高平市道路客运中心，整合客车162台；临汾公司收购城北客运站及其所属驾校。晋龙捷泰公司通过并购重组宝通达公司、金路公司、金领运业公司及其所属驾校，快速获取了营运线路125条，增加客运车辆520台，客运市场份额增加至80%以上。

8.加油加气。本着“资源共享，优势互补、真诚合作、互利共赢”的原则，集团与中石油昆仑天然气利用有限公司共同出资注册“山西中石油昆仑天然气利用有限公司”，并制定了在全省建设75个加气站的工作规划。2009年4月，集团在海南召开创新发展工作会议，集中研究了撬装加油装置建设，车用压缩天然气加气站建设等四项工作。2009年5月，集团与山西晋油燃料技术有限公司达成合作建设撬装加油装置协议。2009年6月，集团又专门在长治公司沁县分公司召开工作推进会，并组织各公司董事长赴济南、徐州进行现场参观。2009年8月7日，集团在朔州客运北站举行了隆重的项目启动仪式。至年底，已在14个汽车站安装撬装加油装置，朔州站、太原东客站等5个汽车站的安装工作已经完成。

【重大决策与重大项目进展】 2009年，集团全系统重点投资建设项目31个，共完成投资22333.31万元，其中：主业项目26个，总投资18450.31万元，非主业项目5个，总投资3883万元。新开工项目12个，续建项目19个。建设项目中汽车站16个、物流园区3个、驾校3个、汽车商贸（维修）4个，住宅4个；省外建设投资项目1个，投资金额472.5万元。

【国有资产保值增值】 2009年初，集团国有资本总额33046.54万元；2009年末，集团国有资本总额33046.54万元，实现国有资本增值0元，资本保值增值率100%。

【法人治理结构】 公司法人治理结构由董事会、监事会、经理层组成。

董事会成员由省国资委委派，董事会是集团最高决策机构，设董事长1名，副董事长2名，董事4名，依照法律规定和公司章程行使职权，决定公司重大事项，对省国资委负责。监事会成员由省国资委委派，现由5名监事组成，其中：主席1名，专职监事3名，集团兼职监事1名，由董事会审计处处长兼任，监事会依照法律规定和公司章程行使职权，对集团公司经营管理行为及国有资产实施监督。

集团经理层由董事会提名，省国资委决定聘任或解聘，经理依照法律规定和公司章程行使职权，主持公司的生产经营管理工作和组织实施董事会决议，公司总经理对董事会负责。

【公司领导班子成员名录】

胡鲜朝	董事长、党委副书记
郭鹏飞	副董事长、党委书记
张海清	副董事长、党委委员、总经理
牛天长	董事、党委委员、工会主席

王彩霞　董事、党委委员、总会计师
武　艺　党委委员、副总经理
曹继祥　党委委员、副总经理
王援朝　享受副职待遇

表1

汽运集团基本情况表

2009年12月31日　　金额单位:万元

项　目	行次	金额
一、职工人数情况(人):	1	—
(一)年末从业人员人数	2	10,377
(二)全年平均从业人员人数	3	10,360
(三)年末职工人数	4	14,216
其中:年末在岗职工人数	5	8,727
(四)全年平均职工人数	6	14,119
其中:全年平均在岗职工人数	7	8,685
(五)年末离休人数	8	199
(六)年末退休人数	9	7,635
(七)参加基本养老保险职工人数	10	14,473
(八)参加补充养老保险(年金)职工人数	11	0
(九)参加基本医疗保险职工人数	12	15,198
(十)参加补充医疗保险职工人数	13	3,672
(十一)参加失业保险职工人数	14	10,928
(十二)参加工伤保险职工人数	15	7,458
(十三)参加生育保险职工人数	16	7,974
(十四)接收军队转业、复员退伍人员总数	17	1,263
其中:当年接收军队转业、复员退伍人员数	18	14
(十五)实行工效挂钩职工人数	19	0
二、企业不在岗职工及劳动关系处理情况:	20	—
(一)年初不在岗职工人数(人)	21	5,042
其中:内退人数(人)	22	454
(二)年末不在岗职工人数(人)	23	5,957
其中:内退人数(人)	24	871

续表

项　　目	行次	金额
(三)本年累计解除劳动关系人数(人)	25	62
(四)本年累计支付经济补偿金额	26	0.0
其中:财政负担部分	27	0.0
三、工资及福利情况:	28	—
(一)全年应发工资总额	29	15,279.5
(二)全年实际发放工资总额 3015,323.6	30	15,323.6
其中:全年实际发放职工工资总额	31	15,078.4
其中:全年实际发放在岗职工工资总额	32	14,371.2
(三)企业提取的工资总额	33	16,609.7
1.非工挂企业工资总额	34	16,293.1
2.工挂企业工资总额	35	0.0
(1)核定的工挂企业工资总额基数	36	0.0
(2)工挂企业提取的新增效益工资	37	0.0
(四)离退休人员养老金及福利性补助	38	4,720.0
(五)企业负责人薪酬总额	39	1,265.2
企业负责人人数(人)	40	225.0
(六)本年列支的职工福利费	41	954.7
(七)本年支付的医药费	42	363.4
其中:离退休人员医药费	43	278.1
(八)本年企业支付的职工住房费用	44	838.0
其中:本年提取的住房公积金	45	829.9
本年一次性支付的住房补贴	46	0.0
本年按月发放的住房补贴	47	0.1
四、本年支付的职工培训费用	48	277.1
五、产值(按现行价格计算):	49	—
(一)工业总产值	50	6,947.9
(二)工业增加值	51	62,694.5
六、本年收到的财政性资金	52	1,111.9
(一)基本建设性资金	53	500.0
(二)生产发展性资金	54	110.0
(三)社会保障性资金	55	86.9
(四)其他	56	415.0

续表

项　　目	行次	金额
七、本年科技资金来源及支出情况：	57	—
（一）本年科技资金来源合计	58	0.0
1.政府拨款	59	0.0
2.企业自筹	60	0.0
3.其他	61	0.0
（二）本年科技支出合计	62	0.0
1.研究开发费用合计	63	0.0
其中：科技人员人工支出	64	0.0
研究开发性固定资产支出	65	0.0
其他研究开发支出	66	0.0
2.购买新技术、科研设备等支出	67	0.0
3.其他科技支出	68	0.0
八、固定资产情况：	69	—
（一）按使用情况划分（原价）	70	145,898.2
1.在用固定资产	71	145,838.0
2.未使用固定资产	72	0.0
3.不需用固定资产	73	60.2
（二）主要类别固定资产情况：	74	—
1.固定资产原价合计	75	145,898.2
其中：土地资产	76	5,235.9
房屋、建筑物	77	78,227.9
机器设备	78	13,184.3
运输工具	79	49,159.0
2.当年计提的固定资产折旧总额	80	12,370.6
其中：房屋、建筑物	81	3,000.1
机器设备	82	1,201.3
运输工具	83	8,168.6
3.当年计提折旧的平均固定资产原价	84	130,552.4
（三）当年固定资产投资总额	85	34,913.3
1.购置固定资产	86	18,525.2
2.基建投资	87	16,293.8
3.其他投资	88	94.3

续表

项目	行次	金额
九、投资收益	89	64.7
其中:长期股权投资	90	64.7
交易性金融资产	91	0.0
交易性金融负债	92	0.0
持有至到期投资	93	0.0
可供出售金融资产	94	0.0
其他收益项目	95	0.0
十、拥有的自主知识产权专利数量(项)	96	0
其中:本年度新增专利数量(项)	97	0
十一、当年企业提取的安全生产费用	98	461.3
十二、当年企业支出的安全生产费用	99	147.0
十三、当年企业支付的环境保护及生态恢复支出	100	0.0
其中:(一)本年度上交政府统筹的支出	101	0.0
(二)本年度企业提取或据实列支的支出	102	0.0
十四、当年企业支出的节能减排费用	103	0.0
十五、企业累计向境外投资额	104	0.0
其中:企业当年新增向境外投资额	105	0.0

表 2

汽运集团资产负债表

2009 年 12 月 31 日

金额单位:万元

项目	行次	期末金额	年初金额
流动资产:	1	—	—
货币资金	2	30,403.1	20,220.5
△结算备付金	3	0.0	0.0
△拆出资金	4	0.0	0.0
交易性金融资产	5	0.0	0.0
应收票据	6	922.9	1,403.5
应收账款	7	16,636.3	15,565.3
预付款项	8	6,860.0	5,924.3

续表

项目	行次	期末金额	年初金额
△应收保费	9	0.0	0.0
△应收分保账款	10	0.0	0.0
△应收分保合同准备金	11	0.0	0.0
应收利息	12	0.0	0.0
其他应收款	13	44,918.9	36,263.7
△买入返售金融资产	14	0.0	0.0
存货	15	12,534.4	9,575.9
其中:原材料	16	846.6	0.0
库存商品(产成品)	17	6,048.3	0.0
一年内到期的非流动资产	18	0.0	0.0
其他流动资产	19	4,385.2	1,135.6
流动资产合计	20	116,660.8	90,088.8
非流动资产:	21	—	—
△发放贷款及垫款	22	0.0	0.0
可供出售金融资产	23	583.7	296.1
持有至到期投资	24	10.8	10.8
长期应收款	25	2,210.1	0.0
长期股权投资	26	2,863.9	3,483.7
投资性房地产	27	411.8	435.7
固定资产原价	28	145,898.2	124,756.2
减:累计折旧	29	54,518.1	46,801.1
固定资产净值	30	91,380.1	77,955.0
减:固定资产减值准备	31	586.0	586.0
固定资产净额	32	90,794.1	77,369.1
在建工程	33	20,938.5	18,413.6
工程物资	34	0.0	0.0
固定资产清理	35	2.5	2.5
生产性生物资产	36	0.0	0.0
油气资产	37	0.0	0.0
无形资产	38	63,218.2	61,863.6
开发支出	39	0.0	0.0
商誉	40	0.0	0.0

续表

项目	行次	期末金额	年初金额
长期待摊费用	41	894.9	834.9
递延所得税资产	42	804.6	609.5
其他非流动资产	43	38.0	10.0
其中:特准储备物资	44	0.0	0.0
非流动资产合计	45	182,771.0	163,329.4
	46		
	47		
	48		
	49		
	50		
	51		
	52		
	53		
	54		
	55		
	56		
	57		
	58		
	59		
	60		
	61		
	62		
	63		
资产总计	64	299,431.8	253,418.2
流动负债:	65	—	—
短期借款	66	25,889.1	17,144.4
△向中央银行借款	67	0.0	0.0
△吸收存款及同业存放	68	0.0	0.0
△拆入资金	69	0.0	0.0
交易性金融负债	70	0.0	0.0
应付票据	71	8,651.5	0.0
应付账款	72	11,122.4	11,711.9

续表

项目	行次	期末金额	年初金额
预收款项	73	5,351.5	4,233.5
△卖出回购金融资产款	74	0.0	0.0
△应付手续费及佣金	75	0.0	0.0
应付职工薪酬	76	4,226.4	4,464.9
其中:应付工资	77	1,880.1	1,654.2
应付福利费	78	97.2	240.7
#其中:职工奖励及福利基金	79	0.0	0.0
应交税费	80	5,053.0	5,778.5
其中:应交税金	81	3,938.5	4,737.9
应付利息	82	119.2	0.0
其他应付款	83	122,404.6	103,670.4
△应付分保账款	84	0.0	0.0
△保险合同准备金	85	0.0	0.0
△代理买卖证券款	86	0.0	0.0
△代理承销证券款	87	0.0	0.0
一年内到期的非流动负债	88	0.0	0.0
其他流动负债	89	9,201.1	9,976.0
流动负债合计	90	192,018.8	156,979.7
非流动负债:	91	—	—
长期借款	92	10,101.0	7,783.3
应付债券	93	0.0	0.0
长期应付款	94	24,190.4	17,312.6
专项应付款	95	1,516.9	3,384.7
预计负债	96	0.0	0.0
递延所得税负债	97	0.0	0.0
其他非流动负债	98	2,440.1	1,259.9
其中:特准储备基金	99	0.0	0.0
非流动负债合计	100	38,248.4	29,740.4
负债合计	101	230,267.2	186,720.1
所有者权益(或股东权益):	102	—	—
实收资本(股本)	103	33,046.5	33,046.5

续表

项目	行次	期末金额	年初金额
国家资本	104	33,046.5	33,046.5
集体资本	105	0.0	0.0
法人资本	106	0.0	0.0
其中:国有法人资本	107	0.0	0.0
集体法人资本	108	0.0	0.0
个人资本	109	0.0	0.0
外商资本	110	0.0	0.0
#减:已归还投资	111	0.0	0.0
实收资本(或股本)净额	112	33,046.5	33,046.5
资本公积	113	36,183.5	35,739.2
减:库存股	114	0.0	0.0
专项储备	115	0.0	0.0
盈余公积	116	0.0	0.0
其中:法定公积金	117	0.0	0.0
任意公积金	118	0.0	0.0
#储备基金	119	0.0	0.0
#企业发展基金	120	0.0	0.0
#利润归还投资	121	0.0	0.0
△一般风险准备	122	0.0	0.0
未分配利润	123	-9,034.2	-9,190.0
外币报表折算差额	124	0.0	0.0
归属于母公司所有者权益合计	125	60,195.8	59,595.8
*少数股东权益	126	8,968.8	7,102.3
所有者权益合计	127	69,164.6	66,698.1
负债和所有者权益总计	128	299,431.8	253,418.2

表 3

汽运集团利润表

2009 年 12 月 31 日　　金额单位:万元

项目	行次	本期金额	上期金额
一、营业总收入	1	362,149.2	415,095.7
其中:营业收入	2	362,149.2	415,095.7
其中:主营业务收入	3	354,100.7	407,242.4
其他业务收入	4	8,048.5	7,853.3
△利息收入	5	0.0	0.0
△已赚保费	6	0.0	0.0
△手续费及佣金收入	7	0.0	0.0
二、营业总成本	8	361,672.2	415,150.2
其中:营业成本	9	327,347.2	381,611.3
其中:主营业务成本	10	323,886.4	377,362.8
其他业务成本	11	3,460.8	4,248.5
△利息支出	12	0.0	0.0
△手续费及佣金支出	13	0.0	0.0
△退保金	14	0.0	0.0
△赔付支出净额	15	0.0	0.0
△提取保险合同准备金净额	16	0.0	0.0
△保单红利支出	17	0.0	0.0
△分保费用	18	0.0	0.0
营业税金及附加	19	7,587.7	9,057.0
销售费用	20	2,497.0	2,496.0
管理费用	21	22,080.3	18,322.2
其中:业务招待费	22	462.1	271.0
研究与开发费	23	0.0	0.0
财务费用	24	1,935.8	1,933.8
其中:利息支出	25	1,966.7	2,207.1
利息收入	26	304.5	372.0
汇兑净损失(净收益以"-"号填列)	27	0.0	0.0
资产减值损失	28	224.2	1,729.9
其他	29	0.0	0.0

续表

项目	行次	本期金额	上期金额
加:公允价值变动收益(损失以"-"号填列)	30	0.0	0.0
投资收益(损失以"-"号填列)	31	64.7	2.5
其中:对联营企业和合营企业的投资收益	32	0.0	0.0
△汇兑收益(损失以"-"号填列)	33	0.0	0.0
三、营业利润(亏损以"-"号填列)	34	541.7	-52.0
加:营业外收入	35	1,113.9	1,145.4
其中:非流动资产处置利得	36	78.7	294.0
非货币性资产交换利得	37	0.0	0.0
政府补助	38	540.9	635.9
债务重组利得	39	0.0	5.2
减:营业外支出	40	517.3	270.0
其中:非流动资产处置损失	41	26.1	68.7
非货币性资产交换损失	42	0.0	0.0
债务重组损失	43	0.0	0.0
四、利润总额(亏损总额以"-"号填列)	44	1,138.3	823.5
减:所得税费用	45	474.9	179.6
五、净利润(净亏损以"-"号填列)	46	663.5	643.8
归属于母公司所有者的净利润	47	155.8	174.7
★少数股东损益	48	507.7	469.1
六、每股收益:	49	—	—
基本每股收益	50	0.0	0.0
稀释每股收益	51	0.0	0.0
七、其他综合收益	52	0.0	0.0
八、综合收益总额	53	663.5	643.8
归属于母公司所有者的综合收益总额	54	155.8	174.7
★归属于少数股东的综合收益总额	55	507.7	469.1
	56		

表 4

汽运集团所有者权益变动表

2009 年 12 月 31 日

金额单位：万元

项目	行次	本年金额										
		归属于母公司所有者权益									少数股东权益	所有者权益合计
		实收资本（或股本）	资本公积	减:库存股	专项储备	盈余公积	一般风险准备	未分配利润	其他	小计		
栏次	–	1	2	3	4	5	6	7	8	9	10	11
一、上年年末余额	1	33,046.5	35,739.2	0.0	0.0	0.0	0.0	-9,190.0	0.0	59595.8	7,102.3	66,698.1
加:会计政策变更	2	—	—	—	—	—	—	—	—	—	—	—
前期差错更正	3	—	—	—	—	—	—	—	—	—	—	—
二、本年年初余额	4	33,046.5	35,739.2	0.0	0.0	0.0	0.0	-9,190.0	0.0	59595.8	7,102.3	66,698.1
三、本年增减变动金额（减少以"–"号填列）	5	0.0	444.3	0.0	0.0	0.0	0.0	155.8	0.0	600.1	1,866.5	2,466.5
（一）净利润	6	—	—	—	—	—	—	155.8	—	155.8	507.7	663.5
（二）直接计入所有者权益的利得和损失	7	0.0	444.3	0.0	0.0	0.0	0.0	0.0	0.0	444.3	1,358.8	1,803.1
1.可供出售金融资产公允价值变动净额	8	—	287.6	—	—	—	—	—	—	287.6	0.0	287.6
2.权益法下被投资单位其他所有者权益变动的影响	9	—	156.7	—	—	—	—	—	—	156.7	1,358.8	1,515.5
3.与计入所有者权益项目有关的所得税影响	10	—	0.0	—	—	—	—	—	—	0.0	0.0	0.0
4.其他	11	0.0	0.0	0.0	0.0	0.0	0.0	0.0	0.0	0.0	0.0	0.0
净利润及直接计入所有者权益的利得和损失小计	12	0.0	444.3	0.0	0.0	0.0	0.0	155.8	0.0	600.1	1,866.5	2,466.5
（三）所有者投入和减少资本	13	0.0	0.0	0.0	0.0	0.0	0.0	0.0	0.0	0.0	0.0	0.0
1.所有者投入资本	14	0.0	0.0	—	—	—	—	—	—	0.0	0.0	0.0
2.股份支付计入所有者权益的金额	15	0.0	0.0	—	—	—	—	—	—	0.0	0.0	0.0
3.其他	16	0.0	0.0	0.0	0.0	0.0	0.0	0.0	0.0	0.0	0.0	0.0

续表

项目	行次	本年金额										
		归属于母公司所有者权益									少数股东权益	所有者权益合计
		实收资本（或股本）	资本公积	减:库存股	专项储备	盈余公积	一般风险准备	未分配利润	其他	小计		
栏次	–	1	2	3	4	5	6	7	8	9	10	11
(四)专项储备提取和使用	17	0.0	0.0	0.0	0.0	0.0	0.0	0.0	0.0	0.0	0.0	0.0
1.提取专项储备	18	—	—	—	0.0	—	—	—	—	0.0	0.0	0.0
2.使用专项储备	19	—	—	—	0.0	—	—	—	—	0.0	0.0	0.0
(五)利润分配	20	0.0	0.0	0.0	0.0	0.0	0.0	0.0	0.0	0.0	0.0	0.0
1.提取盈余公积	21	0.0	0.0	0.0	0.0	0.0	0.0	0.0	0.0	0.0	0.0	0.0
其中:法定公积金	22	—	—	—	—	0.0	—	0.0	—	0.0	—	0.0
任意公积金	23	—	—	—	—	0.0	—	0.0	—	0.0	—	0.0
# 储备基金	24	—	—	—	—	0.0	—	0.0	—	0.0	—	0.0
# 企业发展基金	25	—	—	—	—	0.0	—	0.0	—	0.0	—	0.0
# 利润归还投资	26	—	—	—	—	0.0	—	0.0	—	0.0	—	0.0
2.提取一般风险准备	27	—	—	—	—	—	0.0	0.0	—	0.0	—	0.0
3.对所有者(或股东)的分配	28	—	—	—	—	—	—	0.0	—	0.0	0.0	0.0
4.其他	29	0.0	0.0	0.0	0.0	0.0	0.0	0.0	0.0	0.0	0.0	0.0
(六)所有者权益内部结转	30	0.0	0.0	0.0	0.0	0.0	0.0	0.0	0.0	0.0	0.0	0.0
1.资本公积转增资本(或股本)	31	0.0	0.0	—	—	—	—	—	—	0.0	—	0.0
2.盈余公积转增资本(或股本)	32	0.0	—	—	—	0.0	—	—	—	0.0	—	0.0
3.盈余公积弥补亏损	33	—	—	—	—	0.0	—	0.0	—	0.0	—	0.0
4.其他	34	0.0	0.0	0.0	0.0	0.0	0.0	0.0	0.0	0.0	0.0	0.0
四、本年年末余额	35	33,046.5	36,183.5	0.0	0.0	0.0	0.0	–9,034.2	0.0	60,195.8	8,968.8	69,164.6

续表

项目	行次	上年金额										
		归属于母公司所有者权益									少数股东权益	所有者权益合计
		实收资本（或股本）	资本公积	减:库存股	专项储备	盈余公积	一般风险准备	未分配利润	其他	小计		
栏次	—	12	13	14	15	16	17	18	19	20	21	22
一、上年年末余额	1	31,946.5	34,801.6	0.0	0.0	0.0	0.0	−10,275.1	0.0	56,473.1	4,457.0	60,930.1
加:会计政策变更	2	0.0	0.0	0.0	0.0	0.0	0.0	0.0	0.0	0.0	0.0	0.0
前期差错更正	3	0.0	0.0	0.0	0.0	0.0	0.0	910.4	0.0	910.4	0.0	910.4
二、本年年初余额	4	31,946.5	34,801.6	0.0	0.0	0.0	0.0	−9,364.7	0.0	57,383.5	4,457.0	61,840.5
三、本年增减变动金额（减少以"–"号填列）	5	1,100.0	937.6	0.0	0.0	0.0	0.0	174.7	0.0	2,212.3	2,645.3	4,857.6
（一）净利润	6	—	—	—	—	—	—	174.7	—	174.7	469.1	643.8
（二）直接计入所有者权益的利得和损失	7	0.0	937.6	0.0	0.0	0.0	0.0	0.0	0.0	937.6	2,176.2	3,113.8
1.可供出售金融资产公允价值变动净额	8	—	−678.7	—	—	—	—	—	—	−678.7	0.0	−678.7
2.权益法下被投资单位其他所有者权益变动的影响	9	—	1,616.4	—	—	—	—	—	—	1,616.4	2,176.2	3,792.5
3.与计入所有者权益项目有关的所得税影响	10	—	0.0	—	—	—	—	—	—	0.0	0.0	0.0
4.其他	11	0.0	0.0	0.0	0.0	0.0	0.0	0.0	0.0	0.0	0.0	0.0
净利润及直接计入所有者权益的利得和损失小计	12	0.0	937.6	0.0	0.0	0.0	0.0	174.7	0.0	1,112.3	2,645.3	3,757.6
（三）所有者投入和减少资本	13	1,100.0	0.0	0.0	0.0	0.0	0.0	0.0	0.0	1,100.0	0.0	1,100.0
1.所有者投入资本	14	1,100.0	0.0	—	—	—	—	—	—	1,100.0	0.0	1,100.0
2.股份支付计入所有者权益的金额	15	0.0	0.0	—	—	—	—	—	—	0.0	0.0	0.0
3.其他	16	0.0	0.0	0.0	0.0	0.0	0.0	0.0	0.0	0.0	0.0	0.0

续表

项目	行次	上年金额										
		归属于母公司所有者权益									少数股东权益	所有者权益合计
		实收资本（或股本）	资本公积	减:库存股	专项储备	盈余公积	一般风险准备	未分配利润	其他	小计		
栏次	–	12	13	14	15	16	17	18	19	20	21	22
(四)专项储备提取和使用	17	0.0	0.0	0.0	0.0	0.0	0.0	0.0	0.0	0.0	0.0	0.0
1.提取专项储备	18	—	—	—	0.0	—	—	—	—	0.0	0.0	0.0
2.使用专项储备	19	—	—	—	0.0	—	—	—	—	0.0	0.0	0.0
(五)利润分配	20	0.0	0.0	0.0	0.0	0.0	0.0	0.0	0.0	0.0	0.0	0.0
1.提取盈余公积	21	0.0	0.0	0.0	0.0	0.0	0.0	0.0	0.0	0.0	0.0	0.0
其中:法定公积金	22	—	—	—	—	0.0	—	0.0	—	0.0	—	0.0
任意公积金	23	—	—	—	—	0.0	—	0.0	—	0.0	—	0.0
#储备基金	24	—	—	—	—	0.0	—	0.0	—	0.0	—	0.0
#企业发展基金	25	—	—	—	—	0.0	—	0.0	—	0.0	—	0.0
#利润归还投资	26	—	—	—	—	0.0	—	0.0	—	0.0	—	0.0
2.提取一般风险准备	27	—	—	—	—	—	0.0	0.0	—	0.0	—	0.0
3.对所有者(或股东)的分配	28	—	—	—	—	—	—	0.0	—	0.0	0.0	0.0
4.其他	29	0.0	0.0	0.0	0.0	0.0	0.0	0.0	0.0	0.0	0.0	0.0
(六)所有者权益内部结转	30	0.0	0.0	0.0	0.0	0.0	0.0	0.0	0.0	0.0	0.0	0.0
1.资本公积转增资本(或股本)	31	0.0	0.0	—	—	—	—	—	—	0.0	—	0.0
2.盈余公积转增资本(或股本)	32	0.0	—	—	—	0.0	—	—	—	0.0	—	0.0
3.盈余公积弥补亏损	33	—	—	—	—	0.0	—	0.0	—	0.0	—	0.0
4.其他	34	0.0	0.0	0.0	0.0	0.0	0.0	0.0	0.0	0.0	0.0	0.0
四、本年年末余额	35	33,046.5	35,739.2	0.0	0.0	0.0	0.0	-9,190.0	0.0	59,595.8	7.102.3	66,698.1

山西省经济建设投资公司

【基本概况】 山西省经济建设投资公司（以下简称“公司”）成立于1988年，截至2009年末，注册资本34.7亿元，为国有大型一类企业。公司主业为资产管理和实业投资。资产管理业务是根据全省国民经济发展计划，遵照国家和省的有关法律、法规从事经营性存量资产（股权和债权）的管理、使用和回收，确保国有资产保值增值；实业投资主要分布在能源、原材料、交通、房地产、高科技等领域。

【主要经济指标】 山西省国资委下达的2009年度考核指标为利润总额7100万元，净资产收益率2.8%，主营业务收入38300万元。2009年，公司实现利润总额8334.3万元，超额完成1234.3万元，超额17.38%，比2008年的7055万元净增1279.3万元，增幅为18.13%；净资产收益率为3.35%，完成全年任务的119.6%；主营业务收入40076.87万元，超额完成1776.87万元，超额4.64%，比2008年的35390万元净增4686.87万元，增幅13.24%。转变增长方式指标和安全指标全部达标。截至2009年底，公司总资产75.4亿元，总负债7.3亿元，所有者权益68.1亿元。

【改革发展】 根据省属企业国有企业改制领导组办公室下发的《关于对山西省经济建设投资公司所属企业改革总体框架方案的批复》，按照《山西省省属企业国有产权转让实施办法》、《山西省省属企业改革申报审批办法》等文件精神，公司立足实际，积极稳妥地推进了山西创业投资有限公司、山西怡和房地产开发有限公司、山西经泰贸易有限公司以及山西翔宇彩印包装股份有限公司、山西朔州恒昌亚麻纺织有限公司等控股企业以不同方式进行的改制工作，并取得阶段性成果。一是根据省委、省政府和省国资委关于深化国有企业改革的精神，对公司改制及公司内部母子公司整合重组框架性方案进行了研究讨论，按大集团发展思路规范和理顺了母子公司管理体制，通过股权重组方式将山西创业投资有限公司、山西怡和房地产开发有限公司、山西经泰贸易有限公司整合重组为投资公司的全资子公司。二是根据省国资委晋国资改革函【2008】368号文和朔州市国资委朔国资函【2008】3号文件精神，将公司持有的朔州恒昌公司股份全部划转朔城区人民政府。在省市区有关部门和公司领导、企业负责人的协调和共同努力下，该公司已于2009年底改制为民营企业，为公司集中优势发展主业、收缩战线做出了有益的尝试和探索。其他控股企业也做了大量的基础性准备工作，积极推进改制工作进程。

【国有资产保值增值】 省国资委下达的第二任期（2007年～2009年）“国有资产保值增值率”指标为104.5%，公司第二任期国有资产保值增值率为117.17%，超额完成12.67%。

【重大决策与重大项目进展】 清产核资是公司2009年工作的重中之重。在2004年清产核资工作的基础上，公司继续坚持“内提质量，外保权益，核销从严，减值从宽”十六字方针，以“清资产、清质量”为目标，进一步制定了详细的工作方案，强力推进清产核资工作。在这项工作中，公司领导高度重视，清产核资办公室认真研究政策、制定模块资料，有关处室和控股企业全力以赴，对公司监管的债权、股权项目展开了全方位的、地毯式的彻底排查，认真收集、取证、核实相关材料，加班加点，保质保量地完成了2000余份清产核资清查报告的编制工作，形成清产核资调查报告40余册。同时，根据省国资委清产办要求，修订了公司的资产减值准备管理办法。公司清产核资报告顺利通过省国资委、省财政厅和监事会的会审会，为公司实施转增资本金工作夯实了基础，为公司规范会计核算办法、拓宽融资渠道、加大不良资产处置力度奠定了扎实的基础。

加强监管，规范运营，控股企业发展平稳，其中山西怡和房地产开发有限公司在整合重组为公司全资子公司后，在强化安全管理、规范市场运营的基础上，不断开拓新项目，基本完成"鼎太风华"项目的销售工作（累计销售面积23003m²，其中住宅5056m²，商铺3522m²，写字楼14425m²，累计完成销售额13890万元），如期完成国师街职工住宅小区的改造工作和怡园小区的整体移交工作，实现了建筑质量和售后服务零诉讼，并按计划使新建路房地产项目顺利开工，为经济效益的可持续增长打下了坚实的基础。2009年山西怡和房地产开发有限公司实现主营业务收入21427万元，利润3118万元，上缴税金2334万元。

【法人治理结构】 公司实行总经理负责制，公司总经理为法定代表人。公司党委委员7人，总经理1人，党委书记1人，副总经理4人，工会主席1人，总法律顾问1人，副总工程师、副总经济师各1人。公司本部设13个职能部门：办公室（党委办公室、人力资源处）、企划法规处、行政处、财务处、审计处、监察处、清算办公室、工会、业务一处、业务二处、业务三处、业务四处、业务五处。公司现有7个全资及控股子公司：山西怡和房地产开发有限公司（全资）、山西创业投资有限公司（全资）、山西经泰贸易有限公司（全资）、山西晋投怡苑商务有限公司（全资）、山西晋投民和房地产开发有限公司（全资）、山西晋投立唐环保建材有限公司（控股）、山西晋投夏工水泥有限公司（控股）。

【公司领导人员经营业绩考核体系与薪酬制度建设】

总公司领导班子年薪按与省国资委签订的《省属企业领导人员经营业绩责任书》由省国资委进行考核，根据考核结果兑现年薪。总公司本部员工薪酬分配坚持灵活有效地激励机制，激励与约束相统一，强化目标管理，年初与各部门签订《目标责任书》，实行绩效与分配相挂钩的业绩考核办法。公司对控股企业实行绩效考核制度，年初与控股企业负责人签订《经营目标责任书》，年底按经营指标完成情况进行考核，实现薪酬与责任、风险相一致，突出业绩考核，实现绩效与分配挂钩。

【主要管理经验】

1.强强联合争取共赢。以合作、双赢为基础，以优势互补、开拓创新为动力，努力推进强强联合、共赢发展的强企之路。从2008年底始，公司与中国移动山西分公司商榷，由山西怡和房地产公司开发有限公司牵头建设晋阳街移动员工住宅项目（移动小区）。经过近一年多艰难的谈判，基本形成了共识，为公司房地产新项目的推广和不断发展积蓄了力量。同时，为进一步加强合作，公司于2009年10月和中国建设银行山西省分行共同召开了委托贷款联席会议，就强化管理、和谐共进、相长相促、支持配合等工作进行了更为深入的沟通。

2.借助清产核资工作和煤焦领域反腐败工作，进一步推动公司的收贷工作和投资权益的落实。各业务处对所辖的债权、股权项目进行了全面的摸底清理，并针对各项目的具体情况提出相应的工作措施。针对部分监管项目中存在的利用煤炭资源整合逃废债或违纪违法等行为，公司收集典型案例，将有关情况向省煤焦领域反腐败专项斗争工作领导组和省国资委纪委等上级有关部门反映，得到了省国资委煤焦领域反腐败专项斗争办公室和政府有关部门的大力支持和帮助，取得了新突破和新进展。

3.整章建制进一步完善。编制《公司参控股企业管理手册》，出台了《职工年休假制度》、《差旅费管理暂行办法》、《病休、病退员工管理办法》、《出差人员管理办法》、《合同管理暂行办法》、《委派董事、监事管理暂行办法》等6项新制度，修订、完善了《对外担保管理办法》、《职工奖惩暂行办法》、《内部业绩考核办法》、《驾驶员出差、车补助暂行办法》、《党费收缴管理办法》、《车辆使用及派车管理办法》、《冬季采暖费补贴办法》等7项规章制度，废止了6项旧制度，使公司的整个制度体系得到进一步健全和完善，制度的可操作性和制约能力明显增强，员工按制度、按程序办事的自觉性明显提高，对提升公司综合管理水平的提高起到了积极的促进作用。档案管理严格规范。重点对各处室、控股企业对公司红头文件、会议纪要的集中保管和传阅批示情况进行了检查、督办和通报，对控股企业的兼职档案员进行了业务培训，并对公司内部的人事档案再次进行了认真的清理，做到了资料齐全、卷面整洁、归档有序。

4.强化安全生产。始终坚持“安全第一，预防为主”的方针，认真贯彻落实国家、省关于安全生产工作的法律法规和方针政策，公司本部和控股企业都建立了以一把手为主要负责人的安全生产管理组织机构和安全预警防范方案，设置了负责安全生产的职能部门，建立了较为完善的考核机制，实行安全管理工作一票否决制，逐级负责，责任到人，在保证完成生产经营任务的同时，2009年公司系统无任何重大设备和人身伤亡责任事故发生。

5.深入开展学习实践科学发展观活动。公司于2009年3月~7月认真开展了为期四个多月的深入学习实践科学发展观活动。活动期间，公司形成专题调研报告12份，编发《学习实践活动简报》15期，上报专题周报19期，解决存在的突出问题13项，出台新制度6个，员工撰写学习心得116篇，较好地完成了学习实践活动3个阶段11个环节的各项工作任务，在提高认识和推动实践等多个方面取得了实效，有力地推动了当前的各项工作，群众满意度测评达到95%，基本实现了中央提出的“党员干部受教育、科学发展上水平、人民群众得实惠”的总目标。

6.加强企业文化建设和精神文明建设。2009年公司组织开展了红色旅游，接受革命再教育；组织工会积极开展送爱心、送温暖、捐款捐物活动，并受到了省精神文明办、省红十字会的表彰；组织员工参加了省财贸工委举办的“庆祝建国六十周年”职工趣味运动会，并获得了优异成绩；组织职工学唱爱国歌曲活动，承办了公司与省建行“并肩通行、共创辉煌”联谊会；在获悉控股企业翔宇彩印包装股份有限公司李翔生同志之子身患重病后，工会倡议大家伸出援助之手，在精神上和经济上支持和帮助李翔生同志，短短一天内筹集善款15570元，并派专人前往北京看望、送款，在公司系统内营造出了“奉献爱心、回报社会、互助友爱、共度难关”的浓厚氛围。2009年，公司荣获省财贸工委系统“优质服务先进集体”称号。公司还组织员工设计制作了廉洁文化手册、公司宣传画册、新年贺卡和个性化邮票，不断给大家提供施展个人才华和才艺的舞台，营造心情舒畅、团结协作的工作和生活环境。

7.维护职工权益，改善职工生活。2009年，公司组织员工进行了体检，为在册员工（含退休、内退人员）统一购置了运动服，完善职工活动室各项设施，添置了跑步机、棋牌桌等设备，筹建了职工食堂，对国师街小区进行了改造施工，相继完成了小区场地硬化、住宅楼楼道粉刷、17号楼屋顶防水、住宅楼入户电表更换、院墙抹灰、自行车棚地面硬化及屋顶更换、车库屋顶更换等改造工程，基本解决了员工的后顾之忧。坚持重要传统节日慰问离退休职工和困难职工。同时，随着公司经济效益的不断提升，职工收入也有了较大的提高。

8.积极承担社会责任，深入开展"送温暖，献爱心"社会援助活动。2009年积极开展了"送温暖、献爱心"社会捐助活动，向山西省社会捐助管理中心捐助人民币6230元；四年来，累计向南方冰雪灾害地区、四川汶川地震灾区、我省困难群众共计捐款350余万元，棉衣被300多件。在结对帮建新农村工作中，公司多次深入帮建的洪洞县甘亭镇杨曲、上桥、士师、甘亭4个村进行调研，积极与县乡村三级领导商谈，并根据实际需要和村里的意见，向帮扶单位分别赠送了共计价值20万元（5万元/村）的560吨水泥，用于道路改造工程和学校建设，受到了当地和有关部门的好评。2009年公司荣获"2007～2008年度省属企业文明单位"称号，被省国资委党委授予"先进基层党组织"、"省属企业'先锋杯'百题知识竞赛活动优秀组织奖"、"省国资委系统2008年度信息化工作优秀组织奖"，被省发改委交安委评为"安全驾驶先进单位"。晋投夏工公司"SDB540熟料链斗输送机改造监察项目"获2008年度省属企业效能监察优秀项目；晋投怡苑小区被评为"省属企业文明社区"。山西怡和房地产开发有限公司获国家统计局房地产开发费用构成调查先进单位，怡和熙园小区被评为"太原市园林绿化标兵单位"。

【公司领导班子成员名录】

张　旭	总经理、党委委员
李中华	党委书记
苗平生	党委委员、副总经理
刘永安	党委委员、副总经理
梁云兰	党委委员、工会主席
薄少伟	党委委员、副总经理
谷建春	党委委员、副总经理
杨　捷	总法律顾问

山西省经贸资产经营有限责任公司

【基本概况】 山西省经贸资产经营有限责任公司（以下简称"公司"）是1995年经山西省人民政府批准设立的国有独资大型企业，为省政府授权的技术改造资金的投资管理主体。2008年10月，经省政府和省国资委批准，山西省经贸资产经营有限责任公司和山西省有色金属工业总公司，按"母子"方式重组为新的山西省经贸资产经营有限责任公司（以下简称"母公司"或"全公司"）。截至2009年底，全公司资产总额为23.05亿元、净资产为20亿元。公司下设山西省有色金属工业总公司、山西盛世经济发展有限公司、山西省冶金物资投资有限公司三个子公司。全公司在册职工总数216人，大专以上学历195人（其中，研究生14人，本科生

96 人），中共党员 119 人，占职工总人数的 55.1%。

山西省有色金属工业总公司为全资子公司，成立于 1975 年，由山西省冶金厅出资注册，注册资本 306 万元。2008 年重组后由山西经贸资产经营有限责任公司行使出资人职责。截至 2009 年 12 月 31 日，公司资产总额达 3 亿元、净资产 1 亿元，主要从事有色金属产品的批零业务、煤炭生产经营等，拥有 3 个参股煤矿和多个参股项目。

山西盛世经济发展有限公司为控股子公司，成立于 1997 年 9 月，注册资金 2600 万元，控股 95%。主要业务：一是物业管理，二是处理其成立前的历史遗留问题。

山西省冶金物资投资有限公司为控股子公司，成立于 2009 年 8 月 5 日，注册资本 3000 万元。主要业务为煤炭批发经营、冶金炉料及产品、有色金属原料及产品的经营等。

【主要指标】 资产总额 23.05 亿元，较上年增加 1.1%；流动资产 10.33 亿元，比上年减少 2.1%；固定资产 1.15 万元，比上年增加 0.87%；净资产 20 亿元，比上年增加 1.16%；净资产收益率 0.7%；资产负债率 13.2%；销售收入 6.13 亿元，比上年增加 137.6%，实现利润 1351 万元；国有资产保值增值率 100.16%；全年未发生重大安全事故。圆满并超额完成了省国资委考核的各项任务指标。

【主要工作经验】

1. 清产核资增加资本，规模质量同步提高。资产板块是公司的传统业务板块和发展基础，2009 年，公司充分利用加减法使资产板块得到优化和加强。一是在省国资委、省经信委、省财政厅等有关部门的大力支持下，将原有存量资产、原省经委代管资产、省经信委新划转资产转为实收资本，部门委托资金转为实收资本后，由受委托管理转为自主管理，由被动管理转为主动管理，公司逐渐变为完整意义上的企业；二是根据省政府、省国资委的要求与安排，从 2009 年 5 月至 8 月，集中人力物力开展清产核资“百日会战”活动，核销损失金额 4 亿余元。

2.积极参与煤矿整合，产业布局调整定位。2009 年公司根据全省的产业政策规划，积极调研、不断调整，推进产业实体板块重新定位。2008 年年底以来，省政府加大了对全省煤炭资源的整合步伐，公司积极配合全省煤炭资源整合和煤矿兼并重组工作，全力推动子公司山西省有色金属工业总公司 3 个控股煤矿、1 个煤矿项目、1 个参股煤矿的整合定位。截至 2009 年底，山西省有色金属工业总公司的 3 个控股煤矿全部选择与山西煤销集团省外公司进行合作，通过股权转让，实现投资收益 1.8 亿元，同时分别在三矿保留了 30%、20%、10%的股权，使山西省有色金属工业总公司的实力大幅增强，为今后建设新的项目积累了经验和自有资本。

此外，2009 年，公司在实体板块成立了山西省冶金物资投资有限公司，与阳煤集团合作建设了 100 万吨 / 年（首期 40 万吨 / 年）电石项目。

3.股票管理得到加强，资本运作取得业绩。一是成立专门处室，加大在资本领域的操作力度，率先在省内同类型资产公司迈出全面实施股票动态管理的步伐；二是继续推进公司调研、跟踪、储备、培育多年的拟上市公司如山西证券、天泽化工等公司的上市工作，并派专人赴上海到成熟的风险投资公司进行调研，学习经验，探讨可能的合作模式；三是积极争取银行授信业务，开展其他投融资业务探讨，为公司发展提供各种资金信贷支持。

4.学习实践科学发展观，加强企业党的建

设。按照省委和省国资委党委关于深入开展学习实践科学发展观活动的部署和要求，在省国有企业深入学习科学发展观活动领导小组办公室和指导检查第五组的指导下，公司党委紧紧围绕省委提出的“三个发展”的要求和建设新基地新山西的目标，以“整合资源、建设板块、推动转型、率先发展”为主题和载体，从 2009 年 3 月上旬到 2009 年 6 月下旬开展了为期四个月的学习实现科学发展观活动，较好地完成了学习调研、分析检查、整改落实等各阶段各环节的规定动作。

5.优化法人治理结构，不断完善内控机制。2009 年，公司充分借鉴原经贸资产公司和有色金属公司的管理经验和失误教训，本着用制度管人、按程序办事的指导思想，建立完善了公司以工作运行制度为主的一系列管理制度，规范了工作程序；形成了党委把方向、董事会管大事、经理层受委托主持全面生产经营工作，中间穿插审计、稽核的管理格局；为加强董事会决策、监督及考核职能，健全、强化激励和约束机制，规范董事会运作，调整成立了“预算审查委员会”、“审计稽核委员会”、“绩效与薪酬委员会”，制定了《运行管理暂行办法》。“三委”的设立，充分发挥了纪检监察、财务、审计、法律等部门的职能作用和职工参与监督的作用，加强协作配合，强化事前、事中监督，形成监督合力，为公司运营管理提供了制度保障。

6.增强领导班子建设，深化党风廉政教育。一是建立健全反腐倡廉教育制度，尤其注重加强对公司领导班子成员的党风廉政教育，加强党员职工和重要岗位人员的反腐倡廉教育，筑牢了拒腐防变的思想道德防线；二是不断完善廉政制度建设，围绕“三重一大”事项，创新机制，健全制度，结合公司实际，制定出了具体的操作办法，基本做到了从源头上预防和遏制腐败；三是认真落实党风廉政建设责任制，明确责任主体，抓好责任追究，严格执行“四大纪律、八项要求”，保证了廉政建设的效果。

7.推动企业文化建设，创建文明和谐企业。一是开展爱国主义教育，培养爱国精神。除引导职工收看建国 60 周年阅兵活动、组织参观建国 60 周年成就展等活动外，组织职工参加了省属国有企业庆祝建国 60 周年歌咏比赛，取得了比赛三等奖的好成绩；二是将廉政文化建设作为加强企业文化建设的抓手和推进企业和谐发展的有效手段，通过为干部职工购买有关廉政书籍、法律书籍，设立廉政宣传栏和观看警示教育影片等来营造廉政文化氛围，创建廉政文化阵地；三是积极开展回馈社会的爱心公益活动。元旦期间，开展大规模的送温暖活动，为贫困职工送米、面、油、慰问金；大力支持定点扶贫工作，与省高院、省文联等单位组成扶贫大队，多次赴浑源县进行调研扶贫；2009 年公司全体员工积极响应省残工委号召，向省残协捐款 3040 元；在“送温暖，献爱心”活动中，公司职工共捐款 14760 元。

【公司领导班子成员名录】

李　洪	党委书记、董事长
刘桂林	副董事长、党委委员、总经理
闫保安	董事、党委副书记、工会主席
靳秀云	董事、党委副书记、纪委书记
荣培斌	董事、党委委员、副总经理
岳丽华	副总经理
王　辉	副总经理
杨春权	副总经理
牛支元	副总经理

山西煤炭进出口集团有限公司

【概况】 山西煤炭进出口集团有限公司(以下简称"山煤集团")成立于1980年,是一家以煤炭生产销售、高铁轮对装备制造和金融投资三大板块为业务核心的多元产业协调发展的大型企业集团。2009年,山煤集团旗下的煤炭产销板块年贸易量达4327万吨,拥有煤矿20座,形成了动力煤、炼焦煤、无烟煤、半无烟煤四大煤炭生产基地,三年内产能可达3000万吨。同时,通过在上游整合煤炭资源,中游整合通道,下游整合市场,形成了煤矿—铁路—港口—海运—配煤中心—客户的完备的煤炭供应链。2009年12月25日,山煤集团煤炭主营业务历经一年的筹划在上交所顺利上市,成为全国首家整体上市的煤炭企业。高铁轮对板块拥有国内唯一的高速动车组轮对生产基地,该项目拥有世界上十分先进的技术、精良的设备和优质的产品,现年产能已达2.5万对,"十二五"末将形成年产能10万对。金融投资在对非煤资产和投资产权经营管理的基础上,正在积极向电子信息、新能源、新材料等新兴产业和金融产业等领域探索,将成为山煤集团高新技术产业的孵化器和发动机。

山煤集团拥有全资、控股企业63户,截至2009年12月31日,实现销售收入230亿元,实现利润10.56亿元,资产总额为264亿元。历年来在山西省国资委省管A类企业经营业绩考核中均位列前三。自2002年起步入全国最大500家大企业集团行列,2009年列全国企业500强第254名和中国服务业企业500强第79名,山西省100强企业第9位及山西省服务业60强企业第3位。

【主要指标】 2009年集团公司共完成煤炭贸易量4326.58万吨,同比增加41.58万吨,增幅为0.97%;实现销售收入230.29亿元,同比增加11.26亿元,增幅为5.14%;实现利润10.56亿元,同比增加0.18亿元,增幅为1.73%;进出口总额4.98亿美元,其中出口创汇1.73亿美元,同比降幅76.72%,进口用汇3.25亿美元,增幅为123.52%;生产原煤536万吨,同比增加70万吨,增幅为15%;全年安全生产百万吨死亡率0.187;总资产263.71亿元,同比增加了127亿元,增幅为92.9%;净资产47.99亿元,同比增加14.2亿元,增幅为42.01%;总资产报酬率6.78%,净资产收益率15.94%,资产保值增值率106.96%,总资产周转率为1.15次,应收账款周转率为13.05次,完成了与省国资委签订的年度目标责任书各项指标。

【财务分析】 2009年实现营业收入230.29亿元,实现利润总额10.56亿元,实现净利润6.44亿元,少数股东损益4.75亿元,归属于母公司所有者的净利润1.68亿元。从主营业务收入的结构来看,2009年度主要来自煤炭、焦炭、房地产、设备业务。2009年主营业务收入比上年增长了4.87%。

【改革发展】

1.重组上市与资本运营。2009年12月29日,山煤国际能源集团股份有限公司公告《重大资产重组之实施情况报告书》,标志着集团公司历时一年的资产重组克奏其功,以借壳方式在国内同行业率先实现煤炭主营业务的整体上市。短短十个月,完成了借壳上市全部的审批程序,并用一年时间完成了所有上市工作。

煤炭主营业务整体上市是集团公司2009年进军资本市场的重大成果。上市交易之后，山煤集团注入中油化建的37.9亿元资产市值在最高点时增值至289亿元左右。

2.大力推进资源整合，煤源基地扎实推进。2009年是山西省煤炭资源整合工作全力推进之年，集团紧紧抓住此次整合契机，通过多方协调，竭力争取，取得了山西省煤矿兼并重组、煤炭资源整合主体资格。集团本着“布局合理、煤种齐全、规模适度、好中选优”的原则，立体推动，协调跟进，快速出击，不断优化整合方案，探索创新整合模式，先后在大同、忻州、晋中、临汾、长治、晋城等六个地市整合53座煤矿，整合后保留矿井19座，井田面积279平方公里，资源储量27亿吨，核定产能2700万吨，在省内七家主体中率先完成了“协议全部签订、主体全部接管、六长全部上岗、证照全部换发、价款全部付清”等工作。2009年12月26日，铺龙湾矿主生产系统的成功试运行成为大同地区煤炭资源整合的典型，为集团公司资源整合后续工作提供了有益的借鉴经验。

3.轮对项目大步迈进，转型发展再上台阶。在中国铁路大提速和山西省转型发展的双重动力牵引下，2009年智奇公司积极进行投产扩能、基本建设、开拓市场、改进工艺以及强化管理工作，与国内外部分主机厂建立了稳定的合作关系。2009年共签订销售合同25笔，合同总金额26.9亿元人民币，生产和维修轮对3126对；基本建设进展迅速，二期工程2号、3号、4号厂房主体已经全部竣工；同时，基础管理进一步加强，顺利通过IRIS质量体系认证。

4.建立健全责任体制，安全工作扎实推进。2009年集团公司安全生产继续保持了稳定、健康的发展态势。集团坚持“安全第一、预防为主、综合治理”的工作方针，设立了煤矿安全生产管理局和安全生产管理处负责集团煤矿生产安全和非煤安全管理，制定了管理制度，逐级建立了责任体系。一是以“三项行动”和“三项建设”为主线，深入开展安全专项整治活动，安全基础工作进一步夯实。煤管局成立以后，建立了70多项规章制度，定期召开安全例会、“一通三防”、机电管理等专题会议。通过开展安全生产系列活动，所属煤矿安全质量标准化工作以及管理制度、操作规程、责任落实、现场管理等方面都有了显著的提高。二是建立隐患排查治理长效机制，安全预控机制进一步完善。每季度对所属煤矿分专业、分系统、全方位进行了隐患排查，全过程监管各类隐患的治理。2009年共下发现场隐患整改通知书15份，检查各类安全隐患929条，并全部进行了“三定”处理。三是以季度安全质量标准化检查为契机，以科技创新为抓手，强化“一通三防”工作。2009年累计查处“一通三防”各类隐患问题217条，所有问题都及时进行了整改。

5.多措并举合力攻坚，煤炭营销再创佳绩。2009年，面对国际国内煤炭市场疲软以及山西省煤炭资源整合导致货源异常紧缺的不利因素，集团准确分析市场走势，适时调整营销策略，全力以赴，合力攻坚，特别是针对上半年集团公司铁路运量、煤炭贸易量及销售收入同比大幅下滑的困难局面，及时召开煤炭业务现场会，对制约煤炭业务发展的货源、运力、市场三大瓶颈提出了解决的新举措、新方法，如加大省外货源组织、调低市场煤用户收费标准、对目标单位制定必保数量和奖惩措施等。2009年集团公司共进口煤炭241.4万吨，占煤炭贸易量的比重由2008年的2.37%上升到5.58%。为进一步科学合理地延伸煤炭供应链，2009年集团公司筹建成立了太行海运公司，购置自有船舶拓展航运业务；在能源运输的重要口岸上海、广州成立了配煤中心，前移销售平台，为客户提供点对点、门对门的服务。通过整合上游资源供应、中游煤炭流通服务基地、下游市场营销网络，已经形成了最具完整意义的“煤矿—铁路—港口—海运—配煤中心—用户”的煤炭供应链，对集团公司进一步扩大市场规模，降低营销成本，提高资源使用效率，创造行业竞争优势具有重要意义。

6.投资板块顺利起步，夯实管理效能基础。依照集团公司建立三大产业板块的发展战略，2009年7月28日，山煤投资管理有限公司正式成立，集团金融投资板块初步形成。公司成立之后，对下属二十余家全资、控股和参股单位进行了全面翔实的调研，摸清底数，发现问题，采取措施，根据工作需要，向重点单位派驻了专门人员进行监管，工作推进扎实有效。同时，投资公司积极进行投资权益管理，收回了榆化公司、鹊山精煤公司的投资分红。2009年，投资公司共实现销售收入16.96亿元，为进一步实施产权管理，理顺管控关系，确保投资收益，培育支柱产业奠定了基础。

7.建设完善内控体系，管理水平逐步提高。财务管理方面，2009年，通过与多家银行建立战略合作伙伴关系，合理搭配长短期借款，确保了资金供给及资金链的优化管理；进一步完善了财务管理体系，启动全面预算管理，增强了集团管控能力；在系统内部实施“点对点”式的资金拨付，降低了资金成本，节约了财务费用。在绩效管理方面，选择了五家试点单位先行推行“6S”管理，在规范现场管理和标准化制度方面做了有益的探索和实践，为2009年在全系统推行“6S”管理活动奠定了基础。在信息化建设方面，通过集团官方网站、内部刊物《山煤信息》以及数据报送平台等不同载体，加快了企业内部信息的共享和交流，实现了实时监控、即时取数的高效数据化管理模式；完成了集团人力资源系统、全面预算管理系统一期的设计、开发、上线和培训工作；建立了集团新办公大楼的核心机房和核心网络，为进一步推进集团信息化管理做好了技术和硬件准备；控股IT公司北京华通伟业，与IBM公司合作，启动了集团信息化总体设计规划项目。

8.坚持和谐发展原则，文明建设深入人心。2009年集团公司深入开展学习实践科学发展观活动，把握正确方向，紧扣核心目标，通过“学习调研”、“分析检查”、“整改落实”3个阶段15个环节的各项活动，切实解决突出问题，创新体制机制，成为全省学习实践科学发展观活动中实现转型发展、创新发展、跨越发展的典型单位，并作为三家先进单位之一，在全省经验交流大会上作了发言，介绍了经验。2009年，集团公司投入29.74万元建立帮扶点，帮助新农村建设，积极支持红十字会组织的“博爱一日捐”捐款活动。

【结构调整】 发展战略调整：围绕三大目标，即打造一个“省内一流、国内知名、跨国经营”的特大型企业集团；落实三大举措，即实现“四大经营战略”转变，构建“三大产业板块”，巩固“三大战略联盟”；强化“三规范一提高”，即规范安全、规范建设、规范管理，提高经济、社会和生态效益。

煤炭产业板块，重在内部资源整合。拉长、延伸煤炭产业链，扩大资源储备量；扩大产能，形成动力煤、炼焦煤、无烟煤、半无烟煤四大煤种齐全的生产基地。

高铁轮对制造产业板块，重在轮对总装业务发展。逐步实现向上游产品的冶炼、铸造、热轧的延伸，向下游产品的轮对、轮轴、动力箱的合成延伸，加速总装业务国产化进程，抢占高铁设备制造价值链的制高点。

金融投资板块，重在资本运作。搭建高效的融资平台，不断孵化和培育新型产业，在房地产、煤化工、新材料、新能源、IT产业中探寻新的产业发展增长点。充分利用资本市场的功能，通过资本的流动、裂变、收购、兼并、重组、参股、控股、交易、转让、租赁等各种途径，优化企业资源配置，实现高效的资本运营。

组织机构调整。为进一步推进集团公司转型发展，按照生产性服务业与制造业“双轮驱动”的原则，一是组建“高新技术创新中心”，专门负责技术引进、研发和管理，以及煤矿的规划、设计与技改等；二是组建“煤炭销售中心”，专门负责煤炭终端销售业务；三是成立了煤矿安全生产管理局，全面负责集团全资、控股煤矿的安全生产监管，制定安全生产管理制度及安全操作标准，编制、落实煤矿生产、经营、基本建设计划和专项资金计划，培养专业技术人才。四是成立山煤投资管理有限公司。通过组织结构调整和流程再造，原来归属于煤炭生产企业的安全、技术、销售、人力资源管理等职能要逐步独立出来，使生产单位全心全意地抓生产、提质量、降能耗、出效益，形成“分工明确、专业突出、相互融合、共同发展”的经营流程和业务流程体系。

【国有资产保值增值】 山煤集团是山西省人民政府国有资产监督管理委员会的国有独资公司，截至2009年底，山煤集团实收资本69826.7万元，资本公积39127.74万元，盈余公积9149.95万元，所有者权益合计473114.35万元，国有资产保值增值率为106.96%，国有资产保值增值状况良好。

【重大决策与重大项目进展】

1.煤矿项目。

铺龙湾煤矿120万吨改扩建工程项目。该项目开工时间为2007年8月31日，投资总额为34974.77万元。改扩建完成后，矿井年产量达120万吨，矿井服务年限38年，采用综放采煤技术，日生产能力达4000吨。该项目已经审批。

凌志达煤业有限公司下组15#煤层延深工程项目。该矿为山煤集团2004年通过资产重组的改扩建矿井，矿井改造建设规模为120万吨/年，该项目开工时间为2008年11月，投资总额为22471.38万元。

霍尔辛赫煤业有限公司矿井及配套选煤厂、铁路专用线等项目。霍尔辛赫为山煤集团控股企业，占股份51%；“十二五”期间，山煤集团拟建成年产300万吨、具备煤炭生产、洗选能力的大型煤炭生产企业。2005年6月开工，项目总投资26.92亿元，服务年限60年，试运转时间2010年10月，该项目已于2007年通过审批。

经坊煤业新井田改扩建项目。该项目开工时间为2006年11月，投资总额为39345万元，项目已于2009年4月25日完工，已投入使用。

2.非煤项目。

高速动车组轮对生产与维修项目。该项目是中国唯一一家由铁道部指定的专业从事时速达200～350公里的高速铁路动车组轮对生产和检修的现代化企业。智奇铁路设备有限公司于2007年10月注册，注册资金1.5亿元，项目总投资约11亿元，其中中方占75%，外方占25%，是目前国际上同行业技术最先进、设备最精良、产品最优质的国内唯一的高速轮对生产企业，填补了国内动车设备制造的空白。目前，智奇公司运转良好，智奇公司打造出了一流的产品、一流的企业和一流的管理，创造出了公司特有的企业文化，争做山西新型装备制造业的龙头企业，建立中国铁路发展史上的中国模式，成为世界最大的高速轮对生产基地。

【法人治理结构】 山煤集团按照现代企业制度要求，结合企业实际，建立了高效有序、独具特色的二级子集团管理体系，集团以董事会作为战略、决策、资本和管理核心，并围绕其职能设立五大专业管理委员会，为集团各项决策提供参谋与监督。在董事会之下，建立三大“集团军”作为二级子集团分别对煤炭产业板块、高速轮对、金融投资板块进行统筹运作。新的治理结构使山煤集团形成了相对完备的国有资本经营预算、授权经营制度和经营目标考核、奖惩激励机制，通过加强内部管理，深化内部改革，最终形成科学的经营决策机制和充满活力的企业运行机制。

【公司领导人员经营业绩考核体系与薪酬制度建设】 山煤集团属于山西省国资委直接考核单位。国资委每年与山煤集团签订经营目标考核责任制，并逐项考核兑现。山煤集团副总以上领导班子实行年薪制，与考核结果直接挂钩。

根据省国资委对山煤集团经营业绩考核的具体内容，山煤集团进一步理清了发展思路，调整了发展方向，将总资产报酬率、净资产收益率、流动资产周转率、资产保值增值率、成本费用利润率、总资产周转率等横比指标引入管理之中，由原来的注重规模、数量的快速扩张转向加强内控管理，提高资产质量的可持续发展。

【公司领导班子成员名录】

杜建华	董事长、党委书记
马　进	副董事长、党委委员、总经理
赵戌林	董事、党委副书记、副总经理
乔春光	董事、党委委员、副总经理
郭永兴	党委副书记、纪委书记
高成春	董事、党委委员、副总经理
王雁琳	董事、党委委员、工会主席
宫来喜	董事、党委委员、副总经理
李苏龙	党委委员、总工程师
王松涛	副总经理
杨培雄	董事、总会计师
康真如	总法律顾问

山西省焦炭集团有限责任公司

【概况】 山西省焦炭集团有限责任公司（以下简称“集团公司”）是省政府出资、省国资委监管的34户省属国有骨干企业之一。集团公司于2002年成立，截至2009年底，拥有子、分公司22个，资产总额63亿元，员工约5000人。承担着对全省焦炭运销进行统一管理、代征焦炭生产排污费、对炼焦用煤环节的煤炭可持续发展基金查验补征等多项政府授权的专项职能，以及多项社会事务职能，是中国炼焦行业协会副理事长单位、山西省焦化行业协会常务副会长单位、山西焦化企业联盟常务副理事长单位、山西焦炭交易中心董事长单位。

集团公司在履行好政府授权职能的基础上，以科学发展观为指导，按照省政府“十一五”焦化行业发展战略规划，以建设焦化行业龙头企业为目标快速推进实体化建设，积极实施营销与物流、生产经营、运销服务三大板块发展战略，通过走控股、兼并、收购、重组等低成本扩张之路，积极构建介休焦化示范工业园区等煤化工基地，不断优化产业结构，延伸煤炭综合利用产业链条，已初步形成集焦炭、煤化工产品、运输、仓储、焦炭出口为一体的产业链，拥有控股及控股经营的410万吨/年焦炭产能，是在市场上具有较强影响力、控制力的大型焦化企业集团。

【主要指标】 完成焦炭出省运量5413万吨,其中:铁路出省完成2907万吨,公路出省完成2506万吨。征收焦炭生产排污费9.52亿元。实现营业收入127亿元。实现利润1.5亿元(剔除政策性因素影响0.75亿元后,实现利润2.27亿元,完成国资委年初下达的2亿元利润目标)。全年安全工作实现零目标。

【法人治理结构】 集团公司严格按照建立现代企业制度的要求,逐步规范和完善公司治理结构。公司实行董事会领导下的总经理负责制,董事会由4人组成,经营班子设总经理1人,副总经理6人,总工程师1人,副总会计师1人。董事会是集团公司最高决策机构,决定公司的重大事项,对国有资产的出资者负责,集团监事会对公司国有资产实施管理和监督,经理层对董事会负责,组织和领导集团公司的日常经营管理工作。

【战略重组】 为做强做大焦化主业,根据省政府的安排和要求,焦炭集团按照"产权双向进入,资源合理配置,发挥各自优势,煤焦共同发展"的要求,于2009年8月21日与山西焦煤集团签订战略合作框架协议,为解决独立焦化企业难以生存的问题和可持续发展,探索煤焦联合之路走出了坚实的一步。重组工作在2009年全面展开,双方派驻人员已全部到位,各项工作有序推进,合作项目的审计评估已进入收尾阶段,涉及合作的两矿三厂新公司组建正在推进之中。岚县葛铺煤矿的后续手续正在抓紧办理中,井下工程全面开工。

在积极推进战略重组的进程中,焦炭集团仍然以做强做大焦化主业为目标。紧紧围绕省政府出台的《山西省焦化产业调整和振兴规划》,多方寻找优质资源,通过控股、参股等合作方式,增加集团公司对焦炭市场的实际控制力。焦炭集团对省内几家优质焦化企业多次调研,沟通协商。2009年底,首先与较为成熟的拥有5.5米捣固焦炉年产130万吨的山西新禹焦化厂签订了合作意向,已获省国资委批复,为今后焦化市场整合打下坚实基础,探索出焦化行业新的发展模式。

【改革与发展】

1.营业收入再创新高。2009年,金融危机席卷全球,焦化市场持续低迷,焦炭出口严重受阻,有的大型焦化企业亏损上亿元。在此形势下,焦炭集团全体员工面对危机,坚定信心,沉着应对,想尽一切办法克服困难,经过一年的辛勤工作,取得较好的成绩。剔除政策性因素影响后,实现利润2.27亿元,全年营业收入再创历史新高,达到127亿元。在焦炭市场经历空前危机的形势下,用事实为山西经济的发展提交了一份合格的答卷,再一次提升了焦炭集团的形象。

2.履行政府授权各项职能。建立两月一次的运销服务例会制度,交流经验,加强沟通,对具体问题有针对性地提出指导意见;继续完善公路运销"三位一体"管理体制,加大源头管理和稽查力度,坚决制止"跑、冒、滴、漏"现象。通过与相关部门的协调,帮助部分手续未完善符合保留标准的焦化企业办理了铁路立户,开通了铁路发运。根据焦化企业的地域分布,同时增加焦炭铁路发运站点,实行公路转铁路运输,以降低企业运输成本,强化管理,提高服务。针对焦化企业使用外省煤逐年上升的趋势和外省煤难核销的问题,积极向上级有关部门反映,通过企划部、铁运部、公路部、稽查队和各市县级公司的共同努力,全年完成焦炭出省运量5413万吨,征收焦炭生产排污费9.52亿,炼焦用煤环节煤炭可持续发展基金查验比率上升到99.32%,已炼焦用煤环节煤炭准销票查验回收比率上升到77.2%。

3.扎实推进生产实体管理和建设。受市场影响，集团所属益兴公司和益隆公司在上半年一直处于限产状态，益隆公司一季度甚至停产。市场的波动给生产组织带来极大困难，针对这种情况，集团领导深入介休工业园区生产建设一线，与广大干部职工一道共同谋划，查摆问题，破解难题。就制约益兴、益隆、益达公司发展的主要困难，现场做了明确答复和解决办法，并就管理当中存在的问题提出了严格要求。益兴、益隆两个公司根据市场及时调整生产计划，组织生产适销对路的产品，在焦炭市场十分低迷的情况下实现了盈利。

益兴公司流资严重缺乏，最困难时煤场存煤仅够一天使用，3号焦炉建设又迫在眉睫，资金缺口很大。集团领导和相关部门主动帮助配合，益兴公司积极想办法，在确保正常生产的情况下顺利完成了3号焦炉的建设。在生产方面，强化对标管理，相继出台各种管理办法并严格实施，整体实现成本的有效控制。全年实现营业收入6.67亿元，实现利润956万元。

益隆公司焦化行业准入手续已被国家工信部验收、审查并于2009年9月在网上公示。1号焦炉于2009年7月顺利投产，10月23日实现达产。全年实现营业收入4.74亿元，实现利润1011万元。

益达公司甲醇项目在建设初期就面临手续审批难、融资难、项目设计难等问题，面对困难，公司全体员工鼓足干劲，加班加点，土建工程已全部完成，289台套设备均安装就位，工程质量全部合格。截至2009年底，各种手续基本完善。在各方面的积极努力下，项目共向三家银行融资4.2亿元，同时获得省发改委可持续发展资金400万元，省经委可持续发展资金300万元，项目资金已全部到位。对新招聘员工进行了半年的实践培训。年底部分设备已具备单机试车条件。

4.扎实推进贸易物流企业发展壮大。国内公司建立直接的营销网络，在省内与41家企业建立了合作伙伴关系，实现优势互补，合作共赢；与山西新禹集团签订包销协议，为今后双方进一步合作奠定了基础；通过天津、日照、连云港等仓储式基地的港口贸易通道，继续培养直接客户，达到利润最大化。全年完成销售收入26.56亿元；利润总额突破千万元，较大幅度地超额完成了集团下达的利润指标。

在焦炭出口几乎为零的市场形势下，国际公司大力开展内贸业务，积极开展铬铁矿进口业务，同时将铬铁产品销往钢铁企业。主动与有实力、行业影响力大的中央企业合作，开展业务。全年完成销售收入56亿元，实现利润1510万元。

运销公司积极与大型钢企联系，建立稳固的战略合作伙伴关系，贸易量不断上升；将货款回收，完善资金链，加快资金周转作为经营业务的重点环节来抓，产销衔接逐渐完善，较好地解决了资金回笼不及时影响企业生产的问题；在巩固原有业务的同时拓宽自营渠道，自营焦炭量大幅度上涨。全年完成营业收入16.48亿元，实现利润1422.7万元。均超额完成集团下达的计划指标。

临汾万鑫达公司在市场低迷的情况下，主动捕捉商机，自主拓展业务，在刚刚起步的第一年取得了较好成绩。全年完成营业收入7.8亿元，实现利润229万元，均超额完成集团公司下达的指标。

东正万安煤焦运销公司全年累计完成发运量113.23万吨，同比增长377%；完成营业收入5041.24万元；实现利润112.29万元，均超额完成集团公司下达的指标。天津仓储公司成立之后，短时间内完成公司运营全部资质，并于2009年4月正式投入运营。全年完成营业收入1.5亿元,实现利润102万元。

5.扎实推进制度建设和经营管理。

进一步完善和提升制度建设，建立科学严谨的考核管理办法和行之有效的管理绩效评价机制。出台《山西省焦炭集团生产、贸易公司年度业绩考核办法(试行)》、《山西省焦炭集团市级公司年度业绩考核办法(试行)》、《山西省焦炭集团总部职能部门年度业绩考核办法（试行)》、《山西省焦炭集团考核奖励办法（试行)》、《山西省焦炭集团突出贡献奖管理办法(试行)》等,并且逐步实施。

出台《劳动模范评选办法》和《劳动模范管理办法》并已实施，进一步提高和调动了广大员工的主动性和积极性。

不断规范资产管理。制定并下发了《山西省焦炭集团有限责任公司对外投资管理办法实施细则》和《山西省焦炭集团本部固定资产管理实施细则》；成功拍卖了集团公司21台机动车辆；对集团公司固定资产实行了登记备案,使固定资产管理更加规范。

继续加大审计力度。上半年,审计部对集团所属17个子、分公司进行了2008年度财务收支审计工作,出具审计报告17份,针对审计中出现的问题，提出了处理意见及建议，并已基本落实整改;圆满完成对益兴公司60万吨/年焦化项目工程竣工审计，审减金额1091万元；完成对金阜煤业公司工程结算审计，审减金额2800余万元;对益隆公司96万吨/年焦化项目的竣工审计也已接近尾声。根据人力资源部的《离任审计通知书》,对五个单位的法人进行离任审计,实现了“逢离必审”的要求。

不断完善人事管理体系。先后出台了《中层以上领导干部请、销假管理办法(试行)》、《中层干部薪酬考核配套方案》、《员工请销假制度》等制度,理顺了中层干部绩效薪酬的关系；规范集团本部职工社会劳动保险；报送设立中级职称评审委员会材料，向上级机关推荐高级职称人选;建立员工的职称评聘机制。

6.加强安全管理不放松。安全工作一直是集团工作内容的重中之重，直接关系到生产企业的正常运行和经济效益。2009年安监部编制了《重大事故应急求援预案》等相关安全管理制度和办法，并落实到每个车间班组。通过努力，集团公司安全工作总体形势较好，重伤以上事故为零，完成了国资委等上级主管部门下达的安全生产各项指标。

【党建工作与企业建设】

1.扎实开展深入学习科学发展观活动。根据山西省国资委统一部署,2009年3月至8月底,集团公司在18个基层党组织和全体党员中开展了深入学习实践科学发展观活动。期间全集团共组织专家辅导20余次,最终形成两级领导班子分析检查报告19篇,通过学习集中解决了许多突出问题。

2.开展系列纪念活动,庆祝建国60周年。为庆祝新中国诞辰60周年,进一步增强集团公司各级党组织的凝聚力和战斗力，激发广大共产党员的爱国热情,集团公司党委在2009年3月参加了省国资委举办的“改革与发展一庆祝建国60周年摄影展”;6月底开展了争先创优表彰活动对55名优秀党员和4个基层党组织进行了表彰;9月底组织开展了以党史、国情国力、时事政治为主要内容的“先锋杯”百题知识竞选考试,参赛比率达到100%。

3.以学习贯彻十七届四中全会精神为契机,学习潞安党建经验,推进理论武装工作,加强两级班子建设。组织各基层党组织认真学习、宣传、贯彻十七届四中全会精神,以加强和改进两级中心组学习为切入点，采取开讲座、座谈、多媒体等多种形式组织学习，两级组织共组织中心组学习56次，提高了理论水平；11月组织各二级单位党务工作者赴潞安王庄煤矿参观、学习、调研，学习潞安以党建工作促业务的先进经验，紧密结合工作实际情况形成调研报告10余篇。推进了集团党建工作的开展，提高了党建工作水平。

4.加强纪检监察工作，为企业发展保驾护航。2009年是开展煤焦领域反腐败专项斗争集中整治阶段，通过推进体制机制创新、开展警示教育、开辟反腐倡廉建设信息专栏、发放学习教材，坚持任职前廉洁谈话等丰富多样的形式对广大干部职工进行反腐倡廉教育；举办“煤焦领域反腐败专项斗争警示教育暨纪检监察知识培训班”对重点岗位人员和纪检监察干部进行培训；深入开展效能监察，审批立项62项，共建章立制54个，堵塞漏洞25个，创效和节约资金2740.24万元；组织招标8次，节约金额353.6万元，监标率达到100%；同时积极配合上级组织开展调查工作，及时查处群众举报的违法违纪案件。

5.发挥工会桥梁和纽带作用，调动职工群众的积极性。2009年召开集团公司首次劳动模范表彰大会，组织劳动模范进行了疗养；根据《工会法》《中国工会章程》对工会委员会进行了换届；经过认真深入调研、摸底、筛选，最终在龙城大街选址帮助职工团购住房，目前已经取得实质性进展；积极落实职代会通过的各项议案，切实维护职工的合法权益，2009年集团公司被山西省劳动竞赛委员会授予“山西省‘五一’劳动奖状”荣誉称号。

【主要管理经验】

1.把思想政治工作作为一切工作的出发点。集团公司高度重视思想政治工作，以人为本，围绕中心工作，定期举办政治理论和业务知识大比武活动，进一步调动职工的积极性和创造性，增强职工的竞争意识和创新意识，积极构建和谐向上、发愤图强的工作氛围。

2.加强制度建设，完善企业制度体系。围绕管理出效益，制度作保障，集团公司人事、财务、技术、经营、招投标等已经形成比较完善的管理体系，各项制度逐步健全，行之有效，根据现代企业管理制度的要求，已进入规范化的管理轨道。

3.全面贯彻落实目标责任制。集团公司上下层层签订目标责任书，制定具体的考核细则和实施办法，成效明显，激发了员工的责任意识和忧患意识，提高了工作的自觉性和创造性，为公司科学管理、规范运作奠定了良好基础。

4.健全组织机构，加强效能监察。公司成立了效能监察工作领导组，统一对各子分公司资产管理、资本经营进行监督监察，特别是债权清理工作，努力做到分门别类，划区分片，责任到人尽最大努力回收资金，最大限度减少国有资产的流失。同时，公司紧密配合监事会开展工作，及时向监事会提供所需的各类资料，定期汇报公司的各项工作开展情况和进度，受到监事会好评。

5.狠抓基础管理，向规范化、科学化、高效化的企业迈进。集团公司以体制改革为契机，从转变思想观念和改进工作作风入手，重视现代企业制度建设，内抓管理，外树形象，量化目标，积极向同行业实行对标管理，树立了现代企业管理新理念。

山西省国新能源发展集团有限公司

【概况】 山西省国新能源发展集团有限公司(以下简称“公司”)成立于1981年,是以燃气管网建设及资源综合开发利用、煤炭生产运销、焦炭、冶金产品等多品种进出口为主营业务的省属国有大型企业,是山西省政府扶持发展的21户重点企业和山西省十大能源企业之一。公司总资产73亿元,下属42家子公司,拥有80亿立方米天然气在山西省的独家经营权及100亿混合燃气资源在山西省的主导运营权,年煤炭外运能力3000余万吨。具有大学本科以上文化程度的员工占到公司员工总数的80%以上,其中研究生学历的有55人,35岁以下员工占到员工总数的80%,为公司可持续发展储备了充足的人力资本。

【主要指标】 从主要经济指标看,2009年公司主营及其他业务共实现销售收入88.11亿元,同比增长4.21%,与山西省人民政府国有资产监督管理委员会(以下简称省国资委)考核指标94亿元相比,减少6.27%;实现利润1.74亿元,与省国资委考核指标1.21亿元(增长15%)相比,实际增长43.8%;累计折旧提留8588万元,同比增长41%。

【主营业务】

1.天然气产业发展情况。公司在与中国石油天然气集团有限公司(以下简称“中石油”)、中国海洋石油总公司(以下简称“中海油”)协调保障气源的基础上,与晋城无烟煤集团有限公司(以下简称“晋煤集团”)、中国石油天然气集团公司(以下简称“中石油”)达成了在山西省范围实施煤层气上输、天然气下输的合作意向;与中国石油化工集团公司(以下简称“中石化”)协调落实榆济管线在山西境内的气源;与清华大学、中国可再生能源学会对天然气加氢和焦炉煤气分离提取甲烷和氢气进行了技术研究;与太原理工天成科技股份有限公司(以下简称“太工天成”)合作开展了河津焦炉煤气制氢和甲烷的试点工作;与阳泉煤业集团有限公司(以下简称“阳煤集团”)合作筹备了寿阳低浓度瓦斯提纯液化试点项目,初步形成了多元气源的保障格局。2009年建成了临汾—侯马(复线)、孝义—霍州、运城—临猗等总长度达195公里的天然气输气管线,实现了天然气管网北起大同、南到运城1038公里管线的南北大贯通,管输能力超过65亿立方米/年,为山西省天然气管网最终形成“五横三纵”的战略布局奠定了基础。

2.煤炭发运情况。在煤源落实方面,一方面,面对山西省煤炭资源整合导致的省内煤源紧缺的实际情况,赴内蒙、陕西等地寻找品种好、有市场的煤源,完成了煤源组织工作;另一方面,加大与各大煤炭集团的协调和合作力度,及时补充了部分煤源缺口。在服务用户上,主动与用户对接,以服务赢得市场;加大煤炭质量管理力度,严格按照合同指标组织货源,以质量巩固市场;及时调整煤种结构,加大市场开发力度,适应市场变化需求,以创新开拓市场。在帮扶企业方面,公司出台了一系列少缴、缓缴费用的优惠政策,调动了发煤企业的积极性;加大资金扶持力度,解决了发煤企业缺少流动资金的困难;调整了亏损发煤企业的领导班子,在组织领导上保障煤炭发运工作。

3.贸易产业发展情况。山西远东实业有限公司在做好传统业务基础上，积极应对金融危机，开源节流，拓宽渠道，积极开辟煤焦发运、天然气项目等新的经济增长点。山西省冶金物资总公司确立了以销售钢材、天然气管线钢、硫氨、尿素、聚乙烯等为主的贸易产品结构，加大天然气项目、煤炭发运项目合作力度，特别是积极探索发展低碳经济，组建成立新能源部，与省国资委国瑞公司合作太原天然气东山口的开发，为公司今后发展打下了坚实基础。

【项目合作】 积极推进同山西煤炭运销集团有限公司(以下简称“山西煤销集团”)、晋城无烟煤集团有限公司(以下简称“晋煤集团”)、阳煤集团、中石油集团、中海油集团、华润燃气集团有限公司(以下简称“华润燃气”)、香港中华煤气有限公司(以下简称“中华煤气”)等大型企业的十大合作。

1.依托山西煤销集团公路站点合作建设CNG加气站项目，35条新能源运输通道加气站建设项目已正式上报。

2.同晋煤集团、中石油在山西省范围实施煤层气上输、天然气下输的全方位合作项目已经启动，晋城至长治煤层气输气管道于2009年12月10日开工建设。

3.同华润燃气在大同、阳泉、洪洞、阳曲、霍州等地合作的天然气开发利用项目，大同、阳泉、洪洞项目已完工。

4.同中石油合作的介休、临汾、定襄等城市燃气和压缩、液化天然气项目，介休项目一期工程已完工且具备通气条件，阳盘加气站项目已完工。

5.同华润电力控股有限公司合作的宁武2×30万千瓦煤矸石电厂项目于2009年12月19日正式开始筹建。

6.同中华煤气在原平压缩天然气合作项目和灵石天然气综合利用工程项目，原平项目已完工。

7.同清华大学、中国可再生能源学会合作的天然气加氢、焦炉煤气制氢及低浓度瓦斯提纯液化试点等低碳经济项目。2009年12月30日，公司承办山西省低碳经济发展高峰论坛，注册成立了高碳能源低碳化利用研究院。

8.同中国华能集团公司在大同合作建设湖东现代化配煤中心和万吨站台扩建项目。

9. 山西天然气股份有限公司上市工作启动。

10.同阳煤集团合作的煤炭资源整合项目。在2009年5月11日阳煤集团控股重组右玉元堡煤业公司的基础上，取得了年产500万吨的采矿许可证，宁武榆树坡煤矿于2009年12月19日正式奠基。

【人力资源管理】 公司人力资源管理秉承“短期靠聘用、中期靠培训、长期靠培养”的理念。在选人上，坚持德才兼备、以德为先。加大富有基层管理经验和精通燃气业务的优秀技术人员的引进比例，公司第一主业天然气板块中高级技术人员46名，第二主业煤炭板块中高级技术人员12名。

育人方面，完善和实施企业经营管理和技术人才培训规划。2009年9月、11月公司与清华大学联合举办两期新能源工程高级研修班，每期14天，参训人员达100名；2009年9月11日，公司7名员工入选山西省第七批赴德国(北威州)研修团；2009年9月，公司选拔11名员工分赴江苏、安徽、山东、湖北等地的华润燃气公司进行为期三个月的挂职锻炼。同时，各单位和部门结合自身实际，开展了企业文化、财务电算化、城市燃气输配技术和项目工程管理等富有针对性的专业培训，参加各类培训总计达2000余人次。

用人方面，一方面，完善干部任用制度。坚持公开选拔与各级推荐相结合，完善了组织人事考察、群众评议、党政联席会议讨论通过以及主要领导岗前谈话等程序，破格提拔了一批80后年轻干部。另一方面，完善人才测评机制。2009年8月、9月、12月公司先后三次聘请了国内知名的上海才博咨询机构和马来西亚专家团队，采用"第三只眼睛"看团队的办法，对254名管理人员进行了测评，及时掌握了各级管理人员的素质状况，为公司科学使用人才提供了依据。

【企业文化建设】 公司秉承"学无止境、追求卓越"的企业精神，认真践行科学发展观，确立了"完善五个匹配、构建两大体系"和深化"四个不等于"的全新管理理念，并通过2009年11月18日至19日举办"从我做起、打造双百"演讲比赛，加大文化理念的传播。公司在2009年9月7日至11日举办的省属企业庆祝新中国成立60周年"赞美祖国"大型歌咏比赛中荣获一等奖；在2009年9月2日至3日举办的晋商品牌文化发展高峰论坛"山西十佳品牌"评选上，荣获"山西十佳品牌"荣誉称号；2009年9月21日至25日参加省国资委组织的"先锋杯"百题知识竞赛中荣获优秀组织奖，通过以上活动，不断增强文化理念的渗透力。

【公司领导班子成员名录】

梁谢虎	党委书记、董事长
刘　军	董事、党委委员、总经理
王建华	董事、党委副书记
凌人枫	董事、党委副书记、纪检书记
丁友建	董事、总会计师、党委委员
陈勇明	董事、副总经理、党委委员
康　勇	副总经理
高志武	副总经理、党委委员
谢　河	副总经理
段德虎	副总经理

山西省农业资产经营有限责任公司

【概况】 山西省农业资产经营有限责任公司（以下简称"公司"）成立于1997年，是由山西省政府决定设立的，为国有独资公司。总资产清产核资前为8.25亿，清产核资后为2.26亿；净资产清产核资前为7.24亿，清产核资以后为1.35亿。注册资本1.35亿元。公司主营业务是投资与资产管理。截至2009年底，公司共有在册职工51人。其中：在岗职工42名，退休及内退职工9名。公司资产总额为24704.6万元，负债总额为12561.4万元，所有者权益为12143.2万元。

【主要经济指标】 利润总额完成170万元，占年度任务的113.3%。销售收入完成3483.7万元，占年度任务的174.1%。净资产收益率完成1%，占年度任务的100%。无安全责任事故。截至2009年底，共计回收债权及股权资产428.57万元，占年度任务的130%。

资产质量变化趋势。净资产收益率从期初的0.83%提高到1.1%，提高了32.5个百分点。总资产报酬率从期初的0.6%提高到0.72%，提高了20个百分点。成本费用利润率从期初的4.6%提高到5.2%，提高了13个百分点。

经营状况变化趋势。

1.收入。2009年总收入为3911.9万元。其中：销售收入2921万元；贷款利息收入206.5

万元；投资收益484.6万元；其他业务收入177.6万元；营业外收入122.2万元。

2.税金。2009年上缴税金16.2万元。

3.实现利润。2009年实现利润170万元。

4.成本和三项费用。2009年主营业务成本为2833.8万元，三项费用实际发生891.18万元，成本和三项费用合计为3724.98万元。

【改革发展】

1.全面调整公司经营策略。随着公司旧业务萎缩，新业务不断拓展，逐步走向市场的情况，公司的经营重点进行了调整，以保证公司转型的需要。一是合理使用资金，提高收益率。2009年公司的资金基本没有闲置，得到了较为充分的利用。公司资金的使用是随着收益的大小而合理流动分配，使资金得到了充分的利用。二是重点扶持公司的贸易项目。这两年公司在探索主业中有一个体会，贸易比较适合公司的实际情况，相对来讲，贸易周转较快，风险较小，收益可观。所以，2009年，一方面积极和省内一家生铁铸造企业联合，在无锡、常州等地进行了生铁销售。另一方面，积极支持公司纺织贸易业务，都收到了较好的效益。三是解放思想，增强证券理财能力。一方面是认真学习和钻研证券市场知识，研究和掌握证券市场的运行规律，避免盲目操作形成风险。另一方面确立资金额度，确定收益预期，同时，在一级市场申购新股的同时适量参与二级市场的运作，取得了可观的收益。

2.用贯彻科学发展观的理念指导公司改革与发展。2009年最大的一项工作，就是公司开展了为期三个月的深入学习实践科学发展观活动。活动围绕转型发展、创新发展、和谐发展的主题，对公司的未来发展和现状进行了充分的研究和探讨。通过三个多月的科学发展观活动，明确提出公司当前存在的五大问题，一是主业不够明确，二是经营管理理念有一定差距，三是不良资产管理有待加强，四是改革创新需要突破，五是干部队伍需要进一步加强。针对公司存在的问题，公司针对性地作出了整改措施，一是条件具备的立即整改，及时给职工办了五件好事和实事；二是条件不具备的创造条件整改，即进一步完善公司的制度和机制，三是由公司领导负责把关专门整改。即把问题分类，由班子成员分工负责解决。通过科学发展观活动，使公司的面貌发生了很大的变化。

3.有计划结束债权资产的回收工作。经过几年的资产清收工作，公司共收回5712万元，截至2009年底，公司管理的债权资产余额为35060万元，其中账销案存资产11926万元，计提减值资产23134万元。2009年初，公司提出用一到二年的时间，结束债权资产的清收工作，从运行一年的情况看，这个计划基本能够完成。现在除极个别项目外，大部分都无望收回。所以，到2010年底不良债权资产的清收工作可基本结束。2009年债权资产回收工作尽管面临很大的困难，但仍然取得了回收428.57万元的好成绩。总结原因，一是得益于公司上下的共同努力，特别是办事处工作人员的辛勤劳动，大家坚持只要有一点希望就不放弃的工作态度，利用政府、法律、人情等关系，获取了不少意外的收获。二是得益于公司对此项工作明确的指导思想。公司制定的清收办法，既体现了理性求实的原则，又体现了保护国有资产不流失的意图，同时体现了不怕承担风险的勇气。第三是政策鼓励。2009年进一步提高了对办事处的奖励额度。有效调动各办事处在处置资产中的积极性。第四是规范运作。一方面是公司内部决策，严格按照公司内部决策程序，研究和决定资产处置项目。另一方面，严格按照审批权限，300万元以上的项目，经公司研究后，上报国资委进行审核。

4. 积极寻求新的项目，各经营部门收益喜人。从效益的角度看，2009年，公司所有经营机构全面创收，效益显著。一是理财收益，公司用一部分资金进行投资理财，收益450万元；二是证券市场收益，2009年全年收益585万元。三是销售生铁等业务收益150多万元；四是公司外贸销售收入1034万元，收益17万元。正因为各部门成效显著，所以才有公司圆满完成国资委各项指标的结果。虽然这个成绩横向比，是一个微不足道的数据，但是从公司自身纵向比，却是一个较大的变化，一是在没有主业的情况下，公司流动资金的总收益达到了10%以上，表明公司流动资金在合理利用，获取收益方面，有了质的变化；二是公司没有一个经济部门、没有一个项目出现亏损，既说明公司决策的正确，同时也表明公司的经营状况逐步趋于稳定；三是公司经营部门的经营观念和思路有了可喜的变化，这一切都是公司取得成绩的主要原因。

5.不断提高员工文化生活水平。近年来，在公司经营状况不断改善的同时，公司尽力在提高职工的收入，改善工作环境，丰富文化生活，确确实实把提高职工的生活待遇放在了首位，而职工也确确实实得到了实惠。2009年，按照年度工作计划，给职工普调了一级工资；同时，根据年初拟定的年度文化活动计划，每两个月安排一次职工文化生活活动，分别举行了爬山、乒乓球、歌咏、书法、棋牌、保龄球等比赛。2009年公司还按照国家有关规定，让职工享受休假待遇，同时还组织了一年一度的旅游休假活动。通过以上这些活动，既锻炼了身体，增强了体质，也增强了员工的向心力和凝聚力，为公司各项工作的顺利开展奠定了基础。

【公司领导班子成员名录】

王巧兰　　董事长、党委书记
赵书槐　　总经理、党委委员
尹春生　　副总经理、党委委员
杨　家　　副总经理、党委委员

山西金通投资管理有限公司

【公司概况】 山西金通投资管理有限公司（以下简称“公司”）是根据山西省政府晋政函【2001】444号文件批准，为实施全省产业结构调整，深化企业产权制度和投融资体制改革，于2001年11月出资成立的国有独资公司，注册资本3亿元。截至2009年底，公司资产总额为16.5亿元，净资产14.58亿元，资产负债率11.6%。

公司成立以来，全力配合山西省委、省政府调整产业结构政策进行股权投资。目前，投资涉及工业、农业、高新技术、环保、公共事业等行业，共计1239家。近5年来，收益平均以31.37%速度增长，为深化我省经济结构调整做出了积极的贡献，实现了国有资产保值增值的整体目标。同时，利用公司的增值资金进行自主项目的投资，涉及工业、农业、高新技术、房地产行业，自主收益稳步增加，到2009年底主营收入已占公司全部收入的50%以上，公司实现了由单纯的资产管理型向资本运营与资产管理型的转变。

【主要经济指标】 省国资委下达2009年目标责任书为利润总额1000万元，净资产收益率2.2%，主营业务收入1870万。截至2009年底，公司完成货币资金回收6600万元，比上年同期增长22.22%；实现营业收入2193万元，比上年同期增长26.84%，超额完成全年计划17.27%；实现利润1334万元，比上年同期增长44.69%，超额完成全年计划33.4%；净资产收益率为4.22%。各项指标均超额完成国资委下达的计划指标。

【改革发展】 为推进管理创新，建立专业化的一流投资公司管控体系。公司在日常化管理环节中，修定了车辆使用和维修管理办法、差旅费开支管理办法等，这些与历年来制定的后勤管理办法一起，组成了公司的《后勤管理细则》，由此，公司的细小环节也基本实现制度化。目前已形成组织健全、制度完善、流程清晰、责任明确、运转有序的现代化经营型投资公司管控体系。

根据晋政办发【2008】100号文件及晋国资发【2009】3号文件要求，公司将省级财政性委托资金转增为公司国家资本金，对公司账面资产进行了全面清查摸底，开展清产核资专项工作。

1.省级财政性委托资金转增为公司国家资本金。根据《山西省人民政府办公厅关于转发省国资委省财政厅山西省省级财政性委托贷款核销和转增国家资本金办法的通知》(晋政办发【2008】100号)文件要求。公司进行全面摸底清查，了解投资项目情况，将省发改委历年安排给各有关企业使用的、公司作为出资人的省级财政性委托资金转增为公司的国家资本金，经与省发改委核对确认，省国资委省财政厅同意，将历年来管理的25亿元财政性委托贷款转增为公司的国家资本金，并办理了产权登记手续。

2.清产核资。根据晋政办发【2008】100号，省国资委省财政厅《关于山西省省级财政性委托贷款核销和转增国家资本金有关事项的通知》(晋国资发【2009】3号)文件精神，按照省清产核资工作领导组的整体安排，进行清产核资专项工作。对公司在2008年12月31日之前接收管理的政府投资进行逐项落实、核查，对被投资单位破产、倒闭及吊销、注销营业执照等造成的损失，公司在清产核资中，或进行核销，或通过法律手续及时清收，实在无法处置的，通过计提减值准备等财务处理办法，以达到夯实资产之要求。

【经营情况】

1.存量资产工作已基本完成。公司成立之初，接收管理省发改委划拨的出口基地及铺底流资贷款共计6.43亿元。当时公司确定要在三到五年内基本完成存量资产处置工作，实现夯实资本金的任务。通过几年的工作，尚在经营的企业大部分已经处理完毕，剩余的大多已经关、停、并、转，需进一步收集相关证明材料。通过走访工商局、法院等机构取得企业关停并转的证明材料。通过一年的突击调研、取证，该项工作已基本结束，为下一阶段业务转型做好准备。

2.结合100号文件精神，做好委托股权业务。2009年，在委托股权管理业务方面，结合100号文件精神，主动联系企业，革新工作流程，完成代政府持股投资款发放手续。受省发改委的委托，公司代省政府完成“晋政发【2008】12号”文件涉及的几百家企业的投资协议书签订工作。面对时间紧、任务重的局面，公司决定主动联系企业，革新工作流程，完成投资协议书签订、上报工作。2009年完成了四百余个项目的投资协议申报工作，下达投资金额2.7亿元，完成了政府的投资引导工作。

3.坚持由管理型公司向经营型公司转变，

建立一流投资公司业务架构。以实现国有资产的良性循环和保值与增值为目标，公司努力探索如何构建一流投资控股公司科学发展的业务架构，确定了“由职能单一的资产管理型企业，向资产管理与资本运营并重的现代国有投资控股型企业转变”的战略目标，经过不懈努力，已培育出汤荣汽配、广源房地产等几个自营项目。截至2009年底，汤荣汽配公司已完成股份有限公司改造，进入上市辅导期，为实现IPO加紧冲刺；广源房地产项目住宅楼已销售过半。自营业务本年度回收利息共计911万元，占公司全部收入的42%。

随着公司的整体实力日渐成熟，内控制度基本完善，人员综合水平的明显提高，实现“管理型向经营型转变”的各方面条件已初步具备。因此，公司在自主投资的一些潜力大、政策及资金门槛高、具有一定规模和影响的高新技术项目中主观、客观条件也已基本成熟。

2009年，公司出资与中国辐射防护研究院（简称“中辐院”）共同组建了—山西中辐核仪器有限责任公司，公司前期注册资本：1500万元；股份组成为：中辐院占51%；金通公司占49%。其经营范围主要是为核电站、核燃料循环系统及环保领域提供成套放射性监测系统及有关核测量仪表的维护、检修及改造方面的技术服务。

【主要管理经验】

1.在思想建设方面，不断树立员工爱岗敬业的主人翁思想，培养其对企业的认同感、归属感、使命感与责任心，建设员工与公司发展同呼吸共命运的新局面。2009年公司开展了业务办理交叉管理，组织了十余次内部员工经验、心得畅谈会，通过这些形式，贯彻“知识共享、经验共享、资源共享”的共享精神，以及“集体讨论、集体决策”的办事方法，在共享与讨论中培养团队意识，最终将每个人都凝聚起来共同完成各项任务。

2.在专业技能方面，针对“从管理型向经营型转变”战略的日益推进，以及自营业务蓬勃发展的新局面，公司加大对员工学习的投入力度。组织注册会计师及律师等定期对全员进行专业知识培训。除集体组织学习外，公司还通过开展危机教育、开展调查报告有奖评比等形式，增强员工自觉学习的意识。自学与集体学习有机融合，稳扎稳打地打造一个学习型团队。

3.在员工满意度建设方面，公司为员工提供舞台，员工积极发挥才干并得到应得的报酬。公司针对投资公司的特点，开展了员工职业生涯管理，并通过加大员工教育投资、提高员工待遇、坚持推行带薪年假、定期开展文体活动、年终聚会等措施，着力营造环境温馨、学习舒心、工作安心、生活开心的工作氛围，使员工得发展、企业得效益，员工满意度不断提升。

4.在加强国有企业党建工作方面，不断完善国有企业领导体制，努力使党务、企务相得益彰，和谐发展。

2009年，公司认真贯彻“落实科学发展观，构建社会主义和谐社会”指示，进一步加强和完善党风党务建设工作。重点完善了民主生活会制度，要求每次民主生活会的会前，办公室要通过个别走访、问卷调查、座谈会等方式，广泛听取公司党员或其他员工的意见和建议。对征集到的意见和建议，如实地进行了汇总、梳理，并把这些意见和建议，都原汁原味地反馈给每位领导班子成员。公司班子成员认真执行公司董事会、党支部的决策，严格遵守廉洁自律守则，在不适应、不符合科学发展观的矛盾和问题上，深刻剖析思想根源，认真撰写民主生活会书面发言材料。通过一系列深化学习调研，取得第一手资料，广泛听取各方面意见，撰写好领导班子分析检查报告，这些报告成为指导今后一段时间工作的纲领性文件。

公司在自营投资决策、重大项目回收、干部选拔等重大事项上，严格按照现代企业制度，强调董事会集体决策，注重党支部的意见，接受党支部的监督。坚持经理层是中心，党支部是核心的原则，核心服务中心，是中心的坚强后盾，让党建工作全面融入生产经营、战略发展的每个层面。

2009年，公司被国资委机关党委评为"优秀党支部"，省国资委颁发的"信息化工作优秀组织者"；另有三名员工被评为"省直工委优秀党务工作者"、"机关党委优秀党员"、"信息化工作先进个人"等，党务建设工作成绩喜人。

山西省科技基金发展总公司

【概况】 山西省科技基金发展总公司(以下简称"公司")成立于1993年6月，注册资本2亿元。政府授权进行科技投资管理。公司主要投资领域是创业风险投资；股权投资与增值服务；创业风险投资衍生业务，投融资咨询服务、商业计划书、产权交易、资产重组、财务顾问等。

2009年，公司实现收入2800万元，同比增长12%，实现净利润410万元，同比增长2.5%，年净资产收益率1.7%，比计划任务1.25%高0.45%，圆满完成了省科技厅和省国资委下达的基本考核指标。

【主要工作】

1.管理各类省级科技专项资金。2009年度科技成果转化资金如期下达，在新型材料、节能环保、镁资源综合利用等行业技术领域重点支持科技成果转化项目4项，资金总额1440万元，其中列入国家级科技计划的3项，资金1300万元，列入省级科技计划的1项，资金140万元。4个项目合计总投资4.2亿元，全部达产后可实现销售收入13.7亿元/年，利税3.6亿元/年，目前项目进展情况良好。

公司与山西省创业风险投资引导基金开展正式合作，受引导基金公司的委托，公司对山西侨友化工股份有限公司"环境友好型萃取精馏新工艺焦化粗苯精制联产顺酐及下游产品工程"项目完成了一期考察报告，策划了引导基金一期投资的方式及下一步实施股权战略投资的操作方案，得到引导基金公司领导的好评。

公司管理的山西省科技型中小企业技术创新平台共取得国家创新基金支持项目4项，金额为345万元。同时，公司申报的"科技型中小企业投资引导基金（风险补助资金）"也得到了立项支持，支持金额为56万元，这是公司连续第3年获得该项资金支持，累计金额达247万元。

作为地方创新基金的资金管理机构，公司承担并完成了国家创新基金的申报工作，共组织项目申报63项。此外，2009年公司通过受托管理300万元的山西省科技型中小企业技术创新基金和公司300万元有偿配套资金，对5个项目给予了支持，支持金额150万元。

公司承办了国家创新基金2009年度创新基金项目培训会议，共接待来自全国各地的会议代表200多人，会议取得圆满成功。

公司利用"镁及镁合金重大项目专项资金"

以及部分成果转化专项资金，继续针对镁及镁合金生产工艺中的还原、精炼等技术进行攻关和成果推广。其中，公司承担的山西省科技创新计划项目“竖罐式金属镁还原系统”在阳曲县建立的示范基地进展顺利。

公司全年完成所承担的各类科技计划项目14项，其中1项平台建设项目已经结题，10项工业攻关项目和火炬项目已完成验收，3项国际合作项目在等待验收。

另外公司新承担山西省科技厅2009年度各类科技计项目共7项，其中：科技创新计划项目1项；平台建设项目1项；火炬项目2项；软科学项目3项，共获得科技计划支持资金770万元。

2009年公司管理各类科技专项资金一览表

计划名称	资金金额（万元）	投资项目数
山西省科技成果转化专项资金	1440	4
山西省创业风险投资引导基金	40000	1
山西省科技型中小企业技术创新基金	300	10
及镁合金重大项目专项资金	100	1

2.设立委托项目管理中心，有效管理引导基金。2009年，为了管理好山西省创业风险投资引导基金委托管理的项目，公司设立了委托项目管理中心。管理中心设立后，已初步确定了主要职责和工作内容，起草完成了业务规程，并启动了引导基金业已委托的对山西侨友化工股份有限公司投资项目的管理及山西光宇和广灵精华集团投资项目的前期调研工作，同时积极开展了为委托方寻找和推荐项目的工作。

3.深化与国家开发银行的合作，不断拓展与银行等金融机构的合作。截至2009年11月，公司管理的国家开发银行“高科技创业贷款”平台余额为1.08亿元。2009年，公司通过该平台分两批为4家科技企业融资3900万元，并按照开行通过商业银行委托贷款发放的要求，与浦发银行开展了合作，并建立了良好的合作关系。在此基础上，搭建了浦发银行与公司投资企业之间桥梁，为受资企业寻找商业银行资本拓展了新的途径。目前浦发银行已成立了一家以科技贷款业务为主的支行，并正在与山西光宇电源公司等公司投资企业进行接洽。此外，公司与中信银行的合作也已经启动。

4.认真完成创投备案，配合发改委推进我省创投基金的设立。根据国家和省发改委的备案管理要求，公司按时向省发改委提交了《2008年度创业投资业务报告》，积极配合省发改委完成了“政府性创业投资发展情况调查”等工作。

5.技术转移服务平台和技术产权交易平台稳步发展。2009年，公司被科技部创新基金管理中心正式确定为“中小企业公共技术服务机构”，新建交易平台建成并投入了使用，根据国家知识产权局的统一安排，公司与省知识产权局合作，于11月12日至16日在交易平台新址成功举办了第三届中国专利周山西地区活动，举办了科技企业无形资产评估及无形资产质押融资研讨会等内容。

公司增加和完善了山西省技术交易所网站信息披露的内容，新增专利转让和企业融资项目320余项；承担了向国家知识产权局“国家专利产业化推进工程委托项目”，获得项目经费10万元。公司的技术产权交易平台获得科技部创新基金“中小企业公共技术服务机构补助资金项目”补助资金50万元。

6.山西省科技成果转化综合服务平台项目进展顺利。公司承担的“山西省科技成果转化综合服务平台”项目被列入我省重点工程。作为唯一一个科技服务性重点工程，此项目受到省政府、国资委等各级政府部门的密切关注和高度重视。公司在该项目投入建设资金2600万元，项目的硬件载体—山西省科技成果转化综合服务大厦的建设工程已全部完工。

山西省科技成果转化综合服务平台是贯彻落实省委、省政府关于加快促进科技成果转化市场体系建设的重要举措。该平台将以科技中介服务体系的建设为核心，着力推进完整的科技支撑服务体系的逐步完善。该平台是集人力资源服务、技术转移服务、金融资本服务、管理信息咨询服务、财务和法律服务、公共技术服务及其他综合服务等六大功能于一体的区域性科技成果转化综合服务平台。截至2009年末，已有包括银行在内的金融机构、法律、财务、科技服务中介等20多家机构入驻大厦，科技融投资平台、技术产权交易平台和公共技术服务平台已初步建成。

山西省国有资产经营公司

【概况】 山西省国有资产经营公司(以下简称“公司”)是1993年经山西省人民政府同意，由山西省财政厅批准成立的专门从事国有资产产权运营与管理的经营机构，也是全国最早成立的国有资产经营公司之一，公司注册资本1.1亿元，是山西省国资委监管的省属大中型企业之一。

截至2009年底，公司资产总额已经从2005年初的1.6亿元增加到目前的近26亿元，累计授权投资企业约500户，投资总额近9亿元，债权单位近300户，资金约17亿元，涉及煤炭、冶金、机械制造、化工、电力、医药、种植业、养殖业、农副产品加工、民用航空等多个领域，面向全省110多个县区。

公司现设办公室、财务部、审计部、企业管理部、业务一部、业务二部、业务三部、市场开发部七部一室，下辖山西华兰德建筑安装工程公司和山西晋祥实业公司两个全资子公司。山西省华兰德建筑安装工程公司是1998年由省政协划转我公司管理的，公司现有职工160余人。

2009年，主要业务有以下三个方面：

1. 依据山西省人民政府（晋政发【1998】3号)对经营公司的职责定位，山西省财政厅于2001年9月出台了《山西省财政厅建设性资金授权管理暂行办法》(晋财建【2001】227号)文件，公司主要承担了财政建设性资金增量投资股权管理职能;

2.受财政厅委托，承担财政“拨改贷”资金债权清理回收工作，2009年根据省政府100号文件精神，同时经省财政、省国资委批准，已将该项资金全部转增为公司国家资本金；

3.受省国资委委托，承担省内企业清产核资报废资产的回收处置工作。

【经营运作】

1.业绩指标完成情况。根据省国资委与公司签订的2009年度经营业绩责任书，2009年公司根据市场变化和产业结构调整等因素，适时选准投资定位和额度，积极拓展收益增长点，确保了全年经济指标的顺利完成。截至2009年底，公司超额完成了预定目标，比上年度有较大幅度提高。2009年公司实现政策性资产回收总额3077.86万元，利润总额276.2万元。

2.公司领导班子2009年任期指标完成情况。按照省国资委与公司签订的《省属国有企业领导人员任期经营业绩责任书》,2009年,公司领导班子按照考核要求，圆满完成了各项任务,国有资本保值增值率达100.06%,全员劳动生产率19.90。

3.业务工作拓展情况。完成投资收益的收缴。2009年,对已到期的产业化资金和调产资金授资企业，继续与企业协商收回本金或续签协议，保证了后续投资收益的顺利收回。随着投资企业投资年度的延长及金融危机的影响，有的企业市场发生变化，企业停产或半停产，有的企业有偿使用资金的意识不强，有意拖欠投资收益，造成投资收益回收难度逐年加大，针对以上情况，公司按地区对往年欠缴收益企业进行实地考察催收，针对不同类型的企业采取不同的应对措施，解决了以前年度不少棘手的问题，尽最大力量收回以前年度欠缴收益。年内共完成投资收益540万元。

“拨改贷”资金清收工作成果显著。通过自主清收和委托清收的方式，资金清收成果显著,截至2009年12月已累计收回“拨改贷”资金本息共计2076万元。

继续做好省财政厅增量资金的授权管理工作。2008年省财政厅将财政“两区”项目扶持资金、农业产业化项目资金和价格调节基金合计5.2亿元授权由公司代表省财政行使国有资本的出资人职能。2009年,公司对所有企业进行了归纳分类，上年度未签订协议的企业继续进行签订协议，对已签订协议的企业实施了投资入股手续的办理及收益收缴、追踪问效等一系列管理措施。

积极拓展自主投资领域，寻找新的利润增长点,探索企业新的发展方向。2009年,公司在原有基础上加大了自主投资力度，公司所属全资子公司山西晋祥实业公司对外投资设立了三个控股公司，分别是爱康佳园体检中心、比亚迪汽车专营店、沁县绿森源林木开发有限公司。该三个控股公司分别于2009年7月、8月相继正式营业,截至2009年底三个控股公司营业收入已达到2900万元。

【主要管理经验】

1.全面推行制度化管理,用制度规范约束行为。公司在基础管理和经营的各个环节,都制定了相应的制度，有效规范了各项工作行为，大大提高了工作效率。同时随着业务工作的进一步发展，公司逐步对各项制度进行了总结补充和完善，努力堵塞管理漏洞，规范工作章程,构建用制度管人,按程序办事的机制。

2.创建学习型企业,坚持以人为本,建立有效的学习制度,加大培训投入,领导干部带头，引导和组织广大员工紧跟时代发展进步的潮流,勤于学习,善于思考,勇于实践,务求实效,敢于创新，全面提高员工队伍素质，不断提升企业的核心竞争力。

3.建立一流的管理模式。在管理思路上,实行专业化经营，一体化管理；在对投资企业管理上,依照资产类型,进行分类管理,并采用项目负责制，公司领导分工负责所投资项目;在管理手段上，用信息化的手段，规范各类人员行为,提升管理效率与层次。

4.领导班子团结协作,对公司的重大事项实行集体决策，广泛听取职工意见，提高决策的科学性和可执行性。同时坚持勤政廉政,以领导成员的良好形象影响党员队伍，使党员队伍成为企业改革和发展的先锋队，以此带动全体员工。

【公司领导班子成员名录】

李　涛　　总经理

王变林　　副总经理

韩小京　　总经济师
刘兰君　　副总经理

山西省煤炭资产经营有限责任公司

【概况】 山西省煤炭资产经营有限责任公司（以下简称“公司”）是山西省人民政府批准并授权经营的国有独资企业。公司成立于2003年7月，注册资本18100万元。公司的主营业务是：对1995年以来山西省煤炭工业厅（局）发放的山西省地方煤炭发展基金借贷款进行管理，行使债权人职能，负责贷款本息的清收，并结合国家产业政策和山西省产业结构调整导向，进行科学规范的资本运作，最大限度地盘活存量，优化增量，实现国有资产的保值增值。

【主要经济指标】 2009年，全公司实现营业收入14919万元，比上年增长1443万元，增幅10.71%；2009年全年实现利润3876万元，比上年增长2479万元，增幅177.45%；2009年全年实现利税总额5420万元，比上年增长2829万元，增幅109.19%；2009年全年回收贷款本息37778万元，比目标值增加15228万元，超额67.53%，全年资产保值增值率达118%，比上年提高13个百分点，全年净资产收益率为3.58%。

【改革发展】

1.开展全面清产核资，完成转增资本金工作。根据晋政办发【2008】100号文件精神和上级要求，成立转增国家资本金工作领导组和办公室，制定工作方案，抽调专门工作人员，严格执行相关政策，履行法定程序，完成了账务清理、资产清查、现场取证、价值评估、资产分类、清产核资、损益认定及转增资本金的工作。通过财务清理、资产清查、价格评估、损益认定、资金核实等程序，对贷款余额进行了五级分类，即：正常类，占26.36%；关注类，占16.91%；次级类，占22.40%；可疑类，占29.45%；损失类，占4.88%。共申报处理资产净损失为5292.05万元，涉及35户企业，绝大部分为政策性关闭、吊销或注销企业、破产等形成的资产损失。通过报请上级管理部门批准核销，完成了转增资本金的全部工作。转增国家资本金150070.52万元。

2.积极参与煤炭资源整合，全面开展确权维权工作。2009年，根据省政府煤炭资源整合要求，公司把确权维权，确保国有资产安全作为一项重中之重的工作来抓。先后在《山西日报》和十一个地市级报纸上刊登发布《债权人催收公告》。公司成立了领导组和办公室，由公司总经理任组长负总责，副总经理分片负责，全员参与，深入每个贷款企业和兼并主体企业，调查研究，清偿债务，确认债权，签订新的借贷承继协议，维护债权人的合法权益。

【法人治理结构】 公司进一步完善了法人治理结构，实行总经理负责制。现有总经理一名、副总经理3名。下设综合办公室、财务部、规划发展部、监督审计部、企业管理部、基金管理部、人力资源部、党群工作部8个职能部室。省公司所属各全资子公司、控股公司都建立和完善了董事会、监事会，实行董事会领导下的总经理负责制，并逐步规范了董事会、经理层的工作程序和议事规则，落实了董事重大事项表决签字和董事重大决策失误责任追究制度。省公司通过派出董事、监事来履行出资人职责，把经营管理权、分配权下放给子公司，并通过建立符合控股公司运作模式的监督约束机制，使其成为真正意义上的经营中心。

【公司领导人员经营业绩考核体系与薪酬制度建设】 按照省国资委与企业签订的任期经营业绩责任书，公司对各项指标逐一分解落实，并配合省国资委完成了业绩考核及财务审计，根据考核指标完成情况，及时对公司领导人员兑现并发放了年薪。同时，公司还严格执行工资总额控制管理，在分配上体现责、权、利相统一，贡献与报酬相一致的原则，初步建立起了适应市场经济，符合企业实际的薪酬管理体系。对条件成熟的各子公司领导人员进行经营业绩考核，签订了经营业绩责任书，根据考核指标完成情况，兑现并发放了年薪，极大地调动了全公司上下的管理和改革的积极性，取得明显成效。

【主要管理经验】

一是采取有效措施，加大收贷力度。千方百计采取有效措施，清收煤炭发展基金贷款到期本息，一直是公司经营管理工作的重中之重。2009年，公司充分依托覆盖全省的管理网络，发挥各级管理人员的积极性、主动性，定区域、定任务、定奖罚，区域包干，层层落实，将工作重心前移到贷款企业第一线。区分不同情况，一家一家查，一户一户跑，反复督促催收；对借款大户且正式进行整合重组的要求其签订还贷承诺书，分期还款；对关闭和破产的企业，要求出具政府和法院的相关文件，以防逃债；对还贷意识差或蓄意逃债抗债的企业予以立案起诉。2009年，全公司通过诉讼收回的贷款本息达19350.87万元，占全年回收贷款本息总额的51.22%。此外，在前两年开展煤炭发展基金清理检查的基础上，继续取得省纪委、监察厅、省国资委、省煤管局等部门的重视和支持，借助全省开展煤焦领域反腐败工作的契机，主动与各个工作组、专案组密切配合，一道深入贷款企业了解情况，检查工作，查处案件，催收贷款，以查促收，取得明显效果。2009年累计完成收贷总额37778万元，比年初下达的22550万元的任务指标，超额15228万元，任务完成率达167.53%。

二是继续创新“四大工程”。从2008年开始，公司持续推进管理体制创新工程、经营机制创新工程，资本运营创新工程、企业文化创新工程，内强素质，外树形象，固本强基，集聚能量，全面提升企业的核心竞争力，在促进增长方式的转变，打造百年企业、名牌企业上下工夫。

三是强化管理部门职能。公司各个职能管理部门强化日常管理，强化沟通协调，在上传下达、信息管理、财务、审计、人事、投资、资产、法律事务等各项管理中，锐意创新，严格执行规章制度。保证了公司大政方针的贯彻实施，实现了公司整体功能的发挥和高效运转，被省国资委授予“山西省国资委系统信息化工作优秀组织奖”。

四是强化风险管控。公司加强了企业的预算管理、财务管理、投资管理，建立健全了内部投资管理制度，特别是进一步加强了内部控制机制的建设，强化重大事项、大笔资金使用和关键环节的管控，降低了投资风险和经营风险。同时，公司还建立了财务总监委派制度，向各子公司、控股公司及二级、三级法人机构委派了财务总监。

五是构建和谐企业，增强发展活力。公司各级党组织和各级领导班子普遍加强了领导班子建设和党的组织建设、思想建设、作风建设，坚持以理论建设为根本，能力建设为重点、作风建设为基础、制度建设为保障，把深入学习实践科学发展观作为头等重要的大事来抓，紧密联系工作实际，通过学习实践活动，提高了各级领导干部把握发展规律，创新发展理念，转变发展方式，破解发展难题的能力，促进企业平稳较快发展。2009年底，省委组织部正式批准公司成立党委。

在党风廉政建设方面，公司自上而下狠抓了反腐倡廉的思想教育，落实了党风廉政建设责任制，进一步用制度来规范和约束企业领导人员的权力运作行为和职务消费行为，人人牢记“自重、自警、自励、自省”的原则，真正管住权、管住钱、管住人，用实际行动取得群众的信任和支持。

【公司领导班子成员名录】

郑福和　党委书记、总经理
李廷国　党委委员、副总经理
焦进喜　党委委员、副总经理
刘占亮　党委委员、副总经理

山西省环境保护基金有限公司

【概况】 山西省环境保护基金有限公司（以下简称“公司”）是山西省国有重点企业中唯一从事环保工程投资和环保项目建设的单位。公司成立于1995年2月，是根据国务院10号令精神，由山西省人民政府70号令确定的山西省环境保护专项基金管理机构，是国家环境保护总局和山西省环境保护局确定的环境保护投资公司的试点单位。注册资本金3000万元。公司主要从事环境项目的投资及管理；环境污染项目的综合治理和示范性项目工程的投资建设，以及环保项目投资策划和环境保护高新技术开发、推广及培训等。

截至2009年底公司共投资参股组建了山西环基环保科技有限公司、山西恒昇环保科技有限公司、山西华鑫源机动车环保检测有限公司、山西融和环保技术工程项目服务中心（有限公司）、山西省太原固体废物处置中心（有限公司）等五家以环保主业为主的实体性公司。

2009年，公司在加大环保产业上的力度上，按照省国资委和省财政厅晋国资发【2009】10号文件“关于增加国家资本金”的通知精神基础上，积极进行了企业家底详细的摸查，清理无法真实反应企业实际状况的资产构成，把资产做实做强，为企业下一步的发展奠定了坚实基础。公司着手对过去曾参与的环保产业没有进行控股的情况，利用各种条件，想尽办法进行股权的变更，夯实产权结构。对山西华鑫源机动车环保检测有限公司的债权进行了变更股权投资。

【主要指标】

1.基本指标（利润总额和净资产收益率）。2009年国资委核定该公司的利润总额为36万元，实际完成值为43万元，超额完成19%；2009年核定的净资产收益率为0.45%，实际完成值为0.58%，超额完成29%。

2.分类指标（自有资金收益率）。2009年国资委核定该公司的指标值为5%，实际完成值为7%，超额完成40%。

3.横比指标。2009年国资委核定该公司的横比指标值为：总资产报酬率0.31%，实际完成值为0.46%，超额完成48%；成本费用利润率核定值为6%，实际完成值为22%，超额完成267%；资本保值增值率核定值为100.50%，实际完成值为100.58%，超额完成0.08%。

【主要工作】

1.合理运作资金，提高资金运作效率。公司本着“诚信经营、服务社会”的服务理念，立足环保产业壮大国有资产的宗旨，依据对外投资的管理办法、对外担保管理办法和年度收贷考核办法等规章制度，围绕主营业务板块，合理使用自有资金。并对即将投融资的项目进行科学充分市场调研、专家论证，通过执行董事会及例会制度，听取多方面的意见，科学决策，合理投资，确保投资的收益和资金的安全性，保持公司国有资金的增值。投资990万元，组建了山西环基环保科技有限公司，控股率为99%。同期，为了加快公司发展进程、拓宽公司业务领域，该公司还注重加强与节能环保领域公司的合作，以贷款的形式对北京世纪卓克能源技术有限公司进行合同能源的投资管理。

公司采取了多种手段，加大对难度较大的贷款回收，以诉之法律、律师事务所委托等途径，进行督促催收；并多次派专人深入到债务企业催收，确保了贷款任务的完成。

2.稳步推进环保项目投资。公司依据《山西省环境保护基金有限公司发展战略规划》，进行业务分类管理，实现资源共享、资产重组、项目整合，逐渐形成“环保水务、固废治理、生态恢复、环保科技”四个主要业务版块，并以控股、参股，组建专业公司以及对外贷款参与扶持环保项目等方式，围绕四个主营业务版块进行投融资项目建设。

在环保水务板块，公司参股企业山西恒昇环保科技有限公司已经具备一定的污水治理能力，向污水治理领域又迈出了新的步伐；在固废治理板块，为适应市场需求变化，公司与山西恒昇环保科技有限公司共同出资成立山西环基环保科技有限公司，主要从事工业固废、医疗废物的处置，并于8月与北京控股集团共同参与、成功实施了湖南衡阳固废处置项目的建设，并取得了阶段性成效；在环保科技板块，公司主要以节能环保和机动车尾气检测为主。公司在与山西卓克节能照明科技有限公司双方合作的基础上，已经具备了高效节能无极灯的生产和加工能力，逐步拓开市场。立足太原，公司控股的山西华鑫源机动车环保检测有限公司，以机动车环保检测为依托，向周边地市辐射，先后组建了阳泉、临汾、运城三个机动车环保检测站，在相关政策的支持下，此项工作正逐步走向制度化、规范化。

3.吸引优秀人才，加强人才队伍建设。坚持“以人为本”，公司在不断完善人事管理制度、实行人性化管理的同时，根据发展规模及业务的拓展需要，合理制定人才实施战略。本着“合理用人、用人合理”的原则，把合适的人用在合适的岗位上，为推动经济发展作出了应有的贡献。

4.注重理论学习、树立正确的绩效观与价值观。公司有计划组织全体员工开展普法教育学习与党员领导干部清正廉洁教育，树立正确的世界观、人生观和价值观，弘扬正气，扭转不正之风。公司还组织全体员工深入红色革命教育基地，进行思想教育活动，促进了党风廉政建设。

【公司领导班子成员名录】

屈忠让　执行董事、总经理
傅垣洪　副总经理、支部书记
王瑞霞　副总经理

中国山西国际经济技术合作公司

【基本概况】 中国山西国际经济技术合作公司(以下简称“公司”)是1983年3月经国务院批准成立的全国最早的22家国际公司之一，现为山西省省属大型企业。公司注册资金为1.5亿元人民币，主营业务为：国际工程承包、设计咨询与工程管理、国际劳务合作、承担国家对外经济援助项目、各类商品和技术进出口贸易、境外投资、矿业投资与管理，农业投资与管理，出国人员培训、酒店管理、机电产品经销等，在山西省的对外开放和国际经济技术合作事业中担负着主力军和主渠道的作用。

【主要经济指标】 工程承包与劳务合作。截至2009年底，公司累计实现对外工程承包与劳务合作合同额3800万美元；实现营业额1747万美元；累计外派各类劳务人员1460人次，期末在外人数为1790人，与2008年同期基本持平。

进出口贸易。截至2009年底，累计签订进出口合同额6345万美元，实现进出口总额2859万美元，与2008年同期基本持平。

国内业务。截至2009年底，累计实现宾馆服务、商品销售营业额4387.3万元，比2008年同期增长13.2%。

经营指标。截至2009年底，公司实现营业总收入20597.2万元，与2008年同期基本持平。

【经营业绩】 2009年公司积极应对全球金融危机，在逆境中生存，迎难而上，积极推进主营业务的发展，确保全年任务指标顺利完成。

1.对外工程承包和援外工作取得良好业绩。中非医院项目，于2009年9月中标，截至目前，已完成内外合同商签，2009年10月30日，有关方面在中非举行了隆重的开工典礼。该项目合同额7000多万元，目前营业收入1500万元，实现利润90万元。

中非农业科技生态发展园项目是公司根据国内外形势主动策划、争取的项目。项目总规模5000万美金，运营周期20~30年。本项目旨在利用国家开发银行的政策性贷款，帮助中非发展现代农业，同时也为国家的援外事业做出积极贡献。该项目的发展方向、内容均得到国家相关部门的赞同，目前正在进行可行性研究。

2.公司在对外劳务合作业务方面积极稳定市场，克服困难创造条件拓展业务。2009年受金融危机的严重影响，对外劳务合作业务的开展处于十分艰难的境况，新签项目、新派劳务人员和在外人数出现大幅度下降，但经过2008年的重新整合和合理建制，经过三个劳务分公司业务人员的不懈努力，基本稳定了受经济危机影响最为严重的日本市场，还与国内的一些外派劳务机构建立了合作伙伴关系，为今后几年的业务发展奠定了基础。

成功举办了承包商会劳务专题培训。公司结合国家七部委清理整顿外派劳务市场秩序专项行动，主动对照检查、修正、改进、完善各方面的工作和管理措施，确保劳务人员和公司的合法、正当权益不受损害；认真分析国内外市场形势，挖掘市场潜力，打造企业品牌，树立起求实创新、稳定发展劳务合作业务的信心。

在出国人员培训方面，共培训各类劳务人员56人，山西省出国人员培训中心作为公司的改制试点，改制工作有条不紊地推进。

3.进出口贸易带动我省相关产业发展。2009年，公司进出口业务人员克服资金短缺、竞争激烈等困难，顽强拼搏，奋力开拓业务，全年先后开展高铝耐火砖、挖掘机配件、汽车配件等数十笔进出口代理业务。2009年12月，引黄项目开始运作，引黄工程水泵机组及其附属设备的采购代理协议书已顺利签署。此外，利用公司派驻英国经理部的优势，新开辟了英国的商品出口。使进出口贸易扭转了连续数年业务下滑萎缩的局面，提高了我省经济外向度，带动了我省相关产业发展。

4.国内业务和国内企业得到稳定发展。公司各直属企业，一方面积极探索改革出路，一方面通过强化管理，搞好优质服务，加大市场开拓和营销工作力度，保持了酒店宾馆服务、机电产品营销、设计咨询等国内业务的稳定发展，并取得良好经济效益。

三桥大厦：面对金融危机的负面影响，三桥大厦的住房率急剧下滑，各类会议、团队和散客入住大幅减少。为了稳定经营，应对由此给大厦带来的种种困难，大厦适时出台了一系列促销和优惠政策，餐饮部营业收入较上年同期相比有了大幅提高，增长了近80万元。2009年大厦共接待太原市十二届四次人大会、发展中国家纺织企业管理研修班外宾团等大型会议十余个，取得了良好的经济效益。

三桥大厦在企业文化建设和技能比武竞赛中同样表现不俗。10月，三桥大厦选派优秀厨师远赴南昌和天津，参加了“2009南昌第二届辣文化美食节”面食表演和由中国饭店协会、天津市商务委员会主办的“第十届中国美食节”中国婚宴、寿宴、年夜饭专项比赛。三桥大厦精心制作的“晋王府寿宴”荣获第十届中国美食节专项比赛最高奖“金鼎奖”。

此外，三桥大厦还被中国饭店协会授予“改革开放三十年中国饭店业”优秀品牌企业，被山西省旅游局授予“最佳三星级饭店”等荣誉称号。这些荣誉的取得不仅丰富了企业文化，而且扩大了企业的知名度，提升了企业的形象，收到了良好的社会效益。

山西外经物资总公司：山西外经公司在大力恢复传统业务的同时，积极调整经营结构，逐步培育新的经济增长点。2009年固定资产的经营情况良好，房屋出租率95%以上，全年租金收入33.6万元。皮带自动稳定保护装置的研发，使外经公司的经营方式实现了跨越式的发展。全年共生产皮带自动稳定保护装置500套，现已安装164套。

【企业管理】 计划财务处紧抓经营环境，确保业务发展。完成出国人员培训中心改制工作中财务资料的核实工作。主动配合商务部的外经统计工作。主动出击，协调统筹资金，全年共争取中小企业国际市场开拓资金、中西部协调发展资金、中小企业国际市场开拓资金等共计七十多万元。对大营盘25万元的贷款，拟订还款计划，避免形成官司。

人力资源处制定了一系列考勤制度，并在实施过程中将考勤打卡制度加以调整和完善，严肃了公司劳动纪律。经过多方协调，为公司申请回困难企业军转干部生活补贴63261元，保险19824元，并办理了每年一次的军转干部健康体检卡。2009年补交养老保险427398.3元，缴纳了2009年基本医疗保险157752元及大病医疗保险6795元，为离休人员缴纳医疗保险32000元。

信息化和对外宣传工作。投入资金，配备专人，加强公司网站维护和管理，积极组织技术培训，对近年来公司信息化工作做了认真回顾，并为今后的工作作了详细具体的安排。公司网站内容更新速度加快，为公司的业务发展和对外形象、知名度的提升提供了良好的平台。

【经营业绩考核与薪酬制度建设】 2009年初，公司按照《2009年业务部门和所属企业业绩考核办法》、《2009年职能部门业绩考核办法》和《领导班子成员年度工作目标责任考核办法》等，对全员实行了目标责任制管理、进行业绩量化考核，收入向在岗人员倾斜、向业务一线人员倾斜、向贡献大的员工倾斜，圆满完成了年初制定的员工工资上涨10%的目标。分配制度趋于合理，奖罚分明，调动起了员工的积极性和主动性。

【建设和谐】 公司党委积极响应党中央深入学习实践科学发展观活动的号召，在公司系统内掀起了学习实践活动的浪潮。

2009年6月，党委组织党团员和骨干职工，到大寨接受了一次革命传统教育。

在欢庆建党80周年之际，公司党委对先进党组织和先进党员进行了表彰。8月，党委牵头，工会、团委协助，组织公司职工参加了“祖国颂”歌咏比赛。通过本次歌咏比赛，增强了职工的凝聚力，展示了公司新的精神风貌，推动了公司企业文化建设。

加强了组织建设。根据公司的业务发展，为方便党支部开展工作，对公司各党支部书记和党员进行了调整。全年共有4名同志光荣地加入了中国共产党，有10名同志向党组织递交了入党申请书，公司党员队伍得到进一步壮大。

公司纪委紧紧围绕《构建惩治和预防腐败体系实施纲要》的总体要求，扎实有效地开展党风廉政建设和反腐败工作。组织党员干部观看廉政建设教育警示片，有效预防党员干部队伍中违纪违法问题的发生。及时传达了省建集团公司党委(2009)7号文件，不断加强对党员干部特别是领导干部的有效监督能力，广泛征求职工意见，接受公司方方面面的监督。

公司工会、团委主动为职工谋福利，积极维护职工合法权益。全年共为职工发放福利3.8万元。工会会同人事部门组织职工进行体检，在公司已坚持下来，体现了公司对职工的关心和爱护。8月，工会和团委共同发起倡议，组织全系统职工为在北京治疗肝病的潘辉同志捐款6680元，公司也发出慰问金10000元，体现了公司的人文关怀，同时更加强了凝聚力，促进了公司和谐文化建设。

【公司领导班子成员名录】

柳树林	总经理
张 英	党委书记
席反修	副总经理
徐 雁	总经理助理
周米山	总经理助理

山西焦煤西山煤电(集团)有限责任公司

【概况】 山西焦煤西山煤电(集团)有限责任公司(以下简称“公司”)是全国最大的炼焦煤生产基地，是全国首批循环经济试点单位，拥有全国最大的燃用中煤厂。企业总部位于山西省省会太原市，距太原市中心11.5千米。

集团公司主要开采西山、河东、霍西三大煤田的煤炭资源，煤种有焦煤、气煤、瘦煤、贫瘦煤等，主要煤炭产品有炼焦精煤、喷吹煤、电精煤、筛混煤、焦炭等。集团公司与宝钢、鞍钢、华能国际等知名企业结成战略合作伙伴关系，煤炭产品销往全国20多个省、市、自治区，并出口到日本、德国、印度、巴西、西班牙、比利时等国家。

集团公司有1个A股上市公司—山西西山煤电股份有限公司，2001年以来连续5年跻身中国股市100强。有10对生产矿井、8座选煤厂及13个控股单位，持有华晋焦煤集团公司50%的股份，收购山西焦化（上市公司）24%的股份，初步形成煤炭—电力—建材、煤炭—焦化—焦炭两条循环产业链。煤炭生产核定能力3311万吨/年，原煤入核定洗能力2270万吨/年，电力装机容量为76.2万千瓦时，焦炭生产能力为111.2万吨/年。2009年企业资产总额达到411亿元。企业在岗职工79077人。

【经济技术指标】 坚持集约高效生产，在矿井停产整顿23天的情况下，全年完成原煤产量3510万吨，精煤产量1437万吨，掘进总进尺239722米，开拓进尺22135米，发电量47.6亿度，焦炭产量74万吨，水泥产量46万吨，全部完成年度计划。原煤全员效率8.305吨/工，比计划提高15.35%；原煤制造成本229.50元/吨，比计划指标降低34.97元/吨；全年实现销售收入202亿元，利润30.8亿元。截至2009年12月31日，企业资产总额达到411亿元，比年初的343亿元增加68亿元，增幅19.76%。净资产收益率为10.61%，比计划提高6.11个百分点。资本保值增值率109.72%，比计划提高5.12个百分点。在内外困难叠加的不利因素影响下，企业生产经营工作保持平稳健康发展势头。

【安全生产】 深刻吸取屯兰矿事故教训，扭转安全生产被动局面。坚持以瓦斯彻底治理为主线，开展安全生产专项整治。推进安全示范矿井建设，全面组织安全技术会诊，加大安全投入力度，全年投入安全费用13.4亿元，矿井主要通风设备、瓦斯监控、瓦斯抽放、防灭火、防治水、机电等设施设备得到进一步完善，一批重大安全隐患得到有效治理。加大瓦斯抽采力度，将瓦斯抽采进尺列入生产指标进行管理，在各生产矿井成立了瓦斯抽采队。瓦斯抽采进尺由2008年的93.8万米提高到135.6万米，瓦斯抽采纯量由上年的1.57亿立方米提高到1.7亿立方米。坚持"预测预报，有掘必探，先探后掘，先治后采"的防治水原则，探放老空积水225356立方米，构筑防水闭36道。强化特殊工种和环节管理人员培训，培训各类人员29900人次。集团公司逐渐走出屯兰矿事故阴影。

【技术改造与创新】 围绕年产千万吨级矿井综采工作面关键技术与装备、煤巷快速掘进、边角煤开采、防灭火、瓦斯治理等安全生产问题开展技术研究，推动科技项目攻关。实行生产矿井和选煤厂技术升级改造，杜儿坪矿和西铭矿选煤厂储煤系统改造工程、东曲矿局家洼风井工程竣工投运。完成太原选煤厂波兰产IF浮选机改造，对东曲矿选煤厂进行三产品重介质洗选工艺系统改造，洗选能力和效率大幅提升。杜儿坪矿南大巷、官地矿南翼上组煤总回风巷等26项开延技改重点工程全部完工。加快采掘装备升级换代步伐，新增无极绳绞车16部、新型掘进机10台。提高企业自主创新能力，7项科技成果达到国际领先和先进水平，科技对安全生产贡献率不断提高。推进绿色经济、低碳经济、循环经济发展，集团公司获"联合国清洁煤技术示范企业"称号。

【企业内部经营管控】 立足"保安全生产、保企业发展、保职工生活"，推行全面预算管理，每月坚持经济运行分析，提高经营管理水平。加大成本监管力度，实行动态考核、对等奖罚，有效地控制各项成本费用支出，可控成本费用同口径降低12.6亿元。加强储备资金管理，将储备资金占用纳入绩效工资考核，提高材料配件集中采购和代储代销比例，定期开展存货管理监督检查，正式启动物资管理信息系统，加速物资周转，有效降低资金占用。全力筹措资金，成功发行30亿元公司债券，为企业发展提供资金保障。经过艰苦努力，正式取得"西山煤电(集团)有限责任公司"企业法人营业执照。西山煤电股份公司业绩显著，获"大众证券杯金奖"，绩优蓝筹形象在投资者心目中牢固树立。

【大型重点项目建设】 晋兴公司斜沟矿1500万吨矿井及选煤厂如期建成，国内首套千万吨级国产综采成套设备安装完毕。苛瓦铁路投入运行。古交发电厂二期工程主厂房封闭完成，发电机组进入安装阶段，其他辅助设备系统全面开工。煤气化公司焦化二厂一期焦炉点火烘炉，开始试生产。五麟煤焦公司一期甲醇项目基础部分全部完工，铁路专用线投入运营。唐山首钢京唐西山焦化公司注册成立，两台焦炉投入生产。

【煤炭资源整合】 成功整合山西省吕梁市、太原市、临汾市12个板块31座地方煤矿。整合前，井田面积53.17平方千米，储量1.7亿吨，总产能633万吨/年。整合后，井田面积87.56平方千米，储量4.95亿吨，总产能840万吨/年。成立吕梁、临汾两个区域性矿业管理公司，按照现代企业制度要求，建立新公司法人治理结构。安全生产、专业技术管理人员全部进驻。煤矿整合重组协议签订率达到100%，采矿许可证换发率达到83%，新公司名称预核准率达到92%。12个板块的兼并重组整合方案均已批复。积极制定矿井改扩建方案。

【新产业发展】 在煤炭主业不断壮大的同时，新产业发展协调跟进，非煤产值达到历史较好水平。机修制造业与浙江中煤机械集团共同组建山西西山中煤机械制造公司。建筑施工企业自主创新的"超大直径筒仓滑模施工工艺"和"立井井筒联合法施工技术"在山西焦煤集团全面推广；全年施工产值达到19.3亿元，增幅达22.5%，其中社会产值占33%，再创历史新高。瓦斯发电快速推进，共利用瓦斯6958万立方米，发电4780万度。加强煤矸石、粉煤灰、煤泥的综合利用，金信公司、水泥厂利用粉煤灰生产建筑材料，创造价值224万元；西山热电煤泥综合利用工程设备安装完毕。多种经营实施专业化重组、园区化布局，对具有比较优势的锚杆支护厂、化工分厂、福利总厂、聚乙烯管厂等10个经营厂点提供政策支持，提升产品技术含量，增强市场竞争能力，经营厂点由132个减少到91个。非煤产业实现产值69.93亿元，达到历史较好水平。

【职工生活】 坚持为职工群众办实事、办好事，职工生活水平稳步提高。在岗职工年人均收入突破5万元大关，达到56891元，同比增加10741元，增幅23.3%。白家庄五一东街、马兰55号楼等一批棚户区改造项目陆续竣工。官地矿朝北小区、马兰矿盛苑小区等16个小区建成标准化小区和先进小区。矿区电视数字化改造工程基本完毕。设有800张床位的矿山急救中心正式落成。累计为离退休、离岗人员发放住房货币补贴3313人，共计5477万元。将职工大病医疗保险最高支付限额由每人每年10万元提高到了16.5万元。组织176名劳模和1128名职工荣誉疗养。开展困难职工子女大学助学活动，资助困难学生82名，圆了他们的大学梦。坚持开展困难职工帮扶活动，积极发挥"十大救助金"的作用，全年发放慰问金、救济款959万元。有效开展甲型H1N1流感防控，避免了疫情在矿区扩散传播。狠抓矿区治安综合治理，为期100天的"煤海护航"行动成效显著。

【党的建设】 贯彻落实党的十七大和十七届四中全会精神，开展学习实践科学发展观活动。组织开展西山党的工作模式研究，提炼出了“1234”工作法，课题成果《和谐之路》一书出版发行。开展“四好班子”创建活动，各级领导班子结构得到进一步优化。加强基层党组织建设和党员队伍建设。西山党建工作经验，受到中共山西省委组织部、省国资委和中煤政研会的充分肯定。推进文明和谐创建，一批文明单位、和谐小区、青年文明号、模范人物成为创建活动的排头兵。进一步落实党风廉政建设责任制，坚持教育制度监督并重，发挥惩防体系整体效能，提高各级干部廉洁自律意识。重视信访工作，畅通职工诉求渠道，解决陈年信访积案，促进矿区和谐稳定，集团公司被评为“全省信访工作先进集体”。

【公司领导班子成员名录】

武华太	董事长、党委书记（2009年12月调任）
薛道成	副总经理（2009年12月改任副董事长、总经理、党委常委）
李建胜	董事长、党委常委（2009年12月离任）
车树春	党委书记、副董长（2009年12月离任）
张能虎	董事、总经理、党委常委（2009年12月离任）
徐俊明	党委副书记、纪委书记
刘志安	董事、党委副书记、工会主席
王玉宝	董事、副总经理 党委常委
胡文强	董事、党委常委
邢崇荣	董事、总会计师
薛占儒	副总经理
刘成效	副总经理、安监局局长（2009年5月改任副总经理）
王成师	副总经理
郭文斌	副总经理
廖拴柱	副总经理
达善荣	副总经理
侯水云	总工程师
郭福忠	副总经理、安监局局长
王晶莹	总法律顾问

山西焦煤汾西矿业（集团）有限责任公司

【概况】 山西焦煤汾西矿业（集团）有限责任公司（以下简称“汾西矿业”）前身是汾西矿务局，成立于1956年1月，曾获中国煤炭工业最高奖“金石奖”等百余项殊荣，属国家大型I类企业，是国家重点煤炭生产企业和山西省优势企业。2000年8月经山西省人民政府批准，汾西矿业由矿厂制改制为国有独资的公司制企业—汾西矿业（集团）有限责任公司。2001年10月，加入山西焦煤集团公司。2005年12月，由山西焦煤集团有限责任公司（简称“山西焦煤”），中国信达资产管理公司、中国华融资产管理公司、中国建设银行股份有限公司共同出资组建了多元持股的山西焦煤汾西矿业集团有限责任公司。到2009年底，汾西矿业拥有资产总额196亿元，从业职工44387人，基本形成了以煤炭开采及加工为主的综合发展的多元化大型企业集团。

汾西矿业地处山西省介休市，所属二级单位分布晋中、吕梁、临汾等三地七个市县，扼霍西而襟河东，跨西山而涉沁水，矿区横跨霍西、河东、西山、沁水四大煤田，井田面积625平方公里，地质储量58亿吨，地理位置优越，铁路、公路出煤通道十分便利。汾西矿业现有新柳、新峪、新阳、贺西、双柳、河东、紫金、曙光、中兴、宜兴十个主力生产矿井，年生产能力2800万吨；有介休、新柳、新峪、新阳、双柳、贺西、曙光、中兴、紫金九座大中型洗煤厂，年入洗能力达到2800万吨。有发电厂、水泥厂、设备修造厂、化工厂、工程建设公司等非煤生产经营单位。

汾西矿业主要品种有焦煤、肥煤、瘦煤、贫煤等，主要产品为十级炼焦精煤，具有热值高、低灰、低硫、易于洗选加工、结焦性好等特点。开发注册的“晋柳王”系列煤炭产品畅销国内15个省市大型钢铁、焦化企业，并出口日本、印度、韩国、巴西等国家和地区；现有新产业系统八大板块非煤产品十三大系列200余个品种，主要满足内部市场使用，部分产品行销外部市场。

2009年，汾西矿业积极投身煤炭资源整合煤矿兼并重组工作，整合区域横跨吕梁、忻州、晋中、长治、临汾等五地十一个市县，整合后通过扩界可达面积266.5平方公里，储量24.95亿吨，产能3090万吨/年，为汾西矿业后续发展储备了丰厚的资源。

建企50余年来，汾西矿业由小到大、由弱到强，企业的跨越式发展气势如虹，企业规模由建企之初的年产原煤117万吨上升到2009年的2269万吨，精煤产量达到1360万吨，销售收入125.94亿元，职工人均收入55377元。

【主要生产经营指标】 原煤产量：完成2269万吨，比上年增加58万吨，增幅2.62%。精煤产量：完成1360万吨，比上年增加148万吨，增幅12.21%。销售收入：完成125.94亿元，比上年增收4.61亿元，增幅3.8%。利润：完成8.003亿元，比上年增加5.403亿元，增幅207.69%。资产总额：完成196亿元，比年初152亿元提高44亿元，增幅28.95%。在岗职工人均收入：达到55377元，比上年增加9155元，增幅19.81%。

【安全生产】 深入贯彻落实山西焦煤“八条禁令”，开展“安全全面反思，理念根本转变，瓦斯彻底整治，大打安全生产翻身仗”活动，制定和严格执行了安全问责、安全约谈、安全例会以及特别规定等一系列制度。突出瓦斯治理、安全专项整治、安全管理示范矿井建设和干部作风建设以及“双基”建设，强力维持正常生产秩序等重点工作，真抓实干，狠抓落实，成效显著。

抓住彻底治理瓦斯和防治水工作这个牛鼻子，下大决心，动真功夫，在所有矿井开展专家技术会诊工作，并认真按照会诊报告的要求，落实整治工作。先后建成投运了贺西矿独胡峁、双柳矿郭家山、中兴矿马庄三个新的瓦斯抽放泵站，彻底解决了高瓦斯矿井抽采能力不足的问题，实现了高瓦斯矿井全部抽采达标。完成了公司所有矿井瓦斯监测监控系统的升级改造工作，确保系统完善，断电可靠、处置迅速、监控有效，充分发挥了监测监控系统防治瓦斯的“眼睛”作用。

组织安全管理人员全员培训、特殊工种培训、“三违”人员军事化强制培训和员工准军事化培训等，全年共培训18000余人，均超额完成了年度各项培训计划，取得了良好效果。加强干部作风建设工作，增强了工作责任心，形成了严、紧、细、实的工作氛围，切实推进了干部作风转变。

在资源整合煤矿兼并重组工作中，完善了资源整合矿井的安全监管机构，制定了各项安全管理制度，及时落实了六大员进驻要求，全面开展了整合矿井的安全监管工作，为资源整合矿井安全接管和平稳过渡创造了必要的条件。

实施大投入大治理，按照吨煤70元提取安全费用，全年累计投入达11.12亿元，大幅度提高了安全装备和安全技术水平，增强了矿井防灾抗灾能力。全公司安全管理的质量和效果进一步提高，百万吨死亡率下降到0.09，被山西焦煤命名为"安全目标考核先进单位"。

【煤炭资源整合】 抢抓省推进煤炭资源整合政策机遇，成立资源整合工作领导组，建立每周日专题会议制度，举全公司之力整合横跨吕梁、忻州、晋中、长治、临汾等五地十一个市县的地方煤矿54座，保留煤矿24座，整合后通过扩界可达面积266.5平方公里，储量24.95亿吨，产能3090万吨／年，煤炭主业规模的迅速扩张，对保持企业后发优势将产生重要推动作用。

【非煤产业】

1.理顺新产业系统管理体制，成立了新产业发展局和物流贸易有限责任公司，建立了多经公司和工贸总公司合署办公新体制，制定了促进新产业健康快速发展的实施意见，相继出台了《公路运输业管理实施意见》、《煤矸石综合治理实施意见》和《大力发展新产业实施跟进战略的实施方案》。

2.积极落实跟进推动战略，努力延伸产业链条，开发优势产品，寻求新的效益增长点，在管理创新和转型发展上取得了积极成果。设备修造厂开发的重型刮板机和PVG阻燃皮带已投入生产；水泥厂开发的机制砂、预拌混凝土、复合硅酸盐保温板三种新产品，形成了良性经济循环链；化工公司克服市场疲软困难，新上了导爆雷管和膨化炸药两种产品，并建立了火工品配送中心；介休洗煤厂新上的煤泥再回收生产线已投入试运行；贺西矿薛家岭瓦斯电站6台800千瓦机组完成安装，进入调试阶段。

【生产管理】 汾西矿业沉着应对市场变化，保持生产秩序的基本稳定，积极组织原煤生产，实行了大采高工艺、大功率装备、大工作面生产的生产模式，增加中厚煤层工作面，改善放顶煤工艺和锚索、锚杆维护顶板的技术，增加有效的生产时间，提高了生产效率。落实六项制度，开展四项建设，始终把质量标准化贯穿于生产技术管理的全过程。组织开展了掘进会战，强化考核验收，保证了矿井的水平、采区及工作面的接替衔接。全公司有8个综采队产量达百万吨以上，其中新峪矿综采二队和新阳矿综采一队均超过300万吨。4个综掘队进尺突破万米，5个开拓队进尺突破千米。原煤产量、掘进进尺达到历史最高纪录。

【经营管理】 坚持"优化结构，提高效益"的战略理念，发挥煤种优势，实现原煤全部入洗，主打介休优质炼焦煤和柳林优质煤品牌，并加强尾煤回收，提高综合产率，精煤产量连续稳定增长。全年精煤产量完成1360万吨，达到历史最好水平，比上年同期增加148万吨，增幅高于原煤产量增幅9.59个百分点，精煤在商品煤总销量的比重占到67.03%，在煤价下滑需求减少的市场大背景下，精煤产量的快速增加，对加快产品结构转型，巩固和发展汾西矿业的市场优势地位，提高收入水平，做出了积极贡献。

抓好不同产品配煤销售，采用组合销售方式，增加高硫煤销量。把公路销售作为铁路销售的有力补充，积极组织地销上站，盘活库存，扩大销量。煤炭总运量、煤炭总销量、铁路运量、铁路销量、公路销量、销售收入、利润等主要销量指标均达到历史最高纪录。

执行山西焦煤紧缩的财政政策，落实"一降低、两储备"和"厉行节约八条特别规定"，在各系统、职能部门部署开展“双增双节”活动，全年增收节支14.12亿元。实施“质量效益型采购”、“完善采购成本考核”的双机制供应办法，推行“仓储超市、代储代销”双模式物流管理。招标工作实行采、招、定三权分立机制，降低了采购成本。全年节约采购成本1.19亿元，仓储代储减少资金占用2879万元，内部盘活处置物资3250万元。

【民生工程】 落实“以人为本”、“民生第一政绩第二”的治企理念，努力解决职工后顾之忧，多渠道谋求子女就业升学。对工亡病亡特困零就业家庭500名子女组织上岗前集中培训；由员工学校单独招生，153名应往届非煤专业大中专毕业生考试合格，接受高级职业技能再教育；由企业提供资金支持，与地方中学协商争取扩招名额，177名困难家庭子女顺利升入高中阶段；28名职工子女参加“对口单招”考试合格，选拔到中国矿业大学接受煤炭主体专业培训，为企业后续发展培养专业技术力量。

以节能环保新技术为突破口推进节能减排，成功运用了热泵技术、变频改造技术、废水深度处理技术、烟气脱硫技术，提前一年完成省政府下达的“十一五”节能指标，获得“全国煤炭工业节能减排先进企业”称号。大力开展矿区环境面貌专项整治，实现了矿区环境质量的明显好转，介休洗煤厂获得“山西省绿色社区”荣誉。严格布控，有效防止甲型H1N1流感疫情在矿区的传播和危害。对全公司离退休人员开展健康体检，总人数达16239人。在岗职工人均年收入同比增长19.81%，生活质量持续改善。孝义永泰小区和介休福馨园小区二期工程顺利竣工，7622户职工群众拿到新居钥匙。实施“两区改造”以来，累计建成住宅楼347栋，建筑面积146.6万m^2，安置17743户，基本实现“居者有其屋”目标，走在全省国有煤炭企业前列，被山西省人民政府荣记集体一等功。

【党群工作】 贯彻落实党的十七大和十七届四中全会精神，积极探索新形势下企业党建工作的新思路和新途径。在资源整合期间成立的九大煤业公司筹备组，同步设立党组织机构，配备纪检组长，强化制度纪律，规范程序步骤。制定《信访稳定应急预案》，细化职责任务，查结化解上访积案，努力减少不和谐因素，确保了矿区和谐稳定的良好局面。加强党风廉政建设，领导班子成员带头签订“廉政承诺书”，执行《领导干部转变工作作风和廉洁从业二十条禁令》。开展对基层行政“一把手”、“三重一大”执行情况巡视督查和“吃拿卡要”专项整治。深入开展文明创建，12个单位受到省国资委文明委表彰。组织全民健身活动，举办各类体育赛事，不断丰富职工精神文化生活，荣获“全国煤矿群众文化工作先进单位”、“全国群众体育先进单位”。

【公司领导班子成员名录】

翟　红	董事长、党委书记
李贵生	副董事长、总经理、党委常委
李咸华	董事、党委常务副书记
侯多茂	董事、副总经理、党委常委
张小平	副总经理
蔚振廷	董事、总会计师、党委常委
汪潜峰	副总经理、党委常委
王新亚	副总经理、党委常委
张跃首	董事、工会主席、党委常委
阎吉平	副总经理
杨建华	副总经理
贺志宏	总工程师、党委常委
沙立杰	党委副书记、纪委书记
张仰龙	董事、副总经理，安监局局长、党委常委
刘玉峰	总法律顾问

山西焦煤霍州煤电集团有限责任公司

【基本概况】 山西焦煤霍州煤电集团有限责任公司(以下简称“公司”)是国家规划山西省三大煤炭基地之一晋中基地内一户大型骨干煤炭企业,也是晋南地区最大的煤炭企业。

霍州煤电集团公司是一个以煤为主,多业并举,煤—电—建、煤—焦—化两条主产业链综合发展的大型企业,下辖分公司、控股子公司22个,参股公司7个,资产总额1280000万元,员工3.8万人。

【主要经济指标】 工业总产值:实际954600万元,比上年同期862900万元增加91700万元,增长10.63%。原煤产量:实际2016万吨,比上年同期2010万吨增加6万吨,增长0.3%;比计划1970万吨增加46万吨,完成计划的102.34%。其中:原煤成本产量1833万吨。

精煤产量:实际771万吨,比上年同期751万吨增加20万吨,增长2.67%;比计划760万吨增加11万吨,完成计划的101.45%。掘进进尺:实际16.65万米,比上年同期17.99万米减少1.34万米;比计划18.5万米,减少1.85万米,完成计划的90%。煤炭总运量:实际1421万吨,比上年同期1447万吨减少26万吨,降低1.79%。比计划1446万吨减少25万吨,完成计划的98.27%。商品煤销售量(不含多经煤炭):实际1455.6万吨,比上年同期1384.49万吨增加71.12万吨,增长5.14%;比计划1446万吨多销售9.6万吨,完成计划的100.66%。发电量:实际8.84亿度,比上年同期10.12亿度,减少1.28亿度,降低12.65%;比计划9.4亿度减少0.56亿度,完成计划的94.05%。商品煤综合售价:实际602.61元/吨,比上年同期709.61元/吨降低107元/吨。其中:原煤售价304.61元/吨,比上年同期273.08元/吨升高31.53元/吨。销售收入:实际1019600万元,比上年同期1072500万元减少52900万元,降幅4.94%。其中:煤炭销售收入877100万元,比上年同期982400万元减少105300万元,降幅10.72%;比计划840000万元增加37100万元,完成计划的104.42%。

非煤及其他业务收入142500万元,比上年同期90100万元增加52400万元,增幅58.16%;比计划80000万元增加62500万元,完成计划的178.13%。利润总额:实际65500万元,比上年同期36600万元增加28900万元,增长78.96%;比计划65000万元多实现545.48万元。上交税费:实际223400万元,比上年同期176600万元增加46800万元,增长26.50%。原煤制造成本:实际247.72元/吨,比上年同期362.82元/吨降低115.1元/吨;比计划261.86元/吨降低14.14元/吨。洗煤加工费:实际51.76元/吨,比上年同期49.61元/吨升高2.15元/吨;比计划48.97元/吨升高2.79元/吨。总资产报酬率:实际4.77%,比上年同期4.32%提高0.45个百分点;比计划5.27%降低0.50个百分点。成本费用利润率:实际7.06%,比上年同期3.88%提高3.18个百分点;比计划6.91%提高0.15个百分点。总资产周转率:实际0.58次,比上年同期0.84次降低0.26次;比计划0.57次提高0.01次。流动资产周转率:实际1.32次,比上年同期2.15次降低0.83次;比计划1.50次降低0.18次。资本保值增值率:实际109.76%,比上年同期114.34%降低4.58个百分点；比计划 110.4%降低 0.64 个百分点。

【经营成果分析说明】

利润总额为 65545.48 万元，比上年同期 36584.54 万元增加 28960.94 万元，主要因素：

1.煤炭价格降低减利 204500 万元。精煤价格同比降低 269.17 元 / 吨，影响利润减少 216000 万元；原煤价格同比升高 31.53 元 / 吨，影响利润增加 10000 万元；混煤价格同比升高 4.47 元 / 吨，影响利润增加 1500 万元。

2.商品煤销售量增加增利 16000 万元。精煤销量同比增加 87.3 万吨，影响利润增加 1.7 亿元；原煤销量同比增加 23.76 万吨，影响利润增加 1300 万元；混煤销量同比减少 39.93 万吨，影响利润减少 2300 万元。

3.销售成本降低影响增利 204800 万元。原煤销售成本同比降低 230.49 元 / 吨，影响增利 73800 万元；精煤销售成本同比降低 108.41 元 / 吨，影响增利 87000 万元；副产品销售成本同比降低 132.28 元 / 吨，影响增利 44000 万元。

4.销售税金及附加 20037.78 万元，比上年同期 20456.79 万元，减少 419.01 万元，影响增利 419.01 万元。

5.管理及财务费用 158017.14 万元，比上年同期 145452.96 万元，增加 12564.18 万元，影响减利 12564.18 万元。

6.销售费用本年支出 45515.41 万元，比上年同期 64895.53 万元，减少 19380.12 万元，影响增利 19380.12 万元。

7.投资收益本年 8.13 万元，比上年同期 -3802.05 万元增利 3810.18 万元。影响增利的主要因素是：从山西煤机工贸公司分得股利 27570.45 元，以及执行新准则投资收益核算方法变化影响。

8.营业外支出净额 7775.31 万元，比上年同期 6925.01 万元增加 850.3 万元，减少利润 850.3 万元。主要是本年在营业外支出中列支因矿井证照不全罚款。

【财务状况分析说明】

资产负债、所有者权益变动情况：企业资产总额 1900849.75 万元，比年初 1550276.42 万元增加 350573.33 万元，增幅 22.61%。其中：流动资产 825885.94 万元，比年初 685272.73 万元增加 140613.21 万元，增幅 20.52%；长期投资比年初净增加 12520.24 万元；固定资产原值增加 318527.06 万元；在建工程期初 212126.95 万元，期末 177876.29 万元，增加 34250.66 万元。

负债总额 1120933.22 万元，比年初 843843.46 万元增加 277089.76 万元，增幅 32.84%。其中：流动负债年末 869027.14 万元，比年初 629029.141 增加 239398 万元；长期负债净增加 37691.76 万元，其中：长期借款净增加 30100 万元。

所有者权益 779916.53 万元，比年初 706432.96 万元增加 73483.57 万元，增幅 10.40%。其中：资本公积增加 170.71 万元；盈余公积增加 7334.8 万元；未分配利润增加 43027.12 万元。

霍州煤电 2009 年主要经济指标完成情况表

编制单位：霍州煤电集团有限责任公司　　单位：万吨 / 万元

项　目	上年同期	本年实际	增减(+、-)
原煤产量	2010	2016	6
原煤产量	751	771	20
煤炭销售收入	982442	877170	-105272
非煤产品销售收入	90007	142400	52393
利润总额	36585	65545	28960
净资产收益率	8.61%	6.57%	-2.04
总资产报酬率	4.32%	4.77%	0.45%

续表

项　目	上年同期	本年实际	增减(+、-)
成本费用利润率	3.88%	7.06%	3.18%
总资产周转率	0.84	0.58	-0.26
流动资产周转率	2.15	1.32	-0.83
资本保值增值率	114.34%	109.76%	-4.58%

【国有资产保值增值】 所有者权益779916.53万元，比年初706432.96万元增加73483.57万元，增幅10.40%。

实收资本268484.22万元，本年无变动。资本公积年末73106.91万元，比年初增加170.71万元。盈余公积年末14660.61万元，比年初增加7334.8万元。未分配利润年末92100.41万元，比年初增加43027.12万元。国有资本保值增值率计划110%，实际109.76%，比计划减少0.64个百分点，比上年同期114.34%减少4.58个百分点。

【煤炭生产】 原煤生产组织上，完成了辛置上跑蹄风井、团柏圪塔条风井等七项重点接替工程，"三量"关系趋于合理。生产矿井开拓煤量可采期7.19年，同比提高19.8%量可采期57.63月，同比提高29%；回采为量可采期9.28个月，同比持平。加强开掘工作，提高综掘率，生产矿井实现单进水平281.9米/月米。加强重点队建设，建成6个安全高效采煤队、7个安全高效掘进队。实施核心装备升级计划，投用采煤机11台、刮板机11部、液压支架1156架、综掘机12台，综掘率达到78%。

洗选销售上，完成了李雅庄矿洗煤厂能源合同管理一体化节能改造、回坡底和吕梁山洗煤厂煤泥水系统改造、辛置矿洗煤厂管状皮带排矸系统等工程；全年入洗消化高硫原煤521万吨，比计划入洗比例提高11个百分点，肥精煤销售比例比计划提高10个百分点，商品煤合格率98.2%，质级相符率90.2%。

【重点项目】

1.煤炭产业。兼并重组整合方面，完成了64座地方煤矿23个板块的兼并重组整合任务，并对各板块配齐了"六长"，组建了基本队伍，完成了采矿权证照办理，取得资源量15亿吨，规划生产能力2000万吨/年。资源办理方面，完成了桑峨井田探矿权和店坪划界手续办理，取得了面积188km²、储量13.6亿吨的资源。截至2009年底，干河210万吨/年矿井建设项目(三立井开拓)已完成投资115368.09万元；庞庞塔矿井700万吨/年矿井建设项目（三斜一立开拓)已完成投资22344.9万元。

2.安全供电。继续实施供电网络改造和装备升级，建成投运了圣佛、北村110KV变电站、跑蹄35KV变电站，改建了4个6KV变电所，完成了圣佛—北村110KV线路及13条35KV线路建设，矿井全部实现双回路供电。

3.基本建设。投资5亿元，完成了干河矿井矿建工程、安装工程、土建工程和方山电厂、方山中心区建设；完成了庞庞塔矿井配套的食堂、单身楼、综合楼工程；庞庞塔千万吨项目完成了井巷工程进尺525米，完成土建工程1#、2#、3#单身楼基础、4#单身楼、联合建筑以及食堂主体；中峪、谭坪矿井建设项目，开工前期部分准备工作取得积极进展。

4.对外合作方面。与京能国际签署了合作推进庞庞塔千万吨项目的工作方案；对吕临能化公司股东进行调整，理顺法人治理结构；与山西同世达煤化工集团签署了框架协议，合作开发安泽冀氏矿区煤炭资源；与侯马市通盛集团合作建设张台铁路，签署了合作协议；与华电国际合作建设安沁项目、与中煤地质公司合作建设桑峨项目，均取得突破性进展。

【非煤产业】

1.多种经营。多经系统实施工业园区规划和建设发展战略，大力发展多元化产业，实施了辛置公司柏木沟、建筑公司商品混凝土搅拌站和轻钢结构厂、吕梁公司庞庞塔综合加工厂、晋北公司工业园区等重点工程建设，对煤化公司液压件厂和皮带厂、白龙公司三个工业园区、李雅庄公司型煤厂和方山、晋北锚固剂厂进行了技术改造，对团柏公司工业园区进行了搬迁改造。

2.辅业与新产业。汾河生化公司理顺投融资渠道，积极推进股权重组，目前省国资委、临汾市政府、山西焦煤均已批复将山西省和临汾市资产经营有限公司的股权按国有资产无偿划拨条例划转到集团公司。云厦公司致力于打造建筑安装、水泥、商品混凝土三大产业品牌，承揽了山西煤运公司矿建工程建设任务。机电总厂完成了下料车间主体工程，加快了新产品研发。集团公司收购了首钢总公司所持中冶焦化的股份，实现了相对控股。辅业与新产业全年销售收入26.6亿元。

3.后勤服务。建立了雨季“三防”责任体系，落实“三防”工程，全公司及本部五矿共清挖排洪沟渠15条7500米，处理房屋屋面漏雨1.8万平方米，发放油毡1250卷，水泥32吨，做到有效防范，确保矿区安全度汛；本部各单位总投资1350万元，对矿区内的街道、围墙、建筑墙面、住宅区围墙、树木等公共设施进行了全面修缮；投资3800多万元，安排了后勤补欠90个工程项目用于职工生活“三供”改善；投入600余万元，用于矿区环境绿化改善；集团公司总医院通过了“二甲”评审，添置了核磁共振仪，成立了静乐和庞庞塔千万吨项目部卫生所。

【安全管理】 明确了“从基础切入抓安全”工作思路，从“整章建制、完善标准、落实责任、规范安全管理、业务保安、员工操作三种行为”入手，开展安全生产专项整治，投入资金12.7亿元，整治安全重大隐患。在“一通三防”方面，建设投用了辛置矿跑蹄风井，关闭了团柏矿一家庄进风井、辛置矿东区440系统和450东区系统；建设投用了李雅庄矿地面固定瓦斯抽放系统和三交河矿大采高回采工作面移动瓦斯抽放系统。在防治水方面，改造完善了辛置矿东四采区2＃泵房、李雅庄矿2＃风井等4条排水系统；完成了辛置、李雅庄、回坡底、干河等4项地质补充勘探工程，完成了干河、李雅庄、回坡底、团柏四矿6个勘探报告的编制和评审工作。在小煤窑治理方面，对井田范围内220座小煤窑进行了填埋。开展国家级安全质量标准化矿井建设活动，白龙、团柏、曹村3对矿井达到国家级安全质量标准化矿井标准。

【科技进步】 2009年，具有行业代表性的多项前沿技术研究顺利进行。启动了“安全管理机制体制再造，安全生产责任体系重建”专题技术研究。“黄土充填采煤技术研究”国家科技支撑计划和山西省科技攻关重点项目。“全岩巷道快速掘进工艺及配套设备技术研究”成功完成了19平方米的2米、2.5米和3.2米一次爆破成巷试验。

2009年集团公司共完成技术创新项目130多项，其中“大采高复合泥岩顶板煤巷桁架锚索组合支护研究”项目通过山西省科学技术厅组织的鉴定，成果水平为国际先进。荣获2009年度中国煤炭工业协会科技进步一等奖，山西省科学技术二等奖，国家能源局科学技术三等奖。“巷道围岩稳定性评价及控制技术研究”项目通过山西省科学技术厅组织的鉴定，成果水平为国际领先。荣获中国煤炭工业协会科技进步三等奖。申请国家专利保护的技术有：黄土充填采煤工艺、煤矿井下充填采煤用液压支架、充填采煤用压实机构、刮板机滑移式悬吊装置、整体拉移全程卸料带式输送机等。

【职工生活】 2009年在岗职工人均收入达到53400元,同比提高21.4%,执行了职工带薪休假制度,为640名职工办理了历年来养老保险费补缴手续,共计补缴金额达190.08万元;加强人才队伍建设和人力资源管理,安置大中专毕业生1004人、定向毕业生69人,委托中国矿业大学订单式培养煤矿主体专业本科生90人;深入开展扶贫解困和"送温暖"活动,共走访慰问离退休老职工、困难职工等15873人次,发放慰问金、慰问品203万元,为焦煤成立以来集团公司获得国家、省、市级劳模58人兑现年金待遇355000元,共救助困难学生299人,金额512500元;棚户区改造工程累计完成投资3.34亿元,竣工38栋,竣工面积20.5万平方米,安置户数2445户,完成了二期工程的选址、规划、可研、初设、核算等前期工作,通过了国家和省发改委评审。

【法人治理结构】 公司设股东会、董事会、监事会、经理层。股东会由山西焦煤集团有限公司、中国信达资产管理公司、中国建设银行股份有限公司组成。董事会由11名董事组成,监事会由5名监事组成,经理层由10名成员组成。党委会由9名成员组成。

【公司领导班子成员名录】

曹耀丰	董事长、党委书记
杨新华	副董事长、党委常委、总经理
赵云瑞	董事、党委副书记、工会主席
栗兴仁	董事、党委常委、总会计师
王建军	董事、党委常委、副总经理
张志康	董事、党委副书记、纪委书记
张金耀	董事、党委常委、副总经理兼安全监察局
陈嘉喜	副总经理
张建荣	副总经理
景春选	副总经理
李慎举	总工程师
赵耀东	副总经理
戎生权	副总经理
陈俊杰	总法律顾问

大同煤矿集团轩岗煤电有限责任公司

【概况】 大同煤矿集团轩岗煤电有限责任公司(以下简称"公司")前身为轩岗矿务局,1954年建局,原为煤炭部直属的94个统配矿务局、山西省8大矿务局之一,属国家大型二类煤炭企业。1998年下放山西省政府管理。2002年实施政策性破产,同年8月由大同煤矿集团整体收购,并重组改制。现为大同煤矿集团控股52.44%,重组员工参股47.56%的股份制企业,为大同煤矿集团公司最大的子公司,山西省国有资产监督委员会监管的重要子公司之一。

公司采煤机械化程度达100%。公司现有二级单位及子公司16个。其中煤炭主产业生产单位7个,分别为梨园河矿、六亩地矿、焦家寨矿、刘家梁矿、华盛矿业公司、岚县煤矿公司、阳方口矿业公司。非煤生产单位8个,分别为热电厂、机修厂、水泥厂、实业公司、建筑安装公司、汽车运输公司、云雁石化公司、恒业洗煤公司。另有代管社会性服务单位医院。公司已初步形成煤炭生产为主导产业，火力发电、化工生产、汽车货运、机电修理、建筑安装、水泥、印刷、林业、住宿、餐饮等多业并举，综合配套、协调发展的产业格局。

公司现有11对生产矿井，分布在忻州市的原平、宁武，吕梁市的岚县，运城市的河津。井田面积78.6635平方公里，地质储量12.65922亿吨。矿井证载核定生产能力601万吨，资源整合后生产能力1090万吨。主要商品煤种为气煤、贫瘦煤，并创立大友5号、大友6号等知名品牌，产品主要销往华北地区京、津、唐各大电厂，以及湖北、湖南和省内各电厂。

【主要经济指标】 2009年，煤炭产量实现731.3万吨，同比增加18.1万吨；掘进进尺实现41628米，同比增加3995米；销售收入实现18.2亿元,同比增加0.7亿元；缴纳税费达到4.39亿元，同比增加0.92亿元；创造利润盈利3620万元，同比增加1596.5万元；员工收入达到31207元/人·年，增幅为14.3%。其中轩岗本部32528元/人·年，增幅为13.2%；阳方口公司26320元/人·年，增幅为19.1%；安全态势最稳：百万吨死亡率为零；新增储量8.95亿吨，总储量达到15.85亿吨，比原来翻了一番；公司党委首次被山西省国资委评为先进党组织。

【改革发展】

1.“重建”工程有序推进。按照实现180万吨/年生产能力的目标，对梨园河、焦家寨、刘家梁三对生产矿井进行系统改造和提能升级，41项工程已实施25项（已完成12项，13项正在实施中），从系统上逐步解决制约生产的关键性问题。

推进各项在建的重点工程。刘家梁矿中央回风斜井工程已累计进尺753米，预计2010年2月全部贯通。刘家梁矿213区轨道上山、513区皮带运输石门等井巷工程按计划施工，焦家寨矿521区回风下山加快了推进步伐。

梨园河矿年产180万吨的采矿许可证已经办理完毕，整体推进技改工程的条件已经成熟。

阳方口公司石湖和程坑两矿初设已取得批复，安全专篇已通过评审，预计2010年3月进入联合试运转。

麻家梁矿井建设有序推进。井筒冻结工程已经结束，主井设计602米，已完成进尺533米；副井设计562.2米，已完成进尺538米；风井设计535.5米，已全部完工；项目核准所需的支持性文件全部办理完毕，并已上报国家发改委，核准手续正在办理中。

2.“扩源”工作强力推进。公司紧紧抓住我省煤矿企业兼并重组的政策机遇，审时度势，果断决策，大力推进资源整合步伐。在忻州、吕梁、运城三市四县共整合煤矿14座，公司井田面积达到114.1km²，工业储量达到15.85亿吨，服务年限也延长到了51.7年。此外，公司派出专人紧盯全省“探转采”资源和空白井田，积极扩大资源整合成果。

【主要管理经验】

1.多措并举、强化落实，安全态势持续平稳。

（1）安全责任全面落实。推行安全问责制，切实转变领导人员的工作作风。进一步健全责权统一的目标责任考核体系，严格执行安全奖罚制度，全年罚款453.3万元，促进了安全生产责任的有效落实。重视地质灾害、雨季“三防”工作，保证了矿区安全度汛。对电力、化工、水泥、机修等辅业单位实施分类指导，强化安全管理，不断提高地面安全管理水平。

（2）隐患排查治理扎实有效。建立和完善了公司—矿井—区队—班组四级隐患排查机制，对安全隐患实行分级管理、挂牌督办、跟踪监控、整改销号的闭合管理，扎实开展隐患排查治理活动。坚持每月董事长和总经理安全办公会制度，重点解决安全隐患治理过程中存在的问题，对32条重大安全隐患进行了有效治理。公司隐患排查治理包矿组坚持周二安全督查，全年共开展各类隐患排查81次，查出各类安全隐患4768条，整改率达到了100%，有效提升了矿井的安全防范能力。

（3）“双基”建设不断强化。硬件方面，全年累计投入安全费用1.69亿元，更新矿井提升、压风等大型设备，配全了灭尘装置，安装了火灾束管检测、瓦斯抽放及注氮系统，对各生产矿井的瓦斯监控系统进行全面升级，有效提升了矿井的安全监控水平。特别是开展煤体注水、煤体预注马丽散固结围岩，实施长距离钻孔抽放瓦斯，为控制漏顶、有效治理瓦斯探索了新途径。软件方面，实施基层“三项管理”，全年21个新开工作面全部符合安全生产条件。出台了《关于兼并重组煤矿安全准入的实施意见》，理顺了重组矿井的安全管理体制，严格履行验收程序，做到了不安全不生产。

（4）安全质量标准化和企业（安全）文化建设持续推进。全年共召开5次现场会。公司各单位，特别是各生产矿井全面实施了4E6S岗位标准和行为规范，强化了编码管理、定位管理和干部走动式管理，进一步提升了员工的安全意识，规范了员工的安全行为。公司五对生产矿井和三个辅业单位的安全质量标准化分别达一级，矿井回采工作面精品率达100%，生产作业环境不断改善，安全保障能力显著提升。

（5）培训效果明显提升。充分发挥公司和矿两级培训机构的作用，全年共投入培训费用494.2万元。以区队长、班组长为重点，深入开展安全知识与技能培训，大力开展技术比武活动。全年共举办各种培训班200余次，培训员工23381人次，广大员工的安全意识和业务素质有了很大提高。

（6）群防群治常抓不懈。充分发挥党群组织“群防群治抓安全，齐抓共管保安全”的作用，根据各自工作特点，组织开展了主题鲜明、内容丰富、形式多样的宣传教育、情感帮教和监督、排查工作，形成了“六员一防”的大安全格局，促进了安全生产。

2. 依靠科技、优化布局，煤炭产量再创新高。

（1）煤炭产量再创佳绩。各矿克服瓦斯治理、奥灰承压水、煤层“三软”和自燃发火等技术难题，合理安排采掘接替，优化采掘工艺，实现了稳产高产。焦家寨矿首次达产，全年煤炭产量完成了165万吨，创公司矿井年产量最高纪录；梨园河矿掘进进尺完成12008米，创公司矿井年度掘进进尺最高纪录。公司煤炭产量实现731.3万吨，掘进进尺41628米，均创历史最高纪录。

（2）单产单进水平不断提高。面对地质条件日趋复杂、生产组织难度持续加大的严峻考验，各生产矿依靠科学管理和技术进步，加强现场管理，均衡组织生产，不断提高单产单进水平。刘家梁矿综采队产量连续三年突破100万吨，全公司7个综采队中，4个队产量突破百万吨；焦家寨矿最高月产量18.2万吨，创公司矿井月产最高纪录；梨园河矿掘进一队全年进尺3505米，创公司单队年进尺最高纪录；公司采煤队单产水平实现48371吨/个·月，较上年提高4280吨/个·月；综采队的单产水平实现79453吨/个·月，较上年提高6840吨/个·月；掘进工作面综合单进水平实现62.9米/个·月，同比提高5.7米/个·月；本部全员效率533.76吨/人，比上年提高9.56%；原煤生产效率3.06吨/工，比上年提高20.8%，均创历史最好水平。

(3)科技创新成效明显。采煤方面,“三软一高”易自燃厚煤层综放开采技术研究项目,获得集团公司科技进步一等奖。焦家寨矿和梨园河矿2#煤层分别装备了一个低位放顶煤综放工作面,2#煤层机械化开采迈出了坚实步伐,公司已形成“七综五高”的生产格局。掘进工艺改革方面,5#煤层采取煤体注水工艺,降低了煤尘,减少了漏顶和瓦斯超限次数。瓦斯治理方面,煤层顶板走向长距离钻孔抽瓦斯试验取得成功,焦家寨矿“51109”工作面瓦斯综合抽采率达48~59%,为轩岗矿区深部采区的瓦斯防治创出了一条新路。回风顺槽高位斜交钻孔预抽瓦斯技术日臻成熟,煤层氮气排粉施钻工艺效果显著。防灭火方面,新安装三套SCC-200型火灾束管监控系统,实现了采空区气体在线监测;建立了六氟化硫示踪气体追踪漏风通道的研制体系,优化了防灭火技术手段。地质防治水方面,开展轩岗矿区奥灰水综合治理前期工作,刘家梁矿水文地质补勘1#孔和井下2#放水孔已完工,在满足同华电厂一期供水的同时,达到了疏水降压的目的。

3.外拓市场、内抓煤质,煤炭营销呈现旺盛的态势。

(1)调整市场结构。开辟了湖北、湖南及省内市场,首次将华北电力用户的市场份额降到了45%以下,改变了公司商品煤销售受华北电力用户严重制约的局面,争取了销售主动权。提高高价市场煤的销售份额,全年共发运市场煤147.8万吨,增加销售收入2000余万元。

(2)破解运力瓶颈。克服了轩岗地处北同蒲铁路中部的瓶颈制约,全年铁路外运量达677.5万吨,为公司煤炭外销提供了保证。

(3)狠抓煤质创效。通过煤质指标专项分析,加强源头治理,提高商品煤质量。公司本部商品煤热值同比提高了58千卡/千克,增加收入1466万元,经济效益明显。

(4)提升品牌效应。焦家寨矿创出了大友5#品牌,提高售价20元/吨,增加销售收入1400余万元。轩岗本部全年含税价为339.7元/吨,比计划提高近15元/吨,增加销售收入7000余万元。

4. 以人为本、关注民生,员工生活明显改善。

加快“两区”改造进程。棚户区改造一期第一阶段工程和采煤沉陷区治理工程已具备了入住条件,棚户区改造一期第二阶段工程17栋住宅楼主体已完工,其余3栋四层封顶。

关心员工生活。加强雨季危房监控,棚户区住户安全度汛;全年投入1000多万元用于锅炉管网、房屋维修和矿区环境治理;梨园河矿水井工程主体基本完工;建成了“轩达广场”,完成了“一街两路”改造工程;文明办公区、文明工业区、文明生活小区建设做到了一体化;闭路电视频道增加到了53个。

加强老龄工作。建立了老年大学,使离退休员工及家属老有所学。

关注员工健康。医院设立了重症监护室、购置了彩超等先进医疗设备,为井下员工、劳模、优秀人才、女工进行了体检;选派454名劳模先进、优秀人才外出健康疗养。

改善交通条件。增加了矿区员工接送车,极大地方便了员工上下班。

开辟就业渠道。公司招聘了技校毕业的职工子弟230名,团委输出务工青年38人;积极开展扶贫济困送温暖活动:对5100人次实施了帮扶,发放救助资金191万元。

【公司领导班子成员名录】

张有喜　董事长

谷　泉　党委书记

刘建高　总经理

李鹏翔	党委副书记、纪委书记
王宝宝	工会主席
周满福	副总经理
李银书	副总经理
席洪斌	副总经理
高初生	副总经理
张俊杰	副总经理
李先章	总工程师

山西晋牌水泥集团有限公司

【概况】 山西晋牌水泥集团有限公司（原山西水泥厂）(以下简称“公司”)是山西省“八五”重点建设项目,属国有大型二类企业,现有职工1069人,固定资产9.48亿元。1992年9月开工兴建,1995年11月建成投产。

公司技术力量雄厚,检测手段齐备,产品质量优良。现已通过GB/TI9002—ISO9002质量体系认证,产品低碱性也全部通过省级鉴定,并予以批量生产。公司坚持“坚持持续改进、增强顾客满意、实现良性互动、提升双方效益”的质量方针,不断满足用户需求,公司生产的“晋”牌系列低碱水泥具有快硬、早强、凝结时间短、抗冻融性好、耐磨性强等优点,尤其以色泽好、碱含量低享誉各地,可广泛应用于各种工业与民用建设工程,产品畅销北京、天津、武汉、郑州、西安及本省各地区,被誉为首选产品和信得过产品,普遍受到用户好评。

【主要经济指标】 2009年共生产水泥611869吨，生产熟料570600吨；销售水泥609577吨,销售熟料93024吨,实现销售总量702601吨;实现工业总产值16652万元;实现销售收入17754.23万元，全年货款回收21751.12万元;经营绩效,按3亿资产核算亏损2243.5万元,若不计财务费用和折旧的前提下,全年实现盈利942.8万元。

【改革发展】 企业结合实际,依托集团公司在人才、技术及管理等方面的优势,经过认真分析，多方论证和实地考察，集体决策制定了“走出去”发展战略,在伊拉克和陕西承包经营了两条5000t/d水泥熟料生产线。两项目实施后可为公司分流人员300多人,基本可达到“减轻企业负担、人员合理流动、适度增加员工收入”的目的,为企业改革创造了条件,为企业长远发展积累了经验。按照体制框架和部门设置符合业务流程和经营管理的要求，集团公司成立内部机构改革领导组和办公室，对各单位的管理模式、组织机构设置、职工队伍先期状况均进行了调研。成立了山西晋牌水泥集团有限公司山西水泥厂,为加快集团化改革步伐,形成“一主（集团本部）两翼（伊拉克项目部、西安项目部)”的组织架构做好了铺垫。

为加大人力资源整合力度。集团公司积极与大专院校联系,采取组织学生顶岗实习,并择优选派人员尽快充实到新增设或人员紧张的岗位,此举既保证了生产经营的持续稳定,又使人力资源得到优化配置。还通过与外包项目业主协商，对符合条件的公司子弟经职业技能培训合格后，采取劳务输出的形式，优先安排其就业,一定程度上为职工子女的就业开辟了新路。

【生产系统】 生产系统不断强化监督、协调、服务与指导意识,以工艺过程管理为主线,以设备管理为保证,以现场管理为重点,加大检查和奖惩力度，推动了工作创新、管理创新和工作效率的提高。回转窑年平均运转率为77.75%，水泥磨年平均运转率达74.13%，单月窑、磨最好运转率分别为95.78%、98.81%。各主机设备的事故发生率及停车时间较上年有了较大幅度下降。水泥磨系统在4月连运8天的基础上，9月、11月分别连运12天和21天，创造了建厂以来水泥磨系统连运的最好纪录。9月份月平均3天强度达到27.4Mpa，全年平均强度为24.6Mpa，创历史新高。

现场管理以安全、清洁、文明生产为目标，以落实现场标准化管理为重点，严格执行安全、环保、消防责任制，严格奖惩、及时兑现，整个生产现场环境面貌、机台卫生等发生明显改观，以清洁运行保稳运连运，以稳运连运促优质高产的良性循环机制渐显成效。

【节能减排】 公司上下以“节能减排、增加效益”为一切工作的出发点和落脚点，扎实开展工作。利用设备大、中、小修机会，修补堵塞生料粉磨系统和窑系统的漏风点，有效改善了系统运行工况；继续开展钢渣替代铁粉使用工作，全年累计使用钢渣73000吨。通过对矿山分散的各落矿点钻孔取样、分析对比，制定出科学合理的搭配方案，既保证了混合料的质量稳定，又减少了矿山剥离量，降低了生产成本。去年仅掺加高铝料、炉渣和生料磨排渣等就为集团公司减少损失30多万元。鉴于大量熟料被迫露天堆放的实际情况，为最大限度减少经济损失，抓紧外掺熟料65000吨，通过配合使用水泥增强剂，确保了出磨水泥的质量稳定。通过采用无功功率补偿装置、投运静止式进相器和避峰就谷开车等措施，使全年功率因数平均保持在0.92以上，为公司节约电费开支50余万元。继续加大散装水泥销售，全年共销售散装水泥310432吨，仅包装袋一项可节约资金62万余元。

【营销工作】 水泥销售工作以市场为导向，坚持以现金销售为主、水泥熟料并举的营销策略，在营销机制上不断创新，规章制度上持续完善，在队伍建设上狠下工夫，在基础管理上深推细究，正视现实，主动出击，创新工作，把工作重点放在市场开拓上，以“全面占领潞矿市场，适度争取搅拌站用户”为目标，外围销售调节市内销量，紧密关注市场变化、产品价格变化动态，巩固和扩大了市场份额。强化售前、售中、售后服务，通过跟踪走访、电话征询、信函调查等多种形式，及时为用户排忧解难，稳定了新老客户，增强了彼此合作，提升了晋牌水泥的市场效应和美誉度，晋牌水泥销售工作在逆势中实现突围。2009年共销售水泥609577吨、熟料93024吨，实现销售收入17754.23万元。水泥、熟料结算率分别为101.01%和85.56%，全年共清收欠款448.65万元。

【和谐建设】 公司缴纳大病医疗互助金，为职工办理了第三期长治市职工大病医疗互助保险；为34名升入高校的职工子女发放助学金6万元；对特殊岗位（工种）、40周岁以上职工及赴伊拉克工作人员共计800余人进行了身体检查。全年共发生费用15万余元，确保了潜在疾病的及早发现和职工的身体健康。全体员工实施了带薪休假，在企业资金困难的情况下，按时发放独生子女父母奖励费和妇女保健费。及时对生活区部分住宅楼暖气管网进行了维修改造；兴建了门球场，进一步完善了活动室的器材和相关配套设施，极大地丰富了职工文娱生活。

【公司领导班子成员名录】

庞瑞林　董事长、党委书记
刘宇红　党委委员、总经理
郝建平　党委副书记、工会主席

石建文　　党委委员、副总经理
郭长青　　副总经理　　总工程师
吴建礼　　副总经理
王生文　　副总经理
韩学君　　党委委员、纪委书记

山西煤矿机械制造有限责任公司

【概况】 山西煤矿机械制造有限责任公司（以下简称“公司”）于1977年开始建厂，1981年正式投产，原为煤炭部57个重点骨干企业之一。2002年12月由原山西省煤矿机械厂改制为山西煤矿机械制造有限责任公司。主营业务范围是生产煤矿井下运输设备（刮板输送机、转载机、皮带输送机、铸石刮板机、人车矿车及部分洗选设备）。截至2009年年底，公司资产7.8亿元，产值8亿元，实现利税10902余万元，现有员工1200余人。

公司坚持科学的发展观，依托持续的技术创新、管理创新和机制创新，不断提高企业的核心竞争力和可持续发展力，使企业在残酷的市场竞争中逐步跻身全国刮板机制造业前三强、中国机械工业500强和中国专用设备制造业纳税百强。

公司于1998年建立了以MRPII制造资源计划为核心的企业管理信息系统，2003年升级扩展为ERP企业资源管理系统。2005年获得信息产业部“国家倍增计划优秀项目”，2008年获得“中国企业信息化500强”荣誉称号。公司先后通过ISO9001-2000版国际质量体系认证和国家安全质量标准化二级认证及ISO14001-2004环境管理体系和OHSMS18001-2001职业健康安全管理体系认证。

【主要经济指标】

1.2009年主要经济指标完成情况。工业总产值：全年累计完成80078万元，比上年同期增长25.1%；销售收入：72222万元，比上年同期增长12.6%；利润总额：全年实现利润总额6860万元，比上年同期增长49.3%；2009年人均收入40198元；全员劳动生产率：10.11万元/人，比上年同期增长13.1%。

2.财务状况分析。公司的注册资本金为11000万元，截至2009年12月31日，公司拥有资产总额77844万元，负债总额54967万元，净资产22877万元，资产负债率为70.6%。构成如下：

资产：(1)流动资产67802万元，占资产总额的87.1%。流动资产中，应收账款净额27079万元，占流动资产的39.9%，占资产总额的34.8%。(2)固定资产：固定资产原值19889万元，固定资产净额8470万元，占资产总额10.9%，固定资产净值率43%。(3)其他各类资产：在建工程896万元，占资产总额1.15%，无形资产及长期待摊费用127万元。

负债：(1)流动负债：流动负债总额54852万元，占负债总额的99.8%。(2)非流动负债：非流动负债总额115万元，占负债总额的0.2%。

净资产：净资产总额22877万元。净资产收益率为34%。

【改革发展】

1.加强技术创新，新产品开发再上新台阶。顺利完成2009年计划安排的7项新产品开发计划，尤其是两项国家科技支撑计划项目——

超重型刮板输送机、转载机成套设备及其关键技术，以及大运量超长距离可伸缩带式输送机及其关键技术顺利完成。

技术进步项目共完成43项，主要有哑铃销自制、大型结构件翻转器、铲挡板槽帮划线工装、破碎机锤体动平衡试验台、仿型磨模机，在产品自制、工艺改进、检验检测、刀具革新等多方面取得新的成绩。

2009年9月，经省经贸委、省科技厅、省财政厅、省地税局、省国税局、太原海关等政府部门联合认定，公司技术中心升格为省级技术中心。

2.树立危机意识，市场营销取得显著成绩。由于金融危机的影响，市场环境发生很大变化，在不利条件下，2009年发出商品8.3亿元，同比增长18.7%。新增用户30家，新市场合同订货达1.6亿元以上。其中，与内蒙古伊东公司签订的槽宽1200MM的新型刮板机合同，是市场销售与技术开发相互依存、市场信息作先导，技术开发作后盾的典型事例，是市场营销历史性的跨越。全年订货达到历史最高的10亿元，为公司各项任务的完成和2010年的顺利起步打下坚实基础。销售回款在2009年同样取得重大突破，在连续4年没有完成计划指标的情况下，2009年完成计划指标的109%，并且在12月销售回款与产值、发出商品三项指标均取得1亿元以上的最好成绩，为公司今后的发展起到了很好的典型示范作用。

3.科学组织，产值实现大幅度增长。从2009年1月开始，公司为加强生产进度管理，提高产值和销售收入质量，实行了商品产值考核办法。2009年全年共完成刮板输送机157台，转载机76台，皮带机及马梯尔自移机尾40台，破碎机47台。按可比口径计算，首次实现当年产值增长2亿元。

4.加强产能建设，重点技改项目顺利实施。2009年围绕着设备更新和扩大外委基地建设两开展了一系列工作，以提高生产能力。公司利用自有资金，进行了部分设备更新，累计完成投资近2000余万元，采购了数控内圆磨、落地镗、数控链轮镗铣、能满足大件加工的插床、大立车、数控切割机及对焊机等设备，解决生产能力不足和大型零部件的精加工问题，使公司生产能力大大提高，为企业的上规模奠定了一定的基础。完成了公司铺设现场、露天货场和在建的小办公楼等基本建设工作。外委基地的建设也取得新的成果，2009年新增外委厂商10余家，陆续培养和开发了一些质量稳定的大型企业成为公司的合作伙伴。为了控制外委厂商的产品质量，公司对外协、外委厂商进行了一次全面的评估，建立起一套评价体系，从中优选出数家企业做为长期合作伙伴，对质量保证体系不健全、人员素质低下的企业给予限期更改或取消其外委资格的处理措施，在外协外委量逐渐加大的同时，外委基地产品质量的可控程度显著提高。毛坯、铸件、外协件的供货进度和质量有了明显改进。

5.丰富活动载体，党的建设和精神文明建设取得新成绩。从2009年3月开始，公司在太重集团党委的领导下，按照《山西煤机学习实践科学发展观活动实施方案》，精心组织，稳步推进，历时4个月，顺利完成了学习调研、分析检查、整改落实和总结测评四个阶段的任务，取得了满意的成果。

公司把创新思想观念，增强全局观念作为学习实践活动的切入点。为了加强中层干部队伍建设，制定了新的学习培训制度，坚持每周二晚上学习培训。从4月7日开始，进行了“为自己工作”、“赢在执行力”等内容的培训。在全公司开展了“爱企业、爱岗位、爱用户、爱生命健康”的“四爱”教育活动，进一步提高了广大员工的爱岗敬业意识和主人翁意识。

在祖国60华诞、国庆前夕，公司党委在紧张的生产经营工作之余，精心组织了包括篮球赛、羽毛球赛、“歌颂祖国、倡导四爱”演讲朗诵赛、职工书画摄影艺术展、黑板报比赛、“盛世中华、奋进煤机”职工文艺汇演等在内的六项庆祝活动，参与人数达到500余人次，通过丰富多彩的活动，极大地激发了职工爱国、爱企、爱岗热情，陶冶了情操，凝聚了团队精神，整个公司呈现出生机勃勃的向上氛围。

2009年公司顺利通过省级文明和谐单位检查验收，公司文明和谐建设迈上新的台阶。

【法人治理结构】 公司法人治理结构由股东会、董事会、监事会、经理层组成。股东会是公司最高决策机构。公司董事会由7名董事组成，其中董事长1人，副董事长2人，董事4人。监事会由3名监事组成，其中主席1人，监事2人。监事会依照法律和公司章程行使职权，对公司经营行为及国有资产实施监管。公司经理人员由董事会决定聘任和解聘。总经理依照法律规定和公司章程行使职权，主持公司的生产经营管理工作和组织实施董事会决议，总经理对董事会负责。经理层由6人组成，总经理1人，副总经理2人，总会计师、总工程师、董事会秘书各1人。

【主要管理经验】 自2007年全面开展6S管理活动以来，公司不断完善管理标准，深化管理机制，使广大员工的管理素养得到进一步提高，生产现场的管理水平进一步提升，面貌进一步改善。公司进一步优化了ERP系统，使其与生产经营实际更加贴近，计划管理模块、成本模块、财务分析模块的实际应用效能进一步发挥。2009年，公司信息化建设获得“中国企业信息化500强”荣誉称号。三体系运行质量进一步提高，标准化管理取得新的成绩，为企业经营管理实现规范化、精细化提供强有力支持。10月顺利通过中质协年度外审。

1.公司进一步在产品质量管理方面加大管理力度。对发现和发生的质量问题采取决不姑息，对重大质量问题责任人分别采取了调离岗位、调离部门、经济处罚、行政处理等处罚措施。通过严肃整治，产品质量在产量大幅增加、产能不足的情况下得到稳定提高。同时，公司进一步强化了质量责任与质量监督，对外委、外协厂商以及供应商进行了整顿，进一步规范了进入制度，较有效地进行了监管，使外委和外协部件质量有了明显提高。

公司年初下达的成本降低目标是1000万元，通过加强从设计、采购、生产到售后等各个环节的成本管理和考核，全年实现降本1310万元，对利润的增长起到了积极的促进作用。

2.纳税筹划和融资工作取得新成绩。2009年，公司通过减免企业所得税、技术开发费加计扣除、开展直接办理进口业务、办理固定资产增值税抵扣、享受国家“五缓四减三补”政策、申报重大技术装备进口关键零部件免关税、增值税等工作，实现纳税筹划2363万元，在纳税筹划方面取得新的成绩。经过多方努力，采取货物质押、应收账款保理、固定资产抵押贷款等方式实现融资4600万元，实现了融资的突破，打开了改制后企业的融资渠道，保障了企业的正常运作与平衡发展。

3.产品结构向超重型发展，并随着技术含量的提高赢利能力进一步增强。2009年，880以上系列刮板机生产32台，同比增长98%，产值占到36%，764—830系列刮板机生产53台，同比增长21%，产值占到21%。2009年，在产值增长25%的情况下，产量同比降低5%。表明了大机型产品数量的增加，提高了产品的整体赢利能力。

【公司领导班子成员名录】

冯金水	董事长、党委书记、总经理
李怀楠	副董事长、副总经理、党委委员
田齐丛	党委副书记、纪检委书记、工会主席、董事
刘卫东	副总经理、党委委员、董事
席庆祥	总工程师、党委委员、董事
田振平	总会计师、董事、财务处处长
孙姬彬	董事会秘书、党政办公室主任

2010

SHANXI PROVINCE STATE-OWNED ASSETS SUPERVISION AND ADMINISTRATION YEARBOOK

山西省国有资产监督管理年鉴

山西省国有资产统计资料

第五篇

大同煤矿集团轩岗煤电有限责任公司

一切为了发展
一切为了员工

大同煤矿集团轩岗煤电有限责任公司的前身为轩岗矿务局，总部位于山西省原平市轩岗镇，于 1954 年建局，原为煤炭部直属的 94 个统配矿务局、山西省 8 大矿务局之一，属国家大型二类煤炭企业。1998 年下放山西省政府管理。2002 年实施政策性破产，同年 8 月由大同煤矿集团整体收购，并重组改制，组建为大同煤矿集团轩岗煤电有限责任公司，是大同煤矿集团公司最大的子公司，山西省国有资产监督委员会监管的重要子公司之一。

重组以来，在省委、省政府及同煤集团的坚强领导下，轩岗煤电公司广大干部员工精诚团结、务实进取，一路攻坚克难、拼搏进取，一举实现了由破到立、由乱到治、由弱到强的重大转折。八年来，煤炭产销量屡创新高，矿井机械化程度大幅提升，非煤产业平稳运行，外部发展空间得到拓展，文化活动异彩纷呈，精神文明建设蓬勃开展，员工家属生活水平明显提高，企业综合实力显著增强，公司步入了以人为本、全面协调、可持续发展的轨道。

公司现有二级单位及子公司 17 个，其中煤炭主产业生产单位 7 个，非煤生产单位 9 个，另有代管社会性服务单位医院。公司已初步形成煤炭生产为主导产业，火力发电、化工生产、汽车货运、机电修理、建筑安装、水泥、印刷、林业、住宿、餐饮等多业并举，综合配套、协调发展的产业格局。

公司现有 10 对生产矿井，七套综采五套高档，采煤机械化程度达 100%。矿井分布在忻州市的原平、宁武，吕梁市的岚县，运城市的河津。主要商品煤种为气煤、贫瘦煤，并创立大友 5 号、大友 6 号等知名品牌，产品主要销往华北地区京、津、唐各大电厂，以及湖北、湖南和省内各电厂。

“十二五”期间，公司将以科学发展观为指导，坚持“一切为了发展、一切为了员工”的办企宗旨，按照“煤炭为主、多元发展、总量翻番、转型跨越”的总体要求，以建设轩岗煤电循环经济园区为主线，全面实施“六大战略”，到“十二五”末，实现“五个翻番”，即产量突破 2000 万吨，销售收入突破 40 亿元，总资产达到 60 亿元，员工年人均收入突破 8 万元，上缴税费 10 亿元，把轩岗煤电公司建设成为高效发展、和谐美好、充满活力、文明富裕的现代化企业。

大同煤矿集团公司董事、党委常委、副总经理，轩岗煤电公司董事长　陈旭忠

大同煤矿集团公司副总经理、轩岗煤电公司党委书记　高 峰

大同煤矿集团公司副总经理、轩岗煤电公司总经理　张良海

省领导莅临轩煤公司检查指导

公司领导班子

公司居民小区

开拓奋进的轩煤人

轩煤公司六亩地矿

轩煤公司六亩地矿是一个有建矿 50 多年历史的老矿。近年来，随着资源枯竭，开采任务宣告结束。在暂时没有接替矿井的情况下，先后转战轩煤公司焦家寨、梨园河扩区、虎峰煤业、万杰煤业、刘家梁矿支援生产建设，出色地完成了各项工作任务，用实际行动捍卫了六亩地矿人艰苦奋斗、敢打硬拼的光荣传统。在暂时没有主力战场的几年里，在公司领导的大力支持下，在矿党政的正确领导下，在全矿员工的共同努力下，以科学发展观为统领，紧紧围绕轩煤公司实现“做强轩煤、造福员工”的宏伟目标和打造轩岗循环经济园区的战略思路，以创新和发展实践为主题，紧密结合本矿工作实际和矿井“二次创业”工作任务，按照“巩固、提高、深化、拓展”的思路，努力加强企业精细化管理、标准化建设、煤炭外销等工作力度，积极寻求企业新的利润增长点，以构建和谐、促进文明、提升管理、打造队伍为目标，凝心聚力，奋力拼搏，深入扎实地抓好以“稳定和发展”为龙头的各项工作，矿容矿貌和员工的精神面貌保持了良好状态，使企业发展在艰难中保持了健康稳定和谐的局面。

轩煤实业公司黄甲堡分公司

实业公司

轩煤实业公司员工活动室

实业公司是轩煤公司的子公司，公司领导班子 7 名成员，有 5 个职能科室，即办公室、财务部、人劳部、生产营销部、党委工作部（纪委、工会、宣传、团委、信访、计生）。

公司经营范围有：机械加工、铸造、修理、建筑材料、原煤、精煤、劳保服装加工、矿用导风筒加工、铝矾土烧结、金属网编织、印刷、商饮、住宿。

经营管理模式：公司行业种类多、点多面广，依据行业的属性，对基层分别实行了风险抵押、责任经营、集体租赁、费用包干、股份制等经营管理办法。

主要产品有：线材、标准件、密封件、铸钢件、预制件步道石、各种彩砖、铝矾土、矿用导风筒、金属网、U 型支架∏型梁、印刷品、劳保用品、氧气等。

轩煤实业公司综合加工厂

大同煤矿集团轩岗煤电公司焦家寨煤矿

焦家寨矿工业广场

轩岗煤电公司焦家寨煤矿于1958年7月开工建设，1966年10月投产，1994年底改扩建项目竣工之后，矿井设计能力达到150万吨/年。2010年，焦家寨矿被国家安监总局、煤监局联合命名为“国家级安全质量标准化矿井”；被中国煤炭工业协会评为全国煤炭行业二级安全高效矿井；被省科协、省人力资源和社会保障厅、省财政厅、省国资委授予2010年度山西省“科技奉献奖”先进集体三等奖；被省总工会、省安全生产监督管理局联合评为“2009—2010年度‘安康杯’竞赛优胜企业”；被忻州市委、同煤集团公司和轩煤公司评为“先进基层党组织”；被集团公司授予2010年度“宣传思想工作标兵单位”。

轩煤公司刘家梁矿

轩岗煤电公司刘家梁矿于1973年12月开工兴建。1985年9月正式投产。原设计生产能力为90万吨/年，重组后经过技术改造，现核定生产能力为180万吨/年。全矿共有员工2764名。

在公司正确领导下，近年来，该矿安全工作稳步发展，员工综合安全素质不断提升，矿井质量标准化建设不断提高，基础环境设施明显改善，文明创建活动取得新成效，和谐矿区建设呈现新局面，“创先争优”活动有序推进，党风廉政建设工作进一步巩固，惠民工程效果显著，整个矿井呈现出蓬勃发展的良好势头。

轩岗煤电公司刘家梁瑞丰小区

梨园河矿新区

轩岗煤电公司梨园河矿

大同煤矿集团轩岗煤电公司梨园河矿位于宁武县薛家洼乡境内，距离轩岗本埠 30 公里，地处高山，海拔 1760 米，原年生产能力不足 2 万吨。2001 年 8 月开始基础设施建设，2002 年 6 月正式投产。

建矿九年来，该矿在轩煤公司“做强轩煤、造福员工”、“一跳四建三步走”战略思路指导下，面对异地经营、基础条件极其艰苦的生产生活条件，全矿上下坚定信念，排除万难，继承和发扬特别能吃苦、特别能战斗的精神，用“苦字当头”、“面汤洗脸”、“破冰而衣”等许许多多可歌可泣的感人故事，谱写了新一代矿工艰苦创业、顽强拼搏的历史篇章，凝炼了具有新时代特点的“艰苦创业、求实创新”的梨园河精神；该矿打破矿井建设的常规模式，因陋就简，因地制宜，生产规模不断扩大，机械化程度不断提高，矿井产量不断翻番。与此同时，该矿持续在文化创新和员工道德建设上下工夫，以“抓作风、抓规范、抓实效，抓素质、抓宣传、抓稳定”为重点，不断加强文明和谐矿区建设，着力提高精神文明创建水平。多次被集团公司、忻州市委、大同市委授予先进党委、先进基层党组织、先进模范单位等荣誉称号，矿工会被全国总工会授予“模范职工小家”。2009 年被省国资委评为“省属企业文明单位”。

目前，梨园河矿已经成为轩煤公司发展速度最快、最具发展实力的矿井。未来的梨园河矿将在集团公司“高起点上再跨越，创造同煤新历史”的伟大实践中创造出更加美好、更加灿烂辉煌的成绩。

梨园河矿井下安全文化长廊

梨园河矿生产区办公场所

轩岗煤电公司医院

轩煤医院是一所综合性二级甲等医院，开设床位 300 张，全院员工 354 人，具有中高级职称的占到 32%。内、外、妇、儿、五官、传染等科室健全，拥有先进的医疗设备和优雅的治疗环境。

轩煤医院是城镇医保和工伤定点医院、是新农村合作医疗定点医院、是交通事故定点医院、是人寿保险定点医院、是忻州市创伤急救中心、是中国人民解放军海军总医院协作医院、是山西医科大学附属二院协作医院、是国家科技计划高血压脑出血微创治疗定点医院。

轩煤医院 2009 年被省卫生厅授予"百佳公众满意放心医院"、2008 年被原平市授予"物价计量信得过单位"，连续四年被山西省爱卫会授予"爱国卫生运动先进单位"，轩煤医院环境优雅、交通便利、服务优良、收费合理，全天 24 小时候诊。

阳方口矿业公司

阳方口矿业公司监测监控中心

同煤集团阳方口矿业有限责任公司位于山西省宁武县阳方口镇境内，东部 1.5 公里有大运二级干线公路和北同蒲铁路，北行 27 公里可达朔州市，南沿崞水公路 13 公里至宁武县城，交通十分便利。其前身为忻州市阳方口煤矿，1954 年建矿，1998 年改制为山西省阳方口矿业集团有限责任公司，2003 年 12 月参组同煤集团，是一个有着 57 年建矿史的煤炭老企业。

该公司现有生产矿井两座，分别为石湖矿和程家沟矿，铁路专用线两条，年生产原煤 200 万吨。

2007 年以来，该公司以创建安全高效矿井为目标，以理念渗透为先导，以质量标准化建设为主线，内抓生产经营，外抓资源整合，牢牢抓住安全、生产、效益、和谐四个着力点。坚持改革改造同步进行，四个文明同步推进，艰苦创业，负重发展的发展思路，强力推进企业文化建设，不断提升员工素质和企业管理水平，走出了一条内涵发展、外延扩张，产能与规模同步提升，经济与效益协调发展的新路子。在原煤产量、外运销售、经营状况、安全生产、员工收入、机械化程度、矿容矿貌、精神文明建设的八个方面都迈出了稳步、健康、发展的步伐，其他各项工作也均呈现出逆势上扬、全面提速、整体推进、协调发展的良好态势。

办公大楼

王坪煤电有限责任公司

董事长 康日霞

党委书记 李 忠

王坪煤电有限责任公司，由原王坪煤矿整体改制组成。于1984年10月开工兴建，1988年10月建成投产，是国家"七五"期间投资2.06亿元兴建的全国62个现代化样板矿井之一。年设计生产能力180万吨。公司1993年7月前隶属于原雁北地区，后划归朔州市。1997年12月，根据省、市建立现代企业制度的要求，企业改制为王坪煤电集团有限责任公司。2003年12月参组到同煤集团。

近年来，在同煤集团的正确领导和大力支持下，该公司不断深化企业内部改革，凝心聚力，攻坚克难，强化管理，各项工作呈现出强劲的发展势头。特别是2010年，各项经济指标创历史新高。全年生产原煤203万吨，掘进进尺12048米，销售煤炭207万吨，实现销售收入61568万元，实现税费14891万元，上缴税费13237万元，安全实现低控目标，质量标准化保持一级水平。

——夯实基础，安全质量标准化工作稳步推进。该公司以强化基础管理和现场管理为重点，加强对区队安全质量标准化的自检自查，加大考评力度，在操作行为的规范上下大工夫，安全质量标准化建设继续保持在一级水平。"十二五"期间力争达到特级标准化水平。

——科学组织，原煤生产取得历史性突破。克服了地质条件复杂、水患严重、过空巷等重重困难，科学组织生产，合理采掘部署，进一步提高了单产单进水平。创造了日产突破1万吨、月产突破27万吨，单产突破10万吨的好成绩。同时，精心组织综采、综掘搬家准备工作，特别是停采过程的科学合理维护，彻底扭转了矿井撤退工作面困难的被动局面。积极开展科技攻关，共有26项科技成果通过同煤集团初审，其中复杂赋存条件大倾角伪斜综放开采技术项目已通过省厅验收。

——注重创新，经营管理再上水平。以创新管理为目标，以提高效益为中心，以成本控制为重点，将安全管理、生产经营、企业文化建设等考核指标逐级分解到各业务科室、区队、班组，进一步明确岗位职责，量化考核指标。坚持月考核例会制度，逐步形成了“指标分解责任化、过程控制精细化、检查考核常态化”的管理体系。

——以人为本，十件实事惠及民生。一是投资6500万元兴建了洗煤厂，实现了当年投产、当年达产、当年创效且当年收回投资的好成绩，成为该公司新的经济增长点；二是员工收入较上年人均增资1.2万元；三是投入288万元，改造了供水、供暖系统；缓解了职工吃水、采暖难的问题；四是上缴230万元，全员参加了社会医疗保险、医疗救助；五是投入34万元，为1372名接尘员工进行了职业健康体检，免费为456名女职工及职工家属进行了健康检查；六是发放困难员工补助和“金秋助学”资金共31万元；七是员工福利性支出较往年多投入500万元；八是投入24.2万元，增设了文体活动场所，完善了图书阅览室；九是投入236万元，重新装修了职工澡堂、食堂，两堂一舍管理步入正常轨道；十是投入棚户区改造工程前期费用5205万元。

——和谐共建，精神文明氛围更加浓厚。一是强化领导班子建设。积极开展“四好”领导班子创建活动，坚持党委中心组学习制度，提高了公司领导班子的整体素质。二是积极开展创先争优活动。以“建设新王坪、组织作保证，实现新跨越、党员争先锋”为主题，开展了系列创争活动，充分发挥了党组织的战斗堡垒作用和党员的先锋模范作用。三是加强党风廉政建设，认真抓好廉政教育，提高了各级领导人员廉洁从政意识和拒腐防变能力；强化源头治理，对“三重一大”（重大决策、重要干部任免、重大项目安排及大额资金使用）进行了有效监督；积极打造廉洁文化，建立了廉政走廊，开展了廉洁文化“六进、六创”活动（开展廉洁文化进班子活动，创建廉洁勤政好班子；开展廉洁文化进基层活动，创建廉洁和谐好区队；开展廉洁文化进岗位活动，创建廉洁奉公好岗位；开展廉洁文化进项目活动，创建廉洁透明好工程；开展廉洁文化进社区活动，创建廉洁环境好社区；开展廉洁文化进家庭活动，创建廉洁明理好家庭），形成了风清气正的廉洁文化氛围。四是健全企业民主管理制度。召开了四届三次职工代表大会，续签了《集体合同》，民主测评了公司领导班子及领导人员，群众满意度达95%以上。五是积极推行党务公开、企务公开。设立了公开栏，工资实行了三签字、四公开、五上墙。六是积极开展文体活动。在春节、元宵节、“五一”、“七一”期间，开展了丰富多彩、形式多样的文化娱乐活动，活跃了职工的业余文化生活。七是抓好矿容矿貌整治工作。投入82万元绿化美化矿区，绿化覆盖率达到30%。投资8万元安装了锅炉在线监测系统。投资148万元改造了污水厂，污水排放基本达标。八是强化信访稳定工作。积极开展不稳定因素调研、排查、化解工作，精心组织矿区治安、综合治理，严厉打击各种违法犯罪行为，为广大员工营造了一个和谐稳定的生产生活环境。九是大力推进企业文化建设。坚持理念渗透，注重行为养成，积极推行快乐工作法，加大检查考核力度，促进了精细化管理。逐步向“制度管企，文化管人”的目标迈进。

奋进中的王坪煤电公司，将认真贯彻落实党的十七大精神，努力践行科学发展观，按照同煤集团“81620”战略要求，以“三新”为纲，“三先”为要，不断深化内部改革，推行目标精细化管理，进一步树立“人人精打细算、个个当家理财”的观念，强化矿井安全质量标准化建设，夯实安全生产基础，不断推进企业文化建设和精神文明建设，全面提升企业管理水平，为实现“高起点上再跨越、创造同煤新历史”的宏伟目标做出新的更大的贡献。

团结务实的领导集体

消夏晚会

洗选装煤系统

公园一角

实现六大目标 再造一个新地煤

董事长 徐 成

党委书记 黄世龙

总经理 杨天斌

大同煤矿集团大同地方煤炭有限责任公司(简称“地煤公司”)是同煤集团的一大子公司,目前下属12对矿井和3个子公司,拥有3个洗煤厂、6个发煤站点,井田面积110平方公里,工业总储量9.75亿吨,总资产46.23亿元,年产运能力800万吨。

近年来,地煤公司在同煤集团的正确领导下,以科学发展观为指导,科学组织生产,夯实安全基础,强化经营管理,发展非煤产业,不断加强党的建设、企业文化建设和思想政治工作,使企业发展驶入快车道。公司先后被中国煤炭工业协会评为“优秀企业”、“中国煤炭工业100强企业”,被山西省企业联合会、企业家协会评为2009年度“功勋企业”。

2010年1月,以徐成为董事长、黄世龙为党委书记、杨天斌为总经理的公司新一届领导班子正式组建后,紧紧围绕“高起点上再跨越,创造同煤新历史”宏伟蓝图和建设“百年同煤”的宏伟目标,全力实施“五个三”总体发展战略,科学谋划,励精图治,埋头实干,奋勇拼搏,全年在煤炭生产、经济效益、资源整合、棚户区改造、员工收入、质量标准化建设、管理机制建设、企业文化建设、领导班子和机构建设、员工队伍素质养成等十个方面取得重大成果,全年生产原煤556.2万吨,同比增加95.2万吨;实现利润1.02亿元,同比增加1400万元;员工人均收入48810元,同比增加16341元,增幅50.33%;安全生产实现低控目标,多项指标均创历史最高水平,是地煤公司全面发展、跨越提升极不平凡的一年,是综合实力大增长和员工群众得实惠最多的一年,是发展后劲和企业凝聚力明显增强的一年,是广大员工对企业发展前景信心骤增的一年,充分展示了大集团的文化力、推动力和创造力。

机遇蕴含精彩,创新成就伟业。在公司领导班子的坚强领导下,全体地煤人正以时不我待的精神风貌和科学创新的工作态度,以创建安全、高效、文明、和谐的现代化企业为目标,为在“十二五”期间“实现六大目标,再造一个新地煤”而努力奋斗。

现代化的综采工作面

徐成董事长深入井下检查安全标准化工作

徐成董事长(右二)与公司党委书记黄世龙审阅员工棚户区住宅建设规划

军事化训练方队展示员工风采

大同煤矿集团朔州朔煤 小峪煤矿

矿长　吴升富

党委书记　田玉平

小峪煤矿位于山西省大同煤田中部东南边缘，地处怀仁县境内。始建于1954年，年设计生产能力210万吨，现有职工5100人。

该矿曾是一座年产仅7万吨的小煤窑。1979年一期改扩建工程后，矿井生产能力从60万吨增至120万吨；2004年，矿井生产能力从120万吨提升至210万吨。铁路专用线与北同蒲电气化铁路相连，交通便利，产品主要销往京、津、唐、沪、江、浙等地区。

该矿井田面积15.6平方公里，煤炭储量5.6亿吨，可采储量3.34亿吨，可采煤层5#层，煤层厚度28.82米。地质构造简单，生成于石炭二迭纪的1—2号气煤，含硫量小于0.36%，高挥发性，发热量为4400—4900大卡/千克，是优质环保型动力煤。

原煤入洗后，灰分降低至22%，发热量可提升至5200—5500大卡/千克。附产品煤矸石储量890万吨，经1300度高温煅烧成莫来石，成为新型铝硅系耐火材料，可作为陶瓷、结晶釉和一般铸造吸铸的填料、涂料，是航空、轮船、汽车等高精密动力机械不可或缺的原料，产品远销世界各地。

小峪煤矿选煤系统

近年来，该矿努力践行科学发展观，实现了历史性的跨越。先后荣获全国“五一劳动奖状”、全国“模范职工之家”、全国“安康杯竞赛优胜企业”、“全国煤炭工业行业　级安全高效矿井”、“全国煤炭系统文明矿井”、“中国安全文化管理先进单位”、山西省“模范单位”、“山西省功勋企业”、山西省“省属企业文明单位标兵”、“山西省煤炭综合利用先进集体”、“山西省模范劳动关系和谐企业”、“山西省十佳企业文化建设示范基地”等，荣立山西省劳动竞赛集体一等功。

小峪煤矿按照集团公司“高起点上再跨越，创造同煤新历史”的总体规划，“优化系统上产能，瞄准精洗创效益，打破瓶颈开富路，再创佳绩铸辉煌”，力争“十二五“建成500万吨现代化矿井。

小峪煤矿参加同煤文艺活动

阳泉煤业(集团)有限责任公司一矿

2009年10月30日，山西省委常委、组织部长汤涛莅临一矿检查指导党建工作。汤涛同志对阳煤一矿党组织建设、“五·六·七”一人一事思想政治工作法、党建绩效管理等给予了高度评价。

阳煤集团公司董事长、党委书记任福耀，总经理赵石平，常务副总经理崔建军，副总经理聂建民，总会计师廉贤等集团公司领导多次深入一矿指导工作，对千万吨的建设给予了高度关注和大力支持。

山西阳煤一矿，是阳煤集团的特大型骨干生产矿井之一，是全国煤炭行业首批命名的现代化、质量标准化、高产高效、高进高效矿井。位于山西省阳泉市矿山北路，井田面积83.6平方公里，地质储量8.6亿吨，矿井服务年限44年。

阳煤一矿于1956年7月建成投产。建矿初期，是一个年生产能力仅有30万吨的小煤矿，生产方式简单、生产工艺落后。历经半个多世纪的艰苦创业，一矿励精图治、发展壮大，现有一对井口和一座全国最大的重介质选煤厂，主要开采3号、12号、15号三个煤层。按照阳煤集团煤炭亿吨生产的发展布局，2007至2009年，一矿通过联营兼并和顺县长沟煤矿、朔州市泰安公司、临汾市山凹、石丘、中卫青洼5个分子公司，形成了覆盖“四市、六矿”的发展格局。2010年，在新的一届党政带领下，原煤产量历史性地突破1000万吨。主要产品有中块、小块、精煤、粒级煤、末煤等品种，产品不仅在国内市场占有一定份额，而且还远销韩国、日本、巴西和马来西亚等多个国家和地区。55年来，一矿共为国家生产煤炭1.88亿吨，上缴利润18.94亿元。持续多年保持了安全生产，特别是在探索预防水、火、瓦斯、顶板、煤尘，威胁煤矿职工安全的5大自然灾害方面，积累了许多被全国煤炭系统广泛推广的有益经验。职工人均工资由2009年的53706元，增长到2010年的63800元，人均增加10094元，增幅为18.8%。

阳煤一矿现有13个党总支、5个直属党支部、121个党支部、284个党小组和2794名党员，党员人数占职工总数的33.68%。现有17个工区车间、14个机关科室、77个队组，全矿共有在册职工8286人。先后培养了全国劳动模范、党的十五大代表、全国十佳职业道德建设标兵——邢军、韩三彩、朱建华等一大批具有先进性、代表性、示范性的典型人物。一矿党委解放思想、与时俱进，不断加强和改进企业党建工作，积极探索企业党建绩效管理的新方法、新途径，围绕企业中心工作，开展党组织、党员创先争优活动，不断推进学习型党组织建设，党组织和共产党员的政治核心、战斗堡垒和先锋模范作用，在实践中得到充分发挥，有力地保证了一矿安全生产的快速发展和稳定和谐。他们创造的“五、六、七”一人一事思想政治工作法，在山西省大中型国有企业广泛推广，多项科技成果获得国家奖励。

阳煤一矿是山西省委、省政府首批命名并连续17年保持的省级文明单位和山西省文明标兵和谐单位，先后多次荣立山西省特等、一等、二等、三等功9次。2005年以来，连续两次被中央文明委授予“全国文明单位”称号。2001年，被中共中央授予“全国先进基层党组织”。仅1993年迄今，就荣获中央、省部级荣誉达163项。

阳煤一矿党委着力培育领导干部的决策、管理、组织、协调、指挥、廉洁、创新和驾驭复杂局面的能力，努力建设政治素质好、经营业绩好、团结协作好、作风形象好的“四好班子”，坚定不移地带领全矿职工奋发进取、百折不挠、与时俱进，既做无愧于前人的后人，又当无愧于后人的前人，使企业的“三个文明”建设同步健康协调发展。近几年来，一矿以推进企业“安全发展、转型发展、和谐发展”为抓手，在阳煤集团“五年再造两个阳煤”的宏伟目标指引下，立足实际、科学发展，明确提出今后5年的战略目标是：党建创先——努力达到省级以上先进党组织单位；文明创建——打造高标准全国文明单位；企业规划——安全一矿、百亿一矿、和谐一矿、发展一矿、富强一矿；年度煤炭产量达到1500万吨以上；全年销售收入突破100亿元；职工收入每年递增8%—10%；建设成本质安全型矿井，建设成全国质量标准化先进单位。

一矿文化广场

阳煤一矿领导班子集体

2008 年 11 月 10 日，阳煤一矿成功兼并重组朔州市平朔泰安煤业有限责任公司。至此，一矿人激情创业的脚步踏出了雁门关外。

在阳煤一矿受到前所未有地质构造影响、生产组织遇到困难之时，集团公司总经理赵石平、副总工程师李伟林等公司领导和部室负责人深入一矿井下 8103 工作面，为指导一矿顺利摆脱困境出谋划策。

阳煤一矿年产 400 万吨的现代化高产高效综采工作面。

阳煤一矿实现千万吨矿祝捷大会会场

2010 年 2 月 25 日，阳煤长沟煤矿有限责任公司试生产剪彩仪式隆重举行。到 2010 年末，长沟公司成为集团公司唯一一个当年投产、当年达效的兼并联营矿。

随着企业的发展，一矿员工的人均收入也逐年递增，居住条件不断改善，广大员工家属的幸福感与日俱增。图为一矿红岭湾小区。

团结奋进的领导班子

阳煤集团二矿

阳煤集团二矿成立于1951年5月1日，坐落于太行山西麓、阳泉市西南6公里处，石太铁路和307国道横穿矿区工业广场而过，地理位置优越，交通便利，是阳煤集团的特大型骨干矿井之一。1999年12月31日，山西国阳新能股份有限公司成立，二矿以阳煤集团的优质资产重组进入国阳公司。

二矿矿井核定生产能力为810万吨/年，井田面积为60.06平方公里，工业储量为6.95亿吨，可采储量为4.33亿吨。井田地质构造简单，煤层稳定，赋存丰富，主要可采煤层有3#、8#和15#煤，拥有多个生产品种，包括中块、小块、喷粉煤、末煤等，广泛用于冶金、电力、化工、民用、机械及建材行业，在国内、国际都有较好的市场，并具有良好的品牌信誉。

二矿现有职工11315人，采用直线职能生产经营指挥系统，实行矿、井区（科）、队三级管理体制，下属12个职能科室，2个生产井区、1个工程区、4个辅助车间和1个选煤厂。全矿现有3个低位放顶煤采煤队、2个普通综采队、11个掘进队。采掘、运输、提升、洗选及装车外运全部机械化作业。

建矿以来，经过3次较大规模的改扩建工程，二矿的原煤生产能力已经达到810万吨以上。近年来，二矿以科学发展观为指导，大力实施科教兴矿战略，强化各项基础工作，提升经营管理水平，依靠技术进步，形成了原煤产量年年攀升、职工生活逐步改善、企业实力不断增强的良好局面。特别是省委、省政府实施煤炭资源整合重组以来，二矿认真贯彻落实上级有关精神，在集团公司的帮助支持下，顺利托管山西圣天宝地清城煤矿，兼并控股保德县孙家沟煤矿、保德县五鑫煤矿、静乐县任家村煤矿，资源总量扩大，发展后劲充足。2009年，原煤总产量在集团公司率先突破1000万吨。2010年原煤总产量再次突破千万吨，达到1122万吨，销售收入实现23.34亿元，利润完成2.8亿元，人均工资达到6.5万元，成为阳泉地区产量、效益第一大矿。

建矿60年来，二矿已累计生产煤炭1.77亿吨，为促进阳泉市及山西省的经济繁荣做出了积极的贡献。曾荣获“全国先进基层党组织”、全国“五一”劳动奖状、“全国煤炭系统文明煤矿”、“全煤系统科技创新型矿井”、“全国模范职工之家”、“全国特级安全高效矿井”和“山西省文明和谐单位”等荣誉。

在“十二五”新的征程中，二矿将以全面建设高标准、现代化“安全二矿、百亿二矿、文明二矿”为目标，锐意进取，奋力拼搏，谱写更加辉煌的篇章，为实现“强煤强化、五年再造两个阳煤”宏伟目标做出更大的贡献。

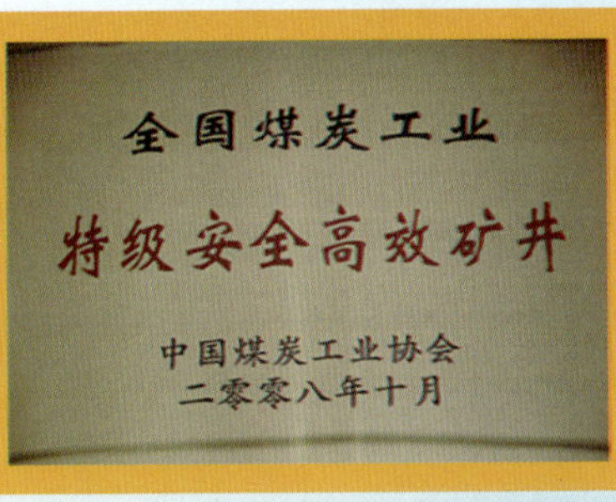

调度指挥中心

矿工广场

机电设备检修中心

二矿剧场

井下运输大巷

大功率掘进设备

工业园区

SANWEI 三维

山西三维集

省委书记袁纯清视察三维公司

企业技术中心大楼

炔醛法 BDO 生产装置

三维集团公司是一个具有 40 年发展历程、产品品种齐全、生产规模和技术实力在国内外均具有一定影响力的有机精细化工企业。公司前身为山西维尼纶厂，始建于 1970 年，1996 年实行股份制改造，1997 年 6 月“山西三维”A 种股票在深圳证券交易所成功上市，2005 年 12 月与全国最大的无烟煤生产企业——山西阳煤集团实现资产重组。

三维集团公司在山西省洪洞县赵城精细化工工业园区和太原高新技术园区拥有两个生产基地，已经形成以电石、焦炉煤气、甲醇、顺酐、粗苯等为主要原料的、以有机精细化工产品为主导的五大系列产品。经过 40 年的发展，公司已成为国家大型一档高新技术企业、山西省工业转型发展百强潜力企业，连续八年进入中国化工企业 500 强，并入围中国企业集团竞争力 500 强。

三维公司是全球四家（其他三家为巴斯夫、英伟达、ISP 公司）拥有炔醛法 1,4- 丁二醇技术的公司之一，也是国内唯一具有炔醛法 1,4- 丁二醇和干粉胶自主知识产权的企业。2008 年独家承担了 1,4- 丁二醇、四氢呋喃国家标准的制定并获准颁发；2009 年承担了 PTMEG 和双乙酸钠国家标准的制定并通过审核，参与了 VAE 乳液产品的国标制定；2007 年企业技术中心被国家发改委等五部委认定为国家级企业技术中心；2008 年“三维牌”注册商标被认定为中国驰名商标，品牌价值 37.16 亿元；1999 年通过 ISO9001 国际质量管理体系认证，2004 年通过 ISO14001 国际环境管理体系认证。

“十二五”期间，三维公司将充分发挥好上市公司的融资平台和良好市场形象、国际国内的影响力和技术领先优势，紧紧依靠大股东——阳煤集团的资源和资金支持优势，突出“一个中心”，打造“两个基地”，抓住“三条主线”，精心打造绿色三维，安全三维，精细三维，百亿三维，实现精细发展、多元发展、超越发展、跨越发展。

一个中心——即全力打造全国最大的精细化工产品加工中心。两个基地——即依托赵城煤焦化精细化工园区和修文工业园区，打造赵城精细化工生产基地和修文精细化工研发基地。三条主线——一是通过挖潜、提升、新建，做大做强精细化工产品；二是坚持“以化为主、以焦为辅”，做实做精煤焦化产品；三是坚持技术领先、效益优先的原则，搞好产品的研究开发。

一是加强合作，坚持走低成本扩张之路，积极向上游转移。重点是以焦化企业为突破口，发挥当地资源优势，化解原料供应矛盾。坚持“以化为主、以焦为辅”，以资源为基础，以资本为纽带，延伸化产产业链，构建“焦炉气—氢气—乙炔气”的循环产业链，走出一条以“焦炉气—氢气—乙炔—精细化工”为模式的循环经济新路子，实现粗放型焦化与精细化工的有机融合。

二是加大力度，以新建和并购相结合，快速向下游延伸。要在多年积累比较优势的基础上，围绕现有产品延伸产业链条，适度扩大规模，搞好更新改造，充分发挥潜力，提升管理

团股份有限公司

水平，降低生产成本，提高经济效益。逐步形成聚乙烯醇系列产能16.5万吨，1,4－丁二醇系列实物产能50万吨，粘合剂系列产品实物产能21万吨，新上精细化工项目增加实物产能9万吨，使丁二醇、粘合剂系列产品成为全球规模最大。

三是加大投入，搞好产品的研发和升级换代。充分利用和发挥现有的国家级企业技术中心优势，与科研院所、高等院校联合组建具有国际一流水平的研发队伍，提高产品的技术含量和附加值。

同时，要大胆引进高精尖人才，积极创造条件，筹划、组建博士后工作站；积极开发新型材料，加快新型材料的开发力度，使新型材料在三维早日落地、早日投产上马；抢抓机遇，充分利用公司多年生产食品添加剂双乙酸钠的生产技术和销售网络，与国外公司合作成立研究机构，建设全国最大的食品添加剂研发和生产基地。

三维公司将紧紧抓住"十二五"这一难得的战略机遇期，依靠赵城精细工业园区的资源、区位等优势，在当地政府和社会各界的大力支持帮助下，凭借三维产品在国际、国内已享有的诚信度、知名度、美誉度、影响力和核心竞争力，积极规划，做强做大，实现企业的快速健康发展。

企业精神：奋力拼搏　勇于开拓
从严求实　争创一流

战略目标：做强做大　五年百亿

企业理念：钻研　严谨　务实　创新

核心理念：密切关注生活的价值

企业价值观：欲取之　先予之

营销理念：平等　诚信　双赢

安全理念：关爱生命　关注健康

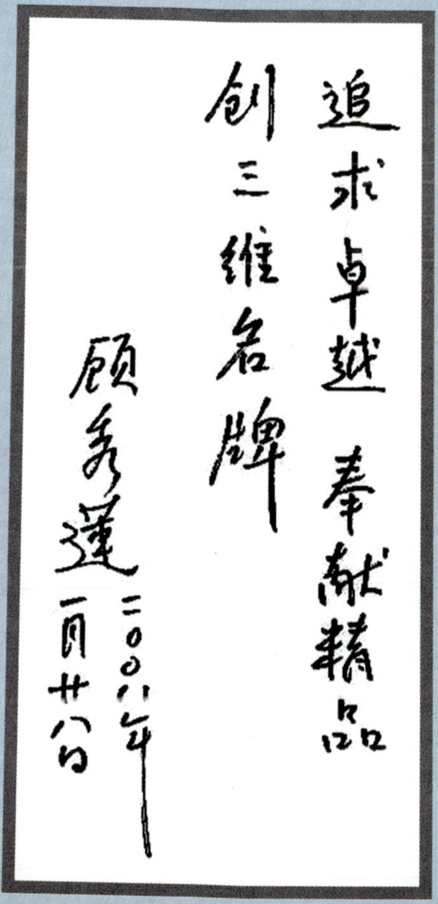

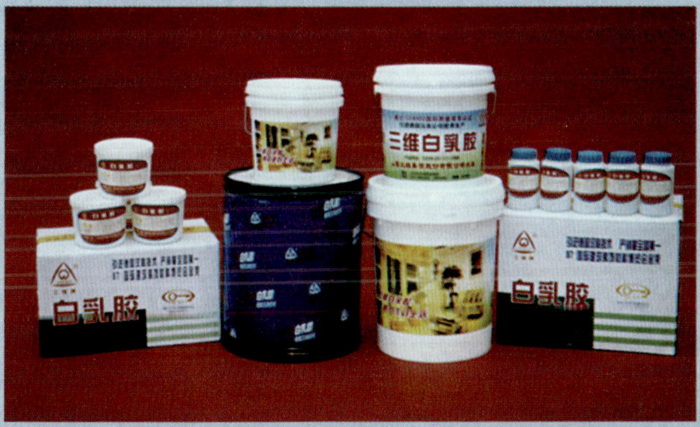

白乳胶产品

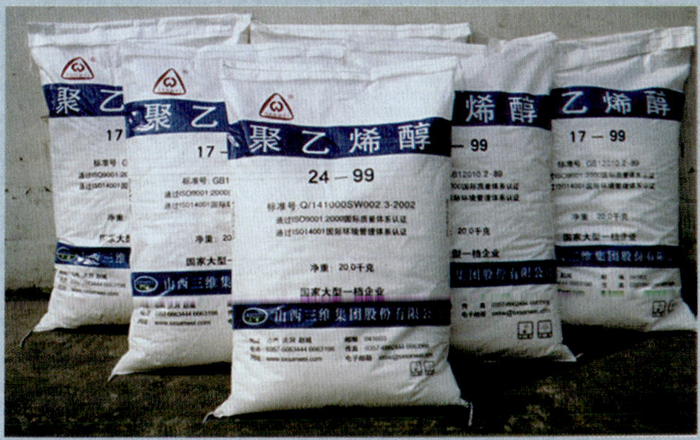

PVA 产品

地址：山西　洪洞　赵城　**邮编：**041603　**电话：**0357－6663401
传真：0357－6663566　**网址：**www.sxsanwei.com

山西阳煤丰喜肥业

山西省省委书记袁纯清来公司调研

阳煤集团董事长任福耀考察永济公司

山西阳煤丰喜肥业(集团)有限责任公司是一个集化肥、化工、化机制造于一体的国家大型煤化工企业集团,是山西省最大的化工企业之一。综合实力在全国化工企业500强中名列第62位,在全国氮肥企业100强中名列第6位。

总部设在山西省运城经济开发区,注册资本6.69亿元,总资产80亿元,员工10000余人,其中大中专毕业生及各类专业技术人员占到40%。下设临猗、晋丰、永济、新绛、礼元、稷山、华瑞、平陆、丰荷、瑞翔、三维丰海、汉枫等12个生产性公司和运销、供应、农资、国贸、防腐、包装等6个经营及辅助生产性公司。氨醇年生产能力为160余万吨,化肥、化工产品实物总量360万吨以上。其中:尿素200万吨、甲醇40万吨、纯碱20万吨、氯化铵20万吨、碳铵20万吨、复肥40万吨、农业用硝酸钙10万吨、三聚氰胺5.2万吨、二甲醚1万吨、硝酸、硝铵、硝盐等其他产品25万吨、塑料编织袋6000万套,化工机械设备制造能力5万吨,年可实现销售收入80亿元以上。

公司于2001年开始通过ISO9001国际质量体系

（集团）有限责任公司

认证，2004年通过ISO14001国际环境管理体系认证和GB/T28001职业健康安全管理体系认证。主导产品尿素曾先后荣获“中国首届亿万农村消费者信得过产品金奖”、“95中国十大畅销化肥”、“中华化肥精品”、“山西省名牌产品”、“国家免检产品”等称号。“丰喜”商标连年被山西省工商局评定为“山西省著名商标”、“山西省标志性名牌产品”与“质量信誉等级AAA企业”，2006年被评为“中国驰名商标”。丰喜系列产品畅销国内20多个省(市)、自治区，并出口日本、韩国、印度、巴基斯坦、美国、意大利、尼日利亚等国家和地区，深受广大用户的青睐。

展望未来，集团公司将按照“稳健经营、跨越发展”的总体思路和“以肥为主、肥化并举”的发展方针，在不断优化存量的基础上，通过持续的技术改造、新产品开发，转变发展方式，调整产品结构，进一步做精做优化肥产业，做大做强化工产业，积极发展装备制造业，努力打造百亿丰喜、百年丰喜、百姓丰喜，积极构建人文丰喜、绿色丰喜、和谐丰喜，从而把公司建设成为中国乃至全球最具竞争力的煤化工企业集团。

化肥产品

化工产品

化工设备

山西能源产业集团晋盂有限责任公司

山西能源产业集团晋盂有限责任公司是根据晋能产业(1993)31号和盂改发(1994)3号文件批准成立,于2009年11月18日在山西能源产业集团晋盂公司的基础上重组改制。公司位于山西省盂县路家村镇西杜村,注册资本500万元,目前已形成多层次、全方位,集煤炭采购、仓储、发运为一体的销售网络,实现了煤炭物流的全新运营模式。

“十一五”期间是极不平凡的五年,也是充满挑战的五年。面对复杂的发展环境和严峻的经营形势,公司在集团公司的正确领导下,紧紧围绕省委、省政府的重大战略步署,在国家无分文投资的情况下,企业上下同心协力,攻坚克难,积极推进各项工作,才使企业起死回生。在此期间发运煤炭314万吨,实现销售收入6.9亿元,上缴税金4770万元,上缴集团管理费234万元,支援南方水灾、四川地震捐款200余万元,实现净资产540万元,补缴职工养老保险金欠账70万元。多次被评为市、县两级先进单位和劳动模范光荣称号,市、县两级地税授予A级纳税信用单位。

2011年是“十二五”的开局之年,是奠定转型发展、跨越发展基础的关键之年。公司总的发展思路:一是进一步做大做强煤炭物流运营工作,确保经济增长,实现稳定提高。二是对公司内部进行改革机制,完善公司部室结构,建立健全岗位责任制,明确各部室工作职能,落实工作目标责任,提高管理效率。三是进一步加大工作力度,办理白羊墅铁路货站的立户审批手续,尽早投入铁路煤炭发运。四是妥善解决历史遗留问题,公司在多年的经营活动中,由于多方面的原因形成了历史遗留问题,近年来,虽然做了大量的工作,但仍有一些问题还没有彻底解决,严重制约和影响了公司的健康稳定发展,今年将利用转产发展基金,彻底解决富余职工的身份置换,使企业轻装上阵,真正走上了良性发展轨道。五是建立安全生产长效机制,一方面落实安全生产责任制,形成层层责任到位,人人责任明确的安全管理责任奖惩机制,另一方面进一步完善和规范安全防范措施,杜绝和防范安全生产事故的发生。六是完善审计监察制度,以促进完善内控制度的建设,充分发挥审计监察的作用。七是加强企业文化建设,创造良好的发展环境和氛围。

2009年山西省国有企业资产负债表

金额单位:万元

项　目	行　次	期末金额	年初金额
流动资产:	1	—	—
货币资金	2	14,390,740.6	10,616,480.7
△结算备付金	3		
△拆出资金	4		
交易性金融资产	5	219,633.0	86,580.5
应收票据	6	2,861,334.8	2,254,830.5
应收账款	7	5,220,332.2	5,021,443.5
预付款项	8	6,265,496.4	4,077,607.6
△应收保费	9		
△应收分保账款	10		
△应收分保合同准备金	11		
应收利息	12	55,490.3	54,694.2
其他应收款	13	8,789,486.9	5,589,983.4
△买入返售金融资产	14		
存货	15	6,787,695.6	6,724,468.2
其中:原材料	16	1,980,483.2	1,800,511.1
库存商品(产成品)	17	2,963,658.1	3,134,108.3
一年内到期的非流动资产	18	48,570.4	24,734.6
其他流动资产	19	676,955.2	557,360.3
流动资产合计	20	45,315,735.2	35,008,183.6
非流动资产:	21	—	—
△发放贷款及垫款	22		
可供出售金融资产	23	528,796.3	279,779.5
持有至到期投资	24	211,946.1	279,789.5
长期应收款	25	13,985.4	67,508.6
长期股权投资	26	4,776,777.8	4,445,605.7
投资性房地产	27	164,300.5	151,105.9
固定资产原价	28	44,444,055.0	37,493,615.2
减:累计折旧	29	16,568,364.3	13,592,005.5

续表

项　目	行　次	期末金额	年初金额
固定资产净值	30	27,875,690.7	23,901,609.8
减:固定资产减值准备	31	64,211.0	53,514.0
固定资产净额	32	27,811,479.7	23,848,095.8
在建工程	33	8,325,542.4	7,145,400.4
工程物资	34	247,819.0	393,044.1
固定资产清理	35	19,349.7	14,694.3
生产性生物资产	36	1,117.5	110.6
油气资产	37		95.3
无形资产	38	6,412,850.3	5,662,932.4
开发支出	39	12,912.4	1,246.9
商誉	40	297,201.4	263,086.7
长期待摊费用	41	290,411.9	254,747.6
递延所得税资产	42	335,905.0	319,201.3
其他非流动资产	43	1,165,857.0	1,028,590.2
其中:特准储备物资	44	-191.0	268.2
非流动资产合计	45	50,616,252.7	44,155,034.7
	46		
	47		
	48		
	49		
	50		
	51		
	52		
	53		
	54		
	55		
	56		
	57		
	58		
	59		
	60		
	61		
	62		
	63		
资产总计	64	95,931,988.3	79,163,218.4

续表

项　目	行　次	期末金额	年初金额
流动负债:	65	—	—
短期借款	66	11,379,832.9	10,067,024.8
△向中央银行借款	67		
△吸收存款及同业存放	68	21,784.4	20,785.7
△拆入资金	69		
交易性金融负债	70	24,457.7	11,149.8
应付票据	71	1,348,932.4	1,218,534.2
应付账款	72	10,009,555.4	8,858,083.5
预收款项	73	5,227,341.7	3,463,355.7
△卖出回购金融资产款	74		
△应付手续费及佣金	75		
应付职工薪酬	76	2,431,518.7	2,383,289.4
其中:应付工资	77	1,726,888.9	1,714,059.3
应付福利费	78	61,920.7	96,400.5
#其中:职工奖励及福利基金	79	-569.4	-519.7
应交税费	80	1,659,166.4	1,859,252.0
其中:应交税金	81	1,063,768.2	1,307,845.1
应付利息	82	230,703.2	159,824.0
其他应付款	83	9,357,819.5	7,998,087.1
△应付分保账款	84		
△保险合同准备金	85		
△代理买卖证券款	86		
△代理承销证券款	87		
一年内到期的非流动负债	88	1,012,222.0	575,985.3
其他流动负债	89	629,945.8	579,347.2
流动负债合计	90	43,333,280.0	37,194,718.8
非流动负债:	91	—	—
长期借款	92	15,891,726.7	10,745,791.1
应付债券	93	2,439,752.5	711,683.7
长期应付款	94	1,142,117.8	1,072,539.7
专项应付款	95	1,335,806.6	1,099,752.7
预计负债	96	24,403.2	20,542.0
递延所得税负债	97	118,370.2	66,851.9
其他非流动负债	98	297,272.5	236,081.0
其中:特准储备基金	99	2,684.9	2,598.7

续表

项　目	行　次	期末金额	年初金额
非流动负债合计	100	21,249,449.5	13,953,242.0
负债合计	101	64,582,729.4	51,147,960.8
所有者权益(或股东权益):	102	—	—
实收资本(股本)	103	13,208,275.8	12,926,575.8
国家资本	104	10,351,676.0	10,075,063.3
集体资本	105	63,977.2	55,953.3
法人资本	106	2,645,076.2	2,636,721.0
其中:国有法人资本	107	2,479,140.8	2,481,418.6
集体法人资本	108	23,087.1	18,190.1
个人资本	109	71,674.9	82,986.9
外商资本	110	75,851.4	75,851.4
#减:已归还投资	111	18,524.6	18,297.8
实收资本(或股本)净额	112	13,189,751.1	12,908,278.1
资本公积	113	6,300,133.8	6,195,115.2
减:库存股	114		
专项储备	115	2,180,768.8	1,752,896.9
盈余公积	116	1,348,811.1	1,073,005.1
其中:法定公积金	117	410,501.3	288,515.8
任意公积金	118	672,778.0	556,605.0
#储备基金	119	155.9	0.1
#企业发展基金	120	38,229.6	1,999.2
#利润归还投资	121	12,983.8	12,983.8
△一般风险准备	122	302.4	166.9
未分配利润	123	1,123,800.4	201,896.9
外币报表折算差额	124	−11,147.1	−11,175.8
归属于母公司所有者权益合计	125	24,132,420.4	22,120,183.3
★少数股东权益	126	7,216,838.6	5,895,074.3
所有者权益合计	127	31,349,258.9	28,015,257.6
负债和所有者权益总计	128	95,931,988.3	79,163,218.4

2009年山西省国有企业利润表

金额单位:万元

项　目	行　次	本期金额	上期金额
一、营业总收入	1	60,010,497.3	61,071,763.4
其中:营业收入	2	60,002,044.2	61,061,477.7
其中:主营业务收入	3	58,166,113.9	59,579,489.2
其他业务收入	4	1,835,930.4	1,481,988.4
△利息收入	5	8,147.5	10,092.6
△已赚保费	6		
△手续费及佣金收入	7	305.6	193.2
二、营业总成本	8	57,547,688.8	57,994,584.4
其中:营业成本	9	49,446,659.1	49,548,212.3
其中:主营业务成本	10	47,936,158.3	48,454,231.6
其他业务成本	11	1,510,500.9	1,093,980.7
△利息支出	12	464.1	91.6
△手续费及佣金支出	13	22.2	11.6
△退保金	14		
△赔付支出净额	15		
△提出保险合同准备金净额	16		
△保单红利支出	17		
△分保费用	18	1.1	
营业税金及附加	19	640,201.1	610,771.8
销售费用	20	1,457,965.5	1,710,708.9
管理费用	21	4,683,427.5	4,661,855.2
其中:业务招待费	22	125,728.7	111,104.4
研究与开发费	23	386,364.8	358,155.2
财务费用	24	1,100,360.1	1,131,581.6
其中:利息支出	25	1,087,341.8	1,096,098.9
利息收入	26	122,905.2	123,614.9
汇兑净损失(净收益以"-"号填列)	27	3,804.7	8,427.3
资产减值损失	28	219,330.7	328,584.3
其他	29	-742.6	2,766.9

续表

项　目	行　次	本期金额	上期金额
加：公允价值变动收益（损失以"-"号填列）	30	64,732.4	-24,436.8
投资收益（损失以"-"号填列）	31	275,035.5	162,155.0
其中：对联营企业和合营企业的投资收益	32	89,750.5	-4,757.8
△汇兑收益（损失以"-"号填列）	33		
三、营业利润（亏损以"-"号填列）	34	2,802,576.3	3,214,897.3
加：营业外收入	35	509,973.7	465,727.1
其中：非流动资产处置利得	36	35,879.2	18,085.2
非货币性资产交换利得	37	1,287.2	298.1
政府补助	38	259,123.3	259,562.9
债务重组利得	39	19,990.6	21,601.0
减：营业外支出	40	348,111.2	291,484.0
其中：非流动资产处置损失	41	61,461.8	79,385.4
非货币性资产交换损失	42	81.8	143.8
债务重组损失	43	1,926.3	1,840.5
四、利润总额（亏损总额以"-"号填列）	44	2,964,438.8	3,389,140.4
减：所得税费用	45	1,064,953.3	978,046.0
五、净利润（净亏损以"-"号填列）	46	1,899,485.4	2,411,094.4
归属于母公司所有者的净利润	47	1,330,173.4	1,625,190.6
*少数股东损益	48	569,312.1	785,903.9
六、每股收益：	49	—	—
基本每股收益	50		
稀释每股利益	51		
七、其他综合收益	52	104,283.3	-71,515.2
八、综合收益总额	53	2,003,768.7	2,339,579.3
归属于母公司所有者的综合收益总额	54	1,429,828.0	1,550,495.6
*归属于少数股东的综合收益总额	55	573,940.8	789,083.7
	56		

2009年山西省国有企业现金流量表

金额单位:万元

项　目	行　次	本期金额	上期金额
一、经营活动产生的现金流量:	1	—	—
销售商品、提供劳务收到的现金	2	60,290,099.3	60,834,230.3
△客户存款和同业存放款项净增加额	3	15,298.5	9,322.9
△向中央银行借款净增加额	4		
△向其他金融机构拆入资金净增加额	5		
△收到原保险合同保费取得的现金	6		
△收到再保险业务现金净额	7		
△保户储金及投资款净增加额	8		
△处置交易性金融资产净增加额	9		
△收取利息、手续费及佣金的现金	10	8,797.5	9,993.4
△拆入资金净增加额	11		
△回购业务资金净增加额	12		
收到的税费返还	13	168,919.9	166,889.9
收到其他与经营活动有关的现金	14	6,880,606.9	5,329,127.3
经营活动现金流入小计	15	67,363,722.2	66,349,563.7
购买商品、接收劳务支付的现金	16	40,806,439.1	42,433,944.2
△客户贷款及垫款净增加额	17	26,472.9	-947.9
△存放中央银行和同业款项净增加额	18	14,274.6	1,629.0
△支付原保险合同赔付款项的现金	19		
△支付利息、手续费及佣金的现金	20	455.9	103.2
△支付保单红利的现金	21		
支付给职以及为职工支付的现金	22	6,044,777.9	5,109,574.2
支付的各项税费	23	6,027,755.2	5,264,301.2
支付其他与经营活动有关的现金	24	8,701,156.0	6,998,269.6
经营活动现金流出小计	25	61,621,331.6	59,806,873.5
经营活动产生的现金流量净额	26	5,742,390.6	6,542,690.2
二、投资活动产生的现金流量:	27	—	—
收回投资收到的现金	28	2,106,273.0	518,243.7
取得投资收益收到的现金	29	145,358.3	194,225.2

续表

项　目	行　次	本期金额	上期金额
处置固定资产、无形资产和其他长期资产所收回的现金净额	30	136,377.8	101,580.7
处置子公司及其他营业单位收回的现金净额	31	50,781.4	4,749.1
收到其他与投资活动有关的现金	32	317,930.5	254,602.2
投资活动现金流入小计	33	2,756,720.9	1,073,401.0
购建固定资产、无形资产和其他长期资产所支付的现金	34	6,600,213.9	6,112,903.7
投资支付的现金	35	3,470,745.6	1,363,834.9
△质押贷款净增加额	36		
取得子公司及其他营业单位支付的现金净额	37	645,885.8	219,410.5
支付其他与投资活动有关的现金	38	1,551,293.7	209,816.7
投资活动现金流出小计	39	12,268,139.0	7,905,965.8
投资活动产生的现金流量净额	40	−9,511,418.1	−6,832,564.9
三、筹资活动产生的现金流量：	41	—	—
吸收投资收到的现金	42	769,170.3	1,353,292.0
其中：子公司吸收少数股东投资收到的现金	43	106,557.1	447,524.0
取得借款所收到的现金	44	21,899,905.6	15,995,578.8
△发行债券收到的现金	45		
收到其他与筹资活动有关的现金	46	1,028,193.7	687,630.6
筹资活动现金流入小计	47	23,697,269.6	18,036,501.4
偿还债务所支付的现金	48	14,007,694.3	12,616,287.3
分配股利、利润或偿付利息所支付的现金	49	1,681,160.2	1,522,202.3
其中：子公司支付给少数股东的股利、利润	50	118,694.4	104,053.1
支付其他与筹资活动有关的现金	51	468,678.7	319,073.1
筹资活动现金流出小计	52	16,157,533.3	14,457,562.6
筹资活动产生的现金流量净额	53	7,539,736.3	3,578,938.8
四、汇率变动对现金及现金等价物的影响	54	−3,356.1	−11,901.0
五、现金及现金等价物净增加额	55	3,767,352.7	3,277,163.2
加：期初现金及现金等价物余额	56	10,568,733.2	7,291,570.1
六、期末现金及现金等价物余额	57	14,336,086.0	10,568,733.2
	58		

2009年山西省国有企业所有者权益金额变动表

金额单位:万元

项目	行次	本年金额										
		归属于母公司所有者权益									少数股东权益	所有者权益合计
		实收资本（或股本）	资本公积	减:库存股	专项储备	盈余公积	一般风险准备	未分配利润	其他	小计		
栏　次		1	2	3	4	5	6	7	8	9	10	11
一、上年年末余额	1	12,908,278.1	6,195,115.2		1,752,896.6	1,073,005.1	156.9	201,896.9	−11,175.8	22,120,183.3	5,895,074.3	28,015,257.6
加:会计政策变更	2	—	—	—	—	—	—	—	—	—	—	—
前期差错更正	3	—	—	—	—	—	—	—	—	—	—	—
二、本年年初余额	4	12,908,278.1	6,195,115.2		1,752,896.6	1,073,005.1	166.9	201,896.9	−11,175.8	22,120,183.3	5,895,074.3	28,015,257.6
三、本年增减变动金额(减少以"—"号填列)	5	281,473.0	105,018.5		427,871.9	275,805.9	135.4	921,903.5	28.7	2,012,237.1	1,321,764.3	3,334,001.4
(一)净利润	6	—	—	—	—	—	—	1,330,173.4	—	1,330,173.4	569,312.1	1,899,485.4
(二)直接计入所有者权益的利得和损失	7	17,779.1	467,822.6		45.2	43,481.0		−29,603.7	28.7	499,552.9	−149,1142	350,438.7
1. 可供出售金融资产公允价值变动净额	8	—		—	—	—	—	—	—	182,742.0	−3,346.4	179,395.6
2. 权益法下被投资单位其他所有者权益变动的影响	9	—		—	—	—	—	—	—	99,411.4	1,955.4	101,366.8
3. 与计入所有者权益项目有关的所得税影响	10	—		—	—	—	—	—	—	−22,951.9	3,237.4	−19,714.6
4.其他	11	17,779.1	208,621.1		45.2	43,481.0		−29.603.7	28.7	240,351.4	−150,950.6	89,390.9
净利润及直接计入所有者权益的利得和损失小计	12	17,779.1	467,822.6		45.2	43,481.0		1,300,569.7	28.7	1,829,726.3	420,197.8	2,249,924.1
(三)所有者投入和减少资本	13	160,473.9	−160,016.0			3,370.0		−13,372.2		−9,544.3	1,140,727.1	1,131,182.9
1.所有者投入资本	14	174,957.4	132,025.4	—	—	—	—	—	—	306,982.9	1,042,265.2	1,349,248.1
2.股份支付计入所有者权益的金额	15	−26,426.4	570.9	—	—	—	—	—	—	−25,855.6	14,531.1	−11,324.5
3.其他	16	11,942.9	−292,612.3			3,370.0		−13,372.2		−290,671.6	83,930.8	−206,740.8

续表

项目	行次	本年金额										
		归属于母公司所有者权益									少数股东权益	所有者权益合计
		实收资本（或股本）	资本公积	减：库存股	专项储备	盈余公积	一般风险准备	未分配利润	其他	小计		
栏　次		1	2	3	4	5	6	7	8	9	10	11
（四）专项储备提取和使用	17				425,053.3					425,053.3	35,547.4	460,600.7
1、提取专项储备	18	—	—	—	1,656,083.3	—	—	—	—	1,656,083.3	80,121.4	1,736,204.7
2、使用专项储备	19	—	—	—	−1,231,030.0	—	—	—	—	−1,231,030.0	−44,573.9	−1,275,604.0
（五）利润分配	20	−152.0	3,539.3			244,393.5	135.4	−366,172.2		−118,256.0	−274,655.3	−392,911.3
1、提取盈余公积	21		601.1			237,629.9		−238,012.8		218.2		218.2
其中：法定公积金	22	—	—	—	—	120,287.4	—	−121,051.9	—	−764.5	—	−764.5
任意公积金	23	—	—	—	—	117,092.1	—	−117,123.2	—	−31.1	—	−31.1
＃储备基金	24	—	—	—	—	−129.9	—	129.9	—		—	
＃企业发展基金	25	—	—	—	—		—		—		—	
＃利润归还投资	26	—	—	—	—		—		—		—	
2、提取一般风险准备	27	—	—	—	—	—	135.4	−169.2	—	−33.7	—	−33.7
3、对所有者（或股东）的分股	28	—	—	—	—	—	—	−122,760.0	—	−122,760.0	−273,810.6	−396,570.6
4、其他	29	−152.0	2,938.2			6,763.6		−5,230.3		4,319.5	−844.6	3,474.9
（六）所有者权益内部结转	30	103,372.0	−206,327.2		2,773.5	−15,438.6		878.1		−114,742.2	−52.8	−114,795.0
1、资本公积转增资本（或股本）	31	152,100.7	−148,048.[illegible]	—	—	—	—	—	—	−5,947.5	—	−5,947.5
2、盈余公积转增资本（或股本）	32	12,671.4	—	—	—	−12,770.0	—	—	—	−98.6	—	−98.6
3、盈余公积弥补亏损	33	—	—	—	—	−1,231.0	—	1,230.9	—	−0.1	—	−0.1
4、其他	34	−51,400.2	−58,279.0		2,773.5	−1,437.6		−352.8		−108,696.1	−52.8	−108,748.9
四、本年本末余额	35	13,189,751.1	6,300,133.8		2,180,768.8	1,348,811.1	302.4	1,123,800.4	−11,147.1	24,132,420.4	7,216,808.6	31,349,258.9

续表

项目	行次	上年金额										
		归属于母公司所有者权益										
		实收资本（或股本）	资本公积	减:库存股	专项储备	盈余公积	一般风险准备	未分配利润	其他	小计	少数股东权益	所有者权益合计
栏　次		12	13	14	15	16	17	18	19	20	21	22
一、上年年末余额	1	10,536,333.7	6,666,818.2		298,095.1	818,567.1	6.4	−750,122.4	−315,764.8	17,253,933.3	4,128,448.5	21,382,381.8
加：会计政策变更	2	2,675.6	139,356.5		424,950.2	−29,649.6		46,293.5		583,626.3	101,642.6	685,268.9
前期差错更正	3	3,619.9	−11,871 8		20.5	−2,059.9		−56,541.0	3,637.0	−63,195.3	19,454.7	−43,740.5
二、本年年初余额	4	10,542,629.2	6,794,302.9		723,065.8	786,857.7	6.4	−760,369.9	−312,127.8	17 774,364.3	4,249,545.7	22,023,910.2
三、本年增减变动金额（减少以"−"号填列）	5	2,365,648.9	−599,187.7		1,029,831.1	286,147.5	160.5	962,266.8	300,951.9	4,345,819.0	1,645,528.4	5,991,347.4
（一）净利润	6	—	—	—	—	—	—	1,625,190.6	—	1,625,190.6	785,903.9	2,411,094.4
（二）直接计入所有者权益的利得和损失	7	138,245.6	643.966.5		15.0	−4,974.0		−190,346.6	−7,399.6	579,506.6	362,084.1	941,590.4
1.可供出售金融资产公允价值变动净额	8	—	−177.476.7	—	—	—	—	—	—	−177,476.7	−614.4	−178,091.0
2.权益法下被投资单位其他所有者权益变动的影响	9	—	146.476.3	—	—	—	—	—	—	145,476.3	61,218.1	207,694.5
3.与计入所有者权益项目有关的所得税影响	10	—	20.656.7	—	—	—	—	—	—	20,656.7	153.6	20,810.3
4.其他	11	138,245.6	654.310.1		15.0	−4,974.0		−190,346.9	−7,399.6	589,850.2	301,326.7	891,177,0
净利润及直接计入所有者权益的利得和损失小计	12	138,245.6	643.966.5		15.0	−4,974.0		1,434,843.7	−7,399.6	2,204,697.1	1,147,988.0	3,352,685.1
（三）所有者投入和减少资本	13	839,436.9	314.394.1			−1,106.4		−14,338.9	11,333.0	1,149,718.7	714,661.7	1,864,380.4
1.所有者投入资本	14	484,295.1	103.168.6	—	—	—	—	—	—	587,463.7	696,045.7	1,283,509.4
2.股份支付计入所有者权益的金额	15	49.6	3.5	—	—	—	—	—	—	53.2	−2,906.8	−2,853.7
3.其他	16	355,092.1	211.222.0			−1,106.4		−14,338.9	11,333.0	562,201.9	21,522.8	583,724.7

续表

项目	行次	上年金额										
		归属于母公司所有者权益									少数股东权益	所有者权益合计
		实收资本（或股本）	资本公积	减：库存股	专项储备	盈余公积	一般风险准备	未分配利润	其他	小计		
栏　次		12	13	14	15	16	17	18	19	20	21	22
（四）专项储备提取和使用	17				1,029,816.1					1,029,816.1	20,452.0	1,050,268.1
1、提取专项储备	18	—	—	—	1,684,824.6	—	—	—	—	1,684,824.6	40,017.7	1,724,842.3
2、使用专项储备	19	—	—	—	−655,008.5	—	—	—	—	−655,008.5	−19,565.7	−674,574.2
（五）利润分配	20	2,715.6	27.5			302,608.4	10.5	−461,988.6	9,721.2	−146,905.4	−251,620.6	−398,525.9
1、提取盈余公积	21					302,554.4		−302,527.1		27.3	15.2	42.5
其中：法定公积金	22	—	—	—	—	129,586.2	—	−131,229.4	—	−1,643.3	—	−1,643.3
任意公积金	23	—	—	—	—	171,301.2	—	−171,297.7	—	3.5	—	3.5
＃储备基金	24	—	—	—	—		—		—		—	
＃企业发展基金	25	—	—	—	—		—		—		—	
＃利润归还投资	26	—	—	—	—		—	−41.7	—	−41.7	—	−41.7
2、提取一般风险准备	27	—	—	—		—	10.5	−10.5	—		—	
3、对所有者（或股东）的分股	28	—	—	—	—	—	—	−106,659.0	—	−106,659.0	−254,355.4	−361,014.4
4、其他	29	2,715.6	27.5			54.0		−52,791.9	9,721.2	−40,273.6	2,719.6	−37,554.0
（六）所有者权益内部结转	30	1,385,250.8	−1,557,575.7			−10,380.6	150.0	3,750.6	287,297.3	108,492.4	14,047.3	122,539.7
1、资本公积转增资本（或股本）	31	1,373,649.9	−1,562,112.9	—	—	—	—	—	—	−188,463.0	—	−188,463.0
2、盈余公积转增资本（或股本）	32	6,282.9	—	—	—	−6,329.4	—	—	—	−46.5	—	−46.5
3、盈余公积弥补亏损	33	—	—	—	—	−233.2	—	228.3	—	−4.9	—	−4.9
4、其他	34	5,318.1	4,53[illegible].2			−3,818.0	150.0	3,522.3	287,297.3	297,006.8	14,047.3	311,054.1
四、本年年末余额	35	12,908,278.1	6,195,115.2		1,752,896.9	1,073,005.1	166.9	201,896.9	−11,175.8	22,120,183.3	5,895,074.3	28,015,257.6

2009年山西省国有企业资产减值准备情况表

金额单位:万元

项目	行次	年初账面余额	本期增加额				本期减少额					期末账面余额
			本期计提额	合并增加额	其他原因增加额	合计	因资产价值回升转回额	转销额	合并减少额	其他原因减少额	合计	
栏 次	—	1	2	3	4	5	6	7	8	9	10	11
一、坏账准备	1	594,918.2	155,864.7	17,955.4	5,861.9	179,682.0	2,559.1	28,427.9	1,915.6	3,081.2	35,983.8	738,616.3
二、存货跌价准备	2	214,279.5	66,972.6	1,408.8		68,381.4	12,521.4	190,666.1	2.7	494.5	203,684.8	78,976.1
三、可供出售金融资产减值准备	3						—	61.1			61.1	−61.1
四、持有至到期投资减值准备	4	57,527.2	922.1			922.1	2.1	2,609.8		50.0	2,661.9	55,787.4
五、长期股权投资减值准备	5	191,077.0	6,110.6	20.0	10.0	6,140.6	—	911.4		5.0	916.4	196,301.1
六、投资性房地产减值准备	6						—					
七、固定资产减值准备	7	53,514.0	10,212.1	3,694.4	977.0	14,883.4	—	4,158.2		28.2	4,186.4	64,211.0
八、工程物资减值准备	8	1,217.2					—					1,217.2
九、在建工程减值准备	9	7,843.0	984.1	129.2		1,113.3	—	127.6		972.1	1,099.7	7,856.6
十、生产性生物资产减值准备	10						—					
十一、油气资产减值准备	11						—					
十二、无形资产减值准备	12	894.1	111.4	222.4		333.8	—	6.2			6.2	1,221.8
十三、商誉减值准备	13	16.5					—					16.5
十四、其他减值准备	14	312,921.4	64.8		3.0	67.8	3,156.1	1,272.4		777.4	5,205.9	307,783.3
	15											
合计	16	1,434,208.1	241,242.4	23,430.1	6,851.8	271,524.3	18,238.8	228,240.7	1,918.3	5,408.4	253,806.2	1,451,926.2

续表

项　目	行　次	金　额
补充资料:	—	12
一、待处理资产净损失	17	160,194.3
(一)流动资产净损失	18	75,698.7
其中:坏账损失	19	32,346.5
存货损失	20	34,974.0
短期投资损失	21	2,605.1
(二)固定资产净损失	22	20,797.7
其中:固定资产盘亏	23	5,386.5
固定资产毁损、报废	24	14,861.9
固定资产盘盈	25	1,063.2
(三)长期投资损失	26	436.9
(四)无形资产损失	27	1,829.8
(五)在建工程损失	28	205.3
(六)委托贷款损失	29	301.6
二、政策性挂账	30	100,278.3
三、当年处理以前年度损失和挂账	31	37,784.0
其中:在当年损益中处理以前年度损失挂账	32	13,178.7

2009年山西省国有企业应上交弥补款项表

金额单位:万元

项　目	行　次	金　额
一、增值税:	1	—
年初未交数	2	363,982.3
本年应交数	3	2,930,099.2
本年已交数	4	3,201,556.8
年末未交数	5	92,524.7
二、消费税:	6	—
年初未交数	7	8,531.8
本年应交数	8	37,633.4
本年已交数	9	36,588.1
年末未交数	10	9,577.1

续表

项　目	行　次	金　额
三、营业税：	11	—
年初未交数	12	165,201.6
本年应交数	13	207,861.7
本年已交数	14	193,910.1
年末未交数	15	179,153.3
四、资源税：	16	—
年初未交数	17	38,929.0
本年应交数	18	149,541.0
本年已交数	19	148,829.4
年末未交数	20	39,640.6
五、城建税：	21	—
年初未交数	22	44,151.5
本年应交数	23	162,122.5
本年已交数	24	155,779.0
年末未交数	25	50,495.0
六、教育费附加：	26	—
年初未交数	27	57,508.1
本年应交数	28	89,653.5
本年已交数	29	86,870.9
年末未交数	30	60,290.7
七、农牧业税：	31	—
年初未交数	32	132.2
本年应交数	33	0.5
本年已交数	34	66.3
年末未交数	35	66.3
八、关税：	36	—
本年已交进口关税	37	4,949.2
本年已交出口关税	38	1,670.2
九、企业所得税：	39	—
年初未交数	40	588,768.3
本年应交数	41	1,097,023.2
本年已交数	42	1,100,577.5
年末未交数	43	585,214.0

续表

项　目	行 次	金 额
十、其他各税:	44	—
年初未交数	45	312,022.6
本年应交数	46	999,208.9
本年已交数	47	939,790.5
年末未交数	48	371,441.1
十一、财政拨款:	49	—
年初结余	50	32,739.2
本年拨入	51	89,933.8
本年支出	52	84,312.3
本年结余	53	38,360.7
十二、储备粮油差价款:	54	—
年初未补数	55	−75.6
本年应补数	56	5,937.2
本年已补数	57	7,467.0
年末未补数	58	−1,605.3
十三、预算弥补亏损及补贴:	59	—
年初未补数	60	51,322.8
本年应补数	61	47,167.5
本年已补数	62	49,043.3
年末未补数	63	49,447.0
十四、国有资本收益:	64	—
年初未交数	65	10,111.3
本年应交数	66	7,452.0
本年已交数	67	2,800.0
年末未交数	68	14,763.3
十五、失业保险	69	—
年初未交数	70	29,642.4
本年应交数	71	54,498.9
本年已交数	72	48,416.3
年末未交数	73	35,725.1

续表

项　目	行 次	金 额
十六、基本养老保险：	74	—
年初未交数	75	208,590.9
本年应交数	76	859,807.3
本年已交数	77	804,667.7
年末未交数	78	263,730.4
十七、基本医疗保险：	79	—
年初未交数	80	16,649.2
本年应交数	81	223,099.2
本年已交数	82	215,877.1
年末未交数	83	23,871.3
十八、工伤保险：	84	—
年初未交数	85	4,049.1
本年应交数	86	60,485.7
本年已交数	87	59,280.7
年末未交数	88	5,254.2
十九、生育保险：	89	—
年初未交数	90	1,374.4
本年应交数	91	4,176.6
本年已交数	92	3,639.7
年末未交数	93	1,911.4
二十、石油特别收益金：	94	—
年初未交数	95	
本年应交数	96	
补充资料：	97	—
一、本年应交税金总额	98	5,679,763.2
二、本年实际上交税金总额	99	5,870,588.0
三、本年支付补充养老保险总额	100	102,626.1
四、本年支付补充医疗保险总额	101	9,169.0
五、出口退税情况：	102	—
出口额(美元)	103	45,174.4
以前年度欠出口退税	104	1,255.5
本年度应收出口退税	105	4,298.8
本年度已收出口退税	106	3,052.0
年末欠出口退税	107	2,502.3

2009年山西省国有企业基本情况表

金额单位:万元

项 目	行 次	金 额
一、职工人数情况(人):	1	—
(一)年末从业人员人数	2	1,267,950.0
(二)全年平均从业人员人数	3	1,228,463.0
(三)年末职工人数	4	1,335,786.0
其中:年末在岗职工人数	5	1,166,022.0
(四)全年平均职工人数	6	1,313,010.0
其中:全年平均在岗职工人数	7	1,143,763.0
(五)年末离休人数	8	9,637.0
(六)年末退休人数	9	423,147.0
(七)参加基本养老保险职工人数	10	1,191,155.0
(八)参加补充养老保险(年金)的职工人数	11	276,986.0
(九)参加基本医疗保险职工人数	12	1,160,581.0
(十)参加补充医疗保险职工人数	13	252,681.0
(十一)参加失业保险职工人数	14	1,002,697.0
(十二)参加工伤保险职工人数	15	950,059.0
(十三)参加生育保险职工人数	16	370,093.0
(十四)接收军队转业、复员退伍人员总数	17	24,020.0
其中:当年接收军队转业、复员退伍人员数	18	2,861.0
(十五)实行工效挂钩职工人数	19	501,831.0
二、企业不在岗职工及劳动关系处理情况:	20	—
(一)年初不在岗职工人数(人)	21	166,297.0
其中:内退人数(人)	22	67,417.0
(二)年末不在岗职工人数(人)	23	167,083.0
其中:内退人数(人)	24	61,613.0
(三)本年累计解除劳动关系人数(人)	25	9,835.0
(四)本年累计支付经济补偿金额	26	3,735.6
其中:财政负担部分	27	956.5

续表

项 目	行 次	金 额
三、工资及福利情况:	28	—
(一)全年应发工资总额	29	4,410,350.6
(二)全年实际发放工资总额	30	4,348,753.3
其中:全年实际发放职工工资总额	31	4,236,047.5
其中:全年实际发放在岗职工工资总额	32	4,125,608.2
(三)企业提取的工资总额	33	4,352,176.7
1、非工挂企业工资总额	34	1,092,226.3
2、工挂企业工资总额	35	3,109,176.7
(1)核定的工挂企业工资总额基数	36	3,232,627.8
(2)工挂企业提取的新增效益工资	37	-123,451.1
(四)离退休人员养老金及福利性补助	38	110,655.2
(五)企业负责人薪酬总额	39	85,591.2
企业负责人人数(人)	40	11,655.0
(六)本年列支的职工福利费	41	350,205.1
(七)本年支付的医疗费	42	5,374,086.5
其中:离退休人员医疗费	43	17,432.4
(八)本年企业支付的职工住房费用	44	220,355.8
其中:本年提取的住房公积金	45	200,490.8
本年一次性支付的住房补贴	46	2,744.0
本年按月发放的住房补贴	47	5,514.9
四、本年支付的职工培训费用	48	56,841.3
五、产值(按现行价格计算):	49	—
(一)工业总产值	50	37,115,759.3
(二)工业增加值	51	13,319,932.0
六、本年收到的财政性资金	52	288,687.8
(一)基本建设性资金	53	113,443.9
(二)生产发展性资金	54	40,923.9
(二)社会保障性资金	55	9,165.2
(四)其他	56	125,154.9

续表

项 目	行 次	金 额
七、本年科技资金来源及支出情况：	57	—
(一)本年科技资金来源合计	58	637,440.5
1、政府拨款	59	10,536.1
2、企业自筹	60	622,452.3
3、其他	61	4,452.1
(二)本年科技支出合计	62	796,953.4
1、研究开发费用合计	63	673,589.7
(1)科技人员人工支出	64	64,788.2
(2)研究开发性固定资产支出	65	130,052.0
(3)其他研究开发支出	66	478,749.6
2、购买新技术、科研设备等支出	67	104,109.0
3、其他科技支出	68	19,254.7
八、固定资产情况：	69	—
(一)按使用情况划分(原价)	70	44,444,055.0
1、在用固定资产	71	43,855,245.3
2、未使用固定资产	72	438,168.2
3、不需用固定资产	73	150,641.5
(二)主要类别固定资产情况：	74	—
1、固定资产原价合计	75	44,444,055.0
其中：土地资产	76	1,106,319.9
房屋、建筑物	77	16,616,266.5
机器设备	78	23,928,436.5
运输工具	79	1,498,380.4
2、当年计提的固定资产折旧总额	80	2,656,506.9
其中：房屋、建筑物	81	661,416.2
机器设备	82	1,723,764,6
运输工具	83	168,747.3
3、当年计提折旧的平均固定资产原价	84	38,056,202.4
(三)当年固定资产投资总额	85	6,549,668.1
1、购置固定资产	86	3,074,909.8
2、基建投资	87	3,266,797.3
3、其他投资	88	207,961.1

续表

项　目	行　次	金　额
九、投资收益	89	275,035.55
（一）长期股权投资	90	208,398.1
（二）交易性金融资产	91	4,270.4
（三）交易性金融负债	92	
（四）持有至到期投资	93	3,389.5
（五）可供出售金额资产	94	46,904.4
（六）其他收益项目	95	12,073.1
十、拥有的自主知识产权专利数量(项)	96	643.0
其中：本年度新增专利数量(项)	97	259.0
十一、当年企业提取的安全生产费用	98	1,089,238.5
十二、当年企业支出的安全生产费用	99	987,354.5
十三、当年企业支付的环境保护及生态恢复支出	100	199,919.3
其中：（一）本年度上交政府统筹的支出	101	11,954.0
（二）本年度企业提取或据实列支的支出	102	174,010.4
十四、当年企业支出的节能减排费用	103	180,374.2
十五、企业累计向境外投资额	104	198,071.1
其中：企业当年新增向境外投资额	105	168,923.9

2009年山西省国有资产主要指标分析表

指标名称	行次	数值
一、绩效指标	1	—
(一)盈利能力指标	2	—
1.净资产收益率(含少数股东权益)(%)	3	6.4
2.净资产收益率(不含少数股东权益)(%)	4	5.8
3.总资产报酬率(%)	5	4.6
4.营业利润率(%)	6	4.7
5.成本费用利润率(%)	7	5.2
6.盈余现金保障倍数	8	431.7
7.成本费用总额占营业总收入的比率(%)	9	95.5
(二)资产质量指标:	10	—
1.总资产周转率(次)	11	0.7
2.流动资产周转率(次)	12	1.4
3.存货周转率(次)	13	6.9
4.资产现金回收率(%)	14	6.6
5.存货增长率(%)	15	-1.0
(三)债务风险指标:	16	—
1.资产负债率(%)	17	67.3
2.已获利息倍数	18	3.7
3.流动比率	19	1.1
4.速动比率	20	0.9
5.现金流动负债比率(%)	21	13.3
6.短期借款占全部借款的比率(%)	22	41.7
(四)经营增长指标:	23	—
1.营业总收入增长率(%)	24	-1.7
2.主营业务收入增长率(%)	25	-2.4
3.营业利润增长率(%)	26	-12.8
4.利润增长率(%)	27	-12.5
5.国有资本保值增值率(%)	28	108.0
6.资本积累率(%)	29	11.9
7.资产增长率(%)	30	21.2

续表

指标名称	行次	数值
8.固定资产增长率(%)	31	18.5
9.技术投入比率(%)	32	1.4
二、人均指标:	33	—
(一)从业人员人均利润(元/人)	34	24,131.3
(二)从业人员人均资产(元/人)	35	756,591.3
(三)职工人均利润(元/人)	36	22,577.4
(四)职工人均资产(元/人)	37	718,168.8
(五)全年职工人均工资(元/人)	38	32,262.1
(六)全年在岗职工人均工资(元/人)	39	36,070.5
(七)人均实际上交税金(元/人)	40	44,710.9
三、其他指标:	41	—
(一)固定资产投资占主营业务收入的比率(%)	42	11.3
(二)实发工资占应发工资的比率(%)	43	98.6
(三)平均固定资产折旧率(%)	44	7.0
(四)年末法定盈余公积占实收资本比重(%)	45	3.1
补充资料:	46	—
一、纳入决算范围二级子企业录入户数(户)	47	586.0
二、纳入决算范围三级子企业录入户数(户)	48	498.0
三、纳入决算范围企业录入总户数(户)	49	4,261.0
四、纳入决算范围盈利企业户数(户)	50	2,338.0
五、纳入决算范围亏损企业户数(户)	51	1,923.0
六、纳入决算范围盈利企业盈利额(万元)	52	4,171,233.6
七、纳入决算范围亏损企业亏损额(万元)	53	-1,206,792.0
	54	

2009年山西省省级企业资产负债表

金额单位:万元

项 目	行 次	期末金额	年初金额
流动资产:	1	—	—
货币资金	2	12,982,461.3	9,424,058.3
△结算备付金	3		
△拆出资金	4		
交易性金融资产	5	185,080.4	55,977.7
应收票据	6	2,544,399.9	2,036,416.9
应收账款	7	4,337,941.5	4,150,743.3
预付款项	8	5,393,056.0	3,432,680.0
△应收保费	9		
△应收分保账款	10		
△应收分保合同准备金	11		
应收利息	12	4,983.7	3,095.5
其他应收款	13	7,309,793.0	4,333,608.0
△买入返售金融资产	14		
存货	15	5,604,082.9	5,444,517.0
其中:原材料	16	1,794,247.1	1,625,159.3
库存商品(产成品)	17	2,391,948.3	2,449,048.6
一年内到期的非流动资产	18	25,946.2	
其他流动资产	19	191,091.8	216,068.4
流动资产合计	20	38,578,836.6	29,098,627.7
非流动资产:	21	—	—
△发放贷款及垫款	22		
可供出售金融资产	23	478,198.4	249,830.7
持有至到期投资	24	166,947.1	231,052.9
长期应收款	25	15,622.0	
长期股权投资	26	3,980,538.4	3,623,152.1
投资性房地产	27	119,787.9	105,877.0
固定资产原价	28	37,304,574.6	31,068,035.5
减:累计折旧	29	14,424,319.9	11,662,570.0

续表

项　目	行　次	期末金额	年初金额
固定资产净值	30	22,880,254.8	19,405,465.5
减:固定资产减值准备	31	36,990.1	31,004.0
固定资产净额	32	22,843,264.6	19,374,461.4
在建工程	33	7,431,747.3	6,355,213.0
工程物资	34	230,508.6	373,906.3
固定资产清理	35	11,018.1	9,471.8
生产性生物资产	36		
油气资产	37		
无形资产	38	5,564,132.4	4,960,858.4
开发支出	39	12,866.7	1,231.5
商誉	40	278,708.4	248,229.2
长期待摊费用	41	121,188.7	98,475.5
递延所得税资产	42	327,658.7	313,028.6
其他非流动资产	43	913,590.8	714,292.4
其中:特准储备物资	44	284.7	284.7
非流动资产合计	45	42,495,778.1	36,666,623.3
	46		
	47		
	48		
	49		
	50		
	51		
	52		
	53		
	54		
	55		
	56		
	57		
	58		
	59		
	60		
	61		
	62		

续表

项　目	行　次	期末金额	年初金额
	63		
资产总计	64	81,074,614.6	65,765,250.9
流动负债：	65	—	—
短期借款	66	9,510,732.6	8,284,969.0
△向中央银行借款	67		
△吸收存款及同业存放	68	21,784.4	20,785.7
△拆入资金	69		
交易性金融负债	70	24,261.1	10,953.2
应付票据	71	1,256,811.6	1,102,673.4
应付账款	72	8,817,446.7	7,706,815.5
预收款项	73	4,557,156.8	2,826,532.6
△卖出回购金融资产款	74		
△应付手续费及佣金	75		
应付职工薪酬	76	2,154,928.8	2,115,383.2
其中：应付工资	77	1,553,149.0	1,544,731.3
应付福利费	78	39,228.4	61,975.5
#其中：职工奖励及福利基金	79	428.6	323.7
应交税费	80	1,224,312.5	1,350,468.5
其中：应交税金	81	775,707.9	926,210.3
应付利息	82	135,863.1	92,763.7
其他应付款	83	6,748,241.2	5,802,133.2
△应付分保账款	84		
△保险合同准备金	85		
△代理买卖证券款	86		
△代理承销证券款	87		
一年内到期的非流动负债	88	937,588.4	519,383.3
其他流动负债	89	315,829.7	287,923.2
流动负债合计	90	35,704,957.0	30,120,784.8
非流动负债：	91	—	—
长期借款	92	14,052,720.5	9,187,937.6
应付债券	93	2,437,510.2	710,060.7
长期应付款	94	655,868.6	660,379.2
专项应付款	95	1,109,536.6	883,095.4

续表

项　目	行　次	期末金额	年初金额
预计负债	96	3,078.4	334.7
递延所得税负债	97	100,007.9	48,466.4
其他非流动负债	98	154,948.2	99,252.6
其中:特准储备基金	99	2,000.0	2,000.0
非流动负债合计	100	18,513,670.4	11,589,526.7
负债合计	101	54,218,627.4	41,710,311.5
所有者权益(或股东权益):	102	—	—
实收资本(股本)	103	11,180,905.8	10,986,587.8
国家资本	104	8,972,801.8	8,776,808.1
集体资本	105	23,055.1	23,055.1
法人资本	106	2,163,830.5	2,165,655.8
其中:国有法人资本	107	2,086,298.9	2,088,124.3
集体法人资本	108	1,440.5	1,440.5
个人资本	109	3,413.8	3,264.1
外商资本	110	17,804.7	17,804.7
#减:已归还投资	111	18,522.4	18,297.8
实收资本(或股本)净额	112	11,162,383.4	10,968,290.0
资本公积	113	4,612,440.6	4,655,409.3
减:库存股	114		
专项储备	115	2,070,494.3	1,687,267.1
盈余公积	116	763,493.1	587,302.3
其中:法定公积金	117	302,548.6	202,060.3
任意公积金	118	367,513.2	308,155.9
#储备基金	119	0.1	0.1
#企业发展基金	120	38,181.5	1,937.1
#利润归还投资	121	13,003.3	13,003.3
△一般风险准备	122		
未分配利润	123	1,477,718.5	687,951.9
外币报表折算差额	124	−11,147.1	−11,175.8
归属于母公司所有者权益合计	125	20,075,382.7	18,575,044.8
★少数股东权益	126	6,780,604.5	5,479,894.6
所有者权益合计	127	26,855,987.3	24,054,939.4
负债和所有者权益总计	128	81,074,614.6	65,765,250.9

2009年山西省省级企业利润表

金额单位:万元

项　目	行　次	本期金额	上期金额
一、营业总收入	1	54,453,467.4	54,728,368.4
其中:营业收入	2	54,445,135.0	54,718,375.1
其中:主营业务收入	3	52,761,539.0	53,411,152.7
其他业务收入	4	1,683,596.0	1,307,222.4
△利息收入	5	8,026.9	9,800.2
△已赚保费	6		
△手续费及佣金收入	7	305.6	193.2
二、营业总成本	8	52,440,259.7	52,348,500.1
其中:营业成本	9	45,598,052.5	45,248,118.1
其中:主营业务成本	10	44,158,320.3	44,250,429.5
其他业务成本	11	1,439,732.2	997,688.6
△利息支出	12	464.1	91.6
△手续费及佣金支出	13	22.2	11.6
△退保金	14		
△赔付支出净额	15		
△提出保险合同准备金净额	16		
△保单红利支出	17		
△分保费用	18		
营业税金及附加	19	554,519.8	524,741.6
销售费用	20	1,248,149.1	1,478,465.7
管理费用	21	3,890,975.8	3,833,517.3
其中:业务招待费	22	105,171.1	92,399.2
研究与开发费	23	376,151.7	358,155.2
财务费用	24	946,217.1	952,142.6
其中:利息支出	25	988,736.2	966,234.2
利息收入	26	110,455.6	114,898.0
汇兑净损失(净收益以“-”号填列)	27	3,902.8	8,775.6
资产减值损失	28	201,858.8	311,474.1
其他	29	0.3	-62.5

续表

项　目	行　次	期末金额	年初金额
加:公允价值变动收益(损失以“-”号填列)	30	63,814.5	-24,513.8
投资收益(损失以“-”号填列)	31	189,106.8	79,547.6
其中:对联营企业和合营企业的投资收益	32	47,462.8	-30,170.4
△汇兑收益(损失以“-”号填列)	33		
三、营业利润(亏损以“-”号填列)	34	2,266,129.0	2,434,902.1
加:营业外收入	35	331,902.6	293,460.7
其中:非流动资产处置利得	36	31,724.9	15,662.4
非货币性资产交换利得	37	11.1	9.5
政府补助	38	159,974.0	131,705.2
债务重组利得	39	11,458.2	18,960.7
减:营业外支出	40	251,788.5	215,979.4
其中:非流动资产处置损失	41	56,380.1	67,327.0
非货币性资产交换损失	42	2.1	72.3
债务重组损失	43	1,555.1	1,838.9
四、利润总额(亏损总额以“-”号填列)	44	2,346,243.0	2,512,383.4
减:所得税费用	45	887,611.4	703,606.6
五、净利润(净亏损以“-”号填列)	46	1,458,631.6	1,808,776.8
归属于母公司所有者的净利润	47	947,051.5	1,056,995.1
★少数股东损益	48	511,580.1	751,781.7
六、每股收益:	49	—	—
基本每股收益	50		
稀释每股利益	51		
七、其他综合收益	52	102,062.0	-72,432.8
八、综合收益总额	53	1,560,693.6	1,736,344.0
归属于母公司所有者的综合收益总额	54	1,046,687.1	982,307.4
★归属于少数股东的综合收益总额	55	514,006.4	754,036.6
	56		

2009年山西省省级企业现金流量表

金额单位:万元

项　目	行　次	本期金额	上期金额
一、经营活动产生的现金流量:	1	—	—
销售商品、提供劳务收到的现金	2	54,318,083.4	54,690,668.4
△客户存款和同业存放款项净增加额	3	15,298.5	9,322.9
△向中央银行借款净增加额	4		
△向其他金融机构拆入资金净增加额	5		
△收到原保险合同保费取得的现金	6		
△收到再保险业务现金净额	7		
△保户储金及投资款净增加额	8		
△处置交易性金融资产净增加额	9		
△收取利息、手续费及佣金的现金	10	8,676.9	9,993.4
△拆入资金净增加额	11		
△回购业务资金净增加额	12		
收到的税费返还	13	146,159.0	129,898.5
收到其他与经营活动有关的现金	14	5,784,673.6	4,299,736.0
经营活动现金流入小计	15	60,272,891.3	59,139,619.1
购买商品、接收劳务支付的现金	16	37,487,199.9	39,076,237.4
△客户贷款及垫款净增加额	17	26,472.9	−947.9
△存放中央银行和同业款项净增加额	18	14,274.6	1,629.0
△支付原保险合同赔付款项的现金	19		
△支付利息、手续费及佣金的现金	20	455.7	103.2
△支付保单红利的现金	21		
支付给职以及为职工支付的现金	22	5,301,895.8	4,380,639.5
支付的各项税费	23	5,178,426.3	4,441,132.9
支付其他与经营活动有关的现金	24	7,111,834.6	5,591,352.4
经营活动现金流出小计	25	55,120,559.8	53,490,146.5
经营活动产生的现金流量净额	26	5,152,331.4	5,649,472.6
二、投资活动产生的现金流量:	27	—	—
收回投资收到的现金	28	2,008,723.3	443,334.3
取得投资收益收到的现金	29	115,088.3	161,537.0

续表

项　目	行　次	期末金额	年初金额
处置固定资产、无形资产和其他长期资产所收回的现金净额	30	112,789.1	88,886.2
处置子公司及其他营业单位收回的现金净额	31	48,050.5	−476.4
收到其他与投资活动有关的现金	32	290,027.8	224,603.5
投资活动现金流入小计	33	2,574,679.0	917,884.5
购建固定资产、无形资产和其他长期资产所支付的现金	34	6,004,372.8	5,449,417.4
投资支付的现金	35	3,235,730.2	1,228,952.2
△质押贷款净增加额	36		
取得子公司及其他营业单位支付的现金净额	37	608,053.5	112,362.4
支付其他与投资活动有关的现金	38	1,447,323.2	158,159.7
投资活动现金流出小计	39	11,295,479.8	6,948,891.7
投资活动产生的现金流量净额	40	−8,720,800.8	−6,031,007.2
三、筹资活动产生的现金流量：	41	—	—
吸收投资收到的现金	42	673,437.0	1,295,905.3
其中：子公司吸收少数股东投资收到的现金	43	102,716.1	446,364.5
取得借款所收到的现金	44	20,346,360.5	14,846,417.9
△发行债券收到的现金	45		
收到其他与筹资活动有关的现金	46	887,573.6	565,911.7
筹资活动现金流入小计	47	21,907,371.0	16,708,234.9
偿还债务所支付的现金	48	13,000,785.4	11,765,305.0
分配股利、利润或偿付利息所支付的现金	49	1,471,187.0	1,298,652.3
其中：子公司支付给少数股东的股利、利润	50	118,612.9	103,987.3
支付其他与筹资活动有关的现金	51	348,424.9	255,647.4
筹资活动现金流出小计	52	14,820,397.3	13,319,604.7
筹资活动产生的现金流量净额	53	7,086,973.8	3,388,630.2
四、汇率变动对现金及现金等价物的影响	54	−1,744.0	−11,876.1
五、现金及现金等价物净增加额	55	3,516,760.3	2,995,219.6
加：期初现金及现金等价物余额	56	9,405,420.7	6,410,201.1
六、期末现金及现金等价物余额	57	12,922,181.0	9,405,420.7
	58		

2009年山西省国有企业所有者权益金额变动表

金额单位:万元

项目	行次	本年金额										
		归属于母公司所有者权益										
		实收资本（或股本）	资本公积	减:库存股	专项储备	盈余公积	一般风险准备	未分配利润	其他	小计	少数股东权益	所有者权益合计
栏 次		1	2	3	4	5	6	7	8	9	10	11
一、上年年末余额	1	10,968,290.0	4,655,409.3		1,687,267.1	587,302.3		687,951.9	−11,175.8	18,575,044.8	5,479,894.6	24,054,939.4
加:会计政策变更	2	—	—	—	—	—	—	—	—	—	—	—
前期差错更正	3	—	—	—	—	—	—	—	—	—	—	—
二、本年年初余额	4	10,968,290.0	4,655,409.3		1,687,267.1	587,302.3		687,951.9	−11,175.8	18,575,044.8	5,479,894.6	24,054,939.4
三、本年增减变动金额(减少以"−"号填列)	5	194,093.5	−42,968.7		383,227.1	176,190.8		789,766.6	28.7	1,500,338.0	1,300,709.9	2,801,047.82
(一)净利润	6	—	—	—	—	—	—	947,051.5	—	947,051.5	511,580.1	1,458,631.6
(二)直接计入所有者权益的利得和损失	7	10,681.1	339,697.2		45.2	32,383.3		−23,979.2	28.7	358,856.2	−107,725.1	251,131.2
1. 可供出售金融资产公允价值变动净额	8	—	177,388.2	—	—	—	—	—	—	177,388.2	−3,346.4	174,041.8
2. 权益法下被投资单位其他所有者权益变动的影响	9	—	98,963.5	—	—	—	—	—	—	98,963.5	2,121.0	101,084.5
3. 与计入所有者权益项目有关的所得税影响	10	—	−22,961.8	—	—	—	—	—	—	−22,961.8	3,237.4	−19,724.5
4.其他	11	10,681.1	86,307.4		45.2	32,383.3		−23,979.2	28.7	105,466.4	−109,737.0	−4,270.6
净利润及直接计入所有者权益的利得和损失小计	12	10,681.1	339,697.2		45.2	32,383.3		923,072.3	28.7	1,305,907.7	403,855.0	1,709,762.8
(三)所有者投入和减少资本	13	125,132.9	−270,938.1			3,564.4		19,638.3		−122,602.5	1,121,358.0	998,755.5
1.所有者投入资本	14	139,779.3	78,479.0	—	—	—	—	—	—	218,258.3	1,037,102.6	1,255,360.9
2.股份支付计入所有者权益的金额	15	−25,795.8		—	—	—	—	—	—	−25,795.8		−25,795.8
3.其他	16	11,149.3	−349,417.1			3,564.4		19,638.3		−315,065.0	84,255.4	−203,809.6

续表

项目	行次	本年金额										
		归属于母公司所有者权益										
		实收资本（或股本）	资本公积	减:库存股	专项储备	盈余公积	一般风险准备	未分配利润	其他	小计	少数股东权益	所有者权益合计
栏次		1	2	3	4	5	6	7	8	9	10	11
(四)专项储备提取和使用	17				383,182.0					383,182.0	28,932.1	412,114.1
1、提取专项储备	18	—	—	—	1,564,116.3	—	—	—	—	1,564,116.3	55,121.7	1,619,238.0
2、使用专项储备	19	—	—	—	−1,180,934.4	—	—	—	—	−1,180,934.4	−26,189.6	−1,207,123.9
(五)利润分配	20	−220.5	−286.1			148,543.3		−154,384.4		−6,347.8	−253,381.9	−259,729.7
1、提取盈余公积	21					146,103.7		−146,103.7				
其中:法定公积金	22	—	—	—	—	88,617.9	—	−88,617.9	—		—	
任意公积金	23	—	—	—	—	57,615.7	—	−57,615.7	—		—	
#储备基金	24	—	—	—	—	−129.9	—	129.9	—		—	
#企业发展基金	25	—	—	—	—		—		—		—	
#利润归还投资	26	—	—	—	—		—		—		—	
2、提取一般风险准备	27	—	—	—	—	—			—		—	
3、对所有者(或股东)的分股	28	—	—	—	—	—	—	−10,301.5	—	−10,301.5	−252,477.4	−262,778.9
4、其他	29	−220.5	−286.1			2,439.6		2,020.8		3,953.7	−904.6	3,049.2
(六)所有者权益内部结转	30	58,500.0	−111,441.7			−8,300.2		1,440.4		−59,801.5	−53.4	−59,854.8
1、资本公积转增资本(或股本)	31	108,858.9	−114,683.5	—	—	—	—	—	—	−5,824.6	—	−5,824.6
2、盈余公积转增资本(或股本)	32	1,321.4	—	—	—	−1,420.0	—	—	—	−98.6	—	−98.6
3、盈余公积弥补亏损	33	—	—	—	—	−1,156.8	—	1,156.8	—		—	
4、其他	34	−51,680.3	3,241.8			−5,723.4		283.6		−53,878.3	−53.4	−53,931.6
四、本年本末余额	35	11,162,383.4	4,612,440.6		2,070,494.3	763,493.1		1,477,718.5	−11,147.1	20,075,382.7	6,780,604.5	26,855,987.3

续表

项目	行次	上年金额										
		归属于母公司所有者权益										
		实收资本（或股本）	资本公积	减：库存股	专项储备	盈余公积	一般风险准备	未分配利润	其他	小计	少数股东权益	所有者权益合计
栏　次		12	13	14	15	16	17	18	19	20	21	22
一、上年年末余额	1	8,677,113.2	5,213,546.3		279,712.7	491,148.5		17,066.5	−315,764.8	14,362,822.4	3,775,285.1	18,138,107.5
加：会计政策变更	2	1,100.0	136,854.9		389,954.5	−29,716.2		35,108.4		533,201.7	102,052.6	634,254.2
前期差错更正	3	982.4	−11,569.6		20.5	−2,243.5		−51,184.4	3,637.0	−60,358.5	19,454.7	−40,903.7
二、本年年初余额	4	8,679,095.6	5,338,831.6		669,687.7	459,188.8		989.5	−312,127.8	14,835,665.5	3,896,792.4	18,732,457.9
三、本年增减变动金额（减少以"−"号填列）	5	2,289,194.4	−683,422.3		1,017,579.4	128,113.5		686,962.4	300,951.9	3,739,379.3	1,583,102.2	5,322,481.5
（一）净利润	6	—	—	—	—	—	—	1,056,995.1	—	1,056,995.1	751,781.7	1,808,776.8
（二）直接计入所有者权益的利得和损失	7	135,174.8	606,456.6			−5,046.9		−155,275.4	−7,399.6	573,909.5	339,039.4	912,948.9
1.可供出售金融资产公允价值变动净额	8	—	−179,238.3	—	—	—	—	—	—	−179,238.3	−614.4	−179,852.6
2.权益法下被投资单位其他所有者权益变动的影响	9	—	149,091.1	—	—	—	—	—	—	149,091.1	61,094.9	210,186.0
3.与计入所有者权益项目有关的所得税影响	10	—	20,664.4	—	—	—	—	—	—	20,664.4	153.6	20,818.0
4.其他	11	135,174.8	615,939,4			−5,046.9		−155,275.4	−7,399.6	583,392.3	278,405.3	861,797.6
净利润及直接计入所有者权益的利得和损失小计	12	135,174.8	606,456.6			−5,046.9		901,719.6	−7,399.6	1,630,904.6	1,090,821.1	2,721,725.7
（三）所有者投入和减少资本	13	816,090.9	237,389.4			−1,238.0		−14,344.4	11,333.0	1,049,231.0	704,234.2	1,753,465.2
1.所有者投入资本	14	460,190.8	88,166.4	—	—	—	—	—	—	548,357.2	686,909.8	1,235,267.1
2.股份支付计入所有者权益的金额	15			—	—	—	—	—	—		−2,906.8	−2,906.8
3.其他	16	355,900.1	149,223.0			−1,238.0		−14,344.4	11,333.0	500,873.8	20,231.2	521,104.9

续表

项目	行次	上年金额										
		归属于母公司所有者权益									少数股东权益	所有者权益合计
		实收资本(或股本)	资本公积	减:库存股	专项储备	盈余公积	一般风险准备	未分配利润	其他	小计		
栏　次		12	13	14	15	16	17	18	19	20	21	22
(四)专项储备提取和使用	17				1,017,579.4					1,017,579.4	13,790.2	1,031,369.6
1、提取专项储备	18	—	—	—	1,660,478.2	—	—	—	—	1,660,478.2	27,578.4	1,688,056.6
2、使用专项储备	19	—	—	—	-642,898.9	—	—	—	—	-642,898.9	-13,788.2	-656,687.1
(五)利润分配	20	2,594.6	50.6			142,509.4		-198,926.8	9,721.2	-44,051.0	-239,790.6	-283,841.6
1、提取盈余公积	21					143,518.1		-143,518.0			15.2	15.3
其中:法定公积金	22	—	—	—	—	79,542.3	—	-79,542.3	—		—	
任意公积金	23	—	—	—	—	63,975.7	—	-63,975.7	—		—	
#储备基金	24	—	—	—	—		—		—		—	
#企业发展基金	25	—	—	—	—		—		—		—	
#利润归还投资	26	—	—	—	—		—		—		—	
2、提取一般风险准备	27	—	—	—	—	—			—		—	
3、对所有者(或股东)的分股	28	—	—	—	—	—	—	-13,455.7	—	-13,455.7	-242,525.5	-255,981.1
4、其他	29	2,594.6	50.5			-1,008.6		-41,953.1	9,721.2	-30,595.3	2,719.6	-27,875.7
(六)所有者权益内部结转	30	1,335,334.1	-1,527,319.1			-8,111.1		-1,486.0	287,297.3	85,715.2	14,047.3	99,762.6
1、资本公积转增资本(或股本)	31	1,328,568.9	-1,531,177.4	—	—	—	—	—	—	-202,608.5	—	-202,608.5
2、盈余公积转增资本(或股本)	32	4,214.5	—	—	—	-4,265.9	—	—	—	-51.4	—	-51.4
3、盈余公积弥补亏损	33	—	—	—	—	-26.5	—	26.5	—		—	
4、其他	34	2,550.7	3,858.3			-3,818.7		-1,512.5	287,297.3	288,375.1	14,047.3	302,422.5
四、本年本末余额	35	10,968,290.0	4,655,409.3		1,687,267.1	587,302.3		687,951.9	-11,175.8	18,575,044.8	5,479,894.6	24,054,939.4

2009年山西省省级企业应上交应弥补款项表

金额单位:万元

项 目	行 次	金 额
一、增值税:	1	—
年初未交数	2	246,438.3
本年应交数	3	2,517,527.6
本年已交数	4	2,756,162.4
年末未交数	5	7,803.5
二、消费税:	6	—
年初未交数	7	4,330.0
本年应交数	8	36,344.1
本年已交数	9	35,023.5
年末未交数	10	5,650.6
三、营业税:	11	—
年初未交数	12	121,928.2
本年应交数	13	178,762.4
本年已交数	14	165,667.6
年末未交数	15	135,023.0
四、资源税:	16	—
年初未交数	17	33,630.9
本年应交数	18	127,658.6
本年已交数	19	126,635.8
年末未交数	20	34,653.8
五、城建税:	21	—
年初未交数	22	35,575.9
本年应交数	23	143,368.4
本年已交数	24	137,802.7
年末未交数	25	41,141.6
六、教育费附加:	26	—
年初未交数	27	50,470.4
本年应交数	28	78,173.7

续表

项　目	行　次	金　额
本年已交数	29	75,875.5
年末未交数	30	52,768.6
七、农牧业税：	31	—
年初未交数	32	50.9
本年应交数	33	0.3
本年已交数	34	1.4
年末未交数	35	49.9
八、关税：	36	—
本年已交进口关税	37	4,865.3
本年已交出口关税	38	1,670.2
九、企业所得税：	39	—
年初未交数	40	427,720.6
本年应交数	41	910,169.4
本年已交数	42	874,961.4
年末未交数	43	462,928.6
十、其他各税：	44	—
年初未交数	45	236,495.6
本年应交数	46	937,178.5
本年已交数	47	884,056.5
年末未交数	48	289,617.6
十一、财政拨款：	49	—
年初结余	50	21,216.6
本年拨入	51	51,245.0
本年支出	52	43,183.0
本年结余	53	29,278.5
十二、储备粮油差价款：	54	—
年初未补数	55	
本年应补数	56	
本年已补数	57	
年末未补数	58	
十三、预算弥补亏损及补贴：	59	—
年初未补数	60	18.1

续表

项　目	行　次	金　额
本年应补数	61	-106.3
本年已补数	62	112.0
年末未补数	63	-200.2
十四、国有资本收益：	64	—
年初未交数	65	
本年应交数	66	
本年已交数	67	
年末未交数	68	
十五、失业保险	69	—
年初未交数	70	17,999.2
本年应交数	71	47,494.6
本年已交数	72	44,740.7
年末未交数	73	20,753.0
十六、基本养老保险：	74	—
年初未交数	75	92,981.9
本年应交数	76	709,891.3
本年已交数	77	693,137.6
年末未交数	78	109,735.6
十七、基本医疗保险：	79	—
年初未交数	80	9,888.8
本年应交数	81	191,014.6
本年已交数	82	187,396.3
年末未交数	83	13,507.0
十八、工伤保险：	84	—
年初未交数	85	2,780.5
本年应交数	86	55,039.7
本年已交数	87	54,286.9
年末未交数	88	3,533.2
十九、生育保险：	89	—
年初未交数	90	688.2
本年应交数	91	3,109.7
本年已交数	92	2,790.2

续表

项　目	行　次	金　额
年末未交数	93	1,007.7
二十、石油特别收益金：	94	—
年初未交数	95	
本年应交数	96	
补充资料：	97	—
一、本年应交税金总额	98	4,935,718.5
二、本年实际上交税金总额	99	5,062,722.2
三、本年支付补充养老保险总额	100	101,579.7
四、本年支付补充医疗保险总额	101	8,925.4
五、出口退税情况：	102	—
出口额(美元)	103	43,978.0
以前年度欠出口退税	104	1,139.1
本年度应收出口退税	105	3,960.5
本年度已收出口退税	106	2,706.0
年末欠出口退税	107	2,393.6
	108	

2009年山西省省级企业资产减值准备情况表

金额单位:万元

项目	行次	年初账面余额	本期增加额				本期减少额					期末账面余额
			本期计提额	合并增加额	其他原因增加额	合计	因资产价值回升转回额	转销额	合并减少额	其他原因减少额	合计	
栏　次	—	1	2	3	4	5	6	7	8	9	10	11
一、坏账准备	1	516,631.7	146,072.3	17,944.6	5,704.9	169,721.7	2,255.6	27,251.8	106.5	2,417.8	32,031.7	654,321.7
二、存货跌价准备	2	207,707.2	63,539.0	1,408.8		64,947.7	12,328.0	184,083.4		54.0	196,465.3	76,189.6
三、可供出售金融资产减值准备	3						—					
四、持有至到期投资减值准备	4	57,453.4	923.4			923.4		2,609.8		50.0	2,659.8	55,717.0
五、长期股权投资减值准备	5	181,635.1	5,268.2	20.0	10.0	6,140.6	—	911.4		5.0	916.4	186,016.9
六、投资性房地产减值准备	6						—					
七、固定资产减值准备	7	31,004.0	3,466.3	3,137.4	977.0	14,883.4	—	1,571.8		22.6	1,594.5	36,990.1
八、工程物资减值准备	8	1,217.2					—					1,217.2
九、在建工程减值准备	9	7,675.3	984.1	129.2		1,113.3	—	127.6		972.1	1,099.7	7,688.9
十、生产性生物资产减值准备	10						—					
十一、油气资产减值准备	11						—					
十二、无形资产减值准备	12	855.4	111.4	222.4		333.8	—	6.2			6.2	1,183.1
十三、商誉减值准备	13	16.5					—					
十四、其他减值准备	14	312,909.1	39.4			39.4	3,018.4	1,272.4			4,290.8	308,687.8
	15											
合计	16	1,317,088.5	220,404.0	22,862.3	6,691.8	249,958.1	17,601.9	217,834.3	106.5	3,521.6	239,064.3	1,327,982.3

续表

项　目	行　次	金　额
补充资料:	—	12
一、待处理资产净损失	17	15,800.0
(一)流动资产净损失	18	12,038.9
其中:坏账损失	19	6,614.8
存货损失	20	3,002.6
短期投资损失	21	
(二)固定资产净损失	22	3,699.7
其中:固定资产盘亏	23	736.4
固定资产毁损、报废	24	2,198.7
固定资产盘盈	25	
(三)长期投资损失	26	40.0
(四)无形资产损失	27	
(五)在建工程损失	28	
(六)委托贷款损失	29	
二、政策性挂账	30	51,184.7
三、当年处理以前年度损失和挂账	31	4,192.9
其中:在当年损益中处理以前年度损失挂账	32	3,755.6

2009年山西省省级企业基本情况表

金额单位:万元

项　目	行　次	金　额
一、职工人数情况(人):	1	—
(一)年末从业人员人数	2	938,326.0
(二)全年平均从业人员人数	3	906,567.0
(三)年末职工人数	4	972,563.0
其中:年末在岗职工人数	5	884,649.0
(四)全年平均职工人数	6	957,208.0
其中:全年平均在岗职工人数	7	862,902.0
(五)年末离休人数	8	5,390.0
(六)年末退休人数	9	285,300.0

续表

项　目	行　次	金　额
(七)参加基本养老保险职工人数	10	885,849.0
(八)参加补充养老保险(年金)的职工人数	11	267,741.0
(九)参加基本医疗保险职工人数	12	892,620.0
(十)参加补充医疗保险职工人数	13	241,672.0
(十一)参加失业保险职工人数	14	804,758.0
(十二)参加工伤保险职工人数	15	789,041.0
(十三)参加生育保险职工人数	16	256,375.0
(十四)接收军队转业、复员退伍人员总数	17	18,440.0
其中:当年接收军队转业、复员退伍人员数	18	2,615.0
(十五)实行工效挂钩职工人数	19	480,683.0
二、企业不在岗职工及劳动关系处理情况:	20	—
(一)年初不在岗职工人数(人)	21	84,497.0
其中:内退人数(人)	22	45,372.0
(二)年末不在岗职工人数(人)	23	83,974.0
其中:内退人数(人)	24	41,302.0
(三)本年累计解除劳动关系人数(人)	25	5,430.0
(四)本年累计支付经济补偿金额	26	592.7
其中:财政负担部分	27	
三、工资及福利情况:	28	—
(一)全年应发工资总额	29	3,829,279.8
(二)全年实际发放工资总额	30	3,787,731.7
其中:全年实际发放职工工资总额	31	3,690,043.1
其中:全年实际发放在岗职工工资总额	32	3,593,441.8
(三)企业提取的工资总额	33	3,768,186.8
1、非工挂企业工资总额	34	610,344.1
2、工挂企业工资总额	35	3,007,069.0
(1)核定的工挂企业工资总额基数	36	3,130,498.6
(2)工挂企业提取的新增效益工资	37	−123,429.6
(四)离退休人员养老金及福利性补助	38	91,693.2
(五)企业负责人薪酬总额	39	68,594.2
企业负责人人数(人)	40	6,164.0
(六)本年列支的职工福利费	41	309,714.8

续表

项 目	行 次	金 额
(七)本年支付的医疗费	42	75,016.6
其中:离退休人员医疗费	43	15,686.7
(八)本年企业支付的职工住房费用	44	201,025.4
其中:本年提取的住房公积金	45	182,932.6
本年一次性支付的住房补贴	46	2,441.9
本年按月发放的住房补贴	47	5,305.9
四、本年支付的职工培训费用	48	52,387.5
五、产值(按现行价格计算):	49	—
(一)工业总产值	50	33,069,245.6
(二)工业增加值	51	11,658,505.1
六、本年收到的财政性资金	52	150,520.2
(一)基本建设性资金	53	87,156.5
(二)生产发展性资金	54	6,790.9
(三)社会保障性资金	55	2,079.7
(四)其他	56	54,493.1
七、本年科技资金来源及支出情况:	57	—
(一)本年科技资金来源合计	58	621,500.1
1、政府拨款	59	6,562.4
2、企业自筹	60	611,106.6
3、其他	61	3,831.1
(二)本年科技支出合计	62	781,476.2
1、研究开发费用合计	63	659,915.4
(1)科技人员人工支出	64	62,131.6
(2)研究开发性固定资产支出	65	127,215.3
(3)其他研究开发支出	66	470,568.5
2、购买新技术、科研设备等支出	67	103,060.9
3、其他科技支出	68	18,499.9
八、固定资产情况:	69	—
(一)按使用情况划分(原价)	70	37,304,574.6
1、在用固定资产	71	37,081,024.0
2、未使用固定资产	72	131,366.8
3、不需用固定资产	73	92,183.8

续表

项　目	行　次	金　额
（二）主要类别固定资产情况：	74	—
1、固定资产原价合计	75	37,304,574.6
其中：土地资产	76	636,110.5
房屋、建筑物	77	14,067,431.9
机器设备	78	20,380,315.1
运输工具	79	1,215,947.9
2、当年计提的固定资产折旧总额	80	2,297,921.5
其中：房屋、建筑物	81	584,756.0
机器设备	82	1,496,312.8
运输工具	83	140,668.3
3、当年计提折旧的平均固定资产原价	84	32,414,254.5
（三）当年固定资产投资总额	85	5,674,095.1
1、购置固定资产	86	2,617,183.2
2、基建投资	87	2,910,355.6
3、其他投资	88	146,556.3
九、投资收益	89	189,106.8
（一）长期股权投资	90	133,641.1
（二）交易性金融资产	91	2,618.5
（三）交易性金融负债	92	
（四）持有至到期投资	93	3,389.5
（五）可供出售金额资产	94	38,251.7
（六）其他收益项目	95	11,206.0
十、拥有的自主知识产权专利数量（项）	96	620.0
其中：本年度新增专利数量（项）	97	256.0
十一、当年企业提取的安全生产费用	98	1,020,548.1
十二、当年企业支出的安全生产费用	99	927,911.4
十三、当年企业支付的环境保护及生态恢复支出	100	175,515.9
其中：（一）本年度上交政府统筹的支出	101	2,749.7
（二）本年度企业提取或据实列支的支出	102	162,072.6
十四、当年企业支出的节能减排费用	103	173,752.2
十五、企业累计向境外投资额	104	198,071.1
其中：企业当年新增向境外投资额	105	168,923.9

2009年山西省省级企业主要分析指标表

金额单位:万元

指标名称	行次	数值
一、绩效指标	1	—
(一)盈利能力指标	2	—
1.净资产收益率(含少数股东权益)(%)	3	5.7
2.净资产收益率(不含少数股东权益)(%)	4	4.9
3.总资产报酬率(%)	5	4.5
4.营业利润率(%)	6	4.2
5.成本费用利润率(%)	7	4.5
6.盈余现金保障倍数	8	544.0
7.成本费用总额占营业总收入的比率(%)	9	95.9
(二)资产质量指标;	10	—
1.总资产周转率(次)	11	0.7
2.流动资产周转率(次)	12	1.6
3.存货周转率(次)	13	7.8
4.资产现金回收率(%)	14	7.0
5.存货增长率(%)	15	0.5
(三)债务风险指标:	16	—
1.资产负债率(%)	17	66.9
2.已获利息倍数	18	3.4
3.流动比率	19	1.1
4.速动比率	20	0.9
5.现金流动负债比率(%)	21	14.4
6.短期借款占全部借款的比率(%)	22	40.4
(四)经营增长指标:	23	—
1.营业总收入增长率(%)	24	-0.5
2.主营业务收入增长率(%)	25	-1.2
3.营业利润增长率(%)	26	-6.9
4.利润增长率(%)	27	-6.6
5.国有资本保值增值率(%)	28	107.4
6.资本积累率(%)	29	11.6

续表

指标名称	行次	数值
7.资产增长率(%)	30	23.3
8.固定资产增长率(%)	31	20.1
9.技术投入比率(%)	32	1.5
二、人均指标:	33	—
(一)从业人员人均利润(元/人)	34	25,880.5
(二)从业人员人均资产(元/人)	35	864,034.6
(三)职工人均利润(元/人)	36	24,511.3
(四)职工人均资产(元/人)	37	833,618.1
(五)全年职工人均工资(元/人)	38	38,550.1
(六)全年在岗职工人均工资(元/人)	39	41,643.7
(七)人均实际上交税金(元/人)	40	52,890.5
三、其他指标:	41	—
(一)固定资产投资占主营业务收入的比率(%)	42	10.8
(二)实发工资占应发工资的比率(%)	43	98.9
(三)平均固定资产折旧率(%)	44	7.1
(四)年末法定盈余公积占实收资本比重(%)	45	2.7
补充资料:	46	—
一、纳入决算范围二级子企业录入户数(户)	47	510.0
二、纳入决算范围三级子企业录入户数(户)	48	471.0
三、纳入决算范围企业录入总户数(户)	49	1,417.0
四、纳入决算范围盈利企业户数(户)	50	861.0
五、纳入决算范围亏损企业户数(户)	51	556.0
六、纳入决算范围盈利企业盈利额	52	3,259,234.2
七、纳入决算范围亏损企业亏损额	53	-912,988.4
	54	

2009年山西省省级以下企业资产负债表

金额单位:万元

项　目	行　次	期末金额	年初金额
流动资产:	1	—	—
货币资金	2	1,408,279.4	1,192,422.4
△结算备付金	3		
△拆出资金	4		
交易性金融资产	5	34,552.7	30,602.8
应收票据	6	316,934.9	218,413.6
应收账款	7	882,390.7	870,700.2
预付款项	8	872,440.4	644,927.6
△应收保费	9		
△应收分保账款	10		
△应收分保合同准备金	11		
应收利息	12	50,506.7	51,598.7
其他应收款	13	1,479,693.9	1,256,375.5
△买入返售金融资产	14		
存货	15	1,183,612.8	1,279,951.2
其中:原材料	16	186,236.1	175,351.8
库存商品(产成品)	17	571,709.8	685,059.7
一年内到期的非流动资产	18	22,624.2	23,272.2
其他流动资产	19	485,863.4	341,291.9
流动资产合计	20	6,736,899.0	5,909,556.0
非流动资产:	21	—	—
△发放贷款及垫款	22		
可供出售金融资产	23	50,597.8	29,948.8
持有至到期投资	24	44,999.0	48,736.6
长期应收款	25	-1,636.5	59,966.0
长期股权投资	26	796,239.3	822,453.6
投资性房地产	27	44,512.5	45,228.9
固定资产原价	28	7,139,480.4	6,425,579.8
减:累计折旧	29	2,144,044.4	1,929,435.5

续表

项　目	行　次	期末金额	年初金额
固定资产净值	30	4,995,436.0	4,496,144.3
减:固定资产减值准备	31	27,220.9	22,509.9
固定资产净额	32	4,968,215.1	4,473,634.3
在建工程	33	893,795.1	790,187.4
工程物资	34	17,310.4	19,137.8
固定资产清理	35	8,331.6	5,222.5
生产性生物资产	36	1,117.5	110.6
油气资产	37		95.3
无形资产	38	848,717.9	702,074.0
开发支出	39	45.7	15.4
商誉	40	18,493.0	14,857.5
长期待摊费用	41	169,223.3	156,272.1
递延所得税资产	42	8,246.4	6,172.7
其他非流动资产	43	252,266.5	314,297.8
其中:特准储备物资	44	−475.7	−16.5
非流动资产合计	45	8,120,474.7	7,488,411.5
	46		
	47		
	48		
	49		
	50		
	51		
	52		
	53		
	54		
	55		
	56		
	57		
	58		
	59		
	60		
	61		
	62		
	63		
资产总计	64	14857373.7	13,397,967.4

续表

项　目	行　次	期末金额	年初金额
流动负债:	65	—	—
短期借款	66	1,869,100.2	1,782,055.9
△向中央银行借款	67		
△吸收存款及同业存放	68		
△拆入资金	69		
交易性金融负债	70	196.6	196.6
应付票据	71	92,120.8	115,860.8
应付账款	72	1,192,108.6	1,151,268.0
预收款项	73	670,184.9	636,823.1
△卖出回购金融资产款	74		
△应付手续费及佣金	75		
应付职工薪酬	76	276,589.9	267,906.2
其中:应付工资	77	173,739.9	169,328.0
应付福利费	78	22,692.3	34,425.0
#其中:职工奖励及福利基金	79	−998.1	−843.4
应交税费	80	434,853.9	508,783.5
其中:应交税金	81	288,060.3	381,634.9
应付利息	82	94,840.1	67,060.4
其他应付款	83	2,609,578.3	2,195,953.5
△应付分保账款	84		
△保险合同准备金	85		
△代理买卖证券款	86		
△代理承销证券款	87		
一年内到期的非流动负债	88	74,633.6	56,602.0
其他流动负债	89	314,116.1	291,424.0
流动负债合计	90	7,628,323.0	7,073,934.0
非流动负债:	91	—	—
长期借款	92	1,839,006.2	1,557,853.4
应付债券	93	2,242.3	1,623.0
长期应付款	94	486,249.2	412,160.5
专项应付款	95	226,270.1	216,657.3

续表

项　目	行　次	期末金额	年初金额
预计负债	96	21,324.7	20,207.3
递延所得税负债	97	18,362.2	18,385.4
其他非流动负债	98	142,324.3	136,828.4
其中:特准储备基金	99	684.9	598.7
非流动负债合计	100	2,735,779.1	2,363,715.3
负债合计	101	10,364,102.0	9,437,649.3
所有者权益(或股东权益):	102	—	—
实收资本(股本)	103	2,027,369.9	1,939,988.1
国家资本	104	1,378,874.2	1,298,255.2
集体资本	105	40,922.1	32,898.2
法人资本	106	481,245.8	471,065.2
其中:国有法人资本	107	392,841.9	393,294.4
集体法人资本	108	21,646.5	16,749.5
个人资本	109	68,281.2	79,722.8
外商资本	110	58,046.7	58,046.7
#减:已归还投资	111	2.3	
实收资本(或股本)净额	112	2,027,367.7	1,939,988.1
资本公积	113	1,687,693.2	1,539,705.9
减:库存股	114		
专项储备	115	110,274.6	65,629.8
盈余公积	116	585,317.9	485,702.8
其中:法定公积金	117	107,952.7	86,455.5
任意公积金	118	305,264.8	248,449.1
#储备基金	119	155.8	
#企业发展基金	120	48.1	62.1
#利润归还投资	121	-19.4	-19.4
△一般风险准备	122	302.4	166.9
未分配利润	123	-353,918.1	-486,055.0
外币报表折算差额	124		
归属于母公司所有者权益合计	125	4,057,037.7	3,545,138.5
★少数股东权益	126	436,234.0	415,179.6
所有者权益合计	127	4,493,271.7	3,960,318.2
负债和所有者权益总计	128	14,857,373.7	13,397,967.4

2009年山西省省级以下企业利润表

金额单位:万元

项 目	行 次	本期金额	上期金额
一、营业总收入	1	5,557,029.9	6,343,395.0
其中:营业收入	2	5,556,909.2	6,343,102.6
其中:主营业务收入	3	5,404,574.8	6,168,336.5
其他业务收入	4	152,334.4	174,766.1
△利息收入	5	120.6	292.4
△已赚保费	6		
△手续费及佣金收入	7		
二、营业总成本	8	5,107,429.1	5,646,084.3
其中:营业成本	9	3,848,606.6	4,300,094.2
其中:主营业务成本	10	3,777,838.0	4,203,802.0
其他业务成本	11	70,768.6	96,292.2
△利息支出	12		
△手续费及佣金支出	13		
△退保金	14		
△赔付支出净额	15		
△提出保险合同准备金净额	16		
△保单红利支出	17		
△分保费用	18	1.1	
营业税金及附加	19	85,681.3	86,030.2
销售费用	20	209,816.4	232,243.3
管理费用	21	792,451.7	828,337.9
其中:业务招待费	22	20,557.6	18,705.3
研究与开发费	23	10,213.1	7,375.9
财务费用	24	154,143.0	179,438.9
其中:利息支出	25	98,605.6	129,864.6
利息收入	26	12,449.6	8,716.9
汇兑净损失(净收益以"-"号填列)	27	-98.0	-348.3
资产减值损失	28	17,471.8	17,110.3
其他	29	-742.8	2,829.5

续表

项　目	行　次	本期金额	上期金额
加:公允价值变动收益(损失以"-"号填列)	30	917.9	77.1
投资收益(损失以"-"号填列)	31	85,928.7	82,607.4
其中:对联营企业和合营企业的投资收益	32	42,287.7	25,412.6
△汇兑收益(损失以"-"号填列)	33		
三、营业利润(亏损以"-"号填列)	34	536,447.3	779,995.2
加:营业外收入	35	178,071.1	172,266.4
其中:非流动资产处置利得	36	4,154.4	2,422.7
非货币性资产交换利得	37	1,276.1	288.6
政府补助	38	99,149.3	127,857.7
债务重组利得	39	8,532.4	2,640.4
减:营业外支出	40	96,322.7	75,504.6
其中:非流动资产处置损失	41	5,081.7	12,058.5
非货币性资产交换损失	42	79.7	71.5
债务重组损失	43	371.2	1.6
四、利润总额(亏损总额以"-"号填列)	44	618,195.8	876,757.0
减:所得税费用	45	177,341.9	274,439.3
五、净利润(净亏损以"-"号填列)	46	440,853.9	602,317.7
归属于母公司所有者的净利润	47	383,121.9	568,195.5
*少数股东损益	48	57,732.0	34,122.2
六、每股收益:	49	—	—
基本每股收益	50		
稀释每股利益	51		
七、其他综合收益	52	2,221.3	917.6
八、综合收益总额	53	443,075.2	603,235.3
归属于母公司所有者的综合收益总额	54	383,140.9	568,188.2
*归属于少数股东的综合收益总额	55	59,934.3	35,047.1
	56		

2009年山西省省级以下企业现金流量表

金额单位:万元

项　目	行　次	本期金额	上期金额
一、经营活动产生的现金流量:	1	—	—
销售商品、提供劳务收到的现金	2	5,972,016.0	6,143,561.9
△客户存款和同业存放款项净增加额	3		
△向中央银行借款净增加额	4		
△向其他金融机构拆入资金净增加额	5		
△收到原保险合同保费取得的现金	6		
△收到再保险业务现金净额	7		
△保户储金及投资款净增加额	8		
△处置交易性金融资产净增加额	9		
△收取利息、手续费及佣金的现金	10	120.6	
△拆入资金净增加额	11		
△回购业务资金净增加额	12		
收到的税费返还	13	22,761.0	36,991.4
收到其他与经营活动有关的现金	14	1,095,933.4	1,029,391.4
经营活动现金流入小计	15	7,090,830.9	7,209,944.6
购买商品、接收劳务支付的现金	16	3,319,239.1	3,357,706.8
△客户贷款及垫款净增加额	17		
△存放中央银行和同业款项净增加额	18		
△支付原保险合同赔付款项的现金	19		
△支付利息、手续费及佣金的现金	20	0.1	
△支付保单红利的现金	21		
支付给职工以及为职工支付的现金	22	742,882.2	728,934.7
支付的各项税费	23	849,328.9	823,168.3
支付其他与经营活动有关的现金	24	1,589,321.5	1,406,917.2
经营活动现金流出小计	25	6,500,771.7	6,316,727.0
经营活动产生的现金流量净额	26	590,059.2	893,217.6
二、投资活动产生的现金流量:	27	—	—
收回投资收到的现金	28	97,549.7	74,909.4
取得投资收益收到的现金	29	30,270.0	32,688.3

续表

项　目	行　次	本期金额	上期金额
处置固定资产、无形资产和其他长期资产所收回的现金净额	30	23,588.7	12,694.5
处置子公司及其他营业单位收回的现金净额	31	2,730.9	5,225.6
收到其他与投资活动有关的现金	32	27,902.6	29,998.7
投资活动现金流入小计	33	182,041.9	155,516.4
购建固定资产、无形资产和其他长期资产所支付的现金	34	595,841.0	663,486.3
投资支付的现金	35	235,015.5	134,882.7
△质押贷款净增加额	36		
取得子公司及其他营业单位支付的现金净额	37	37,832.2	107,048.1
支付其他与投资活动有关的现金	38	103,970.4	51,657.1
投资活动现金流出小计	39	972,659.2	957,074.1
投资活动产生的现金流量净额	40	−790,617.3	−801,557.7
三、筹资活动产生的现金流量:	41	—	—
吸收投资收到的现金	42	95,733.3	57,386.8
其中:子公司吸收少数股东投资收到的现金	43	3,841.0	1,159.6
取得借款所收到的现金	44	1,553,545.1	1,149,160.9
△发行债券收到的现金	45		
收到其他与筹资活动有关的现金	46	140,620.2	121,718.9
筹资活动现金流入小计	47	1,789,898.5	1,328,266.5
偿还债务所支付的现金	48	1,006,909.0	850,982.3
分配股利、利润或偿付利息所支付的现金	49	209,973.2	223,550.0
其中:子公司支付给少数股东的股利、利润	50	81.5	65.8
支付其他与筹资活动有关的现金	51	120,253.8	63,425.7
筹资活动现金流出小计	52	1,337,136.0	1,137,957.9
筹资活动产生的现金流量净额	53	452,762.6	190,308.6
四、汇率变动对现金及现金等价物的影响	54	−1,612.1	−24.9
五、现金及现金等价物净增加额	55	250,592.4	281,943.6
加:期初现金及现金等价物余额	56	1,163,312.6	881,369.0
六、期末现金及现金等价物余额	57	1,413,904.9	1,163,312.6
	58		

2009年山西省省级以下企业所有者权益金额变动表

金额单位：万元

项目	行次	本年金额										
		归属于母公司所有者权益										
		实收资本（或股本）	资本公积	减：库存股	专项储备	盈余公积	一般风险准备	未分配利润	其他	小计	少数股东权益	所有者权益合计
栏　次		1	2	3	4	5	6	7	8	9	10	11
一、上年年末余额	1	1,939,988.1	1,539,705.9		65,629.8	485,702.8	166.9	−486,055.0		3,545,138.5	415,179.6	3,960,318.2
加：会计政策变更	2	—	—	—	—	—	—	—	—	—	—	—
前期差错更正	3	—	—	—	—	—	—	—	—	—	—	—
二、本年年初余额	4	1,939,988.1	1,539,705.9		65,629.8	485,702.8	166.9	−486,055.0		3,545,138.5	415,179.6	3,960,318.2
三、本年增减变动金额（减少以"－"号填列）	5	87,379.6	147,987.3		44,644.8	99,615.1	135.4	132,136.9		511,899.1	21,054.4	532,953.5
（一）净利润	6	—	—	—	—	—	—	383,121.9	—	383,121.9	57,732.0	440,853.9
（二）直接计入所有者权益的利得和损失	7	7,098.0	128,125.4			11,097.8		−5,624.5		140,696.7	−41,389.1	99,307.5
1. 可供出售金融资产公允价值变动净额	8	—	5,353.9	—	—	—	—	—	—	5,353.9		5,353.9
2. 权益法下被投资单位其他所有者权益变动的影响	9	—	447.9	—	—	—	—	—	—	447.9	−165.6	282.3
3. 与计入所有者权益项目有关的所得税影响	10	—	9.9	—	—	—	—	—	—	9.9		9.9
4.其他	11	7,098.0	122,313.7			11,097.8		−5,624.5		134,885.0	−41,223.5	93,661.5
净利润及直接计入所有者权益的利得和损失小计	12	7,098.0	128,125.4			11,097.8		377,497.4		523,818.6	16,342.8	540,161.4
（三）所有者投入和减少资本	13	35,341.0	110,922.1			−194.4		−33,010.4		113,058.3	19,369.1	132,427.4
1.所有者投入资本	14	35,178.1	53,546.5	—	—	—	—	—	—	88,724.6	5,162.6	93,887.2
2. 股份支付计入所有者权益的金额	15	−630.7	570.9	—	—	—	—	—	—	−59.8	14,531.1	14,471.3
3.其他	16	793.6	56,804.7			−194.4		−33,010.4		24,393.5	−324.6	24,068.8

续表

项目	行次	本年金额										
		归属于母公司所有者权益									少数股东权益	所有者权益合计
		实收资本（或股本）	资本公积	减:库存股	专项储备	盈余公积	一般风险准备	未分配利润	其他	小计		
栏　次		1	2	3	4	5	6	7	8	9	10	11
（四）专项储备提取和使用	17				41,871.3					41,871.3	6,615.3	48,486.6
1.提取专项储备	18	—	—	—	91,967.0	—	—	—	—	91,967.0	24,999.7	116,966.6
2.使用专项储备	19	—	—	—	−50,095.7	—	—	—	—	−50,095.7	−18,384.4	−68,480.0
（五）利润分配	20	68.6	3,825.4			95,850.2	135.4	−211,787.8		−111,908.2	−21,273.4	−133,181.6
1.提取盈余公积	21		601.1			91,526.2		−91,909.1		218.2		218.2
其中：法定公积金	22	—	—	—	—	31,669.5	—	−32,434.0	—	−764.5	—	−764.5
任意公积金	23	—	—	—	—	591,476.4	—	−59,507.5	—	−31.1	—	−31.1
# 储备基金	24	—	—	—	—		—		—		—	
# 企业发展基金	25	—	—	—	—		—		—		—	
# 利润归还投资	26	—	—	—	—		—				—	
2.提取一般风险准备	27	—	—	—	—	—	135.4	−169.2	—	−31.1	—	−33.7
3.对所有者（或股东）的分配	28	—	—	—	—	—	—	−112,458.5	—	−112,458.5	−21,333.3	−133,791.7
4.其他	29	68.6	3,224.3			4,323.9		−7,251.1		365.8	59.9	425.7
（六）所有者权益内部结转	30	44,872.0	−94,885.5		2,773.5	−7,138.4		−562.3		−54940.8	0.5	−54,940.2
1. 资本公积转增资本（或股东）	31	33,241.8	−33,364.6	—	—	—	—	—	—	−122.9	—	−122.9
2. 盈余公积转增资本（或股东）	32	11,350.0	—	—	—	−11,350.0	—	—	—		—	
3.盈余公积弥补亏损	33	—	—	—	—	−74.2	—	74.1	—	−0.1	—	−0.1
4.其他	34	280.2	−61,520.8		2,773.5	4,285.8		−636.4		−54,817.8	0.5	−54,817.2
四、本年年末余额	35	2,027,367.7	1,687,693.2		110,274.6	585,317.9	302.4	−353,918.1		4,057,037.7	436,234.0	4,493,271.7

续表

项目	行次	本年金额										
		归属于母公司所有者权益										
		实收资本（或股本）	资本公积	减：库存股	专项储备	盈余公积	一般风险准备	未分配利润	其他	小计	少数股东权益	所有者权益合计
栏　次		12	13	14	15	16	17	18	19	20	21	22
一、上年年末余额	1	1,859,220.5	1,453,271.9		18,382.4	327,418.6	6.4	−767,188.9		2,891,110.9	353,163.4	3,244,274.4
加：会计政策变更	2	1,675.6	2,501.6		34,995.7	66.6		11,185.0		50,424.6	−410.0	50,014.7
前期差错更正	3	2,637.5	−302.3			183.6		−5,355.6		−2,836.8		−2,836.8
二、本年年初余额	4	1,863,533.6	1,455,471.2		53,378.1	327,668.8	6.4	−761,359.4		2,938,698.7	352,753.5	3,291,452.2
三、本年增减变动金额（减少以“−”号填列）	5	76,454.5	84,234.7		12,251.7	158,034.0	160.5	275,304.4		606,439.8	62,426.2	668,865.9
（一）净利润	6	—	—	—	—	—	—	568,195.5		568,195.5	34,122.2	602,317.7
（二）直接计入所有者权益的利得和损失	7	3,070.8	37,509.8		15.0	72.9		−35,071.4	—	5,597.0	23,044.7	28,641.7
1.可供出售金融资产公允价值变动净额	8	—	1,761.6	—	—	—	—	—	—	1,761.6		1,761.6
2.权益法下被投资单位其他所有者权益变动的影响	9	—	−2,614.8	—	—	—	—	—	—	−2,614.8	123.2	−2,491.6
3.与计入所有者权益项目有关的所得税影响	10	—	−7.7	—	—	—	—	—	—	−7.7		−7.7
4.其他	11	3,070.8	38,370.7		15.0	72.9		−35,071.4		6,458.0	22,921.4	29,379.4
净利润及直接计入所有者权益的利得和损失小计	12	3,070.8	37,509.8		15.0	72.9		533,124.1		573,792.5	57,166.8	630,959.4
（三）所有者投入和减少资本	13	23,346.0	77,004.7			131.6		5.5		100,487.8	10,427.5	110,915.3
1.所有者投入资本	14	24,104.3	15,002.1	—	—	—	—	—	—	39,106.5	9,135.9	48,242.3
2.股份支付计入所有者权益的金额	15	49.6	3.5	—	—	—	—	—	—	53.2		53.2
3.其他	16	−808.0	61,999.0			131.6		5.5		61,328.1	1,291.7	62,619.8

续表

项目	行次	本年金额										
		归属于母公司所有者权益										
		实收资本（或股本）	资本公积	减:库存股	专项储备	盈余公积	一般风险准备	未分配利润	其他	小计	少数股东权益	所有者权益合计
栏　次		12	13	14	15	16	17	18	19	20	21	22
（四）专项储备提取和使用	17				12,236.7					12,236.7	6,661.8	18,898.5
1.提取专项储备	18	—	—	—	24,346.4	—	—	—	—	24,346.4	12,439.3	36,785.6
2.使用专项储备	19	—	—	—	−12,109.6	—	—	—	—	−12,109.6	−5,777.5	−17,887.1
（五）利润分配	20	121.0	−23.2			160,099.0	10.5	−−263,061.8		−102,854.4	−11,829.9	−114,684.3
1.提取盈余公积	21					159,036.3		−159,009.1		27.3		27.3
其中：法定公积金	22	—	—	—	—	50,043.8	—	−51,687.1	—	−1,643.3	—	−1,643.3
任意公积金	23	—	—	—	—	107,325.5	—	−107,322.0	—	3.5	—	3.5
# 储备基金	24	—	—	—	—		—		—		—	
# 企业发展基金	25	—	—	—	—		—		—		—	
# 利润归还投资	26	—	—	—	—		—	−41.7	—	−41.7	—	−41.7
2.提取一般风险准备	27	—	—	—	—	—	10.5	−10.5	—		—	
3.对所有者(或股东)的分配	28	—	—	—	—	—	—	−93,203.4	—	−93,203.4	−11,829.9	−105,033.3
4.其他	29	121.0	−23.2			1,062.7		−10,838.8		−9,678.3		−9,678.3
（六）所有者权益内部结转	30	49,916.7	−30,256.6			−2,269.5	150.0	5,236.6		22,777.1		22,777.1
1. 资本公积转增资本（或股东）	31	45,031.0	−30,935.5	—	—	—	—	—	—	14,145.5	—	14,145.5
2. 盈余公积转增资本（或股东）	32	2,068.3	—	—	—	−2,063.5	—	—	—	4.9	—	4.9
3.盈余公积弥补亏损	33	—	—	—	—	−206.7	—	201.9	—	−4.9	—	−4.9
4.其他	34	2,767.3	678.9			0.7	150.0	5,034.8		8,631.6		8,631.6
四、本年年末余额	35	1,939,988.1	1,539,705.9		65629.8	485702.8	166.9	−486,055.0		3,545,138.5	415,179.6	3,960,318.2

2009年山西省省级以下企业资产减值准备情况表

金额单位：万元

项目	行次	年初账面余额	本期增加额				本期减少额					期末账面余额
			本期计提额	合并增加额	其他原因增加额	合计	因资产价值回升转回额	转销额	合并减少额	其他原因减少额	合计	
栏次	—	1	2	3	4	5	6	7	8	9	10	11
一、坏账准备	1	78,286.5	9,792.4	10.8	157.0	9,960.2	303.5	1,176.2	1,809.1	663.3	3,952.2	84,294.6
二、存货跌价准备	2	6,572.3	3,433.6			3,433.6	193.5	6,582.7	2.7	440.5	7,219.4	2,786.5
三、可供出售金融资产减值准备	3						—	61.1			61.1	−61.1
四、持有至到期投资减值准备	4	73.8	−1.3			−1.3	2.1				2.1	70.4
五、长期股权投资减值准备	5	9,441.9	842.4			842.4	—					10,284.2
六、投资性房地产减值准备	6						—					
七、固定资产减值准备	7	22,509.9	6,745.8	557.0		7,302.9	—	2,586.4		5.6	2,591.9	27,220.9
八、工程物资减值准备	8						—					
九、在建工程减值准备	9	167.8					—					167.8
十、生产性生物资产减值准备	10						—					
十一、油气资产减值准备	11						—					
十二、无形资产减值准备	12	38.7					—					38.7
十三、商誉减值准备	13	16.5					—					16.5
十四、其他减值准备	14	12.2	25.4		3.0	28.4	137.7			777.4	915.1	−874.5
	15											
合　计	16	117,119.7	20,838.3	567.8	160.0	21,566.1	636.8	10,406.4	1,811.8	1,886.8	14,741.9	123,943.9

续表

项目	行次	金额
补充资料:	—	12
一、待处理资产净损失	17	144,394.3
(一)流动资产净损失	18	63,659.8
其中:坏账损失	19	25,731.7
存货损失	20	31,971.4
短期投资损失	21	2,605.1
(二)固定资产净损失	22	17,098.0
其中:固定资产盘亏	23	4,650.2
固定资产毁损、报废	24	12,663.2
固定资产盘盈	25	1,063.2
(三)长期投资损失	26	396.9
(四)无形资产损失	27	1,829.8
(五)在建工程损失	28	205.3
(六)委托贷款损失	29	301.6
二、政策性挂账	30	49,093.6
三、当年处理以前年度损失和挂账	31	33,591.1
其中:在当年损益中处理以前年度损失挂账	32	9,423.1

2009年山西省省级以下企业应上交应弥补款项表

金额单位:万元

项目	行次	金额
一、增值税:	1	—
年初未交数	2	117,544.0
本年应交数	3	412,571.6
本年已交数	4	445,394.4
年末未交数	5	84,721.2
二、消费税:	6	—
年初未交数	7	4,201.8
本年应交数	8	1,289.3
本年已交数	9	1,564.6
年末未交数	10	3,926.5
三、营业税:	11	—
年初未交数	12	43,273.5
本年应交数	13	29,099.3
本年已交数	14	28,242.5
年末未交数	15	44,130.3
四、资源税:	16	—
年初未交数	17	5,298.1
本年应交数	18	21,882.3
本年已交数	19	22,193.6
年末未交数	20	4,986.8
五、城建税:	21	—
年初未交数	22	8,575.6
本年应交数	23	18,754.1
本年已交数	24	17,976.3
年末未交数	25	9,353.4
六、教育费附加:	26	—
年初未交数	27	7,037.7
本年应交数	28	11,479.8
本年已交数	29	10,995.4
年末未交数	30	7,522.1

续表

项目	行次	金额
七、农牧业税：	31	—
年初未交数	32	81.2
本年应交数	33	0.2
本年已交数	34	65.0
年末未交数	35	16.4
八、关税：	36	—
本年已交进	37	83.9
本年已交出	38	
九、企业所得	39	—
年初未交数	40	161,047.7
本年应交数	41	186,853.8
本年已交数	42	225,616.1
年末未交数	43	122,285.4
十、其他各税：	44	—
年初未交数	45	75,527.0
本年应交数	46	62,030.4
本年已交数	47	55,733.9
年末未交数	48	81,823.5
十一、财政拨	49	—
年初结余	50	11,522.6
本年拨入	51	38,688.9
本年支出	52	41,129.3
本年结余	53	9,082.2
十二、储备粮油	54	—
年初未补数	55	−75,6
本年应补数	56	5,937.2
本年已补数	57	7,467.0
年末未补数	58	−1,605.3
十三、预算弥补	59	—
年初未补数	60	51,304.7
本年应补数	61	47,273.7
本年已补数	62	48,931.3
年末未补数	63	49,647.2

续表

项目	行次	金额
十四、国有资本	64	—
年初未交数	65	10,111.3
本年应交数	66	7,452.0
本年已交数	67	2,800.0
年末未交数	68	14,763.3
十五、失业保	69	—
年初未交数	70	11,643.3
本年应交数	71	7,004.4
本年已交数	72	3,675.6
年末未交数	73	14,972.1
十六、基本养老保险:	74	—
年初未交数	75	115,609.0
本年应交数	76	149,915.9
本年已交数	77	111,530.1
年末未交数	78	153,994.9
十七、基本医疗保险:	79	—
年初未交数	80	6,760.4
本年应交数	81	32,084.7
本年已交数	82	28,480.8
年末未交数	83	10,364.3
十八、工伤保险:	84	—
年初未交数	85	1,268.6
本年应交数	86	5,446.1
本年已交数	87	4,993.7
年末未交数	88	1,721.0
十九、生育保险:	89	—
年初未交数	90	686.2
本年应交数	91	1,066.9
本年已交数	92	849.5
年末未交数	93	903.6
二十、石油特别收益金:	94	—
本年应交数	95	
本年已交数	96	

续表

项目	行次	金额
补充资料:	97	—
一、本年应交税金总额	98	744,044.8
二、本年实际上交税金总额	99	807,865.8
三、本年支付补充养老保险总额	100	1,046.4
四、本年支付补充医疗保险总额	101	243.6
五、出口退税情况:	102	—
出口额(美元)	103	1,196.4
以前年度欠出口退税	104	116.5
本年度应收出口退税	105	338.2
本年度已收出口退税	106	346.0
年末欠出口退税	107	108.7

2009年山西省省级以下企业基本情况表

金额单位:万元

项目	行次	金额
一、职工人数情况(人):	1	—
(一)年末从业人员人数	2	329,624
(二)全年平均从业人员人数	3	321,896
(三)年末职工人数	4	363,223
其中:年末在岗职工人数	5	281,373
(四)全年平均职工人数	6	355,802
其中:全年平均在岗职工人数	7	280,861
(五)年末离休人数	8	4,247
(六)年末退休人数	9	137,847
(七)参加基本养老保险职工人数	10	305,306
(八)参加补充养老保险(年金)职工人数	11	9,245
(九)参加基本医疗保险职工人数	12	267,961
(十)参加补充医疗保险职工人数	13	11,009

续表

项目	行次	金额
(十一)参加失业保险职工人数	14	197,939
(十二)参加工伤保险职工人数	15	161,018
(十三)参加生育保险职工人数	16	113,718
(十四)接收军队转业、复员退伍人员总数	17	5,580
其中:当年接收军队转业、复员退伍人员数	18	246
(十五)实行工效挂钩职工人数	19	21,148
二、企业不在岗职工及劳动关系处理情况:	20	—
(一)年初不在岗职工人数(人)	21	81,800
其中:内退人数(人)	22	22,045
(二)年末不在岗职工人数(人)	23	83,109
其中:内退人数(人)	24	20,311
(三)本年累计解除劳动关系人数(人)	25	4,405
(四)本年累计支付经济补偿金额	26	3,142.9
其中:财政负担部分	27	956.5
三、工资及福利情况:	28	—
(一)全年应发工资总额	29	581,070.9
(二)全年实际发放工资总额	30	561,021.6
其中:全年实际发放职工工资总数	31	546,004.3
其中:全年实际发放在岗职工工资部额	32	532,166.3
(三)企业提取的工资总额	33	583,989.9
1.非工挂企业工资总额	34	481,882.2
2.工挂企业工资总额	35	102,107.7
(1)核定的工挂企业工资总额基数	36	102,129.2
(2)工挂企业提取的新增效益工资	37	-21.6
(四)离退休人员养老金及福利性补助	38	18,962.1
(五)企业负责人薪酬总额	39	16,997.1
企业负责人人数(人)	40	5,491
(六)本年列支的职工福利费	41	40,490.3
(七)本年支付的医药费	42	5,299,069.8
其中:离退休人员医药费	43	1,745.7

续表

项目	行次	金额
(八)本年企业支付的职工住房费用	44	19,330.5
其中:本年提取的住房公积金	45	17,558.2
本年一次性支付的住房补贴	46	302.1
本年按月发放的住房补贴	47	209.0
四、本年支付的职工培训费用	48	4,453.8
五、产值(按现行价格计算):	49	—
(一)工业总产值	50	4,046,513.7
(二)工业增加值	51	1,661,426.9
六、本年收到的财政性资金	52	138,167.7
(一)基本建设性资金	53	26,287.4
(二)生产发展性资金	54	34,132.9
(三)社会保障性资金	55	7,085.6
(四)其他	56	70,661.8
七、本年科技资金来源及支出情况:	57	—
(一)本年科技资金来源合计	58	15,940.4
1.政府拨款	59	3,973.7
2.企业自筹	60	11,345.8
3.其他	61	620.9
(二)本年科技支出合计	62	15,477.2
1.研究开发费用合计	63	13,674.3
(1)科技人员人工支出	64	2,656.6
(2)研究开发性固定资产支出	65	2,836.7
(3)其他研究开发支出	66	8,181.1
2.购买新技术、科研设备等支出	67	1,048.1
3.其他科技支出	68	754.8
八、固定资产情况:	69	—
(一)按使用情况划分(原价)	70	7,139,480.4
1.在用固定资产	71	6,774,221.3
2.未使用固定资产	72	306,801.4
3.不需用固定资产	73	58,457.7
(二)主要类别固定资产情况:	74	—
1.固定资产原价合计	75	7,139,480.4

续表

项目	行次	金额
其中:土地资产	76	470,209.5
房屋、建筑物	77	2,548,834.6
机器设备	78	3,548,121.5
运输工具	79	282,432.5
2.当年计提的固定资产折旧总额	80	358,585.4
其中:房屋、建筑物	81	79,660.2
机器设备	82	227,451.8
运输工具	83	28,079.0
3.当年计提折旧的平均固定资产原价	84	5,641,947.8
(三)当年固定资产投资总额	85	875,573.0
1.购置固定资产	86	457,726.5
2.基建投资	87	356,441.7
3.其他投资	88	61,404.8
九、投资收益	89	85,928.7
(一)长期股权投资	90	74,756.9
(二)交易性金融资产	91	1,652.0
(三)交易性金融负责	92	
(四)持有至到期投资	93	
(五)可供出售金融资产	94	8,652.6
(六)其他收益项目	95	867.1
十、拥有的自主知识产权专利数量(项)	96	23
其中:本年度新增专利数量(项)	97	3
十一、当年企业提取的安全生产费用	98	68,690.5
十二、当年企业支出的安全生产费用	99	59,443.1
十三、当年企业支付的环境保护及生态恢复支出	100	24,403.4
其中:(一)本年度上交正府统筹的支出	101	9,204.3
(二)本年度企业提取或据实列支的支出	102	11,937.8
十四、当年企业支出的节能减排费用	103	6,622.0
十五、企业累计向境外投资额	104	
其中:企业当年新增向境外投资额	105	

2009年山西省省级以下企业主要分析指标表

指标名称	行次	数值
一、绩效指标	1	—
(一)盈利能力指标	2	—
1.净资产收益率(含少数股东权益)(%)	3	10.4
2.净资产收益率(不含少数股东权益)(%)	4	10.1
3.总资产报酬率(%)	5	5.1
4.营业利润率(%)	6	9.7
5.成本费用利润率(%)	7	12.2
6.盈余现金保障倍数	8	154.0
7.成本费用总额占营业总收入的比率(%)	9	91.6
(二)资产质量指标:	10	—
1.总资产周转率(次)	11	0.4
2.流动资产周转率(次)	12	0.8
3.存货周转率(次)	13	3.1
4.资产现金回收率(%)	14	4.2
5.存货增长率(%)	15	-7.8
(三)债务风险指标:	16	—
1.资产负债率(%)	17	69.8
2.已获利息倍数	18	7.3
3.流动比率	19	0.9
4.速动比率	20	0.7
5.现金流动负债比率(%)	21	7.7
6.短期借款占全部借款的比率(%)	22	50.4
(四)经营增长指标:	23	—
1.营业总收入增长率(%)	24	-12.4
2.主营业务收入增长率(%)	25	-12.4
3.营业利润增长率(%)	26	-31.2
4.利润增长率(%)	27	-29.5
5.国有资本保值增值率(%)	28	111.7
6.资本积累率(%)	29	13.5

续表

指标名称	行次	数值
7.资产增长率(%)	30	10.9
8.固定资产增长率(%)	31	11.1
9.技术投入比率(%)	32	0.3
二、人均指标:	33	—
(一)从业人员人均利润(元/人)	34	19,204.8
(二)从业人员人均资产(元/人)	35	450,737.0
(三)职工人均利润(元/人)	36	17,374.7
(四)职工人均资产(元/人)	37	409,042.8
(五)全年职工人均工资(元/人)	38	15,345.7
(六)全年在岗职工人均工资(元/人)	39	18,947.7
(七)人均实际上交税金(元/人)	40	22,705.5
三、其他指标:	41	—
(一)固定资产投资占主营业务收入的比率(%)	42	16.2
(二)实发工资占应发工资的比率(%)	43	96.5
(三)平均固定资产折旧率(%)	44	6.4
(四)年末法定盈余公积占实收资本比重(%)	45	5.3
补充资料:	46	—
一、纳入决算范围二级子企业录入户数(户)	47	76.0
二、纳入决算范围三级子企业录入户数(户)	48	27.0
三、纳入决算范围企业录入总户数(户)	49	2,844.0
四、纳入决算范围盈利企业户数(户)	50	1,477.0
五、纳入决算范围亏损企业户数(户)	51	1,367.0
六、纳入决算范围盈利企业盈利额(万元)	52	911,999.4
七、纳入决算范围亏损企业亏损额(万元)	53	−293,803.6
	54	

2009年山西省国资委监管企业资产负债表

金额单位:万元

项　目	行　次	期末金额	年初金额
流动资产:	1	—	—
货币资金	2	11,829,219.2	8,695,353.3
△结算备付金	3		
△拆出资金	4		
交易性金融资产	5	159,363.3	28,810.2
应收票据	6	2,531,235.7	2,027,978.5
应收账款	7	3,832,377.7	3,733,770.6
预付款项	8	5,145,357.1	3,273,032.0
△应收保费	9		
△应收分保账款	10		
△应收分保合同准备金	11		
应收利息	12	4,983.7	3,095.5
其他应收款	13	5,874,810.8	3,200,055.3
△买入返售金融资产	14		
存货	15	5,126,347.7	5,033,138.4
其中:原材料	16	1,737,378.6	1,597,382.3
库存商品(产成品)	17	2,053,610.0	2,146,624.8
一年内到期的非流动资产	18	25,062.9	530.0
其他流动资产	19	162,438.0	190,684.0
流动资产合计	20	34,691,196.0	26,186,447.8
非流动资产:	21	—	—
△发放贷款及垫款	22		
可供出售金融资产	23	453,961.4	238,893.7
持有至到期投资	24	164,948.6	229,954.5
长期应收款	25	15,452.0	7,357.6
长期股权投资	26	3,528,821.0	3,078,676.5
投资性房地产	27	119,787.9	105,877.0
固定资产原价	28	34,326,457.9	28,171,268.2
减:累计折旧	29	13,490,571.8	10,815,831.7

续表

项 目	行 次	期末金额	年初金额
固定资产净值	30	20,835,886.2	17,355,436.5
减:固定资产减值准备	31	36,640.9	30,626.7
固定资产净额	32	20,799,245.3	17,324,809.9
在建工程	33	7,352,201.9	6,284,602.9
工程物资	34	230,505.7	373,903.3
固定资产清理	35	9,603.3	8,042.1
生产性生物资产	36		
油气资产	37		
无形资产	38	4,770,723.2	3,982,639.8
开发支出	39	12,866.7	1,231.5
商誉	40	278,708.4	248,248.6
长期待摊费用	41	112,825.6	93,202.7
递延所得税资产	42	326,691.2	312,171.8
其他非流动资产	43	902,576.2	704,843.3
其中:特准储备物资	44		
非流动资产合计	45	39,078,918.5	32,994,455.0
	46		
	47		
	48		
	49		
	50		
	51		
	52		
	53		
	54		
	55		
	56		
	57		
	58		
	59		
	60		
	61		
	62		

续表

项　目	行　次	期末金额	年初金额
	63		
资产总计	64	73,770,114.5	59,180,902.8
流动负债：	65	—	—
短期借款	66	9,104,036.6	7,859,293.4
△向中央银行借款	67		
△吸收存款及同业存放	68	21,784.4	20,785.7
△拆入资金	69		
交易性金融负债	70	24,261.1	10,953.2
应付票据	71	1,221,782.6	1,085,290.2
应付账款	72	8,111,711.6	7,110,544.8
预收款项	73	4,187,779.7	2,614,860.9
△卖出回购金融资产款	74		
△应付手续费及佣金	75		
应付职工薪酬	76	2,075,358.3	2,038,345.7
其中：应付工资	77	1,498,961.8	1,490,557.9
应付福利费	78	33,971.7	53,917.2
#其中：职工奖励及福利基金	79	470.6	339.1
应交税费	80	1,141,664.2	1,286,944.6
其中：应交税金	81	711,886.1	869,514.1
应付利息	82	62,006.1	26,471.3
其他应付款	83	5,146,526.5	4,512,758.4
△应付分保账款	84		
△保险合同准备金	85		
△代理买卖证券款	86		
△代理承销证券款	87		
一年内到期的非流动负债	88	937,443.0	519,029.5
其他流动负债	89	241,956.2	218,028.8
流动负债合计	90	32,276,310.3	27,303,306.5
非流动负债：	91	—	—
长期借款	92	12,765,900.4	8,015,473.7
应付债券	93	2,239,660.2	710,060.7
长期应付款	94	613,373.6	536,679.3
专项应付款	95	1,083,368.3	852,186.8

续表

项　目	行　次	期末金额	年初金额
预计负债	96	3,078.4	334.7
递延所得税负债	97	100,007.9	48,466.4
其他非流动负债	98	149,822.3	94,772.7
其中:特准储备基金	99	2,000.0	2,000.0
非流动负债合计	100	16,955,211.1	10,257,974.4
负债合计	101	49,231,521.4	37,561,280.9
所有者权益(或股东权益):	102	—	—
实收资本(股本)	103	9,512,298.6	9,463,610.1
国家资本	104	8,362,904.6	8,314,216.1
集体资本	105	23,055.1	23,055.1
法人资本	106	1,125,146.2	1,125,146.2
其中:国有法人资本	107	1,124,295.1	1,124,295.1
集体法人资本	108		
个人资本	109	1,192.8	1,192.8
外商资本	110		
#减:已归还投资	111		
实收资本(或股本)净额	112	9,512,298.6	9,463,610.1
资本公积	113	3,366,437.1	3,078,126.1
减:库存股	114		
专项储备	115	2,043,626.6	1,686,810.1
盈余公积	116	678,998.8	508,979.7
其中:法定公积金	117	274,587.7	176,807.3
任意公积金	118	362,032.0	303,521.1
#储备基金	119		
#企业发展基金	120	38,181.4	1,937.0
#利润归还投资	121		
△一般风险准备	122		
未分配利润	123	2,170,022.6	1,415,862.9
外币报表折算差额	124	−11,147.1	−11,175.8
归属于母公司所有者权益合计	125	17,760,236.6	16,142,213.0
⋆少数股东权益	126	6,778,356.6	5,477,409.0
所有者权益合计	127	24,538,593.2	21,619,621.9
负债和所有者权益总计	128	73,770,114.5	59,180,902.8

2009年山西省国资委监管企业利润表

金额单位:万元

项　目	行　次	本期金额	上期金额
一、营业总收入	1	52,219,637.8	52,764,502.2
其中:营业收入	2	52,211,305.4	52,754,508.9
其中:主营业务收入	3	50,571,165.5	51,487,394.0
其他业务收入	4	1,640,139.8	1,267,114.9
△利息收入	5	8,026.9	9,800.2
△已赚保费	6		
△手续费及佣金收入	7	305.6	193.2
二、营业总成本	8	50,258,944.7	50,407,376.0
其中:营业成本	9	43,820,276.2	43,724,189.5
其中:主营业务成本	10	42,399,375.5	42,745,278.6
其他业务成本	11	1,420,900.7	978,910.9
△利息支出	12	464.1	91.6
△手续费及佣金支出	13	22.2	11.6
△退保金	14		
△赔付支出净额	15		
△提出保险合同准备金净额	16		
△保单红利支出	17		
△分保费用	18		
营业税金及附加	19	507,238.4	483,368.2
销售费用	20	1,186,519.3	1,412,704.5
管理费用	21	3,662,732.0	3,623,467.1
其中:业务招待费	22	96,553.2	85,101.2
研究与开发费	23	375,807.9	350,177.3
财务费用	24	881,003.9	852,272.1
其中:利息支出	25	922,634.0	878,978.1
利息收入	26	94,629.5	98,028.0
汇兑净损失(净收益以"-"号填列)	27	4,111.7	8,805.9
资产减值损失	28	200,688.3	311,271.5
其他	29	0.3	

续表

项　目	行　次	本期金额	上期金额
加:公允价值变动收益(损失以"-"号填列)	30	63,814.5	-24,513.8
投资收益(损失以"-"号填列)	31	184,881.6	4,347.5
其中:对联营企业和合营企业的投资收益	32	47,920.0	-29,872.6
△汇兑收益(损失以"-"号填列)	33		
三、营业利润(亏损以"-"号填列)	34	2,209,389.2	2,336,959.9
加:营业外收入	35	309,188.2	266,951.0
其中:非流动资产处置利得	36	30,647.9	14,679.0
非货币性资产交换利得	37	9.3	9.5
政府补助	38	144,611.2	115,537.3
债务重组利得	39	11,268.0	18,853.8
减:营业外支出	40	234,082.9	190,394.6
其中:非流动资产处置损失	41	55,181.1	61,018.3
非货币性资产交换损失	42		72.3
债务重组损失	43	1,555.1	1,838.9
四、利润总额(亏损总额以"-"号填列)	44	2,284,494.5	2,413,516.2
减:所得税费用	45	875,697.6	679,619.0
五、净利润(净亏损以"-"号填列)	46	1,408,796.9	1,733,897.3
归属于母公司所有者的净利润	47	896,946.6	982,062.9
*少数股东损益	48	511,850.4	751,834.4
六、每股收益:	49		
基本每股收益	50		
稀释每股利益	51		
七、其他综合收益	52	102,001.7	-72,432.8
八、综合收益总额	53	1,510,798.6	1,661,464.5
归属于母公司所有者的综合收益总额	54	996,525.3	907,372.5
*归属于少数股东的综合收益总额	55	514,273.3	754,092.0
	56		

2009年山西省国资委监管企业现金流量表

金额单位:万元

项 目	行 次	本期金额	上期金额
一、经营活动产生的现金流量:	1	—	—
销售商品、提供劳务收到的现金	2	52,073,015.1	52,787,602.0
△客户存款和同业存放款项净增加额	3	15,298.5	9,322.9
△向中央银行借款净增加额	4		
△向其他金融机构拆入资金净增加额	5		
△收到原保险合同保费取得的现金	6		
△收到再保险业务现金净额	7		
△保户储金及投资款净增加额	8		
△处置交易性金融资产净增加额	9		
△收取利息、手续费及佣金的现金	10	8,676.9	9,993.4
△拆入资金净增加额	11		
△回购业务资金净增加额	12		
收到的税费返还	13	119,560.5	106,304.1
收到其他与经营活动有关的现金	14	3,965,356.9	2,525,391.6
经营活动现金流入小计	15	56,181,907.9	55,438,613.9
购买商品、接收劳务支付的现金	16	35,950,424.6	37,768,054.2
△客户贷款及垫款净增加额	17	26,472.9	-947.9
△存放中央银行和同业款项净增加额	18	14,274.6	1,629.0
△支付原保险合同赔付款项的现金	19		
△支付利息、手续费及佣金的现金	20	455.7	103.2
△支付保单红利的现金	21		
支付给职工以及为职工支付的现金	22	5,101,915.4	4,220,109.0
支付的各项税费	23	5,061,404.1	4,333,781.2
支付其他与经营活动有关的现金	24	5,288,226.2	3,613,716.5
经营活动现金流出小计	25	51,443,173.5	49,936,445.1
经营活动产生的现金流量净额	26	4,738,734.3	5,502,168.8
二、投资活动产生的现金流量:	27	—	—
收回投资收到的现金	28	1,948,993.8	335,082.2
取得投资收益收到的现金	29	111,193.6	86,466.6

续表

项 目	行 次	本期金额	上期金额
处置固定资产、无形资产和其他长期资产所收回的现金净额	30	110,373.0	86,267.4
处置子公司及其他营业单位收回的现金净额	31	48,050.5	-476.4
收到其他与投资活动有关的现金	32	288,179.3	221,434.3
投资活动现金流入小计	33	2,506,790.1	728,774.0
购建固定资产、无形资产和其他长期资产所支付的现金	34	5,892,537.2	5,396,117.8
投资支付的现金	35	3,009,639.3	1,172,048.5
△质押贷款净增加额	36		
取得子公司及其他营业单位支付的现金净额	37	608,053.5	112,362.4
支付其他与投资活动有关的现金	38	1,446,762.2	154,660.1
投资活动现金流出小计	39	10,956,992.3	6,835,188.7
投资活动产生的现金流量净额	40	-8,450,202.2	-6,106,414.7
三、筹资活动产生的现金流量：	41	—	—
吸收投资收到的现金	42	670,733.0	1,295,828.3
其中：子公司吸收少数股东投资收到的现金	43	102,716.1	446,344.5
取得借款所收到的现金	44	19,744,078.0	14,698,168.3
△发行债券收到的现金	45		
收到其他与筹资活动有关的现金	46	836,027.7	531,771.0
筹资活动现金流入小计	47	21,250,838.6	16,525,767.5
偿还债务所支付的现金	48	12,691,343.4	11,506,595.1
分配股利、利润或偿付利息所支付的现金	49	1,423,893.3	1,251,485.4
其中：子公司支付给少数股东的股利、利润	50	118,522.1	103,868.3
支付其他与筹资活动有关的现金	51	328,892.6	214,098.7
筹资活动现金流出小计	52	14,444,129.3	12,972,179.2
筹资活动产生的现金流量净额	53	6,806,709.3	3,553,588.3
四、汇率变动对现金及现金等价物的影响	54	-3,057.4	-11,640.5
五、现金及现金等价物净增加额	55	3,092,184.1	2,937,701.9
加：期初现金及现金等价物余额	56	8,676,701.1	5,738,999.2
六、期末现金及现金等价物余额	57	11,768,885.2	8,676,701.1
	58		

2009年山西省国资委监管企业所有者权益金额变动表

金额单位：万元

项目	行次	本年金额										
		归属于母公司所有者权益									少数股东权益	所有者权益合计
		实收资本（或股本）	资本公积	减库存股	专项储备	盈余公积	一般风险准备	未分配利润	其他	小计		
栏　次		1	2	3	4	5	6	7	8	9	10	11
一、上年年末余额	1	9,463,610.1	3,078,126.1		1,686,810.1	508,979.7		1,415,862.9	−11,175.8	16,142,213.0	5,477,409.0	21,619,621.9
加：会计政策变更	2	—	—	—	—	—	—	—	—	—	—	—
前期差错更正	3	—	—	—	—	—	—	—	—	—	—	—
二、本年年初余额	4	9,463,610.1	3,078,126.1		1,686,810.1	508,979.7		1,415,862.9	−11,175.8	16,142,213.0	5,477,409.0	21,619,621.9
三、本年增减变动金额（减少以"−"号填列）	5	48,688.5	288,311.0		356,816.6	170,019.2		754,159.7	28.7	1,618,023.7	1,300,947.6	2,918,971.2
（一）净利润	6	—	—	—	—	—	—	896,946.6	—	896,946.6	511,850.4	1,408,796.9
（二）直接计入所有者权益的利得和损失	7	11,439.3	227,223.8			36,522.0		−19,818.2	28.7	255,395.5	−107,697.3	147,698.2
1. 可供出售金融资产公允价值变动净额	8	—	177,388.2	—	—	—	—	—	—	177,388.2	−3,346.4	174,041.8
2. 权益法下被投资单位其他所有者权益变动的影响	9	—	98,963.5	—	—	—	—	—	—	98,963.5	2,121.0	101,084.5
3. 与计入所有者权益项目有关的所得税影响	10	—	−22,961.8	—	—	—	—	—	—	−22,961.8	3,237.4	−19,724.5
4.其他	11	11,439.3	−26,166.0			36,522.0		−19,818.2	28.7	2,005.7	−109,709.3	−107,703.5
净利润及直接计入所有者权益的利得和损失小计	12	11,439.3	227,223.8			36,522.0		877,128.4	28.7	1,152,342.1	404,153.1	1,556,495.2
（三）所有者投入和减少资本	13	99,327,7	53,233.2			−3.9		19,495.5		172,052.5	1,121,237.0	1,293,289.6
1.所有者投入资本	14	128,909.5	50,723.8	—	—	—	—	—	—	179,633.3	1,036,981.6	1,216,614.9
2. 股份支付计入所有者权益的金额	15	−25,795.8		—	—	—	—	—	—	−25,795.8		−25,795.8
3.其他	16	−3,786.0	2,509.4			−3.9		19,495.5		18,215.0	84,255.4	102,470.5

续表

项目	行次	本年金额										
		归属于母公司所有者权益										
		实收资本（或股本）	资本公积	减:库存股	专项储备	盈余公积	一般风险准备	未分配利润	其他	小计	少数股东权益	所有者权益合计
栏　次		1	2	3	4	5	6	7	8	9	10	11
（四）专项储备提取和使用	17				356,816.6					356,816.6	28,932.1	385,748.7
1.提取专项储备	18	—	—	—	1,522,942.8	—	—	—	—	1,522,942.8	55,121.7	1,578,064.5
2.使用专项储备	19	—	—	—	−1,166,126.3	—	—	—	—	−1,166,126.3	−26,189.6	−1,192,315.8
（五）利润分配	20					139,107.3		−142,493.4		−3,386.1	−253,381.9	−256,768.0
1.提取盈余公积	21					138,991.6		−138,991.6				
其中：法定公积金	22	—	—	—	—	82,049.2	—	−82,049.2	—		—	
任意公积金	23	—	—	—	—	56,942.4	—	−56,942.4	—		—	
＃储备基金	24	—	—	—	—		—		—		—	
＃企业发展基金	25	—	—	—	—		—		—		—	
＃利润归还投资	26	—	—	—	—		—		—		—	
2.提取一般风险准备	27	—	—	—	—	—			—		—	
3.对所有者（或股东）的分配	28	—	—	—	—	—	—	−8,574.9	—	−8,574.9	−252,460.4	−261,035.3
4.其他	29					115.7		5,073.1		5,188.8	−921.5	4,267.3
（六）所有者权益内部结转	30	−62,078.5	7,854.0			−5,606.2		29.2		−59,801.5	7.3	−59,794.1
1.资本公积转增资本（或股东）	31	−10,148.9	4,324.3	—	—	—	—	—	—	−5,824.6	—	−5,824.6
2.盈余公积转增资本（或股东）	32	337.9	—	—	—	−436.5	—	—	—	−98.6	—	−98.6
3.盈余公积弥补亏损	33	—	—	—	—	−1.5	—	1.5	—		—	
4.其他	34	−52,267.6	3,529.8			−5,168.2		27.7		−53,878.3	7.3	−53,871.0
四、本年年末余额	35	9,512,298.6	3,366,437.1		2,043,626.6	678,998.8		2,170,022.6	−11,147.1	17,760,236.6	6,778,356.6	24,538,593.2

续表

项目	行次	本年金额										
		归属于母公司所有者权益										
		实收资本（或股本）	资本公积	减:库存股	专项储备	盈余公积	一般风险准备	未分配利润	其他	小计	少数股东权益	所有者权益合计
栏　次		12	13	14	15	16	17	18	19	20	21	22
一、上年年末余额	1	7,256,196.8	3,952,890.7		279,592.8	426,831.2		703,325.4	−315,764.8	12,303,072.1	3,772,173.7	16,075,245.8
加:会计政策变更	2		136,891.0		389,796.2	−29,618.2		35,992.4		533,061.4	102,052.6	635,114.0
前期差错更正	3	974.7	−11,686.2		20.5	−2,243.7		−51,031.1	3,637.0	−60,328.7	19,454.7	−40,874.0
二、本年年初余额	4	7,257,171.5	4,078,095.6		669,409.5	394,969.3		688,286.7	−312,127.8	12,775,804.8	3,893,681.0	16,669,485.8
三、本年增减变动金额（减少以“−”号填列）	5	2,206,438.6	−999,969.5		1,017,400.6	114,010.4		727,576.2	300,951.9	3,366,408.2	1,583,727.9	4,950,136.1
（一）净利润	6	—	—	—	—	—	—	982,062.9	—	982,062.9	751,834.4	1,733,897.3
（二）直接计入所有者权益的利得和损失	7	135,338.8	272,038.8			−7,950.0		−61,939.5	−7,399.6	330,088.5	339,039.4	669,128.0
1. 可供出售金融资产公允价值变动净额	8	—	−179,238.3	—	—	—	—	—	—	−179,238.3	−614.4	−179,852.6
2. 权益法下被投资单位其他所有者权益变动的影响	9	—	149,091.1	—	—	—	—	—	—	149,091.1	61,094.9	210,186.0
3. 与计入所有者权益项目有关的所得税影响	10	—	20,385.6	—	—	—	—	—	—	20,385.6	153.6	20,539.1
4.其他	11	135,338.8	281,800.5			−7,950.0		−61,939.5	−7,399.6	339,850.2	278,405.3	618,255.5
净利润及直接计入所有者权益的利得和损失小计	12	135,338.8	272,038.8			−7,950.0		920,123.4	−7,399.6	1,312,151.4	1,090,873.8	2,403,025.2
（三）所有者投入和减少资本	13	817,038.7	172,038.8			−1,574.9		−13,893.5	11,333.0	984,977.2	704,803.5	1,689,780.6
1.所有者投入资本	14	456,826.6	26,994.1	—	—	—	—	—	—	483,820.7	686,861.8	1,170,682.5
2. 股份支付计入所有者权益的金额	15			—	—	—	—	—	—		−2,906.8	−2,906.8
3.其他	16	360,212.1	145,079.7			−1,574.9		−13,893.5	11,333.0	501,156.5	20,848.4	522,004.9

续表

项目	行次	本年金额										
		归属于母公司所有者权益									少数股东权益	所有者权益合计
		实收资本（或股本）	资本公积	减：库存股	专项储备	盈余公积	一般风险准备	未分配利润	其他	小计		
栏　次		12	13	14	15	16	17	18	19	20	21	22
（四）专项储备提取和使用	17				1,017,400.6					1,017,400.6	13,790.2	1,031,190.8
1.提取专项储备	18	—	—	—	1,660,299.2	—	—	—	—	1,660,299.2	27,578.4	1,687,877.6
2.使用专项储备	19	—	—	—	−642,898.6	—	—	—	—	−642,898.6	−13,788.2	−656,686.8
（五）利润分配	20	3,300.0	−4.4			131,030.7		−177,583.8	9,721.2	−33,836.3	−239,786.8	−273,623.1
1.提取盈余公积	21					134,068.4		−134,068.4			15.2	15.2
其中：法定公积金	22	—	—	—	—	70,908.1	—	−70,908.1	—		—	
任意公积金	23	—	—	—	—	63,160.2	—	−63,160.2	—		—	
# 储备基金	24	—	—	—	—		—		—		—	
# 企业发展基金	25	—	—	—	—		—		—		—	
# 利润归还投资	26	—	—	—	—		—		—		—	
2.提取一般风险准备	27	—	—	—	—	—			—		—	
3.对所有者（或股东）的分配	28	—	—	—	—	—	—	−10,120.7	—	−10,120.7	−242,521.6	−252,642.3
4.其他	29	3,300.0	−4.4			−3,037.7		−33,394.8	9,721.2	−23,715.7	2,719.6	−20,996.1
（六）所有者权益内部结转	30	1,251,061.1	−1,444,077.8			−7,495.4		−1,069.9	287,297.3	85,715.2	14,047.3	99,762.5
1. 资本公积转增资本（或股东）	31	1,244,882.0	−1,447,490.5	—	—	—	—	—	—	−202,608.5	—	−202,608.5
2. 盈余公积转增资本（或股东）	32	3,628.4	—	—	—	−3,679.7	—	—	—	−51.4	—	−51.4
3.盈余公积弥补亏损	33	—	—	—	—	−26.5	—	26.5	—		—	
4.其他	34	2,550.7	3,412.7			−3,789.2		−1,096.4	287,297.3	288,375.1	14,047.3	302,422.4
四、本年年末余额	35	9,463,610.1	3,078,126.1		1,686,810.1	508,979.7		1,415,862.9	−11,175.8	16,142,213.0	5,477,409.0	21,619,621.9

2009年山西省国资委监管企业资产减值准备情况表

金额单位:万元

项目	行次	年初账面余额	本期增加额				本期减少额					期末账面余额
			本期计提额	合并增加额	其他原因增加额	合计	因资产价值回升转回额	转销额	合并减少额	其他原因减少额	合计	
栏次	—	1	2	3	4	5	6	7	8	9	10	11
一、坏账准备	1	478,224.3	144,887.8	17,936.8	5,703.9	168,528.6	2,002.8	27,179.4	101.7	2,194.5	31,478.4	615,274.5
二、存货跌价准备	2	206,531.7	63,538.5	1,408.8		64,947.3	12,327.3	183,031.8		0.4	195,359.5	76,119.5
三、可供出售金融资产减值准备	3						—					
四、持有至到期投资减值准备	4	57,453.4	923.4			923.4		2,609.8		50.0	2,659.8	55,717.0
五、长期股权投资减值准备	5	180,970 4	5,268.2	20.0	10.0	5,298.2	—	911.4		5.0	916.4	185,352.2
六、投资性房地产减值准备	6						—					
七、固定资产减值准备	7	30,626.7	3,466.3	3,137.4	977.0	7,580.6	—	1,543.7		22.6	1,566.3	36,640.9
八、工程物资减值准备	8	1,217.2					—					1,217.2
九、在建工程减值准备	9	7,675.3	984.1	129.2		1,113.3	—	127.6		972.1	1,099.7	7,688.9
十、生产性生物资产减值准备	10						—					
十一、油气资产减值准备	11						—					
十二、无形资产减值准备	12	590.9	111.4	222.4		333.8	—					924.7
十三、商誉减值准备	13						—					
十四、其他减值准备	14	312,909.1	39.4			39.4	3,018.4	1,272.4			4,290.8	308,657.8
	15											
合　计	16	1,276.198.9	219,219.2	22,854.5	6,690.9	248,764.5	17,348.4	216,676.0	101.7	3,244.7	237,370.8	1,287,592.6

续表

项目	行次	金额
补充资料：	—	12
一、待处理资产净损失	17	10,209.2
（一）流动资产净损失	18	7,967.7
其中：坏账损失	19	5,468.9
存货损失	20	2,498.8
短期投资损失	21	
（二）固定资产净损失	22	2,220.1
其中：固定资产盘亏	23	714.2
固定资产毁损、报废	24	1,505.9
固定资产盘盈	25	
（三）长期投资损失	26	
（四）无形资产损失	27	
（五）在建工程损失	28	
（六）委托贷款损失	29	
二、政策性挂账	30	51,184.7
三、当年处理以前年度损失和挂账	31	3,639.7
其中：在当年损益中处理以前年度损失挂账	32	3,504.7

2009年山西省国资委监管企业应上交应弥补款项表

金额单位:万元

项目	行次	金额
一、增值税:	1	—
年初未交数	2	243,642.8
本年应交数	3	2,460,984.4
本年已交数	4	2,700,328.5
年末未交数	5	4,298.8
二、消费税:	6	—
年初未交数	7	4,325.0
本年应交数	8	36,344.1
本年已交数	9	35,023.5
年末未交数	10	5,645.5
三、营业税:	11	—
年初未交数	12	107,475.5
本年应交数	13	142,079.6
本年已交数	14	136,434.7
年末未交数	15	113,120.4
四、资源税:	16	—
年初未交数	17	32,775.6
本年应交数	18	125,752.0
本年已交数	19	124,756.5
年末未交数	20	33,771.0
五、城建税:	21	—
年初未交数	22	34,063.6
本年应交数	23	139,159.1
本年已交数	24	134,119.1
年末未交数	25	39,103.7
六、教育费附加:	26	—
年初未交数	27	49,401.1
本年应交数	28	75,564.5
本年已交数	29	73,446.3
年末未交数	30	51,519.3

续表

项目	行次	金额
七、农牧业税:	31	—
年初未交数	32	
本年应交数	33	0.3
本年已交数	34	0.3
年末未交数	35	
八、关税:	36	—
本年已交进	37	4,865.3
本年已交出	38	552.3
九、企业所得	39	—
年初未交数	40	398,238.9
本年应交数	41	897,540.8
本年已交数	42	862,376.1
年末未交数	43	433,403.6
十、其他各税:	44	—
年初未交数	45	223,753.8
本年应交数	46	930,267.4
本年已交数	47	878,027.5
年末未交数	48	275,993.7
十一、财政拨	49	—
年初结余	50	17,007.0
本年拨入	51	46,535.3
本年支出	52	37,278.3
本年结余	53	26,264.0
十二、储备粮油	54	—
年初未补数	55	
本年应补数	56	
本年已补数	57	
年末未补数	58	
十三、预算弥补	59	—
年初未补数	60	−81.9
本年应补数	61	−118.3
本年已补数	62	
年末未补数	63	−200.2

续表

项目	行次	金额
十四、国有资本	64	—
年初未交数	65	
本年应交数	66	
本年已交数	67	
年末未交数	68	
十五、失业保	69	—
年初未交数	70	16,435.5
本年应交数	71	46,608.8
本年已交数	72	43,988.8
年末未交数	73	19,055.6
十六、基本养老保险:	74	—
年初未交数	75	75,869.1
本年应交数	76	682,110.6
本年已交数	77	666,326.1
年末未交数	78	91,653.6
十七、基本医疗保险:	79	—
年初未交数	80	8,976.3
本年应交数	81	185,138.1
本年已交数	82	182,049.3
年末未交数	83	12,065.2
十八、工伤保险:	84	—
年初未交数	85	2,699.3
本年应交数	86	54,481.7
本年已交数	87	53,744.5
年末未交数	88	3,436.5
十九、生育保险:	89	—
年初未交数	90	655.3
本年应交数	91	2,877.8
本年已交数	92	2,572.0
年末未交数	93	961.1
二十、石油特别收益金:	94	—
本年应交数	95	
本年已交数	96	

续表

项目	行次	金额
补充资料:	97	—
一、本年应交税金总额	98	4,813,109.7
二、本年实际上交税金总额	99	4,949,930.0
三、本年支付补充养老保险总额	100	101,554.2
四、本年支付补充医疗保险总额	101	8,842.4
五、出口退税情况:	102	—
出口额(美元)	103	43,433.5
以前年度欠出口退税	104	789.7
本年度应收出口退税	105	3,928.5
本年度已收出口退税	106	2,488.5
年末欠出口退税	107	2,229.7
	108	

2009年山西省国资委监管企业基本情况表

金额单位:万元

项目	行次	金额
一、职工人数情况(人):	1	—
(一)年末从业人员人数	2	878,891
(二)全年平均从业人员人数	3	848,872
(三)年末职工人数	4	914,046
其中:年末在岗职工人数	5	831,444
(四)全年平均职工人数	6	899,768
其中:全年平均在岗职工人数	7	810,014
(五)年末离休人数	8	4,832
(六)年末退休人数	9	267,325
(七)参加基本养老保险职工人数	10	831,805
(八)参加补充养老保险(年金)职工人数	11	267,411

续表

项目	行次	金额
(九)参加基本医疗保险职工人数	12	846,230
(十)参加补充医疗保险职工人数	13	238,727
(十一)参加失业保险职工人数	14	772,759
(十二)参加工伤保险职工人数	15	758,158
(十三)参加生育保险职工人数	16	226,222
(十四)接收军队转业、复员退伍人员总数	17	17,356
其中:当年接收军队转业、复员退伍人员数	18	2,578
(十五)实行工效挂钩职工人数	19	479,834
二、企业不在岗职工及劳动关系处理情况:	20	—
(一)年初不在岗职工人数(人)	21	78,888
其中:内退人数(人)	22	43,687
(二)年末不在岗职工人数(人)	23	76,254
其中:内退人数(人)	24	39,812
(三)本年累计解除劳动关系人数(人)	25	5,299
(四)本年累计支付经济补偿金额	26	589.3
其中:财政负担部分	27	
三、工资及福利情况:	28	—
(一)全年应发工资总额	29	3,681,154.2
(二)全年实际发放工资总额	30	3,638,832.3
其中:全年实际发放职工工资总额	31	3,552,041.4
其中:全年实际发放在岗职工工资总额	32	3,459,528.7
(三)企业提取的工资总额	33	3,641,794.1
1.非工挂企业工资总额	34	487,041.6
2.工挂企业工资总额	35	3,007,069.0
(1)核定的工挂企业工资总额基数	36	3,130,498.6
(2)工挂企业提取的新增效益工资	37	−123,429.6
(四)离退休人员养老金及福利性补助	38	75,851.6
(五)企业负责人薪酬总额	39	64,018.8
企业负责人人数(人)	40	5,088
(六)本年列支的职工福利费	41	296,308.5

续表

项目	行次	金额
(七)本年支付的医药费	42	71,586.1
其中:离退休人员医药费	43	13,702.9
(八)本年企业支付的职工住房费用	44	194,468.3
其中:本年提取的住房公积金	45	176,834.4
本年一次性支付的住房补贴	46	2,386.7
本年按月发放的住房补贴	47	5,271.2
四、本年支付的职工培训费用	48	50,853.6
五、产值(按现行价格计算):	49	—
(一)工业总产值	50	32,156,753.3
(二)工业增加值	51	11,351,116.3
六、本年收到的财政性资金	52	125,748.0
(一)基本建设性资金	53	76,490.1
(二)生产发展性资金	54	6,215.1
(三)社会保障性资金	55	1,437.9
(四)其他	56	41,604.9
七、本年科技资金来源及支出情况:	57	—
(一)本年科技资金来源合计	58	621,174.9
1.政府拨款	59	6,532.4
2.企业自筹	60	610,890.3
3.其他	61	3,752.2
(二)本年科技支出合计	62	780,770.8
1.研究开发费用合计	63	659,217.6
(1)科技人员人工支出	64	61,895.4
(2)研究开发性固定资产支出	65	127,213.9
(3)其他研究开发支出	66	470,108.3
2.购买新技术、科研设备等支出	67	103,059.2
3.其他科技支出	68	18,493.9
八、固定资产情况:	69	—
(一)按使用情况划分(原价)	70	34,326,457.9
1.在用固定资产	71	34,140,523.5
2.未使用固定资产	72	99,458.1
3.不需用固定资产	73	86,476.3

续表

项目	行次	金额
(二)主要类别固定资产情况:	74	—
1.固定资产原价合计	75	34,326,457.9
其中:土地资产	76	527,698.8
房屋、建筑物	77	12,221,457.0
机器设备	78	19,935,030.2
运输工具	79	1,127,461.5
2.当年计提的固定资产折旧总额	80	2,158,593.7
其中:房屋、建筑物	81	505,303.6
机器设备	82	1,469,160.5
运输工具	83	133,408.0
3.当年计提折旧的平均固定资产原价	84	29,519,947.4
(三)当年固定资产投资总额	85	5,591,370.0
1.购置固定资产	86	2,548,840.3
2.基建投资	87	2,897,735.1
3.其他投资	88	144,794.5
九、投资收益	89	184,881.6
(一)长期股权投资	90	132,785.2
(二)交易性金融资产	91	1,012.5
(三)交易性金融负债	92	
(四)持有至到期投资	93	3,227.5
(五)可供出售金融资产	94	38,251.7
(六)其他收益项目	95	9,604.6
十、拥有的自主知识产权专利数量(项)	96	614
其中:本年度新增专利数量(项)	97	256
十一、当年企业提取的安全生产费用	98	1,002,916.6
十二、当年企业支出的安全生产费用	99	915,293.0
十三、当年企业支付的环境保护及生态恢复支出	100	171,238.5
其中:(一)本年度上交政府统筹的支出	101	2,747.7
(二)本年度企业提取或据实列支的支出	102	158,209.9
十四、当年企业支出的节能减排费用	103	173,737.8
十五、企业累计向境外投资额	104	194,914.6
其中:企业当年新增向境外投资额	105	168,923.9

2009年山西省省级非监管企业资产负债表

金额单位:万元

项　目	行　次	期末金额	年初金额
流动资产:	1	—	—
货币资金	2	1,153,242.1	728,705.0
△结算备付金	3		
△拆出资金	4		
交易性金融资产	5	25,717.1	27,167.5
应收票据	6	13,164.2	8,438.5
应收账款	7	505,563.8	416,972.8
预付款项	8	247,698.9	159,648.0
△应收保费	9		
△应收分保账款	10		
△应收分保合同准备金	11		
应收利息	12		
其他应收款	13	1,434,982.2	1,133,552.7
△买入返售金融资产	14		
存货	15	477,735.2	411,378.5
其中:原材料	16	56,868.4	27,777.0
库存商品(产成品)	17	338,338.3	302,423.8
一年内到期的非流动资产	18	883.3	932.4
其他流动资产	19	28,653.8	25,384.5
流动资产合计	20	3,887,640.5	2,912,179.8
非流动资产:	21	—	—
△发放贷款及垫款	22		
可供出售金融资产	23	24,237.0	10,937.0
持有至到期投资	24	1,998.5	1,098.4
长期应收款	25	170.0	185.1
长期股权投资	26	451,717.4	544,475.6
投资性房地产	27		
固定资产原价	28	2,978,116.7	2,896,767.2
减:累计折旧	29	933,748.1	846,738.3

续表

项　目	行　次	期末金额	年初金额
固定资产净值	30	2,044,368.6	2,050,029.0
减:固定资产减值准备	31	349.2	377.4
固定资产净额	32	2,044,019.4	2,049,651.6
在建工程	33	79,545.4	70,610.1
工程物资	34	2.9	3.0
固定资产清理	35	1,414.8	1,429.7
生产性生物资产	36		
油气资产	37		
无形资产	38	793,409.2	978,218.5
开发支出	39		
商誉	40		−19.4
长期待摊费用	41	8,363.1	5,272.8
递延所得税资产	42	967.4	856.8
其他非流动资产	43	11,014.5	9,449.1
其中:特准储备物资	44	284.7	284.7
非流动资产合计	45	3,416,859.6	3,672,168.2
	46		
	47		
	48		
	49		
	50		
	51		
	52		
	53		
	54		
	55		
	56		
	57		
	58		
	59		
	60		
	61		
	62		
	63		
资产总计	64	7,304,500.1	6,584,348.1

续表

项　目	行　次	期末金额	年初金额
流动负债:	65	—	—
短期借款	66	406,696.0	425,675.6
△向中央银行借款	67		
△吸收存款及同业存放	68		
△拆入资金	69		
交易性金融负债	70		
应付票据	71	35,029.0	17,383.2
应付账款	72	705,735.1	596,270.7
预收款项	73	369,377.1	211,671.7
△卖出回购金融资产款	74		
△应付手续费及佣金	75		
应付职工薪酬	76	79,570.5	77,037.5
其中:应付工资	77	54,187.2	54,173.4
应付福利费	78	5,256.7	8,058.3
#其中:职工奖励及福利基金	79	-41.9	-15.4
应交税费	80	82,648.3	63,523.9
其中:应交税金	81	63,821.8	56,696.2
应付利息	82	73,857.0	66,292.4
其他应付款	83	1,601,714.7	1,289,375.1
△应付分保账款	84		
△保险合同准备金	85		
△代理买卖证券款	86		
△代理承销证券款	87		
一年内到期的非流动负债	88	145.4	353.8
其他流动负债	89	73,873.6	69,894.3
流动负债合计	90	3,428,646.7	2,817,478.3
非流动负债:	91	—	—
长期借款	92	1,286,820.1	1,172,463.9
应付债券	93	197,850.0	
长期应付款	94	42,495.0	123,699.9
专项应付款	95	26,168.2	30,908.6

续表

项　目	行　次	期末金额	年初金额
预计负债	96		
递延所得税负债	97		
其他非流动负债	98	5,125.9	4,479.9
其中:特准储备基金	99		
非流动负债合计	100	1,558,459.3	1,331,552.3
负债合计	101	4,987,106.0	4,149,030.6
所有者权益(或股东权益):	102	—	—
实收资本(股本)	103	1,668,607.2	1,522,977.7
国家资本	104	609,897.2	462,592.0
集体资本	105		
法人资本	106	1,038,684.3	1,040,509.6
其中:国有法人资本	107	962,003.8	963,829.1
集体法人资本	108	1,440.5	1,440.5
个人资本	109	2,221.0	2,071.3
外商资本	110	17,804.7	17,804.7
#减:已归还投资	111	18,522.4	18,297.8
实收资本(或股本)净额	112	1,650,084.8	1,504,679.9
资本公积	113	1,246,003.5	1,577,283.2
减:库存股	114		
专项储备	115	26,867.6	457.0
盈余公积	116	84,494.3	78,322.7
其中:法定公积金	117	27,960.9	25,252.9
任意公积金	118	5,481.1	4,634.8
#储备基金	119	0.1	0.1
#企业发展基金	120	0.1	0.1
#利润归还投资	121	13,003.3	13,003.3
△一般风险准备	122		
未分配利润	123	-692,304.1	-727,911.0
外币报表折算差额	124		
归属于母公司所有者权益合计	125	2,315,146.1	2,432,831.8
⋆少数股东权益	126	2,248.0	2,485.7
所有者权益合计	127	2,317,394.1	2,435,317.5
负债和所有者权益总计	128	7,304,500.1	6,584,348.1

2009年山西省省级非监管企业利润表

金额单位:万元

项　目	行　次	本期金额	上期金额
一、营业总收入	1	2,233,829.6	1,963,866.2
其中:营业收入	2	2,233,829.6	1,963,866.2
其中:主营业务收入	3	2,190,373.5	1,923,758.7
其他业务收入	4	43,456.1	40,107.5
△利息收入	5		
△已赚保费	6		
△手续费及佣金收入	7		
二、营业总成本	8	2,181,315.1	1,941,124.1
其中:营业成本	9	1,777,776.3	1,523,928.6
其中:主营业务成本	10	1,758,944.7	1,505,150.9
其他业务成本	11	18,831.5	18,777.7
△利息支出	12		
△手续费及佣金支出	13		
△退保金	14		
△赔付支出净额	15		
△提出保险合同准备金净额	16		
△保单红利支出	17		
△分保费用	18		
营业税金及附加	19	47,281.4	41,373.5
销售费用	20	61,629.8	65,761.1
管理费用	21	228,243.8	210,050.2
其中:业务招待费	22	8,617.9	7,298.0
研究与开发费	23	343.8	602.1
财务费用	24	65,213.1	99,870.6
其中:利息支出	25	66,102.2	87,256.1
利息收入	26	15,826.1	16,870.0
汇兑净损失(净收益以"-"号填列)	27	-209.0	-30.3
资产减值损失	28	1,170.5	202.6
其他	29		-62.5

续表

项　目	行　次	本期金额	上期金额
加:公允价值变动收益(损失以"-"号填列)	30		
投资收益(损失以"-"号填列)	31	4,225.2	75,200.2
其中:对联营企业和合营企业的投资收益	32	-457.3	-297.8
△汇兑收益(损失以"-"号填列)	33		
三、营业利润(亏损以"-"号填列)	34	56,739.7	97,942.3
加:营业外收入	35	22,714.4	26,509.8
其中:非流动资产处置利得	36	1,077.0	983.4
非货币性资产交换利得	37	1.8	
政府补助	38	15,362.8	16,167.9
债务重组利得	39	190.1	106.8
减:营业外支出	40	17,705.6	25,584.8
其中:非流动资产处置损失	41	1,199.1	6,308.6
非货币性资产交换损失	42	2.1	
债务重组损失	43		
四、利润总额(亏损总额以"-"号填列)	44	61,748.5	98,867.2
减:所得税费用	45	11,913.8	23,987.7
五、净利润(净亏损以"-"号填列)	46	49,834.7	74,879.5
归属于母公司所有者的净利润	47	50,105.0	74,932.2
★少数股东损益	48	-270.3	-52.7
六、每股收益:	49	—	—
基本每股收益	50		
稀释每股利益	51		
七、其他综合收益	52	60.3	
八、综合收益总额	53	49,894.9	74,879.5
归属于母公司所有者的综合收益总额	54	50,161.8	74,934.9
★归属于少数股东的综合收益总额	55	-266.9	-55.4
	56		

2009年山西省省级非监管企业现金流量表

金额单位:万元

项　目	行　次	本期金额	上期金额
一、经营活动产生的现金流量:	1	—	—
销售商品、提供劳务收到的现金	2	2,245,068.3	1,903,066.4
△客户存款和同业存放款项净增加额	3		
△向中央银行借款净增加额	4		
△向其他金融机构拆入资金净增加额	5		
△收到原保险合同保费取得的现金	6		
△收到再保险业务现金净额	7		
△保户储金及投资款净增加额	8		
△处置交易性金融资产净增加额	9		
△收取利息、手续费及佣金的现金	10		
△拆入资金净增加额	11		
△回购业务资金净增加额	12		
收到的税费返还	13	26,598.5	23,594.4
收到其他与经营活动有关的现金	14	1,819,316.6	1,774,344.4
经营活动现金流入小计	15	4,090,983.4	3,701,005.2
购买商品、接收劳务支付的现金	16	1,536,775.4	1,308,183.2
△客户贷款及垫款净增加额	17		
△存放中央银行和同业款项净增加额	18		
△支付原保险合同赔付款项的现金	19		
△支付利息、手续费及佣金的现金	20		
△支付保单红利的现金	21		
支付给职工以及为职工支付的现金	22	199,980.4	160,530.5
支付的各项税费	23	117,022.2	107,351.7
支付其他与经营活动有关的现金	24	1,823,608.4	1,977,636.0
经营活动现金流出小计	25	3,677,386.3	3,553,701.4
经营活动产生的现金流量净额	26	413,597.1	147,303.8
二、投资活动产生的现金流量:	27	—	—
收回投资收到的现金	28	59,729.5	108,252.1
取得投资收益收到的现金	29	3,894.8	75,070.3

续表

项　目	行　次	本期金额	上期金额
处置固定资产、无形资产和其他长期资产所收回的现金净额	30	2,416.1	2,618.9
处置子公司及其他营业单位收回的现金净额	31		
收到其他与投资活动有关的现金	32	1,848.5	3,169.2
投资活动现金流入小计	33	67,888.9	189,110.5
购建固定资产、无形资产和其他长期资产所支付的现金	34	111,835.7	53,299.6
投资支付的现金	35	226,090.8	56,903.7
△质押贷款净增加额	36		
取得子公司及其他营业单位支付的现金净额	37		
支付其他与投资活动有关的现金	38	561.0	3,499.6
投资活动现金流出小计	39	338,487.5	113,703.0
投资活动产生的现金流量净额	40	−270,598.6	75,407.5
三、筹资活动产生的现金流量:	41	—	—
吸收投资收到的现金	42	2,704.0	77.0
其中:子公司吸收少数股东投资收到的现金	43		20.0
取得借款所收到的现金	44	602,282.5	148,249.6
△发行债券收到的现金	45		
收到其他与筹资活动有关的现金	46	51,545.9	34,140.8
筹资活动现金流入小计	47	656,532.4	182,467.4
偿还债务所支付的现金	48	309,442.0	258,709.8
分配股利、利润或偿付利息所支付的现金	49	47,293.7	47,166.9
其中:子公司支付给少数股东的股利、利润	50	90.8	119.0
支付其他与筹资活动有关的现金	51	19,532.3	41,548.7
筹资活动现金流出小计	52	376,268.0	347,425.4
筹资活动产生的现金流量净额	53	280,264.4	−164,958.1
四、汇率变动对现金及现金等价物的影响	54	1,313.4	−235.6
五、现金及现金等价物净增加额	55	424,576.2	57,517.7
加:期初现金及现金等价物余额	56	728,719.6	671,201.9
六、期末现金及现金等价物余额	57	1,153,295.9	728,719.6
	58		

2009年山西省省级非监管企业所有者权益金额变动表

金额单位:万元

项目	行次	本年金额										
		归属于母公司所有者权益										
		实收资本（或股本）	资本公积	减:库存股	专项储备	盈余公积	一般风险准备	未分配利润	其他	小计	少数股东权益	所有者权益合计
栏　次		1	2	3	4	5	6	7	8	9	10	11
一、上年年末余额	1	1,504,679.9	1,577,283.2		457.0	78,322.7		−727,911.0		2,432,831.8	2,485.7	2,435,317.5
加:会计政策变更	2	—	—	—	—	—	—	—	—	—	—	—
前期差错更正	3	—	—	—	—	—	—	—	—	—	—	—
二、本年年初余额	4	1,504,679.9	1,577,283.2		457.0	78,322.7		−727,911.0		2,432,831.8	2,485.7	2,435,317.5
三、本年增减变动金额（减少以"-"号填列）	5	145,405.0	−331,279.7		26,410.6	6,171.6		35,606.8		−117,685.7	−237.7	−117,923.4
（一）净利润	6	—	—	—	—	—	—	50,105.0	—	50,105.0	−270.3	49,834.7
（二）直接计入所有者权益的利得和损失	7	−758.2	112,473.5		45.2	−4,138.7		−4,161.0		103,460.7	−27.8	103,432.9
1. 可供出售金融资产公允价值变动净额	8	—		—	—	—	—	—	—			
2. 权益法下被投资单位其他所有者权益变动的影响	9	—		—	—	—	—	—	—			
3. 与计入所有者权益项目有关的所得税影响	10	—		—	—	—	—	—	—			
4.其他	11	−758.2	112,473.5		45.2	−4,138.7		−4,161.0		103,460.7	−27.8	103,432.9
净利润及直接计入所有者权益的利得和损失小计	12	−758.2	112,473.5		45.2	−4,138.7		45,943.9		153,565.6	−298.1	153,267.6
（三）所有者投入和减少资本	13	25,805.2	−324,171.3			3,568.3		142.7		−294,655.1	121.0	−294,534.1
1.所有者投入资本	14	10,869.8	27,755.2	—	—	—	—	—	—	38,625.0	121.0	38,746.0
2. 股份支付计入所有者权益的金额	15			—	—	—	—	—	—			
3.其他	16	14,935.4	−351,926.5			3,568.3		142.7		−333,280.0		−333,280.0

续表

项目	行次	本年金额										
		归属于母公司所有者权益										
		实收资本（或股本）	资本公积	减:库存股	专项储备	盈余公积	一般风险准备	未分配利润	其他	小计	少数股东权益	所有者权益合计
栏　次		1	2	3	4	5	6	7	8	9	10	11
（四）专项储备提取和使用	17				26,365.4					26,365.4		26,365.4
1.提取专项储备	18	—	—	—	41,173.5	—	—	—	—	41,173.5		41,173.5
2.使用专项储备	19	—	—	—	−14,808.1	—	—	—	—	−14,808.1		−14,808.1
（五）利润分配	20	−220.5	−286.1			9,436.0		−11,891.0		−2,961.7		−2,961.6
1.提取盈余公积	21					7,112.1		−7,112.1				
其中：法定公积金	22	—	—	—	—	6568.7	—	−6,568.7	—		—	
任意公积金	23	—	—	—	—	673.4	—	−673.4	—		—	
# 储备基金	24	—	—	—	—	−129.9	—	129.9	—		—	
# 企业发展基金	25	—	—	—	—		—		—		—	
# 利润归还投资	26	—	—	—	—		—		—		—	
2.提取一般风险准备	27	—	—	—	—	—			—		—	
3.对所有者（或股东）的分配	28	—	—	—	—	—	—	−1,726.6	—	−1726.6	−16.9	−1,743.6
4.其他	29	−220.5	−286.1			2,323.9		−3,052.3		−1,235.1	17.0	−1,218.1
（六）所有者权益内部结转	30	120,578.5	−119,295.7			−2,694.0		1,411.2			−60.7	−60.7
1. 资本公积转增资本（或股东）	31	119,007.8	−119,007.8	—	—	—	—	—	—		—	
2. 盈余公积转增资本（或股东）	32	983.5	—	—	—	−983.5	—	—	—		—	
3.盈余公积弥补亏损	33	—	—	—	—	−1,155.3	—	1,155.3	—		—	
4.其他	34	587.2	−287.9			−555.2		255.9			−60.7	−60.7
四、本年年末余额	35	1,650,084.8	1,246,003.5		26,867.6	84,494.3		−692,304.1		2,315,146.1	2,248.0	2,317,394.1

续表

项目	行次	本年金额										
		归属于母公司所有者权益										
		实收资本（或股本）	资本公积	减:库存股	专项储备	盈余公积	一般风险准备	未分配利润	其他	小计	少数股东权益	所有者权益合计
栏　次		12	13	14	15	16	17	18	19	20	21	22
一、上年年末余额	1	1,420,916.4	1,260,655.6		119.9			−686,258.9		2,059,750.3	3,111.4	2,062,861.6
加：会计政策变更	2	1,000.0	−36.1		158.3	−97.9		−884.0		140.2		140.2
前期差错更正	3	7.7	116.6			0.2		−154.3		−29.8		−29.8
二、本年年初余额	4	1421924.1	1,260,736.0		278.3	64,219.6		−687,297.2		2,059,860.7	3,111.4	2,062,972.1
三、本年增减变动金额（减少以"－"号填列）	5	82,755.8	316,547.2		178.8	14,103.1		−40,613.8		372,971.1	−625.7	372,345.4
（一）净利润	6	—	—	—	—	—	—	74,932.2	—	74,932.2	−52.7	74,879.5
（二）直接计入所有者权益的利得和损失	7	−164.0	334,417.8			2,903.2		−93,336.0		243,821.0		243,821.0
1. 可供出售金融资产公允价值变动净额	8	—		—	—	—	—	—	—			
2. 权益法下被投资单位其他所有者权益变动的影响	9	—		—	—	—	—	—	—			
3. 与计入所有者权益项目有关的所得税影响	10	—	278.9	—	—	—	—	—	—	278.9		278.9
4.其他	11	−164.0	334,139.0			2,903.2		−93,336.0		243,542.1		243,542.1
净利润及直接计入所有者权益的利得和损失小计	12	−164.0	334,417.8			2,903.2		−18,403.8		318,753.2	−52.7	318,700.5
（三）所有者投入和减少资本	13	−947.8	65,315.6			336.9		−450.9		64,253.8	−569.3	63,684.5
1.所有者投入资本	14	3,364.2	61,172.3	—	—	—	—	—	—	64,536.5	48.0	64,584.5
2. 股份支付计入所有者权益的金额	15			—	—	—	—	—	—			
3.其他	16	−4,312.1	4,143.3			336.9		−450.9		−282.7	−617.3	−900.0

续表

项目	行次	本年金额										
		归属于母公司所有者权益									少数股东权益	所有者权益合计
		实收资本（或股本）	资本公积	减库存股	专项储备	盈余公积	一般风险准备	未分配利润	其他	小计		
栏　次		12	13	14	15	16	17	18	19	20	21	22
（四）专项储备提取和使用	17				178.8					178.8		178.8
1.提取专项储备	18	—	—	—	179.0	—	—	—	—	179.0		179.0
2.使用专项储备	19	—	—	—	−0.2	—	—	—	—	−0.2		−0.2
（五）利润分配	20	−405.4	55.0			11,478.8		−21,343.0		−10,214.7	−3.8	−10,218.5
1.提取盈余公积	21					9,449.7		−9,449.7				
其中：法定公积金	22	—	—	—	—	8,634.2	—	−8,634.2	—		—	
任意公积金	23	—	—	—	—	815.5	—	−815.5	—		—	
# 储备基金	24	—	—	—	—		—		—		—	
# 企业发展基金	25	—	—	—	—		—		—		—	
# 利润归还投资	26	—	—	—	—		—		—		—	
2.提取一般风险准备	27	—	—	—	—	—			—		—	
3.对所有者（或股东）的分配	28	—	—	—	—	—	—	−3,335.0	—	−3,335.0	−3.8	−3,338.8
4.其他	29	−405.4	55.0			2,029.1		−8,558.3		−6,879.7		−6,879.7
（六）所有者权益内部结转	30	84,273.0	−83,241.3			−615.7		−416.1				
1. 资本公积转增资本（或股东）	31	83,686.9	−83,686.9	—	—	—	—	—	—		—	
2. 盈余公积转增资本（或股东）	32	586.2	—	—	—	−586.2	—	—	—		—	
3.盈余公积弥补亏损	33	—	—	—	—		—		—		—	
4.其他	34		445.6			−29.5		−416.1				
四、本年年末余额	35	1,504,679.9	1,577,283.2		457.0	78,322.7		−727,911.0		2,432,831.8	2485.7	2,435,317.5

2009年山西省省级非监管企业资产减值准备情况表

金额单位:万元

项目	行次	年初账面余额	本期增加额				本期减少额					期末账面余额
			本期计提额	合并增加额	其他原因增加额	合计	因资产价值回升转回额	转销额	合并减少额	其他原因减少额	合计	
栏次	—	1	2	3	4	5	6	7	8	9	10	11
一、坏账准备	1	38,407.3	1,184.4	7.8	0.9	1,193.2	252.8	72.4	4.8	223.3	553.3	39,047.3
二、存货跌价准备	2	1,175.5	0.4			0.4	0.7	1,051.6		53.6	1,105.9	70.1
三、可供出售金融资产减值准备	3						—					
四、持有至到期投资减值准备	4											
五、长期股权投资减值准备	5	664.7					—					664.7
六、投资性房地产减值准备	6						—					
七、固定资产减值准备	7	377.4					—	28.2			28.2	349.2
八、工程物资减值准备	8						—					
九、在建工程减值准备	9						—					
十、生产性生物资产减值准备	10						—					
十一、油气资产减值准备	11						—					
十二、无形资产减值准备	12	264.5					—	6.2			6.2	258.4
十三、商誉减值准备	13						—					
十四、其他减值准备	14											
	15											
合 计	16	40,889.5	1,184.9	7.8	0.9	1,193.6	253.5	1,158.3	4.8	277.0	1,693.5	40,389.7

续表

项目	行次	金额
补充资料：	—	12
一、待处理资产净损失	17	5,590.8
（一）流动资产净损失	18	4,071.2
其中：坏账损失	19	1,145.9
存货损失	20	503.8
短期投资损失	21	
（二）固定资产净损失	22	1,479.6
其中：固定资产盘亏	23	22.2
固定资产毁损、报废	24	692.8
固定资产盘盈	25	
（三）长期投资损失	26	40.0
（四）无形资产损失	27	
（五）在建工程损失	28	
（六）委托贷款损失	29	
二、政策性挂账	30	
三、当年处理以前年度损失和挂账	31	553.2
其中：在当年损益中处理以前年度损失挂账	32	250.9

2009年山西省省级非监管企业应上交应弥补款项表

金额单位:万元

项目	行次	金额
一、增值税:	1	—
年初未交数	2	2,795.4
本年应交数	3	56,543.2
本年已交数	4	55,833.9
年末未交数	5	3,504.7
二、消费税:	6	—
年初未交数	7	5.0
本年应交数	8	
本年已交数	9	
年末未交数	10	5.0
三、营业税:	11	—
年初未交数	12	14,452.7
本年应交数	13	36,682.8
本年已交数	14	29,232.9
年末未交数	15	21,902.6
四、资源税:	16	—
年初未交数	17	855.4
本年应交数	18	1,906.7
本年已交数	19	1,879.2
年末未交数	20	882.8
五、城建税:	21	—
年初未交数	22	1,512.3
本年应交数	23	4,209.3
本年已交数	24	3,683.7
年末未交数	25	2,037.9
六、教育费附加:	26	—
年初未交数	27	1,069.3
本年应交数	28	2,609.2
本年已交数	29	2,429.3
年末未交数	30	1,249.3

续表

项目	行次	金额
七、农牧业税:	31	—
年初未交数	32	50.9
本年应交数	33	
本年已交数	34	1.1
年末未交数	35	49.8
八、关税:	36	—
本年已交进口关税	37	
本年已交出口关税	38	1117.9
九、企业所得	39	—
年初未交数	40	29,481.6
本年应交数	41	12,628.7
本年已交数	42	12,585.3
年末未交数	43	29,525.1
十、其他各税:	44	—
年初未交数	45	12,741.9
本年应交数	46	6,911.0
本年已交数	47	6,029.0
年末未交数	48	13,623.9
十一、财政拨	49	—
年初结余	50	4,209.6
本年拨入	51	4,709.6
本年支出	52	5,904.7
本年结余	53	3,014.5
十二、储备粮油	54	—
年初未补数	55	
本年应补数	56	
本年已补数	57	
年末未补数	58	
十三、预算弥补	59	—
年初未补数	60	100.0
本年应补数	61	12.0
本年已补数	62	112.0
年末未补数	63	

续表

项目	行次	金额
十四、国有资本	64	—
年初未交数	65	
本年应交数	66	
本年已交数	67	
年末未交数	68	
十五、失业保	69	—
年初未交数	70	1,563.6
本年应交数	71	885.7
本年已交数	72	751.9
年末未交数	73	1,697.5
十六、基本养老保险:	74	—
年初未交数	75	17,112.7
本年应交数	76	27,780.7
本年已交数	77	26,811.5
年末未交数	78	18,082.0
十七、基本医疗保险:	79	—
年初未交数	80	912.5
本年应交数	81	5,876.4
本年已交数	82	5,347.1
年末未交数	83	1,441.9
十八、工伤保险:	84	—
年初未交数	85	81.2
本年应交数	86	557.9
本年已交数	87	542.4
年末未交数	88	96.6
十九、生育保险:	89	—
年初未交数	90	32.9
本年应交数	91	231.9
本年已交数	92	218.2
年末未交数	93	46.6
二十、石油特别收益金:	94	—
本年应交数	95	
本年已交数	96	

续表

项目	行次	金额
补充资料：	97	—
一、本年应交税金总额	98	122,608.8
二、本年实际上交税金总额	99	112,792.2
三、本年支付补充养老保险总额	100	25.5
四、本年支付补充医疗保险总额	101	83.1
五、出口退税情况：	102	—
出口额（美元）	103	544.5
以前年度欠出口退税	104	349.4
本年度应收出口退税	105	32.0
本年度已收出口退税	106	217.5
年末欠出口退税	107	163.9
	108	

2009年山西省省级非监管企业基本情况表

金额单位：万元

项目	行次	金额
一、职工人数情况（人）：	1	—
（一）年末从业人员人数	2	59,435
（二）全年平均从业人员人数	3	57,695
（三）年末职工人数	4	58,517
其中：年末在岗职工人数	5	53,205
（四）全年平均职工人数	6	57,440
其中：全年平均在岗职工人数	7	52,888
（五）年末离休人数	8	558
（六）年末退休人数	9	17,975
（七）参加基本养老保险职工人数	10	54,044
（八）参加补充养老保险（年金）职工人数	11	330
（九）参加基本医疗保险职工人数	12	46,390

续表

项目	行次	金额
(十)参加补充医疗保险职工人数	13	2,945
(十一)参加失业保险职工人数	14	31,999
(十二)参加工伤保险职工人数	15	30,883
(十三)参加生育保险职工人数	16	30,153
(十四)接收军队转业、复员退伍人员总数	17	1,084
其中:当年接收军队转业、复员退伍人员数	18	37
(十五)实行工效挂钩职工人数	19	849
二、企业不在岗职工及劳动关系处理情况:	20	—
(一)年初不在岗职工人数(人)	21	5,609
其中:内退人数(人)	22	1,685
(二)年末不在岗职工人数(人)	23	7,720
其中:内退人数(人)	24	1,490
(三)本年累计解除劳动关系人数(人)	25	131
(四)本年累计支付经济补偿金额	26	3.4
其中:财政负担部分	27	
三、工资及福利情况:	28	—
(一)全年应发工资总额	29	148,125.6
(二)全年实际发放工资总额	30	148,899.4
其中:全年实际发放职工工资总额	31	138,001.7
其中:全年实际发放在岗职工工资总额	32	133,913.1
(三)企业提取的工资总额	33	126,392.6
1.非工挂企业工资总额	34	123,302.4
2.工挂企业工资总额	35	
(1)核定的工挂企业工资总额基数	36	
(2)工挂企业提取的新增效益工资	37	
(四)离退休人员养老金及福利性补助	38	15,841.6
(五)企业负责人薪酬总额	39	4,575.4
企业负责人人数(人)	40	1,076
(六)本年列支的职工福利费	41	13,406.3
(七)本年支付的医药费	42	3,430.5
其中:离退休人员医药费	43	1,983.8

续表

项目	行次	金额
(八)本年企业支付的职工住房费用	44	6,557.1
其中:本年提取的住房公积金	45	6,098.2
本年一次性支付的住房补贴	46	55.1
本年按月发放的住房补贴	47	34.7
四、本年支付的职工培训费用	48	1,533.9
五、产值(按现行价格计算):	49	—
(一)工业总产值	50	912,492.4
(二)工业增加值	51	307,388.8
六、本年收到的财政性资金	52	24,772.2
(一)基本建设性资金	53	10,666.5
(二)生产发展性资金	54	575.8
(三)社会保障性资金	55	641.7
(四)其他	56	12,888.2
七、本年科技资金来源及支出情况:	57	—
(一)本年科技资金来源合计	58	325.1
1.政府拨款	59	30.0
2.企业自筹	60	216.2
3.其他	61	78.9
(二)本年科技支出合计	62	705.4
1.研究开发费用合计	63	697.8
(1)科技人员人工支出	64	236.2
(2)研究开发性固定资产支出	65	1.4
(3)其他研究开发支出	66	460.2
2.购买新技术、科研设备等支出	67	1.7
3.其他科技支出	68	6.0
八、固定资产情况:	69	—
(一)按使用情况划分(原价)	70	2,978,116.7
1.在用固定资产	71	2,940,500.5
2.未使用固定资产	72	31,908.6
3.不需用固定资产	73	5,707.5

续表

项目	行次	金额
(二)主要类别固定资产情况:	74	—
1.固定资产原价合计	75	2,978,116.7
其中:土地资产	76	108,411.7
房屋、建筑物	77	1,845,974.9
机器设备	78	445,284.9
运输工具	79	88,486.4
2.当年计提的固定资产折旧总额	80	139,327.8
其中:房屋、建筑物	81	79,452.4
机器设备	82	27,152.2
运输工具	83	7,260.3
3.当年计提折旧的平均固定资产原价	84	2,894,307.1
(三)当年固定资产投资总额	85	82,725.2
1.购置固定资产	86	68,342.9
2.基建投资	87	12,620.5
3.其他投资	88	1,761.8
九、投资收益	89	4,225.2
(一)长期股权投资	90	855.9
(二)交易性金融资产	91	1,605.9
(三)交易性金融负债	92	
(四)持有至到期投资	93	162.0
(五)可供出售金融资产	94	
(六)其他收益项目	95	1,601.3
十、拥有的自主知识产权专利数量(项)	96	6
其中:本年度新增专利数量(项)	97	
十一、当年企业提取的安全生产费用	98	17,631.4
十二、当年企业支出的安全生产费用	99	12,618.4
十三、当年企业支付的环境保护及生态恢复支出	100	4,277.4
其中:(一)本年度上交政府统筹的支出	101	2.0
(二)本年度企业提取或据实列支的支出	102	3,862.8
十四、当年企业支出的节能减排费用	103	14.4
十五、企业累计向境外投资额	104	3,156.5
其中:企业当年新增向境外投资额	105	

2009年山西省太原市国有资产基本情况表

金额单位:万元

项目	行次	金额
一、职工人数情况(人):	1	—
(一)年末从业人员人数	2	60,110.0
(二)全年平均从业人员人数	3	59,739.0
(三)年末职工人数	4	67,675.0
其中:年末在岗职工人数	5	52,834.0
(四)全年平均职工人数	6	65,247.0
其中:全年平均在岗职工人数	7	53,231.0
(五)年末离休人数	8	1,535.0
(六)年末退休人数	9	59,331.0
(七)参加基本养老保险职工人数	10	64,655.0
(八)参加补充养老保险(年金)职工人数	11	78.0
(九)参加基本医疗保险职工人数	12	64,838.0
(十)参加补充医疗保险职工人数	13	
(十一)参加失业保险职工人数	14	55,095.0
(十二)参加工伤保险职工人数	15	33,100.0
(十三)参加生育保险职工人数	16	42,805.0
(十四)接收军队转业、复员退伍人员总数	17	555.0
其中:当年接收军队转业、复员退伍人员数	18	49.0
(十五)实行工效挂钩职工人数	19	2,420.0
二、企业不在岗职及劳动关系处理情况:	20	—
(一)年初不在岗职工作数(人)	21	18,071.0
其中:内退人数(人)	22	9,809.0
(二)年末不在岗职工人数(人)	23	17,438.0
其中:内退人数(人)	24	8,921.0
(三)本年累计解除劳动关系人数(人)	25	860.0
(四)本年累计支付经济补偿金额	26	1,015.6
其中:财政负担部分	27	520.4
三、工资及福利情况:	28	—
(一)全年应发工资总额	29	103,539.9

续表

项目	行次	金额
(二)全年实际发放工资总额	30	97,804.6
其中:全年实际发放职工工资总数	31	96,212.7
其中:全年实际发放在岗职工工资部额	32	94,965.9
(三)企业提取的工资总额	33	103,539.9
1.非工挂企业工资总额	34	103,539.9
2.工挂企业工资总额	35	
(1)核定的工挂企业工资总额基数	36	
(2)工挂企业提取的新增效益工资	37	
(四)离退休人员养老金及福利性补助	38	13,160.1
(五)企业负责人薪酬总额	39	4,061.7
企业负责人人数(人)	40	1,525
(六)本年列支的职工福利费	41	5.919.2
(七)本年支付的医药费	42	1,305.1
其中:离退休人员医药费	43	684.9
(八)本年企业支付的职工住房费用	44	9,009.0
其中:本年提取的住房公积金	45	8,185.9
本年一次性支付的住房补贴	46	0.6
本年按月发放的住房补贴	47	29.2
四、本年支付的职工培训费用	48	693.4
五、产值(按现行价格计算):	49	—
(一)工业总产值	50	751,168.0
(二)工业增加值	51	164,056.7
六、本年收到的财政性资金	52	66,585.6
(一)基本建设性资金	53	2,275.8
(二)生产发展性资金	54	26,326.8
(三)社会保障性资金	55	4,389.4
(四)其他	56	33,593.6
七、本年科技资金来源及支出情况:	57	—
(一)本年科技资金来源合计	58	8,933.6
1.政府拨款	59	859.8
2.企业自筹	60	8,013.2
3.其他	61	60.6

续表

项目	行次	金额
(二)本年科技支出合计	62	8,790.1
1.研究开发费用合计	63	7,895.5
(1)科技人员人工支出	64	1,686.1
(2)研究开发性固定资产支出	65	1,840.6
(3)其他研究开发支出	66	4,368.8
2.购买新技术、科研设备等支出	67	771.8
3.其他科技支出	68	122.9
八、固定资产情况:	69	—
(一)按使用情况划分(原价)	70	1,410,389.1
1.在用固定资产	71	1,357,061.9
2.未使用固定资产	72	24,441.2
3.不需用固定资产	73	28,886.1
(二)主要类别固定资产情况:	74	—
1.固定资产原价合计	75	1,410,389.1
其中:土地资产	76	176,681.0
房屋、建筑物	77	433,455.3
机器设备	78	701,799.2
运输工具	79	75,134.0
2.当年计提的固定资产折旧总额	80	74,221.8
其中:房屋、建筑物	81	14,768.8
机器设备	82	53,360.9
运输工具	83	5,431.8
3.当年计提折旧的平均固定资产原价	84	1,106,345.1
(三)当年固定资产投资总额	85	136,495.4
1.购置固定资产	86	26,207.9
2.基建投资	87	95,196.7
3.其他投资	88	15,090.7
九、投资收益	89	11,170.9
(一)长期股权投资	90	759.6
(二)交易性金融资产	91	1,538.1
(三)交易性金融负责	92	
(四)持有至到期投资	93	

续表

项目	行次	金额
（五）可供出售金融资产	94	8,645.6
（六）其他收益项目	95	227.6
十、拥有的自主知识产权专利数量（项）	96	
其中：本年度新增专利数量（项）	97	
十一、当年企业提取的安全生产费用	98	4,425.6
十二、当年企业支出的安全生产费用	99	4,390.3
十三、当年企业支付的环境保护及生态恢复支出	100	161.6
其中：（一）本年度上交正府统筹的支出	101	0.3
（二）本年度企业提取或据实列支的支出	102	161.3
十四、当年企业支出的节能减排费用	103	94.4
十五、企业累计向境外投资额	104	
其中：企业当年新增向境外投资额	105	

2009年山西省太原市国有资产主要分析指标表

指标名称	行次	数值
一、绩效指标	1	—
(一)盈利能力指标	2	—
1.净资产收益率(含少数股东权益)(%)	3	−7.8
2.净资产收益率(不含少数股东权益)(%)	4	−9.0
3.总资产报酬率(%)	5	−0.3
4.营业利润率(%)	6	−8.1
5.成本费用利润率(%)	7	−3.4
6.盈余现金保障倍数	8	−196.3
7.成本费用总额占营业总收入的比率(%)	9	109.0
(二)资产质量指标:	10	—
1.总资产周转率(次)	11	0.3
2.流动资产周转率(次)	12	0.7
3.存货周转率(次)	13	2.8
4.资产现金回收率(%)	14	3.0
5.存货增长率(%)	15	3.6
(三)债务风险指标:	16	—
1.资产负债率(%)	17	80.4
2.已获利息倍数	18	−0.4
3.流动比率	19	0.8
4.速动比率	20	0.7
5.现金流动负债比率(%)	21	4.8
6.短期借款占全部借款的比率(%)	22	49.7
(四)经营增长指标:	23	—
1.营业总收入增长率(%)	24	1.8
2.主营业务收入增长率(%)	25	1.9
3.营业利润增长率(%)	26	
4.利润增长率(%)	27	
5.国有资本保值增值率(%)	28	88.0
6.资本积累率(%)	29	16.1
7.资产增长率(%)	30	12.6

续表

指标名称	行次	数值
8.固定资产增长率(%)	31	9.0
9.技术投入比率(%)	32	1.0
二、人均指标:	33	—
(一)从业人员人均利润(元/人)	34	-5,797.6
(二)从业人员人均资产(元/人)	35	471,073.2
(三)职工人均利润(元/人)	36	-5,303.2
(四)职工人均资产(元/人)	37	418,411.6
(五)全年职工人均工资(元/人)	38	14,745.9
(六)全年在岗职工人均工资(元/人)	39	17,840.3
(七)人均实际上交税金(元/人)	40	10,590.7
三、其他指标:	41	—
(一)固定资产投资占主营业务收入的比率(%)	42	15.1
(二)实发工资占应发工资的比率(%)	43	94.5
(三)平均固定资产折旧率(%)	44	6.7
(四)年末法定盈余公积占实收资本比重(%)	45	2.5
补充资料:	46	—
一、纳入决算范围二级子企业录入户数(户)	47	21.0
二、纳入决算范围三级子企业录入户数(户)	48	3.0
三、纳入决算范围企业录入总户数(户)	49	510.0
四、纳入决算范围盈利企业户数(户)	50	247.0
五、纳入决算范围亏损企业户数(户)	51	263.0
六、纳入决算范围盈利企业盈利额(万元)	52	28,296.9
七、纳入决算范围亏损企业亏损额	53	-62,931.3
	54	

2009年山西省大同市国有资产基本情况表

金额单位:万元

项目	行次	金额
一、职工人数情况(人):	1	—
(一)年末从业人员人数	2	28,179.0
(二)全年平均从业人员人数	3	27,989.0
(三)年末职工人数	4	37,743.0
其中:年末在岗职工人数	5	25,770.0
(四)全年平均职工人数	6	38,102.0
其中:全年平均在岗职工人数	7	25,976.0
(五)年末离休人数	8	131.0
(六)年末退休人数	9	11,994.0
(七)参加基本养老保险职工人数	10	28,691.0
(八)参加补充养老保险(年金)职工人数	11	1,447.0
(九)参加基本医疗保险职工人数	12	24,532.0
(十)参加补充医疗保险职工人数	13	
(十一)参加失业保险职工人数	14	16,926.0
(十二)参加工伤保险职工人数	15	11,298.0
(十三)参加生育保险职工人数	16	4,083.0
(十四)接收军队转业、复员退伍人员总数	17	693.0
其中:当年接收军队转业、复员退伍人员数	18	10.0
(十五)实行工效挂钩职工人数	19	1,416.0
二、企业不在岗职工及劳动关系处理情况:	20	—
(一)年初不在岗职工人数(人)	21	12,391.0
其中:内退人数(人)	22	1,709.0
(二)年末不在岗职工人数(人)	23	12,118.0
其中:内退人数(人)	24	1,652.0
(三)本年累计解除劳动关系人数(人)	25	658.0
(四)本年累计支付经济补偿金额	26	436.1
其中:财政负担部分	27	
三、工资及福利情况:	28	—
(一)全年应发工资总额	29	50,473.0

续表

指标名称	行次	数值
(二)全年实际发放工资总额	30	48,843.0
其中:全年实际发放职工工资总数	31	48,549.3
其中:全年实际发放在岗职工工资部额	32	47,581.6
(三)企业提取的工资总额	33	54,948.6
1.非工挂企业工资总额	34	49,799.4
2.工挂企业工资总额	35	5,149.3
(1)核定的工挂企业工资总额基数	36	5,149.3
(2)工挂企业提取的新增效益工资	37	
(四)离退休人员养老金及福利性补助	38	1,105.8
(五)企业负责人薪酬总额	39	1,912.8
企业负责人人数(人)	40	667.0
(六)本年列支的职工福利费	41	2,544.6
(七)本年支付的医药费	42	994.4
其中:离退休人员医药费	43	192.1
(八)本年企业支付的职工住房费用	44	873.7
其中:本年提取的住房公积金	45	835.8
本年一次性支付的住房补贴	46	
本年按月发放的住房补贴	47	1.8
四、本年支付的职工培训费用	48	166.8
五、产值(按现行价格计算):	49	—
(一)工业总产值	50	507,946.7
(二)工业增加值	51	67,251.1
六、本年收到的财政性资金	52	25,184.1
(一)基本建设性资金	53	7,149.0
(二)生产发展性资金	54	5,487.7
(三)社会保障性资金	55	1,298.2
(四)其他	56	11,249.2
七、本年科技资金来源及支出情况:	57	—
(一)本年科技资金来源合计	58	40.0
1.政府拨款	59	40.0
2.企业自筹	60	
3.其他	61	

续表

指标名称	行次	数值
(二)本年科技支出合计	62	11.0
1.研究开发费用合计	63	4.6
(1)科技人员人工支出	64	4.6
(2)研究开发性固定资产支出	65	
(3)其他研究开发支出	66	
2.购买新技术、科研设备等支出	67	
3.其他科技支出	68	6.4
八、固定资产情况:	69	—
(一)按使用情况划分(原价)	70	478,828.8
1.在用固定资产	71	331,393.6
2.未使用固定资产	72	144,581.2
3.不需用固定资产	73	2,854.0
(二)主要类别固定资产情况:	74	—
1.固定资产原价合计	75	478,828.8
其中:土地资产	76	17,455.1
房屋、建筑物	77	150,629.1
机器设备	78	267,659.3
运输工具	79	29,624.6
2.当年计提的固定资产折旧总额	80	14,310.3
其中:房屋、建筑物	81	4,532.6
机器设备	82	7,363.2
运输工具	83	1,991.7
3.当年计提折旧的平均固定资产原价	84	324,494.6
(三)当年固定资产投资总额	85	131,229.7
1.购置固定资产	86	117,744.1
2.基建投资	87	11,551.5
3.其他投资	88	1,934.1
九、投资收益	89	300.8
(一)长期股权投资	90	300.8
(二)交易性金融资产	91	
(三)交易性金融负责	92	
(四)持有至到期投资	93	

续表

指标名称	行次	数值
(五)可供出售金融资产	94	
(六)其他收益项目	95	
十、拥有的自主知识产权专利数量(项)	96	
其中:本年度新增专利数量(项)	97	
十一、当年企业提取的安全生产费用	98	3,535.9
十二、当年企业支出的安全生产费用	99	3,549.0
十三、当年企业支付的环境保护及生态恢复支出	100	65.6
其中:(一)本年度上交正府统筹的支出	101	12.6
(二)本年度企业提取或据实列支的支出	102	52.9
十四、当年企业支出的节能减排费用	103	68.2
十五、企业累计向境外投资额	104	
其中:企业当年新增向境外投资额	105	

2009年山西省大同市国有资产主要分析指标表

指标名称	行次	数值
一、绩效指标	1	—
(一)盈利能力指标	2	—
1.净资产收益率(含少数股东权益)(%)	3	-14.4
2.净资产收益率(不含少数股东权益)(%)	4	-14.4
3.总资产报酬率(%)	5	-1.9
4.营业利润率(%)	6	-17.4
5.成本费用利润率(%)	7	-5.6
6.盈余现金保障倍数	8	-229.6
7.成本费用总额占营业总收入的比率(%)	9	113.6
(二)资产质量指标:	10	—
1.总资产周转率(次)	11	0.3
2.流动资产周转率(次)	12	0.7
3.存货周转率(次)	13	2.2
4.资产现金回收率(%)	14	5.7
5.存货增长率(%)	15	-11.0
(三)债务风险指标:	16	—
1.资产负债率(%)	17	85.2
2.已获利息倍数	18	-4.0
3.流动比率	19	0.7
4.速动比率	20	0.5
5.现金流动负债比率(%)	21	8.2
6.短期借款占全部借款的比率(%)	22	33.6
(四)经营增长指标:	23	—
1.营业总收入增长率(%)	24	-42.4
2.主营业务收入增长率(%)	25	-42.4
3.营业利润增长率(%)	26	-4,346.3
4.利润增长率(%)	27	-185.2
5.国有资本保值增值率(%)	28	89.4
6.资本积累率(%)	29	-12.9

续表

指标名称	行次	数值
7.资产增长率(%)	30	16.4
8.固定资产增长率(%)	31	32.6
9.技术投入比率(%)	32	
二、人均指标:	33	—
(一)从业人员人均利润(元/人)	34	-5,951.4
(二)从业人员人均资产(元/人)	35	274,706.2
(三)职工人均利润(元/人)	36	-4,371.8
(四)职工人均资产(元/人)	37	205,096.2
(五)全年职工人均工资(元/人)	38	12,741.9
(六)全年在岗职工人均工资(元/人)	39	18,317.5
(七)人均实际上交税金(元/人)	40	9,041.6
三、其他指标:	41	—
(一)固定资产投资占主营业务收入的比率(%)	42	51.5
(二)实发工资占应发工资的比率(%)	43	96.8
(三)平均固定资产折旧率(%)	44	4.4
(四)年末法定盈余公积占实收资本比重(%)	45	7.8
补充资料:	46	—
一、纳入决算范围二级子企业录入户数(户)	47	5.0
二、纳入决算范围三级子企业录入户数(户)	48	
三、纳入决算范围企业录入总户数(户)	49	174.0
四、纳入决算范围盈利企业户数(户)	50	66.0
五、纳入决算范围亏损企业户数(户)	51	108.0
六、纳入决算范围盈利企业盈利额(万元)	52	9,940.8
七、纳入决算范围亏损企业亏损额(万元)	53	-26,598.3
	54	

2009年山西省朔州市国有资产基本情况表

金额单位:万元

项目	行次	金额
一、职工人数情况(人):	1	—
(一)年末从业人员人数	2	13,171.0
(二)全年平均从业人员人数	3	13,092.0
(三)年末职工人数	4	13,198.0
其中:年末在岗职工人数	5	12,359.0
(四)全年平均职工人数	6	12,939.0
其中:全年平均在岗职工人数	7	12,167.0
(五)年末离休人数	8	118.0
(六)年末退休人数	9	1,406.0
(七)参加基本养老保险职工人数	10	10,795.0
(八)参加补充养老保险(年金)职工人数	11	511.0
(九)参加基本医疗保险职工人数	12	5,622.0
(十)参加补充医疗保险职工人数	13	511.0
(十一)参加失业保险职工人数	14	7,120.0
(十二)参加工伤保险职工人数	15	6,861.0
(十三)参加生育保险职工人数	16	539.0
(十四)接收军队转业、复员退伍人员总数	17	168.0
其中:当年接收军队转业、复员退伍人员数	18	3.0
(十五)实行工效挂钩职工人数	19	1,022.0
二、企业不在岗职工及劳动关系处理情况:	20	—
(一)年初不在岗职工人数(人)	21	566.0
其中:内退人数(人)	22	
(二)年末不在岗职工人数(人)	23	811.0
其中:内退人数(人)	24	
(三)本年累计解除劳动关系人数(人)	25	
(四)本年累计支付经济补偿金额	26	
其中:财政负担部分	27	
三、工资及福利情况:	28	—
(一)全年应发工资总额	29	23,925.0

续表

项目	行次	金额
(二)全年实际发放工资总额	30	24,004.4
其中:全年实际发放职工工资总数	31	23,991.2
其中:全年实际发放在岗职工工资部额	32	23,977.1
(三)企业提取的工资总额	33	23,358.9
1.非工挂企业工资总额	34	23,358.9
2.工挂企业工资总额	35	
(1)核定的工挂企业工资总额基数	36	
(2)工挂企业提取的新增效益工资	37	
(四)离退休人员养老金及福利性补助	38	692.5
(五)企业负责人薪酬总额	39	814.1
企业负责人人数(人)	40	192.0
(六)本年列支的职工福利费	41	2,276.5
(七)本年支付的医药费	42	228.2
其中:离退休人员医药费	43	6.8
(八)本年企业支付的职工住房费用	44	1,051.0
其中:本年提取的住房公积金	45	1,051.0
本年一次性支付的住房补贴	46	
本年按月发放的住房补贴	47	
四、本年支付的职工培训费用	48	194.0
五、产值(按现行价格计算):	49	—
(一)工业总产值	50	197,993.1
(二)工业增加值	51	85,002.0
六、本年收到的财政性资金	52	5,865.5
(一)基本建设性资金	53	3,065.5
(二)生产发展性资金	54	
(三)社会保障性资金	55	144.7
(四)其他	56	2,655.3
七、本年科技资金来源及支出情况:	57	—
(一)本年科技资金来源合计	58	211.5
1.政府拨款	59	
2.企业自筹	60	
3.其他	61	211.5

续表

项目	行次	金额
(二)本年科技支出合计	62	211.5
1.研究开发费用合计	63	
(1)科技人员人工支出	64	
(2)研究开发性固定资产支出	65	
(3)其他研究开发支出	66	
2.购买新技术、科研设备等支出	67	211.5
3.其他科技支出	68	
八、固定资产情况:	69	—
(一)按使用情况划分(原价)	70	241,402.4
1.在用固定资产	71	238,343.3
2.未使用固定资产	72	618.3
3.不需用固定资产	73	2,440.8
(二)主要类别固定资产情况:	74	—
1.固定资产原价合计	75	241,402.4
其中:土地资产	76	3,265.1
房屋、建筑物	77	83,001.5
机器设备	78	117,756.6
运输工具	79	37,355.5
2.当年计提的固定资产折旧总额	80	14,766.8
其中:房屋、建筑物	81	3,014.3
机器设备	82	10,566.6
运输工具	83	1,185.9
3.当年计提折旧的平均固定资产原价	84	188,949.6
(三)当年固定资产投资总额	85	52,904.0
1.购置固定资产	86	22,536.0
2.基建投资	87	12,558.7
3.其他投资	88	17,809.3
九、投资收益	89	
(一)长期股权投资	90	
(二)交易性金融资产	91	
(三)交易性金融负责	92	
(四)持有至到期投资	93	

续表

项目	行次	金额
(六)其他收益项目	95	
十、拥有的自主知识产权专利数量(项)	96	
其中:本年度新增专利数量(项)	97	
十一、当年企业提取的安全生产费用	98	11,949.5
十二、当年企业支出的安全生产费用	99	11,782.9
十三、当年企业支付的环境保护及生态恢复支出	100	4,628.6
其中:(一)本年度上交正府统筹的支出	101	1,163.1
(二)本年度企业提取或据实列支的支出	102	882.5
十四、当年企业支出的节能减排费用	103	1,255.4
十五、企业累计向境外投资额	104	
其中:企业当年新增向境外投资额	105	

2009年山西省朔州市国有资产主要分析指标表

指标名称	行次	数值
一、绩效指标	1	—
(一)盈利能力指标	2	—
1.净资产收益率(含少数股东权益)(%)	3	10.7
2.净资产收益率(不含少数股东权益)(%)	4	10.7
3.总资产报酬率(%)	5	5.2
4.营业利润率(%)	6	11.3
5.成本费用利润率(%)	7	13.3
6.盈余现金保障倍数	8	66.5
7.成本费用总额占营业总收入的比率(%)	9	88.7
(二)资产质量指标:	10	—
1.总资产周转率(次)	11	0.4

续表

项目	行次	金额
2.流动资产周转率(次)	12	0.8
3.存货周转率(次)	13	2.1
4.资产现金回收率(%)	14	2.3
5.存货增长率(%)	15	5.0
(三)债务风险指标:	16	—
1.资产负债率(%)	17	67.5
2.已获利息倍数	18	16.7
3.流动比率	19	0.9
4.速动比率	20	0.7
5.现金流动负债比率(%)	21	3.5
6.短期借款占全部借款的比率(%)	22	86.5
(四)经营增长指标:	23	—
1.营业总收入增长率(%)	24	-12.6
2.主营业务收入增长率(%)	25	-14.1
3.营业利润增长率(%)	26	12.1
4.利润增长率(%)	27	9.3
5.国有资本保值增值率(%)	28	120.9
6.资本积累率(%)	29	40.7
7.资产增长率(%)	30	42.8
8.固定资产增长率(%)	31	18.2
9.技术投入比率(%)	32	0.1
二、人均指标:	33	—
(一)从业人员人均利润(元/人)	34	20,378.3
(二)从业人员人均资产(元/人)	35	492,442.4
(三)职工人均利润(元/人)	36	20,619.3
(四)职工人均资产(元/人)	37	491,435.0
(五)全年职工人均工资(元/人)	38	18,541.8
(六)全年在岗职工人均工资(元/人)	39	19,706.7
(七)人均实际上交税金(元/人)	40	34,635.7
三、其他指标:	41	—
(一)固定资产投资占主营业务收入的比率(%)	42	24.0
(二)实发工资占应发工资的比率(%)	43	100.3

续表

指标名称	行次	数值
(三)平均固定资产折旧率(%)	44	7.8
(四)年末法定盈余公积占实收资本比重(%)	45	0.2
补充资料:	46	—
一、纳入决算范围二级子企业录入户数(户)	47	
二、纳入决算范围三级子企业录入户数(户)	48	
三、纳入决算范围企业录入总户数(户)	49	78.0
四、纳入决算范围盈利企业户数(户)	50	56.0
五、纳入决算范围亏损企业户数(户)	51	22.0
六、纳入决算范围盈利企业盈利额	52	30,695.5
七、纳入决算范围亏损企业亏损额	53	-4,016.2
	54	

2009年山西省忻州市国有资产基本情况表

金额单位:万元

项目	行次	金额
一、职工人数情况(人):	1	—
(一)年末从业人员人数	2	30,000.0
(二)全年平均从业人员人数	3	27,262.0
(三)年末职工人数	4	34,287.0
其中:年末在岗职工人数	5	21,684.0
(四)全年平均职工人数	6	34,159.0
其中:全年平均在岗职工人数	7	21,653.0
(五)年末离休人数	8	548.0
(六)年末退休人数	9	11,518.0
(七)参加基本养老保险职工人数	10	26,992.0
(八)参加补充养老保险(年金)职工人数	11	422.0

续表

项目	行次	金额
(九)参加基本医疗保险职工人数	12	20,016.0
(十)参加补充医疗保险职工人数	13	105.0
(十一)参加失业保险职工人数	14	6,933.0
(十二)参加工伤保险职工人数	15	3,447.0
(十三)参加生育保险职工人数	16	1,659.0
(十四)接收军队转业、复员退伍人员总数	17	322.0
其中:当年接收军队转业、复员退伍人员数	18	8.0
(十五)实行工效挂钩职工人数	19	61.0
二、企业不在岗职工及劳动关系处理情况:	20	—
(一)年初不在岗职工人数(人)	21	9,728.0
其中:内退人数(人)	22	1,220.0
(二)年末不在岗职工人数(人)	23	11,429.0
其中:内退人数(人)	24	1,170.0
(三)本年累计解除劳动关系人数(人)	25	877.0
(四)本年累计支付经济补偿金额	26	944.6
其中:财政负担部分	27	142.5
三、工资及福利情况:	28	—
(一)全年应发工资总额	29	25,387.5
(二)全年实际发放工资总额	30	23,845.5
其中:全年实际发放职工工资总数	31	23,767.3
其中:全年实际发放在岗职工工资部额	32	21,477.9
(三)企业提取的工资总额	33	23,577.5
1.非工挂企业工资总额	34	23,577.5
2.工挂企业工资总额	35	
(1)核定的工挂企业工资总额基数	36	
(2)工挂企业提取的新增效益工资	37	
(四)离退休人员养老金及福利性补助	38	556.6
(五)企业负责人薪酬总额	39	449.4
企业负责人人数(人)	40	358.0
(六)本年列支的职工福利费	41	1,630.5
(七)本年支付的医药费	42	5,293,625.1
其中:离退休人员医药费	43	175.3

续表

项目	行次	金额
(八)本年企业支付的职工住房费用	44	70.6
其中:本年提取的住房公积金	45	69.7
本年一次性支付的住房补贴	46	
本年按月发放的住房补贴	47	
四、本年支付的职工培训费用	48	168.6
五、产值(按现行价格计算):	49	—
(一)工业总产值	50	76,093.3
(二)工业增加值	51	11,074.0
六、本年收到的财政性资金	52	6,558.2
(一)基本建设性资金	53	4,339.3
(二)生产发展性资金	54	7.7
(三)社会保障性资金	55	420.0
(四)其他	56	1,791.2
七、本年科技资金来源及支出情况:	57	—
(一)本年科技资金来源合计	58	3,558.2
1.政府拨款	59	1,892.6
2.企业自筹	60	1,559.6
3.其他	61	106.1
(二)本年科技支出合计	62	1,428.2
1.研究开发费用合计	63	1,428.2
(1)科技人员人工支出	64	120.3
(2)研究开发性固定资产支出	65	2.9
(3)其他研究开发支出	66	1,305.0
2.购买新技术、科研设备等支出	67	
3.其他科技支出	68	
八、固定资产情况:	69	—
(一)按使用情况划分(原价)	70	588,902.4
1.在用固定资产	71	574,291.7
2.未使用固定资产	72	12,003.0
3.不需用固定资产	73	2,607.7
(二)主要类别固定资产情况:	74	—
1.固定资产原价合计	75	588,902.4

续表

项目	行次	金额
其中:土地资产	76	40,202.6
房屋、建筑物	77	178,978.6
机器设备	78	344,481.3
运输工具	79	6,390.0
2.当年计提的固定资产折旧总额	80	75,155.6
其中:房屋、建筑物	81	10,506.5
机器设备	82	63,853.7
运输工具	83	391.6
3.当年计提折旧的平均固定资产原价	84	506,480.8
(三)当年固定资产投资总额	85	112,127.2
1.购置固定资产	86	104,500.6
2.基建投资	87	6,522.5
3.其他投资	88	1,104.1
九、投资收益	89	322.5
(一)长期股权投资	90	
(二)交易性金融资产	91	
(三)交易性金融负责	92	
(四)持有至到期投资	93	
(五)可供出售金融资产	94	
(六)其他收益项目	95	322.5
十、拥有的自主知识产权专利数量(项)	96	
其中:本年度新增专利数量(项)	97	
十一、当年企业提取的安全生产费用	98	1,273.3
十二、当年企业支出的安全生产费用	99	1,058.8
十三、当年企业支付的环境保护及生态恢复支出	100	427.0
其中:(一)本年度上交正府统筹的支出	101	
(二)本年度企业提取或据实列支的支出	102	407.6
十四、当年企业支出的节能减排费用	103	26.3
十五、企业累计向境外投资额	104	
其中:企业当年新增向境外投资额	105	

2009 年山西省忻州市国有资产主要分析指标表

指标名称	行次	数值
一、绩效指标	1	—
(一)盈利能力指标	2	—
1.净资产收益率(含少数股东权益)(%)	3	110.8
2.净资产收益率(不含少数股东权益)(%)	4	110.8
3.总资产报酬率(%)	5	22.3
4.营业利润率(%)	6	30.0
5.成本费用利润率(%)	7	44.1
6.盈余现金保障倍数	8	19.2
7.成本费用总额占营业总收入的比率(%)	9	70.1
(二)资产质量指标:	10	—
1.总资产周转率(次)	11	0.7
2.流动资产周转率(次)	12	1.4
3.存货周转率(次)	13	2.7
4.资产现金回收率(%)	14	3.7
5.存货增长率(%)	15	-31.1
(三)债务风险指标:	16	—
1.资产负债率(%)	17	76.5
2.已获利息倍数	18	32.0
3.流动比率	19	0.8
4.速动比率	20	0.6
5.现金流动负债比率(%)	21	4.9
6.短期借款占全部借款的比率(%)	22	82.6
(四)经营增长指标:	23	—
1.营业总收入增长率(%)	24	16.5
2.主营业务收入增长率(%)	25	15.9
3.营业利润增长率(%)	26	142.5
4.利润增长率(%)	27	138.5
5.国有资本保值增值率(%)	28	302.1
6.资本积累率(%)	29	161.7

续表

指标名称	行次	数值
7.资产增长率(%)	30	17.7
8.固定资产增长率(%)	31	24.7
9.技术投入比率(%)	32	0.3
二、人均指标:	33	—
(一)从业人员人均利润(元/人)	34	65,716.1
(二)从业人员人均资产(元/人)	35	298,378.7
(三)职工人均利润(元/人)	36	52,447.5
(四)职工人均资产(元/人)	37	261,071.6
(五)全年职工人均工资(元/人)	38	6,957.8
(六)全年在岗职工人均工资(元/人)	39	9,919.1
(七)人均实际上交税金(元/人)	40	19,451.7
三、其他指标:	41	—
(一)固定资产投资占主营业务收入的比率(%)	42	19.6
(二)实发工资占应发工资的比率(%)	43	93.9
(三)平均固定资产折旧率(%)	44	14.8
(四)年末法定盈余公积占实收资本比重(%)	45	0.2
补充资料:	46	—
一、纳入决算范围二级子企业录入户数(户)	47	
二、纳入决算范围三级子企业录入户数(户)	48	
三、纳入决算范围企业录入总户数(户)	49	351.0
四、纳入决算范围盈利企业户数(户)	50	275.0
五、纳入决算范围亏损企业户数(户)	51	76.0
六、纳入决算范围盈利企业盈利额(万元)	52	189,407.6
七、纳入决算范围亏损企业亏损额(万元)	53	-10,252.1
	54	

2009年山西省晋中市国有资产基本情况表

金额单位:万元

项目	行次	金额
一、职工人数情况(人):	1	—
(一)年末从业人员人数	2	21,104.0
(二)全年平均从业人员人数	3	21,012.0
(三)年末职工人数	4	22,026.0
其中:年末在岗职工人数	5	18,560.0
(四)全年平均职工人数	6	21,624.0
其中:全年平均在岗职工人数	7	18,585.0
(五)年末离休人数	8	193.0
(六)年末退休人数	9	6,699.0
(七)参加基本养老保险职工人数	10	17,060.0
(八)参加补充养老保险(年金)职工人数	11	2,353.0
(九)参加基本医疗保险职工人数	12	16,114.0
(十)参加补充医疗保险职工人数	13	84.0
(十一)参加失业保险职工人数	14	13,938.0
(十二)参加工伤保险职工人数	15	10,894.0
(十三)参加生育保险职工人数	16	6,035.0
(十四)接收军队转业、复员退伍人员总数	17	281.0
其中:当年接收军队转业、复员退伍人员数	18	12.0
(十五)实行工效挂钩职工人数	19	37.0
二、企业不在岗职工及劳动关系处理情况:	20	—
(一)年初不在岗职工人数(人)	21	1,936.0
其中:内退人数(人)	22	1,081.0
(二)年末不在岗职工人数(人)	23	3,154.0
其中:内退人数(人)	24	752.0
(三)本年累计解除劳动关系人数(人)	25	56.0
(四)本年累计支付经济补偿金额	26	
其中:财政负担部分	27	
三、工资及福利情况:	28	—
(一)全年应发工资总额	29	41,140.7

续表

项目	行次	金额
(二)全年实际发放工资总额	30	39,507.0
其中:全年实际发放职工工资总数	31	39,431.9
其中:全年实际发放在岗职工工资部额	32	39,030.5
(三)企业提取的工资总额	33	41,140.7
1.非工挂企业工资总额	34	41,140.7
2.工挂企业工资总额	35	
(1)核定的工挂企业工资总额基数	36	
(2)工挂企业提取的新增效益工资	37	
(四)离退休人员养老金及福利性补助	38	840.8
(五)企业负责人薪酬总额	39	657.4
企业负责人人数(人)	40	377.0
(六)本年列支的职工福利费	41	2,455.5
(七)本年支付的医药费	42	378.7
其中:离退休人员医药费	43	39.2
(八)本年企业支付的职工住房费用	44	1,618.1
其中:本年提取的住房公积金	45	1,280.5
本年一次性支付的住房补贴	46	281.9
本年按月发放的住房补贴	47	48.2
四、本年支付的职工培训费用	48	401.9
五、产值(按现行价格计算):	49	—
(一)工业总产值	50	198,603.5
(二)工业增加值	51	112,746.9
六、本年收到的财政性资金	52	2,129.1
(一)基本建设性资金	53	427.8
(二)生产发展性资金	54	67.8
(三)社会保障性资金	55	516.3
(四)其他	56	1,117.2
七、本年科技资金来源及支出情况:	57	—
(一)本年科技资金来源合计	58	83.7
1.政府拨款	59	
2.企业自筹	60	83.7
3.其他	61	

续表

项目	行次	金额
(二)本年科技支出合计	62	92.5
1.研究开发费用合计	63	92.5
(1)科技人员人工支出	64	89.9
(2)研究开发性固定资产支出	65	
(3)其他研究开发支出	66	2.6
2.购买新技术、科研设备等支出	67	
3.其他科技支出	68	
八、固定资产情况:	69	—
(一)按使用情况划分(原价)	70	532,785.0
1.在用固定资产	71	522,099.8
2.未使用固定资产	72	8,643.1
3.不需用固定资产	73	2,042.1
(二)主要类别固定资产情况:	74	—
1.固定资产原价合计	75	532,785.0
其中:土地资产	76	17,630.0
房屋、建筑物	77	158,706.8
机器设备	78	335,233.2
运输工具	79	13,959.2
2.当年计提的固定资产折旧总额	80	21,841.1
其中:房屋、建筑物	81	6,654.6
机器设备	82	13,665.1
运输工具	83	1,009.8
3.当年计提折旧的平均固定资产原价	84	441,715.5
(三)当年固定资产投资总额	85	44,242.5
1.购置固定资产	86	18,389.8
2.基建投资	87	25,815.4
3.其他投资	88	37.3
九、投资收益	89	273.2
(一)长期股权投资	90	215.6
(二)交易性金融资产	91	
(三)交易性金融负责	92	
(四)持有至到期投资	93	

续表

项目	行次	金额
(五)可供出售金融资产	94	
(六)其他收益项目	95	57.7
十、拥有的自主知识产权专利数量(项)	96	
其中:本年度新增专利数量(项)	97	
十一、当年企业提取的安全生产费用	98	2,595.2
十二、当年企业支出的安全生产费用	99	2,380.0
十三、当年企业支付的环境保护及生态恢复支出	100	10.6
其中:(一)本年度上交正府统筹的支出	101	
(二)本年度企业提取或据实列支的支出	102	1.9
十四、当年企业支出的节能减排费用	103	30.3
十五、企业累计向境外投资额	104	
其中:企业当年新增向境外投资额	105	

2009年山西省晋中市国有资产主要分析指标表

指标名称	行次	数值
一、绩效指标	1	—
(一)盈利能力指标	2	—
1.净资产收益率(含少数股东权益)(%)	3	0.2
2.净资产收益率(不含少数股东权益)(%)	4	0.2
3.总资产报酬率(%)	5	2.0
4.营业利润率(%)	6	−0.1
5.成本费用利润率(%)	7	2.0
6.盈余现金保障倍数	8	2,325.7
7.成本费用总额占营业总收入的比率(%)	9	99.8
(二)资产质量指标:	10	—
1.总资产周转率(次)	11	0.4

续表

项目	行次	金额
2.流动资产周转率(次)	12	0.9
3.存货周转率(次)	13	3.4
4.资产现金回收率(%)	14	2.2
5.存货增长率(%)	15	-16.4
(三)债务风险指标:	16	—
1.资产负债率(%)	17	63.0
2.已获利息倍数	18	1.7
3.流动比率	19	0.9
4.速动比率	20	0.8
5.现金流动负债比率(%)	21	4.6
6.短期借款占全部借款的比率(%)	22	40.5
(四)经营增长指标:	23	—
1.营业总收入增长率(%)	24	-6.5
2.主营业务收入增长率(%)	25	-7.0
3.营业利润增长率(%)	26	-102.3
4.利润增长率(%)	27	-59.3
5.国有资本保值增值率(%)	28	98.7
6.资本积累率(%)	29	-3.7
7.资产增长率(%)	30	6.7
8.固定资产增长率(%)	31	7.8
9.技术投入比率(%)	32	
二、人均指标:	33	—
(一)从业人员人均利润(元/人)	34	3,507.4
(二)从业人员人均资产(元/人)	35	448,569.0
(三)职工人均利润(元/人)	36	3,408.1
(四)职工人均资产(元/人)	37	429,792.1
(五)全年职工人均工资(元/人)	38	18,235.3
(六)全年在岗职工人均工资(元/人)	39	21,001.1
(七)人均实际上交税金(元/人)	40	20,432.7
三、其他指标:	41	—
(一)固定资产投资占主营业务收入的比率(%)	42	12.2
(二)实发工资占应发工资的比率(%)	43	96.0

续表

指标名称	行次	数值
(三)平均固定资产折旧率(%)	44	4.9
(四)年末法定盈余公积占实收资本比重(%)	45	1.7
补充资料:	46	—
一、纳入决算范围二级子企业录入户数(户)	47	5.0
二、纳入决算范围三级子企业录入户数(户)	48	
三、纳入决算范围企业录入总户数(户)	49	116.0
四、纳入决算范围盈利企业户数(户)	50	48.0
五、纳入决算范围亏损企业户数(户)	51	68.0
六、纳入决算范围盈利企业盈利额(万元)	52	28,294.5
七、纳入决算范围亏损企业亏损额(万元)	53	-20,924.8
	54	

2009年山西省吕梁市国有资产基本情况表

金额单位:万元

项目	行次	金额
一、职工人数情况(人):	1	—
(一)年末从业人员人数	2	17,539.0
(二)全年平均从业人员人数	3	17,483.0
(三)年末职工人数	4	17,666.0
其中:年末在岗职工人数	5	17,055.0
(四)全年平均职工人数	6	17,571.0
其中:全年平均在岗职工人数	7	17,002.0
(五)年末离休人数	8	175.0
(六)年末退休人数	9	4,547.0
(七)参加基本养老保险职工人数	10	15,103.0
(八)参加补充养老保险(年金)职工人数	11	219.0

续表

项目	行次	金额
（九）参加基本医疗保险职工人数	12	5,050.0
（十）参加补充医疗保险职工人数	13	117.0
（十一）参加失业保险职工人数	14	2,822.0
（十二）参加工伤保险职工人数	15	2,372.0
（十三）参加生育保险职工人数	16	51.0
（十四）接收军队转业、复员退伍人员总数	17	5.0
其中：当年接收军队转业、复员退伍人员数	18	8.0
（十五）实行工效挂钩职工人数	19	
二、企业不在岗职工及劳动关系处理情况：	20	—
（一）年初不在岗职工人数（人）	21	1,900.0
其中：内退人数（人）	22	100.0
（二）年末不在岗职工人数（人）	23	1,743.0
其中：内退人数（人）	24	73.0
（三）本年累计解除劳动关系人数（人）	25	1.0
（四）本年累计支付经济补偿金额	26	944.6
其中：财政负担部分	27	142.5
三、工资及福利情况：	28	—
（一）全年应发工资总额	29	26,607.7
（二）全年实际发放工资总额	30	24,983.3
其中：全年实际发放职工工资总数	31	24,969.7
其中：全年实际发放在岗职工工资部额	32	24,962.9
（三）企业提取的工资总额	33	26,607.7
1.非工挂企业工资总额	34	26,607.7
2.工挂企业工资总额	35	
（1）核定的工挂企业工资总额基数	36	
（2）工挂企业提取的新增效益工资	37	
（四）离退休人员养老金及福利性补助	38	181.1
（五）企业负责人薪酬总额	39	328.4
企业负责人人数（人）	40	147.0
（六）本年列支的职工福利费	41	388.0
（七）本年支付的医药费	42	75.9
其中：离退休人员医药费	43	22.2

续表

项目	行次	金额
（八）本年企业支付的职工住房费用	44	81.6
其中：本年提取的住房公积金	45	24.3
本年一次性支付的住房补贴	46	8.4
本年按月发放的住房补贴	47	
四、本年支付的职工培训费用	48	39.5
五、产值（按现行价格计算）：	49	—
（一）工业总产值	50	35,067.9
（二）工业增加值	51	14,588.1
六、本年收到的财政性资金	52	690.9
（一）基本建设性资金	53	32.0
（二）生产发展性资金	54	1.9
（三）社会保障性资金	55	13.8
（四）其他	56	643.1
七、本年科技资金来源及支出情况：	57	—
（一）本年科技资金来源合计	58	
1.政府拨款	59	
2.企业自筹	60	
3.其他	61	
（二）本年科技支出合计	62	
1.研究开发费用合计	63	
（1）科技人员人工支出	64	
（2）研究开发性固定资产支出	65	
（3）其他研究开发支出	66	
2.购买新技术、科研设备等支出	67	
3.其他科技支出	68	
八、固定资产情况：	69	—
（一）按使用情况划分（原价）	70	361,383.2
1.在用固定资产	71	355,064.0
2.未使用固定资产	72	2,587.8
3.不需用固定资产	73	3,731.4
（二）主要类别固定资产情况：	74	—
1.固定资产原价合计	75	361,383.2

续表

项目	行次	金额
其中:土地资产	76	14,036.0
房屋、建筑物	77	156,361.0
机器设备	78	131,919.5
运输工具	79	13,120.0
2.当年计提的固定资产折旧总额	80	14,827.5
其中:房屋、建筑物	81	5,515.9
机器设备	82	7,106.3
运输工具	83	1,342.1
3.当年计提折旧的平均固定资产原价	84	294,320.9
(三)当年固定资产投资总额	85	67,350.0
1.购置固定资产	86	38,740.1
2.基建投资	87	28,012.9
3.其他投资	88	597.0
九、投资收益	89	89.7
(一)长期股权投资	90	69.4
(二)交易性金融资产	91	
(三)交易性金融负责	92	
(四)持有至到期投资	93	
(五)可供出售金融资产	94	7.0
(六)其他收益项目	95	13.3
十、拥有的自主知识产权专利数量(项)	96	
其中:本年度新增专利数量(项)	97	
十一、当年企业提取的安全生产费用	98	2,512.4
十二、当年企业支出的安全生产费用	99	2,642.4
十三、当年企业支付的环境保护及生态恢复支出	100	298.9
其中:(一)本年度上交正府统筹的支出	101	120.0
(二)本年度企业提取或据实列支的支出	102	
十四、当年企业支出的节能减排费用	103	33.4
十五、企业累计向境外投资额	104	
其中:企业当年新增向境外投资额	105	

2009年山西省吕梁市国有资产主要分析指标表

指标名称	行次	数值
一、绩效指标	1	—
(一)盈利能力指标	2	—
1.净资产收益率(含少数股东权益)(%)	3	-0.7
2.净资产收益率(不含少数股东权益)(%)	4	-0.7
3.总资产报酬率(%)	5	0.3
4.营业利润率(%)	6	1.0
5.成本费用利润率(%)	7	0.2
6.盈余现金保障倍数	8	-5,811.8
7.成本费用总额占营业总收入的比率(%)	9	99.1
(二)资产质量指标:	10	—
1.总资产周转率(次)	11	0.3
2.流动资产周转率(次)	12	0.7
3.存货周转率(次)	13	2.7
4.资产现金回收率(%)	14	8.0
5.存货增长率(%)	15	-14.0
(三)债务风险指标:	16	—
1.资产负债率(%)	17	79.4
2.已获利息倍数	18	1.3
3.流动比率	19	0.9
4.速动比率	20	0.7
5.现金流动负债比率(%)	21	14.8
6.短期借款占全部借款的比率(%)	22	31.1
(四)经营增长指标:	23	—
1.营业总收入增长率(%)	24	-25.4
2.主营业务收入增长率(%)	25	-26.0
3.营业利润增长率(%)	26	-86.4
4.利润增长率(%)	27	-97.0
5.国有资本保值增值率(%)	28	11.8
6.资本积累率(%)	29	43.7

续表

指标名称	行次	数值
7.资产增长率(%)	30	30.8
8.固定资产增长率(%)	31	23.4
9.技术投入比率(%)	32	
二、人均指标:	33	—
(一)从业人员人均利润(元/人)	34	288.5
(二)从业人员人均资产(元/人)	35	533,202.0
(三)职工人均利润(元/人)	36	287.1
(四)职工人均资产(元/人)	37	529,368.8
(五)全年职工人均工资(元/人)	38	14,210.8
(六)全年在岗职工人均工资(元/人)	39	14,682.3
(七)人均实际上交税金(元/人)	40	9,283.5
三、其他指标:	41	—
(一)固定资产投资占主营业务收入的比率(%)	42	29.4
(二)实发工资占应发工资的比率(%)	43	93.9
(三)平均固定资产折旧率(%)	44	5.0
(四)年末法定盈余公积占实收资本比重(%)	45	4.6
补充资料:	46	—
一、纳入决算范围二级子企业录入户数(户)	47	
二、纳入决算范围三级子企业录入户数(户)	48	
三、纳入决算范围企业录入总户数(户)	49	212.0
四、纳入决算范围盈利企业户数(户)	50	123.0
五、纳入决算范围亏损企业户数(户)	51	89.0
六、纳入决算范围盈利企业盈利额(万元)	52	6,748.3
七、纳入决算范围亏损企业亏损额(万元)	53	-6,243.9
	54	

2009年山西省阳泉市国有资产基本情况表

金额单位:万元

项目	行次	金额
一、职工人数情况(人):	1	—
(一)年末从业人员人数	2	23,972.0
(二)全年平均从业人员人数	3	23,783.0
(三)年末职工人数	4	23,783.0
其中:年末在岗职工人数	5	19,253.0
(四)全年平均职工人数	6	29,490.0
其中:全年平均在岗职工人数	7	19,120.0
(五)年末离休人数	8	401.0
(六)年末退休人数	9	14,649.0
(七)参加基本养老保险职工人数	10	28,234.0
(八)参加补充养老保险(年金)职工人数	11	61.0
(九)参加基本医疗保险职工人数	12	31,317.0
(十)参加补充医疗保险职工人数	13	
(十一)参加失业保险职工人数	14	26,192.0
(十二)参加工伤保险职工人数	15	10,528.0
(十三)参加生育保险职工人数	16	5,673.0
(十四)接收军队转业、复员退伍人员总数	17	252.0
其中:当年接收军队转业、复员退伍人员数	18	20.0
(十五)实行工效挂钩职工人数	19	46.0
二、企业不在岗职工及劳动关系处理情况:	20	—
(一)年初不在岗职工人数(人)	21	11,575.0
其中:内退人数(人)	22	3,625.0
(二)年末不在岗职工人数(人)	23	11,012.0
其中:内退人数(人)	24	3,444.0
(三)本年累计解除劳动关系人数(人)	25	261.0
(四)本年累计支付经济补偿金额	26	76.6
其中:财政负担部分	27	
三、工资及福利情况:	28	—
(一)全年应发工资总额	29	30,710.4

续表

项目	行次	金额
(二)全年实际发放工资总额	30	31,545.3
其中:全年实际发放职工工资总数	31	31,368.9
其中:全年实际发放在岗职工工资部额	32	30,087.2
(三)企业提取的工资总额	33	30,781.0
1.非工挂企业工资总额	34	30,737.9
2.工挂企业工资总额	35	43.2
(1)核定的工挂企业工资总额基数	36	43.2
(2)工挂企业提取的新增效益工资	37	
(四)离退休人员养老金及福利性补助	38	1,064.4
(五)企业负责人薪酬总额	39	1,335.4
企业负责人人数(人)	40	408.0
(六)本年列支的职工福利费	41	3,100.3
(七)本年支付的医药费	42	568.1
其中:离退休人员医药费	43	125.1
(八)本年企业支付的职工住房费用	44	1,286.3
其中:本年提取的住房公积金	45	1,227.7
本年一次性支付的住房补贴	46	
本年按月发放的住房补贴	47	11.8
四、本年支付的职工培训费用	48	425.0
五、产值(按现行价格计算):	49	—
(一)工业总产值	50	160,629.0
(二)工业增加值	51	33,291.4
六、本年收到的财政性资金	52	3,725.2
(一)基本建设性资金	53	95.0
(二)生产发展性资金	54	1,125.6
(三)社会保障性资金	55	516.3
(四)其他	56	2,454.1
七、本年科技资金来源及支出情况:	57	—
(一)本年科技资金来源合计	58	362.3
1.政府拨款	59	31.1
2.企业自筹	60	331.2
3.其他	61	

续表

项目	行次	金额
(二)本年科技支出合计	62	902.7
1.研究开发费用合计	63	387.7
(1)科技人员人工支出	64	77.7
(2)研究开发性固定资产支出	65	
(3)其他研究开发支出	66	310.0
2.购买新技术、科研设备等支出	67	
3.其他科技支出	68	515.0
八、固定资产情况:	69	—
(一)按使用情况划分(原价)	70	543,265.7
1.在用固定资产	71	484,169.5
2.未使用固定资产	72	51,564.4
3.不需用固定资产	73	7,531.9
(二)主要类别固定资产情况:	74	—
1.固定资产原价合计	75	543,265.7
其中:土地资产	76	111,200.2
房屋、建筑物	77	201,086.8
机器设备	78	190,673.9
运输工具	79	20,619.0
2.当年计提的固定资产折旧总额	80	13,809.5
其中:房屋、建筑物	81	3,644.5
机器设备	82	8,438.9
运输工具	83	1,660.7
3.当年计提折旧的平均固定资产原价	84	291,329.8
(三)当年固定资产投资总额	85	57,712.3
1.购置固定资产	86	9,624.0
2.基建投资	87	42,917.9
3.其他投资	88	5,170.4
九、投资收益	89	1,283.7
(一)长期股权投资	90	1,283.6
(二)交易性金融资产	91	0.1
(三)交易性金融负责	92	
(四)持有至到期投资	93	

续表

项目	行次	金额
（六）其他收益项目	95	
十、拥有的自主知识产权专利数量（项）	96	6.0
其中：本年度新增专利数量（项）	97	1.0
十一、当年企业提取的安全生产费用	98	1,553.3
十二、当年企业支出的安全生产费用	99	312.9
十三、当年企业支付的环境保护及生态恢复支出	100	312.9
其中：（一）本年度上交正府统筹的支出	101	
（二）本年度企业提取或据实列支的支出	102	19.9
十四、当年企业支出的节能减排费用	103	5.9
十五、企业累计向境外投资额	104	
其中：企业当年新增向境外投资额	105	

2009年山西省阳泉市国有资产主要分析指标表

指标名称	行次	数值
一、绩效指标	1	—
（一）盈利能力指标	2	—
1.净资产收益率（含少数股东权益）（%）	3	-5.1
2.净资产收益率（不含少数股东权益）（%）	4	-5.1
3.总资产报酬率（%）	5	-0.4
4.营业利润率（%）	6	-5.1
5.成本费用利润率（%）	7	-2.8
6.盈余现金保障倍数	8	-160.4
7.成本费用总额占营业总收入的比率（%）	9	105.7
（二）资产质量指标：	10	—
1.总资产周转率（次）	11	0.3

续表

项目	行次	金额
2.流动资产周转率(次)	12	0.7
3.存货周转率(次)	13	2.6
4.资产现金回收率(%)	14	1.9
5.存货增长率(%)	15	12.0
(三)债务风险指标:	16	—
1.资产负债率(%)	17	77.5
2.已获利息倍数	18	-0.8
3.流动比率	19	0.8
4.速动比率	20	0.6
5.现金流动负债比率(%)	21	2.9
6.短期借款占全部借款的比率(%)	22	68.0
(四)经营增长指标:	23	—
1.营业总收入增长率(%)	24	-25.5
2.主营业务收入增长率(%)	25	-24.7
3.营业利润增长率(%)	26	
4.利润增长率(%)	27	
5.国有资本保值增值率(%)	28	99.8
6.资本积累率(%)	29	6.4
7.资产增长率(%)	30	10.0
8.固定资产增长率(%)	31	10.1
9.技术投入比率(%)	32	0.3
二、人均指标:	33	—
(一)从业人员人均利润(元/人)	34	-3,683.1
(二)从业人员人均资产(元/人)	35	411,556.1
(三)职工人均利润(元/人)	36	-2,970.3
(四)职工人均资产(元/人)	37	327,757.3
(五)全年职工人均工资(元/人)	38	10,637.1
(六)全年在岗职工人均工资(元/人)	39	15,736.0
(七)人均实际上交税金(元/人)	40	8,155.3
三、其他指标:	41	—
(一)固定资产投资占主营业务收入的比率(%)	42	20.6
(二)实发工资占应发工资的比率(%)	43	102.7

续表

指标名称	行次	数值
(三)平均固定资产折旧率(%)	44	4.7
(四)年末法定盈余公积占实收资本比重(%)	45	4.0
补充资料:	46	—
一、纳入决算范围二级子企业录入户数(户)	47	3.0
二、纳入决算范围三级子企业录入户数(户)	48	
三、纳入决算范围企业录入总户数(户)	49	183.0
四、纳入决算范围盈利企业户数(户)	50	58.0
五、纳入决算范围亏损企业户数(户)	51	125.0
六、纳入决算范围盈利企业盈利额(万元)	52	10,734.3
七、纳入决算范围亏损企业亏损额(万元)	53	-19,493.7
	54	

2009年山西省晋城市国有资产基本情况表

金额单位:万元

项目	行次	金额
一、职工人数情况(人):	1	—
(一)年末从业人员人数	2	71,459.0
(二)全年平均从业人员人数	3	70,953.0
(三)年末职工人数	4	71,771.0
其中:年末在岗职工人数	5	62,752.0
(四)全年平均职工人数	6	68,692.0
其中:全年平均在岗职工人数	7	62,480.0
(五)年末离休人数	8	191.0
(六)年末退休人数	9	9,965.0
(七)参加基本养老保险职工人数	10	62,341.0
(八)参加补充养老保险(年金)职工人数	11	3,121.0

续表

项目	行次	金额
（九）参加基本医疗保险职工人数	12	56,172.0
（十）参加补充医疗保险职工人数	13	4,656.0
（十一）参加失业保险职工人数	14	43,609.0
（十二）参加工伤保险职工人数	15	54,936.0
（十三）参加生育保险职工人数	16	36,946.0
（十四）接收军队转业、复员退伍人员总数	17	1,478.0
其中：当年接收军队转业、复员退伍人员数	18	94.0
（十五）实行工效挂钩职工人数	19	14,994.0
二、企业不在岗职工及劳动关系处理情况：	20	—
（一）年初不在岗职工人数（人）	21	7,726.0
其中：内退人数（人）	22	1,871.0
（二）年末不在岗职工人数（人）	23	8,115.0
其中：内退人数（人）	24	1,858.0
（三）本年累计解除劳动关系人数（人）	25	861.0
（四）本年累计支付经济补偿金额	26	134.0
其中：财政负担部分	27	11.6
三、工资及福利情况：	28	—
（一）全年应发工资总额	29	177,072.4
（二）全年实际发放工资总额	30	175,644.3
其中：全年实际发放职工工资总数	31	172,035.7
其中：全年实际发放在岗职工工资部额	32	168,208.7
（三）企业提取的工资总额	33	178,433.5
1.非工挂企业工资总额	34	81,518.2
2.工挂企业工资总额	35	96,915.2
（1）核定的工挂企业工资总额基数	36	96,936.8
（2）工挂企业提取的新增效益工资	37	−21.6
（四）离退休人员养老金及福利性补助	38	455.4
（五）企业负责人薪酬总额	39	4,423.7
企业负责人人数（人）	40	581.0
（六）本年列支的职工福利费	41	15,247.1
（七）本年支付的医药费	42	594.0
其中：离退休人员医药费	43	57.5

续表

项目	行次	金额
(八)本年企业支付的职工住房费用	44	3,647.2
其中:本年提取的住房公积金	45	3,420.1
本年一次性支付的住房补贴	46	
本年按月发放的住房补贴	47	2.7
四、本年支付的职工培训费用	48	1,773.6
五、产值(按现行价格计算):	49	—
(一)工业总产值	50	1,162,948.0
(二)工业增加值	51	730,234.3
六、本年收到的财政性资金	52	7,335.5
(一)基本建设性资金	53	2,033.1
(二)生产发展性资金	54	754.8
(三)社会保障性资金	55	2.0
(四)其他	56	4,545.6
七、本年科技资金来源及支出情况:	57	—
(一)本年科技资金来源合计	58	1,104.8
1.政府拨款	59	859.2
2.企业自筹	60	2.8
3.其他	61	242.7
(二)本年科技支出合计	62	1,071.9
1.研究开发费用合计	63	973.5
(1)科技人员人工支出	64	416.7
(2)研究开发性固定资产支出	65	14.4
(3)其他研究开发支出	66	512.5
2.购买新技术、科研设备等支出	67	41.2
3.其他科技支出	68	57.1
八、固定资产情况:	69	—
(一)按使用情况划分(原价)	70	1,597,407.9
1.在用固定资产	71	1,581,184.4
2.未使用固定资产	72	14,877.3
3.不需用固定资产	73	1,346.1
(二)主要类别固定资产情况:	74	—
1.固定资产原价合计	75	1,597,407.9

续表

项目	行次	金额
其中:土地资产	76	22,137.0
房屋、建筑物	77	657,849.5
机器设备	78	801,913.3
运输工具	79	39,101.1
2.当年计提的固定资产折旧总额	80	54,989.2
其中:房屋、建筑物	81	8,519.6
机器设备	82	20,712.9
运输工具	83	9,920.9
3.当年计提折旧的平均固定资产原价	84	1,353,036.0
(三)当年固定资产投资总额	85	136,024.9
1.购置固定资产	86	45,994.5
2.基建投资	87	45,994.5
3.其他投资	88	19,177.8
九、投资收益	89	66,200.6
(一)长期股权投资	90	66,029.6
(二)交易性金融资产	91	113.8
(三)交易性金融负责	92	
(四)持有至到期投资	93	
(五)可供出售金融资产	94	
(六)其他收益项目	95	57.1
十、拥有的自主知识产权专利数量(项)	96	7.0
其中:本年度新增专利数量(项)	97	
十一、当年企业提取的安全生产费用	98	25,878.1
十二、当年企业支出的安全生产费用	99	23,527.4
十三、当年企业支付的环境保护及生态恢复支出	100	7,789.5
其中:(一)本年度上交正府统筹的支出	101	2,037.3
(二)本年度企业提取或据实列支的支出	102	5,292.3
十四、当年企业支出的节能减排费用	103	1,113.7
十五、企业累计向境外投资额	104	
其中:企业当年新增向境外投资额	105	

2009年山西省晋城市国有资产主要分析指标表

指标名称	行次	数值
一、绩效指标	1	—
(一)盈利能力指标	2	—
1.净资产收益率(含少数股东权益)(%)	3	15.1
2.净资产收益率(不含少数股东权益)(%)	4	13.8
3.总资产报酬率(%)	5	9.4
4.营业利润率(%)	6	22.1
5.成本费用利润率(%)	7	26.4
6.盈余现金保障倍数	8	124.7
7.成本费用总额占营业总收入的比率(%)	9	82.5
(二)资产质量指标:	10	—
1.总资产周转率(次)	11	0.4
2.流动资产周转率(次)	12	1.0
3.存货周转率(次)	13	3.6
4.资产现金回收率(%)	14	5.8
5.存货增长率(%)	15	-6.1
(三)债务风险指标:	16	—
1.资产负债率(%)	17	56.7
2.已获利息倍数	18	13.8
3.流动比率	19	1.0
4.速动比率	20	0.8
5.现金流动负债比率(%)	21	13.1
6.短期借款占全部借款的比率(%)	22	58.1
(四)经营增长指标:	23	—
1.营业总收入增长率(%)	24	-4.7
2.主营业务收入增长率(%)	25	-4.5
3.营业利润增长率(%)	26	-27.5
4.利润增长率(%)	27	-30.8
5.国有资本保值增值率(%)	28	116.7
6.资本积累率(%)	29	15.9

续表

指标名称	行次	数值
7.资产增长率(%)	30	16.4
8.固定资产增长率(%)	31	12.1
9.技术投入比率(%)	32	0.1
二、人均指标:	33	—
(一)从业人员人均利润(元/人)	34	42,146.0
(二)从业人员人均资产(元/人)	35	518,337.4
(三)职工人均利润(元/人)	36	43,533.3
(四)职工人均资产(元/人)	37	516,084.1
(五)全年职工人均工资(元/人)	38	25,044.5
(六)全年在岗职工人均工资(元/人)	39	26,922.0
(七)人均实际上交税金(元/人)	40	42,171.4
三、其他指标:	41	—
(一)固定资产投资占主营业务收入的比率(%)	42	10.1
(二)实发工资占应发工资的比率(%)	43	99.2
(三)平均固定资产折旧率(%)	44	4.1
(四)年末法定盈余公积占实收资本比重(%)	45	5.0
补充资料:	46	—
一、纳入决算范围二级子企业录入户数(户)	47	23.0
二、纳入决算范围三级子企业录入户数(户)	48	24.0
三、纳入决算范围企业录入总户数(户)	49	438.0
四、纳入决算范围盈利企业户数(户)	50	245.0
五、纳入决算范围亏损企业户数(户)	51	193.0
六、纳入决算范围盈利企业盈利额	52	365,550.5
七、纳入决算范围亏损企业亏损额	53	-66,511.9
	54	

2009年山西省长治市国有资产基本情况表

金额单位:万元

项目	行次	金额
一、职工人数情况(人):	1	—
(一)年末从业人员人数	2	28,723.0
(二)全年平均从业人员人数	3	28,044.0
(三)年末职工人数	4	31,526.0
其中:年末在岗职工人数	5	24,041.0
(四)全年平均职工人数	6	30,767.0
其中:全年平均在岗职工人数	7	23,555.0
(五)年末离休人数	8	438 401.0
(六)年末退休人数	9	7,932.0
(七)参加基本养老保险职工人数	10	21,357.0
(八)参加补充养老保险(年金)职工人数	11	141.0
(九)参加基本医疗保险职工人数	12	23,017.0
(十)参加补充医疗保险职工人数	13	330.0
(十一)参加失业保险职工人数	14	9,131.0
(十二)参加工伤保险职工人数	15	15,757.0
(十三)参加生育保险职工人数	16	7,712.0
(十四)接收军队转业、复员退伍人员总数	17	385.0
其中:当年接收军队转业、复员退伍人员数	18	39.0
(十五)实行工效挂钩职工人数	19	85.0
二、企业不在岗职工及劳动关系处理情况:	20	—
(一)年初不在岗职工人数(人)	21	5,735.0
其中:内退人数(人)	22	1,128.0
(二)年末不在岗职工人数(人)	23	5,814.0
其中:内退人数(人)	24	1,127.0
(三)本年累计解除劳动关系人数(人)	25	577.0
(四)本年累计支付经济补偿金额	26	304.9
其中:财政负担部分	27	282.0
三、工资及福利情况:	28	—
(一)全年应发工资总额	29	47,903.7

续表

项目	行次	金额
(二)全年实际发放工资总额	30	45,808.2
其中:全年实际发放职工工资总数	31	45,248.9
其中:全年实际发放在岗职工工资部额	32	43,340.6
(三)企业提取的工资总额	33	47,906.4
1.非工挂企业工资总额	34	47,906.4
2.工挂企业工资总额	35	
(1)核定的工挂企业工资总额基数	36	
(2)工挂企业提取的新增效益工资	37	
(四)离退休人员养老金及福利性补助	38	340.9
(五)企业负责人薪酬总额	39	1,378.3
企业负责人人数(人)	40	507.0
(六)本年列支的职工福利费	41	4,159.9
(七)本年支付的医药费	42	573.6
其中:离退休人员医药费	43	286.8
(八)本年企业支付的职工住房费用	44	656.9
其中:本年提取的住房公积金	45	517.8
本年一次性支付的住房补贴	46	
本年按月发放的住房补贴	47	112.3
四、本年支付的职工培训费用	48	406.3
五、产值(按现行价格计算):	49	—
(一)工业总产值	50	554,154.5
(二)工业增加值	51	215,654.4
六、本年收到的财政性资金	52	7,212.9
(一)基本建设性资金	53	412.2
(二)生产发展性资金	54	291.0
(三)社会保障性资金	55	137.1
(四)其他	56	6,372.6
七、本年科技资金来源及支出情况:	57	—
(一)本年科技资金来源合计	58	1,470.7
1.政府拨款	59	279.0
2.企业自筹	60	1,191.7
3.其他	61	

续表

项目	行次	金额
(二)本年科技支出合计	62	2,752.8
1.研究开发费用合计	63	2,752.8
(1)科技人员人工支出	64	978.8
(2)研究开发性固定资产支出	65	201.4
(3)其他研究开发支出	66	1,572.6
2.购买新技术、科研设备等支出	67	
3.其他科技支出	68	
八、固定资产情况:	69	—
(一)按使用情况划分(原价)	70	524,661.3
1.在用固定资产	71	509,495.8
2.未使用固定资产	72	12,437.5
3.不需用固定资产	73	2,728.0
(二)主要类别固定资产情况;	74	—
1.固定资产原价合计	75	524,661.3
其中:土地资产	76	18,153.2
房屋、建筑物	77	218,011.6
机器设备	78	233,900.0
运输工具	79	30,974.5
2.当年计提的固定资产折旧总额	80	32,090.9
其中:房屋、建筑物	81	9,363.1
机器设备	82	18,484.8
运输工具	83	2,666.1
3.当年计提折旧的平均固定资产原价	84	446,352.8
(三)当年固定资产投资总额	85	89,080.0
1.购置固定资产	86	54,016.6
2.基建投资	87	34,865.3
3.其他投资	88	198.1
九、投资收益	89	3,473.3
(一)长期股权投资	90	3,473.3
(二)交易性金融资产	91	
(三)交易性金融负责	92	
(四)持有至到期投资	93	

续表

项目	行次	金额
(六)其他收益项目	95	
十、拥有的自主知识产权专利数量(项)	96	10.0
其中:本年度新增专利数量(项)	97	2.0
十一、当年企业提取的安全生产费用	98	8,637.9
十二、当年企业支出的安全生产费用	99	3,152.4
十三、当年企业支付的环境保护及生态恢复支出	100	3,882.3
其中:(一)本年度上交正府统筹的支出	101	1,557.8
(二)本年度企业提取或据实列支的支出	102	2,324.4
十四、当年企业支出的节能减排费用	103	770.0
十五、企业累计向境外投资额	104	
其中:企业当年新增向境外投资额	105	

2009年山西省长治市国有资产主要分析指标表

指标名称	行次	数值
一、绩效指标	1	—
(一)盈利能力指标	2	—
1.净资产收益率(含少数股东权益)(%)	3	13.8
2.净资产收益率(不含少数股东权益)(%)	4	13.8
3.总资产报酬率(%)	5	7.8
4.营业利润率(%)	6	15.8
5.成本费用利润率(%)	7	16.5
6.盈余现金保障倍数	8	140.0
7.成本费用总额占营业总收入的比率(%)	9	84.7
(二)资产质量指标:	10	—
1.总资产周转率(次)	11	0.5

续表

项目	行次	金额
2.流动资产周转率(次)	12	0.9
3.存货周转率(次)	13	5.3
4.资产现金回收率(%)	14	7.0
5.存货增长率(%)	15	22.4
(三)债务风险指标:	16	—
1.资产负债率(%)	17	63.3
2.已获利息倍数	18	10.0
3.流动比率	19	1.1
4.速动比率	20	1.0
5.现金流动负债比率(%)	21	15.5
6.短期借款占全部借款的比率(%)	22	51.3
(四)经营增长指标:	23	—
1.营业总收入增长率(%)	24	-8.4
2.主营业务收入增长率(%)	25	-7.4
3.营业利润增长率(%)	26	-40.1
4.利润增长率(%)	27	-47.4
5.国有资本保值增值率(%)	28	112.0
6.资本积累率(%)	29	5.2
7.资产增长率(%)	30	3.3
8.固定资产增长率(%)	31	20.6
9.技术投入比率(%)	32	0.4
二、人均指标:	33	—
(一)从业人员人均利润(元/人)	34	33,315.7
(二)从业人员人均资产(元/人)	35	470,411.9
(三)职工人均利润(元/人)	36	30,367.1
(四)职工人均资产(元/人)	37	428,587.2
(五)全年职工人均工资(元/人)	38	14,707.0
(六)全年在岗职工人均工资(元/人)	39	18,399.7
(七)人均实际上交税金(元/人)	40	36,474.3
三、其他指标:	41	—
(一)固定资产投资占主营业务收入的比率(%)	42	13.7
(二)实发工资占应发工资的比率(%)	43	95.6

续表

指标名称	行次	数值
(三)平均固定资产折旧率(%)	44	7.2
(四)年末法定盈余公积占实收资本比重(%)	45	20.2
补充资料:	46	—
一、纳入决算范围二级子企业录入户数(户)	47	10.0
二、纳入决算范围三级子企业录入户数(户)	48	
三、纳入决算范围企业录入总户数(户)	49	270.0
四、纳入决算范围盈利企业户数(户)	50	127.0
五、纳入决算范围亏损企业户数(户)	51	143.0
六、纳入决算范围盈利企业盈利额(万元)	52	105,672.2
七、纳入决算范围亏损企业亏损额(万元)	53	-12,241.7
	54	

2009年山西省临汾市国有资产基本情况表

金额单位:万元

项目	行次	金额
一、职工人数情况(人):	1	—
(一)年末从业人员人数	2	20,187.0
(二)全年平均从业人员人数	3	20,156.0
(三)年末职工人数	4	22,293.0
其中:年末在岗职工人数	5	17,400.0
(四)全年平均职工人数	6	22,338.0
其中:全年平均在岗职工人数	7	17,429.0
(五)年末离休人数	8	301.0
(六)年末退休人数	9	4,608.0
(七)参加基本养老保险职工人数	10	17,187.0
(八)参加补充养老保险(年金)职工人数	11	892.0

续表

项目	行次	金额
(九)参加基本医疗保险职工人数	12	13,057.0
(十)参加补充医疗保险职工人数	13	5,206.0
(十一)参加失业保险职工人数	14	8,965.0
(十二)参加工伤保险职工人数	15	8,604.0
(十三)参加生育保险职工人数	16	6,236.0
(十四)接收军队转业、复员退伍人员总数	17	348.0
其中:当年接收军队转业、复员退伍人员数	18	3.0
(十五)实行工效挂钩职工人数	19	1,032.0
二、企业不在岗职工及劳动关系处理情况:	20	—
(一)年初不在岗职工人数(人)	21	6,943.0
其中:内退人数(人)	22	604.0
(二)年末不在岗职工人数(人)	23	6,849.0
其中:内退人数(人)	24	569.0
(三)本年累计解除劳动关系人数(人)	25	169.0
(四)本年累计支付经济补偿金额	26	231.2
其中:财政负担部分	27	
三、工资及福利情况:	28	—
(一)全年应发工资总额	29	37,276.3
(二)全年实际发放工资总额	30	33,102.2
其中:全年实际发放职工工资总数	31	27,367.6
其中:全年实际发放在岗职工工资部额	32	26,491.0
(二)企业提取的工资总额	33	37,197.8
1.非工挂企业工资总额	34	37,197.8
2.工挂企业工资总额	35	96,915.2
(1)核定的工挂企业工资总额基数	36	
(2)工挂企业提取的新增效益工资	37	
(四)离退休人员养老金及福利性补助	38	159.4
(五)企业负责人薪酬总额	39	839.8
企业负责人人数(人)	40	291.1
(六)本年列支的职工福利费	41	2,157.4
(七)本年支付的医药费	42	365.2
其中:离退休人员医药费	43	67.7

续表

项目	行次	金额
(八)本年企业支付的职工住房费用	44	650.4
其中:本年提取的住房公积金	45	588.0
本年一次性支付的住房补贴	46	1.7
本年按月发放的住房补贴	47	
四、本年支付的职工培训费用	48	104.8
五、产值(按现行价格计算):	49	—
(一)工业总产值	50	297,995.7
(二)工业增加值	51	216,637.2
六、本年收到的财政性资金	52	7,615.7
(一)基本建设性资金	53	6,407.6
(二)生产发展性资金	54	68.8
(三)社会保障性资金	55	25.0
(四)其他	56	1,114.4
七、本年科技资金来源及支出情况:	57	—
(一)本年科技资金来源合计	58	150.6
1.政府拨款	59	2.0
2.企业自筹	60	148.6
3.其他	61	
(二)本年科技支出合计	62	191.7
1.研究开发费用合计	63	114.7
(1)科技人员人工支出	64	29.9
(2)研究开发性固定资产支出	65	
(3)其他研究开发支出	66	84.8
2.购买新技术、科研设备等支出	67	23.6
3.其他科技支出	68	53.5
八、固定资产情况:	69	—
(一)按使用情况划分(原价)	70	423,671.0
1.在用固定资产	71	413,733.7
2.未使用固定资产	72	7,449.0
3.不需用固定资产	73	2,488.3
(二)主要类别固定资产情况:	74	—
1.固定资产原价合计	75	423,671.0

续表

项目	行次	金额
其中：土地资产	76	29,159.3
房屋、建筑物	77	154,808.6
机器设备	78	171,889.9
运输工具	79	12,757.3
2.当年计提的固定资产折旧总额	80	12,757.3
其中：房屋、建筑物	81	7,654.7
机器设备	82	10,437.2
运输工具	83	2,269.0
3.当年计提折旧的平均固定资产原价	84	340,007.5
（三）当年固定资产投资总额	85	35,961.9
1.购置固定资产	86	17,564.7
2.基建投资	87	18,250.5
3.其他投资	88	146.7
九、投资收益	89	116.1
（一）长期股权投资	90	42.6
（二）交易性金融资产	91	
（三）交易性金融负责	92	
（四）持有至到期投资	93	
（五）可供出售金融资产	94	
（六）其他收益项目	95	73.5
十、拥有的自主知识产权专利数量（项）	96	
其中：本年度新增专利数量（项）	97	
十一、当年企业提取的安全生产费用	98	6,240.7
十二、当年企业支出的安全生产费用	99	6,569.7
十三、当年企业支付的环境保护及生态恢复支出	100	7,106.8
其中：（一）本年度上交正府统筹的支出	101	4,313.1
（二）本年度企业提取或据实列支的支出	102	2,793.7
十四、当年企业支出的节能减排费用	103	3,223.6
十五、企业累计向境外投资额	104	
其中：企业当年新增向境外投资额	105	

2009年山西省临汾市国有资产主要分析指标表

指标名称	行次	数值
一、绩效指标	1	—
（一）盈利能力指标	2	—
1.净资产收益率（含少数股东权益）(%)	3	18.2
2.净资产收益率（不含少数股东权益）(%)	4	18.2
3.总资产报酬率(%)	5	12.0
4.营业利润率(%)	6	27.7
5.成本费用利润率(%)	7	39.5
6.盈余现金保障倍数	8	28.8
7.成本费用总额占营业总收入的比率(%)	9	72.3
（二）资产质量指标：	10	—
1.总资产周转率（次）	11	0.4
2.流动资产周转率（次）	12	0.8
3.存货周转率（次）	13	3.1
4.资产现金回收率(%)	14	2.2
5.存货增长率(%)	15	-15.3
（三）债务风险指标：	16	—
1.资产负债率(%)	17	56.9
2.已获利息倍数	18	15.0
3.流动比率	19	1.2
4.速动比率	20	1.1
5.现金流动负债比率(%)	21	4.8
6.短期借款占全部借款的比率(%)	22	52.3
（四）经营增长指标：	23	—
1.营业总收入增长率(%)	24	-18.4
2.主营业务收入增长率(%)	25	-19.2
3.营业利润增长率(%)	26	-41.8
4.利润增长率(%)	27	-40.6
5.国有资本保值增值率(%)	28	113.4
6.资本积累率(%)	29	13.4

续表

指标名称	行次	数值
7.资产增长率(%)	30	10.7
8.固定资产增长率(%)	31	8.4
9.技术投入比率(%)	32	0.1
二、人均指标:	33	—
(一)从业人员人均利润(元/人)	34	55,922.2
(二)从业人员人均资产(元/人)	35	525,172.7
(三)职工人均利润(元/人)	36	50,459.7
(四)职工人均资产(元/人)	37	475,560.6
(五)全年职工人均工资(元/人)	38	12,251.6
(六)全年在岗职工人均工资(元/人)	39	15,199.4
(七)人均实际上交税金(元/人)	40	45,499.8
三、其他指标:	41	—
(一)固定资产投资占主营业务收入的比率(%)	42	9.3
(二)实发工资占应发工资的比率(%)	43	88.8
(三)平均固定资产折旧率(%)	44	6.8
(四)年末法定盈余公积占实收资本比重(%)	45	24.0
补充资料:	46	—
一、纳入决算范围二级子企业录入户数(户)	47	2.0
二、纳入决算范围三级子企业录入户数(户)	48	
三、纳入决算范围企业录入总户数(户)	49	288.0
四、纳入决算范围盈利企业户数(户)	50	123.0
五、纳入决算范围亏损企业户数(户)	51	165.0
六、纳入决算范围盈利企业盈利额(万元)	52	135,329.2
七、纳入决算范围亏损企业亏损额(万元)	53	-22,612.4
	54	

2009 年山西省运城市国有资产基本情况表

金额单位:万元

项目	行次	金额
一、职工人数情况(人):	1	—
(一)年末从业人员人数	2	15,180.0
(二)全年平均从业人员人数	3	12,383.0
(三)年末职工人数	4	14,937.0
其中:年末在岗职工人数	5	9,665.0
(四)全年平均职工人数	6	14,873.0
其中:全年平均在岗职工人数	7	9,663.0
(五)年末离休人数	8	216.0
(六)年末退休人数	9	5,198.0
(七)参加基本养老保险职工人数	10	12,891.0
(八)参加补充养老保险(年金)职工人数	11	
(九)参加基本医疗保险职工人数	12	8,226.0
(十)参加补充医疗保险职工人数	13	
(十一)参加失业保险职工人数	14	7,208.0
(十二)参加工伤保险职工人数	15	3,221.0
(十三)参加生育保险职工人数	16	1,042.0
(十四)接收军队转业、复员退伍人员总数	17	1,047.0
其中:当年接收军队转业、复员退伍人员数	18	3.0
(十五)实行工效挂钩职工人数	19	35.0
二、企业不在岗职工及劳动关系处理情况:	20	—
(一)年初不在岗职工人数(人)	21	5,229.0
其中:内退人数(人)	22	898.0
(二)年末不在岗职工人数(人)	23	4,626.0
其中:内退人数(人)	24	745.0
(三)本年累计解除劳动关系人数(人)	25	85.0
(四)本年累计支付经济补偿金额	26	304.9.0
其中:财政负担部分	27	282.0
三、工资及福利情况:	28	—
(一)全年应发工资总额	29	17,034.4

续表

项目	行次	金额
(二)全年实际发放工资总额	30	15,933.9
其中:全年实际发放职工工资总数	31	13,061.2
其中:全年实际发放在岗职工工资部额	32	12,043.0
(三)企业提取的工资总额	33	16,497.8
1.非工挂企业工资总额	34	16,497.8
2.工挂企业工资总额	35	43.2
(1)核定的工挂企业工资总额基数	36	
(2)工挂企业提取的新增效益工资	37	
(四)离退休人员养老金及福利性补助	38	405.2
(五)企业负责人薪酬总额	39	796.1
企业负责人人数(人)	40	438
(六)本年列支的职工福利费	41	611.3
(七)本年支付的医药费	42	361.6
其中:离退休人员医药费	43	88.1
(八)本年企业支付的职工住房费用	44	385.8
其中:本年提取的住房公积金	45	357.5
本年一次性支付的住房补贴	46	9.6
本年按月发放的住房补贴	47	3.0
四、本年支付的职工培训费用	48	80.1
五、产值(按现行价格计算):	49	—
(一)工业总产值	50	103,914.1
(二)工业增加值	51	10,890.9
六、本年收到的财政性资金	52	5,265.0
(一)基本建设性资金	53	50.0
(二)生产发展性资金	54	0.9
(三)社会保障性资金	55	88.7
(四)其他	56	5,125.4
七、本年科技资金来源及支出情况:	57	—
(一)本年科技资金来源合计	58	25.0
1.政府拨款	59	10.0
2.企业自筹	60	15.0
3.其他	61	

续表

项目	行次	金额
(二)本年科技支出合计	62	24.8
1.研究开发费用合计	63	24.8
(1)科技人员人工支出	64	
(2)研究开发性固定资产支出	65	
(3)其他研究开发支出	66	24.8
2.购买新技术、科研设备等支出	67	
3.其他科技支出	68	
八、固定资产情况:	69	—
(一)按使用情况划分(原价)	70	436,783.5
1.在用固定资产	71	407,383.6
2.未使用固定资产	72	27,598.8
3.不需用固定资产	73	1,801.1
(二)主要类别固定资产情况:	74	—
1.固定资产原价合计	75	436,783.5
其中:土地资产	76	20,289.9
房屋、建筑物	77	155,945.8
机器设备	78	250,895.3
运输工具	79	3,397.3
2.当年计提的固定资产折旧总额	80	19,420.1
其中:房屋、建筑物	81	5,485.6
机器设备	82	13,462.3
运输工具	83	209.4
3.当年计提折旧的平均固定资产原价	84	348,915.2
(三)当年固定资产投资总额	85	12,445.1
1.购置固定资产	86	2,408.3
2.基建投资	87	9,897.6
3.其他投资	88	139.2
九、投资收益	89	2,698.0
(一)长期股权投资	90	2,582.5
(二)交易性金融资产	91	
(三)交易性金融负债	92	
(四)持有至到期投资	93	

续表

项目	行次	金额
(六)其他收益项目	95	115.5
十、拥有的自主知识产权专利数量(项)	96	
其中:本年度新增专利数量(项)	97	
十一、当年企业提取的安全生产费用	98	88.6
十二、当年企业支出的安全生产费用	99	77.3
十三、当年企业支付的环境保护及生态恢复支出	100	1.2
其中:(一)本年度上交正府统筹的支出	101	
(二)本年度企业提取或据实列支的支出	102	1.2
十四、当年企业支出的节能减排费用	103	0.8
十五、企业累计向境外投资额	104	
其中:企业当年新增向境外投资额	105	

2009年山西省运城市国有资产主要分析指标表

指标名称	行次	数值
一、绩效指标	1	—
(一)盈利能力指标	2	—
1.净资产收益率(含少数股东权益)(%)	3	-34.1
2.净资产收益率(不含少数股东权益)(%)	4	-41.7
3.总资产报酬率(%)	5	-4.2
4.营业利润率(%)	6	-21.6
5.成本费用利润率(%)	7	-15.7
6.盈余现金保障倍数	8	-11.9
7.成本费用总额占营业总收入的比率(%)	9	122.7
(二)资产质量指标:	10	—
1.总资产周转率(次)	11	0.2

续表

项目	行次	金额
2.流动资产周转率(次)	12	0.8
3.存货周转率(次)	13	2.8
4.资产现金回收率(%)	14	0.5
5.存货增长率(%)	15	-39.3
(三)债务风险指标:	16	—
1.资产负债率(%)	17	88.6
2.已获利息倍数	18	-12.6
3.流动比率	19	0.5
4.速动比率	20	0.4
5.现金流动负债比率(%)	21	1.1
6.短期借款占全部借款的比率(%)	22	24.7
(四)经营增长指标:	23	—
1.营业总收入增长率(%)	24	-52.6
2.主营业务收入增长率(%)	25	-52.9
3.营业利润增长率(%)	26	
4.利润增长率(%)	27	
5.国有资本保值增值率(%)	28	67.0
6.资本积累率(%)	29	-47.4
7.资产增长率(%)	30	-31.4
8.固定资产增长率(%)	31	-22.4
9.技术投入比率(%)	32	
二、人均指标:	33	—
(一)从业人员人均利润(元/人)	34	-32,825.4
(二)从业人员人均资产(元/人)	35	477,064.1
(三)职工人均利润(元/人)	36	-27,329.9
(四)职工人均资产(元/人)	37	484,825.2
(五)全年职工人均工资(元/人)	38	8,781.8
(六)全年在岗职工人均工资(元/人)	39	12,463.0
(七)人均实际上交税金(元/人)	40	3,339.6
三、其他指标:	41	—
(一)固定资产投资占主营业务收入的比率(%)	42	6.1
(二)实发工资占应发工资的比率(%)	43	93.5

续表

指标名称	行次	数值
(三)平均固定资产折旧率(%)	44	5.6
(四)年末法定盈余公积占实收资本比重(%)	45	2.2
补充资料:	46	—
一、纳入决算范围二级子企业录入户数(户)	47	7.0
二、纳入决算范围三级子企业录入户数(户)	48	
三、纳入决算范围企业录入总户数(户)	49	224.0
四、纳入决算范围盈利企业户数(户)	50	109.0
五、纳入决算范围亏损企业户数(户)	51	115.0
六、纳入决算范围盈利企业盈利额(万元)	52	1,329.4
七、纳入决算范围亏损企业亏损额(万元)	53	-41,977.1
	54	

2010

SHANXI PROVINCE STATE-OWNED ASSETS SUPERVISION AND ADMINISTRATION YEARBOOK

山 西 省 国 有 资 产 监 督 管 理 年 鉴

山西省国有资产监督管理政策法规选编

第六篇

转型跨越发展的常村煤矿

潞安集团常村煤矿，是我国首次利用世行贷款建设的现代化矿井，是一座年产原煤700多万吨、销售收入30多亿元、拥有职工7200多人的特大型国有煤矿，是潞安集团的骨干企业。

"十一五"以来，面对全球金融危机，常村煤矿按照科学发展观要求，特别是按照省委省政府"转型发展、跨越发展"的要求，制定了加快安全发展、高效发展、创新发展、永续发展、绿色发展、和谐发展的全新战略，确定了建设潞安第一品牌企业的目标，全矿各方面工作都实现了又好又快发展，矿井各项生产经营指标全部逆市上扬、再创历史最好水平。

特别是2010年，该矿干部职工在以矿长王观昌、党委书记张丛林为代表的矿党政领导下，认真贯彻省干部大会精神和公司干部大会的部署，大力弘扬"务实创新，追求卓越"的团队精神，攻坚克难，奋勇争先，在八个方面实现了新的突破。

一是安全发展实现新突破。率先建成全国首个紧急避险示范采区，首次实现了瓦斯零超限；潞阳公司、温庄煤业等6座整合矿井消灭了轻伤以上事故，实现了零事故，全矿百万吨死亡率0.099人，安全生产继续保持平稳健康的发展态势。

二是高效生产实现新突破。全矿原煤产量首次突破1000万吨大关，达到1006.2万吨，提前三年实现"一矿多井千万吨"的战略目标，率先建成潞安集团千万吨矿井。

三是经济效益实现新突破。销售收入突破50亿元大关达到52亿元；实现利润突破11亿元达到11.11亿元，再创历史新高。

四是后劲建设实现新突破。S6采区首个工作面完成安装；470水平开拓、王村风井建设手续办理齐全，各项工程有序、快速推进；村庄搬迁加快；自动化矿井、数字化采区建设成效显著。

五是整合矿井建设实现新突破。麦捷矿的各种证照办理齐全，正常生产，祥升矿的基建开工报告已经获批，其他三座矿井的安全专篇也已通过评审，开工报告即将获批，温庄煤业、潞阳公司各整合矿井系统完善、装备升级和现代化建设的步伐明显加快。

六是党建绩效实现新突破。深入开展"创先争优"活动，大力推进学习型党组织建设，坚持完善"一个机制，四个载体"，党建绩效、企业文化、社区建设、文明创建都取得可喜成绩。

常村煤矿

七是品牌建设实现新突破。以迎接全国推广井下避险设施现场会、承办公司十七届老运会和矿庆活动为契机，全面提升质量标准化水平，狠抓矿区社区环境建设，展示了矿井的良好形象。

八是惠民工程实现新突破。幼儿园、新单身公寓建成投用，对部分原有单身楼进行了改造，N3 猴车系统投入运行，改善了职工的作业条件、生活环境，提高了职工的物质文化生活水平。

常村煤矿多次被评为全国特级高产高效和安全质量标准化国标一级矿井，通过质量、环境和职业健康安全管理体系认证，先后荣获中国能源化学工业工会全国委员会“安全生产做出突出贡献矿井”、“全国煤炭环境保护优秀单位”、全国职工职业道德建设“十佳单位”、全国首批资源利用先进企业，全国企业文化建设优秀单位、山西省文明和谐单位标兵等荣誉称号。

图① 常村煤矿构建了“PCPR”安全管理体系，在井下 N3 采区建成全国首个应急避险采区。图为国家安全生产监督管理总局副局长、国家煤矿安全监察局局长赵铁锤，原山西省副省长陈川平到常村煤矿视察指导煤矿井下避险设施建设应用工作

图② 全省非煤矿山安全避险“六大系统”建设推进会在常村煤矿召开，潞安集团副总经理、常村煤矿矿长王观昌（右二）向与会代表介绍六大系统建设情况

图③ 常村煤矿在寿阳整合矿井 9 座，保留矿井 5 座，图为麦捷煤业

图④ 风景优美、如入画境的常村煤矿社区一角

潞安集团漳村煤矿

矿长　李建宏

党委书记　段贵德

潮平两岸阔　风正一帆悬

漳村煤矿是潞安集团下属的一座以采矿、洗选为主的大型矿井，全国首批现代化矿井、国家环保先进企业、部特级质量标准化矿井、行业特级高产高效矿井、科技进步十佳矿井、科技创新示范矿、双十佳煤矿、山西省爱国卫生标兵单位、山西省文明和谐单位标兵；2006年—2010年，连续五年被评为“国家特级安全高效矿井”，连续五年蝉联全国“安康杯”竞赛优胜企业，跻身“全国自主创新优秀企业”行列，2007年、2010年两次荣获“全国五一劳动奖状”。

漳村煤矿始建于1958年，建矿初期矿井的核定能力仅有10万吨。20世纪70年代，实施了第一次改扩建，矿井设计能力由10万吨提高到了60万吨，80年代进行了第二次改扩建，矿井设计能力达到了150万吨，核定能力达到了180万吨；“七五”期间，依靠自学成才，建成了全国首批现代化矿井；“八五”期间，率先提出建设一井一面一条运输线日产万吨的“四一型”高产高效矿井，经过“八五”、“九五”、“十五”三个五年的努力，“四一型”目标全面实现，矿井生产能力达到了400万吨。

刚刚过去的“十一五”，是漳村矿“战略发展最快、改革步子最大、经营质效最好、职工得到实惠最多”的五年，在既强又大国际化新潞安建设中发挥了引领和骨干作用。“十一五”期间，漳村煤矿紧紧把握行业发展脉搏，瞄准世界煤炭数字化、自动化、信息化新技术，依靠自主创新，提出“建设数字化矿山”的战略构想。2008年底，建成了全国首座数字化矿山，实现了装备现代化、系统自动化、功能智能化、管理信息化，建设成果列入全国企业新纪录，达到国际领先水平。同时，根据矿山发展实际，漳村矿果断调适发展战略，全力实施了“村庄搬迁、水平延伸、资源整合”三大工程，先后在临汾、晋中、长治等地整合煤矿5座，整合资源2.8亿吨，形成了“一矿六井”的发展新模式，制约企业发展的瓶颈问题基本解决，企业的发展后劲明显增强。实现了喷吹煤产量、销售收入、实现利润、多经发展、职工收入“五大翻番”；企业战略发展、数字化矿山建设、本质安全型矿井建设、内部市场化改革、和谐文明矿区建设“五大跨越”；科技进步、人才培养、文化融合、多经发展、党建工作“五大突破”的辉煌成绩。

潮平两岸阔，风正一帆悬！“十二五”，漳村煤矿将紧紧围绕集团“亿吨煤炭、立体能源、总量翻番、国际潞安”的战略要求，瞄准“一矿六井、产能千万”的奋斗目标，坚持解放思想和科学发展两手抓，坚持煤炭生产和经营贸易两手抓，坚持矿井本部和整合矿井两手抓，坚定不移地走好“矿山数字化、安全生产集约化、改革市场化、贸易多元化、效益最优化、人才立体化”六条路子，努力实现矿山的安全发展、永续发展、和谐发展，全面打造品牌漳村、实力漳村、魅力漳村，为建设既强又大国际化新潞安再立新功勋，再做新贡献，再谱新篇章！

潞安集团漳村煤矿

2010 年 1 月 18 日,潞安集团董事长任润厚(左三)深入李阳煤业调研

潞安集团党委书记王安民(左一)深入一缘煤业调研

矿领导下井指导工作

按星级标准打造的井下职工自助营养餐

集休闲、娱乐、办公等功能为一体的老年活动中心——颐年苑

山西潞安郭庄煤业有限责任公司

先进的污水处理装置

整洁明亮的矿灯领用超市

山西潞安郭庄煤业有限责任公司是集原煤开采，洗选加工、焦化、房地产、旅游开发、新型建材生产为一体的多元化发展的新型企业。前身为屯留县郭庄煤矿，始建于1988年。矿区西、北距309国道均2.5公里，东距208国道4公里，交通条件畅达便利。现原煤生产能力为180万吨/年，焦炭135万吨/年。公司本部现有在职员工1500余人。

矿井于1996年12月29日投入试生产，2005年9月，和潞安矿业集团、常平钢铁有限公司共同出资组建成立了山西潞安郭庄煤业有限责任公司，企业注册资本16990万元，通过2009年内部股权转让，潞安矿业集团占70%，屯留众鑫工贸有限公司占30%。

在新的起点上，郭庄煤业将进一步落实科学发展观，以开放的视野确定发展战略，把郭庄建成主业更加突出，辅业充满活力，核心竞争力更加突出的企业。坚信不久的将来，一个规模化、多元化、现代化的特色郭庄将呈现在世人面前。

老爷山开发项目

变电室

团结奋进的矿领导班子

副井

铁路专用线竣工

300 万吨矿井技改项目

机械化采煤工作面

郭庄矿办公楼南面透视图

潞安矿业(集团)石圪节煤业公司

石圪节煤业公司总经理杨同敏荣获省"五一"劳动奖章

团结一致、拼搏奋进的石圪节煤业公司领导班子

潞安矿业(集团)石圪节煤业公司是晋、冀、鲁、豫边区矿工起义解放的第一座煤矿,被誉为"中国煤炭企业一枝花","艰苦奋斗、勤俭办矿"的石圪节精神更是全国工交战线一面永不褪色的精神红旗。建矿以来,石圪节共获100多项国家、省、部级荣誉。1963年,石圪节被周恩来总理树为全国工交战线勤俭办企业的五面红旗之一;1990年,江泽民、李鹏等十一位党和国家领导人为石圪节题词赠言;1991年,江泽民、李鹏、宋平等党和国家领导人在人民大会堂亲切接见石圪节矿风报告团,号召全国学习"艰苦奋斗,勤俭办矿"的石圪节精神;2007年,樊坤红被评为全煤系统劳模,受到温家宝总理的亲切接见;2009年,石圪节再次被评为"全国文明单位"。

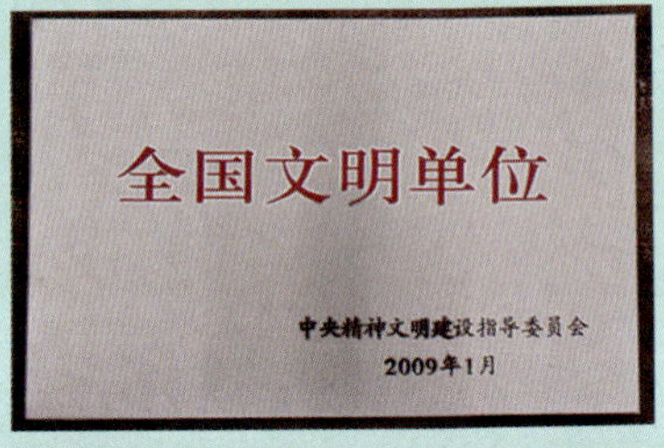

建矿80余年以来,石圪节历经三次创业实践。第一次创业为矿山解放后石圪节积极投身于新中国建设,对矿井先后进行五次大的技术改造,将一个年产万吨的小煤窑,建设成为年产百万吨的新矿山。实现了"由小到大"的蜕变;第二次创业为20世纪70年代末,在改革开放的新形势下,石圪节人主动请战,艰苦奋斗,依靠科技进步,率先建成了全国首批现代化样板矿井。实现了"由土到洋"的蜕变;第三次创业为21世纪初石圪节审时度势,制定了"实施第三次创业战略、建设新型绿色石圪节"的发展思路,构筑"3+1"格局,即三大基地(洁净能源基地、高新技术基地、生态农业基地)和特色企业文化,着力强调新型发展、绿色发展,实现了"由黑到绿"的蜕变。

面对优势资源枯竭的现状,石圪节人充分发扬艰苦奋斗的优良矿风,通过实施"关旧变新、开下建新、外延拓新、改老换新、文化促新""五新"创业理念,构建"一矿多井"管理格局,着力打造"千万吨煤炭企业",力争在"十二五"期间全面实现老矿复兴。关旧变新,即旧井关闭破产,企业实施重组;开下建新,即石圪节本部老矿通过开采下组煤,实现新生;外延拓新,即走出去整合煤矿,保证石圪节的生产接续。建设上马新井,让石圪节返老还童;改老换新,即一是老井运用新工艺、新技术进行薄煤层开采,井下生产条件、面貌焕然一新。二是改变石圪节由于矿井老化而导致的地面生活设施老化的局面;文化促新,即不断赋予石圪节精神"艰苦奋斗、励新图强"的时代内涵,以文化的力量推动石圪节永续、健康、快速发展。

山西能源煤层气投资控股有限公司

煤层气开发利用领域里的先行军

——世行贷款煤层气开发利用示范项目

在大力发展清洁能源已成为从中央到地方共识的大背景下，山西能源煤层气投资控股有限公司承载实施了世行贷款煤层气开发利用示范项目（简称：世行项目）。该项目是国家利用世界银行贷款2007—2009财年备选项目，是山西省率先利用世界银行贷款开发建设煤层气产业的示范性项目，2009年被正式列入山西省重点工程项目。世行项目作为国家的主权外债项目，自项目筹建以来，就受到了国家发改委、财政部、世界银行中国代表处、山西省委、省政府和省市有关部门的高度重视和大力支持，各项推进工作规范有序进行，现已进入全面建设阶段。

世行项目总投资134955万元，项目资金由三部分组成：项目资本金34000万元；世行贷款8000万美元，折合人民币54720万元（汇率1:6.84）；国内银行贷款46235万元。建设内容包括煤层气开发工程和煤层气液化工程两部分，煤层气开发工程是在晋城市沁水县郑庄乡以直井和水平井相结合的方式实施打井采气，并组织建设相应的集输工程，建成后年产煤层气2.5亿Nm^3。煤层气液化工程建设地点在晋城市沁水县端氏镇，主要是建设4×25万Nm^3/天的煤层气液化装置及1套公用工程和辅助系统，建成后日处理液化煤层气100万方，年产液化煤层气20万吨。

为了更好地推进世行项目，2006年6月，山西能源产业集团有限责任公司牵头组建了山西能源煤层气投资控股有限公司作为世行项目的实施主体，公司注册资本为一亿元人民币，主营业务包括对煤层气、煤炭和煤化工等新型能源及相关行业的投资和经营。

公司成立以来，始终站在科学发展的高度，依托山西能源产业集团有限责任公司在山西省煤层气产业领域的先发优势，和三家国有大型企业股东集团化合作的优势，紧紧抓住山西省实施转型跨越发展，全面提出气化山西战略目标，大力支持煤层气、天然气和焦炉煤气等新能源产业发展的战略机遇，立足世行项目的实施，进一步延伸煤层气产业链，着力打造一个集煤层气开发、液化、储运、销售于一体的现代企业。公司的宗旨是通过构筑山西能源煤层气产业投融资平台，整合资源，促进山西煤层气产业健康快速发展，真正把公司建设成为山西乃至全国的大型煤层气集团公司。

“十二五”时期，是我省全面贯彻落实转型跨越发展战略，全力落实“气化山西”发展目标的关键时期。这既是一项战略工程，更是一项造福于民的生态工程。在“十二五”期间，公司将围绕建设世行示范项目，打造煤层气精品工程的总体目标，确保全面完成世行项目的建设工作，充分发挥公司在山西省建设新型能源和工业基地发展战略中的投融资作用，将公司打造成为山西乃至全国的大型煤层气集团公司的战略目标，为山西省全面实现“气化山西”发展战略绘出新的画卷。

山西能源煤层气投资控股有限公司
世界银行贷款山西煤层气开发利用示范项目

晋煤集团金鼎煤机矿业

山西省委书记、省人大常委会主任袁纯清，省委副书记、省长王君到晋煤集团在金鼎公司工业园区调研

自主研制引进的支架自动焊接机器人流水线

2010年，金鼎公司围绕“全力打造独具特色新型工业化煤机产业发展集团”的愿景目标，坚持六条发展路径（创新之路、品牌之路、市场之路、“哑铃式”之路、内涵式发展之路、规模化之路），以实现煤机产业转型发展为首要任务，以振兴煤炭装备制造业为神圣使命，以打造企业核心竞争力为主要目标，以制造“三高”（高质、高新、高端）产品为己任，以构建产业链为主要途径，以技术创新、品牌建设和追求社会效益为主攻方向，以深化改革为强大动力，大力推进煤机产业转型发展，各项事业取得重大突破。

[全年主要经济指标]

全年实现生产经营总额18.5亿元，同比提高198%；实现利润6500万元，同比提高853%；职工人均收入突破6万元，同比提高13%；人均产值效率为60.2万元，同比提高63%。

截止2010年底，企业资产规模达19亿元，比2008年增加14.5亿元。

[重点工作完成情况]

一、安全生产持续向好。突出“安全高于一切，一切为了安全”的理念，细化了三项安全基础工作，落实了安全红线管理；推行了四种管理方法，构建了安全管控体系；开展了五项安全教育，提升了全员安全意识；严格了六查活动，增强了管理人员的履职能力；强调了七个问责，提高了自主管理水平。

二、企业改革破冰前行。2010年，进行了煤机资产、资源、资本、组织结构、体制机制全方位战略重组，公司制改革、专业化生产、集团化运作取得总体推进。

实现了“工厂制”向“公司制”的根本性转变，优化了经济结构，增强了经济活力。煤机产业由单一检修向多链产业发展的根本性转变，从专业化向集团化的扩张，构建起了集研发——制造——试验为一体

现代化的金鼎煤机工业园区

有限责任公司

的煤机技术创新产业链和产品开发设计、生产制造、配送分销、销售服务的一体化竞争链条。

三、产业建设方兴未艾。2010年，在煤炭机械行业率先提出“依托煤炭，振兴煤机”的新思维，以项目建设推进产业链构建，率先走出了一条互为推进的“以煤兴机，以机促煤，各得其所，多元发展”的低成本转型发展、跨越发展之路。煤机制造与检修产业竞相发展。2010年，建成了煤机工业园区，汇聚了支架、三机、皮带机和汽车运输分公司。

煤炭产业全面起步。2010年，整合了五对生产矿井，实现了从行政整合到股权整合，从股权整合到全面接管，到全面开工建设。截止2010年底，拥有五个煤炭生产基地，产能600万吨的现代煤炭产业。

四、科技创新硕果累累。高举创新旗帜，发扬首创精神，围绕“三高”产品，建立了煤机研究院和煤炭装备试验基地。成功研发制造了世界第一高——7.6米高端液压支架、具有自主知识产权世界首创产品——短壁采煤机、具有核心技术的1.6米皮带机、自主知识产权的1米重型刮板机等十五项新产品。自主研制引进了支架自动焊接机器人流水线和高强板低温焊接技术、国内最先进的铸造流水生产线。采掘六项装备技术和工艺、连掘工艺得到成功推广，开启了一条为煤矿实现机械化开采提供一体化解决方案的通道，成功破解了特殊地质条件下的多巷掘进技术和支护技术两大世界难题。

五、品牌形象充分彰显。以科技创新为突破，注重自主知识产权，开发“三高”系列产品，夯实了品牌建设的基础；引进先进设备和工艺，通过新技术、新工艺提升了产品的先进性；通过新产品推介和参加高规格展会，展示企业技术创新成果，增加了用户对品牌的了解和认同；通过提高产品质量、加强售后服务，提升了品牌的知名度和美誉度；通过严肃处理质量和服务事故，强化了干部职工的责任意识和品牌意识。

六、精神文明建设卓有成效。秉承“一切为了职工”的信念，高度关注民生，在各子分公司上马了一批先进装备，提升了机械化作业水平，降低了工人劳动强度；为职工发放节日、生日贺礼和午餐补助，实现了全员体检；改造政和街，改造社区水暖电系统，铺就柏油道路、美化社区环境，更换社区健身器材，实现了生活区域宜居化；修建了职工康复中心、职工洗浴中心、职工文化园，进行了电视数字化改造，践行了改革发展成果普惠广大职工的发展宗旨。公司连续两年被省国资委授予“文明单位”称号。

国家高新技术企业

全国煤炭机械工业优秀企业

山西省煤炭设备制造十佳企业

先进集体一等奖

自主研发生产的世界之最——7.6米大采高液压支架

自主研发生产的1.6米皮带机

具有自主知识产权，世界首创产品短壁采煤机

集团公司曹建平副总经理来公司检查指导工作

公司经理、书记　武在军

团总支开展主题实践活动

员工安全教育培训

通信应急演练

晋煤集团

晋煤集团通信分公司，主要负责企业的信息化建设工作，公司成立七年来，紧紧围绕集团公司发展，加强和推进信息化建设，为企业的发展提供了有力的保障。2010 年，通信分公司深入贯彻落实科学发展观，以提升信息化建设水平为主线，以经营服务为抓手，精心谋划，周密部署，攻坚克难，各项工作实现新突破。

一、安全工作扎实推进

严格落实安全责任制，扎实开展安全技术"会诊"，深化自主管理，突出隐患排查，提高员工技能，开展领导干部基层巡查，构建党政工团齐抓共管格局，实现全年安全生产无事故。

二、经营指标圆满完成

全年完成收入指标 3930 万元。以年度经营目标为引领，对内以全面预算管理为抓手，对外以市场营销为手段，全年签订业务协议 18 份，实现增收 220 万元。

三、生产运行稳中求进

全年发展固话 1710 户，宽带 3115 户，长途巡线 6000 余公里，日常割接 70 余次，检修测试百余次。另外，在 7 月顺利完成对王台通信站的接管；建立下发《领导调度值班管理制度》，启动调度值班。

——网络性能持续优化　全年新增网络出口 2 个十兆、4 个千兆；完成宽带远程接入服务器（BRAS）系统的安装调试，综合网管系统的升级改造，软交换核心系统的安装调试并在赵庄晋丹小区进行实施以及完成机关和王台辖区程控交换机模块局改造，成庄—寺河（110KV）、成庄—段河—寺河、赵庄—晋丹 60 余公里通信线路建设。

——信息化建设积极推进　2010 年，顺利通过集团公司对供应、机电、通风、安全等 6 个系统的检查验收，完成运销、地质图文、职教等系统的调试安装和推广应用以及办公

安全小分队开展巡查活动

慰问老党员、老干部

通信分公司

自动化“昨日要情”、“领导带班”、“井上领导巡查”模块的开发上线使用，集团公司二期视频会议补点设备的安装调试、集团公司内网改版等工作。

——安全生产信息网络巩固完善　实施末端网络双链路改造、直连链路备用，服务器增设应急备用系统。完成井下人员作业系统、安全监管执法网络平台以及赵庄二号井三大系统的联网建设工作；进行软件系统升级，并对各矿井监测监控系统采集和上传数据实施了留痕备份；为赵庄二号井、寺河二号井、岳城矿等无人值守机房增加了核心设备。

四、客服水平显著提高

完成电信综合业务平台上线试运行以及寺河通信站营业厅和运维中心超市营业厅开业；积极实施凤矿、王台、赵庄通信站营业厅亮化工程，并与地方运营商协商，成功对古矿绿苑一期、王台二小区、电厂小区近2000户宽带进行割接，对外形象更加彰显。

五、职工素质明显提升

全年共组织各类培训15批次，开展岗位技能竞赛6个工种，特别是有针对性地开展第一届软件开发技能竞赛。深入推进应知应会培训，编写完成补充手册，相继开展第三、四期考试。在科技创新上，全年申报科技项目11个，其中荣获集团公司技术进步四等奖1个、五等奖3个。

六、精神文明硕果累累

深入开展创先争优和学习型党组织活动，完善“点线面”结合的廉洁从业风险防控机制，建立通联例会制度，对外宣传报道实现大飞跃。工会组织积极围绕公司中心工作，开展群众喜闻乐见活动，获得全国煤炭系统“体育工作先进单位”荣誉称号。

通信站楼中心机房

中心机房一角

技能竞赛

矿长王清亮深入井下现场检查工作

党委书记杨剑平深入井下查看"一区两岗三队"活动开展情况

山西汾西新峪煤业有限责任公司

新峪公司是山西焦煤汾西矿业集团的主力生产矿井，地处吕梁山腹地的孝义市境内西南 20 公里，介西铁路、孝午公路横穿矿区，交通十分便利。拥有职工 4900 余人，年生产能力 500 万吨，拥有设计能力为 500 万吨的选煤厂。1966 年 1 月建成投产，40 多年来已为国家生产原煤近亿吨，是享誉全国的"五一劳动奖章"殊荣企业。先后荣获全国煤炭特级安全高效矿井，全国模范职工之家，全国煤矿安全思想宣传教育优秀单位、全国煤炭系统建设和谐社区先进单位、全国文明煤矿、山西省文明和谐单位标兵等荣誉。

近年来，新峪公司依托山西焦煤大集团的发展优势，逐步加快发展速度，提升发展质量，面对新机遇、新挑战，按照"军事化管人，精细化管事"的理念，紧紧围绕打造"安全优质高效和谐"新峪的目标，以科学发展观统领各项工

团结奋进的新峪公司领导班子

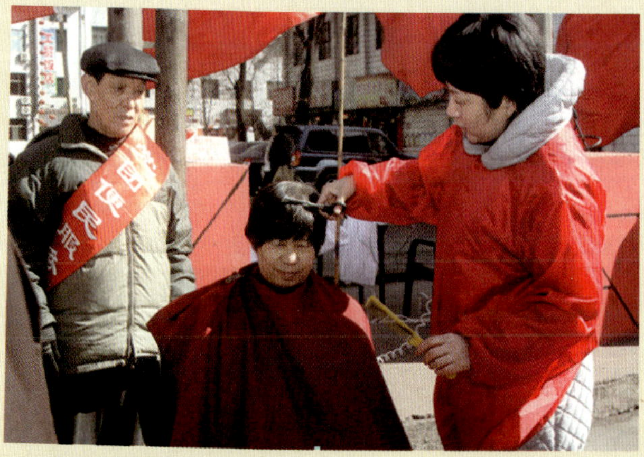
党团便民服务活动深入人心

矿区文体活动丰富多彩

作，从实处入手，从基础抓起，以“双六条线”为准绳（质量标准化六条线、安全管理六条线），靠扎实过硬的作风，严格过细的管理，相继开发了生产低硫煤为主的宜兴西区、九采区两个大型井田，新增生产能力相当于再建一个新峪公司，形成了多产业、多渠道、多方向发展的良好态势。积极发展建筑安装工程、机电修配、餐饮娱乐等多经项目，逐步实现了“以煤为主、多元发展”的奋斗目标，同时，新峪公司还率先在全省煤炭系统成功导入ISO9000党建质量管理体系，在全公司倡导“快乐工作、健康生活”理念，努力营造“政治清明、思想解放、文化活跃、生活安定”的氛围，靠实施素质工程推动科技兴企。坚持“实物、实用、实效”的原则，利用“四大阵地”，对员工进行全员教育培训，实现了“学习工作化，工作学习化”。

目前，朝气蓬勃的新峪人正奋马扬鞭，向山西焦煤狠抓“五建设”，确保“五翻番”，实现“五转型”，跨入世界“五百强”奋斗目标奋进，为汾西矿业集团建设“平安、富康、绿色、开放、文化、和谐”新汾西和建设“安全、优质、高效、和谐”新峪再立新功。

矿区远景

汾西矿业集团有限责任公司设备修造厂

山西焦煤 SHANXI COKING COAL

FENXI MINING EQUIPMENT REPAIRING & MANUFACTURING FACTOURY

山西焦煤汾西矿业（集团）有限责任公司设备修造厂始建于1956年，是集煤矿成套设备制造、修理和配件生产于一体的国有煤机企业。工厂地处介休市绵山南街29号，占地面积24.2万平方米。企业通过了GB/T19001—2000认证、GB/T28001职业健康安全管理体系认证和GB/T24001—2004环境管理体系认证，生产的系列产品中有110余种取得了煤安标志。

2010年产值突破4亿元，比"十五"末翻了两番，实现利润1000万元，人均年收入57000余元，各项指标均创历史最好水平。

企业连续多年获得省属国有企业、山西焦煤和汾西矿业集团公司的"先进党委"。2007年，获得省属国有企业"文明单位"称号和晋中市"花园式工厂"称号，2010年，获得山西焦煤"模范单位"荣誉，通过省属企业"文明单位标兵"验收，获得全国煤炭系统"文明单位"荣誉，荣获"中华环境友好单位"称号。2011年，荣获全国煤炭机械工业"优秀企业"称号，该厂厂长李立纲荣获了全国煤炭机械工业"优秀企业家"称号。

展望"十二五"，该厂到"十二五"末，产值目标达20个亿，人均收入达9万元/年，逐步发展成为集采掘、运输、支护设备和配件研发制造及大修为一体的煤机修造行业的示范企业。

2010年设备修造厂大事记：

1、2010年1月，该厂生产制造的DTL/140/90/2×630S固定带式输送机，DSJ80/40/90、DSJ100/63/125、DSJ65/20/2×22、DSJ120/150/2×315可伸缩带式输送机，SGB620/40T、SGB620/80T、SGB420/30T、SGB764/630T刮板输送机PVC、PVG系列阻燃输送带被评为山西焦煤新产业系统优质产品。

2、2010年1月，该厂首台自制研发的SGZ—764/630重型刮板机通过了国家刮板机检测中心"煤安标志"验收，并取得证书，填补了重型刮板输送机在山西焦煤煤机制造业的一项空白。

3、2010年6月，晋中市人民检察院与汾西矿业廉洁文化教育基地在该厂建立，该厂全面实施"332211"廉政工程，廉洁理念深入人心，打造和谐共享企业。

4、投资545万元改造配电系统，以消除重大安全隐患，服务全厂安全生产。

5、投资500万元在新阳分厂建立了省内最大规模的采掘运加载试验中心，全力提高检测手段，为稳定的产品质量提供了保障。

6、2010年10月29日，与忻州通用机械有限责任公司、煤炭科学研究总院山西煤机装备公司、沈阳天安矿山机械科技有限公司、上海能运机电有限责任公司中煤运输与控制研究所分别签约，实现优势互补，互利共赢。

7、2010年11月10日，汾西矿业集团与重庆大江公司签订合作框架协议，组建煤机公司和科技开发公司，委托该厂经营，结盟为战略合作伙伴。

8、2010年11月3日，全面启动ERP管理系统，在管理上全面实现数字化、信息化，远程监控，远程调度指挥。

9、加大工艺装备投入，实现原料、加工件、中专件在整个生产过程中"工件不落地"，这是煤机修造企业现场管理质量标准化管理工作中的一次重大革命。

10、2010年12月15日，山西焦煤集团董事长、党委书记白培中带领山西焦煤观摩调研组成员来该厂观摩调研，并对该厂取得的成绩给予高度评价。

关于做好2008年度考核工作的通知

晋国资党委[2009]5号

机关各处(室)、监事会各办、各直属单位:

根据《中华人民共和国公务员法》、《山西省公务员考核实施办法(试行)》和《山西省事业单位工作人员考核暂行办法》等有关文件精神,结合我委实际情况,现就委机关、监事会和直属单位2008年度处及处以下干部年度考核工作通知如下:

一、指导思想

坚持以邓小平理论和"三个代表"重要思想为指导,深入贯彻落实科学发展观,以创建学习型、服务型机关为目标,通过进一步完善考核内容,改进考核方式,强化考核结果运用,健全考核制度,全面、客观、公正考核干部履行岗位职责情况,加强对委机关、监事会和直属单位干部的管理与监督、激励与约束,推进我委干部队伍建设,着力形成服务和促进科学发展的考核评价体系,着力形成有利于科学发展的正确用人导向,为全省国有经济转型发展、安全发展、和谐发展提供坚强的组织保证。

二、考核原则

(一)坚持德才兼备、以德为先;
(二)坚持注重实绩、群众公认;
(三)坚持客观公正、简便易行;
(四)坚持领导评价与群众评价相结合;
(五)坚持平时考核与定期考核相结合;
(六)坚持定量分析与定性分析相结合。

三、考核对象

机关各处(室)、监事会各办、各直属单位处及处以下干部(包括本年度退休干部);直属企业视情况可以只考核领导班子成员。

四、考核内容和等次

以考核对象所任职位和所承担的工作项目为基本依据,全面考核德、能、勤、绩、廉五个方面,重点考核工作实绩。分项考核分为好、较好、较差、差四个等次;总体考核分为优秀、称职、基本称职和不称职四个等次。(见附表)

五、考核程序

(一)动员部署。机关各处(室)、监事会各办、各直属单位根据国资委党委对年度考核工作的安排部署,组织本部门考核对象认真学习有关文件精神,进一步提高对年度考核工作的认识,增强参与考核的责任感和主动性。

(二)撰写个人总结。考核对象根据本人所任职位承担的工作项目、工作概述、工作标准及所需知识能力,对照总结本年度的履职情况和思想、学习情况,填写年度考核登记表。

(三)会议述职和民主测评。

会议述职和民主测评由机关各处(室)、监事会各办、各直属单位在本部门范围内组织进行,分管委领导参加。民主测评与会议述职同时安排,由人事培训处具体负责。本年度退休人员不述职、填写年度考核登记表、参加民主测评。考核对象确有特殊原因不能参加者,须向人事培训处书面报告并经委领导批准。

六、评定考核结果

考核结果分优秀、称职、基本称职和不称职四个等次。

(一)考核等次

1.优秀等次。被考核对象确定为优秀等次的,测评中称职以上的得票率一般应达到90%以上(其中优秀票应达到50%以上)。

2.称职等次。被考核对象确定为称职等次的,测评中称职以上的得票率一般应达到80%以上(其中不称职票不超过10%)。

3.基本称职等次。被考核对象确定为基本称职等次的,测评中基本称职以下票超过40%者,经组织考核认定为不胜任现职岗位的,应评定为基本称职。

4.不称职等次。测评中不称职票超过三分之一,经组织考核认定为不称职的,应评定为不称职。

(二)优秀等次比例

优秀等次名额原则上掌握在考核对象数量的15%以内。按照4舍5入法,4-9人的处室可报1名优秀等次人选,3人以下的处室除承担特别重要任务并做出突出贡献的可作特殊情况考虑外,一般隔年上报1名优秀等次人选,即去年已评有优秀等次的今年不再上报。国资委纪委以4人基数按比例统一上报优秀等次人选。监事会优秀等次人选,由监事会工作处征询分管委领导、监事会主席和各办主任意见后统一上报3名优秀等次人选。

(三)评定考核等次

评定年度考核等次,要坚持原则,严格标准,不搞平衡照顾,要体现机关管理首长负责制的要求。

各部门正职领导的年度考核等次,由本年度分管委领导以本人平时各方面表现为基础,结合本部门优秀等次比例和民主测评情况(占50%)、委机关干部大会(另行安排)民主测评情况(占50%)提出初步意见,人事培训处汇总后提交国资委党委研究确定;其他人员的年度考核等次,由本部门负责人根据本人平时各方面表现提出初步意见,经本年度分管委领导审定,人事培训处汇总后报委领导同意。

七、考核结果的运用

年度考核工作结束后,人事培训处将考核结果汇总、公示、存档。考核结果作为调整职务、级别、工资以及奖励、培训的重要依据。在按照有关规定运用考核结果的同时,年度考核中多次被评定为优秀、称职等次的,在提拔、重用、培训、表彰等方面优先考虑。

考核结果反馈考核对象,考核对象对考核结果如有异议,可按有关规定申请复核或申诉。

八、时间要求

年度考核通知下发之后,个人年度总结、会议述职、民主测评、填写年度考核登记表、部门正职以下干部考核等次评定工作即可进行,2月12日前完成;部门正职领导年度考核等次的评定在委机关干部大会民主测评后完成。

附:1.《年度考核登记表》

2.《2008年度干部考核测评表》

二〇〇九年二月四日

中共山西省国资委委员会关于在省属企业中学习推广潞安党建工作经验的决定

晋国资党委[2009]14号

各省属企业党委、有关中央驻并企业党委:

潞安集团党委以高度的政治责任感，积极探索在现代企业制度条件下，进一步加强和改进党建工作的新思路和新方法，走出了一条政治优势彰显、职能作用突出、创新活力增强的国有企业党建工作之路。潞安党建工作经验得到了中央领导的重视，习近平同志专门作了批示。5月7日《人民日报》以《国有企业党建工作的有益探索》为题刊发了中央党建工作调研组赴潞安的调研报告。省委书记张宝顺同志作出了“研究推广潞安经验，推进企业党建工作不断发展”的重要批示。省国资委党委高度重视，按照宝顺书记的指示精神，决定在省属企业中学习推广潞安党建工作经验，切实加强国有企业党的建设，为实践省委省政府提出的“转型发展、安全发展、和谐发展”提供强有力的政治保证。

一、准确把握潞安党建工作的经验

2000年潞安矿务局改制后，集团党委适应新形势、新体制要求，为更好地发挥党组织的政治核心作用，把绩效管理引入党建工作，围绕抓班子、带队伍、创环境、促发展四个方面加以细化分解。“抓班子”包括企业党政领导班子思想建设、组织建设、作风建设、制度建设、反腐倡廉建设和创新能力发挥、民主管理建设、开展主题活动等;“带队伍”包括干部队伍建设、党员队伍建设、职工队伍建设等;“创环境”包括创和谐环境、改革发展环境、文化环境、生活质量环境等;“促发展”包括参与重大问题决策、提出合理化建议、组织党员创先争优、破解改革发展难题、维护职工利益、促进生产经营指标完成等。对以上每项内容，都建立明确的目标体系、标准体系、制度体系和评价体系。目标体系和标准体系明确了企业党委的具体工作内容、工作标准、工作职责;明确了企业党委工作应当干什么、干到什么程度。制度体系明确了党建工作的规范、工作由谁来干，干到什么程度;评价体系明确了谁来评价、如何评价、如何运用评价结果进行奖惩，工作如何改进提高。通过绩效评价和组织保障，实现了党建工作科学有效运转，达到了理想的效果。

党建工作绩效管理为破解长期困扰企业党建、思想政治工作实不起来、硬不起来，看不见、摸不着的难题提供了有益的经验，以更高标准、系统思维和规范运作来开展企业党建工作，成为企业党组织和党员特别是企业党务工作者迸发工作激情、挖掘工作潜能、提高工作水平的有效载体，在企业内部产生了强大的凝聚力和广泛的影响力。

二、学习推广潞安党建工作经验的意义

潞安集团通过探索和实践党建工作绩效管理，进一步明晰了企业党组织与公司法人治理结构的关系，促进了党建工作与企业生产经营的有机结合，推动了现代企业制度的运行和完善;拓宽了党建工作视野，拓展了工作平台，促进了党建工作规范化、制度化，实现了企业党组织对全面履行职能过程的有效控制；激励各

级领导干部和广大党员、群众加强学习、爱岗敬业、勤奋工作，形成了强大合力，促进了企业持续健康发展。

潞安党建工作绩效管理的成功实践表明：在现代企业制度条件下，企业党组织发挥政治核心作用既是党对国有企业领导的政治需要，也是企业改革发展的内在要求，必须作为一条重要原则加以坚持；加强和改进国有企业党建工作，应当从发挥主观能动性入手，促使企业党政负责人自觉树立共谋与协作意识，不断强化寻求工作“契合点”的责任；国有企业党建工作不应局限在党组织自身建设上，而应在与企业生产经营和企业文化建设的紧密结合中扩大视野、拓展平台、创新作为；投入与产出是企业生产经营必须把握的重要关系，也是企业党组织需要重视和研究的重要关系。

这些宝贵的经验是我省国有企业努力探索现代企业制度下党建工作方法、机制的生动体现，是我省国有企业长期与时俱进、创新拼搏、开展党建工作的重要成果，为我省、乃至全国国有企业开展党建工作提供了有益的借鉴和参考。在我省国有企业中学习、推广潞安经验，对于我们深入学习实践科学发展观，巩固和扩大学习实践活动成果，进一步建立和完善国有企业党建工作长效机制都具有十分重要的意义。

三、切实加强对学习推广工作的组织领导

根据省国资委党委的统一部署和要求，各省属企业要结合自身党建工作实际，学习好、宣传好、运用好潞安党建工作经验。要充分认识学习推广潞安党建工作经验的重要性，切实把学习推广工作列入重要议事日程，采取有力措施，确保取得实效。

（一）加强领导，精心组织。潞安党建工作经验是新时期国企党建工作的成功探索。各省属企业党委要按照省委、省政府和省国资委党委的要求，切实加强对学习推广潞安党建工作经验工作的领导，加强对所属单位和基层党组织学习推广工作的检查和指导，务求取得实实在在的成效。一是要把学习推广潞安党建工作经验与应对金融危机、实现“保增长、保民生、保稳定”结合起来，特别要认真贯彻落实省委省政府提出的千方百计渡过难关，千方百计推进项目建设，千方百计促进就业创业和坚定不移促进企业转型发展，促进煤炭资源整合，促进企业兼并重组工作。在推进上述工作中要充分发挥党组织的战斗堡垒作用，党员领导干部的带头示范作用和广大共产党员的先锋模范作用；二是要把学习推广潞安党建工作经验与完善现代企业制度结合起来，进一步明确党政之间的权责，加强对党建工作的科学管理，促进党建工作与企业生产经营有机结合，推动现代企业制度的运行和完善；三是要把学习推广潞安党建工作经验与深入学习实践科学发展观结合起来，认真思考和研究党的建设如何更好地体现科学发展观要求，建立健全党建工作长效机制，不断提高党的建设总体谋划和宏观指导水平。

（二）因企制宜，务求实效。潞安党建工作经验为国有企业加强和改进党建工作提供了借鉴，各企业在学习推广潞安经验时，应结合企业自身实际来进行，不要生搬硬套。学习潞安党建工作经验主要是学习他们与时俱进抓党建的精神，学习他们创新思维促发展的理念，学习他们求真务实的工作作风和工作态度。各省属企业要将本企业党建方面的好做法、好经验与潞安经验有机结合进来，总结、提炼形成具有本企业特点，适应本企业实际的党建工作新思路、新做法。具体工作中要把握以下四点：一

是要制定适合企业特点的党建工作管理评价体系。通过科学有效的管理,使企业党建工作进一步科学化、规范化、制度化,让各级党组织和广大党员的积极性、创造性得到充分发挥,形成不断改进提高、创新发展的良性互动机制;二是要促使企业党政负责人自觉树立共谋与协作意识。将党的工作与生产经营工作有机结合起来,形成党政合力、相互支持,推动企业各项事业向前发展;三是正确把握党建工作投入与产出的关系。提倡必要投入,合理使用成本,形成企业党建工作投入与产出的良性循环,使党建工作产生良好的工作效益;四是扩大党建工作视野、拓展工作平台。要在坚持抓好企业党的建设的同时,把思想政治工作、企业文化建设、精神文明建设和党风廉政建设等都纳入工作范围,不断充实党建工作内容。

(三)深入宣传,营造氛围。国资委党委要充分运用山西国资网、《国企党建通讯》、《山西国资》等宣传阵地和国内、省内媒体广泛宣传推广潞安经验,特别要大力宣传省属企业学习推广潞安经验取得的突出成效。各省属企业要充分发挥本企业的互联网、广播电视、报纸简报等舆论主阵地、主渠道的作用,精心策划,突出重点,全面、准确、客观地宣传潞安党建工作经验,努力在省属企业中形成学习推广潞安党建工作经验的良好氛围。要在基层党组织和广大党员中开展学习潞安经验"大家谈"活动,充分发挥广大党员在创新本单位党建工作中的聪明和智慧。要把学习推广潞安党建工作经验与企业生产经营各项工作结合起来,不断扩大党建工作的影响,切实把党组织的政治优势、组织优势转化为企业的发展优势和竞争优势。

二〇〇九年六月十八日

中共山西省国资委委员会关于开展"六比六看"活动进一步引深"四好"领导班子创建工作的通知

晋国资党委[2009]21号

省监管企业党委:

为认真贯彻省委提出的"转型发展、安全发展、和谐发展"的战略部署,落实好王君省长在省属国有企业座谈会上的讲话精神,发挥省监管企业在应对金融危机、促进经济平稳较快发展中的骨干作用,进一步引深"四好"领导班子创建工作,省国资委党委决定在省监管企业中开展"六比六看"活动。现将有关事项通知如下:

一、"六比六看"的主要内容

一是比一比、看一看哪个企业在转型发展、结构调整方面有作为。

二是比一比、看一看哪个企业管理、改革工作有发展、有创新。

三是比一比、看一看哪个企业在应对金融危机中做出了新成绩、新贡献。

四是比一比、看一看哪个企业安全生产搞得好,不发生事故,更不发生大的事故。

五是比一比、看一看哪个企业节能减排搞得好,环保工作有进步。

六是比一比、看一看哪个企业职工收入稳定增加,企业稳定发展。

二、目的和要求

我省是受国际金融危机冲击较严重的省份

之一。按照中央提出的保增长、保民生、保稳定的要求,在省委、省政府的正确领导下,全省上下积极应对、共同努力,全省经济触底反弹,主要指标止跌回升,呈现出企稳向好的基本态势。今年上半年,省监管企业经济运行质量逐月向好,工业增加值同比增长3.7%,好于全省平均水平,为全省经济形势的好转发挥了骨干作用。当前国际金融危机影响尚未见底,世界经济环境中不稳定、不确定因素仍然很多,我省经济仍面临较大的困难和压力,全省经济发展正处于企稳向好的关键时期。

在省监管企业中开展"六比六看"活动是应对国际金融危机的一项重要举措,也是转型发展、安全发展、和谐发展的内在要求。开展好这项活动,对省监管企业积极应对危机、加快发展和加强领导班子建设具有十分重要的意义。要把开展"六比六看"活动与"四好"领导班子创建工作相结合,进一步增强领导班子战胜国际金融危机的信心,提高化危为机的本领,团结带领广大干部职工以昂扬向上、奋发有为的精神状态,同心同德、共克时艰,努力完成全年各项目标任务,为全省经济又好又快发展做出更大贡献。为此,提出如下要求:

一是要提高认识,加强领导。各监管企业党委和领导班子及成员,要深刻认识开展"六比六看"活动的重要意义,把思想和认识统一到中央和省委对当前经济形势的分析和判断上来,切实加强领导,精心组织,调动企业各方面的积极性,努力做好保增长、保民生、保稳定和调结构、上水平、促改革的各项工作。

二是要广泛发动,形成氛围。各企业党委要利用各种媒体和宣传工具,进行广泛宣传,形成良好的舆论氛围。要动员、引导广大党员干部都来关心和参与这项活动,形成"比、学、赶、帮、超"的生动局面。

三是要突出重点,务求实效。开展"六比六看"活动,要紧密联系实际,结合企业中心工作来展开,落实好十大产业调整振兴规划,坚定不移地推进"四个一批"工作,把企业发展建立在优化结构、提高效益、节约能源资源、安全有保障和保护环境的基础上,在转型发展中形成新的竞争优势。要加强管理,狠抓内部挖潜,大力深化内部改革,向管理要效益,向改革要活力。要夯实安全基础,加大工作力度,建立安全生产长效机制。要高度重视职工生产生活,保证不裁员、不减薪,实现职工稳定就业,收入稳定增长。要千方百计增加投资,扩大生产,争创好的经营业绩,为全省应对国际金融危机做出更大贡献。

各企业要组织所属单位和广大党员干部职工认真开展"六比六看"活动,进一步增强战胜危机的信心,激发干部职工的工作热情。要把"六比六看"活动同正在进行的科学发展观活动有机结合起来,巩固活动成果,搞好整改落实工作。年底,省国资委党委将对各企业开展"六比六看"活动情况进行年终评比,并将"六比六看"活动纳入"四好"领导班子创建和企业领导班子年度考核的内容进行考核。

二〇〇九年七月十日

中共山西省国资委委员会关于省监管企业领导班子2004-2008年任期考核结果的通知

晋国资党发[2009]33号

各省监管企业党委:

按照《关于进一步加强省监管企业领导班

子建设的意见》(晋组通字[2008]25号)要求，省国资委党委对省监管企业领导班子及成员2004—2008年任期进行了考核。现将领导班子考核结果公布如下：

一、评定为优秀类领导班子的企业(16户)：

1.太原钢铁(集团)有限公司
2.山西焦煤集团有限责任公司
3.山西国际电力集团有限公司
4.大同煤矿集团有限责任公司
5.阳泉煤业(集团)有限责任公司
6.山西潞安矿业(集团)有限责任公司
7.太原化学工业集团有限公司
8.山西晋城无烟煤矿业集团有限责任公司
9.太原重型机械集团有限公司
10.山西国际能源集团有限公司
11.山西中条山有色金属集团有限公司
12.山西天脊煤化工集团有限公司
13.山西汽车运输集团有限公司
14.山西省物资产业集团有限责任公司
15.山西煤炭进出口集团有限公司
16.山西省国新能源发展集团有限公司

二、评定为称职类领导班子的企业(13户)：

1.山西煤炭运销集团有限公司
2.山西建筑工程(集团)总公司
3.太原煤炭气化(集团)有限责任公司
4.山西省医药集团有限责任公司
5.山西省国有资产经营有限责任公司
6.山西省经贸资产经营有限责任公司
7.山西省焦炭(集团)有限责任公司
8.山西省农业资产经营有限责任公司
9.山西金通投资管理有限公司
10.山西省科技基金发展总公司
11.山西省国有资产经营公司
12.山西省煤炭资产经营有限责任公司
13.山西省环境保护基金有限公司

三、评定为基本称职类领导班子的企业(4户)：

1.山西杏花村汾酒集团有限责任公司
2.山西地方铁路集团有限责任公司
3.山西能源产业集团有限责任公司
4.山西省经济建设投资公司

二〇〇九年十月二十七日

关于转发中共山西省委办公厅 山西省人民政府办公厅 关于印发《山西省煤焦领域惩治 和预防腐败制度》的通知

晋国资党办发[2009]3号

各省属企业党委、纪委：

现将中共山西省委办公厅、山西省人民政府办公厅关于印发《山西省煤焦领域惩治和预防腐败制度》的通知(晋办发[2009]23号)转发给你们，请结合企业实际认真贯彻落实。

中共山西省国资委委员会办公室

二〇〇九年六月二十四日

中共山西省委办公厅
山西省人民政府办公厅
关于印发《山西省煤焦领域惩治和预防腐败制度》的通知

晋办发[2009]23号

各市、县委，各市、县人民政府，省委各部委，省直各委、办、厅、局，各人民团体：省委、省政府同意《山西省煤焦领域惩治和预防腐败制度》，现印发给你们，请认真贯彻执行。

山西省委办公厅
山西省人民政府办公厅
2009年6月8日山西省煤焦领域惩治和预防腐败制度

第一章　总　则

第一条　为进一步加强我省煤焦领域反腐倡廉建设，建立健全煤焦领域反腐倡廉制度体系和权力运行监督机制，规范煤焦领域监管秩序，促进煤焦产业健康发展，根据中央《建立健全惩治和预防腐败体系2008—2012年工作规划》(中发〔2008〕9号)及省委的实施办法和省委、省政府《关于集中开展煤焦领域反腐败专项斗争的意见》(晋发［2008］23号）等文件精神，制定本制度。

第二条　按照“改革创新、统筹推进，惩防并举、重在建设”的要求，坚持依法行政、高效行政、廉洁行政和公开、公平、公正的原则，规范权力运行，推动煤焦领域反腐倡廉建设。

第三条　各级政府、相关行政管理部门和事业单位及其工作人员，国有及国有控股煤焦企业及其领导人员，应遵守本制度。法律法规另有规定的，从其规定。

第二章　行政审批

第四条　根据《行政许可法》和有关法律法规，加强审批监管，规范审批行为，提高审批效能。

第五条　严格遵循依法设定、依法审批的原则，凡法律法规设定的许可事项，按照法定权限和程序进行审批，不得随意增加或减少许可条件或内容；凡法律法规没有明确设定的许可事项，一律不得自行设定、违规审批。

第六条　加强对煤炭资源审批、资源价款、资产评估、矿业权转让、安全许可、生产许可、工商登记等事项的监管，防止国有资源和资产流失，严禁权钱交易、以权谋私。

第七条　按照合法、便民、务实、高效的原则，减少审批环节，优化审批流程，明确审批时限，不得互相推诿、无故拖延。

第八条　积极推行煤焦企业生产经营证照统一办理、集中审批办法，加快推进煤焦领域电子政务和电子监察系统建设，建立健全网络审批时限预警提示、超时惩戒机制，加强对审批行为的全程动态监控。

第九条　依法公开行政许可的法律法规和政策依据，及时公开审批过程和结果。

第三章　安全监管

第十条　严格执行《矿产资源法》、《煤炭法》、《安全生产法》、《公司法》等法律法规，明确监管主体和监管职责，强化执法责任，健全执法机制，规范监管秩序。

第十一条 加强对煤炭生产企业的安全监管，对越层越界等非法违法生产的，坚决关闭；对没有安全保障的，一律停产整顿；对证照齐全、具备安全生产条件的，切实加强日常监管，防止发生重审批轻监管、以批代管、管理缺位现象。严厉打击、彻底杜绝私挖滥采行为。

第十二条 改进煤炭生产能力核定、煤炭产量监控等措施，严禁超能力、超强度、超定员组织生产。规范煤炭企业停产整顿及复工复产验收工作，按照"谁验收、谁签字、谁负责"的原则，落实监管责任。

第十三条 落实煤炭项目核准、建设项目设计审批、项目检查验收等环节的监管责任，严禁弄虚作假、徇私舞弊行为。

第十四条 加强对火工品生产、运销、储存、审批等环节的监管，严禁国家机关工作人员利用职权非法参与倒卖火工品。

第十五条 国家机关工作人员和国有企业领导人员不得以任何名义在煤矿参股，不得利用职权为非法煤矿充当"保护伞"。

第四章 生产经营

第十六条 加强对国有及国有控股煤焦企业重大决策行为的监督，凡重大决策、重大项目安排、重要人事任免、大额度资金使用等必须经过集体讨论、集体决策。

第十七条 充分发挥股东会、董事会、监事会的监督作用，加强对决策及执行过程的监督，完善国有煤焦企业民主监督机制。

第十八条 国有资产监督管理部门要采取有效措施，加强对国有及国有控股煤焦企业重组改制、产权交易、投资合作、设备采购、工程招投标等行为的监督，防止发生侵害国有资产权益的行为。

第十九条 严格执行国有及国有控股企业领导人员任期经济责任审计有关规定，加强责任审计，前移监督关口，从源头上防止腐败行为的发生。

第二十条 国有及国有控股煤焦企业领导人员应自觉遵守廉洁自律有关规定，正确行使经营管理权，不得利用职权为本人及亲属谋取私利、损害国家利益。国有企业领导人员执行廉洁自律"七个不准"规定的情况应当定期公示，接受职工监督。

第二十一条 深化国有及国有控股煤焦企业企务(厂务)公开，按照规定应当公开、公示的事项必须公开、公示，发挥职工群众在民主决策、民主管理、民主监督中的作用。

第五章 购销运输

第二十二条 认真执行省政府有关煤炭销售的宏观管理和调控政策，严格煤焦经营主体的资质审批和准入条件，加大对发煤站、储配煤场项目审批行为的监管，规范煤焦市场秩序，杜绝无序经营。

第二十三条 建立和实行煤炭招投标采购和公示采购相结合的管理办法，加强煤炭采购管理。对采购矿点、价格和质量的确定要严格履行集体研究、公开公示程序，防止发生暗箱操作、损公肥私、权钱交易行为。

第二十四条 加快全省煤炭物流体系建设，使煤炭采购、承运、销售全部进入合法交易体系和流程，实行合同化管理。运用信息化手段，完善网上合同、计划和配额审批制度。

第二十五条 严格铁路煤炭运销计划审批程序，实行集体会审、集体审批制度，增强审批过程的透明度。规范铁路煤炭运销中间代理，维护煤炭合同的严肃性，提高合同兑现率。加强对公路煤焦站点的统一管理，防止和治理公路“三乱”。

第二十六条 严格执行省政府有关煤炭销售票据使用管理规定，加强涉煤涉焦票据使用监管，减少票据种类，明确管理主体，杜绝非法违法煤炭进入流通和销售环节，维护煤炭生产经营秩序。

第二十七条 涉煤涉焦销售票据应统一印制、统一管理，严格票据发放、使用、查验、回收、核销和统计上报管理，严禁违反规定使用票据，严厉打击伪造、变造、倒卖票据等违法行为。

第二十八条 改革煤炭和焦炭出口配额分配制度，加强配额分配行为监管，提高分配透明度。

第六章 税费征管

第二十九条 加强对涉煤涉焦税费、基金、价款征管行为的监管，健全相关制度，完善征管机制。

第三十条 涉煤涉焦税费、基金、价款征管要遵循归口管理、分级负责、收支分离的原则，其种类按照国务院和省政府有关规定增加、变更、取消，各地各部门各单位不得违反规定自行决定。

第三十一条 涉煤涉焦税费、基金、价款征收标准按照国务院和省政府有关规定执行，各地各部门各单位不得自行制定收费标准，坚决取缔涉煤涉焦乱收费行为，规范征收秩序。

第三十二条 涉煤涉焦税费、基金、价款征收要按照规定足额按时征缴，严禁违反规定截留、挪用或擅自减缓免。

第三十三条 有关部门应采取有效措施，加强对本部门本系统涉煤涉焦税费、基金、价款征收、管理、批拨、使用等重点环节、重要岗位的监管，实行资金使用、项目跟踪监督检查制度。

第七章 兼并重组整合

第三十四条 按照我省加快推进煤炭企业兼并重组整合的部署要求，加强领导，明确任务，完善措施，堵塞漏洞，确保兼并重组整合工作健康顺利进行，防止兼并重组整合过程中发生腐败行为。

第三十五条 各级政府要按照省政府推进兼并重组整合的总体思路和工作目标，落实领导责任，支持大型煤炭生产企业作为兼并重组整合主体，实现规模经营。严格兼并重组整合行为标准和要求，不得随意降低标准。对不执行有关规定致使兼并重组整合工作受到影响的，要进行责任追究。

第三十六条 坚持政府主导、市场运作、统筹兼顾、协调协商、依法推进的原则，规范煤炭企业兼并重组整合工作。加强矿业权转让及价款评估等方面的监管，规范转让方式和程序，提高交易透明度和公正性，严禁虚假评估、高价回购低价出卖资源行为，防止国家资源和国有资产流失。

第三十七条 对应予关闭而未按规定关闭资源枯竭矿井的，或者为被列入兼并重组整合的煤炭企业重新换发证照的，按有关规定进行行政问责。

第八章 中介服务

第三十八条 严把涉煤涉焦中介机构市场准入关，加强对中介机构在煤炭价款评估、安全评价、检测检验、环境影响评价等服务行为的监管，提高中介机构服务质量，规范收费行为，严惩违规违法行为。

第三十九条 负责行业、资质管理的政府部门应与所属涉煤涉焦中介机构彻底脱钩。

第四十条 促进社会中介机构行业自律，树立合法守规、敬业守责、诚实守信的良好职业道德，严禁在中介服务过程中弄虚作假、进行商业贿赂。

第四十一条 国家机关工作人员一律不得参与中介机构经营活动，不得在中介机构兼职或领取报酬。党政机关领导干部退休后三年内，不得到原任职务管辖部门和业务范围内的中介机构任职。

第九章 监督与惩处

第四十二条 各级政府、相关职能部门应自觉接受人大、政协以及人民群众和新闻媒体的监督，切实加强对内部权力运行各个环节的监督，完善监督机制，最大程度地减少权力“寻租”的机会。

第四十三条 审计部门要加强对国有及国有控股煤焦企业、煤矿兼并重组整合和涉煤涉焦税费、基金、价款征管等重点事项的审计，促进企业加强和改善经营管理，保障国有资产保值增值。

第四十四条 行政监察机关要严格履行《行政监察法》等法律法规赋予的职责，加强对各级政府及相关职能部门履职行为的执法监察、效能监察、廉政监察，促进廉政勤政，防止国家机关工作人员滥用职权、徇私舞弊、玩忽职守。

第四十五条 加大行政问责力度，对不执行或不正确执行党的政策和国家法律法规以及上级机关依法作出的决定、命令的，对决策失误的，对安全生产领域发生责任事故的，对在行政管理活动中不履行或者不正确履行职责的，对行使职权中办事拖拉、刁难推诿、效率低下造成重大损失和不良影响的，按照有关规定对相关责任人进行行政问责。

第四十六条 进一步加大煤焦领域腐败案件查处力度，重点查处以下突出问题：（一）违规审批特别是违规审批资源枯竭矿井、设租寻租、暗箱操作以及以不正当手段倒卖国有资源的案件；（二）国有企业在资源整合、企业重组、煤矿关闭整顿、矿业权出让托管、投资合作、招标投标、大宗设备采购、产品运销等事项中存在的暗箱操作、高价回购低价出卖、损公肥私、侵吞国有资产、违规经营牟利、行贿受贿等案件；（三）煤炭可持续发展基金（能源基金）、采矿权探矿权价款、煤矿维检费、焦炭生产排污费、水资源补偿费等资金征收、管理、放贷、使用中存在的截留挪用、贪污贿赂等案件；（四）税费征缴中存在的违规减缓免、截留挪用、权钱交易、失职渎职和企业偷逃税等案件；（五）社会中介机构违规操作、虚假评估、商业贿赂等案件；（六）党员干部入股办矿、为非法违法矿点充当“保护伞”，利用职权为配偶、子女、亲属和特定关系人谋取私利等案件；（七）倒买倒卖票据、制售假票据以及“收黑钱、放黑车”的案件；（八）煤矿生产安全事故及事故背后的腐败问题。对在上述案件中，涉及国家机关工作人员、国有及国有控股煤焦企业领导人员失职渎职、以权谋私、权钱交易、贪污贿赂等腐败行为的，要严肃查处。构成违纪的，依法依纪给予纪律处分；涉嫌犯罪的，移送司法机关追究法律责任。

第四十七条 各级政府及相关职能部门要建立健全涉煤涉焦违纪违规举报保密、奖励制度，鼓励群众举报，维护举报人合法权益。

第十章 附 则

第四十八条 加强煤焦领域反腐倡廉宣传教育，完善煤焦领域反腐倡廉宣传教育工作格局，健全拒腐防变教育长效机制。

第四十九条 各市政府、省直有关部门和国有及国有控股煤焦企业要按照本制度规定，结合自身实际，制定具体办法和制度，完善煤焦领域惩治和预防腐败制度体系。

第五十条 本制度自发布之日起执行。

关于印发《山西省国资委扩大内需促进经济增长及重点工程建设监督检查工作方案》的通知

晋国资发[2009]13号

省属各有关企业：

根据《山西省扩大内需促进经济增长及重点工程建设监督检查工作方案》和省重点工程建设监督检查联席会议精神，拟在省属企业中集中开展扩大内需促进经济增长及重点工程建设监督检查工作，现将《山西省国资委扩大内需促进经济增长及重点工程监督检查工作方案》印发给你们，请结合实际认真贯彻执行。

接文后，请根据企业承担的重点建设项目情况开展自查工作，形成重点建设项目自查报告。并于6月20日前，填报《方案》中附表《重点工程项目单位情况表》和《省属企业重点工程建设监督检查情况统计表》报我委规划发展处。

山西省人民政府国有资产监督管理委员会
二〇〇九年六月九日

山西省国资委扩大内需促进经济增长及重点工程建设监督检查工作方案

根据《山西省扩大内需促进经济增长及重点工程建设监督检查工作方案》和省重点工程建设监督检查联席会议精神，结合我委实际，就开展重点工程建设监督检查，提出工作方案如下：

一、指导思想

以邓小平理论和“三个代表”重要思想为指导，认真贯彻落实科学发展观，坚持标本兼治、综合治理、惩防并举、注重预防的方针。按照中央《建立健全惩治和预防腐败体系2008—2012年工作规划》和我省《实施办法》的要求，认真贯彻中央一系列扩大内需促进经济增长的政策措施，全面落实省委、省政府关于全省重点工程建设的决策部署，以我省重点工程项目和我委确定的重点建设项目为重点，全过程、全方位实施监督检查，为省属企业重点工程建设的顺利实施和全省“转型发展、安全发展、和谐发展”提供坚强有力的保障。

二、工作目标要求

根据省联席会议工作安排，我委负责对省

属企业项目的监督检查，并建立重点工程建设项目监督管理和跟踪服务制度。在委系统形成以纪检监察部门牵头、有关部门参与，各司其职、各负其责的工作格局和主体责任明确、工作各有侧重、条块结合、上下联动、纵向到底、横向到边的监督检查体系，确保中央扩大内需促进经济增长政策措施和省委、省政府决策部署落到实处，实现工程建设项目安全、资金安全、廉政安全。

三、监督监察范围

1、省重点项目（共 152 项，其中省属企业 28 项）

2、我委确定的重点项目（共 100 项，含省重点项目 28 项）

四、监督检查的内容

1、监督检查各有关企业贯彻落实中央扩大内需促进经济增长政策措施和省委、省政府决策部署思想是否统一，行动是否迅速。

2、监督检查各项工程规划、立项是否经过集体决策、是否符合科学发展观的要求和中央规定的投向，有无用于"两高"项目、低水平重复建设项目、楼堂馆所项目、产能过剩项目建设等问题。

3、监督检查工程建设项目审批和建设程序是否依法合规，是否办理了规划、土地、环评等手续，工程勘测、设计、施工、监理、设备材料采购是否经过招投标等。

4、监督检查项目建设资金管理使用是否规范严格，各项资金来源是否落实，是否存在滞留、挤占、截留、挪用和铺张浪费等问题。

5、监督检查工程建设是否符合进度要求、工程建设是否安全、工程质量是否合格等问题。

6、监督检查各省属企业是否成立了相应的监督检查机构，建立健全了各项规章制度，是否有效地开展效能监察和反腐倡廉监督工作。

五、监督检查的方式

1、根据我委投资管理办法，对需核准备案的，有关处室不作为和乱作为问题，要及时发现、纠正和查处，进一步提高审批效率。

2、建立重点项目信息报送制度。要按要求按月报送建设项目基本情况、工程进度、工程质量、项目资金等静态和动态数据，及时了解建设项目的进展，全面掌握项目的建设情况，对项目开展日常监督，对列入省重点项目实行周报告制。

3、建立监督检查责任制。抽调工程技术、财务审计等专业人员，组成 2—3 个监督检查组，深入到项目建设的各个环节进行检查，实行组长负责制和分工负责制，并督促指导各项目单位建立完善加强管理的各项规章制度，把项目实施各个环节的监督检查任务分解落实下去，做到责任主体明确，职责任务明确。在此基础上，严格执行行政问责制。

4、督促、帮助各工程项目建设企业建立党风廉政责任制。建立健全各项管理制度，形成有效的监督制约机制，有针对性地采取措施，从源头防止和解决工程建设中的腐败问题。

5、建立省属企业重点工程建设监督举报制度。公布举报电话、举报网址，接待群众来信来访。对企业重点工程建设中发现的违纪违法案件，坚决予以查处。

六、工作机构及职能

为有效推进此项工作，组成省属企业重点

工程建设监督检查联席会议，组成人员为：

召　集　人：渠性轩　省国资委副书记、纪委书记
李宝文　省国资委副主任
李东洪　省国资委副主任

副 召 集 人：王明屯　省国资委规划发展处处长
刘福生　省国资委纪委党风廉政建设室主任
宋世华　省国资委办公室主任

成　　　员：杨雨公　省国资委监事会工作处处长
胡创业　省国资委企业改革处处长
侯国伟　省国资委产权管理处处长
贺静波　省国资委统计评价处处长
康榍生　省国资委宣传和群众工作处处长

办 公 室 主 任：王明屯（兼）

办公室副主任：刘福生

办 公 室 成 员：李清河　省国资委规划发展处调研员
袁国华　省国资委规划发展处副处长
边　放　省国资委规划发展处副处长
宋高峰　省国资委纪委党风廉政建设室
刘　巍　省国资委规划发展处

委联席会议负责省属企业重点工程建设监督检查重大事项的决策部署工作，委联席会议办公室具体负责这些重大决策部署的落实。

七、工作步骤和时间安排

1、6月10日前，联席会议成立，抽调人员到位，办公室开始工作。

2、6月15日前，掌握省属企业重点项目情况，完成与各项目单位对接。

3、6月15日后，组成监督检查小组，由委领导分别带队，分片对省属企业重点建设项目开始第一次监督检查。

附：1、省属企业承担省重点项目名单
2、省属企业重点项目名单
3、重点工程项目单位情况表
4、全省重点工程建设监督检查情况统计表

关于印发《山西省国资委机关干部深入基层促进“三保”政策措施落实工作方案》的通知

晋国资发[2009]15号

各处室：

根据《中共山西省委办公厅、山西省人民政府办公厅关于组织省市县机关干部深入基层促进“三保”政策措施落实的通知》、《省直机关干部深入基层促进‘三保’政策措施落实工作实施方案》以及省委、省政府“省直机关干部深入基层促进“三保”政策措施落实工作座谈会”精神，我委制定了《山西省国资委机关干部深入

基层促进“三保”政策措施落实工作方案》，现印发给你们，下一步工作中涉及到的相关处室，要认真配合执行。

山西省人民政府国有资产监督管理委员会
二○○九年六月三十日

山西省国资委机关干部深入基层促进“三保”政策措施落实工作方案

为了积极应对国际金融危机带来的不利影响，促进全省经济社会又好又快发展，省委、省政府决定组织省市县机关干部分期分批深入基层特别是重点工程、重点企业以及困难群众中，促进保增长、保民生、保稳定政策措施的落实。根据《中共山西省委办公厅、山西省人民政府办公厅关于组织省市县机关干部深入基层促进“三保”政策措施落实的通知》、《省直机关干部深入基层促进‘三保’政策措施落实工作实施方案》以及省委、省政府“省直机关干部深入基层促进“三保”政策措施落实工作座谈会”精神，制定我委此项工作的具体措施。

一、组织领导

省国资委机关干部深入基层促进“三保”政策措施落实工作（以下简称促进“三保”落实工作），在省委、省政府以及省国资委党委的领导下，由李东洪副主任负责，政策法规处为主，相关处室配合。促进“三保”落实办公室设在政策法规处。

促进“三保”落实办公室组织机构设置：

组　长：李东洪

副组长：沙立杰、王明屯

成员：郝佩青、解跃进、张彩萍

二、主要任务

我委促进“三保”落实工作的主要任务是：着力推进对口帮扶联系重点工程建设，切实做好对口帮扶联系重点企业工作。做好落实重点工程的资金到位工作，帮助困难企业解决问题，做好上访等当地稳定工作。对群众生产生活问题特别是涉及“五大惠民工程”、“五个全覆盖”的问题、群众越级上访反映的问题、容易导致群体性事件的问题，集中办一件实事。

三、促进“三保”落实办公室工作职责

1、与省帮扶联系办公室进行工作联系，及时报送工作进展情况、需协调解决的重要问题和工作建议。进入重点工程和重点企业两周内，向省帮扶联系办公室和省委督查室报帮助群众办实事计划。每月15日和30日前报工作进展情况。负责委促进“三保”落实办公室日常工作、会议纪要、简报编发等工作。（郝佩青牵头负责）

2、与省重点办进行工作联系，及时掌握重点工程帮扶工作动态，及时报送工作进展情况、需协调解决的重要问题和工作建议。（解跃进牵头负责）

3、与省经济和信息化委员会进行工作联系，及时发现对口帮扶企业生产经营中存在的困难和问题，及时报送工作进展情况、需协调解决的重要问题和工作建议。（张彩萍牵头负责）

四、工作方式

1、对对口帮扶联系重点工程，对口帮扶联系重点企业进行深入调查研究，确定具体帮扶工作内容，制定实施帮扶工作方案，制定帮助群众办实事计划。帮助推进重点项目建设进度，协调解决项目推进过程中的问题；指导企业制定恢复生产方案，帮助企业积极争取银行贷款；协调地方政府帮助企业落实国家和省政府出台的各项减负措施，切实减轻企业负担。

2、及时协调有关部门、单位和地方政府解决重点工程建设、重点企业生产经营和困难群众生活等方面遇到的困难和问题，努力为重点工程建设和重点企业生产经营创造良好的外部环境。

3、在推动工程建设和帮扶企业改革发展的同时，积极解决涉及当地群众和企业职工反映的困难和问题，积极帮助解决重点工程和重点企业所在地党委、政府和群众反映的困难和问题。多办实事，对群众生产生活问题特别是涉及"五大惠民工程"、"五个全覆盖"的问题、群众越级上访反映的问题、容易导致群体性事件的问题，进行深入了解调查，制定为群众办实事计划。

五、时间安排

从7月上旬开始，用半个月时间，深入对口帮扶联系重点工程和企业调研，并制定帮扶计划。

7月下旬，根据调研情况和帮扶计划正式开展帮扶工作。

委促进"三保"落实办公室每个月第一周和第三周的周一上午召开办公会，及时研究解决问题，完善工作计划，修正工作进度。参与该项工作的处室和工作人员应提前做好准备拟上会研究的问题。

附：对口帮扶联系重点工程和对口帮扶联系重点企业

一、对口帮扶联系重点工程

陵川县污水处理厂；
高平市垃圾无害化处理场；
高平市农村困难群众危房改造；
中条山有色集团公司省属中有非煤矿山企业棚户区改造；
新建太原铁路客运南站(拆迁问题)。

二、对口帮扶联系重点企业

山西天脊煤化工集团有限责任公司。产要问题:产品价格下跌，煤炭、煤气供应紧张。

山西省人民政府国有资产监督管理委员会关于公布省属企业领导人员2008年度经营业绩考核结果的通知

晋国资发[2009]22号

各省属企业：

根据山西省《省属企业领导人员经营业绩考核的暂行办法》(晋国资考核[2007]39号)及

《2008年经营业绩责任书》的有关规定，依据经审计的2008年度企业财务决算，省国资委对32户省属企业2008年度经营业绩进行了核定，现将结果公布如下：

山西省人民政府国有资产监督管理委员会
二〇〇九年八月十一日

省属国有企业领导人员2008年度经营业绩考核评定一览表

企业编号	企业名称	得分	分级
006	山西潞安矿业(集团)有限责任公司	130.00	A
023	山西煤炭进出口集团公司	129.00	A
008	山西晋城无烟煤矿业集团有限责任公司	126.00	A
010	山西省煤炭运销总公司	125.67	A
009	太原重型机械集团有限公司	124.17	A
004	大同煤矿集团有限责任公司	124.11	A
018	山西天脊煤化工投资有限公司	123.17	A
005	阳泉煤业(集团)有限责任公司	123.00	A
031	山西省国新能源发展集团有限公司	120.67	A
001	太原钢铁(集团)有限公司	118.67	A
003	山西国际电力集团有限公司	117.34	A
015	中条山有色金属集团有限责任公司	109.90	B
020	山西省汽车运输集团有限责任公司	109.83	B
013	山西省物资产业集团有限责任公司	109.80	B
025	山西省焦炭(集团)有限责任公司	109.79	B
019	山西地方铁路有限责任公司	109.53	B
002	山西焦煤集团有限责任公司	109.50	B
014	山西省医药集团有限责任公司	109.50	B
037	山西省煤炭资产经营有限责任公司	109.00	B
007	太原化学工业有限公司	108.57	B
022	山西省经贸资产经营有限责任公司	108.40	B

续表

企业编号	企业名称	得分	分级
012	山西建筑工程(集团)总公司	108.18	B
021	山西省经济建设投资公司	108.12	B
003	山西国际能源集团有限公司	105.14	B
017	山西杏花村汾酒集团有限责任公司	104.99	C
011	山西省国有资产经营有限责任公司	104.50	C
033	山西省金通投资管理有限公司	104.26	C
035	山西省国有资产经营公司	104.25	C
027	山西省农业资产经营有限责任公司	103.63	C
016	山西能源产业有限责任公司	103.51	C
036	山西省环境保护基金有限公司	101.14	C
034	山西省科技基金发展总公司	101.04	C

关于省属七户重点煤炭企业兼并重组地方煤矿资产评估相关事项的通知

晋国资发[2009]23号

各有关企业：

根据省煤矿企业兼并重组整合领导组批准的各市煤矿企业兼并重组整合方案，我委监管的七户重点煤炭企业集团公司(以下简称七户企业)作为整合主体，将对1000个左右地方中小煤矿实施兼并重组，涉及资产评估和核准(备案)工作时间紧、任务重，按照省政府办公厅《关于集中办理兼并重组整合煤矿证照变更手续和简化审批程序有关问题的通知》(晋政办发[2009]100号)，各有关部门要进一步简化程序，下放审批权限的要求，我委向省政府申报了《关于省属重点煤炭企业兼并重组地方煤矿有关资产评估问题的请示》（晋国资[2009]62号），省政府以《关于省属重点煤炭企业兼并重组地方煤矿有关资产评估问题的复函》（晋政办函[2009]154号）同意，现将有关事项通知如下：

一、为加快七户企业兼并重组地方中小煤矿工作进度，就七户企业兼并重组地方中小煤矿的资产评估核准（备案）工作职责分工进行调整：（一）七户企业二级以下子公司出资作为股东兼并重组地方中小煤矿的资产评估项目，由七户企业进行核准（备案）；（二）七户企业直接出资作为股东兼并重组地方中小煤矿的资产评估项目，仍由省国资委进行核准（备案）。

二、为确保资产评估项目核准（备案）质量，防止国有资产损失，七户企业要加强对兼并重组地方中小煤矿资产评估项目审核（备案）工作的组织和领导，要在集团公司董事会领导下，成立以总经理（或董事长）为组长、总会计师为副组长，由财务、审计、纪检、矿井建设、地质、设备管理等部门参加的（必要时可聘请评估专家）兼并重组地方中小煤矿资产评估项目审核组（以下简称审核组，七户企业将成立审核组名单以正式文件形式上报省国资委），审核组要按照《企业国有资产评估管理暂行办法》（国务院国资委令第12号）及国家和省相关规定，规范操作，并要通过会议形式，集体审核二级以下子公司兼并重组地方中小煤矿资产评估项目，并予以核准（备案）；同时负责对上报省国资委核准（备案）的资产评估项目进行初审。

三、审核组要对审核的每个资产评估项目提出书面审核意见，并由审核组成员（或专家）签字（审核签字表附后）。七户企业将资产评估核准（备案）的文件或备案表报省国资委，以便统计汇总上报。

四、七户企业不得将兼并重组地方中小煤矿资产评估项目核准（备案）的权限下放（或授权）。

五、兼并重组地方中小煤矿时要合理确定收购价格，以经核准（备案）的资产评估结果，作为定价依据。

六、各企业要按省国资委党委《关于省属企业在整合地方煤矿中规范工作程序严肃工作纪律的通知》（晋国资党发[2009]23号）的要求，加强对整个资产评估工作的管理，切实保质保量按时完成兼并重组地方中小煤矿工作。

七、本通知资产评估资产范围不含矿业权，兼并重组地方中小煤矿涉及矿业权评估和矿业权收购定价等方面的事项，要按照国家和省有关规定及省政府《关于省属国有煤炭企业兼并重组中小煤矿有关问题的会议纪要》（省政府办公厅会议纪要[2009]27次）和省煤矿企业兼并重组整合工作领导组有关规定执行。

八、本通知自下发之日起执行。

特此通知

山西省人民政府国有资产监督管理委员会

二〇〇九年八月十四日

关于开展2010年度暨任期(2010年—2012年)省属企业业绩考核工作有关事项的通知

晋国资发[2009]30号

各省属企业：

为认真落实企业国有资产经营责任，做好2010年度暨任期(2010年—2012年)省属企业经营业绩考核工作，更好地促进企业发展和国有资本保值增值，各省属企业要在认真分析、总结2009年暨任期(2007年—2009年)生产经营和业绩考核工作的基础上，预报2010年度暨任期(2010年—2012年)企业领导人员经营业绩考核目标建议值，现将有关事项通知如下：

一、年度考核指标体系

年度考核指标项目原则上与2009年相同，资产经营类公司可根据企业生产经营情况的变化做适当调整。

(一)基本指标：利润总额和净资产收益率。

(二)分类指标(从以下指标中选取)：

主营业务收入（销售收入、货物周转量）、投资回报率、上市子公司市值、资产现金回收率等指标。

(三)对标指标.

总资产报酬率、成本费用利润率、总资产周转率、流动资产周转率、资本保值增值率、技术投入比率、营业收入增长率等。

(四)转变增长方式指标：

工资总额增长幅度低于本企业经济效益(实现利税)增长幅度，职工实际平均工资增长幅度低于本企业全员劳动生产率增长幅度；主要污染物总量减排达标；节能指标达标；安全生产指标达标；无重大违纪违规行为。

(五)否决指标：杜绝重特大生产责任事故。

二、任期考核指标体系

任期考核指标项目原则上与2007-2009任期相同，资产经营类公司可根据企业生产经营情况的变化做适当调整。

(一)基本指标：国有资本保值增值率和三年主营业务收入平均增长率。

(二)分类指标：

在尽量保持考核指标的连续性的前提下，省属企业可根据企业所处行业和特点，针对企业管理的“短板”，按照能够反映企业可持续发展能力及核心竞争力等因素的原则提出具体指标。

(三)否决指标：杜绝重特大生产责任事故。

三、年度、任期考核指标值的确定原则

根据宏观经济运行态势，本企业的发展战略与发展规划、企业的发展现状、所在行业增长速度和价格涨落水平预测、企业内部经营重大因素变化和全面进步（主要采用纵横比较法)原则，在2009年暨任期(2007年—2009年)考核指标实际完成预测值的基础上，提出2010年度暨任期(2010年—2012年)考核指标完成预测值。

(一)2010年度暨任期(2010年—2012年)

指标建议值由企业自报，鼓励瞄准国际、国内同行业先进水平自树目标，自加压力，准确预测并留有余地。确定考核指标要结合宏观经济发展趋势，在宏观经济形势向好的情况下，没有特殊的外部原因，任何企业都不能减少利润，增加亏损。

(二)确定考核指标一般不考虑需要企业内部消化的因素，不能以内部增支因素为理由增加亏损，减少利润。

(三)确定指标要结合企业发展规划，结合建设项目的竣工情况，及时计算竣工项目的效益。

(四)确定考核指标要结合国内外同行业已经达到的水平，向国际国内先进水平努力。

(五)年度基本指标和分类指标建议值原则上不低于前三年考核指标的实际完成值的平均值，且高于上年目标值与实际完成值的平均值，同时结合宏观经济形势、企业所处行业运行态势、企业实际发展状况加上当年的预计增长额。

(六)对标指标要在现有基础上位次前移，体现进步。

(七)主要污染物总量减排达标指标按照晋政办发[2008]64号《山西省人民政府办公厅关于印发山西省主要污染物总量减排统计监测及考核实施办法的通知》文件精神在省属生产类企业实行。

(八)对于在预测指标建议值过程中切实贯彻了自加压力原则，指标建议值符合建议原则的企业，原则上尊重企业意见；对于指标建议值不符合建议原则，与宏观经济运行态势和行业发展走势以及市场状况明显背离的，组织力量进行必要的审查，并由省国资委直接决定指标值。

四、企业需认真准备以下资料：

(一)准备书面说明材料，内容包括：

1、企业基本情况、产权结构情况、主要分(子)公司情况、主要产品、市场(竞争)分析、销售情况、供应情况、科技创新及前景预测等。

2、2009年暨任期(2007年—2009年)实际经营预测情况。包括主要产品产销、新建、技改项目竣工投产情况、重大投资、技术经济指标等的完成情况，经营的主要特点，市场走势及受金融危机影响情况的详细分析。(其中七户煤炭资源整合主体企业要对参与全省煤炭资源兼并重组工作进行详细分析。)

3、汇总第二任期各年度主营业务收入、利润总额、生产成本、产品价格等四项主要指标，以曲线图分别描述，并做文字说明。此项材料务于11月27日前报业绩考核处。

4、2010年度暨任期(2010年—2012年)市场环境预测。从生产、资源、管理、财务、环境等方面，判断风险高低，并分析风险产生的原因、带来的影响和企业已经或拟采取的对策。

5、2010年度暨任期(2010年—2012年)年度目标建议值及为完成该目标值企业拟采取的主要措施。

6、其他需要说明的问题。

(二)最新的季度或月度报表。

(三)近期新建或技术改造项目资料，包括可研报告、初步设计报告、扩大初步设计报告、竣工验收报告等，以及这些项目的汇总表。

(四)十一五规划及完成情况说明。

(五)年初工作报告。

(六)产权变动情况。

(七)安全生产情况报告。

(八)省有关部门对企业主要污染物总量减

排下达的考核指标、节能指标、企业汇报材料及相关验收资料。

（九）其他影响考核指标的重大事项等。

五、企业上报的历史数据要真实、准确，对经济形势的分析和前景分析预测要有理有据，严禁弄虚作假。

请各省属企业按要求认真准备有关资料，业绩考核处将从12月初开始进行核实，具体时间另行通知。

山西省人民政府国有资产监督管理委员会

二〇〇九年十一月二十日

关于做好2009年度企业国有资产统计及报表编制工作的通知

晋国资发[2009]31号

各市国资委：

为做好全省企业国有资产统计工作，及时掌握企业国有资产规模结构与运行绩效等情况，按时、保质完成全国企业国有资产统计工作任务，现就国有资产统计及报表编制工作的有关事项通知如下：

一、加强组织领导，落实工作责任。企业国有资产统计工作是国有资产监管的重要基础，也是国家推动国有经济结构调整和国有企业改革的基本依据。各市国资委要高度重视企业国有资产统计工作，树立全局观念，切实加强组织领导，完善工作体系，改进工作方法，明确职责分工，落实工作责任；积极探索做好企业国有资产统计工作的有效方式，努力协调解决工作中的困难和问题；做好与有关部门的沟通协调，争取工作支持，形成工作合力；做好业务培训，严格工作规范，确保工作质量，按时编制上报本市企业国有资产统计报告。

二、及时布置培训，争取工作主动。各市国有资产监督管理机构要认真总结以前年度企业国有资产统计工作的经验，在省国资委布置和培训的基础上，严格按照规定的报表内容、指标口径、编制方法、软件操作等工作要求，及时布置下发2009年度企业国有资产统计报表，做好层层布置及培训工作，明确工作任务，落实工作责任，争取工作主动，确保统计范围全面完整。对少数工作力度不足、工作力量较为薄弱的部门，应当重点帮促和指导，帮助其尽快打开工作局面，提高业务工作水平。各市2009年度企业国有资产统计报表的布置和培训工作应当在年底以前完成，并及时将有关完成情况报送省国资委。

三、严格工作要求，规范报表编制。提高基层企业报表的填报质量是确保全国企业国有资产统计工作质量的关键，针对当前新旧准则衔接过渡期企业填报情况复杂的特殊情况，各市国资委要严格工作规范，做好报表编制工作。一是各市国有资产监督管理机构要督促企业遵照相应会计制度或会计准则的有关规定，做好户数清理、债权债务确认、存货盘点、损益结算等各项决算管理基础工作，严格按照国有资产统计工作要求，认真填报国有资产统计报表，完整、真实、准确反映企业年度财务状况、经营成果及国有资产营运情况。二是集团型企业应当按照规定在内部交易与内部往来充分抵消的基础上，按照统一的会计政策，将各级子企业的会计报表自下而上逐级层层合并，编制集团合并报表。三是企业应当严格按照所执行的会计核算制度的要求，选择相应的科目、口径和内容填报报表。四是各市国资委应当根据本市企业的实际情况，积极推动企业执行新会计准则，缩短新会计准则的过渡期，提高会计信息质量。

四、加强数据审核，确保数据质量。各市国有资产监督管理机构应根据本市企业的隶属关系逐级开展国有资产统计报表的审核工作，及时发现并纠正报表编制中的问题，严把数据质量关。一是采取企业自审、复审、集中会审相结合，计算机审核与人工审核相结合等多种有效方式，确保同一表中相关数据之间、分户数据与汇总数据之间、报表数据与计算机录入数据之间相互配比、衔接一致，切实提高填报质量，客观反映企业国有资产运营状况。二是重点审核报表编制范围是否全面，填报内容是否符合编制要求；报表数据年度间是否存在重大变动，变动的原因是否合理，确保国有资产统计覆盖范围的全面完整，发现问题，应当立即纠正，并限期重报。

五、加强决算管理、强化财务监督。企业财务决算是企业年度财务收支和经营成果的综合反映，是各项监督管理措施实施效果的全面检验，也是出资人考核企业经营业绩、评价企业财务状况和资产质量的基本依据。各市国有资产监督管理机构要进一步完善所出资企业财务决算工作体系。一是应当督促所出资企业做好各项决算管理基础工作，并加强应收账款催收工作，清理和整合低效、无效的资产，严肃财务决算工作纪律，确保经营成果真实可靠；加强风险业务及或有事项管理，防范财务风险，提高财务管理水平。二是加强对中介机构财务决算审计质量的监督，完善出资人委托审计和审计质量评估制度，对审计程序不到位、审计力量配备不足、审计质量存在严重问题的，应当根据有关规定采取有效措施，促进提高财务决算审计工作质量。三是进一步完善企业财务决算的审核、确认等工作制度，将财务决算审核与诊断企业经营管理问题结合起来，并将审核发现的问题及时反馈企业，督促企业整改落实。

六、加强部门工作协调，减轻企业填报负担。企业国有资产统计工作涉及面广，需要相关部门的支持和配合，各地国有资产监督管理机构应当积极探索各种有效的工作途径，本着“减轻负担、数据共享”的原则，做好相关部门之间的工作协调，切实减轻企业填报负担。一是对于各地国有资产监督管理机构直接履行出资人职责的企业，应充分利用国有资产统计报表软件中的转换功能，转换生成财政部门下发的企业财务会计决算报表，避免重复填报。二是对于国有资产监督管理机构不直接履行出资人职责的企业，应依据《中央机构编制委员会办公室关于进一步明确国资委、财政部有关中央企业财务监管和国有资产监管职责分工的通知》(中央编办发[2006]148号)的文件精神，做好协调工作，可由企业选择一种格式进行填报，采用软件数据转换的方式，满足不同部门的工作要求，实现数据共享。

七、明确报送范围，做好报送工作。国有及国有控股企业均应填报本套报表；已纳入国有投资单位合并范围的国有参股企业，原则上不单独编制国有资产统计报表，但重要参股企业需要单独报送国有资产统计报表；各市国有资产监督管理机构等政府部门直接持股的国有参股企业，应当填报本套报表。各市企业国有资产统计报表应于2009年4月10日前报送省国资委。具体报送如下：

（一）集团所属境内大型企业分户填报的报送级次为集团总部及所属三级以上（含三级）子企业，三级以下子企业并入三级子企业报送；中小企业分户报表的填报级次为集团总部及所属二级以上（含二级）子企业，二级以下子企业并入二级子企业报送。

（二）各市国资委应将2009年度本市企业国有资产统计汇总报表、编制说明、汇编范围企业户数变动分析，按次序加具封面，装订成册，加盖本单位公章后报送，同时报送汇总、全部基层企业分户数据电子文档，以及参股企业数据电子文档。

（三）本市企业国有资产营运情况报告。

八、规范数据资料管理，做好数据分析利用工作。各市要建立监管企业财务决算数据库和国有资产统计数据库，完善数据管理制度，明确管理程序和职责，对涉密数据应限专人保管，在保证数据信息安全的基础上，采用网络查询等高效工具，做好数据共享服务，及时为各项监管工作提供信息支持。对报表数据的综合分析是统计工作成果的具体体现和综合反映，各市国有资产监督管理机构要加强对国有企业财务状况和国有资产营运状况的分析研究，撰写本市企业国有资产营运分析报告及监管企业财务管理情况的分析报告，为本市国有资产监督管理和国有经济结构调整等工作提供依据。

各市国有资产监督管理机构在报表编制和报表报送过程中，如发现问题，请及时与省国资委（统计评价处）联系。

山西省人民政府国有资产监督管理委员会

二○○九年十一月二十四日

关于做好2009年度省属企业财务决算管理及报表编制工作的通知

晋国资发［2009］32号

各省属企业：

为做好2009年度省属企业财务决算管理工作，进一步提高企业财务管理水平和会计信息质量，更好地为企业经营管理和出资人监管工作服务，现将《2009年度企业财务决算报表》及编制说明下发给你们，并就有关事项和工作要求通知如下：

一、严格遵循《企业会计准则》，规范编制财务决算报表。《2009年度企业财务决算报表》为企业分户报表和集团合并报表的统一格式，由会计主附表、财务情况表、会计报表附注、财务决算专项说明和财务情况说明书等五个部分构成。本套报表严格执行《企业会计准则》的规定，会计主表遵循财政部统一的会计报表格式，并结合出资人财务监管工作要求，进一步完善了财务情况表的填报内容与指标口径。企业所属金融子企业直接填报本套报表，不进行报表转换。

二、规范会计核算，进一步提高财务决算报告质量。各企业应严格遵循《企业会计准则》及有关规定，严肃财经纪律，切实提高财务决算报告质量。一是要严格执行集团统一制定的会计核算办法，规范会计报表期初数调整，不得随意变更会计政策和会计估计；二是要根据真实的交易事项、会计记录和会计账簿资料编制年度财务决算，做到账实相符、账账相符、账表相符，不得存有账外资产；三是要规范确认当期收入，及时结转、分摊当期成本费用，足额计提各项减值准备，充分抵消内部交易，不得出现新的潜亏挂账；四是要合理进行金融工具分类，不得利用公允价值计量和资产重分类等手段调节利润；五是要准确界定财务决算合并范围，不得存有账外企业。

三、扎实开展资产清查工作，进一步夯实资产质量。各企业应当扎实开展固定资产、应收款项、存货、股权投资等各项财产清查工作，核实家底，夯实资产质量，减少资产损失，努力提高资产使用效率。当前，因受国际金融危机的冲击，企业应收款项和存货占用资金普遍增多，应将应收款项的清理催收和存货清查盘点作为财产清查工作的重点，加快资金回笼，增强资产流动性。对于应收款项的清理催收工作，要逐笔核对金额、账龄、债务人及其偿还能力与逾期原因，核实催收情况，落实催收责任，并规范计提坏账准备。采用个别认定法计提坏账准备的，应当健全有关坏账准备计提制度，充分搜集客户信息，逐一进行偿债能力和信用状况评价，合理确定计提标准。对于存货清查盘点工作，要结合市场状况及时研究解决存货管理中存在的问题，采取措施加快存货周转；对于长期积压、易损变质、价格波动较大的存货，应合理判断减值状况，足额计提存货跌价准备，避免存货价值不实形成潜亏。执行事业会计制度的经营单位在进行报表项目转换时，相关资产存在减值的，应当比照《企业会计准则》的要求计提减值准备。

四、准确界定合并范围，规范编制集团合并财务报表。各企业应当组织做好所属企业（单位）的清理核实工作，对子企业户数、股权结构、控制能力、经营状况等进行全面清查，严格遵循以控制为基础的合并原则，准确把握控制实质，规范界定财务决算合并范围。除已宣告清理整顿、破产以及其他不能控制的被投资企业（单位）外，具备实质控制力的子企业（单位），均应按规定纳入财务决算合并范围，不得存在应纳入未纳入或不应纳入而纳入合并范围的企业。在编制集团合并财务报表时，各省属企业应制定集团统一的合并财务报表工作底稿和辅助工作表，真实反映集团内部往来和内部交易情况，对不合理的往来差异及时进行账务调整，及时处理单边挂账，对内部交易进行充分抵消。有境外子企业和境外机构的，境内合并主体应当按照境内会计准则、会计期间和境内母公司的会计政策对境外报表进行调整后，纳入集团合并财务报表范围。

五、认真撰写财务情况说明书，规范编报会计报表附注和专项说明。财务情况说明书是企业年度生产经营活动的分析和总结，是财务决算报告的重要组成部分。各企业应当在深入分析各业务板块生产经营、财务状况、经营绩效、现金流量、资产质量、债务风险等方面变动情况的基础上，认真编写财务情况说明书，做到财务指标与非财务指标相结合、图表分析与文字说明相结合、事实描述与原因分析相结合，有理有据，逻辑清晰。会计报表附注是对财务决算报表内容的进一步解释和补充，是财务决算报表体系的重要内容。各企业应当进一步规范会计报表附注的编制工作，加强财务决算报表主要项目的解释说明，对于会计政策与会计估计、金融资产、应收款项、长期投资、关联交易、或有事项等重要项目应当充分披露，并详细说明主要变动情况及对资产和损益的影响，不得避重就轻。财务决算专项说明是对财务决算报表的重要项目和国资委监管工作所需专项信息的补充，应当按照国资委的专项要求进行客观、充分的披露和分析说明，其中国有资本保值增值情况应附有关证明材料。

六、加强财务决算审核，按时报送财务决算报告。各省属企业应当按照国资委财务决算工作统一要求严格把关，认真做好本企业财务决算报告的逐级审核工作，做到报送资料齐全规范，数据信息真实完整，重大财务事项原因清晰，报表及附注说明之间数据衔接，整改事项落实到位，并于2010年3月15日前将集团合并财务决算报告及所属子企业分户报告报送国资委。

(一)分户报表的报送级次为集团总部及所属三级以上(含三级)子企业、三级以下子企业并入三级子企业填报；所属上市公司、金融子企业及其他重要子企业不分级次均应填报本套报表，并上报分户数据。

(二)企业集团应正式行文(并附送董事会决议)报送集团合并的财务决算报表(含会计附表、财务情况表、下同)、会计报表附注、财务决算专项说明、财务情况说明书等资料，以及审计报告、管理建议书和审计情况说明的纸质文件与电子文档，其中涉及财务决算专项说明中国有资产保值增值的主客观因素部分要报送相关的证明材料。纸质财务决算报表以"万元"为金额单位。

(三)企业三级(含三级)以上子企业以及所属三级以下上市公司、金融子企业等重要子企业，应当报送财务决算报表、会计报表附注、财务决算专项说明、财务情况说明书和审计报告的电子文档。

各省属企业在报表编制和报送过程中，如发现问题，请及时与省国资委(统计评价处)联系。

山西省人民政府国有资产监督管理委员会

二〇〇九年十一月二十四日

关于进一步做好省属监管企业工资总额管理工作的通知

晋国资发[2009]34号

各省属监管企业：

省政府2009年机构改革三定方案，明确了省国资委承担调控所监管企业工资分配总体水平的工作。为了依法履行出资人调控职能，进一步建立健全企业收入分配调控机制，促进企业和谐稳定与可持续发展。根据国家有关工资总额管理的现行政策规定，就进一步做好省属企业工资总额管理工作的有关事宜通知如下：

一、继续做好企业工资总额同经济效益挂钩工作。在国家新的调控措施出台前，当前，工资总额同经济效益挂钩办法，仍然是国家对国有企业工资分配总体水平宏观调控的主要方式。各监管企业要充分认识工效挂钩工作的重要性和必要性，严格按照国家和省相关政策以及国资监管的要求做好这项工作。按照"两低于"原则，切实使企业工资总额增长和工资水平增长与经济效益增长保持合理关系。

二、2009年监管企业的工资总额管理工作，仍按(晋国资分配[2006]84号)文件规定执行。具备工效(人效)挂钩条件的企业，要结合企业的实际，合理选择能综合突出反映企业经济效益的挂钩指标。生产经营型企业挂钩的经济效益指标，原则上选择实现利税、实现利润为主要挂钩指标；资产经营类企业选用人均收贷收入(收回本金、利息或者股本分红)、净利润指标;收费类企业选用人均行政收费额、净利润指标。其中,净利润指标所占权重不低于50%。不具备工效挂钩条件的企业,实行工资包干办法。

三、工资总额管理同经济效益挂钩要与企业内部收入分配制度改革有机结合。要建立以岗位工资为基础,绩效工资为导向的企业内部基本收入分配制度。在理顺各类人员分配关系的前提下,积极探索收入分配向管理、技术等关键岗位和骨干员工倾斜,使关键岗位和骨干人才的收入水平与劳动力市场价位逐步接轨,为引进人才,留住人才创造条件。

四、按照省发布的年度企业工资指导线合理安排职工的工资增长。

(一)生产经营正常、经济效益增长的企业,应围绕基准线安排工资增长;

(二)经济效益增长较快、工资支付能力较强的企业,可在基准线和上线区间内安排工资增长(垄断企业工资增长幅度原则上不得突破基准线);

(三)经济效益和支付能力一般的企业,可按下线安排工资增长;

(四)生产经营困难的企业,经平等协商,可低于工资指导线下线(含零增长或负增长)确定工资水平,但企业支付给提供正常劳动的职工的工资不得低于当地最低工资标准。

五、企业应在规定的时间内报批"工效(人效)挂钩方案、工资包干方案"(以下简称工资总额方案)。

(一)企业应于每年的12月底前,将工资总额方案报省国资委审批。

(二)报批工资总额方案时,由集团统一向国资委提出申请(附方案文字材料一式5份)。

(三)企业报批的工资总额方案和相关材料及审批表、备案表等,按(晋国资分配[2006]84号)第九条"企业申报材料"中规定的内容编制和准备。

六、加大工资总额管理的监管力度。工资总额管理是一项政策性强、影响面广、事关职工切身利益的工作。企业要严格工资总额审批手续。省国资委将适时对工资总额方案执行情况进行稽查。对自行确定工资总额,超提、超发工资、奖金、补贴等侵蚀利润的行为,将严肃查处。

山西省人民政府国有资产监督管理委员会

二○○九年十二月十四日

关于做好2010年度省属企业财务预算管理及报表编制工作的通知

晋国资发[2009]35号

各省属企业:

为做好省属企业2010年度财务预算编制工作,进一步加强省属企业财务预算管理,提升预算管理水平,现将《2010年度省属企业财务预算报表》及编制说明印发给你们,并就2010年度财务预算管理及报表编制报送工作有关事项通知如下:

一、进一步完善预算组织体系,积极推进实施全面预算。近年来,省属企业财务预算管理水平逐年提高,在合理配置资源、有效应对危机、提升市场竞争能力等方面的作用日益增强。但一些企业也存在预算管理体制不健全、工作组织不到位、管理流程不完善、财务预算与业务预算不衔接、预算执行差异偏大、关键指标和重大事项控制不力等问题，严重制约了企业预算作用的充分发挥。各省属企业要以科学发展观为指导，按照“早启动、准预测、细安排”的要求，进一步完善预算管理体系，加大预算工作组织力度，落实预算管理责任，规范预算编制方法，优化预算管理流程，加强部门之间沟通协调，实现财务预算与业务预算、资本预算、薪酬预算等各类预算的有效衔接，积极推行全面预算，充分发挥预算在有效应对危机、实现科学发展中的功能和作用，推动省属企业综合经营实力不断提升。

二、客观分析经济形势，合理确定2010年度预算目标。当前，我国经济正处于企稳回升的关键时期，不确定性因素仍然较多，各省属企业要客观分析国内外市场形势和政策走向，继续坚持稳健的财务策略，紧紧围绕“保增长、抓质量、控风险”的要求，加强对各类业务发展状况、有效资源及影响因素的调查、分析和预测，科学确定年度各项预算目标，合理配置经济资源。各企业经营目标的确定要妥善处理好积极与稳健的关系，兼顾规模、效益、质量与风险平衡，既要充分挖掘内部潜力，积极开拓市场，预算编制充分体现资源的高效配置要求，努力实现保增长的目标，防止目标过于保守；又要充分估计各种不利因素的影响，预算编制充分体现经营风险可控、运行质量提升的要求，防止片面追求规模和夸大盈利。以往年度预算执行差异偏大的企业，要认真总结，努力提高预算目标的准确性；对于2010年预算目标严重脱离实际状况的企业，省国资委将通过预算目标合理性审核提出调整意见，并要求及时调整。

三、细化资金预算，高效配置企业财务资源。2010年，各省属企业预算管理中要继续坚持“现金为王”的理念，以现金流量管理为核心，细化资金预算安排，高效配置企业财务资源。一是要加强信贷政策走向分析预测，做好资金管理预案，确保企业资金的流动性和安全性，同时要兼顾资金成本、收益与风险的平衡；二是要认真分析集团财务资源对发展战略规划的保障能力，坚持量力而行原则，统筹规划生产经营与投融资活动的资金供给，科学预测年度资金余缺，合理确定现金收支预算规模，安全高效地做好资金筹划工作，谋求资金的长期动态平衡；三是资金支出预算要充分体现效益优先、质量优先原则，严格控制资金支出范围与结构，并通过资金集中管理、加速资金周转等手段，减少资金沉淀，提高资金使用效率。对于“存贷双高”企业，要明确资金集中度提高的预算目标与措施。

四、突出降本增效，从紧安排成本费用预算。在国内国际市场需求尚未全面转暖的形势下，降本降耗是决定企业生存和发展的关键因素。各省属企业要将成本费用预算控制作为重中之重，成本费用预算安排要继续实行从紧政策，认真分析本企业成本费用开支结构，合理确定成本费用压缩的项目、目标和措施。一是要认真贯彻“过紧日子”的要求，继续压缩可控费用预算，特别是经济效益下滑的企业，可控费用预算要细化控制项目，明确下调目标；二是突出精细化管理的要求，积极开展与同行业先进水平对标工作，明确重点业务和关键环节的成本费用控制目标，将推进内部资源整合、内部业务协同、资金集中管理、工程物资与服务集中招标采购等措施纳入预算管理范围，确定降本增效目标；三是强化成本费用预算执行的刚性约束，严控预算外支出。

五、加强重大事项和关键指标预算控制，努

力提升运行质量。针对部分企业受国际金融危机影响出现运行质量下降、经营风险加大等问题，2010年要对债务、投资、存货、应收款项、担保、捐赠及金融衍生业务等重大事项，继续实施从严预算控制，确定预算控制的关键指标。对于资产负债率超过行业平均水平且持续上升、资产流动性大幅下降的企业，要压缩债务预算规模，并设置负债率控制警戒线；对于出现产能过剩、产品销售不畅的企业，要细化库存控制措施，明确存货压缩目标；对于应收款项过快增长、应收账款周转率下降的企业，要压缩新增应收款项的预算规模，明确催收目标与责任，预算年度应收账款的增长幅度应当低于收入增幅；对于超出承受能力、资金来源未落实、投资前景不确定、不符合发展战略和主业方向的投资，原则上不作预算安排；金融衍生业务的预算安排要坚守套期保值原则，交易规模应与现货预算及风险承受能力相匹配。省国资委将以提升质量为目标，加强重大事项和关键指标预算控制有效性的审核，对于必控指标存在控制不力的情况，将及时提示企业改进。

六、规范财务预算报告编制，更好发挥预算报告作用。财务预算报告是省国资委及时了解省属企业预算年度资源配置状况与预期经营目标的基本依据，在不断提高监管政策的预见性和有效性、推动省属企业实现科学发展等方面发挥着重要作用。本次下发的《2010年度省属企业财务预算报表》及编制说明（详见预算报表软件），是省属企业向国资委报送2010年度财务预算的统一格式，各省属企业应当在做好各项业务预算的基础上，按照省国资委统一的报表格式、指标口径和工作要求，认真组织做好2010年度财务预算报表的布置、培训和编制工作。各省属企业应当严格遵循实质控制原则，将具有实质控制权的所有内部独立核算单位及境内外子企业的全部业务纳入预算编制范围；对于涉及人员及薪酬、业务、投资等预算编制内容，财务部门应做好与相关业务部门之间的沟通协调，实现财务预算与业务预算的有效结合；反映在本套报表的各项指标应与企业内部预算衔接一致，不得人为调整。各省属企业还应当对上年预算执行情况、本年预算编制基础、预计重大经营事项等内容进行分析说明，主要说明内容参照《2010年度省属企业财务预算情况说明书内容提要》。

七、严格报送要求，按时上报财务预算报告。省属企业应当结合内部预算编制工作程序，按时完成财务预算编制审核工作，并将2010年度财务预算报告以正式文件并附内部核准决议于2010年1月31日前报送省国资委。具体要求：一是以正式文件报送企业财务预算报告，包括集团合并财务预算报表和集团财务预算情况说明书，一式2份；二是报送集团合并财务预算报表、集团财务预算情况说明书以及所属二级子企业（含二级以下重要子企业）财务预算报表及财务预算情况说明书的电子文档。

八、加强预算执行跟踪分析，强化财务预算执行监督力度。各省属企业应当加强预算执行的跟踪分析工作，建立定期的财务预算执行分析制度，及时掌握预算执行进度与效果，分析实际业务与预算指标之间的差异及原因，并及时采取应对措施；进一步完善预算执行考核力度，将预算目标完成情况与业绩及薪酬管理挂钩，强化预算约束。预算年度内符合预算调整条件确需调整年度财务预算的企业，应当于2010年8月31日前将《2010年度财务预算调整主要指标表》报送省国资委备案，并对预算调整的原因和影响、预算执行的保障措施等内容报送正式文件予以说明。

山西省人民政府国有资产监督管理委员会

二〇〇九年十二月十四日

关于对《山西国资年鉴》2008卷先进单位、先进个人表彰的决定

晋国资[2009]45号

根据晋国资发［2008］9号、晋国资办函［2008］18号文件精神，经山西省国有资产监督管理年鉴编委会研究决定，对《山西国资年鉴》2008卷做出突出贡献的14个先进单位和28个先进个人予以表彰和奖励。

一、先进单位：

太原市国资委
长治市国资委
忻州市国资委
山西焦煤集团有限责任公司
阳泉煤业（集团）有限责任公司
山西潞安矿业（集团）有限责任公司
太原重型机械集团有限公司
山西省国有资产经营有限责任公司
中条山有色金属集团有限公司
山西杏花村汾酒集团有限责任公司
山西地方铁路集团有限责任公司
山西省国新能源发展集团有限公司
山西省国有资产经营有限公司
大同煤矿集团轩岗煤电有限责任公司

二、先进个人（按姓氏笔画排序）：

于志远　马凌云　王丽辉　王岳彤　王晓梅
王雅芳　王健勇　乔铁军　刘存义　刘鸿钢
张学平　张彩萍　张海斌　张新新　李　平
李广顺　李文斌　杨华芳　杨晓东　岳耸屹
果满红　郎卫平　聂占生　阎象胜　黄　斌
董居正　谭　超　柳红军

山西省人民政府国有资产监督管理委员会

二〇〇九年四月

关于表彰2007年度企业产权登记工作先进单位、先进个人的通知

晋国资产权[2009]18号

各市国资委、省直各有关部门、各省属企业：

按照《企业国有资产产权登记业务办理规则》的有关规定和国务院国资委的统一要求，全省各级国资委、省直各有关部门、各省属企业对2007年度企业产权登记进行了年度检查和数据汇总工作。在工作中，各有关单位密切配合，出色地完成了全省企业产权登记年度检查和数据汇总任务，各项资料上报及时，数据准确，受到了国务院国资委的表扬。为进一步推动我省企业产权登记工作的顺利开展，经各有关单位自行推荐、省国资委综合评审，决定对晋城市国资委等16个先进单位，马永前等34名先进个人予以表彰奖励。表彰名单如下：

一、先进单位

晋城市人民政府国有资产监督管理委员会
大同市人民政府国有资产监督管理委员会
临汾市人民政府国有资产监督管理委员会
长治市人民政府国有资产监督管理委员会
吕梁市人民政府国有资产监督管理委员会
山西省劳动教养工作管理局
太原钢铁(集团)有限公司
山西焦煤集团有限责任公司
山西省焦炭集团有限责任公司
山西煤炭进出口集团有限公司
山西晋城无烟煤矿业集团有限责任公司
山西潞安矿业(集团)有限责任公司
阳泉煤业(集团)有限责任公司
山西天脊煤化工投资有限公司
中条山有色金属集团有限公司
山西省煤炭资产经营有限责任公司

二、先进个人

马永前　大同市人民政府国有资产监督管理委员会
吴冬花　太原市人民政府国有资产监督管理委员会
智文和　忻州市人民政府国有资产监督管理委员会
王瑞方　晋中市人民政府国有资产监督管理委员会
贺小金　吕梁市人民政府国有资产监督管理委员会
康鸿九　阳泉市人民政府国有资产监督管理委员会
郑软丽　晋城市人民政府国有资产监督管理委员会
任美青　长治市人民政府国有资产监督管理委员会
李文靓　临汾市人民政府国有资产监督管理委员会
王　斐　运城市人民政府国有资产监督管理委员会
庞　喜　山西省监狱管理局
武颖晶　山西省旅游局
张栓平　太原钢铁(集团)有限公司
王继红　阳泉煤业(集团)有限责任公司
王润梅　山西潞安矿业(集团)有限责任公司
杨晓刚　山西晋城无烟煤矿业集团有限责任公司
刘艳弟　大同煤矿集团有限责任公司
石　宇　太原重型机械集团有限公司
高　伟　山西省国新能源发展集团有限公司
赵红雁　山西煤炭运销集团有限公司
卫炳章　山西建筑工程(集团)总公司
赵曙光　山西国际电力集团有限公司
宋　勤　山西省经贸资产经营有限责任公司
高　宇　山西省农业资产经营有限责任公司
王雨平　山西国际能源集团有限公司
徐素萍　山西天脊煤化工投资有限公司
宋晓猛　山西省煤炭资产经营有限责任公司
路云奎　山西煤炭进出口集团有限公司
李卫花　山西省焦炭集团有限责任公司
石玉英　山西省产权事务中心
丁　磊　山西省产权事务中心
支丽娟　山西省产权事务中心

韦　乐　山西省产权事务中心
司　芳　山西省产权事务中心

山西省人民政府国有资产监督管理委员会
二〇〇九年三月十一日

关于进一步推进省属企业法律风险防范机制建设的通知

晋国资法规[2009]50号

各省属企业：

当前，世界经济形势正在发生深刻变化，国际金融危机的加深蔓延，已对实体经济产生较大的影响。国内经济运行面临着各种新挑战，国家宏观调控政策在不断调整。为更好地应对复杂多变的国际国内市场环境和日益增多的法律事务，进一步加强企业法律风险防范。现将有关要求通知如下：

一、指导思想和总体目标

根据国务院国资委的要求，并结合我省实际，今后三年，省属企业法律风险防范机制建设工作的指导思想和总体目标是：以邓小平理论和"三个代表"重要思想为指导，全面贯彻落实科学发展观，紧紧围绕国有企业改革发展的中心任务，以加快完善企业法律风险防范机制为核心，力争用三年的时间，在省属企业和重要子企业全部设立法律事务机构，建立总法律顾问制度的比例达到70%以上；"以事前防范和事中控制为主、事后补救为辅"的企业法律工作制度基本健全，企业法律风险防范机制在企业改革发展中的作用得到进一步发挥。

二、进一步加强省属企业法律事务机构建设

企业法律事务机构是法律风险防范机制建设的重要环节，是企业防范化解法律风险的第一道防火墙。要充分认识企业法律事务机构的重要作用，加快推进机构设置，全面落实其工作职能。资产规模较大、法律需求较多的企业要抓紧设置独立的法律事务机构。尚不具备条件、规模较小、内设机构较少的企业，要指定一个内设机构专门负责企业法律事务，并适当配备专职的企业法律顾问。到2010年底，大型企业全部设置法律事务机构；到2011年底，所有省属企业及其重要子企业都要设置法律事务机构。

三、进一步加快省属企业总法律顾问制度建设步伐

已设立总法律顾问的企业，要进一步贯彻落实《国有企业法律顾问管理办法》关于企业总法律顾问职责定位的有关规定，健全完善企业总法律顾问作为高管人员参与企业重要决策的法律审核把关机制。建立完善企业重要经营决策会议纪要制度，保证总法律顾问参加企业重要经营决策会议。尚未建立总法律顾问制度的企业，要按照有关文件精神加快总法律顾问制度建设。企业应逐步制定专职总法律顾问的选拔、培养计划，将企业内部培养与对外公开招聘结合起来。由企业分管领导兼职的总法律顾问，应尽快取得企业法律顾问执业资格。到

2010年底，重点企业全部建立总法律顾问制度；到2011年底，所有大型企业全部建立总法律顾问制度。重点企业的重要子企业基本建立总法律顾问制度。

四、进一步建立健全省属企业法律工作制度和机制

1、要健全法律审核制度，落实法律工作职责，明确法律审核环节，提高法律工作水平，取得法律把关效果。要把法律事务工作制度与企业内部管理流程有机结合起来，通过完善企业管理流程，使法律审核把关成为企业经营管理的一项“硬约束”。要逐步完善法律意见书制度，报送省国资委审核的改制、重组、重大投融资等方案，要由企业法律事务机构出具法律意见书。

2、要进一步强化合同集中管理，突出合同管理重点，加大对资产重组、投资并购、股权转让、对外担保等重大非日常性合同的法律审核力度。不断加强合同基础管理工作，全面建立合同管理信息系统，规范合同审查标准，提高合同审查质量。针对当前金融危机下合同履行可能发生或已发生的违约纠纷事件，及时采取要求对方提供抵押担保、第三人保证、提高客户保证金等多种保全手段，尽量减少因违约造成的企业损失。

3、要进一步加强劳动用工管理，防范劳动纠纷风险。要结合《中华人民共和国劳动合同法》和《中华人民共和国劳动合同法实施条例》等相关法律的实施，在企业内部深入开展法律执行情况检查活动，组织开展劳动用工措施的合法性评估，进一步清理不规范用工行为，理顺劳动关系，有效控制薪酬、加班、休假、歇工、解聘等方面存在的各种劳动关系隐患，避免劳动纠纷。

4、要认真贯彻实施《国家知识产权战略纲要》，抓紧建立健全企业内部的知识产权法律保护机制。

五、继续协调处理好企业重大法律纠纷案件

各省属企业要抓紧妥善处理历史遗留的重大法律纠纷案件，防止因自身违法违规经营引发新的重大法律纠纷案件。此项工作将作为评价企业法律风险防范机制建设成效的一个标准。要加强对各类涉诉案件的研究，抓紧完善相关制度，堵塞各种管理漏洞，提升法律管理水平。

省国资委将继续加强与有关部门的沟通协调，创造有利于解决各类纠纷案件的外部环境，切实维护国有资产安全和省属企业的合法权益。依据有关要求，建立重大法律纠纷案件备案制度，企业重大法律纠纷案件要及时上报省国资委备案。实行重大法律纠纷案件的责任追究制度，对疏于法律风险防范而造成重大经济损失的，要依法追究相关人员的责任。

六、加快培养高素质的企业法律顾问队伍

各省属企业要制订相关培训计划，鼓励企业法律工作人员积极参加法律顾问执业资格考试。

省国资委将通过企业法律顾问协会，加强企业法律顾问间的交流与学习。按照《国有企业法律顾问职业岗位等级资格评审管理暂行办法》，开展企业法律顾问职业岗位等级的评审工作。

七、加强对企业法律风险防范机制建设的组织领导

各省属企业要周密筹划，精心组织，努力落实推进企业法律风险防范机制建设的各项要求。各企业要结合企业实际，组织专门力量制定切实可行的落实工作方案，于今年10月底前报省国资委政策法规处备案。今后三年，每年1月底前，企业将上一年度目标完成情况报送省国资委。省国资委每年将对企业完成三年目标的进度情况进行综合测评，对企业总法律顾问制度建设情况，规章制度、经济合同和重要决策法律审核情况，重大法律纠纷案件处理情况等进行定期通报。同时，对企业因违法经营造成重大资产损失的，依照有关规定予以责任追究。

山西省人民政府国有资产监督管理委员会

二○○九年六月二十四日

山西省国资委关于贯彻落实《全国领导干部学法用法工作经验交流电视电话会议》精神的通知

晋国资法规[2009]79号

各处室、各直属事业单位，各省属企业：

9月2日，中组部、中宣部、司法部、全国普法办在京召开《全国领导干部学法用法工作经验交流电视电话会议》，全国普法办主任、司法部部长吴爱英出席会议并讲话。根据山西省依法治省领导组的要求，就我委贯彻落实《全国领导干部学法用法工作经验交流电视电话会议》精神通知如下：

一、深刻领会《全国领导干部学法用法工作经验交流电视电话会议》精神，认真贯彻落实会议提出的当前和今后一个时期领导干部学法用法工作的指导思想和中心任务

《全国领导干部学法用法工作经验交流电视电话会议》提出，当前和今后一个时期领导干部学法用法工作的指导思想和中心任务是：要全面贯彻党的十七大和十七届三中全会精神，以邓小平理论和“三个代表”重要思想为指导，深入贯彻落实科学发展观，认真落实“五五”普法规划和《关于进一步加强领导干部学法用法，提高依法执政能力的意见》，进一步深化认识、明确任务，创新方法、完善制度，健全领导和工作机制，切实加强组织领导，推进领导干部学法用法工作不断深入，进一步提高领导干部依法执政、依法决策、依法行政、依法管理的能力和水平，为全面落实依法治国基本方略，全面建设小康社会作出新贡献。

二、深刻领会全国普法办主任、司法部部长吴爱英讲话精神，认真贯彻落实吴爱英部长提出的从五个方面抓好领导干部学法用法工作的要求

吴爱英部长提出：当前和今后一个时期，领导干部学法用法工作要着力抓好五个方面。一是充分认识新形势下加强领导干部学法用法的重要性和必要性，进一步统一思想、强化措施，推进领导干部学法用法工作深入开展。二是进一步明确领导干部学法用法的主要任务，深入学习宪法，学习社会主义法治理念，学习国家基本法律和与本职工作密切相关的法律法规，学习与保增长、保民生、保稳定密切相关的法律法规，把学习法律和运用法律有机结合，带头树立社会主义法治理念精神，带头树立守法意识，尊重法律权威，自觉遵守法律。三是积极推进领导干部学法用法工作创新，坚持和完善行之有效的学习方法，不断丰富领导干部学法用法载体，推进领导干部学法用法手段创新，切实提高领导干部学法用法工作的实效性。四是大力推进领导干部学法用法工作的制度化建设，健全完善领导干部学法用法各项制度，用制度保障领导干部学法用法不断深入。五是切实加强对领导干部学法用法工作的领导，高度重视领导干部学法用法工作，把领导干部学法用法工作列入重要工作日程，建立健全领导和工作机制，加强协调配合和指导检查，强化保障措施，努力促进领导干部学法用法工作任务的落实。

三、从健全和完善国有资产监管法规体系和省属企业法律风险防范体系两个法制建设体系的要求出发，省国资系统领导干部学法用法工作要着重抓好以下几个方面

一是进一步提高认识，不断完善学习制度。领导干部学法用法，是全面贯彻科学发展观的重要内容，是落实科学执政、民主执政、依法执政的重要前提，是推进依法治省、服务“保增长、保民生、保稳定”大局的重要举措，是提高依法监管、依法治企能力的本质要求。因而，我们必须把这项工作摆上更加突出的位置。要进一步完善委党委中心组、委机关国家公务员、委直属事业单位和委机关党委各直属党支部学习法律法规制度；要进一步完善各省属企业党委及中高层管理人员学习法律法规制度。要把领导干部学习法律法规作为制度长期坚持，有计划、有步骤地抓好落实。

二是进一步创新方法，突出学习内容。要充分利用电视、报刊、网络等媒体开展学习，也要开办和参加骨干培训班，走出去、请进来，组织警示教育，使领导干部学法渠道多元化。在学习内容上，要突出抓好重点内容。深入学习宪法，学习社会主义法治理念，学习与保增长、保民生、保稳定密切相关的法律法规，同时，要认真学习国资监管、依法治企等与工作密切相关的法律法规。

三是进一步建立健全各项规章制度，真正做到依法监管、依法治企。要对照有关法律法规，认真清理规范性文件和各项规章制度，已不适用的要彻底废除，未规范的要进行规范。

山西省人民政府国有资产监督管理委员会
二〇〇九年九月二十二日

关于进一步开展学习宣传《中华人民共和国突发事件应对法》的通知

晋国资法规[2009]88号

各省属企业，各处室、各直属单位：

为进一步推进《中华人民共和国突发事件应对法》的贯彻实施，省政府办公厅将于近期开展对《突发事件应对法》贯彻实施情况的专项检查，为配合搞好这次检查，并以此为契机，进一步加强贯彻实施《突发事件应对法》的力度，现就进一步开展学习宣传《突发事件应对法》提出如下要求：

一、要进一步充分认识学习贯彻《突发事件应对法》的重要性

我国是一个自然灾害、事故灾难等突发事件较多的国家。各种突发事件的频繁发生，给人民群众的生命财产造成了巨大损失。新中国成立以来，我国已建立了许多应急管理制度，国务院和地方人民政府制定了有关自然灾害、事故灾难、公共卫生事件和社会安全事件的应急预案，突发事件应急预案体系初步建立，应急管理机构和应急保障能力建设得到进一步加强。但是，突发事件应对工作也还存在一些突出问题：一是应对突发事件的责任不够明确，统一、协调、灵敏的应对体制尚未形成。二是一些行政机关应对突发事件的能力不够强，危机意识不够高，依法可以采取的应急处置措施不够充分、有力。三是突发事件的预防与应急准备、监测与预警、应急处置与救援等制度、机制不够完善，导致一些突发事件未能得到有效预防，有的突发事件引起的社会危害未能及时得到控制。四是社会广泛参与应对工作的机制还不够健全，公众的自救与互救能力不够强、危机意识有待提高。《突发事件应对法》就是为了提高社会各方依法应对突发事件的能力，在认真总结我国应对突发事件经验教训，借鉴其他国家成功做法的基础上，根据宪法制定的一部规范应对各类突发事件共同行为的法律。制定《突发事件应对法》，提高依法应对突发事件的能力，是贯彻落实依法治国方略、构建社会主义和谐社会的重要举措。

二、要进一步加大学习宣传《突发事件应对法》的力度

1、领导带头。在当前和今后一个时期，要把学习宣传《突发事件应对法》列入重要议事日程，要认真部署，采取切实有效的措施，进一步推动《突发事件应对法》的学习宣传。

2、要进一步通过多种形式，调动各种宣传手段，加强《突发事件应对法》的学习宣传，提高广大干部职工对《突发事件应对法》的认识。要充分认识依据宪法制定的《突发事件应对法》，是一部规范突发事件应对活动的基本原则和预防与应急准备、监测与预警、应急处置与救援、事后恢复与重建等内容的重要法律。它对于预防和减少突发事件的发生，及时有效控制、减轻和消除突发事件引起的严重社会危害，保护人民生命财产安全，维护国家安全、公共安全、环境安全和社会秩序具有重要意义。

3、要把《突发事件应对法》的学习宣传与"法律六进"活动相结合，坚持法制教育与法治实施相结合，学法用法相结合。要通过深入的宣传，让广大干部职工了解《突发事件应对法》的立法背景、立法宗旨，重大意义、基本内容和主要制度，使广大干部职工充分了解和熟练掌握这部法律，切实提高应对危机的能力，强化危机意识和责任意识。

三、要认真回顾总结《突发事件应对法》颁布实施两年来的学习、贯彻执行情况，并加以改进和完善

要根据本部门、本企业特点，对照《突发事件应对法》，并结合《山西省人民政府国有资产监督管理委员会大规模群体性事件应急预案的通知》(晋国资综合〔2006〕71 号)，健全和完善应急管理体制，制订切实可行的应急预案。

总之，各单位要认真组织好《突发事件应对法》的学习宣传活动。同时，《突发事件应对法》也将列入今年“五五”普法年度考试的重要内容。

山西省人民政府国有资产监督管理委员会

二〇〇九年十月十四日

关于表彰2008年度省属企业投资统计先进单位和先进工作者的通知

晋国资规划[2009]37号

省属企业：

2008年省属企业认真学习贯彻党的十七大精神，全面落实科学发展观，扎实推进《山西省省属国有企业投资监督管理暂行办法》的落实，圆满完成了2008年度投资计划统计任务，涌现出了一批先进集体和先进个人。

为了总结成绩，弘扬先进，发挥典型的示范带动作用，经研究决定，依照省属企业投资统计先进单位和个人评比办法，对投资统计工作中涌现出来的大同煤矿集团公司企划部等6个先进单位，赵卫星等12名先进个人予以通报表彰。同时建议有关企业对以上单位和个人予以物质奖励。

特此通知。

山西省人民政府国有资产监督管理委员会

二〇〇九年五月七日

附件：

2008年省属企业投资统计先进单位

先进工作者

先进单位：

大同煤矿集团公司企划部

山西潞安矿业(集团)有限责任公司投融资中心

山西晋城无烟煤矿业集团有限责任公司计划统计处

太原重型机械集团有限公司发展规划部

山西国际能源集团有限责任公司

山西煤炭进出口集团公司投资管理部

先进工作者：

赵卫星　周雅丽　薛希奇　胡海涛

郝海光　王晋英　李红霞　杨茂林

马　英　阎世欣　杨振东　杨　逸

山西省人民政府国有资产监督管理委员会对省属企业审计工作先进单位和先进个人进行表彰的决定

晋国资监审[2009]26号

各省属企业：

2007、2008两年间，各级领导对省属企业审计工作高度重视；各省属企业从内控要求出发，加大了内控工作力度，健全了机构设置、完善了人员配置，为审计工作的开展提供了条件；审计机构和审计人员充分发挥自身职能，在查错纠弊、堵塞漏洞、控制风险、规范运作、创新审计方法和领域等方面做了大量工作。使省属企业的内部审计工作得到深入扎实开展，涌现出了一大批审计工作先进单位、集体和先进个人。为鼓励先进、激励后进，进一步推动省属企业审计工作向更高水平迈进，经研究决定，对省属企业审计工作优秀单位、先进集体和先进个人进行表彰（名单附后）。

希望各省属企业审计机构和广大审计工作者以他们为榜样，继续发扬特别能吃苦和特别能战斗的精神，认真履行工作职责，坚持原则，依法审计，充分发挥内审工作的重要作用，为防范和控制企业经营风险、提升企业经营管理水平、保障国有资本保值增值、促进企业可持续发展做出贡献。

各省属企业要对受表彰的优秀单位、先进集体和先进个人予以奖励。同时，也希望受表彰的先进单位和个人，戒骄戒躁，再接再厉，不断取得新的更大的成绩。

山西省人民政府国有资产监督管理委员会

二〇〇九年四月十日

内部审计优秀单位、先进集体和优秀个人名单（排名不分先后）

优秀单位（7 个）：

山西晋城无烟煤矿业集团有限责任公司
太原钢铁（集团）有限公司
潞安矿业（集团）有限责任公司
山西焦煤集团公司
大同煤矿集团有限责任公司
山西省煤炭运销总公司
阳泉煤业（集团）有限责任公司

先进集体（29 个）：

太原重型机械集团有限公司审计部
山西建筑工程（集团）总公司审计部
山西杏花村汾酒集团有限责任公司审计部
山西省焦炭（集团）有限责任公司审计部
山西省煤炭进出口集团公司审计部
太原化学工业（集团）有限公司审计监察考核部
山西省汽车运输集团有限责任公司审计部
太原煤炭气化（集团）有限责任公司审计部
中条山有色金属集团有限责任公司财经审计处
山西省国新能源发展集团有限公司稽核审计处
山西国际电力集团有限公司工作部（审计监察部）
西山煤电集团有限责任公司审计处
霍州煤电集团公司审计部
山西焦化集团有限公司审计处
省工业设备安装公司监察审计部
第五建筑工程公司审计部
建工集团总承包公司审计部
晋煤集团蓝焰煤业股份公司审计部
晋煤集团凤凰山矿审计科
山西汽运集团长治运输有限公司审计处
山西汽运集团汽运晋龙捷泰公司审计处
同煤集团云冈矿审计科
同煤集团轩岗煤电公司审计处
同煤集团四台矿审计科
山西省煤运总公司长治煤运分公司审计科
山西省煤运总公司忻州煤运分公司审计监察部

潞安集团王庄审计科
潞安集团漳村审计科
三益华信电子公司审计科

优秀个人(93人)：

李月仙　耿　琳　张慧琴　李全斌　章仕礼
郭兔平　李凌志　冯　成　宁高峰　冯勇康
尹金萍　张胜利　翟存根　张　兴　栾素晋
陈建勋　原兴顺　齐晓华　崔玉栋　董　捷
高金玉　庄开春　王艳霞　王卫东　姜志芳
王　如　冯锦丽　谢耀颖　吕培民　韩文英
康俊兰　华　晔　车成林　解润莲　郭卫红
董雄伟　王丽君　王　慧　赵海江　陈爱琴
曹爱琴　张小平　徐国庆　刘　军　张慧玲
吴振海　李国荣　赵建强　秦晓林　杨　磊
高宇彤　孟大钊　贺兴华　张淑敏　闫淑琴
李　霖　郭换彩　李德安　颉小红　郑文燕
陈应户　靖　忠　侯鸿飞　袁月娥　郭海斌
牛芬云　马晓颖　王　华　王晋林　韩建光
谷鹏晋　孙益军　常志军　王　贵　金大勇
曹丽梅　田红霞　魏晓云　叶树桃　孟振魁
雷永升　高润太　邓志云　贾晓彦　张建珍
幸义有　李海亮　暴金茂　李艳芬　刘文静
许兴华　陈　刚(同煤)　陈　刚(煤运)

2010

SHANXI PROVINCE STATE-OWNED ASSETS SUPERVISION AND ADMINISTRATION YEARBOOK

山西省国有资产监督管理年鉴

附　录

第七篇

新阳煤业矿长　赵有生

新阳煤业党委书记　刘富昌

先进的 EBJ—120TP 综掘机

山西焦煤汾西

山西汾西矿业新阳煤业隶属山西焦煤汾西矿业集团公司，其前身为汾西矿务局高阳煤矿，始建于 1965 年，1973 年 3 月投产，于 2006 年底破产重组为新阳煤业，是汾西矿业集团公司的主力大矿之一。

该公司地处孝义市以西 15 公里的高阳镇，专用线与南通蒲线（介—西）支线相接于白壁关车站，340 省道横贯矿区，距汾军高速 12 公里，交通非常便利。井田总面积 107.9 平方公里（其中高阳井田 55 平方公里，白壁关井田 62.9 平方公里），地质储量为 6.7 亿吨。为霍西煤田二迭纪山西组和石炭纪太原群，上组煤为优质主焦煤，发热量高、低硫低磷、粘结性强，属焦煤中的极品，是化工、冶金行业中的最佳选煤种。下组煤为富硫瘦煤，属优质电煤。还可以根据用户生产不同规格的动力煤种。

矿井 1973 年投产，设计能力为 120 万吨 / 年。1990 年开始二次改扩建，设计能力为 300 万吨 / 年，2004 年矿井 600 万吨改扩建及配套选煤厂建设项目经国家发改委批准立项，于 2005 年开工建设，矿井设计生产能力为 600 万吨 / 年，洗煤厂设计能力为 600 万吨 / 年。

现矿井主提升系统和储装运系统改造已经完成，使新阳煤业具备了 600 万吨的提升能力，选煤厂二期配套工程于 2010 年 8 月 28 日竣工投产，至此，新阳选煤厂已具备洗选精煤能力达 600 万吨 / 年，2011 年 5 月底实现矿井 600 万吨的生产能力，随着这些工程项目的建设投产，未来的新阳将成为汾西矿业集团产能最大、产业结构最合理、综合效益最优的新型煤炭工业园区，一座安全高效、产能居先、绿色环保、文明和谐的新矿山正在三晋大地崛起。

现代化的办公楼

矿业新阳煤业有限责任公司

装备先进、管理科学的综采放顶煤工作面

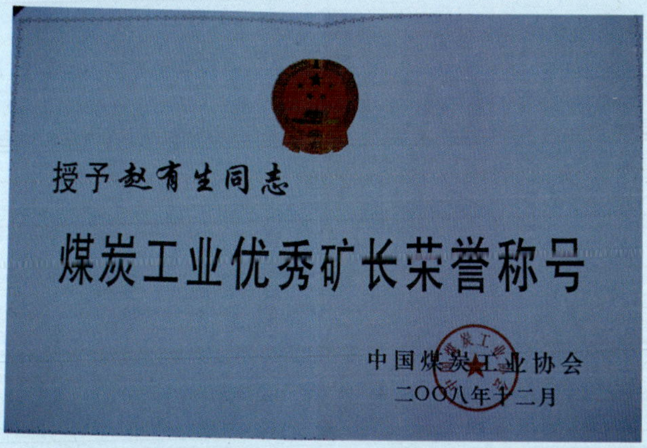

汾西矿业

贺西煤矿矿长　姚宝珠

贺西煤矿党委书记　张建中

汾西矿业贺西煤矿位于柳林县东南15公里，毗邻307国道，有王家会、青龙、穆村三处集运站，交通运输十分便利。

贺西矿是煤炭企业在20世纪末的三年困难时期，汾西矿业自力更生，战略西移的成果。1998年原汾西矿业水峪矿买断兼并柳林地方小煤窑，成立贺西井口，同年5月18日，首任矿长李咸华带领第一批19名建设者进驻。2002年5月28日，贺西矿正式独立运行，成为汾西矿业集团公司二级单位。

从1998年开始，广大建设者大胆探索，战天斗地，不仅开国企跨地区、跨行业、跨所有制结构兼并地方煤矿之先河，凝练了“锲而不舍、坚忍不拔、同心协力、艰苦奋斗”的创业精神，而且通过两次技改，使矿井年生产能力达到了180万吨的水平，并于2005年建成200万吨井口配套选煤厂。12年来，企业只争朝夕，抢抓机遇，累计生产原煤1500余万吨，同时还在快速发展中，打造了“勇于开拓、善于拼搏、忠于职守、敢于争先”的创业精神，为汾西矿业走出困境、做强做大做出了贡献。现阶段，该矿在册职工2648人，大中专院校生占13%，技校及高中生占36%。2010年，贺西矿新班子紧紧围绕山西焦煤“零百千亿”发展规划和集团公司全面加快“双三

贺西煤矿

千万吨”煤企建设的战略部署，确立了围绕“瓦斯攻坚，管理提升，跨越发展”的目标，坚定信心，统筹兼顾，科学规划，总体推进，加快示范矿井建设，加快民生工程建设，加快铁路勘设步伐，加快矿井系统技改，加大循环经济建设，加大内部改革力度，确保企业安全发展、和谐发展、转型发展的全年工作指导思想。

贺西煤矿现有井田面积 18.909 平方公里，矿井设计能力为 180 万吨/年，所采煤层为特低硫、低灰优质主焦煤，开采山西组 3#、4# 煤层，地质储量 1.06 亿吨。

矿井通风方式为中央并列与边界中央混合式通风，矿井共有三个进风井，两个回风井。

回风立井安装两台 BDK54-8-NO23 对旋防爆轴流式通风机，一台使用一台备用，担负二采区通风。

独胡峁风井安装两台 BDK60-10-NO38 对旋防爆轴流式通风机，一台使用一台备用，担负三采区通风。矿井为高瓦斯矿。

井田开拓方式为斜井——立井混合开拓方式，分为主斜井、副斜井、副立井、回风立井、独胡峁风井。

采煤方法工作面采用走向长壁后退式开采，采区采用前进式开采，采煤工艺为综合机械化采煤，全部跨落法管理顶板。

陈川平副省长来矿调研

贺西矿职工篮球赛

山西汾西矿业新柳

新柳煤业矿长　冯来荣

新柳煤业党委书记　杨大志

现代化的综采工作面

山西汾西新柳煤业有限责任公司位于山西省中南部的孝义市境内，为吕梁山区与晋中平原的过渡地带，属低山丘陵区。区内设有铁路专用线与全国铁路网相通，向东经介西线(介休至阳泉曲)与南同蒲线(太原至风陵渡)、孝柳线(孝义至柳林)交会；孝午公路(孝义至午城)横穿矿区，并由此相接于307国道(青岛至银川)、大运公路(大同至运城)，交通运输便利。

新柳煤业是山西焦煤汾西矿业集团公司的主力生产子公司之一，前身为柳湾煤矿，1958年建矿伊始，1962年12月31日投产，经过了49年的发展，原煤产量从30万吨—90万吨—180万吨—400万吨，兴建有两座井口选煤厂，年入洗能力400万吨，原煤全部入洗。下设63个单位，有综采队3个、综掘队2个、掘进准备队1个、综采安装队1个、开拓队1个、10个辅助生产队、井口洗煤厂等生产单位。2010年12月全员4900人，在册4766人，职工家属共计三万余人。公司党委下属9个总支，10个直属党支部，48个二级党支部，党员1542名，在职党员941名。

该公司不断适应各个历史时期经济体制改革的新形势，为国家建设做出了巨大的贡献。2010年，全矿干部职工认真贯彻落实科学发展观，推行“精细化管事、军事化管人”管理理念，围绕中心工作，破难点、出亮点、求创新、上水平，切实转变干部作风，落实安全生产责任制，强化安全教育和现场管理，井下生产系统和地面服务设施得到了进一步的改进和完善，职工生活水平得到了较大提高，较好地完成了集团公司下达的各项经济技术指标。全年生产原煤453万吨，精煤190万吨，职工人均收入6.41万元/人。通过了“省精神文明建设指导委员会文明单位”、“国家级运输示范矿井初审”的检查验收评估，荣获“2010年度中国工业党建优秀单位”、“中国安全文化示范单位”、“山西焦煤先进党委”、“山西焦煤文明

煤业有限责任公司

和谐单位”、“集团公司整组建家第一名”、“山西省五星级职代会”等荣誉，冯来荣、杨大志分别荣获“中国安全文化贡献人物”称号，中华全国总工会、国家安全生产监督管理总局授予“安康杯”优胜企业。2011年，该公司贯彻落实国家“十二五”规划和集团公司“五年发展”规划内容精神，提出了建设“平安、富康、绿色、开发、文化、和谐”新柳的新目标。

该公司党委积极探索党建工作新途径，按照中央和上级党组织要求，抓好党组织建设，建立健全“永葆党员先进性”的管理长效机制，广泛开展“共产党员做模范”、“一个党员一面旗帜”、“党员立功竞赛”等各种形式的创先争优系列活动。加强“学习型”党组织建设，带动学习型企业建设，推动人才队伍和“素质工程”建设。突出“三支队伍建设”，建设好管理队伍，建设好党员队伍，建设好职工队伍，把政治优势转化为科学发展优势，打造出了一支作风顽强，招之能战、战之能胜，高素质的十部职工队伍。

精神文明建设硕果累累。在抓好民主政治建设，维护职工切身利益的同时，建立困难职工帮扶工作、提高职工幸福指数长效机制，坚持开展送温暖、金秋助学、帮困助医等帮扶救助活动及矿区环境整治和棚户区改造，实现了“更净、更美、更亮、更绿”目标。加大大病医疗互助工作力度，落实集团公司医疗保险、子女就业、帮扶救助等各项惠民政策；在河滩上蓬盖兴建了职工中心广场，为职工提供了业余文化休闲活动场所；新柳合唱团代表集团公司参加山西省第五届“三晋之春”合唱音乐会获金奖第一名；代表山西煤炭系统参加了山西省第十三届运动会健身秧歌赛；第二套秧歌赛获一等奖，第三套获二等奖；代表山西省参加第六届世界合唱比赛获银奖；十月份，在“中华红歌赛”中一鼓作气，再获最高奖——中华杯奖，并受到了中共中央政治局委员、重庆市委书记薄熙来的亲切会见。

山西焦煤董事长白培中（左三）来新柳煤业调研

山西焦煤总经理金智新（右一）来新柳煤业检查指导工作

矿长　张启禄

党委书记　张培清

双柳煤矿

双柳煤矿位于山西省柳林县孟门镇白家焉村，是汾西矿业集团公司调整煤炭产品结构，在离柳矿区三交三号井田开发的大型现代化矿井之一。

1998年10月3日，汾西矿务局正式兼并柳林县吉家塔乡白家焉煤矿。1999年7月28日，国家计委以计基础[1999]946号文批准原井田扩界，并划定了扩区的范围；此后委托太原煤炭设计院编制完成了该矿井改扩建工程的项目建议书；国家计委以计基础[2001]2698号文下发了《国家计委关于山西汾西双柳煤矿改扩建工程项目建议书的批复》，并批准矿井建设规模由15万吨/年扩建到150万吨/年；1999年9月18日，双柳煤矿年产150万吨的技改扩建进行了奠基；之后，用时18个月，将一座生产能力5万吨的小煤窑扩建成实际生产能力为150万吨的大型现代化矿井，并建有150万吨/年的现代化选煤厂。2001年6月29日双柳煤矿正式投产，2002年5月8日，双柳煤矿独立。2005年经山西省煤炭工业局晋煤规发[2005]256号文批准矿井的核定能力为200万吨/年。2006年4月，矿井进行了主提升、主

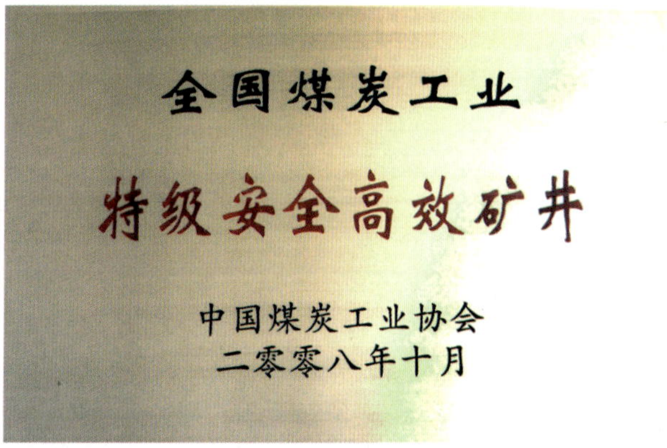

运输、地面储装运等系统的改造，将矿井的生产能力进一步提升。

双柳井田面积 20.7km^2，含有可采煤层 3+4# 煤、8#、9# 煤。至 2008 年底，矿井地质总储量 3.57 亿吨，可采储量 2.67 亿吨，其中 3+4# 煤地质储量 1.14 亿吨、可采储量 8565.8 亿吨；8#、9# 煤地质储量 2.43 亿吨、可采储量 1.82 亿吨；按生产能力 300 万吨 / 年计算，矿井服务年限为 66.8 年。

矿井井田范围内煤层赋存稳定、结构中等、自东向西倾斜、倾角 0–13° 。煤尘具有爆炸性，爆炸指数为 38%–40.9%；煤层具有自燃倾向性，等级为 Ⅲ 类，不易自燃。2007 年鉴定矿井瓦斯绝对涌出量 64.04m^3/min，相对涌出量 11.33m^3/ 吨，属高瓦斯矿井。

双柳场区

山西省第三建筑工程公司

长治市汽车客运东站(在建)

山西省第三建筑工程公司成立于1952年，属于山西建筑工程(集团)总公司的核心骨干成员之一。

公司是具有房屋建筑工程施工总承包一级资质等18项资质的综合性国有建筑施工企业。公司现有员工2300多人，其中有各类专业技术和管理人员1700多人。公司拥有总资产10亿元，年综合经营承包能力在20亿元以上。

多年来，公司坚持"稳固太行、覆盖全省、走向全国"的经营战略，大力弘扬"诚与信为本，优与效至上"的企业精神，以"发展企业、服务社会、富裕职工、文明和谐"为目标，贯彻质量、环境、职业健康安全管理方针，形成了以长治为中心、施工项目遍布省内外的市场经营格局，承建过煤炭、电力、冶金、矿山、机械、化工、医院、公寓、道桥、航空、住宅小区等一大批国家、省、市重点工程项目与工业与民用建筑工程项目。创鲁班奖工程3项，创汾水杯、省优、市优等各类优质工程共计200余项。1998年公司通过ISO9002质量管理体系认证后，于2003年又通过了质量、环境、职业健康安全管理体系"三标一体"认证。

公司坚持内抓管理增效益、外塑形象拓市场，赢得了广泛的社会信誉，多次获得"全国优秀施工企业"、"全国用户满意施工企业"、"全国质量无投诉企业"、"全国工程建设质量管理优秀企业"、"中国信誉卓著质量卓越企业"、"中国企业诚信经营示范单位"、"山西省优秀建筑企业"、"山西省用户满意建筑施工企业"、"省管国有企业文明单位标兵"、"长治市文明单位"等荣誉称号。

在社会主义市场经济大潮中，公司将以一流的管理、一流的技术、一流的质量、一流的服务，与社会各界真诚合作，为全面建设小康社会做出更大的贡献。

长治市客运中心

昔阳县行政服务大楼

公司总经理杨雷平与全国人大代表申纪兰亲切握手

长治市金德利大厦

SHANXIJINZHONGGUOYOUZICHANJINGYINGYOUXIANGONGSI

山西晋中国有资产经营有限公司

山西晋中国有资产经营有限公司组建于1998年4月，是集控股、投资、融资于一体的运营国有资本的特殊企业，依法行使出资人的权利和义务，享有法人财产权，承担国有资产保值增值责任，隶属于晋中市国资委，按县处级建制管理。公司现有人员38人，内设机构为公司办公室、人力资源部、债权管理部、财务核算部、稽查审核部、经营开发部。公司下属清算中心。

公司组建以来，紧紧围绕晋中市委、市政府产业结构调整战略，以国有资产保值增值为目标，以提高国有资本运营质量为核心，大胆创新，求真务实，积极推进国有企业改革重组、培育新型产业、扶持企业发展，开创了国有资产经营工作新局面，为晋中经济建设做出了积极的贡献。截止2009年末，公司拥有国有资产为13.94亿元，负债总额7036万元，净资产总额13.24亿元。

2009年，公司全体员工乘着学习落实科学发展观的东风，在认真学习、提高认识的基础上，根据市委“边学边改”的要求，针对当前社会主义市场经济条件下的新形势、新要求，不断引深改革，强化管理，完善体制、机制，努力开拓经营，不断探索新路，从而促进了公司各项工作任务的全面完成，不仅在贷款清收上取得了近几年来的好成绩，更可喜的是通过科学发展观教育，公司上下团结一致，出现了讲和谐、讲奉献，为公司发展创先争优的好势头。

山西晋中国有资产经营有限公司董事长兼总经理　高成民

晋中国有资产运营座谈会

团结奋进的领导班子

S 山西省晋中建设集团有限公司
SHANXISHENGJINZHONGJIANSHEJITUANYOUXIANGONGSI

山西省晋中建设集团有限公司

山西省晋中建设集团有限公司，始于 1953 年，前身是榆次营造厂，1997 年改制成立集团公司。公司注册资本 6061 万元，下辖 5 个子公司，集团公司下属还拥有二十个分公司。年施工产值上亿元。现拥有职工 3000 余人，各类工程技术人员 350 余人。公司企业资质为国家一级建筑施工总承包企业。

近年来，公司在建筑业激烈竞争形势下，坚持以质量求生存，创名牌求发展，确立了以质量为核心的经营战略，多次获得部级、省级工程质量奖。过硬的工程质量和逐年提高的经济效益、社会效益，使公司信誉大为提高，公司连续多次被评为全国、省"优秀施工企业"、"用户满意施工企业"、"质量安全先进单位"等。企业也涌现出许多优秀员工，多人被评为部级、省级优秀项目经理人。

公司建立健全了现代企业制度，管理科学、规范，近年来大力坚持以人为本的科学发展观，坚持职工在企业中的主体地位，坚持企业发展依靠职工，企业发展为了职工，发展成果由职工共享，职工薪酬福利不断提高。鼓励学习，使员工与企业共同进步，共享发展成果。

S 山西天石电力有限公司
SHANXITIANSHIDIANLIYOUXIANGONGSI

山西天石电力有限公司

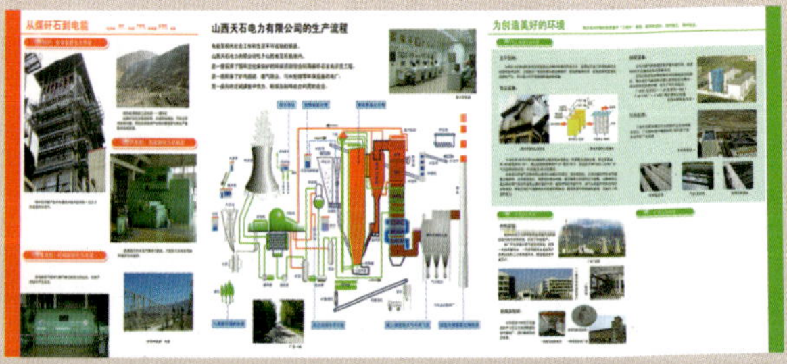

山西天石电力有限公司位于山西省灵石县，于 1998 年 12 月经国家工商总局和山西省人民政府批准成立的中日合资企业，是由格盟国际能源有限公司、日本国电源开发株式会社、灵石县电力开发有限责任公司、双日（中国）有限公司按 49:24:15:12 的投资比例组建而成，是山西省第一座循环流化床环保资源综合利用煤矸石发电示范工程。

公司现有装机容量 2×25MW，三大主机选用上海锅炉厂生产的 SG–130/3.82–M246 型循环流化床锅炉、哈尔滨汽轮机厂生产的 N25–3.43/435 型汽轮机和东方电机厂生产的 QF–25–2–63 型发电机。1# 机组于 2000 年 12 月 31 日投产，2# 机组于 2001 年 5 月 18 日投产。两台发电机组经过升压变压器后通过 110KV 输电线路分别与灵石变电站和绵山变电站并网。

公司十分注重环境保护，发电用燃料为当地洗煤厂的废弃物煤矸石。采用炉内加石灰石粉脱硫技术，安装了高压静电除尘＋布袋复合式除尘器，烟尘排放仅 27.07mg/Nm^3，收集的粉煤灰制成粉煤灰加气砌块砖，同时通过改造汽轮机，建设供热首站，实现了对灵石县静升区的集中供热。天石电力有限公司已经成为废物利用、节能降耗、提升周边环境空气质量的环保资源综合利用示范单位。

2009年山西省国有资产监督管理委员会大事记

▲ 1月19日，全省国有资产管理工作会议召开。省国资委党委书记、主任张崇慧作工作报告并与监管企业负责人签定了《党风廉政建设目标责任书》和《省属国有企业领导人员2009年度经营业绩责任书》，陈川平副省长出席会议并作重要讲话。

▲ 2月2日，省国资委召开党委会，重新确定领导班子分工。

▲ 2月22日，省国资委召开监管企业安全工作会议，张崇慧主任与各监管企业领导签定《安全生产目标责任书》并发表重要讲话。

▲ 2月23日，凌晨2点20分，山西焦化集团西山煤电公司屯兰煤矿发生瓦斯爆炸事故，造成74人遇难，114人住院观察、治疗。省委、省政府、国家安监局领导赶赴现场指挥救援，国务院副总理张德江到医院看望了伤者，并作重要指示。

▲ 3月2日，省国资委召开机关深入学习实践科学发展观活动总结暨省监管企业动员大会。省国资委党委书记、主任、全省国有企业学习实践科学发展观活动领导组组长张崇慧做了《紧密联系实际，深入学习实践科学发展观，加快"三个发展"，推动省属企业又好又快发展》的重要讲话。省国资委机关全体党员、监管企业党委书记、组织（党工）部长参加会议。当天下午，省国资委党委召开省属企业学习实践活动培训工作会议，郭玉才常务副书记做培训讲话。

▲ 3月24日，为贯彻落实省委省政府关于企业安全工作的指示精神，促进"大党建促安全"工作局面的形成，国资委下发晋国资委党发[2009]9号文，启动"企业安全、青年先行"主题实践活动，充分发挥各级企业共青团组织和青年员工的主力军和突击队作用，推动本质安全型企业建设。

▲ 3月27日，省国资委召开机关处级以上干部工作会议。党委书记、主任张崇慧对近期重点工作做了安排部署。

▲ 4月16日，全省国有企业学习实践科学发展观活动研讨会在并召开，省委常委、组织部长、省委深入学习实践科学发展观活动领导小组副组长兼办公室主任任泽民、省委组织部常务副部长、省委学习实践活动领导小组办公室副主任朱先奇主持会议，省国资委党委书记、主任、全省国有企业学习实践活动领导小组组长张崇慧讲话。太钢、太重、晋煤在会上作了学习经验交流发言。省直工委、省国防科工委、各市、全省省属、市属国有企业学习实践活动的有关负责人参加了会议。

▲ 4月29日，省国资委召开全省国资委系统2008年度信息化工作会，就各市国资委、各省属企业两年来的信息化工作进行总结回顾，并对先进单位和个人进行表彰。

▲ 5月6日至7日，省委副书记、省长王君主持召开部分国有企业和民营企业座谈会，听取企业生产经营情况。了解企业存在的问题和困难，研究应对金融危机、保持经济增长的对策措施。省领导申联彬、李小鹏、李政文、陈川平、牛仁亮、韩儒英等出席。太钢等17户国有企业，23户民营企业负责人和省有关部门领导参加会议。

▲ 5月15日，山西焦煤集团与太钢集团

联合组建的山西煤钢联能源开发有限公司揭牌。此举是山西振兴支柱产业，推进煤冶产业深度合作、共同应对金融危机的重要举措。

▲ 5月15日，山西煤炭企业与煤机制造企业推进战略合作座谈会在迎泽宾馆召开，副省长陈川平出席并讲话。20户煤炭企业与9户煤机企业在会上就如何应对金融危机、加强上下游产业集群合作，建立互利共赢的合作机制进行了座谈并签订《煤炭企业与煤机制造企业推进战略合作协议书》。

▲ 5月25日，省国资委召集焦煤集团、同煤集团、晋煤集团、阳煤集团、潞安集团、煤运集团、煤炭进出口公司等企业召开省属有关企业兼并重组地方煤矿会议。会议要求各企业积极主动，加快兼并重组工作，全力以赴完成省政府提出的两年左右全省煤矿压缩到1000座以内的目标。

▲ 6月10日，省属企业重点工程建设监督检查联席会第一次会议召开，会议传达了省重点工程建设监督检查联席会议精神，公布了省国资委《工作方案》，并对工作提出了明确要求。按照《工作方案》，国资委共确定100个重点项目，分别由副书记、纪委书记渠性轩和副主任李宝文、李东洪带队对这100个项目进行检查。

▲ 6月10日，以省直工委副巡视员张婵萍为组长的省委督察六组一行四人赴国资委督察领导干部作风建设情况。张崇慧主任代表国资委党委向督察组长介绍了省国资委作风建设总体情况，王靖凯副书记着重就小金库问题、公款出国问题，经费节约情况，来信来访落实情况和领导干部修养，作风问题向督察组进行了汇报。

▲ 6月19日，省国资委召开省属企业推广潞安党建工作经验交流会。省委书记、省人大常委会主任张宝顺作重要讲话。省委常委、宣传部长胡苏平，省委常委、组织部长汤涛，省委副秘书长吴保安出席会议。副省长陈川平主持会议。潞安、太钢、太重、煤炭进出口分别介绍了本企业党建工作经验，省国资委书记、党委书记张崇慧宣读了《中共山西省国资委委员会关于在省属企业中学习推广潞安党建工作经验的决定》。

▲ 6月19日，省国资委党委召开省属企业开展深入学习实践科学发展观活动座谈会。太钢、太重、同煤、晋煤等10户企业作了大会交流。省国资委党委书记、主任张崇慧对省属企业深入学习实践科学发展观活动作了阶段性总结，并对下一步的主要工作进行部署。

▲ 7月7月，省国资委召开部分省属企业上市和融资工作座谈会，就企业上市、发行企业债券、中期票据和授信贷款等工作进行讨论研究。

▲ 7月7日至9日，省国资委促进“三保”政策措施落实工作领导组组长李东洪带队深入重点帮扶企业天脊煤化工投资公司和陵川县污水处理厂、高平市垃圾无害化处理场、高平市农村困难群众危房改造工地现场进行了调研考察，对存在的问题制定针对性的措施廾展帮扶。

▲ 7月10日，省国资委组织召开省属企业经济运行情况汇报会，通报省属企业上半年经济运行情况，并安排部署下半年工作。

▲ 7月21日，省国资委张崇慧主任会见格盟国际能源公司韩方股东集团电力公社海外运营总裁金弘连先生一行。双方就格盟国际能源公司的运营情况，格盟公司收购国际电力转给国际能源公司的第二批资产事宜以及双方关心的问题进行了交流。

▲ 7月23日，省国资委在太谷梅苑山庄